MANUAL DE DIREITO AGRÁRIO CONSTITUCIONAL

Lições de Direito Agroambiental

IBRAIM ROCHA
GIROLAMO DOMENICO TRECCANI
JOSÉ HEDER BENATTI
LILIAN MENDES HABER
ROGÉRIO ARTHUR FRIZA CHAVES

MANUAL DE DIREITO AGRÁRIO CONSTITUCIONAL

Lições de Direito Agroambiental

4ª edição revista, ampliada e atualizada

Belo Horizonte

FÓRUM

CONHECIMENTO JURÍDICO

2023

© 2010 Editora Fórum Ltda.
2015 2ª edição
2019 3ª edição
2023 4ª edição

É proibida a reprodução total ou parcial desta obra, por qualquer meio eletrônico, inclusive por processos xerográficos, sem autorização expressa do Editor.

Conselho Editorial

Adilson Abreu Dallari
Alécia Paolucci Nogueira Bicalho
Alexandre Coutinho Pagliarini
André Ramos Tavares
Carlos Ayres Britto
Carlos Mário da Silva Velloso
Cármen Lúcia Antunes Rocha
Cesar Augusto Guimarães Pereira
Clovis Beznos
Cristiana Fortini
Dinorá Adelaide Musetti Grotti
Diogo de Figueiredo Moreira Neto (*in memoriam*)
Egon Bockmann Moreira
Emerson Gabardo
Fabrício Motta
Fernando Rossi
Flávio Henrique Unes Pereira

Floriano de Azevedo Marques Neto
Gustavo Justino de Oliveira
Inês Virgínia Prado Soares
Jorge Ulisses Jacoby Fernandes
Juarez Freitas
Luciano Ferraz
Lúcio Delfino
Marcia Carla Pereira Ribeiro
Márcio Cammarosano
Marcos Ehrhardt Jr.
Maria Sylvia Zanella Di Pietro
Ney José de Freitas
Oswaldo Othon de Pontes Saraiva Filho
Paulo Modesto
Romeu Felipe Bacellar Filho
Sérgio Guerra
Walber de Moura Agra

Luís Cláudio Rodrigues Ferreira
Presidente e Editor

Coordenação editorial: Leonardo Eustáquio Siqueira Araújo
Aline Sobreira de Oliveira

Rua Paulo Ribeiro Bastos, 211 – Jardim Atlântico – CEP 31710-430
Belo Horizonte – Minas Gerais – Tel.: (31) 99412.0131
www.editoraforum.com.br – editoraforum@editoraforum.com.br

Técnica. Empenho. Zelo. Esses foram alguns dos cuidados aplicados na edição desta obra. No entanto, podem ocorrer erros de impressão, digitação ou mesmo restar alguma dúvida conceitual. Caso se constate algo assim, solicitamos a gentileza de nos comunicar através do *e-mail* editorial@editoraforum.com.br para que possamos esclarecer, no que couber. A sua contribuição é muito importante para mantermos a excelência editorial. A Editora Fórum agradece a sua contribuição.

Dados Internacionais de Catalogação na Publicação (CIP) de acordo com ISBD

M294	Manual de direito agrário constitucional: lições de direito agroambiental. 4. ed. / Ibraim Rocha, Girolamo Domenico Treccani, José Heder Benatti, Lilian Mendes Haber, Rogério Arthur Friza Chaves. -- 4. ed. -- Belo Horizonte: Fórum, 2023. 596 p. 17x24cm ISBN 978-65-5518-605-5 1. Direito agrário. 2. Direito agroambiental. 3. Posse agrária. I. Rocha, Ibraim. II. Treccani, Girolamo Domenico. III. Benatti, José Heder. IV. Haber, Lilian Mendes. V. Chaves, Rogério Arthur Friza. VI. Título. CDD: 342.1247 CDU: 349.6

Ficha catalográfica elaborada por Lissandra Ruas Lima – CRB/6 – 2851

Informação bibliográfica deste livro, conforme a NBR 6023:2018 da Associação Brasileira de Normas Técnicas (ABNT):

ROCHA, Ibraim; TRECCANI, Girolamo Domenico; BENATTI, José Heder; HABER, Lilian Mendes; CHAVES, Rogério Arthur Friza. *Manual de direito agrário constitucional*: lições de direito agroambiental. 4. ed. Belo Horizonte: Fórum, 2023. 596 p. ISBN 978-65-5518-605-5.

Em homenagem a Padre Sergio Tonetto, que dedicou a sua vida à defesa dos pobres, da terra e da água e sempre viverá na vida e nas lutas do povo que tanto amou.

À Editora Fórum.

SUMÁRIO

APRESENTAÇÃO... 19

PARTE I
NOÇÕES GERAIS DE DIREITO AGRÁRIO

CAPÍTULO 1
INTRODUÇÃO 23

CAPÍTULO 2
FUNDAMENTOS HISTÓRICOS... 25

CAPÍTULO 3
DENOMINAÇÃO: AGRÁRIO X RURAL X FUNDIÁRIO 29

CAPÍTULO 4
DEFINIÇÃO, OBJETO, NATUREZA JURÍDICA E CONTEÚDO 31

CAPÍTULO 5
AUTONOMIA DO DIREITO AGRÁRIO 35
5.1   Autonomia científica e didática 36
5.2   Autonomia legislativa e jurisprudencial 39
5.3   Autonomia administrativa 44

CAPÍTULO 6
RELAÇÃO DO DIREITO AGRÁRIO COM OUTROS RAMOS DO DIREITO E
OUTRAS CIÊNCIAS... 47

CAPÍTULO 7
FONTES... 53

CAPÍTULO 8
PRINCÍPIOS GERAIS.. 55

PARTE II
AS POSSES

CAPÍTULO 1

AS POSSES NO DIREITO AGRÁRIO BRASILEIRO 63

1.1   Aspectos histórico-políticos da ocupação das terras no Brasil 63

1.2   Legislação portuguesa – Carta de Sesmaria 65

1.3   Implantação do sistema sesmarial no Brasil 66

1.3.1   Cláusulas contratuais 66

1.4   Regime de posse 67

1.5   Regime da Lei de Terras 68

1.6   Estrutura agrária na República 71

1.7   Estatuto da Terra 72

CAPÍTULO 2

SIGNIFICADO JURÍDICO DA POSSE E SUA RELAÇÃO COM O DIREITO DE
PROPRIEDADE 75

2.1   Etimologia da posse e posse agrária 88

CAPÍTULO 3

POSSE AGROECOLÓGICA 93

3.1   Conceito de populações tradicionais e posse agroecológica 94

CAPÍTULO 4

POSSES ÉTNICAS 103

4.1   Posse indígena 103

4.1.1   Natureza da posse indígena 103

4.1.2   Natureza jurídica da autorização do Congresso Nacional e oitiva das
comunidades indígenas 105

4.1.3   Terras indígenas e julgamento da demarcação da terra indígena Raposa/
Serra do Sol – Pet nº 3.388-STF 116

4.1.4   Natureza jurídica do indigenato e RE nº 1.017.365 – Repercussão Geral 125

4.1.4.1   Revisitando a teoria de João Mendes Junior sobre o indigenato 126

4.1.4.2   Análise crítica da doutrina desabonadora do marco temporal 131

4.1.4.3   Reposicionando o dissenso interpretativo do marco temporal 135

4.2   A interpretação da Corte Interamericana de Direitos Humanos sobre o
direito de propriedade das comunidades indígenas – caso Povo Indígena
Xucuru e seus Membros *vs* Brasil 143

4.3   Posse quilombola 147

4.3.1   Conceito de remanescentes de quilombos 148

4.3.2   Compreensão do processo de reconhecimento das comunidades
remanescentes de quilombos – Significado e alcance 148

4.3.2.1 Breve análise de direito comparado nos estados brasileiros e norma federal do reconhecimento de comunidades remanescentes de quilombos 148

4.3.2.2 Sobre o significado do autorreconhecimento das comunidades remanescentes de quilombos e interpretação jurídica 167

4.3.3 Regime da posse quilombola e unidades de conservação 173

PARTE III
PROPRIEDADE RURAL E O SEU REGIME JURÍDICO

CAPÍTULO 1
ESTRUTURA DA TERRA BRASILEIRA. CONCEITO. CARACTERÍSTICAS. IDENTIFICAÇÃO 181

1.1 As terras públicas no ordenamento brasileiro 181

1.1.1 Destinação das terras públicas 182

1.1.2 Classificação das terras públicas 183

1.1.3 As terras devolutas 184

1.1.3.1 As terras devolutas e sua dominialidade 186

1.1.4 Terreno de marinha 188

1.1.4.1 Os terrenos acrescidos de marinha 190

1.1.5 Os terrenos marginais 190

1.1.6 Terras na faixa de fronteira 191

1.1.7 Várzea – Natureza jurídica e dominialidade 193

1.1.8 Ilhas e sua dominialidade 196

CAPÍTULO 2
FORMAS DE ACESSO À PROPRIEDADE RURAL 201

2.1 Legitimação e regularização de posse 201

2.1.1 Distinção entre legitimação de posse e regularização de posse 202

2.1.2 Regularização fundiária na Amazônia Legal e demais regiões – Lei Federal nº 11.952, de 25.6.2009 – com alterações da Lei nº 13.465/2017 203

2.1.2.1 Imóveis passíveis de regularização 207

2.1.2.2 Requisitos objetivos e subjetivos 209

2.1.2.3 Formas de titulação das ocupações 211

2.1.2.4 Aplicação da Lei Federal nº 11.952/09 pelos estados e municípios da Amazônia Legal, além de outras regiões 217

2.1.3 Limitações constitucionais da regularização fundiária 218

2.2 Colonização 219

2.3 Assentamento 220

CAPÍTULO 3
DISCRIMINATÓRIA 223

3.1 Introdução 223

3.2	Discriminatória administrativa	226
3.3	Discriminatória judicial	229

CAPÍTULO 4

ARRECADAÇÃO SUMÁRIA 231

CAPÍTULO 5

DEMARCAÇÃO DE TERRAS PARA REGULARIZAÇÃO FUNDIÁRIA DE
INTERESSE SOCIAL 233

CAPÍTULO 6

USUCAPIÃO AGRÁRIO 237

6.1	Antecedentes históricos e definições	237
6.1.1	Antecedentes históricos	237
6.1.2	Definição	240
6.2	Evolução legislativa e modalidades	241
6.3	Tipos fundamentais de usucapião	242
6.4	Exigências legais para ter direito à usucapião especial (denominada usucapião agrária ou *pro labore*)	244
6.5	Objetivos	245
6.6	Ação judicial – Lei nº 6.969, de 10.12.1981	245
6.7	Não podem ser objeto de usucapião	248
6.8	Usucapião extrajudicial	251
6.9	Usucapião coletiva de imóvel rural	259
6.9.1	Conceito	262
6.9.2	Estatuto da Cidade, interesses tutelados e meio rural	262
6.9.3	Modalidades dos interesses metaindividuais no direito brasileiro e usucapião coletiva	264
6.9.4	Modalidades de interesses metaindividuais e ação de usucapião especial coletivo – Lei nº 10.257/01 – Elementos para sua adequada compreensão	264
6.9.5	Condições da ação	265
6.9.5.1	Interesse processual ou interesse de agir	266
6.9.5.2	Legitimidade *ad causam*	267
6.9.5.3	Legitimidade restrita da ação de usucapião coletiva e legitimidade concorrente e disjuntiva de outros instrumentos de ação coletiva	270
6.9.6	Aspectos materiais para resolução do conflito	270
6.9.7	Aspectos procedimentais da usucapião coletiva e formação da relação jurídica processual	274
6.9.8	Competência	276
6.9.9	Execução	277
6.10	Notas conclusivas sobre usucapião coletiva	278

CAPÍTULO 7

AQUISIÇÃO DE IMÓVEIS POR PARTE DE ESTRANGEIROS 283

7.1   Estrangeiros 284

7.2   Modos de aquisição 284

7.2.1 Pessoa física 285

7.2.2 Pessoas jurídicas... 286

7.3   Vedações legais para aquisição de propriedades por parte de estrangeiros 287

PARTE IV
LIMITAÇÕES AMBIENTAIS AO DIREITO DE PROPRIEDADE

CAPÍTULO 1

ESTRUTURA DA PROPRIEDADE AGROAMBIENTAL E SEU REGIME JURÍDICO... 291

1.1   A função social e ecológica da propriedade privada rural como um direito
       fundamental e constitucional.. 293

1.2   A propriedade rural como elemento configurador dos mandamentos
       constitucionais... 295

CAPÍTULO 2

FUNÇÃO SOCIOAMBIENTAL DA PROPRIEDADE.. 299

CAPÍTULO 3

NATUREZA JURÍDICA DO MEIO AMBIENTE E DOS BENS AMBIENTAIS................ 303

CAPÍTULO 4

DESAPROPRIAÇÃO PARA FINS AMBIENTAIS... 311

CAPÍTULO 5

TOMBAMENTO 313

CAPÍTULO 6

RESERVA LEGAL (RL)... 315

6.1   Imóvel rural e a reserva legal (RL) 315

6.2   Utilização 319

6.3   Localização.. 320

6.4   Registro da reserva legal junto ao cadastro ambiental rural 320

6.5   Percentuais de propriedade e problemas de localização 320

6.6   Recomposição de reserva legal... 321

6.7   Compensação de reserva legal.. 321

6.8   Possibilidade de compensação de reserva legal em terras públicas 322

6.9   Áreas de preservação permanente 324

CAPÍTULO 7

ÁREA DE USO INTENSIVO... 329

7.1   Imóvel rural e área de uso intensivo (AUI)....................................... 329

CAPÍTULO 8

SERVIDÕES 331

8.1   Servidão de trânsito... 331

8.2   Servidão florestal e servidão ambiental 331

8.3   Servidão minerária e servidão civil... 332

8.3.1 Indenização prévia das servidões minerárias 332

8.4   Jurisprudência relacionada 334

8.4.1 Servidão minerária e civil – Institutos diferentes............................ 334

8.4.2 Outros tipos de servidões incidentes sobre a propriedade – servidão
       administrativa de modo geral.. 334

CAPÍTULO 9

LIMITAÇÃO ADMINISTRATIVA PROVISÓRIA (LAP) E TERRAS RESERVADAS 337

9.1   Origem e natureza jurídica do instituto da limitação administrativa
       provisória e sua distinção das terras reservadas............................. 337

9.2   Procedimentos para instituição da limitação administrativa provisória e
       terras reservadas 339

CAPÍTULO 10

DOMÍNIO DAS UNIDADES DE CONSERVAÇÃO E POSSE AGROECOLÓGICA 341

10.1   Modalidades de unidade de conservação... 346

10.2   Criação de unidade de conservação e populações tradicionais......... 351

10.2.1 Natureza jurídica do domínio das unidades de conservação e instrumento
       de regularização fundiária para as comunidades tradicionais............. 351

PARTE V
POLÍTICA AGRÍCOLA

CAPÍTULO 1

POLÍTICA AGRÍCOLA.. 357

1.1   Crédito rural... 360

1.2   Cadastro rural 362

1.3   Imposto Territorial Rural (ITR).. 363

1.3.1 Finalidades... 363

1.3.2 Fato gerador, base de cálculo e alíquota... 364

1.3.2.1 Fato gerador... 364

1.3.2.2 Base de cálculo 366

1.3.2.3 Alíquota.. 366

1.3.3 Imunidades e isenções 367

PARTE VI
REFORMA AGRÁRIA

CAPÍTULO 1

REFORMA AGRÁRIA.. 371

1.1   Conceito.. 371

CAPÍTULO 2

DESAPROPRIAÇÃO POR INTERESSE SOCIAL PARA FINS DE REFORMA
AGRÁRIA 379

2.1   Conceito e objetivos.. 380

2.2   Bens objeto da desapropriação para fins de reforma agrária.............. 380

2.3   Fase administrativa do processo de desapropriação............................. 383

2.3.1   Vistoria 383

2.3.1.1 Vistoria e características do Manual de Obtenção de Terras do Incra 383

2.3.2   Pagamento das TDAs... 388

2.3.3   Condições do imóvel, pagamento da terra pelo beneficiário da reforma
agrária, e outros aspectos dos assentamentos e seu desmembramento............ 389

2.4   Desapropriação judicial por interesse social para fins de reforma agrária........ 392

2.4.1   Decreto 393

2.4.2   Requisitos e características da ação judicial.. 394

2.4.2.1 Petição inicial e citação.. 394

2.4.2.2 Contestação... 396

2.4.3   Procedimentos da instrução e julgamento... 397

2.4.4   Recursos e execução 397

2.5   A justa indenização na ação de desapropriação por interesse social para fins
de reforma agrária 400

2.6   Avaliação das terras – Correta metodologia – Impossibilidade de se avaliar
bens naturais como um valor próprio independentemente da intervenção
humana.. 400

2.6.1   Exclusão de espécies arbóreas e terras sem efetivo uso – Meras
potencialidades não geram direitos a lucros cessantes......................... 400

2.6.2   Exclusão de indenização de áreas cujo legislador define como fora do uso
econômico – Espécies arbóreas declaradas imunes de corte – art. 45, inc. III,
da Lei nº 9.985/2000 c/c regras da Lei nº 12.651/2012 – Código Florestal –
Sobre as áreas de preservação permanente e reserva legal 402

2.6.3   Impossibilidade de indenização de lucros cessantes ou compensatórios
de áreas sem efetivo uso econômico – Não se indenizam meras
potencialidades – Somente o trabalho gera riqueza e direitos indenizáveis 406

2.7   Cálculo da indenização e incidência de juros compensatórios e de mora –
Consequências do julgamento de mérito da ADI nº 2.332/DF 408

2.8   Domínio e indenização 417

2.9   Notas conclusivas sobre a indenização 418

2.10 Distinções entre o pedido de decretação judicial de perda da propriedade pelo não cumprimento da função social, previsto no art. 1.228, §4º, do CC, e usucapião coletiva.. 419

2.10.1 Elementos de distinção dos institutos jurídicos.. 421

2.10.1.1 Forma de apresentação do pedido.. 421

2.10.1.2 Forma de uso do imóvel.. 422

2.10.1.3 Da forma de manifestação da posse.. 424

2.11 Pedido de decretação judicial de perda da propriedade e intervenção do Poder Público 425

2.11.1 Pagamento da indenização e Poder Público... 429

2.11.2 Notas conclusivas 431

CAPÍTULO 3
DECLARAÇÃO DE NULIDADE DE REGISTROS IMOBILIÁRIOS ATRAVÉS DE PEDIDO ADMINISTRATIVO... 433

3.1 Grilagem como apropriação indevida de terras públicas................................ 433

3.2 Regime jurídico da atividade notarial e de registro e possibilidade de declaração administrativa de nulidade de registros imobiliários 437

3.3 Declaração de nulidade de registros públicos pelas corregedorias dos tribunais de justiça – Constitucionalidade... 440

3.3.1 Ainda a suposta violação do contraditório e da ampla defesa – Possibilidade de cancelamento administrativo de registros imobiliários nulos...................... 449

3.4 Interpretação fixada pelo STF no RE nº 842.846 – Tema 777 de Repercussão Geral – natureza jurídica da responsabilidade do estado decorrente de ato notarial e atividade correicional... 455

PARTE VII
CONTRATOS AGRÁRIOS

CAPÍTULO 1
CONTRATOS AGRÁRIOS.. 463

CAPÍTULO 2
DISTINÇÃO ENTRE CONTRATOS AGRÁRIOS E CONTRATO DE TRABALHO DE EMPREGADO RURAL 465

CAPÍTULO 3
CONTRATOS AGRÁRIOS – CONCEITO.. 467

3.1 Princípios gerais... 469

3.1.1 Autonomia da vontade 469

3.1.2 Supremacia do interesse público... 469

3.1.3 Obrigatoriedade.. 470

3.1.4 Boa-fé... 470

CAPÍTULO 4

TIPOS DE CONTRATO AGRÁRIO E SUAS CARACTERÍSTICAS GERAIS.................. 471

4.1 Tipos de contratos agrários 471

4.2 Características gerais dos contratos agrários....................................... 471

4.2.1 Partes que intervêm nos contratos... 471

4.2.2 Informalidade.. 472

4.2.3 Onerosidade 474

4.2.4 Sucessividade 474

4.2.5 Comutatividade 474

4.2.6 *Intuitu personae* 474

4.3 Cláusulas obrigatórias de todos os contratos agrários (art. 13 do Decreto nº 59.566/66)... 474

4.3.1 Cláusulas de indenização das benfeitorias 476

4.3.2 Cláusulas que asseguram a proteção social e econômica do trabalhador rural (Dec. nº 59.566/66 e art. 13, V, da Lei nº 4.947/66) 476

4.3.3 Extinção do contrato agrário 477

4.3.4 Inaplicabilidade das regras protetivas dos contratos agrários............ 480

CAPÍTULO 5

ARRENDAMENTO.. 481

5.1 Definição 481

5.2 Características 481

5.3 Modalidades de arrendamento... 483

5.3.1 Subarrendamento 483

5.4 Prorrogação do contrato e direito de preferência do arrendatário....... 483

5.5 Obrigações das partes do contrato de arrendamento.......................... 485

CAPÍTULO 6

PARCERIA RURAL... 487

6.1 Visão histórica... 487

6.2 Conceito de parceria rural... 487

6.3 Distinção entre a parceria rural e arrendamento 488

6.4 Partes e objeto da parceria rural 489

6.5 Formas e prazo na parceria rural 489

6.6 Partilha dos rendimentos da parceria rural 489

6.7 Falsa parceria rural.. 490

CAPÍTULO 7

OUTROS TIPOS DE CONTRATO UTILIZADOS NO MEIO RURAL 493

7.1 Contrato de empreitada.. 493

7.2 Contrato de comodato... 493

7.3 Contrato de usufruto... 493

| 7.4 | Contrato de pastagem ou invernagem | 493 |
| 7.5 | Pastoreio | 494 |

PARTE VIII
CONTRATOS, CONVÊNIOS E CONCESSÕES DE EXPLORAÇÃO FLORESTAL

CAPÍTULO 1
INTRODUÇÃO ... 497

CAPÍTULO 2
PRINCÍPIOS DO CÓDIGO FLORESTAL SOBRE A EXPLORAÇÃO FLORESTAL ... 499

CAPÍTULO 3
LEI DE GESTÃO DE FLORESTAS PÚBLICAS – NORMA GERAL PARA OS CONTRATOS E CONCESSÕES FLORESTAIS ... 503

3.1	Princípios do Código Florestal e da Lei de Gestão de Florestas Públicas	505
3.2	Conceitos da Lei de Gestão de Florestas Públicas e a sua aplicação à exploração florestal	508
3.2.1	Conceitos dos objetos da gestão florestal	509
3.2.2	Conceitos operacionais da gestão florestal	510
3.2.3	Conceitos administrativos da gestão florestal	512
3.2.4	Conceitos políticos da gestão florestal	515
3.3	Dos modelos de pactuação para a gestão de florestas públicas e privadas	517
3.3.1	Gestão direta pelo Poder Público e particulares de florestas para a produção	519
3.3.2	Gestão mediante a destinação às comunidades locais	519
3.3.3	Gestão mediante concessões florestais	524

CONCLUSÕES GERAIS ... 531

REFERÊNCIAS ... 533

ANEXOS

ANEXO A – Direito Agroambiental na Constituição Federal ... 547

ANEXO B – Questões de Concursos ... 549

ANEXO C – Medida Provisória nº 870, de 1º de janeiro de 2019 ... 583

APRESENTAÇÃO

A presente obra nasceu em 2010 como um livro manual de apresentação das noções fundamentais do direito agrário e seus institutos, mas sem deixar de lado suas relações com o direito ambiental, especialmente considerando os mandamentos constitucionais de proteção ambiental e desenvolvimento sustentável, daí o seu título de *Manual de direito agrário constitucional: lições de direito agroambiental.*

Com a primeira reimpressão em 2012, 2ª edição em 2015 e, agora, esta nova edição, alegra-nos perceber que o objetivo de ampliar no âmbito do direito agrário as novas concepções do socioambientalismo consagrado pela Constituição de 1988 foi bem aceito pela comunidade.

Já na 2ª edição se impôs uma atualização da obra com ampla revisão e atualização de acordo com diplomas legislativos posteriores à primeira edição, especialmente o novo Código Florestal, Estatuto da Igualdade Racial etc., sempre olhando a jurisprudência mais significativa, especialmente do STF, o que ensejou que todos os capítulos fossem revistos, alguns até reescritos, assim como abertos novos capítulos, e, procedendo a uma revisão da linguagem, dando-lhe maior unidade, era outro livro que nascia.

A 3ª edição começou a ser elaborada com o objetivo de ser atualizada com os preceitos do Código de Processo Civil de 2015, entretanto, além deste diploma legal, ela surgiu profundamente impactada pelo momento político vivido pelo país, quando, não diferente de outros períodos históricos, não se pode ter rupturas institucionais sem que o direito à luta pela terra seja objeto de disputa, como de fato aconteceu com a ampla reestruturação a partir da Lei Federal nº 13.465/2017.

Neste momento, trazemos a lume a 4ª edição, momento de reconstrução da frágil democracia brasileira e que temos o renascimento do Ministério do Desenvolvimento Agrário e Agricultura Familiar, bem como o advento do Ministério dos Povos Indígenas, nomeada como a primeira titular da pasta ministerial a indígena e deputada federal, eleita em 2022 pelo PSOL, a ministra Sonia Guajajara, primeira ministra indígena do Brasil, e, ainda, a revalorização da Funai, agora como Fundação Nacional dos Povos Indígenas, mudanças decorrentes da MP nº 1.154, de 1º de janeiro de 2023.

Foi retornada à Funai a competência para identificação, delimitação, demarcação e registro das terras tradicionalmente ocupadas pelos índios, cabendo ao Ministério dos Povos Indígenas analisar os processos de demarcação de terras indígenas encaminhados pela Funai e, com a retomada do Ministério do Desenvolvimento Agrário e Agricultura Familiar, renova-se a esperança de avanço da reforma agrária, sem perder de vista que as formas de regularização fundiária em terras públicas são importantes, mas não enfrentam o tema da concentração fundiária em nosso país, que, nesse aspecto, encontra-se entre os mais baixos patamares das nações industrializadas.

O Direito Agroambiental cada vez mais faz a ponte entre o trato da terra e os aspectos das mudanças climáticas, o maior desafio da humanidade, que, no Brasil, agora possui um ministério para o tema, o Ministério do Meio Ambiente e Mudanças Climáticas.

A presente edição já observa a organização básica dos órgãos da Presidência da República e dos Ministérios, que trouxe impactos sobre alguns temas abordados na obra, no que diz respeito à competência dos órgãos responsáveis pela política indigenista e agrária.

Muitas decisões importantes do STF e que impactam o direito agroambiental, desde a última edição, já estão reportadas neste livro, sempre priorizando a análise por meio dos votos dos ministros, com o objetivo de manter a obra absolutamente atualizada, como no capítulo sobre as varas especializadas de solução de conflitos rurais (ADI nº 3.433-PA), no qual aprofundamos a análise do tema do indigenato e das terras das fronteiras (ADI nº 5.623-DF). Ampliamos também os temas do combate ao trabalho escravo, da declaração de nulidade de registros imobiliários, do combate à grilagem, do direito à terra das comunidades quilombolas (ADI nº 3.239), entre outros temas jurisprudenciais relevantes, além de mudanças legislativas ocorridas.

Reafirma-se que a característica da obra de não separar de forma estanque determinados assuntos de direito material de temas correlatos do direito processual revela o significado prático que se pretende vislumbrar na compreensão dos institutos, para despertar o senso de que o problema do direito agrário é dar significado à democracia e igualdade pelo trabalho na terra.

Agradecemos à acolhida e esperamos, sinceramente, que continue o livro a ser útil para a comunidade jurídica brasileira.

Belém, 18 de janeiro de 2023.

Os autores

PARTE I

NOÇÕES GERAIS DE DIREITO AGRÁRIO

CAPÍTULO 1

INTRODUÇÃO

O direito agrário pode ser considerado um dos mais novos ramos do direito moderno, pois só no começo do século XX doutrinadores italianos, espanhóis, franceses e latino-americanos iniciaram a discussão sobre a necessidade de uma sistematização de suas normas e institutos jurídicos.

Levando em consideração, porém, que o direito agrário é o conjunto de normas destinado a regulamentar as relações jurídicas que disciplinam o acesso e o uso da terra, normas que regulamentam a agricultura, entendida como o trabalho da terra para a produção de vegetais, e reprodução dos animais considerados indispensáveis ou úteis à vida humana, exploração das atividades agroextrativistas e a transformação, industrialização e comercialização destes produtos, pode-se afirmar que sua origem coincide com o começo da história da civilização, quando normas jurídicas substituíram a "lei do mais forte". O nascimento da sociedade leva à consolidação de um conjunto de regras que normatizam a convivência entre os homens. Num primeiro momento, predominaram normas costumeiras que foram se consolidando ao longo do tempo. É a consagração do antigo brocardo romano criado por Ulpiano em seu *Corpus Iuris Civilis*: *ubi societas, iubi ius* (onde existe sociedade, existe o direito).

Benedito Ferreira Marques ensina:

> Remontam aos primórdios da civilização as origens do Direito Agrário. E não poderia ser outra a constatação, pois que o primeiro impulso do homem foi retirar da terra os alimentos necessários à sua sobrevivência. Depois, quando os homens se organizaram em tribos, tornou-se imprescindível a criação de normas reguladoras das relações entre elas, tendo por objeto o *"agro"*. Nascia, ali, com tais normas, o ordenamento jurídico agrário.[1] A base da organização socioeconômica das sociedades antigas era a atividade agroextrativista. Desde os primórdios da civilização nasceram, portanto, normas expressas, ainda que nem sempre escritas, que regulamentavam o destino e uso da terra (o plantio, a colheita e o aproveitamento dos produtos animais e vegetais) e sua apropriação coletiva (terras de uso comum) ou individual.

---

[1] MARQUES, Benedito Ferreira. *Direito agrário brasileiro*. São Paulo: Atlas, 2015. p. 1.

O acesso e uso da terra e demais recursos naturais (floresta, água etc.) foram, ao longo da história, fatores de conflitos de interesses que geraram guerra entre famílias, tribos, nações. Trata-se de uma temática que ontem e hoje desperta a atenção dos juristas.

O estudo do direito dos povos antigos mostra que desde os tempos mais remotos existia a preocupação com o disciplinamento do uso da terra. As soluções encontradas naquele tempo servem de base ainda hoje a inúmeros institutos de direito agrário. É por isso que a história é um dos fundamentos do direito agrário. Vários dos seus institutos jurídicos que integram as legislações modernas foram criados e desenvolvidos por diversos povos ao longo de séculos e em espaços geográficos diferentes e podem ser considerados princípios universais.

O estudioso do direito agrário só poderá alcançar uma visão orgânica desta complexa experiência histórico-jurídica na medida em que se aprofundar, por meio da análise do direito comparado, nas múltiplas manifestações deste rico saber universal.

CAPÍTULO 2

FUNDAMENTOS HISTÓRICOS

Desde os tempos mais antigos, diferentes civilizações elaboraram leis que regulamentavam o uso da terra. Ao longo dos rios Nilo (Egito), Tigre e Eufrates (Mesopotâmia), há mais de dez mil anos, começaram a se consolidar núcleos humanos que se fixaram em vales férteis, desenvolvendo formas sedentárias de agricultura. A partir destes núcleos foram se elaborando as primeiras normas que disciplinavam o acesso à terra e o comércio dos excedentes, e foram estabelecidos tributos sobre a produção para financiar o surgimento dos primeiros estados e seus exércitos.

As normas mais antigas são atribuídas ao rei sumério UR-Nammu (2112-2095 a.C.), fundador da terceira dinastia de Ur (Oriente Médio). A elas se seguiram as normas atribuídas ao rei babilônico Lipit-Ishtar (1934-1924 a.C.), da cidade-estado amorita de Isin, onde já constam normas relativas aos escravos e aos casos nos quais poderiam solicitar sua liberdade.

As leis da cidade-reino suméria de Eshnunna (1825-1787 a.C.) falavam sobre a produção e comercialização de alimentos.

Sempre nos tempos antigos, na Mesopotâmia, destaca-se a legislação da cidade-estado de Mari (1700 a.C.).

O *Código de Hammurabi* (1792 a.C.) contém uma série de sentenças do rei e pode ser considerado o primeiro código agrário da humanidade. Dos seus 280 parágrafos, 65 regulamentam questões agrárias: locação de prédios rústicos, empréstimo e locação de bois, produção, irrigação, disputas acerca da posse do solo, das atividades pastoris, da tributação, usucapião *pró-labore*,[2] seguro agrícola,[3] salário mínimo,[4] servidão de passagem etc. O *Código de Manú* (1280 a.C.), por sua vez, foi uma compilação de leis consolidada ao longo do tempo. As normas 36 a 56 dispõem sobre a atividade agrária, a propriedade da terra, de animais, de sementes, a aquisição de imóveis e móveis (animais selvagens). Na tradição judaica, a propriedade da terra assumiu um valor social tão grande que

---

[2] §30: "Se um 'awilum' abandonou seu campo, seu pomar e sua casa por causa de seu serviço e se afastou: depois dele, um outro tomou o seu campo, seu pomar e sua casa e durante três anos assumiu o serviço; se (o primeiro) retornou e exigiu seu campo, seu pomar e sua casa, não lhe serão devolvidos, aquele que os tomou e assumiu seu serviço continuará a fazê-lo".

[3] §48: "Se o homem livre tem sobre si uma dívida e seu campo foi inundado, ou a torrente carregou ou por falta de água não cresceu grão no campo; naquele ano ele não dará grão ao seu credor, ele anulará o seu contrato e não pagará juros daquele ano".

[4] §257: "Se um homem livre contratou um trabalhador rural, dar-lhe-á oito gur (medida de capacidade babilônia correspondente a 300 litros) de grãos por ano".

o domínio não poderia ser entregue a título perpétuo: o imóvel poderia ser vendido, mas seria resgatado e voltaria a se incorporar no patrimônio da tribo que o detinha originariamente no *jubileu* (ver o capítulo 25 do *Livro do Levítico*).

Na Grécia, desenvolveu-se inicialmente uma cultura comunitária. Com o desenvolvimento do comércio, da agricultura e da pecuária, a sociedade dividiu-se em classes. Já no século V a.C., o poeta Hesíodo denunciava a opressão dos pobres por parte dos ricos. Em Atenas, a opressão exercida pela nobreza sobre os camponeses levou estes a várias rebeliões.

Em 621 a.C., Drácon codificou a legislação estabelecendo penas severíssimas contra os que atentavam contra o direito de propriedade; quem roubasse a menor coisa era condenado à morte. Estas leis foram abrandadas por Sólon (594 a.C.) e Clístenes (509 a.C.), que introduziram a democracia.

Em Roma, inicialmente, a sociedade era baseada no *pater família* que detinha poder de vida e morte sobre todas as pessoas. A propriedade era comunal, cabendo a cada família patrícia seu lote.

A luta dos *plebeus* pela liberdade, pela conquista dos direitos políticos e pela posse da terra foi muito longa. A primeira lei agrária romana foi promulgada pelo Cônsul Spurius Cassius em 486 a.C.

Em 450 a.C., foi redigida a Lei das XII Tábuas, que se inspirava na legislação de Sólon e apresentava normas processuais, penais e de direito civil. As tábuas: II (direito de vizinhança e responsabilidade em caso de corte abusivo de árvores); VI (propriedade e posse e usucapião depois de dois anos de posse); VII (direitos relativos aos fundos agrários e às edificações); VIII (medição dos limites entre confinantes por meio de árbitros, regime de água, reembolso dos prejuízos causados pela passagem do rebanho nas plantações de terceiros); e XII (penhor) dizem respeito de maneira mais direta ao direito agrário.

Sucessivas tentativas de limitar o tamanho máximo das propriedades e de se realizarem planos de reforma agrária fracassaram, resultando no assassinato de seus propositores.[5] Em 486 a.C., Espúrio Cassio apresentou uma proposta de reforma agrária assim descrita pelo historiador romano Tito Lívio, alguns séculos depois, no livro de *História romana*:[6] "Assim, pela primeira vez, foi discutida uma lei agrária que, desde aquela época até hoje, nunca é apresentada sem dar lugar a grandes transtornos". Ontem como hoje, a modificação da estrutura fundiária é fonte de disputas e conflitos. Foi em Roma que nasceram muitos dos institutos jurídicos que inspiraram a legislação agrária: morada habitual e cultura permanente como fundamentos essenciais da posse, propriedade, ocupação, enfiteuse, usucapião, arrendamento, demarcação de limites, colonização oficial e particular etc.

Com o advento do império romano estas normas foram introduzidas em vários países da Europa. A consolidação delas pelo Imperador romano Justiniano em seu *Corpus Iuris Civilis* (529) irá influenciar *as diferentes legislações posteriores*.

---

[5] No começo da república os tribunos Licínio e Sextio propuseram que cada família pudesse possuir no máximo 125 hectares (ha). Esta proposta foi retomada três séculos depois por Tibério e Caio Graco, que, porém, foram assassinados pela oligarquia dominante à época.

[6] *Apud* SANTOS NETO, Arthur Pio dos. *Instituições de direito agrário*. Recife: Ed. Universitária, 1979. p. 20.

Na Idade Média, registraram-se inúmeras revoluções camponesas que se colocaram contra o sistema feudal no qual o senhor era dono da terra e o servo da gleba devia não só trabalhar de graça para ele, mas também lhe entregar boa parte de sua produção. É suficiente lembrar as revoltas chefiadas por Nicolas Zannekin e Jacob Peyt nas Flandres (Holanda), entre 1323 e 1328, que custaram a vida de 9 mil camponeses. Na França, aconteceu a Santiagada; na Inglaterra, o levante de John Ball (1381); na Boêmia, a revolta comandada por John Huss; na Alemanha, Tomás Munzer chefiou uma revolta que custou a vida de 130 mil pessoas (1525).

No século XVIII, o processo de urbanização e a revolução industrial fizeram com que a terra deixasse de ser a forma principal, ou até única, de produzir riquezas e importante fonte de recursos tributários para o Estado.

A propriedade da terra, que durante milênios tinha sido fonte de "*status* social", prestígio político e poder, perdeu espaço. Os problemas ligados ao meio rural foram relegados a uma posição de esquecimento e a uma marginalização jurídico-positiva. Somente no começo do século XX eles voltaram a merecer a atenção dos legisladores que procuraram ordenar o uso da terra, as diferentes formas de contratos e a reforma agrária.

Todas estas medidas constituem hoje um corpo jurídico específico não mais atrelado aos rígidos princípios do direito comum.

Esta discussão ganhou uma nova dimensão quando as diferentes sociedades perceberam a necessidade de o Estado intervir, normatizando as relações sociais existentes no campo, protegendo os direitos dos trabalhadores, e no planejamento da utilização da terra e demais recursos naturais.

Com o debate do cumprimento da "função social da propriedade", que ganha destaque constitucional no México (1917), Alemanha (Constituição de Weimar de 1919) e Brasil (1934), a questão agrária voltou ao centro das atenções.

Estas normas começaram a limitar a livre iniciativa que prevalecia até então. No Brasil, já na década de 1930, ganharam destaque as normas vinculantes nos contratos agrários, enquanto, a partir da década de 1960, nasciam as limitações administrativas de uso da floresta.

Verifica-se, portanto, que diversos institutos de direito agrário tiveram sua origem desde os tempos mais antigos em diferentes ordenamentos jurídicos.

CAPÍTULO 3

DENOMINAÇÃO: AGRÁRIO X RURAL X FUNDIÁRIO

Ainda hoje os doutrinadores discutem a melhor denominação deste ramo do direito. Apesar de a expressão "direito agrário" ser universalmente a mais aceita, existem denominações diferentes, como direito rural, direito fundiário, direito da reforma agrária e direito agrícola.

Para se entender melhor esta questão, é oportuno olhar a origem etimológica do adjetivo "agrário" que especifica o termo geral "direito".

"Agrário" deriva do latim *ager-agri* que é a terra destinada à produção (tudo o que vem do campo).[7] Em Roma, a *lex agraria* era aquela que regulava a distribuição dos lotes provenientes das conquistas realizadas pelo exército. Neste sentido, o termo "agrário" é mais preciso do que "rural", que tem sua origem na palavra *rus, ruris*, que indicava um terreno distante da "urbs", da cidade, sem uma ulterior conotação relativa ao seu uso. A "rus" é a terra onde as pessoas vivem, por isso se fala de "desenvolvimento rural".

Hoje França, Portugal e Argentina utilizam a expressão "rural", enquanto Itália, Espanha e os demais países da América Latina utilizam "agrário". Pode-se dizer que adotando a palavra "rural" se utiliza um conceito geográfico, estático, relativo à localização do imóvel, enquanto "agrário" é dinâmico, e está ligado à produção, às atividades desenvolvidas no campo, ao trabalho, à ideia de destinação da terra. No Brasil, o Estatuto da Terra (Lei nº 4.504/1964), quando conceitua o "imóvel rural", define-o como: "o prédio rústico, de área contínua qualquer que seja a sua localização que se *destina* à exploração extrativa agrícola, pecuária ou agro-industrial" (grifos nossos) (art. 4º).

Esta distinção de nomenclatura da ciência afeta diretamente a discussão sobre a necessidade de abandonar o conceito de imóvel rural, adotado pelo legislador, e proceder à utilização do conceito de imóvel agrário. Neste sentido Luly Fischer e Luana Alves apontam que isto decorre da discussão sobre a distinção entre agrariedade e ruralidade, sendo mais adequada a utilização da terminologia "imóvel agrário", vez que a agrariedade diz respeito à atividade agrícola a partir do ciclo agrobiológico e a destinação e uso do imóvel, enquanto o termo "imóvel rural" está voltado à questão da localização, da espacialidade restrita, insuficiente para acolher os imóveis com

---

[7] A palavra agricultura conjuga *ager* com o verbo *colere*: cultivar o campo e envolve o cultivo da terra, o plantio de vegetais e as atividades pastoris.

destinação agrária localizados fora da área rural, especialmente, em espaços urbanos.[8] Embora entendendo correta a distinção, este manual adota a expressão "imóvel rural", pois, além de ser o termo utilizado na legislação agrária brasileira, o foco central da análise concerne à destinação espacial da terra no seu aspecto fundiário, para os diversos atores sociais que desejam torná-la produtiva, realizando, assim, a sua destinação agroecológica. Não é ocioso resgatar que para definir o imóvel os romanos utilizavam as palavras *fundus* ou *praedium*. A primeira fazia referência ao imóvel sem construções (terreno), enquanto a segunda era aplicada de maneira geral a qualquer imóvel, sem se levar em conta se edificado ou não.

Considerando as definições acima, pode-se afirmar que a estrutura fundiária é a maneira pela qual a propriedade da terra rural se distribui em determinado espaço geográfico. Ela está intimamente vinculada a relações sociais, econômicas e jurídicas consolidadas ao longo do tempo.

As palavras "agrário" e "rural", apesar de serem etimologicamente diferentes, são, ademais, utilizadas muitas vezes como sinônimas, tendo significados complementares. A legislação brasileira utiliza as expressões: "reforma agrária", "contratos agrários", "usucapião agrário" etc.; a legislação, entretanto, também utiliza "seguro rural", "crédito rural", "imposto territorial rural", "módulo rural" etc. Apesar de as primeiras tentativas de codificação terem utilizado a expressão "Código Rural", o preceito constitucional que garantiu a autonomia legislativa a este ramo do direito (EC nº 10/64 que alterou a letra "a" do inc. XV do art. 5º da CF de 1946), bem como as Constituições de 1967 (art. 8º, XVII, "b") e 1969 (art. 8º, XVII, "b"), e a atual Constituição Federal (art. 22, I) adotaram a expressão, no nosso entender mais correta, "direito agrário".

A *política agrária* engloba a política agrícola (produção) e a política fundiária (regulamentação da propriedade e posse de imóveis rurais).

---

[8] As autoras citam a classificação de imóvel agrário proposta por Gustavo Elias Kallás Rezek, que os define: a) quanto à sua localização, como a.1) rural ou a.2) urbano; b) quanto à qualificação do meio para o exercício da atividade agrária, como b.1) rústico ou b.2) edificado; e c) quanto à sua política governamental, como c.1) empresa agrária, c.2) latifúndio e c.3) imóvel devoluto (ALVES, Luana Nunes Bandeira; FISCHER, Luly Rodrigues da Cunha. Perspectivas sobre a relação urbano-rural: repercussões jurídicas no imóvel agrário após a edição da lei n. 13.465/2017. *Revista Brasileira de Políticas Públicas*, Brasília, v. 7, n. 1, p. 55-80, ago. 2017. p. 57-58; 67).

CAPÍTULO 4

DEFINIÇÃO, OBJETO, NATUREZA JURÍDICA E CONTEÚDO

Nas últimas décadas, dezenas de autores procuraram formular definições deste complexo jurídico de normas relativas ao campo e ao uso e posse da terra.

O direito agrário pode ser definido como o *ramo autônomo da ciência jurídica* dotado de autonomia legislativa, científica e didática, composto de normas e institutos oriundos do direito público (desapropriação, discriminatória) e do direito privado (contratos) que objetiva a regulamentação das relações jurídicas do homem com a terra, os direitos e obrigações concernentes à propriedade, posse e uso da terra, as relações jurídicas entre as pessoas que a ela estão vinculadas e as formas, direta e indireta, de sua exploração, com base no cumprimento da função social da terra e no respeito à legislação trabalhista e ambiental.

Para Laranjeira,[9] sua *natureza jurídica* é mista, miscigenando ao mesmo tempo normas públicas e privadas. A terra que interessa ao direito agrário é aquela vista como um "bem produtivo", não como um mero "bem patrimonial". O objetivo fundamental do direito agrário é alcançar o ideal da justiça social no campo, pelo cumprimento do imperativo constitucional da função social da propriedade, com igual oportunidade para todos. O elemento fundamental que integra a definição de direito agrário é seu vínculo com a justiça social, pois o interesse de todos prevalece e se sobrepõe àquele individual. A propriedade que não cumprir sua função social não merece a proteção jurisdicional e terá que ser desapropriada, reincorporando-se no patrimônio público, sendo destinada a programas de reforma agrária. Uma de suas funções principais é aquela de dirimir conflitos sociais. Pacheco Barros[10] e Lima[11] o enquadram como "direito social". Por isso, a intervenção do Estado nas relações agrárias é muito forte e suas normas são imperativas, visando a proteger os hipossuficientes. Segundo Miranda: "O objeto do Direito Agrário seriam, assim, os fatos jurídicos que emergem do campo, consequência da atividade agrária, da estrutura agrária, da empresa agrária e da política agrária; o que caracteriza a relação jurídica agrária".[12] Gischkow apresenta a atividade agrária como "o resultado da atuação humana sobre a natureza, em participação funcional,

---

[9] LARANJEIRA, Raymundo. *Propedêutica do direito agrário*. São Paulo: LTr, 1975. p. 156-159.

[10] BARROS, Wellington Pacheco. *Curso de direito agrário*. Porto Alegre: Livraria do Advogado, 2007. p. 21.

[11] LIMA, Raphael Augusto de Mendonça. *Direito agrário*. Rio de Janeiro: Renovar, 1997. p. 98.

[12] MIRANDA, Alcyr Gursen de. *Teoria de direito agrário*. Belém: CEJUP, 1989. p. 1.

condicionante do processo produtivo".[13] Para Lima: "O conteúdo do direito agrário é o conjunto de normas que disciplinam e regem o seu objeto, isto é, as relações jurídicas decorrentes da atividade agrária, da empresa agrária, da estrutura agrária. Disciplinam, ainda, a proteção aos recursos naturais renováveis e não renováveis".[14]

Já Nogueira afirma que o direito agrário estuda:

> As normas e instituições que regem a propriedade rústica, os direitos reais, enquanto fazem referência ao solo dedicado à produção; os contratos agrários de arrendamento rural e parceria agrícola, pecuária, industrial e extrativa; o trabalho assalariado no campo, a colonização e a reforma agrária.[15] Ricardo Zeledon Zeledon (2009) propõe um Direito Agrário contemporâneo que apresente as seguintes letras: "AAA (agricultura, ambiente e alimentação)", isto é, um direito que privilegie a união indissolúvel entre o uso agrícola, respeite as normas ambientais e garanta o abastecimento como função prioritária do imóvel rural.

Num contexto no qual os direitos agro-sócio-ambientais ganham dimensões novas e a soberania alimentar é colocada em destaque, surge a necessidade de serem adotadas políticas públicas agroalimentares que respeitem a biodiversidade na produção de alimentos e que evitem a destruição de *habitats* e a superexploração dos recursos, promovendo uma gestão mais sustentável dos mesmos. Já em 2001, o espanhol Ballarín Marcial (2001 *apud* ROSSONI, 2018, p. 154) ensinava que: "[...] direito agroalimentar, junto ao tradicional direito agrário, seria o ramo deste que, constituindo na realidade um verdadeiro sistema, reúne as normas jurídicas que regem a produção, a transformação, a distribuição e a venda dos alimentos destinados ao homem e aos animais".

A legislação em vigor apresenta os seguintes conteúdos:

1. Constituição Federal (arts. 184-191): reforma agrária, propriedades desapropriáveis e não, função social, política agrícola, alienação de terra pública, usucapião.
2. O Estatuto da Terra: princípios básicos e principais institutos; utilização das terras públicas e particulares; reforma agrária; colonização, zoneamento, cadastro de imóveis rurais; política agrícola (tributação, assistência técnica, fomento, mecanização, cooperativismo, crédito, industrialização, comercialização, seguro agropecuário, educação, eletrificação rural e demais obras de infraestrutura), uso temporário da terra (arrendamento, parceria agrícola e demais contratos).

A doutrina apresenta, assim, as principais atividades produtivas objeto do direito agrário:

1. Agricultura (ou lavoura): atividade que se destina a extrair do solo os frutos desejados:
   a) Lavoura temporária: para obter os frutos pretendidos é necessário refazer constantemente o plantio: arroz, feijão, mandioca, milho etc.
   b) Hortigranjeira: hortaliças, frutas, verduras, ovos etc.

---

[13] GISCHKOW, Emílio. Direito brasileiro: atualização do conceito de propriedade. *Revista de Direito Agrário*, 1972. p. 1.

[14] LIMA, Raphael Augusto de Mendonça. *Direito agrário*. Rio de Janeiro: Renovar, 1997. p. 30.

[15] NOGUEIRA, Mauro Fonseca Pinto. *1.000 perguntas direito agrário*. Rio de Janeiro: Ed. Rio, 1983. p. 16.

c) Lavoura permanente: culturas que permitem a colheita periódica dos frutos, sem necessidade de replantar constantemente, a não ser após longos períodos: café, cacau, laranja, pimenta do reino etc.
2. Extrativismo: extração de produtos florestais (borracha, castanha-do-pará, açaí, babaçu); captura de animais (caça e pesca).
3. Pecuária: criação de animais:
   a) Pecuária de pequeno porte: aves domésticas, abelhas etc.
   b) Pecuária de médio porte: suínos, caprinos, ovinos.
   c) Pecuária de grande porte: bovinos, bubalinos, equinos etc.

Esta classificação é de fundamental importância para a fixação dos prazos dos contratos agrários e as operações de crédito rural.

4. Agroindústrias: transformação das matérias-primas produzidas pela agricultura (cana-de-açúcar, beneficiamento de arroz, farinha de mandioca etc.). Parte da doutrina não considera esta atividade como agrária, mas industrial, sendo, porém, contraditada pela maioria dos autores e pela própria legislação.
5. Atividades conexas:
   a) Transporte: prestação de serviço.
   b) Comercialização: venda dos produtos.
   c) Atividades de pesquisa e experimentação: permitem o melhor aproveitamento do solo e a melhoria da produtividade. A Lei Federal nº 5.851, de 7.12.1972, criou a Empresa Brasileira de Pesquisa Agropecuária (Embrapa), empresa pública que cuida da pesquisa.

Quando for o próprio produtor rural que industrializa, transporta e comercializa sua produção no mercado consumidor, ele não se transforma em prestador de serviços ou comerciante.

CAPÍTULO 5

AUTONOMIA DO DIREITO AGRÁRIO

Um ramo da ciência jurídica só pode ser considerado autônomo quando existe um conjunto de realidades, pressupostos, normas, instituições e princípios que podem dar origem a um sistema jurídico completo em si mesmo, capaz de resolver os problemas apresentados pela realidade sem ter que recorrer a outros conhecimentos, a não ser de forma subsidiária. Deve ter também um método próprio, isto é, um conjunto de procedimentos que permitam definir e transmitir conhecimentos. Em outras palavras, deve ser dotado de autonomia: didática, administrativa e jurisprudencial.

Nas últimas décadas todos os ramos do conhecimento humano estão cada vez mais especializados. Os "enciclopédicos" (cientistas do século XVII que conseguiram reunir todo o conhecimento humano numa só obra) estão dando lugar a quem conhece profundamente um ramo específico de uma ciência. Este fenômeno é visível em todas as ciências, sobretudo na medicina, na qual o cirurgião que faz complexas operações no coração não sabe extrair um dente ou curar uma simples gripe. Quanto menor for a área objeto de estudo, mais profundo será nosso conhecimento sobre ela.

Também no campo da ciência jurídica assistimos a este fenômeno da "especialização". A sociedade disciplina de maneira diferente as diferentes relações nela existentes. Quando um setor não consegue mais encontrar o suporte adequado nas leis comuns, que se revelam incapazes de atender às suas demandas específicas, nasce um ramo especializado. Na ocorrência de um crime, como exemplo, um homicídio, o ordenamento jurídico dispõe de um instrumento apropriado e peculiar para tratar de suas consequências: o direito penal. As relações entre empregadores e empregados são reguladas pelo direito do trabalho; as trocas de mercadorias, bens e serviços serão reguladas pelo Código Comercial. A própria existência da pessoa humana, seus direitos e suas relações com as outras pessoas estão reguladas por um ramo específico do direito: o civil.

Neste contexto, porém, a expressão "autonomia" não deve ser adotada no sentido que a palavra tem no linguajar comum, em que é sinônimo de autossuficiência, independência ou isolamento.

Da "velha árvore" do direito civil se destacaram nos últimos séculos vários galhos que mantêm hoje uma sempre maior autonomia. Não se pode, porém, perder de vista a unidade do direito como resposta às necessidades de determinada sociedade, em determinado tempo. Todas estas relações e ramos do direito estão intrinsecamente condicionados pela conjuntura política (expressão que nasce da palavra grega *polis*: cidade, estado, poder).

Quando Napoleão sancionou, em 6.2.1804, o Código Civil francês, tinha consciência de que, apesar de este conter numerosas normas de direito agrário, precisava ser complementado. Por isso, em 1808, criou uma comissão de notáveis para que elaborassem um código agrário. Devido às guerras de conquista da Europa e sua derrota militar, Napoleão não teve condição de terminar esta tarefa. Esta lacuna se fez sentir nos códigos que, como o brasileiro, se inspiraram naquele, fazendo com que se supervalorizem as normas esparsas contidas no Código Civil. Isso levou a posições de defesa extrema do instituto da propriedade. P. Van Wetter,[16] ainda no começo do século XIX, afirmava: "A propriedade é, em princípio, um direito ilimitado sobre as coisas". Uma conferência de Leon Duguit denominada "Transformações Gerais do Direito Privado desde o Código de Napoleão", na Faculdade de Direito de Buenos Aires (Argentina), em 1911, abriu novas perspectivas. O doutrinador francês apresentou a doutrina da função social da propriedade, sugerindo que a propriedade não deveria ser considerada um direito subjetivo, individual, mas deveria cumprir sua função social. Apesar disso, o Código Civil de 1916 (Lei Federal nº 3.071), inspirado no Código Napoleônico, regulou o direito de propriedade como um direito absoluto, na concepção romanista de dispor do bem de maneira arbitrária; direito este oponível *erga omnes*. Em caso de turbação ou de esbulho o possuidor poderia utilizar sua própria força (classificada como "atos de defesa ou desforço" – art. 502 do CC de 1916, correspondente ao art. 1.210 do CC de 2002). Atualmente, a Lei nº 10.406 de 10.1.2002, o Código Civil vigente, determina o cumprimento da função social do imóvel.[17]

5.1 Autonomia científica e didática

Para se provar a autonomia científica de uma disciplina, é necessário perguntar se ela tem uma doutrina própria que a auxilia a aprimorar-se, que faça melhor compreender suas normas e produza teorias que a façam avançar seja no nível acadêmico (pesquisa científica e cadeira universitária) seja no nível forense (operacionalização de seus institutos nos diferentes processos). É necessário, portanto, verificar se permite um estudo sistematizado, que forme uma unidade orgânica, se possibilita o ensino metódico de seu conteúdo e detém dispositivos legais peculiares.

O direito agrário começou a se afirmar como uma disciplina jurídica autônoma já em 20.11.1887, quando o italiano Giacomo Venezian, na aula inaugural na Universidade de Camerino, defendeu a necessidade de ser criada uma disciplina específica que estudasse as relações existentes no campo. A partir dos primeiros anos de 1900, o mesmo autor lecionava cursos de direito e legislação rural na Universidade de Bologna. Esta discussão

---

[16] WETTER, P. Van. *Pandectes*: contenant l'histoire du droit romain et la legislation de justinien. Paris: LGDJ, 1909. t. II. p. 2.

[17] "Art. 1.228. O proprietário tem a faculdade de usar, gozar e dispor da coisa, e o direito de reavê-la do poder de quem quer que injustamente a possua ou detenha. §1º O direito de propriedade deve ser exercido em consonância com as suas finalidades econômicas e sociais e de modo que sejam preservados, de conformidade com o estabelecido em lei especial, a flora, a fauna, as belezas naturais, o equilíbrio ecológico e o patrimônio histórico e artístico, bem como evitada a poluição do ar e das águas".

ganhou mais força na primavera de 1922, quando Giangastone Bolla lançou na Itália a *Rivista di Diritto Agrario*. Juristas, economistas, agrônomos, sociólogos rurais de toda a Europa passaram a ter um fórum qualificado de debate, favorecendo a difusão das teorias favoráveis à criação deste novo ramo do direito.

O próprio Bolla defendia esta necessidade devido ao:

> tecnicismo todo particular da atividade agrária, a especial função e consequente disciplina dos fatores aplicáveis à produção agrícola (terra, trabalho e capital), a peculiaridade de alguns institutos jurídicos, que, levados à especial economia adquirem uma condição própria.[18] Esta iniciativa, aliada ao nascimento do Istituto di Diritto Agrario Internazionale e Comparato em Florença (Itália), consolidou esta autonomia. O direito agrário apresenta princípios peculiares que nascem de uma visão muito particular em torno do mundo rural que difere do direito comum. Venezian afirmava que existia uma "propriedade social" que o Código Civil italiano de 1895, que consagrava a propriedade individual, desconhecia.

Já na década de sessenta do século XX, o italiano Antonio Carroza e o espanhol Alberto Ballarin Marçal puderam ser considerados os sucessores do pensamento de Bolla.

No Brasil, a legislação agrária era ensinada na Escola Imperial de Agricultura da Bahia, já no final do século XIX, mas foi em 1943 que Malta Cardozo propôs a introdução da cadeira de "direito rural" nas faculdades de direito.

Vicente Chermont de Miranda (ainda na década de quarenta) e Oldegar Franco Vieira (no começo da década de sessenta) sustentaram[19] a necessidade de ver consagrada a autonomia do direito agrário. Vieira, *apud* Laranjeira, afirmava: "No que se refere ao planejamento das atividades campesinas, surge então, este novo ramo do direito, que é o Direito Agrário, direito necessariamente corporativo porque de regulamentação do uso de um bem que, não sendo comum é, todavia, um bem comunitário. Como se vê à natureza sócio-econômica da propriedade rural, bem a um tempo do indivíduo, enquanto essencialmente necessário à realização da pessoa, e da sociedade como parte de um todo funcionalmente indivisível, porque inserido no equilíbrio geral da natureza que a todos aproveita".[20]

Em 1960, a FAO e a OEA promoveram no México um congresso latino-americano de direito agrário que impulsionou a discussão sobre esse tema no nosso continente.

Em 1968, começou o primeiro curso de direito agrário na Faculdade de Direito da Universidade de São Paulo em nível de especialização. Na graduação, as faculdades de direito e ciências agrárias ensinavam rudimentos jurídico-agrários nas cadeiras que tratavam de legislação social.

Mas só alguns anos depois o Conselho Federal de Educação acolheu a proposta apresentada pela Associação Latino-Americana de Direito Agrário (Alada) e, através da Resolução nº 3, de 25.2.1972, da Resolução nº 162/72 e do Parecer nº 356, de 6.2.1973, introduziu no currículo universitário a disciplina direito agrário.

---

[18] Ver GODOY, Luciano de Souza. *Direito agrário constitucional*: o regime da propriedade. São Paulo: Atlas, 1998. p. 102.

[19] LARANJEIRA, Raymundo. *Direito agrário brasileiro*. São Paulo: LTr, 1999. p. 261.

[20] LARANJEIRA, Raymundo. *Direito agrário brasileiro*. São Paulo: LTr, 1999. p. 261.

A partir da década de 1970, o Brasil passou a ter, nas diferentes universidades, uma cátedra específica, seja nos cursos de graduação, seja de pós-graduação (em Goiânia, por exemplo, desde 1985 há mestrado em direito agrário e, desde 2021, um doutorado específico). O grande número de universidades que adotaram esta disciplina em seu currículo comprova sua importância no Brasil contemporâneo e permite um aprofundamento ainda maior de seus temas e de seu conteúdo programático. Existem centenas de livros que tratam exclusivamente deste assunto, são proferidas palestras e realizados encontros, seminários e congressos nacionais e internacionais.

O direito agrário tem um método próprio, condicionado a um processo especial de conhecimento, pois seu objeto não pode ser englobado por outras disciplinas jurídicas (os conceitos de reforma agrária e de cumprimento da função social da propriedade fogem ao âmbito maior do direito civil). A produção bibliográfica específica vem reforçar sua condição científica.

A partir do momento no qual a terra rural não é mais olhada como um mero bem a ser contabilizado como patrimônio de uma pessoa ou uma empresa, quase que como uma extensão de sua personalidade que pode ou não ser utilizada para satisfazer seus interesses pessoais, mas é apresentada como um meio de produção sujeito ao bem comum, ao cumprimento de sua função social, a referência legal deixa de ser o direito civil e passa a ser o direito agrário.

As primeiras reflexões doutrinárias relativas ao direito agrário brasileiro se iniciaram com Joaquim Luis Osório (que, em 1937, escreveu aquele que pode ser considerado o primeiro tratado de direito agrário brasileiro com o título de: *Direito rural*, que trata da "vida da campanha"), Malta Cardozo (seu *Tratado de direito rural*, de 1953, sistematizou não só a teoria geral, mas também os diferentes institutos de direito agrário), Vicente Chermont de Miranda (que criou a primeira *Revista de Direito Agrário do Brasil*) e Oldegar Franco Vieira, que fixou os princípios constitucionais do direito agrário.

Posteriormente Fernando Pereira Sodero, depois de ter realizado uma cuidadosa análise histórica, sistematizou a teoria geral do direito agrário. Sodero, que junto com Messias Junqueira foi um dos elaboradores do Estatuto da Terra, organizou e foi conferencista de inúmeros seminários internacionais e nacionais divulgando o direito agrário. Seu *Esboço histórico do direito agrário no Brasil* (1975) representa um marco de referência obrigatória.

Nas últimas décadas, algumas dezenas de doutrinadores escreveram livros tratando de maneira específica dessa temática: Raymundo Laranjeira, Paulo Torminn Borges, Rafael de Mendonça Lima, Benedito Ferreira Marques, Wellington Pacheco Barros, João Bosco Medeiros de Souza, Antonino Moura Borges, Oswaldo Opitz e Silvia Opitz, Igor Tenório, José Braga, Juraci Octavio Mello Alvarenga, Perez de Magalhães, Altir Souza Maia, Ismael Marinho Falcão, Fábio Alves, Marcelo Dias Varela, Paulo Guilherme de Almeida, Lucas Abreu Barroso, Pinto Ferreira, Octávio Mendonça, Antônio José de Mattos Neto, Alcyr Gursen de Miranda, Christiano Cassetari, William Paiva Marques Junior, Nelson Demétrio, João Batista Torres de Albuquerque, Alencar Mello Proença, Carlos Frederico Marés de Souza Filho etc.

A sistematização destes estudos consolidou a autonomia científica do direito agrário.

Para garantir esta autonomia é necessário que seja adotada uma metodologia específica de ensino, isto é, uma técnica que permita dialogar com os alunos sobre os conteúdos programáticos favorecendo sua integração à comunidade agrária. Por meio de aulas expositivo-críticas; da análise dos casos concretos, dos processos administrativos e judiciais, de seminários, nos quais os alunos possam debater temas específicos e apresentar soluções aos casos apresentados, com incentivo à pesquisa, disponibilizam-se aos alunos os conhecimentos necessários ao desenvolvimento de sua futura prática profissional. Os diferentes temas devem ser apresentados analisando-se as normas em vigor, os conceitos formulados pela doutrina agrarista e as determinações jurisprudenciais.

5.2 Autonomia legislativa e jurisprudencial

Uma disciplina começa a ganhar sua autonomia legislativa quando consegue influir no legislador para que sejam criadas normas específicas.

A consolidação ordenada das leis agrárias em um único diploma legal começou há mais de dois séculos. O primeiro país a ter um Código Rural foi a França, que, já em 1771, promulgou o *Code Rural* (hoje está em vigor o Código de 1979). Em seguida encontramos o Código Agrário suíço, de 24.12.1875, e o *Code de l'Agriculture* ou *Landbouw Codex* da Bélgica, de 7.10.1866 (nesse país as leis são editadas em francês e flamengo). O Código da União Soviética entrou em vigor em 1925 e, além de regular as relações agrárias, determinava também o aproveitamento do subsolo, bosques, águas e litígios agrários. Já a Grécia editou seu Estatuto Rural em 1935. No mesmo ano também a Suécia editou seu Código.

Na América Latina os primeiros códigos foram promulgados pela província de Buenos Aires e pelo Uruguai em 1865.

Também Paraguai, Panamá, Haiti, Estados Unidos, França, Itália, Suíça, China, San Marino, Suécia, Finlândia, Bélgica, Polônia e Grécia têm seu código agrário.

No Brasil, normas isoladas começaram a ser elaboradas pouco a pouco, de forma fragmentada, regulamentando fenômenos agrários específicos até então regidos pelo direito civil e administrativo.

O primeiro ato jurídico que poderia servir de marco inicial para a história do direito agrário brasileiro foi o Tratado de Tordesilhas, de 7.6.1494, pois através dele os reis de Espanha e Portugal dividiram entre si as terras que estavam sendo descobertas.

Após este tratado inúmeros decretos, leis, alvarás, cartas régias, resoluções, provisões, avisos e portarias foram editados durante o período colonial regulamentando a questão agrária.

Com a vinda da coroa portuguesa para o Brasil registrou-se a primeira referência a uma norma agrária: a *Carta Régia*, de 28.1.1808, que ordenou a abertura dos portos ao comércio direto com os estrangeiros, tinha entre suas motivações promover o "comércio e a agricultura".

Particular destaque, no período imperial, mereceu a *Lei de Terras* (nº 601, de 18.9.1850). Desde o começo a esparsa legislação agrária apresentava o desempenho da função social da propriedade como elemento fundamental, pois determinava aos detentores dos imóveis (sesmeiros) a obrigação de fazer a terra produzir, decretando a sua perda aos que não cumprissem esta condicionante.

A transferência das *terras devolutas* para os estados determinada pela *Constituição Federal de 1891* pode ser considerada a primeira norma agrária que ganha destaque constitucional.

A inspiração inicial para o surgimento do direito agrário brasileiro veio da Argentina e Uruguai que, desde a segunda metade do século XIX, tinham uma legislação especializada. Foi a partir do Rio Grande do Sul que nasceram as primeiras propostas de elaboração de um Código Rural. Em 14.12.1912, o Deputado Federal gaúcho Joaquim Luiz Osório, professor de direito constitucional da Universidade de Direito de Pelotas (RS), apresentou ao Congresso Nacional um Projeto de Código Rural, ideia que ele mesmo já tinha defendido no 1º Congresso Agrícola do Rio Grande do Sul em 1908. Nos anos seguintes foram apresentadas novas propostas que, porém, não tiveram êxito.

O Código Civil brasileiro de 1916, apesar de ter sido elaborado num momento histórico no qual a população brasileira era eminentemente rural, não continha dispositivos que fizessem referência ao direito agrário ou direito social. Tendo consagrado o direito de propriedade em geral (art. 524), a aplicação de suas normas relativas ao direito sucessório, permeadas de individualismo, favoreceu a fragmentação e pulverização dos imóveis, favorecendo a constituição de minifúndios.

Apesar de a *Constituição Federal de 1934* (art. 5º, XIX, "c") prever que cabia privativamente à União legislar sobre "normas fundamentais do direito rural"[21] e condicionar o uso da propriedade ao bem-estar social, não se materializou uma codificação específica posterior. Esta mesma constituição instituiu o usucapião *pró-labore* (art. 125). A aprovação do *Estatuto da Lavoura Canavieira* (Decreto-Lei nº 3.855, de 21.11.1941) deu um novo impulso ao estudo do direito rural, tanto que um ano depois foi criada uma comissão parlamentar para elaborar uma proposta de Código Rural. Essas tentativas fracassaram ao lado de várias outras, porém são importantes, pois ajudaram a criar a consciência da necessidade de uma regulamentação específica desta matéria.

Em 1951, o Congresso Nacional criou uma *Comissão Nacional de Política Agrária*. Para implementar de maneira mais eficaz esta política, o Governo Federal criou o *Instituto Nacional de Imigração e Colonização (INIC)*, o *primeiro órgão fundiário* em nível federal (Lei Federal nº 2.163, de 05.01.1954). Em 1962, a Lei Delegada nº 11, de 11.10, criou a *Superintendência da Política Agrária (Supra)*.

No entanto, somente com a promulgação da Emenda Constitucional nº 10, de 9.11.1964, que modificou a Constituição de 1946 e delegou competência à União de legislar sobre "direito agrário", que se consagrou definitivamente a autonomia do direito agrário. *A Emenda nº 10/64 pode ser considerada, portanto, o marco histórico do nascimento do direito agrário como ramo autônomo da ciência jurídica.*

Seu art. 1º estabelecia: "A letra 'a' do nº XV do artigo 5º da Constituição Federal passa a vigorar com a seguinte redação: 'art. 5º – Compete a União: [...] XV – Legislar sobre: a) Direito Civil, Comercial, Penal, Processual, Eleitoral, Aeronáutico, do Trabalho e Agrário'".[22] Este ponto de partida tinha sido precedido pela promulgação da Lei Federal nº 4.214/63 (*Estatuto do Trabalhador Rural*), reformada pela Lei nº 5.889/73, que regulamentava os direitos destes trabalhadores, e foi seguida da Lei Federal nº 4.504/64 (*Estatuto da Terra*), que consagrou e consolidou a legislação específica. O art. 103 do Estatuto da Terra determina: "A aplicação da presente Lei deverá objetivar, antes e acima de tudo,

---

[21] O §3º deste artigo previa que os estados poderiam legislar de maneira supletiva ou complementar sobre esta matéria.

[22] Este dispositivo foi mantido na Constituição de 1967 (art. 8º, XVII, "b") e de 1988 (art. 22, I).

a perfeita ordenação do sistema agrário do País, de acordo com os princípios da justiça social, conciliando a liberdade de iniciativa com a valorização do trabalho humano".

O *Estatuto da Terra* foi a mola propulsora de novas reflexões doutrinárias e deu origem a uma vasta gama de leis que regulamentam a reforma agrária, salário mínimo, moradia rural, colonização, uso temporário do solo, posse, política agrícola, tributária etc. O fato de as normas previstas no Estatuto terem derrogado o Código Civil no que diz respeito aos contratos e à sucessão hereditária (proibição de parcelamento abaixo do módulo – art. 65) comprova a autonomia do direito agrário.

Para alcançar o *desenvolvimento rural* almejado seriam adotadas medidas de política agrícola, regulando e disciplinando as relações jurídicas, sociais e econômicas concernentes à propriedade rural, seu domínio e uso.

A partir deste momento surge o direito agrário, fruto de uma elevada concepção econômica e social. O direito agrário nasceu como uma resposta dos governos militares às pressões por reforma agrária presentes na sociedade da época.

É um direito eminentemente social, pois visa a proteger o homem do campo em detrimento dos proprietários rurais e resgata o direito de todos em detrimento do direito de um.

Reconheciam-se, desta maneira, as enormes desigualdades sociais existentes entre trabalhadores e proprietários. Por isso, o direito agrário apresenta forte intervenção estatal que, através de sua força cogente, impõe medidas protetivas em favor do trabalhador.

Estes dispositivos legais romperam o vínculo hierárquico de dependência com o direito comum e continham normas que não se enquadravam em outros ramos do direito.

A dimensão social deste direito o diferenciava do direito civil antes de este se tornar um verdadeiro direito civil constitucional, já que o atual Código Civil em vigor (2002) se abebera diretamente da fonte constitucional, sendo em realidade um verdadeiro direito civil constitucional.

Enquanto o direito civil anterior buscava manter o equilíbrio entre as partes e zelava para que predominasse a autonomia das vontades dos contratantes, o direito agrário impõe limitações a esta liberdade. Substitui-se a lógica igualitária (baseada na igualdade formal) do direito civil pela proteção dos interesses dos mais fracos – social e economicamente.

Constituiu-se assim um vasto complexo de normas e institutos jurídicos que deram origem a órgãos da administração especializada que precisavam ser estudados de maneira sistemática. Além de órgãos administrativos especializados existem órgãos jurisdicionais previstos no art. 126 da CF. Varas especializadas[23] para dirimir conflitos de natureza agrária já existem em vários estados da federação. Sua relação com o direito constitucional é a mais estreita possível porque a própria Carta Constitucional concede à União a competência privativa para legislar sobre direito agrário (art. 22, inc. I) e, constitucionalizado, o direito agrário disciplina interesses que vão além dos atores sociais diretamente envolvidos (agricultores, extrativistas, pecuaristas, empresas agroindustriais) e atinge toda a sociedade, pois todas as pessoas têm interesse em ter acesso a alimentos e matérias-primas produzidas por este importante setor da economia.

---

[23] Art. 126, *caput*, CF, com as alterações da EC nº 45/04 (Reforma do Judiciário): "Para dirimir conflitos fundiários, o Tribunal de Justiça proporá a criação de varas especializadas, com competência exclusiva para questões agrárias. Parágrafo único. Sempre que necessário à eficiente prestação jurisdicional, o juiz far-se-á presente no local do litígio".

Ratificando essa especialização do STF ao apreciar a ADI nº 3.433-PA, sob a relatoria do Ministro Dias Toffoli, em que pretendia o Procurador Geral da República declarar a inconstitucionalidade da expressão "além de competência geral, para os juízes de Direito, ressalvada a privativa da Justiça Federal", contida no *caput* do art. 3º; da alínea *e* dos §§1º e 2º do mesmo art. 3º da Lei Complementar nº 14/93 do Estado do Pará, os quais tratam da criação e da competência das varas privativas na área de direito agrário, minerário e ambiental, definiu um importante elemento ao discutir se os dispositivos questionados violam o disposto no art. 126 da Constituição Federal, que define a obrigatoriedade de atuação exclusiva dos juízes agrários na solução de conflitos de natureza agrária, o que se limitaria às questões de "natureza eminentemente cível, que envolvem litígio pela propriedade ou posse de imóvel rural", parâmetro que não foi alterado com a EC nº 45.

O STF declarou que a Emenda Constitucional nº 45/04, ao substituir a expressão "designará juízes de entrância especial", contida no *caput* do art. 126 do texto constitucional, por "proporá a criação de varas especializadas", apenas aperfeiçoou tecnicamente a redação do dispositivo, preservando a essência e o teor específico da norma, que é a especialização do órgão e competência, definindo a Corte Suprema no item 3 da ementa que:

> A melhor interpretação para o art. 126, **caput**, da Constituição Republicana caminha no sentido de que essas varas especializadas, a partir do momento em que efetivamente são implantadas pelos respectivos tribunais, excluem da competência de qualquer outra unidade jurisdicional de igual hierarquia o processo e o julgamento das causas agrárias. É dizer, só a vara especializada julga matéria agrária e, uma vez implantada, nenhuma outra vara pode apreciar matéria dessa natureza. Mas, ressalte-se, a vara especializada não julga só matéria agrária.

Reconhecendo que o desígnio constitucional foi criar uma jurisdição especializada para a solução dos conflitos agrários, com juízes que tivessem *expertise* nesse ramo específico do direito e que fossem "conhecedores das questões sociais e econômicas subjacentes a tais conflitos, os quais são peculiares e distintos em cada região do país", evitando, assim, "que se degenerem em violência". Aliás, por isso, o relator reconheceu em seu voto que:

> É nesse sentir, inclusive, que o parágrafo único do art. 126 da Carta Política, ao prever que "[s]empre que necessário à eficiente prestação jurisdicional, o juiz far-se-á presente no local do litígio", eleva a nível constitucional o que a doutrina de Direito Agrário denomina princípio da mobilidade, segundo o qual o juiz, sempre que provocado, ou quando julgar conveniente, deve se deslocar para o local do fato para ter o panorama completo do conflito. Trata-se de importante faculdade do juiz que visa a lhe propiciar meios para que seja proferida decisão mais justa e segura a partir do conhecimento da realidade que extrapola os autos.

O mais importante nesse julgado é que, além de reforçar o papel diferenciado das varas agrárias na solução dos conflitos, com profundas raízes históricas na luta pela terra, de cunho eminentemente sociológico, reconheceu o STF, no item 5 da ementa:

Nos termos do art. 125, § 1º, da CRFB de 1988, incumbe à lei de organização judiciária, cuja iniciativa pertence ao respectivo tribunal de justiça, especializar varas em razão da matéria, de modo a tornar mais eficiente a prestação do serviço jurisdicional em sua esfera federativa. Cabe-lhe, também, avaliar, em conformidade com as peculiaridades regionais, a possibilidade de as varas agrárias cumularem essa competência com competência geral, ou com competência para apreciar matérias afins.

Embora não haja consenso entre os estudiosos sobre as matérias incluídas na competência das varas agrárias e, em uma primeira análise, sobre as questões agrárias relacionadas aos litígios cíveis que envolvam a posse e a propriedade de terras em áreas rurais, *não há no texto constitucional óbice à competência das varas agrárias também em matéria criminal*. (Grifei)

Essa possibilidade de competência ampla decorre de que, conforme expresso no item 7 da ementa:

O **caput** do art. 126 da Constituição Federal adotou as expressões genéricas "conflitos fundiários" e "questões agrárias", não restringindo a competência das varas especializadas a questões somente de natureza cível. Por outro lado, as questões agrárias, muitas vezes, estão intrinsecamente relacionadas com conflitos de natureza penal, como a grilagem de terras, o desmatamento ilegal, a apropriação indevida de terras públicas, o esbulho possessório, dentre outros. No caso específico do Estado do Pará, é fundamental considerarem-se os conflitos agrários juntamente com a violência perpetrada contra trabalhadores, indígenas, pequenos proprietários ou posseiros, não se podendo limitar tais conflitos a seus aspectos meramente cíveis.

Logo, o essencial é que o STF reconhece que a criação por lei estadual de varas agrárias em razão de proposta do respectivo tribunal de justiça decorre da competência legislativa dos estados-membros para dispor sobre organização e divisão judiciária. É constitucional, nos termos do art. 125, §1º, da Constituição Federal e do art. 126, *caput*, da Carta Magna, adequar as competências conforme os tipos de conflito no meio rural, não estando excluído, por exemplo, processar os crimes de assassinato de trabalhadores rurais decorrentes da luta pela terra nem causas envolvendo conflitos de posse da terra, ainda que decorrentes de concessão de lavras minerárias pela União, vez que o fundamento não seja o direito à lavra, de acordo com a ideia de conflitos afins à temática agrária. No entanto, apenas afasta, com fundamento no art. 109, §3º, da Constituição Federal, a possibilidade de se incluírem na competência da justiça estadual, quando a comarca não seja sede de vara do juízo federal, as causas relacionadas às questões agrárias conectadas com as competências da Justiça Federal – pois não detêm os estados-membros competência legislativa para dispor sobre competência da Justiça Federal – e que estão definidas no mesmo art. 109 da CRFB.

Essa especialização torna-se mais importante quando, a partir da ADPF nº 828-DF, que havia suspenso o cumprimento de reintegrações de posse durante a pandemia de COVID-19, ficou definido, na 4ª Tutela Incidental, de relatoria do Ministro Roberto Barroso, que a retomada dos cumprimentos se faça de forma a respeitar os direitos humanos, com o auxílio de uma comissão de conflitos fundiários inspirada no modelo do Tribunal da Justiça do Paraná. Conforme definiu o Ministro:

20. A critério de cada Tribunal, poderá caber às Comissões, por exemplo: (i) realizar visitas técnicas nas áreas de conflito, com elaboração do respectivo relatório, a ser remetido ao juiz da causa; (ii) atuar na interlocução com o juízo no qual tramita a ação judicial; (iii) interagir com as Comissões de Conflitos Fundiários instituídas no âmbito de outros poderes e órgãos, como o Governo do Estado, a Assembleia Legislativa, o Ministério Público, a Defensoria Pública etc.; (iv) participar de audiências de mediação e conciliação agendadas no âmbito de processo judicial em trâmite no primeiro ou segundo grau de jurisdição; (v) agendar e conduzir reuniões e audiências entre as partes e interessados, elaborando a respectiva ata; (vi) promover reuniões para o desenvolvimento dos trabalhos e deliberações; (vii) monitorar os resultados alcançados com a sua intervenção; e (viii) executar outras ações que tenham por finalidade a busca consensual de soluções para os conflitos fundiários coletivos ou, na sua impossibilidade, que auxiliem na garantia dos direitos fundamentais das partes envolvidas em caso de reintegração de posse. Nos casos judicializados, as comissões funcionarão como órgão auxiliar do juiz da causa, que permanece – como não poderia deixar de ser – com a competência decisória, podendo, inclusive, se assim desejar, acompanhar a realização das diligências

A Constituição Federal de 1988 avança na especificidade do direito agrário a disciplinar o reconhecimento dos direitos constitucionais da população do campo, bem como permitindo a leitura da Suprema Corte quanto à humanização no cumprimento de reintegrações de posse quando a força for o único meio para resolver os conflitos.

5.3 Autonomia administrativa

Implementação das políticas públicas de reforma agrária, arrecadação das terras públicas, legitimação de posse e regularização fundiária ensejaram, como já assinalado anteriormente, a criação de órgãos administrativos específicos quer a nível federal quer estadual. Já a Lei de Terras de 1850 previa, em seu art. 21, a criação da Repartição Geral das Terras Públicas encarregada de dirigir a medição, a divisão e a descrição das terras devolutas e sua conservação, de fiscalizar a venda e distribuição delas, e de promover a colonização nacional e estrangeira.

Ao longo do tempo, sucederam-se vários órgãos federais que tiveram a responsabilidade de administrar as terras.[24] Os estados criaram seus próprios institutos de terras. Em alguns estados, dentre eles Amazonas, Amapá, Acre, Maranhão e Tocantins, os órgãos fundiários são responsáveis, seja pela regularização das terras rurais, seja urbanas. Esses diferentes institutos de terras são representados pela Associação Nacional dos Órgãos Estaduais de Terra (Anoter).[25]

---

[24] A Lei nº 2.163, de 5.1.1954, criou o Instituto Nacional de Imigração e Colonização (INIC), o primeiro órgão fundiário em nível federal. A Lei nº 2.613, de 23.9.1955, criou o Serviço Social Rural (SSR), autarquia vinculada ao Ministério da Agricultura. Em 1962 a Lei Delegada nº 11, de 11.10, criou a Superintendência da Política Agrária (Supra) que incorporou os bens e atribuições do INIC e SSR. O Estatuto da Terra (Lei nº 4.054/1964) criou do Instituto Brasileiro de Reforma Agrária (Ibra) e o Instituto Nacional de Desenvolvimento Rural (Inda). Órgãos que foram substituídos pelo Instituto Nacional de Colonização e Reforma Agrária (Incra), autarquia federal criada pelo Decreto nº 1.110, de 9.7.1970. Tem como missão prioritária realizar a reforma agrária, manter o cadastro nacional de imóveis rurais e administrar as terras públicas da União. Está presente em todo o território nacional por meio de 30 superintendências regionais.

[25] No Paraná as atividades de regularização são assumidas pelo Instituto Ambiental do Paraná (IAP), que incorporou as atribuições da Superintendência dos Recursos Hídricos e Meio Ambiente (SUREHMA) e do Instituto de Terras Cartografia e Florestas (ITCF).

Autonomia do Direito Agrário

Ramo do direito que só é considerado autônomo com a existência de um conjunto de realidades, pressupostos, normas, instituições e princípios que podem dar origem a um sistema jurídico completo em si, suficiente para solucionar os problemas apresentados pela realidade sem ter de recorrer a outros conhecimentos, senão subsidiária.

Deve ter também um método próprio, isto é, um conjunto de procedimentos que permitam definir e transmitir conhecimentos. Em outras palavras, deve ser dotado de autonomia: didática, administrativa e jurisprudencial.

Autonomia científica e didática

Para comprovar sua existência, é essencial que haja uma doutrina própria capaz de auxiliar, aprimorar-se e compreender melhor suas normas e que produza teorias suficientes para o avanço acadêmico e forense.

A sistematização do estudo de doutrinadores, desde 1937, consolidou a autonomia científica do Direito Agrário.

A adoção de uma metodologia específica de ensino, ou seja, uma técnica capaz de interligar os alunos aos conteúdos programáticos a fim de integrá-los à comunidade agrária é a garantia dessa autonomia.

Autonomia legislativa e jurisprudencial

Um instituto detém essa autonomia quando consegue influir no legislador para que sejam criadas normas específicas.

No Brasil iniciou-se com normas isoladas que regulamentavam fenômenos agrários específicos até então regidos pelo Direito Civil e Administrativo. O Tratado de Tordesilhas pode ser considerado o marco inicial par a história do Direito Agrário no Brasil.

Em âmbito constitucional, a transferência das terras devolutas para o Estado, determinada pela CF/1891, é a primeira norma agrária com cunho constitucional. Dessa forma, em 1961, após várias tentativas infrutíferas, o Congresso Nacional criou uma Comissão Nacional de Política Agrária, instituindo o Instituto Nacional de Imigração e Colonização (INIC) – que foi o primeiro órgão fundiário no nível federal.

Porém o marco histórico definitivo do Direito Agrário, como ramo autônomo da ciência jurídica, deu-se com a EC nº 10/64, que teve o condão de modificar a Carta Magna de 1946 e delegou competência à União para legislar no âmbito agrário.

Assim, com sua constitucionalização, o Direito Agrário não envolve apenas os sujeitos da relação, mas atinge a sociedade como um todo, pois é um importante setor da economia.

Autonomia administrativa

A implementação das políticas públicas de reforma agrária, a arrecadação das terras públicas, a legitimação de posse e a regularização fundiária ensejaram a criação de órgãos administrativos específicos tanto no nível federal como no estadual.

A Lei de Terras de 1850 previa, em seu art. 21, a criação da Repartição Geral das Terras Públicas encarregada de dirigir a medição, divisão e descrição das terras devolutas e sua conservação, de fiscalizar a venda e distribuição delas, e de promover a colonização nacional e estrangeira.

Ao longo do tempo se sucederam vários órgãos federais que tiveram a responsabilidade de administrar as terras.

Os diferentes estados criaram seus próprios Institutos de Terras.

CAPÍTULO 6

RELAÇÃO DO DIREITO AGRÁRIO COM OUTROS RAMOS DO DIREITO E OUTRAS CIÊNCIAS

Os princípios estabelecidos pelas leis agrárias e seus regulamentos formam hoje um todo orgânico, suficiente para constituir o objeto de uma pesquisa científica autônoma. Apesar de sua autonomia, o direito agrário não é ciência estanque, não existe por si só, não é isolado. Ao contrário, mantém estreitas relações com os demais ramos do direito que o complementam.

De maneira especial está ligado ao *direito constitucional*, de onde emanam todas as diretrizes básicas e seus princípios norteadores; ao *direito civil* (princípios gerais, como capacidade, usucapião ordinário e extraordinário etc.); ao *direito ambiental* (legislação que limita o uso do imóvel, determinando o respeito a certas realidades, como exemplo, a reserva legal, a área de proteção permanente, o uso das águas e demais recursos naturais); ao *direito administrativo* (desapropriação, concessão de terras etc., criação de órgãos públicos encarregados de administrar o patrimônio público e regulamentar o uso da terra); ao *direito comercial* (venda dos produtos, garantia dos títulos e crédito); ao *direito do trabalho* (relações entre empregadores e assalariados rurais); ao *direito tributário* (imposto sobre a propriedade e uso do solo, circulação de mercadorias); ao *direito processual* (discriminatória, interditos etc.) e ao *direito penal* (combate ao desmatamento, à apropriação indevida de terras públicas, esbulho, bando e quadrilha).

O direito agrário mantém, também, relação com outras ciências, como: *sociologia* (estudos dos fenômenos sociais como migração, estrutura social de uma região, suas pesquisas orientam a formulação das normas necessárias à correção das distorções sociais), *agronomia* (procura de melhores processos produtivos); *economia* (por ser uma atividade produtiva gera riqueza, ativa o comércio nacional e internacional).

Por isso Frassoldati *apud* Laranjeira afirma:

> O Direito Agrário não esconde os laços com outras espécies jurídicas, nem nega a paternidade do Direito Civil; mas reivindica uma autonomia para impor sua problemática e sua interpretação jurídica, proclamando a existência de princípios gerais próprios, como acontece com todo ramo da ciência, a que seja digna deste nome.[26] É necessário lembrar a atualidade de um velho brocardo latino: *ius unum, lex multiplex* (um único direito, várias leis).

---

[26] LARANJEIRA, Raymundo. *Propedêutica do direito agrário.* São Paulo: LTr, 1975. p. 148.

A atual preocupação com as questões agrárias se deve aos novos debates que são introduzidos nesta seara: correta ocupação dos espaços por meio de um ordenamento territorial apropriado, reforma agrária, modernização da agricultura, aplicação de pesquisas relativas ao melhoramento genético dos rebanhos, biotecnologia e organismos geneticamente modificados (transgênicos), combate à grilagem e ao desmatamento ilegal, e, sobretudo, as dimensões assumidas pelo debate ecológico. Estas discussões fazem surgir a necessidade da criação de novos mecanismos jurídicos vinculando as questões agrárias com as ambientais.

No começo do século XXI, está sendo gestado um novo ramo do direito: o *direito agroambiental*, cujas soluções aos problemas do campo não podem se limitar ao debate meramente fundiário, mas devem incluir o uso sustentável dos recursos naturais, o debate sobre o zoneamento ecológico-econômico e o ordenamento territorial.

É por isso que o reconhecimento dos direitos territoriais das populações tradicionais é sempre vinculado à elaboração de planos de utilização (planos de manejo). No caso específico da América Latina, e em particular da Amazônia, considerando os conflitos agrários e a violência perpetrada contra trabalhadores(as), o debate sobre o direito agroambiental deve ser realizado em estreita vinculação com a concretização dos direitos humanos.

Esquemas de fixação

Surgimento do Direito Agrário

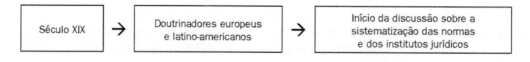

Significado de Direito Agrário

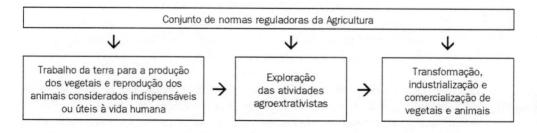

Fundamento histórico

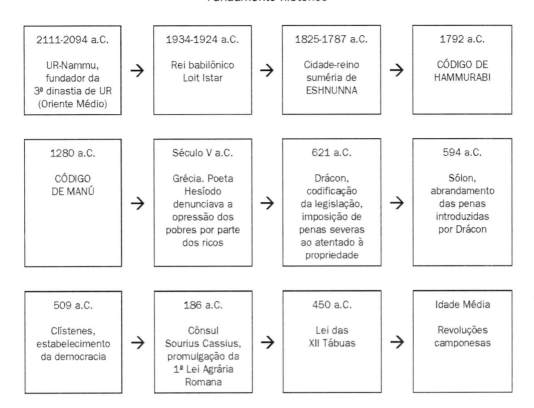

Denominação		
Direito Agrário	**Direito Rural**	**Direito Fundiário**
Direito, no latim, *ager-agris* = terra suscetível de produção, sendo um conceito dinâmico, ligado à produção, ao trabalho, à ideia de distribuição de terra. Expressão utilizada, atualmente, em países como Itália, Espanha e os demais países da América Latina.	Expressão com origem na palavra *rus, ruris*, significando terreno distante da "urbs", da cidade, sendo um conceito geográfico, estático. Países como França, Portugal e Argentina utilizam a expressão.	A questão fundiária trata da maneira como a propriedade da terra rural se distribui em determinado espaço geográfico. Está intimamente ligada a relações sociais, econômicas e jurídicas.

Definição	→	Ramo autônomo da ciência do direito com autonomia legislativa, científica e didática, integrado por normas e institutos provenientes do direito público e do direito privado que visa regulamentar as relações jurídicas do homem com a terra, os direitos e as obrigações concernentes à propriedade, posse e uso da terra, cumprimento da função social da terra e respeito à legislação trabalhista ambiental
Objeto	→	Fatos jurídicos do campo, resultado da atividade agrária, da estrutura agrária, da empresa agrária e da política agrária
Natureza jurídica	→	Mista. Composta por normas e institutos públicos e privados que formam um complexo de miscigenação
Conteúdo	→	Conjunto de normas e instituições que disciplinam os recursos naturais renováveis ou não renováveis e as relações jurídicas decorrentes da atividade agrária

Direito Agrário e a legislação brasileira

Constituição Federal de 1988

Arts. 184 a 191

- Reforma Agrária
- Propriedades desapropriáveis e não desapropriáveis
- Função social
- Política agrícola
- Alienação de terra pública
- Usucapião

Estatuto da Terra

- Princípios básicos e principais institutos
- Utilização de terras públicas e particulares
- Reforma Agrária
- Colonização
- Zoneamento
- Cadastro de imóveis rurais
- Política agrícola

Principais atividades produtivas do Direito Agrário

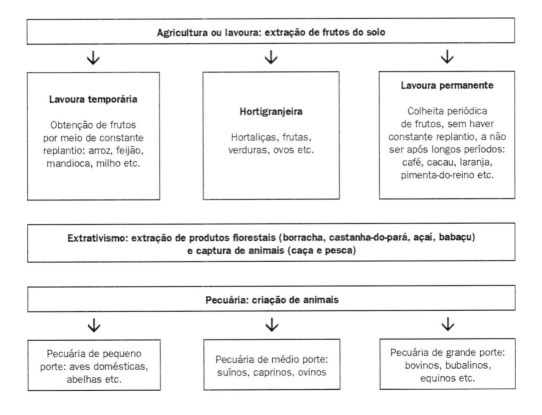

Agricultura ou lavoura: extração de frutos do solo

Lavoura temporária
Obtenção de frutos por meio de constante replantio: arroz, feijão, mandioca, milho etc.

Hortigranjeira
Hortaliças, frutas, verduras, ovos etc.

Lavoura permanente
Colheita periódica de frutos, sem haver constante replantio, a não ser após longos períodos: café, cacau, laranja, pimenta-do-reino etc.

Extrativismo: extração de produtos florestais (borracha, castanha-do-pará, açaí, babaçu) e captura de animais (caça e pesca)

Pecuária: criação de animais

Pecuária de pequeno porte: aves domésticas, abelhas etc.

Pecuária de médio porte: suínos, caprinos, ovinos

Pecuária de grande porte: bovinos, bubalinos, equinos etc.

Obs.: Classificação importante para fixar os prazos dos contratos agrários e das operações de crédito rural.

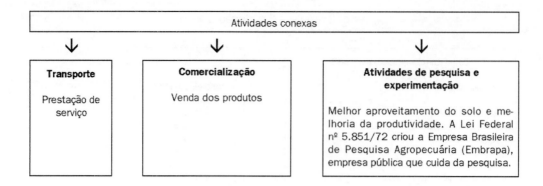

Obs.: Quando o próprio produtor rural industrializa, transporta e comercializa sua produção no mercado consumidor, não se transforma em prestador de serviços ou comerciante.

FONTES

As fontes, isto é, as nascentes, as referências originárias de um fato, são as causas que lhe dão origem, os meios através dos quais são estabelecidas as normas jurídicas.

Existem fontes *formais* e *materiais*, isto é, os atos e fatos que dão origem aos princípios jurídicos. Para impor sua vontade o Estado utiliza as fontes formais. São elas: a lei, o costume, a jurisprudência, os princípios gerais do direito, a analogia e a equidade. Entre as fontes materiais destacam-se a política de reforma agrária (que permite modificar a estrutura fundiária do país) e a política de desenvolvimento (planejamento de ações que favoreçam determinadas áreas ou produtos).

Além da *Constituição* e sua legislação complementar, o *Estatuto da Terra* continua sendo fonte importante para nosso direito agrário. Se, por exemplo, o arrendatário afirma que tem direito de preferência na aquisição do imóvel, somente o poderá fazer de acordo com determinação legal. Grande importância têm, também, as instruções normativas, resoluções e portarias do Incra e dos órgãos e institutos fundiários estaduais.

A *jurisprudência, mais do que fonte, deve ser considerada meio de interpretação das normas jurídicas*. A análise da coletânea das jurisprudências relativas aos conflitos agrários será fortalecida com a efetivação plena das varas especiais agrárias previstas pela Constituição Federal e por várias constituições estaduais.

A *doutrina* – o ensinamento dos que escrevem sobre o assunto – é fundamental para a exata compreensão de seus institutos. Visa a aprimorar o entendimento das normas existentes, mais que produzir normas novas.

O *costume* teve uma importância fundamental na elaboração da economia agrária e contribuiu na formação do direito consuetudinário e das leis locais. É comum se ouvir os operadores do direito afirmarem que: "O costume é que faz a lei". Isso vale ainda mais num país de dimensões continentais como o Brasil que apresenta realidades locais, climáticas, geográficas e culturais tão diferenciadas. Até as medidas de terra diferem de um estado para outro, *v.g.*, alqueire paulista (4,84ha) e alqueire goiano (2,42ha) (atenção: em caso de falta de norma agrária específica, o direito agrário se valerá da *analogia* para resolver eventuais lides).

O *direito comparado* – o direito grego, sobretudo no que diz respeito aos conceitos, e o direito romano são fontes importantíssimas para o nosso direito: "constituindo o mais poderoso dos fatores jurídicos que influem na história".[27] Além destes, também, o direito germânico e canônico influenciaram o direito português que serviu de base para o nacional até o começo do século XX (apesar da independência, as antigas Ordenações Filipinas continuaram em vigor até a promulgação do Código Civil brasileiro no que elas não tinham sido expressamente revogadas ou contrariassem a Constituição). Além da legislação nacional citada acima, existem as *fontes internacionais*. Entre elas a Resolução nº 401, de 20.11.1950, da *Assembleia Geral das Nações Unidas*, que sugeria a seus órgãos técnicos estudar como formas inadequadas de estruturas agrárias as que impedissem o desenvolvimento de numerosas nações, e a *Carta de Punta del Este*, datada de 17.8.1961, que em seu art. 6º recomendava aos governos americanos que impulsionassem programas de reforma agrária para modificar as estruturas dos injustos sistemas de uso e posse da terra.

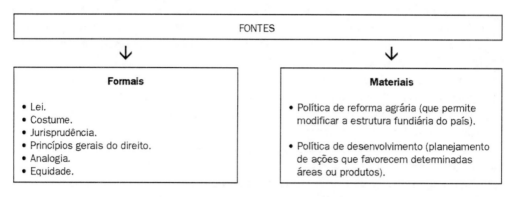

---

[27] OPITZ, Silvia C. B.; OPITZ, Oswaldo. *Curso completo de direito agrário*. São Paulo: Saraiva, 2007. p. 11.

CAPÍTULO 8

PRINCÍPIOS GERAIS[28]

Entendem-se por princípios as condições ou critérios necessários à elaboração, interpretação e aplicação das normas jurídicas. Constituem os "valores" que o direito agrário quer realizar. A finalidade da atividade agrária é a produção de alimentos e matérias-primas indispensáveis à vida humana, e os princípios gerais norteadores da ação do Poder Público e dos particulares deverão servir para favorecer o desenvolvimento desta política. Os *princípios gerais* do direito agrário podem ser resumidos desta maneira:

1. Princípio da função social da propriedade: aproveitamento racional e adequado, utilização adequada dos recursos naturais disponíveis e preservação do meio ambiente, observância das disposições que regulam as relações de trabalho, exploração que favoreça o bem-estar econômico dos proprietários e trabalhadores (art. 186 da CF); penalização dos que possuem a terra sem que ela cumpra sua função social; melhoria da capacidade produtiva do homem que tem no trabalho da terra sua principal atividade – incremento racional da produção traz benefícios para ele próprio, para sua família e, em maior escala, para toda a sociedade, pois favorece o crescimento contínuo da produção e da produtividade, com o fortalecimento da economia nacional.

A *natureza social do direito agrário* é normatizada em vários diplomas legais:

a) erradicar a pobreza é um dos objetivos fundamentais da República Federativa do Brasil: CF: art. 3º;
b) cumprimento da função social: CF, art. 5º, XXIII;
c) fundamento da ordem econômica: CF, art. 170, III;
d) obrigações a serem cumpridas simultaneamente: CF, art. 186;
e) uso da propriedade condicionado ao bem-estar coletivo: Lei nº 4.504/64, art. 12;
f) normas interpretativas do *caput*: §§1º, 2º, 3º, 4º, 5º dos incisos do art. 186 da CF: Lei nº 8.629, 25.2.1993 (Lei Agrária Nacional), art. 9º;
g) reformulação da estrutura agrária: desapropriação: CF, art. 184;[29]

---

[28] Estes princípios foram elaborados levando-se em consideração os da Argentina (Vivanco), Espanha (Ballarin Marcial), Colômbia (Lei nº 135/1961), Venezuela (Lei de Reforma Agrária, arts. 1º e 2º) e Brasil (Estatuto da Terra).

[29] A Lei de Reforma Agrária da Venezuela determina: "Art. 1º A presente lei tem por objeto a transformação da estrutura agrária do país e a incorporação de sua população rural ao desenvolvimento econômico-social e político da nação, mediante a substituição do sistema latifundiário da exploração da terra, baseado na equitativa distribuição da terra, a adequada organização do crédito e a assistência integral para os produtores do campo,

h) extinção das formas antieconômicas e antissociais de exploração da terra (minifúndio e latifúndio): Estatuto da Terra, art. 13.

A comparação entre alguns conceitos de "propriedade" ajuda a entender a complexidade deste tema. Para Serrano: "Intimamente unida ao homem, à sua personalidade, a seu destino individual e social, a propriedade deve refletir todas as evoluções da vida humana".[30] Para Monteiro, "O direito de propriedade, o mais importante e mais sólido de todos os direitos subjetivos, o direito real por excelência, é o eixo em torno do qual gravita o direito das coisas".[31] Já Gischow dispõe o seguinte: "A propriedade protege-se e garante-se, sobretudo, em razão de sua função social, implicando em imposições restritivas e limitativas, uma vez que seu uso está condicionado ao bem-estar social. O conceito de propriedade tem que ser entendido no plano de interesse comum da coletividade, significando que deve ter um sentido solidarista, sem deixar de ser privado".[32] O direito de propriedade nunca deve ser exercido em detrimento do bem comum. A propriedade improdutiva não merece o amparo legal de que goza a posse. Numa ação possessória, quando se comprovar que a propriedade for improdutiva, o juiz poderá expedir uma sentença declaratória de área passível de ser desapropriada.

2. Princípio da proteção especial à pequena empresa agrária (pequenas glebas rurais).
   2.1. Definição legal:
       2.1.1. Propriedade familiar (módulo rural) – ET, art. 4º, II e III: propriedade familiar.
       2.1.2. Para fins de desapropriação – Lei nº 8.629/93, art. 4º, II e III: pequena propriedade (de área até 4 módulos fiscais); média (de área superior a 4, até 15 módulos).
       2.1.3. Para fins de tributação – Lei nº 9.393/96, art. 2º, parágrafo único.
   2.2. Imunidade do ITR: CF, art. 153, §4º.
   2.3. Incentivo constitucional para recuperação de terras áridas: CF, art. 43, §3º.
   2.4. Impenhorabilidade da pequena propriedade rural – CF, art. 5º, inc. XXVI.
3. Princípio de acesso e distribuição da terra ao cultivador direto e pessoal: efetivação da justiça social – oferecer a todos a possibilidade de acesso à terra. Para quem não tiver condições de adquiri-la a título oneroso, o Estado deverá propiciar este acesso através da desapropriação de imóveis improdutivos, elaboração de projetos de colonização e subsídio para a aquisição. Garantir o bem-estar econômico e social do homem do campo e a fixação à terra dos que a tornaram produtiva com o seu trabalho e de sua família.
   3.1. CF, art. 191 (usucapião *pró-labore* ou especial 5 anos: 50ha) e Lei nº 6.969/81, art. 1º.
   3.2. ET 2º: acesso à terra: direito x obrigação.

---

a fim de que a terra constitua, para o homem que a trabalha, base de sua estabilidade econômica, fundamento de seu progresso e bem-estar social e garantia de sua liberdade e dignidade".

[30] SERRANO, Jonathas. *Filosofia do direito*. Rio de Janeiro: Briguiet, 1942. p. 96.

[31] MONTEIRO, Washington de Barros. *Curso de direito civil* – Direito das coisas. São Paulo: Saraiva, 2003. v. 3. p. 83.

[32] GISCHKOW, Emílio. Direito brasileiro: atualização do conceito de propriedade. *Revista de Direito Agrário*, 1972. p. 65-66.

3.3. ET, art. 95, IV (direito de preferência do arrendatário na continuidade do contrato).

3.4. ET 103: promover a perfeita ordenação do sistema agrário do país.

4. Predominância do interesse público sobre o particular: limitações ao direito de propriedade, estabelecimento de limite mínimo do tamanho do imóvel para garantir a sobrevivência e o progresso do homem do campo (art. 4º, II e III e art. 65 do ET etc.). O princípio da prevalência do interesse coletivo sobre o particular é a forma para que se possa chegar à justiça social. Fortalecimento do espírito comunitário através de cooperativas e associações. A utilização da terra se sobrepõe à titulação dominial. Devemos falar do direito à propriedade, muito mais que do direito de propriedade (excludente, oponível *erga omnes*).

5. O princípio da dimensão familiar mínima ou área mínima do imóvel rural.

5.1. Área mínima para atingir a função social. ET, art. 4º, inc. II.

5.2. A variabilidade do módulo rural (ver instruções normativas do Incra).

5.3. Fração mínima de parcelamento – Lei nº 5.868, de 12.12.1972, art. 8º.

6. Princípio de rigor especial para a propriedade improdutiva: a propriedade que não alcança os coeficientes mínimos de produtividade fixados pelo Incra será objeto de desapropriação.

6.1. CF, art. 185, I e II.

6.2. Vedação de concessão de financiamento e demais facilidades creditícias.

6.3. Progressividade do ITR – CF, art. 153, §4º.

7. Princípio de coincidência entre a propriedade produtiva e empresa rural.

7.1. Conceito de propriedade produtiva – aquela que, explorada econômica e racionalmente, atinge, simultaneamente, grau de utilização da terra (GUT) igual ou superior a 80%, calculado pela relação percentual entre a área efetivamente utilizada e a área total do imóvel, e grau de eficiência na exploração da terra (GEE) igual ou superior a 100%, obedecendo aos índices fixados pelo órgão federal competente (Lei nº 8.629/93, art. 6º).

7.2. Não é atingido pela desapropriação por interesse social para fins de reforma agrária (CF, art. 185, II; Lei nº 8.629/93: art. 7º).

8. Princípio da preservação da biodiversidade: conservação dos recursos naturais (terra, água, ar, florestas, pastagens naturais, fauna e flora) e do meio ambiente. As normas jurídicas agroambientais devem limitar o uso dos recursos naturais em função da capacidade produtiva e de regeneração desses para evitar seu esgotamento (no caso de a terra evitar a erosão, empobrecimento e desertificação).

8.1. CF, art. 170, VI; art. 186, II, art. 225.

8.2. Política Nacional do Meio Ambiente:

a) Lei nº 6.938, 31.8.1981, art. 2º;

b) Regulamento: Dec. nº 88.351, 1º.6.1983;

c) Tutela jurisdicional: Lei nº 7.347, 24.7.1985;

d) Responsabilidade objetiva: Lei nº 6.938/81, art. 14, §1º.

9. Monopólio legislativo da União: art. 22, I, da Constituição Federal. Estados e municípios não têm nem competência residual para editar normas de direito agrário.
10. Destinação produtiva das terras públicas, preferencialmente para promover o acesso à igualdade social. Utilização das terras públicas para a produção agrária quer por meio de projeto de colonização, quer por simples alienação (ET, art. 10).

O Estatuto da Terra, em seus primeiros dois artigos, contempla os seguintes princípios: (a) justiça social (art. 1º, §1º); (b) função social da terra (art. 2º, §1º); (c) acesso a propriedade da terra (art. 2º, §2º); (d) permanência na terra daquele que a torna produtiva com o seu trabalho e o de sua família (art. 2º, §1º, alínea "a" e §3º); (e) preservação dos recursos naturais renováveis (art. 2º, §1º, alínea "c"); (f) o aumento de produção (art. 2º, §1º, alínea "b"); (g) condições de progresso social e econômico àqueles que exercem a atividade agrária (art. 2º, §2º, alínea "a").

Princípios Gerais

Princípio da função social da propriedade

Discorre sobre aproveitamento racional e adequado, utilização adequada dos recursos naturais disponíveis e preservação do meio ambiente.

Observa o que dispõe a legislação trabalhista, bem como a exploração no sentido de buscar o bem-estar econômico dos proprietários e trabalhadores (art. 186 da CF). Penalização dos que possuem a terra sem que esta cumpra sua função social.

A melhoria da capacidade produtiva do homem que tem no trabalho da terra sua principal atividade, por trazer benefícios para si e para a coletividade, favorecendo o crescimento contínuo da produção e da produtividade, com o fortalecimento da economia nacional.

Princípio da proteção especial à pequena empresa agrária (pequenas glebas rurais)

Propriedade familiar (módulo rural) – para fins de desapropriação – Lei nº 8.629/93, art. 4º II e III: pequena propriedade (1-4 módulos fiscais); média (4-15 módulos).

Imunidade do ITR.

Incentivo constitucional para recuperação de terras áridas: CF, art. 43, §3º.

Impenhorabilidade rural - CF, art. 5º, inc. XXVI.

Princípio de acesso e distribuição da terra ao cultivador direto e pessoal

É o oferecimento igualitário sobre a possibilidade de acesso à terra daqueles que não possuem condições de tê-la a título oneroso.

Tal acesso ocorrerá mediante desapropriação de imóveis improdutivos, pelo Estado, como também será o responsável pela elaboração de projetos de colonização e subsidiará a aquisição.

Garantir o bem-estar econômico e social do homem do campo e a fixação à terra dos que a tornaram produtiva.

Predominância do interesse público sobre o particular

Limita o direito de propriedade, bem como estabelece um parâmetro limitando o tamanho do imóvel para garantir a sobrevivência é o progresso do homem do campo (arts. 4º, II e III, e 65 do ET etc.). É a maneira pela qual a justiça é aplicada.

Fortalece o espírito comunitário por meio de cooperativas e associações.

A utilização da terra se sobrepõe à titulação dominial.

O princípio da dimensão familiar mínima ou a área mínima do imóvel rural

Privilegia área mínima para atingir a função social.

Princípio de rigor especial para a propriedade improdutiva

A propriedade que não alcança os coeficientes mínimos de produtividade fixados pelo Incra será objeto de desapropriação.

PARTE II

AS POSSES

CAPÍTULO 1

AS POSSES NO DIREITO AGRÁRIO BRASILEIRO

O presente capítulo procura fazer um apanhado das modalidades de apossamento no direito agrário brasileiro, especialmente definindo a clareza do seu contorno como instrumento fundamental para a democracia e a paz no campo.

1.1 Aspectos histórico-políticos da ocupação das terras no Brasil

O conhecimento da história é de fundamental importância para entender não só os institutos jurídicos atuais, mas, também, qual a origem e como se deu o processo de concentração da propriedade.

A história fundiária brasileira pode ser subdividida em quatro períodos: regime sesmarial (1500-1822), regime de posse (1822-1850), regime da Lei de Terras (1850-1889) e período republicano (1889 até os dias atuais).

Durante cada um deles a legislação sesmarial, imperial, republicana (União e estados) utilizou vários documentos: Carta de Sesmaria, Registro Paroquial ou Registro do Vigário, Registro Torrens, Título de Posse, Título de Legitimação, Título de Propriedade, Título Provisório, Título Definitivo, Título de Arrendamento, Título de Aforamento, Título de Ocupação, Título de Ocupação Colonial, Título Colonial, Título de Ocupação de Terras Devolutas, Licença de Ocupação, Autorização de Detenção, Doação pelo Poder Público com condições resolutivas, Contrato de Alienação de Terras Públicas, Bilhete de Localização, Título Precário de Doação Onerosa, Carta de Anuência, Autorização de Detenção de Bem Público, Certificado de Habilitação a Regularização Fundiária, Certificado de Ocupação de Terra Pública, Contrato de Concessão de Uso e Contratos de Concessão de Direito Real de Uso são só alguns deles.

Ao analisar esta legislação se vislumbra que é esparsa, confusa, quando não contraditória. Alguns dos documentos previstos permitiam tão somente o acesso à posse, outros eram translativos de domínio, isto é, garantiam a incorporação do imóvel na propriedade privada. A grande quantidade de títulos outorgados ao longo do tempo contribuiu para criar as dificuldades atuais de interpretação sobre seu valor jurídico.

Esta indefinição, em alguns casos, favoreceu a apropriação indevida de terras públicas, fenômeno conhecido popularmente como "grilagem", pois documentos não translativos de domínio foram levados a registro cartorial, criando uma presunção *juris tantum* de propriedade em favor de seus detentores.

Os doutrinadores são, hoje, unânimes em reconhecer que a história do direito agrário e a estrutura agrária brasileira fincaram suas raízes no direito português, pois quando começou o processo de colonização não foi elaborada uma legislação específica para a colônia, mas passaram a vigorar no Brasil as leis lusitanas, que estabeleciam a maneira de adquirir, exercer, conservar, alienar e perder as terras. Desde antes de sua *descoberta* e colonização pelos lusitanos, as terras da futura Terra de Vera Cruz eram consideradas propriedade do rei, por *direito de conquista* e em força dos tratados de Alcaçovas (1479) e de Tordesilhas (1494).

Hely Lopes Meirelles sintetizou esta realidade com as seguintes palavras:

> No Brasil todas as terras foram, originariamente, públicas, por pertencentes à Nação portuguesa, por direito de conquista. Depois, passaram ao Império e à República, sempre como domínio do Estado. A transferência das terras públicas para os particulares deu-se paulatinamente por meio de concessões de sesmarias e de data, compra e venda, doação, permuta e legitimação de posses. *Daí a regra de que toda terra sem título de propriedade particular é de domínio público.* As terras adquiridas através das armas e da diplomacia eram formalmente reconhecidas como legitimamente portuguesas, graças às *bulas* expedidas pelos papas.[33] (Grifos nossos)

A partir da conquista, no Brasil, deixam de existir terras sem dono. Todas elas incorporaram-se, de fato e de direito, ao patrimônio da coroa portuguesa.

A este respeito Roberto Moreira de Almeida ensina: "Toda a terra, antes ocupada pelos silvícolas, por direito de ocupação (descobrimento), passou a pertencer à Coroa portuguesa".[34] Portanto, só o rei poderia permitir o acesso e a exploração a tudo o que existia na Colônia. Esse fato histórico faz com que o direito de propriedade, no Brasil, tenha sua origem do desmembramento do patrimônio público; as terras eram assim originariamente públicas e, até hoje, elas podem ser consideradas propriedade de particulares só se estes comprovarem que houve o destaque do imóvel do patrimônio público e estas terras foram obtidas a justo título e por meio do devido processo legal.

Neste mesmo sentido se manifestava a Desembargadora Osmarina Onadir Sampaio Nery no Provimento nº 13 da Corregedoria de Justiça das Comarcas do Interior do Tribunal de Justiça do Pará, de 21 de junho de 2006:

> **Considerando que no Brasil todas as terras são originalmente públicas**, já que havidas por direito de conquista à Coroa Portuguesa e com a independência passaram a pertencer à nação brasileira, assim, **<u>qualquer pessoa</u> que se intitule proprietário de terras no país, <u>tem que provar que seu imóvel foi desmembrado validamente do patrimônio público</u>**, sendo os bens públicos imprescritíveis e insuscetíveis de usucapião. (Grifo nosso)

---

[33] MEIRELLES, Hely Lopes; BURLE FILHO, José Emanuel. *Direito administrativo brasileiro*. 42. ed. São Paulo: Malheiros, 2016. p. 664 .

[34] ALMEIDA, Roberto Moreira de, Sesmarias e terras devolutas. *Revista de Informação Legislativa*, Brasília, ano 40, n. 158, p. 309-317, abr./jun. 2003. Disponível em: <http://www2.senado.leg.br/bdsf/handle/id/496890>. Acesso em: 5 jan. 2019.

Na mesma perspectiva o posicionamento da Desembargadora Marinildes Costeira de Mendonça (2002, p. 14-15), analisando centenas de matrículas registradas em cartórios do Estado do Amazonas:

> No Direito positivo brasileiro, a propriedade imobiliária [...] admite duas formas de aquisição: **uma originária decorrente de um título de propriedade outorgado ao particular pela entidade estatal** (União Federal, Estado membros ou Municípios), detentora de domínio pleno das terras devolutas onde se situa a gleba ou a porção de terra requerida; **outra, derivada, decorrente de transmissão da propriedade originariamente adquirida**, por parcelamento ou divisão, ou, ainda, por compra e venda, dação em pagamento, doação, permuta, arrematação ou adjudicação judicial, herança, etc. etc. E, isso, nenhum dos pseudo proprietários dos imóveis rurais cancelados comprovaram a esta Corregedoria quando dos referidos trabalhos correicionais. (Grifos nossos).

Igualmente fundamental é a posição assumida pelo Ministro Gilson Dipp (Corregedor do CNJ), de 16 de agosto de 2010:

> Isto é, porque <u>as terras hoje tidas por devolutas</u> foram conquistadas outrora em nome do Rei ou pelo Estado a cujo patrimônio se incorporaram originariamente, **<u>são públicas por princípio indiscutível</u> donde caberá sempre ao referido particular nos autos da ação em pauta a prova, a seu cargo, da legitimidade da derivação do seu título, o que significa afirmar e reconhecer logicamente a titularidade pública em caso de ausência da titularidade particular do que a falta de registro é apenas um sinal.**

Estas posições serão de fundamental importância no combate à grilagem pois não só reiteram a origem pública da propriedade de terra no Brasil, mas determinam que cabe ao particular comprovar o legítimo destaque do imóvel do patrimônio público.

1.2 Legislação portuguesa – Carta de Sesmaria

No final da Idade Média a agricultura portuguesa estava em crise, colocando em risco o abastecimento das cidades. Esta situação tinha origem no processo de urbanização; os servos da gleba migravam para as cidades transformando-se em artesãos.

Portugal dominava os mares, "descobrindo" e colonizando novos países na África e Ásia. Para frear o êxodo rural e a concentração de terras improdutivas e favorecer o repovoamento do interior e a produção de alimentos, o rei elaborou uma legislação que estabelecia restrições ao direito de propriedade.

Em 26.6.1375, na cidade de Santarém, Dom Fernando I promulgou a *Lei de Sesmaria*, que determinava que os donos de terras ociosas deveriam lavrá-las, diretamente ou com seus próprios escravos, ou transferi-las a terceiros, que as tornassem produtivas em troca do pagamento da sexta parte do que iria ser produzido. O não cumprimento destas cláusulas implicava o confisco da propriedade, retornando esta ao patrimônio real. Destaca-se que esta norma se aplicava de maneira indistinta a todas as pessoas e a todas as diferentes formas de ocupação: "**Todos** os que tiverem herdades próprias, emprazadas, aforadas, ou por **qualquer outro título**, que sobre as mesmas lhes dê direito, **sejam constrangidos a lavrá-las e semeá-las"** (grifo nosso).

O instituto das sesmarias foi previsto nas Ordenações Afonsinas (de 1446, Liv. IV, Tit. 80, §§21 e 22), Ordenações Manuelinas (de 1514, no Liv. 4, Tít. 67, §8º) e Filipinas (de 1603, no Liv. 4, Tít. 43, §9º). A legislação as definia assim: "dadas de terra, casais ou pardieiros, que foram ou são de alguns senhorios e que já noutro tempo foram lavrados e aproveitados e agora não o são".

1.3 Implantação do sistema sesmarial no Brasil

A Carta Foral de 6.10.1531 introduziu oficialmente o regime sesmarial no Brasil. Destinatários destas concessões gratuitas eram os homens de muitas posses e família, homens de cabedais, pois quem as recebia era obrigado a construir nelas torres ou fortalezas para defendê-las, bem como levar gente e navios às suas custas.

1.3.1 Cláusulas contratuais

A concessão das cartas não era incondicionada, pois existiam cláusulas que, se desrespeitadas, levariam à sua caducidade: além de conceder, o rei poderia retomar as terras daqueles que não respeitassem as cláusulas previstas no instrumento de doação. Esse descumprimento era motivo suficiente para que aquele bem fosse "devolvido" ao patrimônio público.

Nascia, assim, o instituto jurídico agrário essencialmente brasileiro denominado *terras devolutas*.

Ao longo dos três séculos durante os quais este sistema vigorou no Brasil, foram editadas inúmeras leis, decretos, cartas régias, alvarás, provisões, resoluções e avisos. A elevada quantidade de normas criou um verdadeiro caos legislativo. Apesar disso, podem-se identificar as seguintes cláusulas como essenciais para garantir a validade da carta:

a) *Aproveitamento*: a exigência de "lavrar" a terra pode ser considerada o prerrequisito essencial para justificar a concessão das cartas de sesmarias. É nesta perspectiva que Mattos Neto confirma que se o proprietário não explorasse a terra: "sofreria, como sanção punitiva, a perda da terra sem direito a qualquer indenização".[35]

b) *Medição e demarcação*: o cumprimento desta obrigação era dificultado pela escassez de técnicos capacitados. Inicialmente, não tinha sido estabelecida qualquer exigência relativa ao tamanho. Considerando a imensidão de território e diante do relativamente pequeno número de moradores, as autoridades não tinham que se preocupar com o tamanho das áreas e sua localização exata: sempre sobrava terra disponível para satisfazer os novos pedidos. O tamanho das áreas era diretamente proporcional à capacidade de aproveitamento por parte do sesmeiro.

Só no final do século XVII o aumento da população e o surgimento dos primeiros conflitos pela posse da terra obrigaram o Poder Público a determinar que a legislação relativa ao tamanho máximo da área e a demarcação dos imóveis fossem respeitadas. O

---

[35] MATTOS NETO, Antônio José de. *A posse agrária e suas implicações jurídicas no Brasil*. Belém: Cejup, 1988. p. 93.

tamanho tradicional das cartas era de 3.000 "braças craveiras" (cada braça corresponde a 2,2m), equivalentes a uma légua quadrada (4.356ha).

c) *Registro da carta* em livro próprio.

d) *Pagamento de foro*: esta cobrança levava em consideração o critério de "grandeza ou bondade da terra" e sua distância das cidades.

e) Uma última obrigação imposta aos detentores de cartas de sesmaria era sua *confirmação* por parte do rei. A dificuldade que esta exigência colocava aos colonos mais humildes estimulou parte considerável da população a não requerer o domínio do solo, contentando-se em deter a posse.

Mattos Neto, resumindo o que aconteceu ao longo da vigência do regime sesmarial, conclui:

> Pelo sistema sesmarial, a terra era concedida, apenas, aos amigos do rei (fidalgos arruinados e plebeus enriquecidos); os homens rústicos e pobres, por sua vez, não tinham outra alternativa senão apoderar-se fisicamente de qualquer pedaço de terra remota e distante dos núcleos de povoamento e zonas populosas.[36] Se é inegável que o regime sesmarial garantiu o povoamento do interior do país, precisa-se reconhecer que os 322 anos de vigência do regime sesmarial favoreceram, no Brasil, a consolidação do latifúndio.

1.4 Regime de posse

Durante o período colonial, coexistiram diferentes formas de apropriação da terra: ao lado das propriedades (sesmarias confirmadas) expandiram-se as *posses ilegítimas*: sesmarias caídas em comisso pelo não cumprimento das cláusulas resolutivas e posses estabelecidas em terras particulares ou públicas sem nenhum consentimento formal por parte do Estado e, consequentemente, à revelia do ordenamento jurídico vigente. A posse surgiu como um costume social totalmente contrário à lei.

No começo do império levantaram-se proclamas contra as sesmarias, que tinham dado origem ao latifúndio e defendia-se o reordenamento do sistema agrário.

Com a Resolução nº 76, de 17.7.1822, Dom Pedro de Orleans e Bragança *suspendeu* o sistema de sesmarias, no qual o sesmeiro antes recebia o título para depois receber a terra e ser obrigado a explorá-la, e começou a vigorar o sistema de posse, no qual o posseiro explorava e beneficiava a terra e só posteriormente a legalizava tendo assim reconhecido seu direito pelo Poder Público.

Este ato precedeu de 52 dias à declaração da independência do Brasil.

O Novo Estado nasceu sem ter uma legislação específica e adequada à questão agrária a não ser o velho ordenamento jurídico português com suas leis, decretos, cartas régias, alvarás, provisões, resoluções e avisos que tinham criado um verdadeiro caos legislativo.

A *Constituição de 1824*, em seu art. 179, §22, incorporou o ideal napoleônico e burguês da propriedade absoluta, afirmando: "é garantido o Direito de Propriedade, *em toda a sua plenitude*" (grifos nossos), consolidando e consagrando a estrutura agrária latifundiária vigente concentradora da propriedade.

---

[36] MATTOS NETO, Antônio José de. *A posse agrária e suas implicações jurídicas no Brasil*. Belém: Cejup, 1988. p. 95.

O direito de propriedade foi visto como algo absoluto, intocável. Foi permitida, como exceção, a desapropriação por utilidade pública, desde que a terra e as benfeitorias fossem pagas previamente.

Apesar deste dispositivo constitucional, não foi previsto nenhum mecanismo para garantir o acesso à propriedade, desta maneira pode-se afirmar que este período se caracteriza como o *Período Áureo da Posse*,[37] durante o qual a ocupação primária garantia o controle da terra. Ligia Osório Silva apresenta assim o resultado deste regime: "no Brasil o sistema da propriedade territorial estava em completa balbúrdia e quase que em parte alguma se podia dizer com certeza se o solo era particular ou público".[38]

1.5 Regime da Lei de Terras

A Lei nº 601, de 18.9.1850, conhecida como Lei das Terras Devolutas ou, mais simplesmente, *Lei de Terras*, representou uma ruptura com o sistema sesmarial retirando a possibilidade de se receber a terra gratuitamente e impôs a compra como único meio de se apropriar da terra devoluta, que passou a ser considerada uma mercadoria. Foi o instrumento editado para combater a situação fundiária caótica gerada no período anterior e permitir o ordenamento do espaço territorial brasileiro.

A compra, a não ser na faixa de fronteira onde era possível a doação de terras, passou a ser o meio idôneo para a aquisição da propriedade, ao lado da revalidação das cartas de sesmaria e da legitimação das posses. A terra passou a ser considerada um bem mercantil com elevado valor monetário.

O art. 1º da Lei nº 601 era claro na sua exigência de se transmitir o domínio das terras exclusivamente através da compra e venda:

> *Ficam proibidas* as aquisições de terras devolutas por outro título que não seja o de compra. Excetuam-se as terras situadas nos limites do Império com países estrangeiros, em zonas de dez léguas, as quais poderão ser concedidas gratuitamente. (Grifos nossos)

A nova lei valorizava, sobremaneira, a cultura e a morada habitual tanto que possibilitava a revalidação das sesmarias e concessões que não tivessem sido demarcadas nem confirmadas quando estas: "se acharem cultivadas ou com princípio de cultura, e morada habitual [...] *embora não tenha sido cumprida qualquer das outras condições, com que foram concedidas*" (art. 4º) (grifos nossos). Desta maneira, regularizaram-se as terras que estavam em poder de sesmeiros sem que estes tivessem cumprido todas as obrigações que a legislação estabelecia anteriormente, mas só a relativa ao cultivo e à morada habitual.

A simples derrubada ou levantamento de rancho não implicava necessariamente a continuidade e perenidade do serviço, não caracterizando, assim, a *cultura efetiva* exigida e amparada pela lei.

A partir daquele momento era, porém, proibido se apossar de terras públicas ou alheias. Quem fizesse isso seria despejado, perdendo todas as benfeitorias:

---

[37] MATTOS NETO, Antônio José de. *A posse agrária e suas implicações jurídicas no Brasil*. Belém: Cejup, 1988. p. 95.
[38] SILVA, Ligia Osório. *Terras devolutas e latifúndio*. Campinas: Ed. Unicamp, 2008. p. 146.

Os que se apossarem de terras devolutas ou alheias, e nelas derribarem (*sic*) matos, ou lhes puserem fogo, serão obrigados a despejo, com perda de benfeitorias e demais sofrerão a pena de dois a seis meses de prisão e a multa de 100$000 além da satisfação do dano causado (Art. 2º).

Ocupar terra (pública ou particular) sem a licença de seu dono passou a ser considerado crime. Desta maneira, tornava-se impossível o acesso à terra para quem detinha como capital única e exclusivamente sua força de trabalho.

O art. 3º introduzia, por exclusão, a definição de terra devoluta que era que não se destinava a um fim público nem se tinha incorporado ao patrimônio particular. É importante ressaltar que as sesmarias caídas em comisso e não revalidadas voltaram a incorporar-se ao patrimônio público.

A lei prestigia sobremaneira a posse que foi reconhecida como uma das formas de obtenção do domínio, mas para tanto exigia como condições imprescindíveis a cultura efetiva e a demarcação das terras. O Decreto nº 1.318, de 30.01.1854 descreve o procedimento administrativo a ser efetuado sob as orientações da Repartição Geral das Terras Públicas (ver arts. 22-57).

O art. 7º da lei estabeleceu prazos para a medição das terras adquiridas por posses ou por sesmarias, ou outras concessões adquiridas anteriormente. Escoados estes prazos, os documentos cairiam em comisso e as terras voltariam a se incorporar no patrimônio público:

> Art. 8º Os possuidores que deixarem de proceder à medição nos prazos marcados pelo Governo serão reputados caídos em comisso, e perderão por isso o direito que tenham a ser preenchidos das terras concedidas por seus títulos, ou por favor da presente lei, conservando-a somente para serem mantidos na posse do terreno que ocuparem com efetiva cultura, havendo-se por devoluto o que se achar inculto.

A análise destes artigos iniciais da Lei de Terras permite chegar a duas conclusões importantes: a) para o legislador imperial mais importante que os documentos antigos é a efetiva ocupação do solo, sem ela estes documentos perdem valor; b) as cartas de sesmarias não revalidadas e as posses não legitimadas na forma desta lei não geravam mais direito ao reconhecimento de propriedade em favor de seus detentores.

Os possuidores de imóveis adquiridos por meio de ocupação não tinham direito a pleitear qualquer tamanho de área: a lei estabeleceu um limite máximo a ser legitimado: "contando que em nenhum caso a extensão total da posse exceda a de sesmarias para cultura ou criação, igual às últimas concedidas na mesma comarca ou na mais vizinha". Esta norma mostra a preocupação em não favorecer a criação de latifúndios e garantir a efetiva exploração do imóvel.

O art. 10 determinava a obrigação de separar (*extremar*) as terras públicas das particulares. Esta medida, que poderia dar ao Poder Público o conhecimento das terras ainda disponíveis, facilitando o planejamento das novas concessões, evitando futuros conflitos e podendo ser considerada o embrião do atual processo discriminatório, nunca foi posta em prática.

Para permitir ao Poder Público saber quanta terra já tinha sido ocupada, o art. 13 da Lei de Terras determinava que o "governo fará organizar por Freguesia, o registro das terras possuídas, sobre as declarações feitas pelos respectivos possuidores". Trata-se da primeira tentativa de se criar um cadastro de terras.

Por isso o art. 91 do Decreto nº 1.318/1854 determinava: "Todos os possuidores de terras, qualquer que seja o título de sua propriedade, ou *possessão*, são obrigados a fazer registrar as terras, que possuírem [...]" (grifos nossos). Destaca-se que esta determinação não era dirigida só aos proprietários, mas a todos os que detinham a terra como uma simples posse. O art. 97 obrigava os possuidores a qualquer título a registrar suas terras perante os vigários das paróquias, por isso estes documentos passaram a ser vulgarmente conhecidos como *registros paroquiais* ou *registros do vigário*.

Todas as terras deveriam ser registradas, independentemente do tipo de título possuído: propriedades, sesmarias confirmadas, as que não o tinham sido, as posses, as terras de mineração, as terras comunais etc.

Os vigários teriam que simplesmente transcrever a declaração (que era cobrada conforme o número de palavras, dois reais por letra, por isso, na maioria dos casos, era bem resumida, quase "telegráfica", e bem confusa, pois omitia detalhes importantes sobre a exata localização do imóvel), sem poder contestá-la ou corrigi-la.

Existiam, assim, registros que na maioria dos casos eram extremamente vagos, nos quais sequer estava devidamente provada a posse e que de maneira alguma poderiam ser revalidados como títulos de propriedade, como mais tarde alguém tentou fazer, apesar de estar expresso no art. 94 do mesmo decreto: "As declarações de que trata esse artigo e o antecedente, *não conferem algum direito aos possuidores*" (grifos nossos). Ela pode ser considerada uma declaração unilateral de ocupação para efeitos meramente estatísticos que não tinha qualquer valor jurídico que comprovasse a propriedade do imóvel.

As posses

Aspectos histórico-políticos	Casta de sesmaria
A história do direito agrário e a estrutura agrária brasileira fincaram suas raízes no direito português. Uma vez que no processo de colonização não houve elaboração de norma específica e sim as leis lusitanas regeram este campo, estas tratavam da forma de aquisição, exercício, conservação, alienação e perda das terras. Após a descoberta do Brasil, pela Coroa Portuguesa, todas ás terras, originariamente públicas, pertenciam a Portugal, exercendo o seu direito de conquista. Não exista terra sem dono e apenas o Rei é quem detinha ligitimidade para o acesso às terras.	Lei promulgada em 26.6.1375, por Dom Fernando I, a qual determinava aos donos de terras ociosas a lavra direta ou por seus escravos, ou a transferência delas a terceiros, a fim de torná-las produtivas em troca do pagamento da sexta parte do que iria ser produzido. O não cumprimento destas cláusulas implicava o confisco da propriedade, retornando esta ao patrimônio real. O instituto das sesmarias foi previsto nas Ordenações Afonsinas (de 1446, Liv. IV, Tít. 80, §21 e 22), Ordenações Manuelinas (de 1514, no Liv. 4, Tít. 67, §8) e Filipinas (de 1603, no Liv. 4, Tít. 43, §9). A legislação as definia assim: "dadas de terra, casais ou pardieiros, que foram ou são de alguns senhorios e que já noutro tempo foram lavrados e aproveitados e agora não o são".

Brasil e o sistema sesmarial

O sistema sesmarial foi introduzido oficialmente no Brasil em 1531, por meio da Carta final. Os homens de grande posses e de família, bem como homens de cabedais, eram os beneficiários desta concessão não onerosa, uma vez que havia a necessidade construir grandes muralhas e torres a fim de protegê-la.

Cabe ressaltar que estas concessões não eram onerosas no sentido de adoção das terras, mas tinham condições para tal, existindo cláusulas contratuais a serem respeitadas. Tal prerrogativa existia para que o rei pudesse controlar os atos dos que receberam, pois o descumprimento das cláusulas acarretava a devolução da terra ao rei. Desta forma, surgia o instituto jurídico chamado terras devolutas.

Percebem-se abaixo algumas cláusulas do contrato de sesmaria:

- Aproveitamento: era exigido que o proprietário lavrasse a terra, se não o fizesse perdia o direito da terra e não recebia qualquer indenização.

- Medição e demarcação: inicialmente, não havia qualquer exigência para o tamanho da terra, levando em consideração a magnitude do território brasileiro e o pequeno número de pessoas. O tamanho da área era diretamente proporcional à capacidade de aproveitamento pelo sesmeiro.

A partir do século XVII, em decorrência do aumento populacional e dos conflitos pela terra, o poder público viu-se obrigado a determinar o tamanho da área e demarcar as terras. O tamanho-base das cartas era de 3.000 "braças ou craveiras" (cada braça correspondia a 2,2 m) equivalentes a uma légua quadrada (4.356 ha).

- A carta deveria ser registrada em livro próprio.

- Pagamento de foro: o critério adotado era o de "grandeza ou bondade da terra" e da distância das cidades.

- Havia também a confirmação por parte do rei, ou seja, os sesmeiros ficavam à mercê de uma decisão do rei sobre a concessão. A dificuldade que esta exigência colocava aos colonos mais humildes estimulou parte considerável da população a não requerer o domínio do solo, contentando-se em deter a posse.

Para encerrar, entende-se que este sistema favorecia os fidalgos arruinados e plebeus enriquecidos. Já os homens rústicos e pobres não tinham saída a não ser apoderar-se de qualquer terra distante dos núcleos de povoamente e zonas populosas.

O regime sesmarial foi responsável pelo povoamento do interior nacional e, nos 322 anos em que vigorou, colaborou para a consolidação do latifúndio.

1.6 Estrutura agrária na República

A carta constitucional de 1891 manteve o direito de propriedade absoluto (art. 72, §17) e, no seu art. 64, através da emenda de Júlio de Castilhos, entregou aos estados as terras devolutas situadas em seus territórios, deixando para a União só as áreas de fronteira.[39] Mendonça assim definiu a estadualização das terras: "Tanto a Coroa como os proprietários eram incapazes, em geral, de localizar com exatidão as terras que lhe pertenciam. [Os estados] receberam um espólio incerto nos limites e anárquico na titulagem".[40] Apesar de ter sido elaborado num país eminentemente agrário, o Código Civil de 1916 não deu um tratamento específico às questões agrárias. Alguns institutos, porém, foram regulamentados, como os contratos agrários, usucapião, direito de vizinhança etc. Na década de 1950, as organizações de trabalhadores se fortaleceram sempre mais: Ligas Camponesas no Nordeste; Ultab (União dos Lavradores e Trabalhadores Agrícolas do Brasil) e Master (Movimento dos Agricultores Sem Terra); e em 1960, no

---

[39] O art. 64 tinha a seguinte redação: "Pertencem aos Estados as minas e terras devolutas situadas nos seus respectivos territórios, cabendo à União somente a porção de território que for indispensável para a defesa das fronteiras, fortificações, construções militares e estradas de ferro federais".

[40] *Apud* LAMARÃO, Paulo. *Legislação de terras do Estado do Pará.* Belém: Grafisa, 1977. v. I-II. p. 1.

Rio Grande do Sul, começaram a apresentar propostas concretas de reformas sociais, de maneira especial, a reforma agrária.

Neste período, não só no Brasil, mas em toda a América Latina, o sistema latifundiário estava em profunda crise, criando a possibilidade de mudanças radicais, não só no nível econômico, como também político. Para evitar o *avanço das ideias comunistas* que tinham prevalecido em Cuba, os governos dos países latino-americanos reuniram-se no Uruguai, sob a inspiração e o patrocínio da Aliança para o Progresso. O documento final, conhecido como *Carta de Punta del Este*, propunha a mudança das estruturas agrárias dos diferentes países e a promoção da reforma agrária.

O Governo João Goulart assumiu algumas das bandeiras dos trabalhadores rurais, chegando a regulamentar os casos de desapropriação por interesse social. Este fato foi um dos fatores que ensejou o golpe militar de 1964.

1.7 Estatuto da Terra

Apesar de o golpe de 1º.4.1964 ter sido uma reação às medidas tomadas pelo Presidente Goulart no campo da reforma agrária, foi justamente o primeiro governo militar (Humberto de Alencar Castelo Branco – 15.4.1964 a 13.3.1967), que se muniu dos instrumentos jurídicos indispensáveis para concretizar a reforma. Uma das medidas mais importantes foi sem dúvida a Emenda Constitucional nº 10, de 9.11.1964,[41] de iniciativa do Executivo, que introduziu a possibilidade de promover a desapropriação de propriedade territorial rural. Poucos dias depois foi aprovado o *Estatuto da Terra* (Lei nº 4.504 de 30.11.1964). A mensagem presidencial que encaminhava ao Congresso Nacional o projeto de lei apresentava um diagnóstico preciso da situação existente: ao lado de uma situação de grave concentração da propriedade nas mãos de uns poucos existia a pulverização das terras ocupadas por camponeses. Seu item 30 indicava o caminho a ser seguido para realizar uma reforma agrária democrática que viesse a "promover a justa distribuição da propriedade com igual oportunidade para todos".

No Brasil, o direito agrário ganha uma ênfase especial como instrumento de modificação da injusta estrutura agrária consolidada ao longo de séculos nos quais predominou o latifúndio. Depois de ter apresentado as definições de reforma agrária e política agrícola (art. 1º), a lei estabelecia os requisitos essenciais para que uma propriedade cumprisse sua função social (art. 2º), antecipando os critérios elevados à norma constitucional em 1988 (art. 186).

Tendo como base fundamental a função social do imóvel, o Estatuto atacava os latifúndios penalizando com impostos progressivos quem concentrava a propriedade ou a destinava a fins especulativos e combatia os minifúndios fruto de desmembramentos antieconômicos por meio de contratos *inter vivos* ou pela sucessão *causa mortis* (estabelecimento da fração mínima da propriedade – art. 65). Ao mesmo tempo protegia o economicamente mais fraco, definindo os direitos e obrigações contratuais, condenando as cláusulas leoninas, estabelecendo os limites dos valores a serem cobrados, e obrigando a adoção de cláusulas que respeitassem o meio ambiente (arts. 92-96).

---

[41] Esta emenda representou também o ato de nascimento do direito agrário como disciplina autônoma, pois conferia à União a competência de legislar sobre ele, reconhecendo desta maneira sua autonomia legislativa.

Regime de posse

No período colonial, a apropriação da terra se deu pelas sesmarias e pela posse ilegítima. Por posse ilegítima entende-se a sesmaria caída em desuso pelo não cumprimento das cláusulas contratuais e também as posses de terras estabelecidas sem aval do Estado, assim a posse estabeleceu-se contrariamente à lei.

Dom Pedro de Orleans e Bragança suspendeu o sistema de sesmarias em 1822, por meio da Resolução nº 76/1822. Tal resolução determinava que o posseiro explorasse e beneficiasse a terra para que depois a legalizasse a fim de ter seu direito reconhecido pelo Poder Público. Este ato aconteceu 52 dias antes da declaração da Independência do Brasil.

Após a independência, o Estado nasceu órfão de legislação específica agrária.

Com a promulgação da Constituição de 1824, em seu art. 179, §22, o direito de propriedade adquiriu garantia constitucional. Assim, o direito de propriedade teve o condão absoluto, intocável com exceção para a desapropriação por interesse público.

Mesmo com a existência desta garantia constitucional, não houve a previsão de garantia de acesso à propriedade, caracterizando o período áureo da posse, que significa a garantia do controle da terra pela ocupação primária.

Regime da Lei de Terras

A Lei nº 601 de 18.9.1850 é a chamada Lei de Terras. A partir dela houve um desligamento do sistema sesmarial, prevendo a impossibilidade de aquisição da terra gratuitamente, passando a impor a compra da terra.

Com este novo regime as terras seriam propriedade de quem pagasse por elas, passando a ser consideradas bem comercial de estimável valor econômico. O art. 1º da Lei de Terras preceituava a necessidade de compra da terra.

O dispositivo legal, em seu art. 4º, revalidava as sesmarias e as concessões que não tivessem sido demarcadas. Desta feita, as terras que estavam em poder dos sesmeiros foram regularizadas, mesmo com o não cumprimento das exigências contidas na Carta, mas só para aquelas relativas ao cultivo e morada habitual.

A partir dquele momento, ficou proibido o apossamento de terras públicas ou alheias, conforme o art. 2º da lei. Para os que não cumprissem a determinação restava o despejo e a perda das benfeitorias. Assim, quem ocupasse terras sem licença do dono incorria em crime, por consequência o dispositivo bloqueou o acesso à terra para aqueles que detinham apenas a sua força de trabalho.

O art. 3º introduzia, por exclusão, a definição de terra devoluta que era que não se destinava a um fim público nem se tinha incorporado ao patrimônio particular. É importante ressaltar que as sesmarias caídas em comisso e não revalidadas voltaram a se incorporar ao patrimônio público.

A lei, em seu art. 10, determinou a separação de terras públicas das de particulares. Tal medida, que tinha a finalidade de dar conhecimento à União das terras, que estavam disponíveis para facilitar futuras concessões e evitar conflitos, podendo ser considerada o embrião do atual processo discriminatório, nunca foi posta em prática.

Por isso, o Decreto nº 1.318/1854, em seu art. 97, obrigava os possuidores a qualquer título a registrar suas terras perante os vigários das paróquias. Estes registros passaram a ser vulgarmente conhecidos como Registros Paroquiais ou Registros do Vigário, que deveriam ter um livro de registro por eles aberto, numerado, rubricado e encerrado.

Estrutura agrária na República

A Constituição de 1891 manteve o direito de propriedade absoluto (art. 72, §17) e no seu art. 64, através de emenda de Júlio de Castilhos, entregou aos estados as terras devolutas situadas em seus territórios, deixando para a União só as áreas de fronteira.

Já o Código Civil de 1916 não deu tratamento específico para a matéria agrária, apenas regulamentou os contratos agrários, usucapião, direito de vizinhança etc.

Na década de 1950, as primeiras propostas concretas de reforma agrária foram apresentadas por organizações de trabalhadores, como as Ligas Camponesas no Nordeste - ULTAB (União dos Lavradores e Trabalhadores Agrícolas do Brasil) e MASTER (Movimento dos Agricultores Sem Terra), em 1960, no Rio Grande do Sul.

O governo João Goulart assumiu algumas das bandeiras dos trabalhadores rurais, chegando a regulamentar os casos de desapropriação por interesse social. Este fato foi um dos fatores que ensejou o golpe militar de 1964.

Estatuto da Terra

Lei nº 4.504 de 30.11.64

O item 30 da mensagem presidencial que encaminhava ao Congresso Nacional o projeto de lei indicava o caminho a ser seguido para realizar uma reforma agrária democrática que viesse: "promover a justa distribuição da propriedade com igual oportunidade para todos".

Depois de ter apresentado as definições da Reforma Agrária e Política Agrícola (art. 1º), a lei estabelecia os requisitos essenciais para que uma propriedade cumprisse sua função social (art. 2º), antecipando os critérios elevados à norma constitucional em 1988 (art. 186).

CAPÍTULO 2

SIGNIFICADO JURÍDICO DA POSSE E SUA RELAÇÃO COM O DIREITO DE PROPRIEDADE

Não se pode deixar de reconhecer num manual de direito agrário constitucional que a posse é o elemento fundamental do acesso à terra e legitimador do direito de propriedade. O que leva a afirmar que a posse não é um requisito que deve ser considerado apenas do ponto de vista individual, mas é necessário reconhecer a existência dela como expressão coletiva inerente aos conflitos da sociedade de massas na luta pela terra.

Segundo Picard,[42] a posse possui a natureza de interesse jurídico, posto que além do valor que representa para a pessoa ou coletividade, possui um valor social e a sua violação reflete sobre os interesses da sociedade, por isso o direito cria mecanismos para a sua proteção. Nesse contexto, o direito de propriedade somente se reconhece a partir da sua função social, expressa através da *posse agrária*, inserindo-se no sistema jurídico pátrio instrumentos que permitem excluir o domínio estéril do meio social, com destaque aos direitos e interesses das camadas sociais que sempre estiveram excluídas do acesso à terra. Nesse diapasão, Comparato[43] levanta pontos fundamentais da consolidação positiva, no direito brasileiro, de regras que devem atender ao desiderato dos direitos humanos, como aspiração fundamental da humanidade e, como este direito, ao mesmo tempo, estabelece contradições com o desenvolvimento da democracia, dando enfoque à necessidade de políticas públicas que permitam o atendimento destas demandas. Destarte o texto contextualiza o significado do direito de propriedade como elemento fundamental para uma correta compreensão do uso das riquezas da sociedade, apontando a insuficiência do nosso texto constitucional para, de forma clara, afastar a noção da propriedade-poder do nosso direito positivo, e considera que o constituinte de forma equivocada fez o soerguimento desta à categoria de direito fundamental.[44] Isto implica, para Comparato,[45] garantir constitucionalmente a exploração do homem pelo

---

[42] PICARD, Edmond. *O direito puro*. 2. ed. Salvador: Progresso, 1954. p. 54.

[43] COMPARATO, Fábio Konder. *Para viver a democracia*. Escola de Governo e Cidadania do Pará, primeiro semestre de 2003. Mimeografado.

[44] Os leitores interessados na discussão sobre direito de propriedade na contemporaneidade e sua relação com a filosofia política, para compreender os pensamentos que discorrem sobre teorias de justiça e o direito de propriedade confira a obra MACEDO DE SÁ. João Daniel, Direito de Propriedade: uma análise do papel da propriedade rural no contexto da justiça distributiva. Rio de Janeiro: Lumen Juris, 2018.

[45] COMPARATO, Fábio Konder. *Para viver a democracia*. Escola de Governo e Cidadania do Pará, primeiro semestre de 2003. Mimeografado.

homem. Deveria o constituinte claramente ter estabelecido como "direito humano tão só a propriedade dos bens necessários a manutenção da vida digna e sóbria" e que não deveria ter utilizado a ambígua noção de função social para qualificar a propriedade, o que do nosso ponto de vista significa justamente dignificar a posse como elemento fundante da propriedade. O Código Civil em vigor reforça a compreensão do direito de propriedade-poder, denunciado por Comparato,[46] e que mesmo ante aquela ambígua noção de função social o novo código trilhou caminhos naquela nefasta direção e, portanto, na contramão da história, sendo mais um entrave na plena realização dos direitos humanos no Brasil. O Código Civil, ao reconhecer na definição de propriedade a *faculdade* do proprietário de usar, gozar e dispor, e o direito de reavê-la do poder de quem quer que injustamente a possua ou detenha (art. 1.228), ao contrário do que os muito mais otimistas dizem sobre o CC/2002 ter avançado em relação ao conceito tradicional, reforçou a noção de propriedade-poder a que se refere Comparato.

Por outro lado, não há uma dubiedade quanto à função social da propriedade adotada pelo constituinte e a do Código Civil. A definição do código vigente não impede o avanço constitucional do conceito de propriedade, consagrado na Carta Magna, especialmente se interpretado com a expansão dos requisitos de sua configuração da função social, prevista no art. 170 da CF.

Mas, infelizmente, e isto é verdade, novamente, possibilita uma disputa interpretativa sem fim sobre este direito fundamental, muito conhecida dos que enfrentam no dia a dia objetos de conflitos sobre a posse e propriedade da terra.

De fato, usar e gozar não poderiam ou não deveriam ser considerados em sua essência como direitos distintos, como previsto pelo legislador civil, a integrar o conceito de propriedade, pois evidente que todo uso deve estar relacionado com o fruir as utilidades do bem, portanto, gozo deste.

No momento que o Código Civil faz ressaltar em distintos verbos ações que o proprietário pode facultativamente exercer sobre o bem, como manifestação de sua propriedade, cada uma carregando em si um dos atributos no que tange ao usar, gozar e dispor, termos que, ainda que distintos, passam a serem reconhecidos legalmente pelo direito positivo pátrio infraconstitucional como integrantes da propriedade.

Isso revela que não houve um sério abalo da concepção tradicional de propriedade, posto que esta divisão nos muitos atributos da configuração da propriedade apresenta-se, evidentemente, como justificativa de que possa existir a propriedade sem um uso socialmente justificado, remetendo à posse efetiva do bem.

Cumpre observar que as formas sancionatórias da perda da propriedade, que excluem o gozo e o direito de dispor do bem por ser ele danoso à sociedade, porque sem um uso efetivo, ou seja, sem posse, reforçam que para o constituinte somente este atributo pode justificar uma continuidade desse direito no meio social, porque impossível cumprir a função social de outra maneira.

É evidente que a princípio todo uso deve ser legítimo, pois este deve ser o único reconhecido pelo sistema, porque se tenho uma ação ilícita na utilização do bem, justificada está a exclusão por esse ilícito.

---

[46] COMPARATO, Fábio Konder. *Para viver a democracia*. Escola de Governo e Cidadania do Pará, primeiro semestre de 2003. Mimeografado.

E, se pensarmos radicalmente, somente haveria uma hipótese em que o constituinte realmente penaliza a falsa propriedade, que é na desapropriação de áreas com plantas psicotrópicas, onde não há nenhuma indenização, segundo a redação original do art. 243 da CF.

Porém, com a denominada PEC do Trabalho Escravo (EC nº 81), que deu nova redação ao referido dispositivo constitucional, foi assegurado que as propriedades rurais e urbanas de qualquer região do país onde forem localizadas culturas ilegais de plantas psicotrópicas ou a exploração de trabalho escravo sejam expropriadas e destinadas à reforma agrária e a programas de habitação popular, sem qualquer indenização ao proprietário e sem prejuízo de outras sanções previstas em lei.

Entretanto, é relevante destacar que o Relator Ministro Gilmar Mendes, no STF, ao julgar o RE nº 635.336 – MPF v. Incra –, em 14.12.2016, no seu voto excluiu a possibilidade de o confisco de terras com plantações de psicotrópicos ser interpretado como decorrente de responsabilidade civil objetiva do proprietário, em que bastaria ser constatada a situação fática da produção no imóvel do particular, para ser passível de expropriação na forma do art. 243 da CF, independentemente de culpa.

No entanto, quando se olha de perto o voto do relator e dos demais ministros, o que se verifica é certa confusão conceitual, que acaba por alargar sem necessidade o beneplácito da dúvida, para uma situação de grave violação do conceito de propriedade constitucionalmente estabelecido, e que de forma inadequada procura afastar a responsabilidade civil objetiva, como se esta não fosse correta; como se passa a melhor demonstrar. O recorrente neste caso foi o MPF, que propugnou na peça recursal a interpretação de que a responsabilidade civil subjetiva era a mais adequada a ser aplicada nestes casos, devendo a União ter a obrigação de provar a participação no crime ou a omissão no impedimento de sua ocorrência por parte do proprietário, porque seria a melhor alternativa para garantir o direito de propriedade e penalizar o criminoso ou aquele que, sendo proprietário, anuiu, pela omissão, com a utilização de sua propriedade rural para o cometimento do crime.

O MPF alegou que o texto constitucional consagra a responsabilidade subjetiva do proprietário como requisito básico à perda de propriedade. No contraponto o Incra alegou a responsabilidade objetiva.

O relator demonstrou a divergência jurisprudencial, em que julgados proferidos pelo Tribunal Regional Federal da 1ª Região colhiam o entendimento segundo o qual a responsabilidade do proprietário é subjetiva, pois o art. 243 da Carta Magna não disporia, expressamente, que se trata de responsabilidade objetiva, bem como porque resultaria da interpretação sistemática dos dispositivos constitucionais que tratam da desapropriação, do confisco, da perda de bens e da responsabilidade civil objetiva. De forma diametralmente oposta, os Tribunais Regionais Federais das 2ª e 5ª Regiões consignavam o entendimento de que a responsabilidade é objetiva, seguindo a orientação do STJ fixada no julgamento do REsp nº 498.742, de relatoria do Min. José Delgado (*DJ* de 16.9.2003), quando verificada a cultura ilegal de psicotrópicos em propriedade e que firmou ser "irrelevante a existência ou inexistência de culpa na utilização criminosa".

Apesar de registrar a mudança na redação do art. 243 da Constituição Federal, pela Emenda Constitucional nº 81/2014, em que o constituinte derivado ampliou os casos de expropriação, incluindo a exploração de trabalho escravo como fato ensejador à intervenção estatal na propriedade, e, ainda, passou a mencionar a necessária observância das garantias e direitos fundamentais encartados no art. 5º da Constituição Federal, e, suprimida a previsão de que a expropriação seria imediata, ressalvou que estas mudanças não afastavam o debate sobre o caráter objetivo ou subjetivo da responsabilidade do proprietário, pois "não houve mudança substancial da norma constitucional".

Resgatando o projeto de lei que originou a Lei nº 8.257/91, que regulamentou o art. 243 da Constituição Federal, cujas disposições conferiam à responsabilidade contornos claramente subjetivos, destacou os vetos da Presidência da República, fundado na incompatibilidade do cunho objetivo da responsabilidade, extraída do parâmetro constitucional, com as disposições da nova legislação, vazados na Mensagem nº 672, que comunicou o veto, e como resultado "a lei entrou em vigor sem disposições que indicassem a necessidade de qualquer avaliação da culpa do proprietário". Assim, aponta que definir se a responsabilidade objetiva é compatível com a Constituição Federal é essencial, apontando com base no magistério de Diógenes Gasparini que se tem caso de expropriação que "é espécie de confisco constitucional e tem caráter sancionatório".

O voto parecia caminhar no caráter puramente objetivo, ao resgatar que o STF já havia definido que a Constituição Federal optou pelo rigor na norma em questão, expresso no RE nº 543.974, de relatoria do Min. Eros Grau, Tribunal Pleno, julgado em 29.3.2009, em que se apontou que a expropriação deveria ser estendida à totalidade do imóvel, indo além da área efetivamente plantada. Bem como quando afirmara que "o rigor deve ser observado quanto à exigência de contribuição do proprietário para com o fato" pois "Em nenhum momento a Constituição Federal menciona a participação do proprietário no cultivo ilícito para ensejar a sanção", estando o texto constitucional "longe de exigir que o proprietário tenha tomado parte ativa no cultivo".

Entretanto, o voto começa a mudar o rumo quando aduz:

> não se pode negar que a medida é sancionatória, exigindo-se algum grau de culpa para sua caracterização. Seria incompreensível admitir que o proprietário esbulhado perdesse a pretensão reipersecutória, porque o autor do esbulho opta por cultivar plantas psicotrópicas em seu imóvel. Uma medida dessa ordem seria claramente inadequada ao objetivo do constituinte de evitar a produção de drogas em nosso solo.

Ora, o raciocínio inclui o esbulho, como se este fosse o elemento a quebrar o caráter de responsabilidade objetiva, quando esta seria na verdade uma causa de quebra do nexo causal, e não caso de mudança do tipo de responsabilidade. E aí reside o erro, pois então seria ônus da prova do réu e não da Fazenda, quanto a esta alegação, pois cediço dizer que o direito brasileiro não acolhe a teoria da responsabilidade do risco integral. Sendo sempre possível demonstrar a quebra do nexo causal, como forma de exclusão da ilicitude, a ensejar a responsabilidade civil, mesmo que objetiva.

Nesse raciocínio o ministro afirma que "A nova redação, dada pela Emenda Constitucional 81/2014, além de alargar as hipóteses de cabimento do confisco, aclarou a necessidade de observância de um nexo mínimo de imputação da atividade ilícita ao atingido pela sanção".

Ora, em nenhuma hipótese de responsabilidade civil objetiva se exclui a descrição do nexo causal, que leva à imputação da responsabilidade, e, neste caso, não caberia à Fazenda Pública, para demandar, verificar antes que a plantação de psicotrópicos ocorreu ou não por consenso do proprietário, basta demonstrar que há o uso ilegal, suficiente para ajuizar a demanda. Isto é que difere da responsabilidade subjetiva, que demandaria a descrição da conduta do réu, demonstrando que agiu com o elemento subjetivo culpa.

O elemento culpa não é estranho aos casos de responsabilidade civil objetiva, como pretende induzir o voto do Ministro Gilmar Mendes, veja que o mestre Caio Mário, na sua clássica monografia sobre a responsabilidade civil, intitula o Capítulo XVIII, em que trata do tema de *Responsabilidade objetiva. Culpa presumida.*

Resgata o mestre que foi "o reconhecimento da *presunção da culpa* um dos instrumentos técnicos que se utilizaram para a extensão dela e para abertura do caminho para a aceitação da doutrina objetiva, apontada ao lado da teoria do abuso do direito e da culpa negativa"[47] (grifos no original). Trata-se a presunção de culpa, assim, apenas de um critério teórico, que ainda que sirva para explicar o motivo pelo qual não se trata de responsabilidade subjetiva, não é suficiente para substituir ou negar a responsabilidade civil objetiva, pois como se sabe a doutrina do risco, melhor fundamento teórico da responsabilidade objetiva, foi ganhando espaço, em substituição à teoria da culpa, pois ela seria insatisfatória e superada, para muitos casos, como bem resume o mestre civilista: "A convivência das duas doutrinas: a *culpa* exprimiria a noção básica e o princípio geral definidor da responsabilidade, aplicando-se a doutrina do *risco* nos casos especialmente previstos, ou quando a lesão provém de situação criada por quem explora profissão ou atividade que expôs o lesado ao risco de dano que sofreu"[48] (grifos no original). Logo, seguir por este caminho de associar a uma teoria da culpa "flexibilizada" não é correto nem necessário neste estágio de acumulação teórica, sobre a responsabilidade civil.

Pretende o ministro, por outro lado, reforçar o seu argumento afirmando que a EC nº 81/2014 "Suprimiu o advérbio 'imediatamente', ligado à expropriação 'serão imediatamente expropriadas'". E que também inseriu a imperiosidade da observância dos direitos fundamentais previstos no art. 5º, "no que couber" como se tais alterações levassem à imperiosidade de se modelar a culpa aplicável. Ora, *imediatamente* é advérbio de modo, que, independentemente de estar no texto, não determina que a ação de expropriar seja célere ou imediata nem diz o contrário, e os direitos fundamentais do art. 5º, por serem tais, não podem ser afastados, em qualquer interpretação constitucional, mas elas por si só não anulam nem favorecem o combate às formas que contrariam o princípio da função social da propriedade, que é a questão de fundo central, a justificar a expropriação.

Portanto, a decisão confunde a aplicabilidade do art. 5º da CFRB no que concerne à inviolabilidade do direito de propriedade e à proteção que este confere a todo cidadão, como se desta garantia fundamental decorresse a necessidade de se aferir a culpa pelo ilícito, quando a distinção entre responsabilidade civil objetiva e subjetiva não afeta aquela garantia, mas é apenas um critério que distingue o tipo de responsabilidade

---

[47] PEREIRA, Caio Mario da Silva. *Responsabilidade civil*. 4. ed. Rio de Janeiro: Forense, 1993. p. 263.

[48] PEREIRA, Caio Mario da Silva. *Responsabilidade civil*. 4. ed. Rio de Janeiro: Forense, 1993. p. 266.

civil, segundo a gravidade para o tecido social do ato ilícito. Preso nesta contradição é que apresenta o argumento: "concluo que a responsabilidade do proprietário, muito embora subjetiva, é bastante próxima da objetiva".

No fundo, o raciocínio acaba protegendo a antiquada concepção de que é possível ter propriedade sem o ônus constitucional da função social, que é um dever que se manifesta objetivamente, uma vez que, ao cumprir a função social, não haveria espaço para um uso ilícito, detectável facilmente, pois, como espécie de vegetal, o plantio de drogas psicotrópicas não se realiza em um dia ou dois, ou semanas, ainda que se exclua o tempo de preparação da terra. A *Cannabis*, por exemplo, dependendo das condições do solo e outros fatores de cultivo, leva no mínimo de 3 a 6 meses para a colheita.

O próprio voto aduz que "a função social da propriedade aponta para um dever do proprietário de zelar pelo uso lícito de seu terreno, ainda que não esteja na posse direta", entretanto, argui que por não ser esse dever ilimitado "Só se pode exigir do proprietário que evite o ilícito, quando evitar o ilícito estava razoavelmente ao seu alcance. Em suma, o proprietário pode afastar sua responsabilidade, demonstrando que não incorreu em culpa". Revive a contradição porque isto não afasta o caráter objetivo da responsabilidade. Para tratá-la como subjetiva, este argumento não precisaria ser posto, pois mesmo na responsabilidade objetiva é possível se demonstrar a quebra do nexo causal.

Paulo Nader bem resume a distinção entre responsabilidade civil objetiva e subjetiva, a primeira ocorre quando independe de dolo ou culpa do agente causador do dano, sendo a regra geral a responsabilidade subjetiva que requer dolo ou culpa (imprudência, negligência, imperícia),[49] portanto é nestes elementos que se deve buscar a distinção para a definição do modelo de responsabilidade para os casos previstos pelo legislador, ordinário ou constitucional. Neste diapasão, o ministro apresenta o argumento de que para afastar a responsabilidade o proprietário pode "provar que foi esbulhado, ou até enganado por possuidor ou detentor. Nessas hipóteses, tem o ônus de demonstrar que não incorreu em culpa, ainda que *in vigilando* ou *in eligendo*". Não é o caso de o proprietário demonstrar que não teve culpa, como aduz o ministro, mas sim que buscou o meio efetivo de fazer a quebra do nexo causal, não permitindo que ocorresse o uso ilegal da propriedade.

Não se pode esquecer de que a moderna teoria da responsabilidade civil, mesmo nas relações privadas envolvendo obrigações contratuais, não admite a mera passividade de quem sofreu o dano como origem da responsabilidade civil, construindo a doutrina o chamado "dever de mitigação de prejuízos", de origem no sistema de *common law*, no qual o prejudicado pela inexecução de uma obrigação contratual deve procurar mitigar o eventual dano sob pena de não ser integralmente ressarcido do prejuízo sofrido,[50] se tal conduta proativa é requisitada nestes casos, quanto mais é de se exigir o cumprimento deste dever daquele cujo direito é inseparável do ônus constitucional de cumprimento da função social. O exemplo relacionado na decisão não é dos mais felizes, com efeito,

---

[49] NADER, Paulo. *Curso de direito civil* – Responsabilidade civil. 6. ed. Rio de Janeiro: Forense, 2016. v. 7. p. 39.

[50] MENDONÇA, Bruna Lima; COELHO, Camila Aguileira. O ônus de mitigação dos próprios prejuízos no ordenamento jurídico brasileiro. In: MONTEIRO FILHO, Carlos Edison do Rêgo (Org.). *Problemas de responsabilidade civil*. Rio de Janeiro: Revan, 2016. p. 74.

se esbulho houve, o proprietário para cumprir o *dever de mitigação de prejuízos* incumbia promover a imediata ação de reintegração de posse, ou se foi enganado por possuidor ou detentor, caberia, também, acionar os remédios possessórios ou reivindicatórios de domínio, após conhecer dos fatos, mas que não podem ser argumentados por simples negativa de estado mental, pois uma plantação de plantas psicotrópicas não se realiza num estágio meramente moral ou psíquico.

Para ser adequada a alegação do esbulho e evitar a aplicação da regra que permite o confisco constitucional, como meio de exclusão da responsabilidade civil objetiva, a ação judicial de esbulho possessório para a retomada do imóvel deve ser proposta imediatamente após os fatos e não apenas como uma reação aos movimentos na via judicial quando o proprietário tenha conhecimento da ação judicial expropriatória movida pelo Estado. Sua iniciativa deve até mesmo anteceder as medidas na via administrativa que detectaram o uso inconstitucional da propriedade que favorece a produção de drogas ilícitas e fere a dignidade do trabalho.

Afinal, em pleno século XXI, é difícil provar que o cidadão desconhecia um fato tão grave em sua propriedade por vários meses. Lembre-se de que o texto constitucional aplica a sanção punitiva para o caso de plantas psicotrópicas e trabalho escravo.

Por qualquer viés que se olhe, verifica-se que o argumento parte para a quebra da responsabilidade objetiva, e, além de ser desnecessário, dentro dos marcos normais desta teoria civilística, não se aporta o necessário debate sobre os valores morais que a norma constitucional encerra para justificar a sanção, conectados com a produção de drogas e a presença de trabalho escravo, graves situações de abuso do direito, na esteira do art. 187 do Código Civil. Como leciona Pastora Leal, nestes casos se trata de "ilícito objetivo, qual seja, aquele que prescinde do elemento culpabilidade (culpa ou dolo) e se contenta com o desvio da função ou da finalidade econômica e social, aferidas no plano normativo".[51] Por fim, quando o Ministro Gilmar Mendes ressalva que, em caso de condomínio, havendo boa-fé de apenas alguns dos proprietários, a sanção deve ser aplicada, restando ao proprietário inocente buscar reparação dos demais, traz à baila um elemento estranho, uma vez que na responsabilidade objetiva não cabe na mesma ação discutir o ressarcimento decorrente da culpa, que deverá ser discutida em outra ação própria, o que confirma a inadequação do raciocínio ante o cumprimento da regra constitucional.

Assim, a solução posta para a questão constitucional na tese de que "A expropriação prevista no art. 243 da CF pode ser afastada, desde que o proprietário comprove que não incorreu em culpa, ainda que *in vigilando* ou *in eligendo*" pode e deve ser lida a partir e tão somente como decorrente de responsabilidade civil objetiva, no que pese o ministro argumentar sobre a exclusão da culpa, o raciocínio fica melhor tão somente como argumento que quebra o nexo causal, cuja ação deve ocorrer anteriormente à demanda expropriatória.

O Tribunal Regional assentou no caso concreto a participação dos proprietários, ainda que por omissão, ocorrendo o plantio da droga em dois imóveis com matrículas

---

[51] LEAL, Pastora do Socorro Teixeira. Dano moral: (re)configuração de um conceito. In: LEAL, Pastora do Socorro Teixeira; SANTANA, Ágata Gonçalves (Org.). *Responsabilidade civil no século XXI e a construção dos direitos de danos.* Rio de Janeiro: Lumen Juris, 2017. p. 179.

distintas, ambos com proprietários falecidos. E, embora a ação de expropriação tenha sido contestada pelos herdeiros, eles confirmaram ter a posse dos imóveis, apenas sustentaram que cada um explorava seu próprio lote do terreno maior.

O Ministro Ricardo Lewandowski acompanhou o voto do relator, afirmando que a menção ao art. 5º no art. 243 da Constituição da República daria "um certo grau de garantia ao proprietário, ensejando que ele prove, mas cabe a ele o ônus da prova, que não agiu com dolo ou culpa, que não obrou com a culpa *in vigilando* ou *in eligendo*". Retoma o argumento do esbulho possessório como se fosse suficiente e necessário para excluir a responsabilidade objetiva.

Esta confusão de conceitos teóricos fica mais evidente quando o Ministro Edson Fachin, ao adiantar o voto, aduziu acompanhar integralmente o relator, mas ao proferir o seu voto sobre a natureza da responsabilidade civil para efeitos da expropriação a que alude o art. 243 da CRFB, que faz cessar o direito real de propriedade, conclui que esta implica, necessariamente, "responsabilidade objetiva do proprietário, desde que comprovadas as situações ensejadoras de sua hipótese de incidência". O seu raciocínio é categórico:

> Assim sendo, a previsão constitucional de expropriação para as situações elencadas no art. 243 da Constituição de 1988 (plantio de plantas psicotrópicas e exploração de trabalho escravo) implicará a perda do direito real de propriedade por parte de quem seja o seu titular. A responsabilidade do proprietário, sob esse ponto de vista, é, portanto, objetiva, conforme decidiu o tribunal de origem. Essa é a regra constitucional expressa no art. 243, tanto na sua redação original, quanto na redação atualmente vigente, após os acréscimos da Emenda Constitucional 81/2014.

Inclusive propôs a tese: "É objetiva a responsabilidade para fins de expropriação prevista no art. 243 da Constituição da República", que seria a mais adequada, afastando as incongruências anteriormente elencadas.

O Ministro Barroso acompanhou a tese do relator, assim como o Ministro Teori Zavascki, reiterando o argumento de que o caráter sancionatório deve ser compatível com as garantias constitucionais do art. 5º da CRFB, como se estas levassem a negar a possibilidade de responsabilidade objetiva.

O Ministro Zavascki confunde a responsabilidade objetiva com a teoria do risco integral, que não é acolhida no Brasil, quando argumenta que não é possível "um sistema sancionador fundado em responsabilidade objetiva pura e simplesmente", mas que "todavia, não impede que se fixem presunções de dolo ou culpa, desde que se trate de presunções relativas, juris tantum; ou seja, que admitam demonstração em sentido contrário". Ora, dolo e culpa fazem parte da responsabilidade subjetiva. A Ministra Rosa Weber segue Zavascki, ao consagrar uma presunção *juris tantum* de dolo ou culpa, com a inversão do encargo probatório, segundo um modelo de responsabilidade subjetiva, concluindo:

> o fenômeno conducente à sanção constitucional da expropriação de que trata o art. 243 da Lei Maior deve ser verificado sob o manto da responsabilidade subjetiva, assegurado ao expropriando, em observância ao art. 5º da Constituição Federal, o direito ao afastamento

da sua responsabilidade, ante a prova, a seu encargo, de que para o ilícito não concorreu nem ao menos com culpa.

O voto do Ministro Luiz Fux ressalta um aspecto que não foi considerado nos votos anteriores, que é o da sanção estar conectada com a Convenção de Viena contra o Tráfico Ilícito de Entorpecentes e de Substâncias Psicotrópicas, datada de 20.12.1988, aprovada pelo Decreto Legislativo nº 162/91 e promulgada pelo Decreto nº 154, de 26.6.1991 (esta convenção elenca uma série de disposições referentes à repressão severa do tráfico de drogas, na qual se inclui o confisco).

Após destacar as diversas modalidades de confisco em modelos alienígenas, como o confisco civil (*civil judicial forfeiture*), o confisco penal (*criminal forfeiture*) e o confisco administrativo (*administrative forfeiture*), nos EUA, e o "confisco alargado" no Reino Unido, na Espanha, na Itália e na Alemanha, sem vinculação ao processo criminal, com a finalidade de atingir o patrimônio de traficantes e organizações criminosas, destinado ou obtido para a criminalidade econômica, no que o direito interno está alinhado a um modelo de combate ao tráfico de drogas de postura repressiva internacional, conclui:

> conforme se evidencia de uma interpretação sistemática dos artigos 5º, XLIII, LI, da CRFB, e do artigo 243, caput e parágrafo único, da Carta Republicana. Por via de consequência, sobressai o conteúdo da norma constitucional atinente à desapropriação-confisco no sentido de se tratar de norma de responsabilidade objetiva, dispensando a perquirição de culpa do proprietário do bem como condição para autorizar a atividade confiscatória estatal, justamente no intuito de utilizar um instituto realmente eficaz de combate à criminalidade econômica.

O Ministro Fux, reitera a argumentação da literalidade da norma constitucional e reforça os seus argumentos com o resgate dos termos da decisão do STF vazada no julgamento do RE nº 543.974, de relatoria do Min. Eros Grau, julgado em 26.3.2009, concluindo ser inequívoco que o cultivo de plantas psicotrópicas em propriedade imobiliária malfere a regra constitucional de que a propriedade deve cumprir a sua função social, revelando uma nítida "função antissocial" do bem imóvel, e ressalta, ainda, que, segundo o voto do Min. Carlos Brito, proferido no RE nº 543.974, que resgata, a função antissocial contraria os preceitos constitucionais preconizados no art. 5º, XXIII; art. 170, III; art. 182, §2º; art. 184; art. 186, todos da CRFB, a justificar com mais razão a expropriação do bem, sem a perquirição de culpa do seu proprietário.

O Ministro Dias Toffoli reitera manifestações dos julgamentos do RE nº 436.806 e do RE nº 4.028.391, e, embora acompanhando o relator, aduz que "o art. 243 da Constituição Federal prevê, de forma expressa e sem temperamentos, a imediata expropriação de glebas de qualquer região do país onde forem localizadas culturas ilegais de plantas psicotrópicas". Assim, aponta que não se deve cogitar da eventual participação do proprietário ou do possuidor da gleba no cultivo, e que "mesmo sua conduta omissiva de tolerá-lo ou de permitir seu desenvolvimento sem oposição de nenhuma espécie é o quanto basta para a incidência da norma constitucional" a ensejar a expropriação da gleba.

Ressalta Toffoli a gravidade da conduta a ser coibida e o propósito de fomentar a realização de assentamentos de colonos para o cultivo de produtos alimentícios e medicamentosos, que inspirou a Magna Carta. Assim, é inviável "partir-se para a análise subjetiva da conduta do proprietário ou possuidor da gleba em questão, bastando a constatação do fato de que há, efetivamente, no imóvel, cultura ilegal de plantas psicotrópicas" para que a expropriação recaia sobre esse bem.

Nota-se que o Ministro Toffoli resgata o conceito de uso antissocial da propriedade, presente em julgamentos anteriores do STF, para não se perquirir do elemento subjetivo, concluindo que a gravidade da conduta a ser coibida impõe o rigor com que deve ser interpretado o comando imposto, a tornar impositiva a conclusão de que não se deve partir para a análise da conduta subjetiva do proprietário ou possuidor de gleba onde localizadas culturas ilegais de plantas psicotrópicas para o fim de cominar a expropriação do bem e seu encaminhamento a políticas sociais de assentamento de colonos, para o cultivo de produtos alimentícios e medicamentosos.

Para o Ministro Marco Aurélio, a natureza da norma do art. 243 da Constituição, considerada a Emenda Constitucional nº 81/2014, embora não seja de norma penal, encerra uma sanção patrimonial, de expropriação, e não desapropriação/sanção, por isso, o critério a prevalecer, "não é sequer o subjetivo, como ocorre no campo do Direito Penal, mas o objetivo". Inclusive destaca que não "é dado cogitar do elemento subjetivo, a culpa, porque ínsita, à propriedade, a vigilância pelo titular, e não está a implementá-la caso mantida plantação de entorpecente".

Relevante o fundamento do voto do Ministro Marco Aurélio de que a propriedade deve atender à função social, e que o inc. XXIV do art. 5º trata da desapropriação, e, no caso, trata-se de expropriação/sanção, e, mesmo no caso da desapropriação que precisa ser justificado o interesse social e a justa e prévia indenização em dinheiro, o texto constitucional ressalva "os casos previstos nesta Constituição".

A Ministra Cármen Lúcia diferencia a expropriação de propriedade urbana ou rural, quando utilizada para fins ilícitos, em que se cuida de sanção e difere da desapropriação, na qual há indenização justa e prévia. Pela expropriação, retira-se do patrimônio do particular, sem indenização, o imóvel que não cumpre a função social (art. 5º, inc. XIII, da Constituição da República). Por isso, quando o recorrente pretende seja apurada a participação do proprietário do imóvel na ilicitude, o seu objetivo é a averiguação da responsabilidade subjetiva. Por isso, ela afasta o argumento, afirmando:

> Se houve ou não a participação do proprietário, não se afastaria a perda do imóvel pela expropriação pelo não cumprimento da função social da propriedade. A determinação constitucional de não indenizar nessas circunstâncias é sanção decorrente da utilização da terra para o plantio de psicotrópicos.
>
> Na espécie, não se questiona a utilização da propriedade para a finalidade ilícita. A só plantação evidencia a participação do proprietário ou caracteriza a sua omissão na utilização e vigilância da propriedade, fundamento suficiente para a expropriação, a qual *não cabe sem indenização*, nos termos do art. 243 da Constituição da República e da Lei n. 8.257/1991, regulamentada pelo Decreto n. 577/1992, observados o devido processo legal e a ampla defesa, desde que não fique demonstrada culpa ou dolo do proprietário, para não se ter a responsabilidade objetiva adotada de forma plena. (Grifos nossos)

Pode-se observar certa confusão quando o voto afirma que *não cabe sem indenização*, pois já afirmara anteriormente não caber indenização na expropriação, mas ao mesmo tempo induz que se deve provar o dolo ou culpa do proprietário, para se afastar a indenização, ensejando dúvidas sobre a quem cabe o ônus da prova.

Da análise dos votos é possível concluir que, apesar da unanimidade, não há uma real convergência sobre os seus fundamentos a caracterizar a responsabilidade subjetiva, ainda que mitigada, ou afastar a responsabilidade objetiva. Com efeito, ao mesmo tempo que afirmam que não se deve perquirir da culpa do réu, numa espécie de responsabilidade objetiva, argumentam uma dose de culpa presumida, e colocam o ônus da prova do réu a afastar a culpa.

Isto tudo, a rigor, somente provoca incongruências conceituais, é uma retórica desnecessária, porque a responsabilidade civil objetiva resolve estas questões mediante a quebra do nexo causal, com exclusão da ilicitude, pela prova da culpa exclusiva de terceiro, cujo ônus incumbe ao réu obviamente. Conclui-se que quando a Corte, por unanimidade, ao apreciar o Tema nº 399 da repercussão geral, negou provimento ao recurso extraordinário, e fixou a tese de que: "A expropriação prevista no art. 243 da Constituição Federal pode ser afastada, desde que o proprietário comprove que não incorreu em culpa, ainda que *in vigilando* ou *in eligendo*". Não revela uma verdadeira unidade de fundamentos, falseia o debate realizado. O rigor conceitual doutrinário sobre o tema da responsabilidade civil permite a seguinte conclusão sobre o art. 243 da CRFB, a partir do debate do STF no RE nº 635.336 – MPF *v*. Incra:

> A expropriação prevista no art. 243 da Constituição Federal tem por fundamento a responsabilidade civil objetiva do proprietário, desnecessário perquirir da culpa do réu, que somente pode ser afastada, nas hipóteses de quebra do nexo causal, uma vez que o proprietário, no exercício do seu exclusivo ônus da prova, comprove que não incorreu em culpa, ainda que in vigilando ou in eligendo, ante a culpa exclusiva de terceiro e que tomou, tempestiva e previamente a ação do Poder Público, medidas para evitar o uso abusivo e antissocial da propriedade para culturas ilegais de plantas psicotrópicas ou a exploração de trabalho escravo.

Por outro, lado, estas incongruências, apontadas na decisão da Corte Suprema, somente ocorrem porque o sistema brasileiro admite e reconhece a possibilidade cartulária da propriedade, ou seja, aquela que se justifica tão somente pelo registro mobiliário que a encerra e independente da posse, e assim é que o art. 1.228, §1º, do CC, precisa descrever expressamente que:

> o direito de propriedade deve ser exercido em consonância com as suas finalidades econômicas e sociais e de modo que sejam preservados, de conformidade com o estabelecido em lei especial, a flora, a fauna, as belezas naturais, o equilíbrio ecológico e o patrimônio histórico e artístico, bem como evitada a poluição do ar e das águas.

De fato, se estes elementos, do §1º do art. 1228 do CC, ao invés de se constituírem em um *dever*, como impõe o legislador, fossem elementos integrantes e formadores do direito de propriedade, o titular deste direito que não observasse esse ônus, na sua relação com o bem de forma estrita, não poderia ser reconhecido como proprietário e, logo, não teria uma proteção judicial e legal, ou seja, não ensejaria direito à indenização ou remédios de exclusão da intervenção de outrem sobre a propriedade que se manifesta sem função social.

Eros Roberto Grau[52] manifesta a opinião no sentido da exclusão aos direitos de tutela possessória ao proprietário de área pelo não cumprimento da função social. Vale ressaltar, ainda, que quando o §2º do art. 1.228 do Código Civil proíbe ao titular do direito de propriedade a realização de atos que não lhe trazem qualquer comodidade ou utilidade, e que sejam animados pela intenção de prejudicar outrem, ele está *ipso facto* deixando às escancaras que tal direito tem uma dimensão cartulária que se antepõe sobre a sua manifestação material, e somente no caso de esta manifestação se dar por atos definidos como ilegais por importarem dano ao próprio titular, o que por si só já demonstra a irracionalidade deste direito, ou a outrem, é que o legislador impõe sanções ao proprietário. O disposto no §2º do art. 1.228 do Código Civil revela, claramente, a esquizofrenia da concepção do direito de propriedade no campo privado independente da posse, em que se pode perceber a sua dissociação da realidade, que exige um uso social para legitimá-la, de tal forma que se torna necessário que o legislador, expressamente, vede a possibilidade de que o uso deste direito seja feito intencionalmente em prejuízo de outrem, mediante proibição ao proprietário da realização de atos que não lhe trazem qualquer comodidade ou utilidade. Ou seja, temos aqui a vedação a um uso nocivo intencional e sem gerar utilidade social.

Mais estranho é que a citada norma não apresenta explicitamente as sanções decorrentes da realização destes atos defesos, embora o *uso* seja uma faculdade do proprietário.

Ora, estas entrelinhas deixam bem claro que a dimensão fundamental do sistema, ainda, é a propriedade que se legitima em si mesma, ensejando o direito de indenização, inclusive, a partir de uma definição puramente formal, sem que lhe esteja agregado um fundamento material como integrador da sua natureza e que legitimaria uma indenização pela perda do bem ou a proteção possessória, e admite o absurdo de normatizar a proibição do uso da coisa contra outrem e sem aferir qualquer utilidade ou comodidade ao seu titular, pois é lógico que o cumprimento da função social somente pode levar a um resultado positivo ao titular e para a sociedade em geral.

O fato é que, já caminhando para o primeiro quarto do século XXI, ainda vivemos a sombra tenebrosa do trabalho escravo no Brasil, especialmente no meio rural, mas ela pode ser mais bem compreendida na sua irracionalidade quando se entende o papel do Brasil, dentro do capitalismo periférico como fonte de matérias-primas, segundo a divisão internacional do trabalho e o processo de acumulação capitalista, que, desde a sua origem, teve na escravidão sua centralidade.[53]

Não espanta que, na atualidade, se possa encontrar, mesmo em grandes obras, um descaso profissional com a proteção do trabalho, como demonstra Vanilson Fernandes no estudo do EIA/RIMA da usina de Belo Monte, no Pará, onde a ausência de aspecto

---

[52] GRAU, Eros Roberto. Parecer. In: STROZAKE, Juvelino José (Org.). *A questão agrária e a justiça*. São Paulo: Revista dos Tribunais, 2000.

[53] MARX, Karl. *O Capital*. Livro I. Tradução Rubens Enderle. São Paulo: Boitempo, 2013. p. 821.

sociolaborativo ambiental e respectivas condicionantes levaram a conflitos e muitos acidentes fatais relacionados ao trabalho.[54]

Nesse contexto histórico, foi até tardia a hipótese em que o constituinte penaliza a falsa propriedade, cuja redação original do art. 243 da CF, ampliada com a PEC do Trabalho Escravo (EC nº 81), assegura que as propriedades rurais e urbanas de qualquer região do país onde forem localizadas culturas ilegais de plantas psicotrópicas ou a exploração de trabalho escravo sejam expropriadas e destinadas à reforma agrária e a programas de habitação popular, sem qualquer indenização ao proprietário e sem prejuízo de outras sanções previstas em lei. Como visto, a ampliação do aspecto material é incontroverso e sem prejuízo ao debate do Tema nº 339 pelo STF.

Neste sentido, não parece razoável dizer que seria duvidosa a possibilidade de aplicação do art. 243 da CF – dado o seu caráter punitivo – a partir de requerimento do Incra, em caso de plantações de psicotrópicas ou, quando esta se origine na Justiça do Trabalho, em caso de trabalho escravo, embora não se tenha conhecimento de casos práticos de aplicação do dispositivo, o que muitas vezes ocorre porque, flagrado o trabalho escravo, o violador trata de procurar pagar as verbas para descaracterizar o ilícito.

O caminho para a sua efetividade é a promoção das ações competentes.[55] Assim, devem o Ministério Público, Incra ou outra instituição afeta ao tema mover a demanda a partir do interesse processual para dar efetividade à regra constitucional protetora de direitos humanos, vez que, como demonstrado, apenas se discutia no Tema nº 339 qual a responsabilidade do proprietário, mas não a eficácia do art. 243 da Carta Magna, resultante da interpretação sistemática dos dispositivos constitucionais que tratam da desapropriação, do confisco, da perda de bens e da responsabilidade civil objetiva, especialmente porque o STF já havia optado pelo rigor na norma em questão, expresso no RE nº 543.974, de relatoria do Min. Eros Grau, Tribunal Pleno, julgado em 29.3.2009.

Destaca-se, ademais, que já existe regulamentação do tema pela Lei Federal nº 8.257/1991, a qual se direcionou a regular a expropriação das glebas nas quais se localizem culturas ilegais de plantas psicotrópicas, criando um procedimento judicial a ser instaurado por ação expropriatória especificamente direcionada à desapropriação dos imóveis onde forem localizadas culturas ilegais de psicotrópicos (arts. 6º a 15, 17, 20 e 23), bem como com a edição do Decreto nº 577, de 24.6.1992, que se destinou a regulamentar norma que concedeu à Polícia Federal, ao INCRA e à autoridade

---

[54] FERNANDES, Vanilson Rodrigues. *O Licenciamento Socioambiental Trabalhista na Amazônia*: o caso Belo Monte. Rio de Janeiro: Lumens Juris, 2021. p. 112.

[55] O Procurador-Geral da República, Dr. Augusto Aras, ao invés de promover institucionalmente o incentivo às ações, revolveu mover Ação Direta de Inconstitucionalidade por Omissão (ADO nº 77), perante o STF, ajuizada em 21.09.2022, em face da suposta mora do Congresso Nacional em regulamentar o art. 243 da CRFB, decorrente da EC nº 81, colocando, assim, que não haveria como agir nesses casos, embora requerendo uma cautelar, para a regulamentação perante a Corte, com a aplicação por analogia das regras da Lei Federal nº 8.257, a qual se direcionou a regular a expropriação das glebas nas quais se localizem culturas ilegais de plantas psicotrópicas, criando um procedimento judicial a ser instaurado por ação expropriatória especificamente direcionada à desapropriação dos imóveis onde forem localizadas culturas ilegais de psicotrópicos (arts. 6º a 15, 17, 20 e 23), bem como com o Decreto nº 577, de 24.6.1992, que se destinou a regulamentar norma que concedeu à Polícia Federal, ao INCRA e à autoridade responsável pela representação judicial da União competência para adotar providências direcionadas à localização de culturas ilegais de plantas psicotrópicas e ao ajuizamento da ação expropriatória, quanto ao trabalho escravo.

responsável pela representação judicial da União competência para adotar providências direcionadas à localização de culturas ilegais de plantas psicotrópicas e ao ajuizamento da ação expropriatória, que podem perfeitamente se aplicar por analogia quanto ao trabalho escravo, já que se insere no mesmo dispositivo constitucional o direito material.

É basilar que as garantias fundamentais têm aplicação imediata, como definido no §1º do art. 5º da CRFB. Lógico, então, que uma norma de proteção desses direitos assim também deve se apresentar – e muito mais fácil e usual é aplicar-se o procedimento existente para dar vazão e efetividade na sua proteção – e, dada a eficácia do art. 243 da CRFB, não é preciso ser um exímio hermeneuta para se afirmar que devem as instituições agir para o cumprimento da norma constitucional que penaliza o trabalho escravo.

SIGNIFICADO JURÍDICO DA POSSE E SUA RELAÇÃO COM O DIREITO DE PROPRIEDADE

A posse é o elemento primordial de acesso à terra e legitimador do direito de propriedade, bem como requisito de existência coletiva a fim de dirimir conflitos entre a sociedade de massas pela luta da terra. Neste diapasão, o direito de propriedade é reconhecido a partir da sua função social por meio da posse agrária, com inserção no sistema jurídico pátrio.

O Código Civil de 2002 reconhece na definição de propriedade a faculdade do proprietário de usar, gozar e dispor, e o direito de reavê-la do poder de quem quer que injustamente a possua ou detenha, contrariando a ideia de muitos otimistas de que o dispositivo legal, apesar de ter avançado em relação ao conceito tradicional, consagrou este instituto como um dos mais amplos direitos do sistema.

Assim, não há uma dubiedade quanto à função social da propriedade na Constituição Federal e no Código Civil. A definição do Código Civil não bloqueia o avanço constitucional do conceito de propriedade, tratado na legislação suprema. Mas, infelizmente, abre espaço para uma disputa interpretativa sem fim sobre este direito fundamental.

O direito de propriedade dever ser exercido em consonância com sua função social, ou seja, o direito do proprietário de usar e gozar a propriedade, e, não o fazendo, incorrerá em descumprimento à lei federal. Porém, não significa que o uso deva ser feito obrigatoriamente pelo titular da terra e, sim, que este aplique um uso com a finalidade de atender à sua função.

Logo, conclui-se que o Código Civil reconhece o direito de propriedade apenas com o registro imobiliário, não pelo uso da terra, uma vez que o legislador expressa que o uso é faculdade do proprietário. Por outro lado, a Constituição Federal é clara ao determinar que a propriedade deva atender à sua função social, ou seja, o titular deve usá-la, mesmo que por intervenção de terceiros.

2.1 Etimologia da posse e posse agrária

O termo "posse" deriva do radical latino *potis* ou *poti*, que originou o substantivo *potestas*, que significa "poder", daí que desta origem semântica carrega-se até hoje a ideia de poder ligado à posse como decorrente do direito de propriedade, e não o inverso, e este é o pecado original da posse civil.

Justamente por isso no direito romano havia a distinção entre a *possessio* que era a relação de fato com a coisa, que admitia a disponibilidade, ligada ao senhorio de fato, e a *potestas* que era uma relação jurídica, relacionada ao senhorio de direito, donde se liga ao *dominium* e *mancipium*, mas também se reconhecia a existência da *possessio naturalis* que era a mera detenção da coisa, e que não dava direito à proteção jurídica.

Os sistemas jurídicos que se espelharam nas fontes do direito romano para construir a teoria da posse civil vão justamente acentuar a posse como decorrente do *dominium* ou propriedade, e colocando ao largo o elemento factual que legitimava o direito à proteção da propriedade, ou seja, a posse.

As principais teorias possessórias gestadas nos séculos XIX e XX têm como elemento comum serem teorias ou teses possessórias formadas com base na propriedade.

Assim, Savigny (1803) constrói a chamada *teoria subjetiva da posse*, na qual o elemento volitivo (subjetivo) ou *animus possidendi* (*animus domini*) se apresenta a partir da intenção de ter a coisa como sua propriedade, a ninguém reconhecendo direitos superiores sobre o bem, sobre a coisa possuída. Por outro lado, o elemento objetivo ou *corpus* se manifesta como a possibilidade de exercício físico permanente e exclusivo sobre a coisa, que é inerente na própria vontade de possuidor. Assim, para esta teoria é o *animus domini* que difere a posse da detenção, sendo o *Ius possessione* a posse e o *Ius possidendi* a posse somada à propriedade.

Por outro lado, Ihering, na sua *teoria objetiva da posse*, considera que a posse é a exteriorização da propriedade, da aparência e procedimentos do sujeito que atua como o proprietário. Assim, o elemento volitivo (subjetivo) é expresso pela *afectio tennendi* na qual o sujeito quer ter a coisa consigo. E o elemento objetivo ou *corpus* é por si só a denúncia de uma vontade de ser proprietário, ou seja, para Ihering, o essencial é que o possuidor se conduza revelando a aparência de proprietário.

Portanto, fica evidente que o ponto comum entre a teoria possessória de Savigny e Ihering é que levanta teorias ou teses possessórias com base na propriedade. Sendo que Savigny qualifica o regime possessório a partir do elemento subjetivo de querer ser proprietário e, por outro lado, Ihering utilizou a propriedade para caracterizar a atuação do possuidor.

Conclui-se que nenhuma destas teorias atribui à posse um valor independente do direito de propriedade, o que evidentemente limitará o acesso aos remédios de proteção da posse àqueles que tenham a posse em contraposição ao direito de propriedade, como ocorre no direito civil brasileiro.

A consolidar essa assertiva da posse se compreendida a partir da propriedade no direito civil brasileiro, basta verificar que o art. 1.196 do CC considera como possuidor todo aquele que tem de fato o exercício, pleno ou não, de algum dos poderes inerentes à propriedade, e, por outro tanto, o art. 1.204 do CC define que se adquire a posse desde o momento em que se torna possível o exercício, em nome próprio, de qualquer dos poderes inerentes à propriedade.

É primordial ressaltar que a posse não é protegida no direito brasileiro como um direito real, como são apenas aqueles previstos no art. 1.225 do Código Civil, ou seja, a *propriedade*; a *superfície*; as *servidões*; o *usufruto*; o *uso*; a *habitação*; o *direito do promitente comprador do imóvel*; o *penhor*; a *hipoteca* e a *anticrese*.

Embora exista a vedação do art. 1.210, §2º, de que não obsta à manutenção ou reintegração na posse, a alegação de propriedade, esta somente se aplica ao possuidor de boa-fé, mas infelizmente a boa-fé considera-se no geral aquela que não é decorrente do ato de esbulho, aqui entendido como a simples "invasão" da propriedade.

Aliás, cumpre ressaltar que embora o art. 1.197 do Código Civil estabeleça que "a posse direta, de pessoa que tem a coisa em seu poder, temporariamente, em virtude de direito pessoal, ou real, não anula a indireta, de quem aquela foi havida, podendo o possuidor direto defender a sua posse contra o indireto", este direito de o possuidor direto opor sua posse ao indireto dado pela legislação pátria só é concedido no caso de a *posse direta* ter sido desmembrada da propriedade, pois o proprietário permanece na *posse indireta*, e pelo exercício dos direitos de domínio concede a posse direta a outrem, através de um acordo de vontades por determinado tempo.

Ressalta-se que, quando o proprietário (possuidor indireto) concede a outrem a posse direta, por tempo determinado, é vedado ao proprietário de qualquer forma perturbar ou impedir o possuidor direto de exercer seu direito à posse da coisa, no período estabelecido, e cabe, neste caso, em havendo a perturbação da posse direta, a ação de manutenção ou reintegração de posse a ser intentada pelo possuidor direto contra o proprietário.

Fora esse caso exposto pelo art. 1.197, a legislação brasileira não comporta mais nenhuma hipótese que legitime o possuidor direito de opor ou defender a sua posse contra o indireto, ou detentor do domínio, pois prevalece o direito do proprietário a reivindicar a coisa, objeto do direito real de propriedade.

Disto decorre logicamente que para o direito brasileiro a clandestinidade e precariedade da posse resultam simplesmente de esta não ser autorizada pelo proprietário. O fato de a posse direta não ser autorizada pelo proprietário é o bastante para ser considerada precária, ilegítima e clandestina.

Tendo em vista este quadro ainda atual sobre o significado da posse civil é que no direito agrário se torna fundamental a posse agrária. Destarte, as conquistas sociais protagonizadas por movimentos sociais colocam bem à vista os novos conflitos e interesses sociais que exigem muito mais do direito e dos sujeitos que se colocam à missão de teorizá-lo e aplicá-lo, e este é um desses momentos em que se testa se passamos do discurso à prática.

Para o direito agrário o trabalho sobre a terra é que legitima a posse e não a propriedade, e assim o registro imobiliário a favor do possuidor é apenas um meio de estabilizar o direito de viver com dignidade, este sim o objetivo fundamental do legislador, tornando público o exercício deste direito.

Logo, fica evidente que na posse agrária se considera a posse em si mesma como elemento legitimador de outros direitos, inclusive o de propriedade, que somente é considerado como respeitando a sua função social se acompanhado de um uso que o legitima socialmente.

O que justifica o exercício do direito à propriedade é a relação direta com o objeto por meio da posse, portanto, não é a propriedade enquanto domínio que legitima a posse, mas o inverso, a posse, o uso efetivo do bem, como utilidade social, é que legitima a propriedade, daí, essencial a intervenção do Estado em lhe consolidar, inclusive, se necessário por meio da desapropriação.

Esta forma de encarar o problema do direito à estabilidade da posse de uma comunidade no exercício do direito de morar, produzir e inclusive se reproduzir culturalmente, reafirma que a missão da posse agrária é proteger o trabalho contra a intervenção de estranhos, que muitas vezes na verdade são o "proprietário", como uma necessidade à perfeita mediação destes conflitos.

Cediço dizer que o acesso à "propriedade" representada nos títulos e cártulas do rei sempre foram privilégios concedidos aos amigos do monarca, do império ou da república, a que a maioria da população sempre esteve excluída, que sempre teve apenas a força de sua resistência erigida na posse da terra, mediante a labuta, para construir e legitimar o seu direito.

Destarte, seria ir contra a história das massas populares, dos excluídos, legitimar o direito à terra a partir de um enfoque tradicional, conectando o seu direito de acesso à terra para produzir à noção de propriedade burguesa, que se constitui sobretudo com base no conceito de domínio, decorrente do registro imobiliário. É preciso valorizar a noção de que o direito a terras nasce e se mantém pela posse agrária, decorrente do trabalho direto na terra.

O direito de propriedade popular legitima a posse em si mesma, e nasce do próprio suor que a consolida na labuta diária, enquanto o sistema jurídico se limita ao conceito de posse.

Lembre-se de que a *moradia* é considerada pelo nosso constituinte um direito social (art. 6º da CF), sem esquecer que a cultura e o direito ao trabalho também são direitos sociais, portanto, por ordem constitucional devemos abandonar a teoria possessória comum ou civilista centrada *em função da propriedade*.

Pode se apostar na *posse agrária*, em respeito ao *direito social* constitucional de morar, proteção à cultura, ao trabalho, permitindo o acesso à estabilidade em caráter inclusive comunitário do exercício da propriedade, singularizando a noção de propriedade popular.

Não se pode esquecer de que o *corpus*, o elemento objetivo da posse, é traduzido por atos que exteriorizam a vinculação direta, material, imediata do possuidor à terra. Tal relação entre o homem e o lugar de viver é direta, física, revelada por atos materiais de produção.

Por outro lado, o fator subjetivo da posse, o *animus*, a intenção é representada por identificar o imóvel como um lugar de história de resistência, ao possuidor agrário não importa a intenção imediata de exercer o direito de propriedade como se fosse seu titular (*animus domini*), muito menos é detentor da vontade de proceder como habitualmente faz o proprietário (*affectio tenendi*). A *intenção* do possuidor agrário é de ter um lugar onde recoste a cabeça e possa abrigar a sua família, após cada dia de luta pela vida.

A posse agrária é o elemento essencial que caracteriza o objetivo constitucional de estancar a sangria da injusta situação de ocupações populares, corrigindo-se uma distorção histórica em que sempre existiu uma opção por se preferir o *domínio* e a *posse civil* em detrimento da *posse do direito de morar, reprodução cultural, produção na terra*, de contornos sociais mais definidos.

A posse agrária se contrapõe à propriedade estéril que privilegia a forma de manifestação do domínio sobre a terra ao invés da relação direta com o imóvel, valorizando o trabalho como meio de afirmação da cidadania, e do princípio de que todo o poder emana do povo.

Dentro desta perspectiva, o sistema permite valorar de forma mais adequada os mecanismos de perda desta propriedade cartulária, para que seja efetivamente justa de um ponto de vista social, e não apenas do ponto de vista do particular, logo a posse agrária é o princípio e fundamento de todo direito à terra, não por glória do Código Civil, mas por determinação constitucional.

ETIMOLOGIA DA POSSE E POSSE AGRÁRIA

A expressão deriva do latim *potis* ou *poti*, dando origem à palavra *potestas*, que significa "poder". Assim, nasceu a expressão como poder ligado à posse como decorrente do direito de propriedade.

CAPÍTULO 3

POSSE AGROECOLÓGICA

O modelo da *posse agroecológica* ainda é pouco considerado nos manuais e tem como seu titular as chamadas populações tradicionais, tendo por objeto de incidência parcelas do território nacional, onde, infelizmente, muitas vezes, ao lado de belezas naturais sem igual, convivem contraditoriamente pessoas que não possuem o mínimo acesso às políticas públicas de educação, saúde e outras garantias sociais, mas estes novos atores sociais vêm construindo uma especial relação histórica com o meio ambiente, erigindo um modelo de posse diferenciado, cuja particularidade é a sustentabilidade ambiental, e, apesar deste diferencial, muitas vezes o seu direito à terra é ignorado ou relegado a segundo plano pelo Poder Público.

No caso particular da Amazônia, percebe-se que até se dilui a percepção dessa ausência do Poder Público dada a exuberância da floresta e das relações que estas comunidades tradicionais mantêm com o ambiente, com especiais modos de sobrevivência, desenvolvidos ao longo de gerações, parecendo um simples detalhe aos olhos dos novos "colonizadores". É muito difundida a noção da Amazônia como um vazio demográfico, como uma terra sem ninguém a ser integrada ao desenvolvimento nacional.

Quem vive na região sabe bem o quanto isto é um mito, pois as populações tradicionais, tais como ribeirinhos, caboclos, remanescentes de quilombos, provam o contrário. Mas como a história oficial sempre considerou a floresta um espaço a ser desenvolvido, e estas comunidades nunca tiveram seus espaços respeitados, nasceu essa visão exógena de que é possível construir áreas de preservação e excluir essas populações, ainda que a legislação nacional use o eufemismo da *indenização* ou *compensação e realocação* das populações tradicionais, como previsto no art. 42 da Lei nº 9.985, de 18.7.2000.

Na verdade, a eventual e histórica presença dessas comunidades deve inclusive condicionar a criação de unidades de conservação, pois se estas ao serem criadas não devem ter a presença humana, como definido pelo legislador em alguns casos, o Poder Público é que precisa criar áreas desse tipo onde não haja populações, ou criar um tipo de unidade de conservação que admita a presença humana, evitando-se, assim, intervir no modo de viver de quem nunca foi o motivo de risco da vida do planeta, excluindo-as da única coisa que construíram para si e para a nação, que foi a ocupação da imensa hileia.

Não há critério justo para indenizar ou compensar e realocar a história de uma comunidade que sempre viveu em harmonia com o meio ambiente, empobrecendo-se com isso a própria diversidade humana e o sonho de que é possível compatibilizar o homem com a natureza, pois se estes povos não são a prova disso, e a única forma de preservar o meio ambiente é excluí-los desse processo histórico, pobre da humanidade que não é capaz de apresentar uma resposta de vida na definição de espaços especialmente protegidos para comunidades que sempre viveram diretamente e em conformidade com a natureza, ditando o Poder Público norma que obriga a exclusão desses seres humanos dessas áreas.

Não se trata, nesse caso, de reviver o mito do bom selvagem, crítica muito comum daqueles que se colocam contra a presença humana em unidades de conservação, afirmando que esta sempre levaria à degradação ambiental. Evidentemente que estes homens devem ter os seus erros no trato com o ambiente, pois do contrário seriam anjos e não homens, mas se fossem tais, não teriam necessidades e sua atuação nessas áreas não teria nenhum impacto, pois seres sobrenaturais não têm necessidades.

É preciso avançar no aprendizado de melhores práticas ambientais para consolidar o princípio do desenvolvimento sustentável, e manter e respeitar a presença das comunidades tradicionais nos espaços historicamente conquistados é um bom começo. Com efeito, estas comunidades no geral desenvolveram na sua prática cotidiana um modelo de desenvolvimento sustentável, que, ainda que imperfeito, permite importantes lições. As populações tradicionais podem não elaborar sofisticadas definições conceituais, mas são autoras de um modelo prático de relação com o meio ambiente, que tem a vantagem de não ser construído apenas teoricamente, como muitas vezes acontece com o conceito de desenvolvimento sustentável gestado nas academias.

Por isso é que é apenas aparente o eventual conflito de interesses entre populações tradicionais e unidades de conservação, pois conservar não é uma lição que estes homens devam aprender, embora evidente que se o seu modo de vida não é perfeito, pode ser melhorado, mas nunca excluídos do ambiente no qual sempre viveram, afinal eles têm muito mais a ensinar que aprender, e devem ser respeitados acima de tudo.

3.1 Conceito de populações tradicionais e posse agroecológica

O art. 225 da CF, após definir como um direito de todos o direito ao meio ambiente ecologicamente equilibrado, bem de uso comum do povo e essencial à sadia qualidade de vida, impondo-se ao Poder Público e à coletividade o dever de defendê-lo e preservá-lo para as presentes e futuras gerações, prevê no §1º, III, para assegurar a efetividade desse direito, como obrigação do Poder Público, a criação, em todas as unidades da Federação, de espaços territoriais e seus componentes a serem especialmente protegidos, sendo a alteração e a supressão permitidas somente por lei, *vedada qualquer utilização que comprometa a integridade dos atributos que justifiquem sua proteção*. Portanto, o constituinte não criou uma regra que vede diretamente a presença humana, mas refletiu a regra de ouro que permite a compatibilidade com a posse agroecológica, pois a vedação direta somente se dirige àquelas práticas que possam comprometer a integridade dos atributos protegidos.

Portanto, somente dentro desta lógica pode ser compreendido o advento da Lei nº 9.985/2000, que estabeleceu o Sistema Nacional de Unidades de Conservação (SNUC).

Tanto é verdade que o art. 4º da Lei nº 9.985/00 faz expressa referência às populações tradicionais, o que reforça o entendimento de que há um vivo encadeamento da promoção de práticas que promovam o desenvolvimento sustentável e valorização social e econômica da diversidade biológica e humana. Este processo deve começar, obviamente, pelo respeito às populações tradicionais, detentoras do direito a uma vida com dignidade.

Na realidade não poderia existir um sistema de unidades de conservação que exclua a princípio populações que representam a riqueza da diversidade humana e cultural decorrente das relações com diversos biomas brasileiros, que desenvolveram durante gerações práticas que se apresentam harmônicas com o ambiente, e muito têm a contribuir com o processo de desenvolvimento de conceito de sustentabilidade.

Somente aquelas populações que sejam incompatíveis com estas é que o sistema exclui. Aliás, essa regra de ouro tem, na realidade, fundamentos constitucionais muito mais largos no que tange ao respeito a essas populações tradicionais, pois estas se identificam com parcelas significativas da população nacional, que de longa tradição eram consideradas subculturas, sem referência explícita como formadoras da cultura nacional, como podemos agora inventariar no texto constitucional de 1988.

De fato, não bastaria o constituinte elencar os princípios fundamentais da República, que se constitui em Estado Democrático de Direito, estabelecendo como fundamentos a cidadania, a dignidade da pessoa humana, os valores sociais do trabalho e da livre iniciativa, e estabelecer que todo o poder emana do povo (art. 1º), sem estabelecer de forma mais objetiva como realizar esses fundamentos.

Assim, o seu art. 3º estabeleceu como objetivos fundamentais da República: construir uma sociedade livre, justa e solidária; erradicar a pobreza e a marginalização e reduzir as desigualdades sociais e regionais, além de promover o bem de todos, sem preconceitos de origem, raça, sexo, cor, idade e quaisquer outras formas de discriminação.

O texto constitucional, seguindo os objetivos da sociedade, além de estabelecer os direitos e garantias fundamentais, que todos os cidadãos devem ter garantidos (art. 5º), deixou registrado expressamente no art. 210 que a fixação dos conteúdos mínimos para o ensino fundamental deve ser estabelecida de maneira a assegurar formação básica comum e respeito aos valores culturais e artísticos, nacionais e *regionais*.

No que tange à cultura, temos dois dispositivos que sintetizam bem o reconhecimento dessa diversidade humana pela Constituinte, que as populações tradicionais representam, como um patrimônio que deve ser observado em qualquer tipo de ação do Poder Público, em que se insere a criação de unidades de conservação.

O primeiro dispositivo é o art. 215, §1º, que preceitua que o Estado protegerá as manifestações das culturas populares, indígenas e afro-brasileiras, e das de outros grupos participantes do processo *civilizatório nacional*, complementado pelo art. 216, que preceitua que constituem *patrimônio cultural brasileiro* os bens de natureza material e imaterial, tomados individualmente ou em conjunto, portadores de referência à identidade, à ação, à memória dos diferentes grupos formadores da sociedade brasileira, nos quais se incluem: as formas de expressão; os modos de criar, fazer e viver. Ora, o ser humano somente constrói a cultura na relação com o espaço onde vive, desenvolve a luta na construção diária da sua dignidade.

Assim representaria grave violação destas normas constitucionais a pretensão de se criarem unidades de conservação, cujo conceito não admite a presença humana e que levaria à necessidade de realocação, indenização de comunidades tradicionais, olvidando que o texto constitucional acentua estas especiais regras de proteção das minorias, que justamente integram estas populações tradicionais, e, como sabemos, a Lei do Sistema Nacional de Unidades de Conservação – SNUC abraça formas de unidades de conservação que são adequadas à presença destas comunidades.

O legislador, ao permitir determinada presença humana e a possibilidade de domínio ou posse em áreas de unidade de conservação, considera a posse em si mesma como elemento legitimador de outros direitos, inclusive o de propriedade, que somente pode ser considerado se respeitada sua função social e acompanhado de uso que o legitima social e ambientalmente.

Somente a posse agroecológica tem espaço dentro das unidades de conservação, o que justifica o exercício do direito à propriedade ou à posse nestas áreas é a relação direta com o objeto, portanto, não é a propriedade enquanto domínio que legitima a posse, mas o inverso, a posse, o uso efetivo do bem, como utilidade social, é que legitima a propriedade ou domínio. Portanto, é neste prisma dado que o legislador define quais unidades de conservação terão domínio público ou privado, de forma exclusiva ou conjugada, e quais os casos em que será permitido o exercício da posse ainda que a área seja de domínio público, o que corresponde a admitir a presença humana.

O art. 20 da Lei nº 9.985/00 define quais elementos caracterizam as comunidades tradicionais, quando definiu o que é uma reserva de desenvolvimento sustentável, pois, apesar de inserir o conceito destas populações integrando essa modalidade específica de unidade de conservação, o seu conceito pode ser muito bem tomado como norte seguro para constatarmos que a sua concepção está de acordo com o que viemos expondo. Preceitua o art. 20:

> Art. 20. A Reserva de Desenvolvimento Sustentável é uma área natural que abriga *populações tradicionais*, cuja existência baseia-se em *sistemas sustentáveis de exploração dos recursos naturais, desenvolvidos ao longo de gerações e adaptados às condições ecológicas locais e que desempenham um papel fundamental na proteção da natureza e na manutenção da diversidade biológica.* (Grifos nossos)

Observa-se pela leitura do dispositivo legal que estas *populações tradicionais* possuem como características uma *existência* baseada *em sistemas sustentáveis de exploração dos recursos naturais, desenvolvidos ao longo de gerações e adaptados às condições ecológicas locais e que desempenham um papel fundamental na proteção da natureza e na manutenção da diversidade biológica.*

Utilizamos as categorias povos e comunidades tradicionais, seguindo as definições previstas no Decreto Federal nº 6.040/2007, o qual define como povos e comunidades tradicionais os grupos culturalmente diferenciados e que se reconhecem como tais, que possuem formas próprias de organização social, que ocupam e usam territórios e recursos naturais como condição para sua reprodução cultural, social, religiosa, ancestral e econômica, utilizando conhecimentos, inovações e práticas gerados e transmitidos pela tradição (art. 3º, I).

Devido à multiplicidade de identidades coletivas, destacamos os segmentos que compõem o que se denomina por povos e comunidades tradicionais:[56] andirobeiros, apanhadores de flores sempre vivas, benzedeiros, caboclos, caiçaras, ciganos, cipozeiros, extrativistas costeiros e marinhos, ilhéus, raizeiros, catingueiros, comunidades de fundo e fechos de pasto, faxinais, geraizeiros, pantaneiros, pescadores artesanais, pomeranos, povos indígenas, povos de terreiros, quebradeiras de coco babaçu, quilombolas, ribeirinhos, retireiros do Araguaia, seringueiros, veredeiros e vazanteiros.[57] Embora não possa ser considerada uma lista dos povos e comunidades tradicionais existentes no Brasil, é importante registrar que o §2º do art. 4º do Decreto nº 8.750, de 9.5.2016, instituiu o Conselho Nacional dos Povos e Comunidades Tradicionais – CNPCT, ao assegurar lugar entre os representantes da sociedade civil, com assento no Conselho, às seguintes comunidades: povos indígenas; comunidades quilombolas; povos e comunidades de terreiro/povos e comunidades de matriz africana; povos ciganos; pescadores artesanais; extrativistas; extrativistas costeiros e marinhos; caiçaras; faxinalenses; benzedeiros; ilhéus; raizeiros; geraizeiros; caatingueiros; vazanteiros; veredeiros; apanhadores de flores sempre vivas; pantaneiros; morroquianos; povo pomerano; catadores de mangaba; quebradeiras de coco babaçu; retireiros do Araguaia; comunidades de fundos e fechos de pasto; ribeirinhos; cipozeiros; andirobeiros e caboclos, A elas deveriam ser acrescidos os marisqueiros, açorianos, jangadeiros e varjeiros. Deve-se destacar que o sentido de *território* empregado quando se trata das populações tradicionais está mais próximo da(s) definição(ões) atribuída(s) pela antropologia, a qual enfatiza a apropriação e construção simbólica que é feita pelas populações em espaços por elas habitadas; e não como a teoria política e o ordenamento jurídico o concebem (um povo, um território, uma nação). Para o direito, território é um dos elementos formadores do Estado e o limite de seu poder. No caso dos povos e comunidades tradicionais, ao contrário, o território está intrinsecamente associado a um direito fundamental social constitucionalmente garantido: trata-se de um patrimônio cultural material e imaterial diretamente conectado a um determinado território historicamente ocupado.

O Decreto Federal nº 6.040/2007 define como territórios tradicionais os espaços necessários à reprodução cultural, social e econômica dos povos e comunidades tradicionais, sejam eles utilizados de forma permanente ou temporária, observado, no que diz respeito aos povos indígenas e quilombolas, respectivamente, o que dispõem os arts. 231 da CF e 68 do Ato das Disposições Constitucionais Transitórias e demais regulamentações (art. 3º, I, do Decreto Federal nº 6.040/2007).

Portanto, estas comunidades, muito mais do que entraves à conformação de eventuais unidades de conservação, devem ser valorizadas como forma de reverência aos ditames constitucionais da *dignidade da pessoa humana* e respeito àquelas minorias e culturas que o Constituinte colocou em especial guarda como integrantes do processo civilizatório nacional.

---

[56] Ver Decreto nº 8.750, de 9 de maio de 2016. *Institui o Conselho Nacional dos Povos e Comunidades Tradicionais.*

[57] MMA. Relatório Proposta de Pesquisa Nacional de Povos e Comunidades Tradicionais. Comissão Nacional de Desenvolvimento Sustentável de Povos e Comunidades e dos Movimentos Sociais e ela relacionados. Brasília: Ministério do Meio Ambiente – MMA, 2009.

Aliás, nessa esteira de raciocínio, é interessante destacar o texto da Convenção nº 169, da Organização Internacional do Trabalho – OIT, sobre povos indígenas e tribais, devidamente ratificada pelo Brasil no Decreto nº 5.051, de abril de 2004,[58] que, em seu artigo 13, utiliza o conceito de "territórios":

Artigo 13
1. Ao aplicarem as disposições desta parte da Convenção, os governos deverão respeitar a importância especial que para as culturas e valores espirituais dos povos interessados possui a sua relação com as terras ou territórios, ou com ambos, segundo os casos, que eles ocupam ou utilizam de alguma maneira e, particularmente, os aspectos coletivos dessa relação.
2. A utilização do termo "terras" nos Artigos 15 e 16 deverá incluir o *conceito de territórios*, o que abrange a totalidade do habitat das regiões que os povos interessados ocupam ou utilizam de alguma outra forma. (Grifos nossos)

Não se trata de "imóveis rurais", como consta no Estatuto da Terra, ou de "estabelecimentos" (censos do IBGE), mas, sim, de espaços coletivos que têm uma importância especial para as populações tradicionais desenvolverem suas culturas e valores espirituais.

A mesma norma, em seu art. 14, alíneas 1 e 2, protege o direito de propriedade e posse das comunidades e cria um dever do Poder Público ante esse direito. *In verbis*:

Artigo 14
1. Dever-se-á reconhecer aos povos interessados os direitos de propriedade e de posse sobre as terras que tradicionalmente ocupam. Além disso, nos casos apropriados, deverão ser adotadas medidas para salvaguardar o direito dos povos interessados de utilizar terras que não estejam exclusivamente ocupadas por eles, mas às quais, tradicionalmente, tenham tido acesso para suas atividades tradicionais e de subsistência. Nesse particular, deverá ser dada especial atenção à situação dos povos nômades e dos agricultores itinerantes.
2. Os governos deverão adotar as medidas que sejam necessárias para determinar as terras que os povos interessados ocupam tradicionalmente e garantir a proteção efetiva dos seus direitos de propriedade e posse.
3. Deverão ser instituídos procedimentos adequados no âmbito do sistema jurídico nacional para solucionar as reivindicações de terras formuladas pelos povos interessados.

Este normativo deixa claro que deve sempre haver uma compatibilização entre o que preceitua o Sistema Nacional de Unidades de Conservação e a Convenção nº 169 da OIT da qual o Brasil é signatário, especialmente considerando que, além de as duas normas serem compatíveis, a última possui natureza jurídica de norma supralegal por se tratar de um tratado de direitos humanos, conforme a interpretação fixada pelo STF desde o RE nº 466.343 e HC nº 87.585, julgados em 13.12.2008.

Ademais, seria contraditório encarar esse patrimônio humano como condicionante negativa, melhor ser encarado como uma condicionante positiva prévia na definição de qual tipo de unidade de conservação é a mais adequada por ocasião de sua respectiva criação.

---

[58] Atualmente, a Convenção nº 169 está prevista no Decreto nº 10.088, de 5 de novembro de 2019.

Na observação dessas populações, verifica-se uma prática possessória diferenciada, a qual denominamos de *posse agroecológica*, como atribui, por exemplo, Benatti.[59] De fato, parafraseando as lições de Mattos Neto,[60] a respeito dos elementos da posse agrária, pode se identificar os elementos da posse agroecológica nos seguintes termos: o *corpus*, o elemento objetivo, é traduzido por atos que exteriorizam vinculações diretas, materiais e imediatas do possuidor com a área e que não rompem o ciclo ambiental dos recursos naturais. O *corpus* da posse agroecológica exige uma apreensão imediata e direta sobre o imóvel, mas não necessariamente exclusivista sobre as áreas de uso comum e os recursos naturais, refletindo na manutenção de sua sustentabilidade ambiental.

Por outro lado, o fator subjetivo da posse, o *animus* da posse agroecológica, a intenção, é representada por identificar o local onde a comunidade vive para além do simples espaço onde reside, mas sem que isso importe a intenção imediata de exercer o direito de propriedade como se fosse seu titular (*animus domini*) e de forma exclusiva. Muito menos na posse agroecológica se é detentor da vontade de proceder como habitualmente faz o proprietário (*affectio tenendi*). A *intenção* do possuidor agroecológico é de ter um lugar onde possa viver com dignidade como os seus antepassados, após cada dia de luta pela vida em práticas adequadas na conservação dos recursos ambientais.

A posse agroecológica é evidente quando há famílias que exercem coletivamente a posse num imóvel, respeitando cada um os seus espaços, não por ver no outro um proprietário, mas por reconhecerem-se mutuamente como da mesma origem histórica que trocam as experiências do dia a dia de conviver social, cujo pleito perante o Estado, por meio da sua entidade competente, objetiva, no mais das vezes, antes do domínio, a concessão de estabilidade do direito de viver com dignidade e sustentabilidade ambiental.

A opção do constituinte pela posse como legitimadora do domínio deve ser valorizada e aplicada como meio de afirmação da cidadania, especialmente no que tange às formas comunitárias de uso do meio ambiente de forma equilibrada, observando o dever social de preservação da natureza para as presentes e futuras gerações.

Especialmente no que tange às populações tradicionais, não devemos observar a sua posse como um amontoado de sujeitos num mesmo espaço defendendo e somando suas posses particulares, mas um exercício coletivo do direito constitucional de morar, viver com dignidade, ou seja, a posse do outro não é menos ou mais que a posse do vizinho, mas sim cada posse somente tem sentido se percebida e lida conjuntamente e de forma unitária com a posse dos outros membros da comunidade.

Esse novo paradigma é pouco comum para nós, profissionais do direito, acostumados a trabalhar os direitos sobre a terra como exclusividade ou domínios excludentes. Não se pode, também, equiparar a posse agroecológica com o instituto da propriedade condominial, no qual um sujeito detém o domínio de uma parcela ou fração ideal do

---

[59] BENATTI, José Heder. *Posse agroecológica e manejo florestal*. Curitiba: Juruá, 2003.

[60] MATTOS NETO, Antônio José de. *A posse agrária e suas implicações jurídicas no Brasil*. Belém: Cejup, 1988. O mesmo autor afirma que a "posse agrária é o exercício direito, contínuo, racional e pacífico de atividades agrárias (propriamente ditas, vinculadas ou complementares, e conexas) desempenhadas em gleba de terra rural capaz de dar condições suficientes e necessárias ao seu uso econômico, gerando ao possuidor um poder jurídico de natureza real e definitiva, com amplas repercussões no Direito, tendo em vista o seu progresso e o bem-estar econômico e social". MATTOS NETO, Antônio José. *Curso de Direito Agroambiental Brasileiro*. São Paulo: Saraiva Jur, 2018. p. 132.

imóvel. É uma nova categoria jurídica que atende à modalidade específica de apropriação do território pelas populações tradicionais. Agora, felizmente, podemos ter clara a possibilidade dessa nova percepção do exercício comunal, e nada há de estranho nisso.

Desconsiderar ou excluir do âmbito interpretativo da posse agroecológica essa forma de apossamento é reduzir o alcance e significado dos instrumentos do legislador para a valorização das comunidades tradicionais, pois no apossamento da área deverão ser consideradas não só as áreas estritamente definidas como o espaço das unidades habitacionais, mas também deve se considerar as de uso comum do aspecto produtivo, de lazer da comunidade, como o rio do banho do fim de tarde, áreas de bosque, espaços de exercício da fé, áreas de reunião, enfim, todos os elementos que compõem o espaço de exercício do direito de viver com dignidade, incluindo estes círculos adjacentes, que integram o apossamento coletivo, e não somente o lugar onde exista a tapera de cada um dos membros da comunidade.

Logo é de constitucionalidade controversa o dispositivo do art. 42, §2º, da Lei nº 9.985/00, que prevê indenização ou realocamento das populações tradicionais. E voltaremos a este tema quando discutirmos as modalidades de unidades de conservação. Assim, questiona-se: como se indeniza um universo cultural? Como se pode realocar a história oral desses povos? Como se indeniza alguém que sempre viveu da floresta onde todos coletivamente viviam? Não se pode indenizar o que não é privado, como eles mesmos construíram de forma sábia na sua história, e que gera tão notável dano.

A posse agroecológica é uma especial forma de relação com a terra, que compatibiliza a posse e restrições em defesa do meio ambiente, pois toma por uso comum determinados bens ambientais com práticas de manejo que permitem a sustentabilidade do uso dos recursos naturais.

Obedecendo-lhe e buscando justamente alcançar o objetivo e significado desta modalidade possessória é que se apresenta essencial na sua compreensão que essas áreas ocupadas possam ser percebidas de forma integrada, como unidade, negando a noção de soma de várias posses particulares da terra.

Logo, a regularização fundiária deve ao mesmo tempo reafirmar os sistemas de uso comum da comunidade tradicional, concebidos dentro de uma cosmologia não dual, com o fim de não se realizar uma visão ou observação apressada, tendente a ressaltar o isolamento das unidades familiares, obscurecendo o essencial traduzido na presença delas numa unidade maior, comunitária, que lhes dá sentido social e cultural.

O conceito de posse agroecológica e respeito à história das comunidades tradicionais apresenta-se como nota diferencial e aponta no sentido inovador de democratização do acesso à terra não apenas no enfoque da sua concessão, mas também na configuração da sua gestão.

Focaliza-se claramente a compreensão em que se ultrapassam os clássicos limites de definição da regularização fundiária como um simples instrumento de definição de propriedade, mas colocando-a como um instrumento que tem por fim legitimar a posse e, sob a observância da sua manifestação concreta, definir qual o instituto de regularização mais apto a possibilitar a harmonia entre a proteção ambiental e os interesses das populações locais.

A existência das comunidades tradicionais deixa fora de foco o uso de terra como um bem individual e possibilita a construção real do sonho, de que é possível a captação primeira do uso da terra como um bem social e coletivo com mecanismos claros de gestão coletiva e comunitária da terra, que é a natureza essencial da posse agroecológica.

Populações tradicionais e posse agroecológica

Tabela de fixação

O respeito aos modos de sobrevivência, desenvolvidos ao longo de gerações por populações tradicionais, expressos pelo apossamento agroecológico, é uma *modalidade de posse* na qual se reflete o modo de viver e organizar o uso de áreas comuns com *sustentabilidade ambiental*. Eram pouco visualizados por serem desenvolvidos por minorias que sempre foram consideradas uma subforma da cultura nacional, mas o Constituinte ressaltou a sua importante contribuição à civilização nacional como elementos humanos fundamentais no aprendizado da humanidade sobre os caminhos a trilhar na construção do desenvolvimento sustentável.

O conceito das populações tradicionais, previsto no art. 20 da Lei do SNUC, é regra positiva cuja aplicação vai além das reservas de desenvolvimento sustentável, e aponta as seguintes características destas comunidades: ter uma existência baseada em *sistemas sustentáveis de exploração dos recursos naturais*, desenvolvidos ao *longo de gerações*, adaptados às condições ecológicas locais e que desempenham um papel fundamental na proteção da natureza e na manutenção da diversidade biológica.

A posse agroecológica é uma especial forma de relação com a terra, que compatibiliza a posse e restrições em defesa do meio ambiente, pois toma por uso comum determinados *bens ambientais com práticas de manejo* que permitem a sustentabilidade do uso dos recursos naturais.

CAPÍTULO 4

POSSES ÉTNICAS

4.1 Posse indígena

4.1.1 Natureza da posse indígena

A *posse indígena* possui o diferencial de ser considerada originária, aliás, regida por instituto particular do direito brasileiro, o *indigenato*, com assento constitucional. Não se deve confundir a propriedade das terras indígenas que pertence à União, por se incluir entre os seus bens, na forma do art. 20, inc. XI, com a posse desta, que é exclusiva dos índios.

O direito dos povos indígenas sobre as terras por eles ocupadas já estava consagrado no alvará de 1º.4.1680 que previa o: "direito os índios, primários e naturaes senhores delas [terras]". A legislação colonial e imperial pode ser definida como *contraditória, oscilante e hipócrita*,[61] pois ora defendia os interesses dos indígenas e ora dos colonos, permitindo a estes escravizar os indígenas e ocupar as terras deles. O Diretório que se deve observar nas Povoações dos Índios do Pará (1758) permitia a distribuição de terras para os colonos, ressalvando, porém: "Lhes distribuirão aquela porção de terra que elles possão cultivar, *sem prejuízo do Direito dos índios*, que na conformidade das Reaes Ordens do dito senhor *são os primários e naturaes senhores das mesmas terras* [sic]" (grifos nossos). José Bonifácio de Andrade, em seu *Apontamentos para a civilização dos índios bravos do Império do Brazil*, apresentado na Assembleia Constituinte de 1823, depois de ter reconhecido "O desprezo com que geralmente os tratamos, o roubo continuo de suas melhores terras [...]", afirmava que os índios são: "legítimos senhores (das terras que ainda lhes restam) pois Deus lh'as deu". Desde 1934 (art. 129) as constituições federais reconhecem o direito dos povos indígenas à posse de suas terras.[62] A Constituição de 1988 apresenta uma significativa mudança paradigmática: seu art. 231 abandona a antiga perspectiva "integracionista" para adotar uma postura de respeito à identidade cultural destes povos que são considerados "participantes do processo civilizatório nacional" (art. 215, §1º). O art. 232 da Constituição Federal permite aos índios entrar em juízo para defender seus direitos, sendo obrigatória a intervenção do Ministério

---

[61] Ver PERRONE-MOISÉS, Beatriz. Índios livres e índios escravos. Os princípios da legislação indigenista do período colonial (séculos XVI a XVIII). In: CUNHA, Manuela Carneiro da (Org.). *História dos índios no Brasil*. São Paulo: Companhia das Letras; Secretaria Municipal de Cultura, 2008.

[62] O mesmo foi previsto nas Constituições de 1937 (art. 154); 1946 (art. 216); 1967 (art. 186) e 1969 (art. 198).

Público nesses processos. Registre-se, aliás, que mesmo para que seja possível incluir as terras indígenas entre os bens da União, a Constituição exige o cumprimento do pressuposto de que estas terras devam ser "tradicionalmente ocupadas pelos índios" (art. 20, inc. XI, da CF). Tem-se um caso constitucionalmente expresso no qual a posse é que funda a origem da propriedade, embora não seja esta do posseiro indígena, mas da União, mas é um dispositivo em que fica claro que o registro imobiliário é tão somente um mecanismo adotado para estabilizar a posse indígena, lhe oferecer a necessária segurança jurídica contra terceiros, não um fim em si mesmo.

Neste sentido, o Supremo Tribunal Federal ao julgar o RE nº 183.188/MS – cujo relator foi o Min. Celso de Mello, através da Primeira Turma, destacou:

> A importância jurídica da demarcação administrativa homologada pelo Presidente da República – ato estatal que se reveste de presunção juris tantum de legitimidade e de veracidade – reside na circunstância de que as terras tradicionalmente ocupadas pelos índios, embora pertencentes ao patrimônio da União (CF, art. 20, XI), acham-se afetadas, por efeito de destinação constitucional, a fins específicos voltados, unicamente, à proteção jurídica, social, antropológica, econômica e cultural dos índios, dos grupos indígenas e das comunidades tribais. A QUESTÃO DAS TERRAS INDÍGENAS – SUA FINALIDADE INSTITUCIONAL. – As terras tradicionalmente ocupadas pelos índios incluem-se no domínio constitucional da União Federal. As áreas por elas abrangidas são inalienáveis, indisponíveis e insuscetíveis de prescrição aquisitiva. A Carta Política, com a outorga dominial atribuída à União, criou, para esta, uma propriedade vinculada ou reservada, que se destina a garantir aos índios o exercício dos direitos que lhes foram reconhecidos constitucionalmente (CF, art. 231, §§2º, 3º e 7º), visando, desse modo, a proporcionar às comunidades indígenas bem-estar e condições necessárias à sua reprodução física e cultural, segundo seus usos, costumes e tradições.

Esta característica ímpar da posse indígena é constantemente reforçada na Carta Magna. Assim, o Capítulo VIII da CF, dedicado aos indígenas, em nenhum momento utiliza a palavra *propriedade*, mas salvaguarda esta posse étnica de diversas formas, como no art. 231, quando reconhece como "direitos originários" *sobre as terras que tradicionalmente ocupam, competindo à União demarcá-las, proteger e fazer respeitar todos os seus bens, sendo estas terras inalienáveis e indisponíveis, e os direitos sobre elas, imprescritíveis* (art. 231, *caput*, c/c §4º).

Apesar de ser obrigação da União a demarcação das terras indígenas, isso não significa que os Estados não lhes possa conceder terras estaduais. É o caso do Piauí, que, depois de aprovar a Lei nº 7.389, de 27 de agosto de 2020, reconhece "formal e expressamente" a existência de povos indígenas em seu território e prevê:

> As terras públicas e devolutas utilizadas coletivamente por comunidades indígenas serão objeto de regularização fundiária para as respectivas comunidades, em caráter de propriedade coletiva e irrevogável, sem prejuízo da demarcação dos seus territórios, pelas instituições competentes nos termos da legislação federal.

Esta norma permitiu ao Piauí a ser o primeiro governo estadual a emitir títulos em favor de povos indígenas.

A Constituição Federal define no §1º do art. 231 como terras tradicionalmente ocupadas pelos índios as "por eles habitadas em caráter permanente, as utilizadas para suas atividades produtivas, as imprescindíveis à preservação dos recursos ambientais necessários a seu bem-estar e as necessárias a sua reprodução física e cultural, segundo seus usos, costumes e tradições". Longe de um conceito fundado no *animus domini*, a Constituição sistematiza o conceito desta posse nos usos para fins habitacionais, de produção e culturais das comunidades indígenas.

Dentro desse diapasão é que as terras tradicionalmente ocupadas pelos índios se destinam exclusivamente à sua *posse permanente*, cabendo-lhes o usufruto exclusivo das riquezas do solo, dos rios e dos lagos nelas existentes, na forma do §2º do art. 231 da CF.

A fim de evitar que estes sejam molestados na sua posse, a Constituição da República fixa no §3º do art. 231 que *o aproveitamento dos recursos hídricos*, incluídos os *potenciais energéticos*, a *pesquisa* e a *lavra das riquezas minerais* em terras indígenas *só podem ser efetivados com autorização do Congresso Nacional, ouvidas as comunidades afetadas, ficando-lhes assegurada participação nos resultados da lavra, na forma da lei.*

4.1.2 Natureza jurídica da autorização do Congresso Nacional e oitiva das comunidades indígenas

Como visto anteriormente, dentro do direito brasileiro as terras tradicionalmente ocupadas pelos índios destinam-se exclusivamente à sua posse permanente, cabendo-lhes o usufruto exclusivo das riquezas do solo, dos rios e dos lagos nelas existentes, na forma do §2º do art. 231 da CF.

Neste ponto, emerge a discussão sobre a natureza jurídica desta autorização do Congresso Nacional e a sua relação com o dever de oitiva das comunidades indígenas.

Seria esta autorização do Congresso Nacional uma manifestação expressa sobre os limites de como e quando deve ocorrer a intervenção sobre o território indígena? Ou seria apenas uma autorização geral permitindo a intervenção sobre o território? A oitiva das comunidades indígenas seria constitutiva do processo de autorização do Congresso, portanto, prévia ao ato normativo congressual, ou bastaria ela ser realizada após a autorização do Congresso? Como ela se realiza? Necessariamente nas audiências públicas do processo de licenciamento?

Essas questões ainda não foram enfrentadas em âmbito judicial de forma definitiva e permaneceram como objeto de discussão, ainda que algumas tenham sido objeto de discussão perante o STF na Suspensão de Liminar nº 125 e tenham voltado ao debate com a Reclamação Constitucional nº 14.404-MC-DF, no caso da construção da Hidrelétrica de Belo Monte, no estado do Pará. Nem tampouco houve discussão de mérito nos autos da ADI nº 3.573, Rel. Min. Carlos Brito, pois, no referido precedente, a inconstitucionalidade do Decreto Legislativo nº 788/2005 não foi analisada no mérito, tendo em vista a ausência de generalidade e abstração necessárias na via do controle concentrado, sendo por isso mesmo não conhecida a ADI. Aliás, o referido Decreto Legislativo nº 788/2005 foi o único elemento comum das discussões, mas sempre de maneira precária, que autorizou o Poder Executivo a implementar o aproveitamento hidroelétrico de Belo Monte no trecho do Rio Xingu, localizado no estado do Pará.

Nesse contexto, estas primeiras análises precárias sobre o debate da interpretação do §3º do art. 231 da Constituição Federal, seja na decisão do Ministro Ayres Brito – quando presidente do STF, nos autos de Reclamação nº 13.404-MC/DF, apesar de não decidir sobre o mérito da argumentação sobre a interpretação do §3º do art. 231 da Constituição Federal, em 27.8.2012, deferiu a suspensão da decisão do TRF da 1ª Região, nos autos da Apelação Cível nº 2006.39.03.000711-8, por entender que esta violou a autoridade da decisão liminar concedida na Suspensão de Liminar nº 125 do STF –, seja nesta própria decisão, deram alguns acenos de que seria possível reconhecer como uma faculdade do Congresso Nacional autorizar a realização dos estudos ambientais necessários para intervenção em terras indígenas e determinar no bojo destes a oitiva das comunidades indígenas, que se realizaria posteriormente.

Entretanto, após longo desenlace processual, quando julgados embargos de declaração acordão em apelação originalmente negado no caso concreto, no qual o Ministério Público Federal ajuizou ação civil pública sob o nº 2006.39.03.000711-8 perante a Vara Federal de Altamira/PA, a fim de obstar o processo de licenciamento no Ibama do empreendimento denominado Usina Hidrelétrica de Belo Monte, no Rio Xingu, estado do Pará, com o pedido de declaração de nulidade do Decreto Legislativo nº 788/2005, do Congresso Nacional, entre outros argumentos, por violar o art. 231, §3º, da CF, uma vez que as comunidades afetadas, mormente as indígenas, não teriam sido consultadas, o TRF 1 acabou por acolher parcialmente o pedido, reconhecendo a inconstitucionalidade do Decreto Legislativo nº 788/2005.

Essa decisão ensejou o Recurso Extraordinário nº 1.779.751, sob a relatoria do Ministro Alexandre de Moraes, julgado em 1º de setembro de 2022, que acabou por confirmar a decisão, ainda que não conhecendo o recurso extremo, levantando em sua argumentação a linha jurisprudencial já formada pelo STF no sentido de que os processos de oitiva não podem ser meras formalidades, mas devem permitir a efetiva oitiva das comunidades, referendando o acórdão recorrido que determinou que o IBAMA se abstivesse de praticar qualquer ato administrativo – e tornar insubsistentes aqueles já praticados – referente ao licenciamento ambiental da Usina Hidrelétrica de Belo Monte em decorrência da violação do Decreto Legislativo nº 788/2005 ao §3º do art. 231 da Constituição Federal c/c os arts. 3º, item 1; 4º, itens 1 e 2; 6º, item 1, alíneas "a", "b" e "c", e 2; 7º, itens 1, 2 e 4; 13, item 1; 14, item 1; e 15, itens 1 e 2, todos da Convenção nº 169 da OIT, tendo em vista que o Decreto Legislativo nº 788/2005, editado pelo Congresso Nacional, é eivado de inconstitucionalidade material, pois autorizou a implementação do aproveitamento hidrelétrico da Usina de Belo Monte **antes de se proceder à consulta às comunidades indígenas afetadas**.

Destacou o Ministro Alexandre de Moraes na sua fundamentação a redação do art. 231, §3º, da CRFB e sublinhou que o aproveitamento dos recursos hídricos, incluídos os potenciais energéticos, a pesquisa e a lavra das riquezas minerais em terras indígenas, **só pode ser efetivado com autorização do Congresso Nacional, ouvidas as comunidades afetadas**, ficando-lhes assegurada participação nos resultados da lavra, na forma da lei, resgatando, ainda, o disposto nos artigos 5º, 6º e 15 da Convenção nº 169 da OIT, que regulam o direito de oitiva das comunidades e que restariam violadas. Com efeito, explica o Ministro:

A despeito de as normas retromencionadas determinarem **prévia** consulta às comunidades indígenas afetadas para que se procedesse à autorização de exploração de recursos em seu território, o Decreto Legislativo 778, de 13 de julho de 2005, autorizou o Poder Executivo a implantar o Aproveitamento Hidroelétrico Belo Monte, localizado em trecho do Rio Xingu, no Estado do Pará, antes da necessária oitiva às comunidades afetadas. É o que extrai do inteiro teor da norma infralegal:

Art. 1º É autorizado o Poder Executivo a implantar o Aproveitamento Hidroelétrico Belo Monte no trecho do Rio Xingu, denominado "Volta Grande do Xingu", localizado no Estado do Pará, a ser desenvolvido após estudos de viabilidade técnica, econômica, ambiental e outros que julgar necessários.

Art. 2º Os estudos referidos no art. 1º deste Decreto Legislativo deverão abranger, dentre outros, os seguintes:

I - Estudo de Impacto Ambiental - EIA;

II - Relatório de Impacto Ambiental - Rima;

III - Avaliação Ambiental Integrada - AAI da bacia do Rio Xingu; e

IV - estudo de natureza antropológica, atinente às comunidades indígenas localizadas na área sob influência do empreendimento, devendo, nos termos do § 3º do art. 231 da Constituição Federal, ser ouvidas as comunidades afetadas.

Parágrafo único. Os estudos referidos no caput deste artigo, com a participação do Estado do Pará, em que se localiza a hidroelétrica, deverão ser elaborados na forma da legislação aplicável à matéria.

Art. 3º Os estudos citados no art. 1º deste Decreto Legislativo serão determinantes para viabilizar o empreendimento e, sendo aprovados pelos órgãos competentes, permitem que o Poder Executivo adote as medidas previstas na legislação objetivando a implantação do Aproveitamento Hidroelétrico Belo Monte.

Art. 4º Este Decreto Legislativo entra em vigor na data de sua publicação.

Senado Federal, em 13 de julho de 2005".

Embora o inciso IV do artigo 2º do Decreto Legislativo 788/2005 faça remissão ao artigo 231, § 3º, da CF/1988, evidencia-se que o texto da norma autorizou que medidas fossem adotadas com o escopo de dar início à exploração da área indígena, postergando a oitiva das comunidades indígenas afetadas.

No que se refere à **prévia oitiva da população diretamente interessada**, esta SUPREMA CORTE já teve a oportunidade de se manifestar acerca de sua imprescindibilidade, de forma que nem mesmo a mera ratificação legislativa posterior tem o condão de afastar o vício inicial da norma. Nesse sentido, cito a ADI 1825, de relatoria do Min. LUIZ FUX, julgada pelo Plenário desta CORTE, DJe. 20/05/2020, que, embora diga respeito à alteração de limites territoriais de municípios, é elucidativo quanto à necessidade de se observar os comandos constitucionais que determinam a consulta prévia à população diretamente interessada

Esse aspecto é muito relevante, pois, agora, o Supremo ratifica que de fato é imprescindível que a oitiva seja prévia, debate este que não foi realizado quando da argumentação da Ministra Ellen Gracie, porque, quando na SL nº 125 foi deferido o pedido de suspensão de liminar, já destacara que "o importante debate jurídico a respeito da natureza dessa consulta (se política ou técnica) não é cabível na presente via da suspensão de decisão, tendo em vista os estritos termos do art. 4º da Lei nº 8.437/92". Destarte, agora se confirma que mesmo a análise política não pode limitar que esta seja prévia dada à natureza da consulta prevista na Constituição. Aliás, destacou o Ministro

Moraes que não necessariamente o empreendimento deve estar em terras indígenas, mas a sua afetação já atrás o dever prévio de consulta. *In verbis:*

> Além disso, uma interpretação sistemática e finalística do art. 231, § 3º, da Constituição Federal não impõe como requisito que o empreendimento propriamente dito esteja situado em terras indígenas, mas apenas que estas terras venham a ser efetivamente por ele afetadas. Do contrário, caso o referido dispositivo constitucional seja interpretado de forma literal e restritiva, como proposto pelos recorrentes, admitir-se-ia o absurdo de considerar constitucional a realização de empreendimento que, por não estar incluído em terras propriamente indígenas, venha a torná-las inóspitas, direta ou indiretamente, ou prejudicar drasticamente a cultura e a qualidade de vida das populações indígenas que habitam na região.

Assim, reafirma-se que a violação ao art. 231, §3º, da CF não pode ser contornada como no caso concreto, em que, apesar do art. 3º do Decreto Legislativo nº 788/2005 ter previsto que os estudos citados no art. 1º seriam determinantes para viabilizar o empreendimento e, se aprovados pelos órgãos competentes, permitiriam que o Poder Executivo adotasse as medidas previstas em lei objetivando a implantação do aproveitamento hidroelétrico em apreço, estes não poderiam se dar sem a oitiva antes da implantação do empreendimento das comunidades.

Logo, embora não se possa dizer que a consulta não tenha o caráter deliberativo sobre a possibilidade ou não da continuidade do empreendimento, esta deve ser prévia à sua instalação e deve integrar o processo como um elemento antecedente de construção do processo de licenciamento, a ser conduzido pelo Poder Público.

O resultado prático dessa decisão é afirmar, ainda que indiretamente, que a natureza jurídica da autorização do Congresso Nacional e a oitiva das comunidades indígenas têm caráter de direito subjetivo, que não pode ser negado, a exemplo dos casos em que compete ao Congresso Nacional aprovar, previamente, na forma do art. 49, inc. XVII, a alienação ou concessão de terras públicas com área superior a dois mil e quinhentos hectares, e que a não realização na forma da lei enseja a nulidade dos atos realizados.

Esta assertiva é tanto mais correta quando se observa que o normativo em causa se dá no mesmo contexto do inc. XVI do art. 49 da CF, que inclui entre as competências exclusivas do Congresso Nacional "autorizar, em terras indígenas, a exploração e o aproveitamento de recursos hídricos e a pesquisa e lavra de riquezas minerais".

Colocadas essas balizas, fica fácil compreender que, apesar da natureza política da autorização do Congresso, a própria Constituição limita o poder desta para que se evite a burla a uma garantia das comunidades indígenas de que esta seja realizada previamente à implantação do empreendimento, mas a questão que salta aos olhos é que o olhar do STF tem claramente focado essa oitiva sob o aspecto do licenciamento ambiental de obras com relevante impacto ambiental.

É importante repisar que não se pode exigir que a autorização do Congresso Nacional seja uma manifestação expressa sobre os limites de onde e como deve ocorrer a intervenção no território indígena, com a prévia oitiva das comunidades, pois não existe esta obrigação no texto constitucional, mas, sim, garantir que esta seja realizada para que a comunidade possa ter plena e prévia ciência dos eventuais impactos sobre o seu território.

Lembre-se de que, mesmo sendo expressamente vedada a remoção dos grupos indígenas de suas terras pela Constituição, a Carta Magna permite que, em algumas exceções, *ad referendum* do Congresso Nacional, ou seja, posteriormente ao ato, e não previamente, ocorra a oitiva do Congresso sobre o ato de remoção. A remessa do ato ao Congresso ocorre para referendá-lo ou não. Alerta-se que existe a possibilidade de a remoção dos indígenas ocorrer previamente à autorização congressual em caso de catástrofe ou epidemia que ponha em risco sua população, ou *no interesse da soberania do país*, garantido, em qualquer hipótese, o retorno imediato logo que cesse o risco, como previsto no §5º do art. 231 da CFRB.

Ora, se nestes casos extremos, em que se apresentam situações limites nos quais o valor da vida da comunidade indígena pode ser afetado de maneira definitiva, comprometendo a existência do grupo, mesmo assim, conjugando os princípios constitucionais que compete ao Poder Executivo, gerir o interesse público, a Constituição exige oitiva do Congresso somente posteriormente ao ato, com clara natureza de julgamento político, e não técnico.

Assim, ao se interpretar a regra constitucional do §3º do art. 231 da CFRB, exige-se que, no caso de intervenções em território indígena, com relevantes impactos ambientais, o Congresso Nacional funcione tão somente como garantidor de um direito de oitiva das comunidades indígenas, mas este não é um prévio permissivo de eventuais danos ambientais em seu território, pois este não faz um debate técnico, porque não é sua função nem o instrumento mais adequado, o que deverá ser objeto de debate nos procedimentos próprios, tendo em vista que a oitiva visa justamente proteger a comunidade.

Isto, porém, não significa que a oitiva das comunidades indígenas seja aquela própria do processo de licenciamento ambiental, dentro das audiências públicas, ou exclusiva, mas, com certeza, não é uma audiência no Congresso Nacional. Resta avançar na diferenciação desse debate, garantindo, por exemplo, que nesse processo haja respeito aos protocolos de consulta das comunidades.

Temos, portanto, que, pelo viés analisado pelo STF, que, de certa forma, pode-se entender que decorre de como exposta a tese no processo judicial concreto, a oitiva reservada às comunidades indígenas pelo texto constitucional deve ser prévia à implantação do empreendimento; do contrário, seria amesquinhar o objetivo constitucional. Essa premissa invalida que a autorização congressual tenha caráter prévio, genérico e permissivo da intervenção no território indígena, mas deve garantir que a oitiva das comunidades indígenas seja prévia e constitutiva do processo de implantação do empreendimento que possa afetar o seu território para cumprir o rito constitucional.

Resgatam-se as conclusões do relatório da Comissão de Especialistas em Aplicação de Convenções e Recomendações da Organização Internacional do Trabalho (OIT), divulgado em 3.3.2012, que afirmou que o governo brasileiro deveria ter realizado as oitivas indígenas nas aldeias impactadas por Belo Monte antes de qualquer intervenção que possa afetar seus bens e seus direitos – confirmado pelo STF.

O documento afirmava que "a Comissão lembra que, em virtude do artigo 15 da Convenção, o governo está obrigado a consultar os povos indígenas antes de empreender ou autorizar qualquer programa de exploração dos recursos existentes em suas terras". Conclui o documento:

> A Comissão [técnica] avalia que, de acordo com a documentação e as informações apresentadas pelo governo, os procedimentos levados a cabo até agora, mesmo que amplos, não reúnem os requisitos estabelecidos nos artigos 6º e 15 da Convenção, e tampouco demonstram que foi permitido aos povos indígenas participar de maneira efetiva na determinação de suas prioridades, em conformidade com o artigo 7º da Convenção.

Pelas conclusões do documento observa-se que haveria uma linha de argumentação da falha do procedimento de oitiva das comunidades a partir do EIA/Rima, especialmente pelo mecanismo da audiência pública. Sem analisar o mérito do enfoque posto pela OIT, é evidente também o olhar restrito sobre o ponto de vista do mecanismo do licenciamento ambiental.

Quando se lê o art. 6º da Convenção nº 169 da OIT, verifica-se que ele não remete a um procedimento específico de oitiva das comunidades tradicionais, mas tenta, sobretudo, garantir a sua efetividade; portanto, é possível em tese sustentar que, para o seu cumprimento, a observância dos ritos de oitiva social previstos na legislação pátria para o licenciamento ambiental pode ser insuficiente, existindo a necessidade de se criar um rito que seja reconhecido pela comunidade como válido e eficaz. *In verbis*:

> Art. 6º.
> 1. Ao aplicar as disposições da presente Convenção, os governos deverão:
> a) consultar os povos interessados, mediante procedimentos apropriados e, particularmente, através de suas instituições representativas, cada vez que sejam previstas medidas legislativas ou administrativas suscetíveis de afetá-los diretamente;
> b) estabelecer os meios através dos quais os povos interessados possam participar livremente, pelo menos na mesma medida que outros setores da população e em todos os níveis, na adoção de decisões em instituições efetivas ou organismos administrativos e de outra natureza responsáveis pelas políticas e programas que lhes sejam concernentes;
> c) estabelecer os meios para o pleno desenvolvimento das instituições e iniciativas dos povos e, nos casos apropriados, fornecer os recursos necessários para esse fim.
> 2. As consultas realizadas na aplicação desta Convenção deverão ser efetuadas com boa fé e de maneira apropriada às circunstâncias, com o objetivo de se chegar a um acordo e conseguir o consentimento acerca das medidas propostas.

Isso é mais relevante quando se destaca a redação da alínea "b" do inc. I do art. 6º, que expressamente afirma que cabe aos governos "estabelecer os meios através dos quais os povos interessados possam participar livremente, pelo menos na mesma medida que outros setores da população", porque o dispositivo busca evitar que esses povos sejam considerados de forma inferior, assegurando a sua oitiva no mesmo nível de outras partes do tecido social, mas é possível que, ao se aplicar o mecanismo previsto pelo legislador brasileiro do processo de licenciamento, este se revele insuficiente.

Assim, o meio de dar maior efetividade seria realizar as oitivas com a observância dos protocolos de consulta livre, prévia e informada, que estão sendo elaborados pelas próprias comunidades, que revelam o seu modo de ver a realidade e como desejam que os atos que possam intervir em seu território sejam submetidos à sua apreciação.[63]

A partir do momento em que se constata a desigualdade entre os atores sociais e, especialmente, a relação dos índios com o seu território, verifica-se a necessidade de um procedimento específico para oitiva das comunidades indígenas, pois aplicar-se os ritos legais existentes da audiência pública do processo de licenciamento cria uma desigualdade material, impossível de ser superada pelos mecanismos atuais de oitiva, não atendendo à posse permanente reconhecida pelo constituinte. Veja-se que, quando o item 2 do art. 6º determina que "as consultas realizadas na aplicação desta Convenção deverão ser efetuadas com boa fé e de maneira apropriada às circunstâncias, com o objetivo de se chegar a um acordo e conseguir o consentimento acerca das medidas propostas", é fácil observar que o escopo da consulta é diverso do simples aspecto do licenciamento.

Isso não implica declarar que é inarredável o consentimento expresso das comunidades indígenas para poder se realizar intervenção em suas terras. Entretanto, não nos parece de acordo com o conjunto de normas constitucionais que regulam o tema da posse indígena, pois, no mínimo, exige-se que efetivamente essa consulta seja diferenciada, sob pena de negar efetividade ao texto constitucional que visa atender a uma comunidade que possui uma compreensão diferenciada do território, como já reconhecido pelo STF, pois o contrário, atua-se não apenas contra o conjunto normativo da própria Convenção nº 169, mas também o texto constitucional brasileiro.

Alerta-se que se pode facilmente interpretar que as regras do art. 6º se voltam mais para buscar um consenso a respeito e em torno da forma de aplicação das disposições da convenção entre o Estado e comunidade sobre os limites de intervenção no território – neste sentido, procura estabelecer regras de como devem se dar as consultas que prevê a convenção –, do que ditar a forma e a extensão da consulta, que de forma alguma se pode aferir com certeza que esteja prevista na Norma Convencional nº 169 da OIT.

O art. 7º da Convenção nº 169 da OIT,[64] por outro lado, reafirma o respeito à autodeterminação dos povos tradicionais, embora não implique impedimentos de

---

[63] Johny Giffoni apresentou em seu dissertação de mestrado uma interessante abordagem sobre a natureza jurídica destes PCPLI – Protocolos de Consulta Prévia, Livre e Informada, destacando que, "em resposta a racionalidade hegemônica, os movimentos sociais emergentes, mas especificamente os Quilombolas ora estudados, por meio de seus Protocolos uns mais analíticos do que os outros contaram suas histórias e seu entendimento de mundo, reivindicando que suas racionalidades fossem respeitadas. Não propõem o fim do Estado ou das estruturas estatais, propõem simplesmente o cumprimento da Lei, da Convenção 169 e dos outros instrumentos internacionais, os quais reconheceram a obrigatoriedade da observância do direito à autodeterminação, do fim do racismo, e do rompimento das práticas de dominação e subjugação". GIFFONI, Johny Fernandes. Protocolos Comunitários-Autônomos de Consulta e Consentimento Quilombolas: Direto e Negacionismo. Belém: UFPA. ICJ. PPGD. (Dissertação – Mestrado). 2020. p. 259.

[64] "Artigo 7º – 1. Os povos interessados deverão ter o direito de escolher suas próprias prioridades no que diz respeito ao processo de desenvolvimento, na medida em que ele afete as suas vidas, crenças, instituições e bem-estar espiritual, bem como as terras que ocupam ou utilizam de alguma forma, e de controlar, na medida do possível, o seu próprio desenvolvimento econômico, social e cultural. Além disso, esses povos deverão participar da formulação, aplicação e avaliação dos planos e programas de desenvolvimento nacional e regional suscetíveis de afetá-los diretamente. 2. A melhoria das condições de vida e de trabalho e do nível de saúde e educação dos povos interessados, com a sua participação e cooperação, deverá ser prioritária nos planos de desenvolvimento econômico global das regiões onde eles moram. Os projetos especiais de desenvolvimento para essas regiões também deverão ser elaborados de forma a promoverem essa melhoria. 3. Os governos deverão zelar para que, sempre que for possível, sejam efetuados estudos junto aos povos interessados com o objetivo de se avaliar a

projetos ou decisões do Estado nacional, até porque eles mesmos são integrantes desta cidadania. O contrário seria permitir que uma parte da cidadania do Estado pudesse pôr em xeque eventuais interesses de outra parte da cidadania, os quais em casos concretos devem ser conciliados. Impossível à norma de maneira abstrata fixar uma prioridade de interesses, mas é possível uma interpretação que afaste os falsos conflitos, devendo este direito ser respeitado. Como destaca Yrigoyen Fajardo, é importante distinguir o consentimento como "finalidade" de um processo de consulta, do consentimento como "requisito" para que o Estado tome uma decisão. O consentimento como finalidade do processo de consulta significa que o Estado deve organizar os procedimentos de tal modo que estejam orientados à obtenção do consentimento ou acordo. Entretanto, se havendo instaurados os ditos procedimentos de boa-fé, não se obtém o consentimento ou acordo, a consulta segue sendo válida e o Estado está facultado a tomar uma decisão.[65] O normal conflito de interesses sociais deve ser considerado nas decisões estatais, aliás, como reconhecido na Constituição Federal, decorrente do princípio de supremacia popular, de que todo o poder emana do povo, porém que sabidamente se dá num cotejamento concreto de interesses sociais e o princípio da soberania nacional, mas esta nunca pode ser realizada com sacrifícios desarrazoados de direitos humanos.

Assim, seria relevante que o legislador pátrio expressamente reconheça que o mecanismo adequado para se atender o art. 15 da Convenção nº 169 da OIT seria o Estado realizar as consultas às comunidades segundo o procedimento previsto nos Protocolos de Consulta Prévia, Livre e Informada, elaborados pelas comunidades, para se evitar discussão de erro no procedimento de oitiva das comunidades indígenas, já que, a princípio, o EIA/Rima não define um procedimento específico ou impeditivo de ações de Estado sobre o território comunal, tão somente pela ausência de concordância da comunidade, ele é elemento normativo, que indica que esta não é suficiente sequer para atender aos objetivos do Constituinte na proteção da posse indígena.

Alerta-se, inclusive, que o inc. II, *in fine*, do art. 15 tem uma redação menos incisiva sobre o direito de participação das comunidades em benefícios econômicos de atividades sobre as suas terras que a prevista pelo Constituinte brasileiro no §3º do art. 231, pois afirma o dispositivo que "Os povos interessados deverão participar sempre que for possível dos benefícios que essas atividades produzam, e receber indenização equitativa por qualquer dano que possam sofrer como resultado dessas atividades". A seguir o inteiro teor do dispositivo convencional:

> Artigo 15
> 1. Os direitos dos povos interessados aos recursos naturais existentes nas suas terras deverão ser especialmente protegidos. Esses direitos abrangem o direito desses povos a participarem da utilização, administração e conservação dos recursos mencionados.

---

incidência social, espiritual e cultural e sobre o meio ambiente que as atividades de desenvolvimento, previstas, possam ter sobre esses povos. Os resultados desses estudos deverão ser considerados como critérios fundamentais para a execução das atividades mencionadas. 4. Os governos deverão adotar medidas em cooperação com os povos interessados para proteger e preservar o meio ambiente dos territórios que eles habitam".

[65] YRIGOYEN FAJARDO, Raquel. De la tutela a los derechos de livre determinción del desarrolo, participación, consulta y consentimiento: fundamentos, balance y retos para su implementación. *Amazônica – Revista de Antropologia*, 2009. p. 385. Disponível em: <www.periodicos.ufpa.br/index.php/amazonica/issue/view/20>.

CAPÍTULO 4
POSSES ÉTNICAS | 113

2. Em caso de pertencer ao Estado a propriedade dos minérios ou dos recursos do subsolo, ou de ter direitos sobre outros recursos, existentes nas terras, os governos deverão estabelecer ou manter procedimentos com vistas a consultar os povos interessados, a fim de se determinar se os interesses desses povos seriam prejudicados, e em que medida, antes de se empreender ou autorizar qualquer programa de prospecção ou exploração dos recursos existentes nas suas terras. Os povos interessados deverão participar sempre que for possível dos benefícios que essas atividades produzam, e receber indenização equitativa por qualquer dano que possam sofrer como resultado dessas atividades.

Observa-se que o dispositivo convencional determina que a participação das comunidades em benefícios das atividades deverão ocorrer *sempre que possível*, ou seja, ainda que inadvertidamente, abre uma brecha para limitações de ordem legal, noutro norte, porém, a Constituição da República fixa no §3º do art. 231 que o aproveitamento dos recursos hídricos, incluídos os potenciais energéticos, a pesquisa e a lavra das riquezas minerais em terras indígenas só podem ser efetivados com autorização do Congresso Nacional, ouvidas as comunidades afetadas, *ficando-lhes assegurada participação nos resultados da lavra, na forma da lei*, vedando a possibilidade de advento de impedimento legal a esta participação.

Logo, pode-se concluir que não se deve confundir a oitiva do licenciamento com a necessidade de oitiva das comunidades indígenas, vez que, havendo potenciais impactos sobre as terras indígenas, uma oitiva realizada sem a suficiente clareza e especificidade para essas comunidades, de forma prévia, acarreta, sim, irregularidades, porque não ocorreu a consulta exigida pelo texto constitucional, pois aquela não consegue atender às peculiaridades da relação dos índios com o seu território.

A conclusão imediata é que ainda não existe norma legal que estabeleça um procedimento específico da oitiva para a consulta prévia das comunidades indígenas, atendendo ao dispositivo constitucional. Isso não significa que esta consulta não deve ser realizada, sob pena de frustrar um direito fundamental, podendo ser buscada, mesmo sem o normativo geral, com meios específicos no caso concreto.

Ademais, não reconhecer este direito de consulta prévia pode ter consequência de limitar o direito constitucional de usufruto exclusivo das terras indígenas, ou limitar uma posse ancestral e espiritual dos índios com o seu território, qualificado de permanente pelo Constituinte.

O direito de consulta prévia previsto no dispositivo constitucional do art. 231, §3º, e arts. 6º e 15 da Convenção nº 169 da OIT, implica a necessária oitiva das comunidades indígenas toda vez que se possa afetar os seus territórios e não havendo, ainda, dentro dos mecanismos previstos na legislação nacional de oitiva social, um que atenda à especificidade da posse indígena, é necessário este ser complementado por outro meio menos formal de oitiva, a ser construído concretamente em cada caso pelo Poder Público, sem prejuízo de o legislador nacional regulamentar outro modo específico de esta oitiva comunitária ser realizada.

Caso isso não seja realizado, o Poder Público, não cumprindo o seu dever de garantir o exercício deste direito social, pode ser obrigado judicialmente, com o objetivo de tão somente garantir este direito público subjetivo dos povos indígenas, mediante obrigação de fazer para atender a este direito humano fundamental indígena no caso concreto.[66] Como leciona Cançado Trindade, a responsabilidade *primária* pela observância dos direitos humanos recai nos Estados, e os próprios tratados de direitos humanos atribuem importantes funções de proteção aos órgãos dos Estados, que devem inclusive ajustar a sua legislação ao normativo internacional de proteção aos direitos humanos,[67] mas sua omissão não lhes exime da obrigação. Isso torna legítimo considerar que esta obrigação de fazer deve ter como características os elementos da consulta prévia que foram apontados pela jurisprudência da Corte Interamericana de Direitos Humanos, especialmente a partir do Caso Saramaka *vs*. Surinam, com fundamento na Convenção nº 169 e Convenção Americana de Direitos Humanos, decisão que repercutiu no julgamento do caso da Comunidade Indígena Kichwa de Sarayaku *vs*. Equador. Ademais, não se pode ignorar que as nações, através da Assembleia Geral da ONU, estabeleceram a Declaração das Nações Unidas sobre Direitos dos Povos Indígenas, firmada em 13.9.2007, reconhecendo o direito de consulta prévia como direito fundamental das comunidades indígenas.[68] Este dever do Estado de respeito ao direito humano fundamental indígena de consulta prévia somente é cumprido mediante oitiva da comunidade, que seja anterior à concessão de licença ambiental de operação, ainda que posterior às audiências públicas do EIA/Rima, justamente para se distinguir destas, realizada conforme os mecanismos de decisão política dos povos indígenas, em linguagem compreensível à comunidade, com tradutor se necessário, segundo o princípio da boa-fé, com resposta específica do Estado sobre as questões postas a respeito dos eventuais efeitos negativos no território, podendo assim ser considerada livre, prévia e informada, necessário para possibilitar a aferição de que o ato de intervenção no território não fere de morte o direito de posse tradicional imemorial indígena reconhecida constitucionalmente.

A Corte Interamericana decidiu que, quando um caso envolve o exercício do direito de propriedade coletiva dos povos indígenas, entendimento firmado no caso do Povo Saramaka *vs*. Suriname, requer, entre outras coisas, que "el Estado acepte y

---

[66] Não se discute neste texto sobre as diferenças entre direitos humanos econômicos sociais e culturais *vs*. direitos civis e políticos, muito bem analisadas as correntes que afirmam a sua divisibilidade e indivisibilidade a partir da Parte I – A Dinâmica dos Direitos Humanos e a Estática dos Direitos Econômicos, Sociais e Culturais. Resgate histórico de sua redação. Uma leitura singular a propósito cf. TEREZO, Cristina Figueiredo. Sistema Interamericano de Direitos Humanos: pela defesa dos direitos econômicos, sociais e culturais. 1. ed. Curitiba: Appris, 2014. p. 26-81. Ainda sobre o desenvolvimento dos direitos humanos, com o processo de surgimento da Convenção Internacional de Direitos Civis e Políticos e a Convenção Internacional de Direitos Econômicos, Sociais e Culturais, cf. STEINER, Henry J.; ALSTON, Philip; GOODMAN, Ryan. *International Human Rights in Context*. Oxford: Oxford University, 2007. p. 133-138.

[67] TRINDADE, Antônio Augusto Cançado. O legado da Declaração Universal dos Direitos Humanos e sua trajetória ao longo das seis décadas (1948 -2008). In: GIOVANNETTI, Andrea (Org.). *60 anos da Declaração Universal dos Direitos Humanos*: conquistas do Brasil. Brasília: Fundação Alexandre Gusmão, 2009. p. 44. Sobre os níveis de cumprimento destas obrigações do Estado para com os direitos humanos cf. EIDE, Asbjorn. Economic and social rights as human rights. In: KRAUSE, Catarina; ROSAS, Allan. *Economic, social and cultural rights* – A text book. 2. ed. Dordrecht; London: M. Nijhoff, 2001. p. 30. Sobre a proteção internacional dos direitos econômicos, sociais e culturais, cf. VERA, Oscar Parra; HERMIDA, Maria Aránzazu Villanueva; MARTIN, Augustin Enrique. *Protección Internacional de los Derechos Económicos, Sociales y Culturales* – Sistema Universal y Sistema Interamericano. San José: IDH, 2008. p. 14-45.

[68] "Art. 19. Os Estados realizarão consultas e cooperarão de boa fé com os povos indígenas interessados por meio de suas instituições representativas antes de adotar e aplicar medidas legislativas e administrativas que os afetem, para obter seu consentimento livre, prévio e informado; [...] Art. 32 [...] 2. Os Estados realizarão consultas e cooperarão de boa fé com os povos indígenas interessados por meio de suas próprias instituições representativas a fim de obter seu consentimento livre e informado antes de aprovar qualquer projeto que afete a suas terras ou territórios e outros recursos, particularmente em relação com o desenvolvimento, a utilização ou a exploração de recursos minerais, hídricos ou de outro tipo".

brinde información, e implica una comunicación constante entre las partes [...] [que debe] realizarse de buena fe, a través de procedimientos culturalmente adecuados y [que debe] tener como fin llegar a un acuerdo".

É fundamental não ignorar as experiências de aplicação dos tratados de direitos humanos, pois, seguindo a lição de Killander, isto revela a importância dos denominados consensos regionais, inclusive observando-se a prática das autoridades locais dos Estados, quando externam as suas posições sobre determinados tratados ou resolução dos conflitos no âmbito interno sobre o conteúdo e significado dos direitos humanos, o que não significa unanimidade, pela comparação da posição dos Estados sobre tratados de direitos humanos.[69] Ademais, como conquista histórica, os direitos humanos têm o aperfeiçoamento da sua efetividade e construção substancial do seu conteúdo, realizado através do diálogo com a jurisdição das cortes internacionais, neste sentido, Killander aponta a importância desta prática, expressamente declarada pela Corte Europeia de Direitos Humanos, no caso Cruz Varas e Outros contra Suécia, e quando a Comissão Africana de forma constante cita decisões da Corte Europeia de Direitos Humanos, embora isso não seja uma prática costumeira daquela corte.[70] Ninguém pode negar que a boa-fé e a transparência no fornecimento das informações são essenciais para um adequado exercício do controle democrático da gestão estatal a respeito das atividades de exploração e extração dos recursos naturais no território das comunidades indígenas. Nesse sentido é importante que informação seja realizada no processo da consulta prévia de forma clara ou acessível, realmente compreensível, o que inclui, entre outros, que sua divulgação se realize na linguagem da comunidade, se necessário com ajuda de tradutor no idioma ou dialeto que permita aos membros das comunidades indígenas entenderem-na de maneira plena. Mas evidentes, boa-fé e transparência da consulta prévia impõem respeitar o espaço político de decisão, conforme os usos e costumes ancestrais dos povos indígenas.

Isto se relaciona com o direito de participação política dos povos indígenas, à luz do art. 29.b da Convenção Americana, bem como da Convenção nº 169 da OIT e da Declaração das Nações Unidas sobre os Direitos dos Povos Indígenas.

Assim, respondendo às questões postas anteriormente, sobre a natureza jurídica da autorização do Congresso Nacional e a sua relação com o dever de oitiva das comunidades indígenas, conclui-se que esta autorização não é uma manifestação expressa sobre os limites de como e quando deve ocorrer a intervenção sobre o território indígena, mas apenas uma autorização geral permitindo a intervenção sobre um território específico, sujeita à prévia consulta da comunidade.

A oitiva das comunidades indígenas não é constitutiva do processo de autorização do Congresso, não sendo prévia ao ato normativo congressual; cabe apenas ser realizada após a autorização do Congresso, assim, ela não deve se confundir com a oitiva social ocorrida nas audiências públicas do processo de licenciamento.

---

[69] KILLANDER, Magnus. Interpretação dos tratados regionais de direitos humanos. *Revista Internacional de Direitos Humanos*, São Paulo, v. 7, n. 13, 2004. p. 155.

[70] KILLANDER, Magnus. Interpretação dos tratados regionais de direitos humanos. *Revista Internacional de Direitos Humanos*, São Paulo, v. 7, n. 13, 2004. p. 159.

A oitiva da comunidade indígena definida no texto constitucional deve se realizar mediante uma consulta prévia, que deve ser livre, prévia e informada, segundo os princípios constitucionais e a jurisprudência da Corte Interamericana de Direitos Humanos, sendo um caminho interessante para o seu atendimento a realização mediante a observância do Protocolos Comunitários de Consulta Prévia, Livre e Informada.

4.1.3 Terras indígenas e julgamento da demarcação da terra indígena Raposa/Serra do Sol – Pet nº 3.388-STF

Aliás, tudo quanto poderia se discutir sobre a natureza das terras indígenas foi debatido com riqueza de detalhes pelo histórico voto do Ministro do Supremo Tribunal Federal Carlos Ayres Britto, Petição nº 3.388-STF, no processo de julgamento do processo de demarcação da terra indígena Raposa/Serra do Sol, localizada no estado de Roraima, no qual se suscitou a nulidade do processo e a discussão da forma de sua demarcação, se poderia ser descontínua ou não, definindo que a descontinuidade não está em acordo com o modelo definido pela Constituição, inclusive este dever ser um espaço monoético.

Neste julgamento, o Ministro Carlos Ayres Britto apresentou um libelo do significado positivo, cultural e fraterno que o processo de demarcação das terras indígenas deve representar para a nação brasileira, e apresentou no seu voto uma iluminada definição do conceito de terras tradicionalmente ocupadas pelos índios, em que claramente se encontra o espírito de uma posse singular. Declarou o ministro sobre a tradicionalidade da ocupação indígena:

> um tipo qualificadamente *tradicional*, de perdurabilidade da ocupação indígena, no sentido entre anímico e psíquico de que viver em determinadas terras é tanto pertencer a eles, os índios ("Anna Pata, Anna Yan": "Nossa Terra, Nossa Mãe"). Espécie de cosmogonia ou pacto de sangue que o suceder das gerações mantém incólume, não entre os índios enquanto sujeitos e as suas terras enquanto objeto, mas entre dois sujeitos de uma só realidade telúrica: os índios e as terras por ele ocupadas. As terras, então, a assumir o *status* de algo mais que útil para ser um ente. A encarnação de um espírito protetor. Um bem sentidamente congênito, porque expressivo da mais natural e sagrada continuidade etnográfica, marcada pelo fato de cada geração aborígene transmitir a outra, informalmente ou sem a menor precisão de registro oficial, todo o espaço físico de que se valeu para produzir economicamente, procriar e construir as bases da sua comunicação linguística e social genérica. Nada que sinalize, portanto, documentação dominial ou formação de uma cadeia sucessória. *E tudo a expressar, na perspectiva da formação histórica do povo brasileiro, a mais originária mundividência ou cosmovisão.*

Na votação do processo histórico de demarcação da terra indígena Raposa/Serra do Sol, além de se definir a especialidade deste modelo de posse étnica, o Ministro Carlos Ayres Britto também definiu claramente que este apossamento singular deve ser contemporâneo e tem o seu marco temporal de legitimidade a partir da promulgação da Constituição vigente, ou, seja, 5.10.1988.

Alerta-se que o sentido prático deste marco temporal não é dizer que apenas aquelas comunidades indígenas que eram de conhecimento das autoridades indigenistas em 5.10.1988 podem ter as suas terras demarcadas, mas que necessariamente o laudo antropológico deve remeter a esta época minimamente o apossamento de área pela comunidade indígena.

Este marco teórico-prático fixado pelo STF também tem o efeito prático de evitar que, uma vez demarcada uma terra indígena, ela possa ser ampliada posteriormente, com fundamento em nova perambulação da comunidade indígena, em outras áreas que não as originariamente ocupadas, como detectado no laudo antropológico que fundamentou o processo demarcatório.

Um elemento que precisa ser melhor distinguido na aplicação do denominado marco temporal é que este não pode ser confundido com o instituto do indigenato ou outros conceitos que revelem a especificidade da relação de comunidades tradicionais com a terra, como é possível verificar em certas confusões nos próprios votos da decisão do STF no caso Raposa/Serra do Sol:

> O legislador constituinte, ao dispor os verbos no presente, não se referiu à data da promulgação da Constituição. O marco temporal como critério objetivo é uma invenção jurídica na interpretação do STF. O tempo verbal no presente do indicativo nos remete à existência contemporânea dos povos indígenas e quilombolas.
> Logo, na interpretação literal da Constituição, não encontramos fundamento para o marco temporal de comprovação da "posse indígena" na data da promulgação da Constituição Federal (05 de outubro de 1988). Diferentemente do que a Constituição dispõe no artigo 67 do Ato das Disposições Constitucionais Transitórias é o prazo de cinco anos do dever da União em concluir as demarcações de terras indígenas a partir da promulgação, o que não foi cumprido pelo Estado brasileiro.[71] Pensamos que este debate ainda pode ser objeto de disputa para atribuir uma melhor natureza jurídica ao marco temporal da posse que foi declarada expressamente pelo Supremo Tribunal Federal, pelo voto dos ministros, quando do julgamento do processo de demarcação da terra indígena Raposa/Serra do Sol, para que este seja apenas e tão somente interpretado como um dos critérios da manifestação da posse, mas que por si mesmo não elimina a pesquisa de outros elementos da especificidade da relação da comunidade com a terra, até mesmo para revelar elementos que permitam uma reivindicação e garantia da efetividade do seu direito à terra.

É relevante que o próprio STF, no que pese apresentar o marco temporal, sempre ressalva os casos de violência contra as comunidades, como limitador da aplicação e melhor interpretação deste elemento da sua interpretação.

Logo, não interpretamos como uma batalha perdida a inserção pelo STF do marco temporal como elemento do processo de reconhecimento dos direitos destas comunidades tradicionais, o seu peso negativo pode e deve ser combatido na via doutrinária e prática, nos processos concretos de demarcação de terras indígenas, mediante o debate dos elementos, construindo a distinção dos institutos de modo que favoreçam a proteção constitucional da posse indígena, segundo seus campos práticos de aplicação. O marco temporal deve ser distinguido do instituto do indigenato, para que aquele elemento, ao ser descrito no laudo antropológico, não se erga como limitador da especificidade

---

[71] SILVA, Liana Amin da; SOUZA FILHO, Carlos Marés. Marco temporal como retrocesso dos direitos territoriais originários indígenas e quilombolas. In: WOLKMER, Antonio Carlos; SOUZA FILHO, Carlos Frederico Marés de; TARREGA, Maria Cristina Vidotte Blanco (Coord.). *Os direitos territoriais quilombolas*: além do marco territorial. Goiânia: Ed. PUC Goiás, 2016. p. 78

da relação das comunidades indígenas com a terra, como reconhece o STF, mas como critério de prova da posse, cujo peso deve ser aferido, segundo as especificidades do caso concreto.

O STF, embora tenha debatido o marco temporal para as comunidades quilombolas, abandonou este elemento, considerando a especificidade da posse da comunidade negra, e o mesmo debate deve ser retomado quanto às terras indígenas, mediante o debate dos elementos, construindo a distinção dos institutos de modo que favoreçam a proteção constitucional da posse indígena, segundo seus campos práticos de aplicação. O marco temporal deve ser distinguido do instituto do indigenato, para que os elementos, descritos no laudo antropológico, não se ergam como limitadores da especificidade da relação das comunidades indígenas com a terra, como reconhece o STF, mas como critérios de prova da posse, cujo peso, deve ser aferido, segundo as especificidades do caso concreto.

Ressalta-se que, ainda que se reconheça a legitimidade decorrente da aplicação destes conceitos na demarcação de terras indígenas, o que está no campo legítimo da ação administrativa, é mais relevante destacar que o STF não gizou a sua exclusão recíproca, portanto, sempre deve prevalecer o objetivo constitucional, evitando-se uma leitura estanque de cada um dos elementos, de tal forma que não sejam limitadores do princípio fundamental de garantia do acesso à terra, como essencial à sobrevivência destes grupos humanos.

É importante ressaltar que, embora o Ministro Menezes Direito tenha apresentado, na introdução do seu voto, o chamado fato indígena, este também não pode e não deve ser contraposto ao instituto do indigenato, pois aquele serve mais de suporte argumentativo para justificar determinados elementos que se apresentam para a caracterização objetiva da posse indígena, do que propriamente a origem e justificativa do indigenato, como fundamento ontológico da posse indígena, que é o campo mais adequado para se situar a natureza do instituto do indigenato.

Com efeitos, os limites objetivos das terras indígenas como bens da União foram explicitados no voto do Ministro Menezes Direito, que definiu as condições de usufruto exclusivo da área pela comunidade indígena, sintetizadas em 18 pontos:

1. O usufruto das riquezas do solo, dos rios e dos lagos existentes nas terras indígenas pode ser suplantado de maneira genérica sempre que houver, como dispõe o art. 231 (§6º, da Constituição Federal), o interesse público da União na forma de lei complementar.
2. O usufruto dos índios não abrange a exploração de recursos hídricos e potenciais energéticos, que dependerá sempre da autorização do Congresso Nacional.
3. O usufruto dos índios não abrange a pesquisa e a lavra de recursos naturais, que dependerão sempre de autorização do Congresso Nacional.
4. O usufruto dos índios não abrange a garimpagem nem a faiscação. Dependendo-se do caso, deve ser obtida a permissão da lavra garimpeira.
5. O usufruto dos índios fica condicionado ao interesse da Política de Defesa Nacional. A instalação de bases, unidades e postos militares e demais intervenções militares, a expansão estratégica da malha viária, a exploração de alternativas energéticas de cunho estratégico e o resguardo das riquezas de cunho estratégico a critério dos órgãos competentes (o Ministério da Defesa,

o Conselho de Defesa Nacional) serão implementados independentemente de consulta a comunidades indígenas envolvidas e à Funai.

6. A atuação das Forças Armadas da Polícia Federal na área indígena, no âmbito de suas atribuições, fica garantida e se dará independentemente de consulta a comunidades indígenas envolvidas e à Funai.

7. O usufruto dos índios não impede a instalação pela União Federal de equipamentos públicos, redes de comunicação, estradas e vias de transporte, além de construções necessárias à prestação de serviços públicos pela União, especialmente os de saúde e de educação.

8. O usufruto dos índios na área afetada por unidades de conservação fica restrito ao ingresso, trânsito e permanência, bem como caça, pesca e extrativismo vegetal, tudo nos períodos, temporadas e condições estipulados pela administração da unidade de conservação, que ficará sob a responsabilidade do Instituto Chico Mendes de Conservação da Biodiversidade.

9. O Instituto Chico Mendes de Conservação da Biodiversidade responderá pela administração da área de unidade de conservação, também afetada pela terra indígena, com a participação das comunidades indígenas da área, levando em conta os usos, tradições e costumes dos indígenas, podendo, para tanto, contar com a consultoria da Funai.

10. O trânsito de visitantes e pesquisadores não índios deve ser admitido na área afetada à unidade de conservação nos horários e condições estipulados pela administração.

11. Deve ser admitido o ingresso, o trânsito, a permanência de não índios no restante da área da terra indígena, observadas as condições estabelecidas pela Funai.

12. O ingresso, o trânsito e a permanência de não índios não pode ser objeto de cobrança de quaisquer tarifas ou quantias de qualquer natureza por parte das comunidades indígenas.

13. A cobrança de tarifas ou quantias de qualquer natureza também não poderá incidir ou ser exigida em troca da utilização de estradas, equipamentos públicos, linhas de transmissão de energia ou quaisquer outros equipamentos e instalações colocados a serviço do público, tendo sido excluídos expressamente da homologação ou não.

14. As terras indígenas não poderão ser objeto de arrendamento ou de qualquer ato ou negócio jurídico que restrinja o pleno exercício da posse direta pela comunidade jurídica ou pelos silvícolas.

15. É vedada, nas terras indígenas, a qualquer pessoa estranha aos grupos tribais ou comunidades indígenas, a prática da caça, pesca ou coleta de frutas, assim como de atividade agropecuária extrativa.

16. Os bens do patrimônio indígena, isto é, as terras pertencentes ao domínio dos grupos e comunidades indígenas, o usufruto exclusivo das riquezas naturais e das utilidades existentes nas terras ocupadas, observado o disposto nos arts. 49, XVI, e 231, §3º, da Constituição da República, bem como a renda indígena,

gozam de plena isenção tributária, não cabendo a cobrança de quaisquer impostos, taxas ou contribuições sobre uns e outros.

17. É vedada a ampliação da terra indígena já demarcada.

18. Os direitos dos índios relacionados às suas terras são imprescritíveis e estas são inalienáveis e indisponíveis.

Veja que neste debate o STF deixou muito claro que não se discute o direito à comunidade indígena de ter preservado o seu território como espaço fundamental para a sua integridade psicossocial, o que justifica a proibição, prevista no §5º do art. 231, de *remoção dos grupos indígenas* de suas terras, salvo, *ad referendum* do Congresso Nacional, em caso de catástrofe ou epidemia que ponha em risco sua população, ou no interesse da soberania do país, após deliberação do Congresso Nacional, garantido, em qualquer hipótese, o retorno imediato logo que cesse o risco.

Mas por outro lado, este direito dentro de um debate democrático não pode se sobrepor a interesses da nação brasileira como conjunto de interesses do Estado nacional, inclusive indígenas, mas sim uma conjugação de interesses em prol da soberania nacional.

Aliás, o direito do indígena à terra e sua inter-relação com ela permitiu que a Corte Suprema interpretasse esta regra *retro*, inclusive para garantir o direito de indígena não integrado à concessão de *habeas corpus*, para não ser obrigado a deixar a sua tribo, pois violaria a sua liberdade, para prestar esclarecimentos perante comissão parlamentar. Veja-se o HC nº 80.240/RR, de relatoria do Ministro Sepúlveda Pertence, cujo Pleno declarou a unanimidade:

> Comissão Parlamentar de Inquérito: intimação de indígena para prestar depoimento na condição de testemunha, fora do seu habitat: violação às normas constitucionais que conferem proteção específica aos povos indígenas (CF, arts. 215, 216 e 231). 1. A convocação de um índio para prestar depoimento em local diverso de suas terras constrange a sua liberdade de locomoção, na medida em que é vedada pela Constituição da República a remoção dos grupos indígenas de suas terras, salvo exceções nela previstas (CF/88, artigo 231, §5º). 2. A tutela constitucional do grupo indígena, que visa a proteger, além da posse e usufruto das terras originariamente dos índios, a respectiva identidade cultural, se estende ao indivíduo que o compõe, quanto à remoção de suas terras, que é sempre ato de opção, de vontade própria, não podendo se apresentar como imposição, salvo hipóteses excepcionais. 3. Ademais, o depoimento do índio, que não incorporou ou compreende as práticas e modos de existência comuns ao "homem branco" pode ocasionar o cometimento pelo silvícola de ato ilícito, passível de comprometimento do seu *status libertatis*. 4. Donde a necessidade de adoção de cautelas tendentes a assegurar que não haja agressão aos seus usos, costumes e tradições. V. Deferimento do habeas corpus, para tornar sem efeito a intimação, sem prejuízo da audiência do paciente com as cautelas indicadas na impetração.

Mas por outro lado, segundo as premissas do texto constitucional sobre a posse indígena, é visível que algumas das condicionantes definidas pelo STF, no caso Raposa/Serra do Sol, limitam os direitos das comunidades indígenas, para além do permissivo constitucional.

Isso é observável quando se exclui o direito de consulta das comunidades indígenas, no caso da Política de Defesa Nacional, quando existe demanda para a instalação de bases, unidades, postos militares e demais intervenções militares etc., pois a consulta é importante para que se assegure que estas ações não são uma forma inconstitucional de se violar o usufruto exclusivo da área assegurado no texto constitucional, ainda que, ressalve-se, não se considera que as instalações sejam, *a priori*, negativas para o exercício do direito.

Da mesma forma, quando limita o usufruto dos índios na área afetada por unidades de conservação restringindo o seu ingresso, trânsito, permanência, caça, pesca e extrativismo vegetal, segundo períodos, temporadas e condições estipuladas pelo Instituto Chico Mendes, criando a falsa dicotomia entre posse comunitária e preservação ambiental.

Mas o principal limite que não parece atender ao texto constitucional é a vedação à ampliação da terra indígena já demarcada, sem considerar eventuais situações diferenciadas, que justificariam a revisão.

Outrossim, o tema da identificação e demarcação de terras indígenas tem sido atualmente objeto de diversas ações no STF, especialmente de interesses dos estados, pelo fato de estes, por força da primeira Constituição republicana, de 1891, art. 64, terem recebido um patrimônio de terras devolutas, e promovido a titulação destas, quando essas titulações vêm sendo consideradas nulas nos procedimentos de identificação e demarcação procedidos pela Fundação Nacional do Povos Indígenas (FUNAI).[72] Esta declaração de nulidade está fundada nos termos do §6º do art. 231 da CF, que declina:

> são nulos e extintos, não produzindo efeitos jurídicos, os atos que tenham por objeto a ocupação, o domínio e a posse das terras tradicionalmente ocupadas pelos índios, ou a exploração das riquezas naturais do solo, dos rios e dos lagos nelas existentes, ressalvado relevante interesse público da União, segundo o que dispuser lei complementar, não gerando

---

[72] Destacamos que a MP nº 1.154, de 1º de janeiro de 2023, embora mantendo a sigla FUNAI, alterou a antiga nomenclatura de Fundação Nacional do Índio, o que fez por meio do art. 58, passando a ser denominada Fundação Nacional dos Povos Indígenas e a ser vinculada ao Ministério dos Povos Indígenas, criado pela mesma MP, que estabeleceu a organização básica dos órgãos da Presidência da República. Ao se criar o novo ministério, constituíram-se na sua área de competências a política indigenista; reconhecimento, garantia e promoção dos direitos dos povos indígenas; reconhecimento, demarcação, defesa, usufruto exclusivo e gestão das terras e dos territórios indígenas; bem viver dos povos indígenas; proteção dos povos indígenas isolados e de recente contato e acordos e tratados internacionais, em especial a Convenção nº 169 da Organização Internacional do Trabalho – OIT, quando relacionados aos povos indígenas (art. 17, inciso XXIV c/c art. 42 , incisos I a IV e art. 53, III). Foi nomeada como a primeira titular da pasta ministerial a indígena e Deputada Federal, eleita em 2022 pelo PSOL, a Ministra Sonia Guajajara. Foi retornada à Funai a competência para a identificação, delimitação, demarcação e registro das terras tradicionalmente ocupadas pelos índios, cabendo ao Ministério dos Povos Indígenas analisar os processos de demarcação de terras indígenas encaminhados pela FUNAI (art. 15, inciso II, do Decreto nº 11.355, de 1º de janeiro de 2023), retomadas as regras de competência definidas no Decreto Federal nº 1.775/96, conforme desde a vigência da Lei nº 5.371, de 5.12.1967, que institui a Fundação Nacional dos Povos Indígenas, que tradicionalmente concentrou os temas envolvendo os índios, como é natural quando o Estado cria uma entidade de gestão descentralizada. Por certo, a competência da delimitação, demarcação e registro das terras indígenas tem papel central na política indígena, contribuição positiva à realização do dever constitucional. Resgata-se o debate de que, por meio das ADIs nº 6.172, 6.173 e 6.174, embora sem adentrar no mérito do conteúdo normativo, o STF rejeitou MP que pretendia vincular a FUNAI ao Ministério da Agricultura, confirmando os termos da medida cautelar do Ministro Barroso para suspender o art. 1º da MP nº 886/2019, porque desrespeitado o processo legislativo conforme previsto no art. 62, §10, da CRFB posto editada MP na mesma sessão legislativa em que foi rejeitada, que tinha voltada a competência ao Ministério da Justiça, sendo fixado o seguinte entendimento: "Nos termos expressos da Constituição, é vedada a reedição, na mesma sessão legislativa, de medida provisória que tenha sido rejeitada. Com a concessão da presente cautelar, subsiste o tratamento normativo anterior, com vinculação da FUNAI ao Ministério da Justiça". Assim, na atualidade, este debate não está em jogo, sendo muito adequada a competência deferida ao Ministério dos Povos Indígenas.

a nulidade e a extinção direito a indenização ou a ações contra a União, salvo, na forma da lei, quanto às benfeitorias derivadas da ocupação de boa-fé.

Destarte a celeuma surge, sobretudo, em saber se realmente aquelas áreas devolutas dos estados se enquadram no conceito de terras tradicionalmente ocupadas, bem como o que, não raro, particulares movem ações contra o Poder Público estadual, alegando a sua responsabilidade civil por haver concedido títulos de terras sobre terras indígenas.

Na verdade, apesar de a Constituição somente se referir à União, isentando-a de responsabilidade civil, salvo quanto às benfeitorias derivadas de ocupação de boa-fé, é óbvio que também se deve excluir a responsabilidade do ente federado se a titulação ocorreu antes da declaração da área como terras indígenas, até porque implicaria uma responsabilidade decorrente de ato de terceiro no exercício de dever constitucional.

O dado relevante e novo, entretanto, neste debate sobre a validade ou nulidade das titulações concedidas pelos estados-membros está em observar-se a data de ocupação das comunidades indígenas em determinadas áreas, pois o STF ao decidir o processo de demarcação da reserva indígena Raposa/Serra do Sol definiu que somente podem ser demarcadas aquelas terras ocupadas pelas comunidades indígenas na data de promulgação da Constituição de 1988.

Mas é relevante destacar que, ao julgar a ACO nº 312, cujo relator foi o Ministro Luiz Fux,[73] o STF reiterou o posicionamento de que a ocupação das terras indígenas a serem demarcadas são aquelas objeto de posse indígena na data da instituição da Constituição de 1988, destacando que a eventual possibilidade de ampliação das terras indígenas, reconhecida no caso concreto, dependeria da prova de que o espaço geográfico objeto de eventual ampliação constituía terra tradicionalmente ocupada pelos índios quando da promulgação da constituição de 1988, como expresso no item 12 da ementa. É relevante a reafirmação deste princípio pelo STF, neste caso não tanto pela reafirmação deste princípio em si, mas porque neste caso concreto o objeto da ação era declarar a nulidade de títulos de propriedade de imóveis rurais situados no sul da Bahia em área de reserva indígena, uma vez que, apesar de a demarcação da área *sub judice* ter ocorrido em 1938, ela não foi objeto de homologação, o que gerou incerteza da localização das terras indígenas e relegou a comunidade indígena a uma situação frágil e a um ambiente de violência e medo na região.

Mas o STF reconheceu que, embora ausente a homologação, da demarcação administrativa realizada em 1938, esta não inibia o reconhecimento da existência de reserva indígena no local, o que originou a impossibilidade reconhecer-se como válidos títulos de terras concedidos a particulares pelo estado da Bahia.

Isso se torna tão mais importante por que o STF afirmou reconhecer a prevalência da presença indígena na área em litígio com base nos registros históricos que remontam a meados do século XVII, e que "o reconhecimento do direito à posse permanente dos silvícolas independe da conclusão do procedimento administrativo de demarcação na medida em que a tutela dos índios decorre, desde sempre, diretamente do texto constitucional". Ou seja, afirmou expressamente o efeito de uma posse histórico-étnica

---

[73] Publicado no *DJe* de 21.3.2013, ement vol-02683-01 pp-00001.

definida pelo Constituinte, que prevalece sobre uma posse atual (dos proprietários) apesar de possuidores de títulos de propriedade concedidos antes da homologação.

Mas relevante é este fato, pois no caso concreto o STF afastou o argumento de que, ainda que atualmente as terras não estivessem na posse indígena, esta decorria de violência impetrada por *forasteiros*, o que não se constituía óbice ao reconhecimento do caráter permanente de posse indígena, *in verbis*, como previsto no item 8 da emenda:

> 8) a baixa demografia indígena na região em conflito em determinados momentos históricos, principalmente quando decorrente de esbulhos perpetrados por forasteiros, não consubstancia óbice ao reconhecimento do caráter permanente da posse dos silvícolas. A remoção dos índios de suas terras por atos de violência não tem o condão de afastar-lhes o reconhecimento da tradicionalidade de sua posse. *In casu*, vislumbra-se a persistência necessária da comunidade indígena para configurar a continuidade suficiente da posse tida por esbulhada. A posse obtida por meio violento ou clandestino não pode opor-se à posse justa e constitucionalmente consagrada.

Por fim, é relevante destacar que o STF reafirmou que esta posse constitucional dos indígenas é que gera o direito de propriedade, ainda que no caso das terras indígenas estas se constituam patrimônio da União, por isso é que se afirmou que se constituíram os títulos de propriedade concedidos pelo estado da Bahia como de origem a *non domino*, pois, como se tratavam de terras com posse indígena, elas sempre foram da União, e não possuía o estado da Bahia titularidade para a sua alienação, e, logo, nulos de pleno direito os títulos concedidos a particulares, pois se constituíam as terras transferidas em *propriedade da União*, como expresso no item 9 da ementa da ACO nº 312.

Esta afirmativa do STF é importante, porque reconhece que as transações imobiliárias concedidas sobre terras públicas, por mais longevas que sejam, e mesmo que originárias do Poder Público, sobre terras de outro ente federado, como no caso concreto, são nulas de pleno direito, o que reflete o princípio de que, no caso de títulos de propriedade registrados por particulares sobre terras públicas, quando não concedidas por estes, constituem-se títulos a *non domino* e, portanto, nulos de pleno direito, assim, este princípio ultrapassa a questão indígena e se protrai a toda forma de registros sobre terras públicas.

No que diz respeito à legislação infraconstitucional, é importante relatar que antes vigorava o Decreto nº 22/91, que dispunha sobre o processo administrativo de demarcação de terras indígenas, nos termos da Lei nº 6.001/1973 – lei esta que foi recepcionada pela Constituição Federal –, mas este decreto foi integralmente revogado pelo Decreto nº 1.775, de 8.1.1996, que passou a disciplinar a matéria e que também possui arrimo legal e constitucional.

O Decreto nº 1.775, de 8.1.1996, que dispõe sobre o procedimento administrativo de demarcação das terras indígenas, prevê, em seu art. 2º, §2º que o levantamento fundiário será realizado, quando necessário, conjuntamente com o órgão federal ou estadual específico. Ainda o §8º do mesmo artigo dispõe que os estados e municípios em que se localiza a área poderão se manifestar, desde o início do procedimento demarcatório, até noventa dias após a aprovação do relatório circunstanciado pelo presidente da Funai.

Assim, não há fundamento para responsabilidade civil dos estados, observados estes procedimentos não deveria também haver espaço para a promoção de ações anulatórias, ora promovidas pela Funai contra estados da Federação, com o objeto de anular títulos de propriedade expedidos no passado, sob o argumento de se tratar de terras indígenas, pois, neste caso, a própria Constituição já declara nulos e extintos os títulos, devendo o próprio cartório de registro de imóveis cancelar administrativamente o registro e proceder à matrícula das terras indígenas.

Destaca-se, ainda, que as ações, ora promovidas por proprietários, contra a Funai, com o objeto de anular atos administrativos cujo objeto seja declaratório de terra indígena, quando no mais das vezes os estados são chamados ao processo como litisconsortes, ou, mesmo ações de responsabilidade civil contra os estados decorrentes da simples concessão dos títulos de terras anteriormente à declaração administrativa de terras indígenas, estas últimas devem ser extintas no nascedouro, sem julgamento do mérito, dada a ilegitimidade passiva, decorrente de norma constitucional que veda esta pretensão.

A natureza declaratória do procedimento administrativo de demarcação de terras indígenas está consolidada no STF, tanto que, no julgamento da ADPF nº 709 – *APIB vs União* –, a medida cautelar, deferida pelo Min. Rel. Luís Roberto Barroso, foi referendada pelo plenário da Corte, em 2 de março de 2022, para, entre outras ações, determinar a implementação de atividades de proteção territorial nas terras indígenas pela Fundação dos Povos Indígenas – FUNAI independentemente de estarem homologadas, haja vista a natureza originária da ocupação.

Entende-se que no caso é a Constituição que declara que *são nulos* e *extintos*, não produzindo efeitos jurídicos, tais atos que tenham por objeto o domínio, portanto, é um caso ímpar de exclusão de responsabilidade civil declarada constitucionalmente, que apenas ressalva contra a União a indenização das ocupações de boa-fé.

Na forma do art. 2º, §8º, do Decreto nº 1.775, de 8.1.1996, os interessados, estados e municípios, onde se localize a pretensa área indígena, podem se manifestar desde o início do procedimento até 90 dias após a publicação do relatório circunstanciado pelo presidente da Funai, embora estes não sejam intimados pessoalmente e no início do processo, para tal fim, não vemos mácula ao princípio do contraditório, inscrita no art. 5º, inc. LV da Constituição Federal.

Apenas para efeitos históricos pode ser invocada a figura do indigenato baseado no Alvará Régio de 1680, que se referia aos ocupantes primários e originários das terras, e nas Cartas Régias de 30.7.1609, e a de 10.9.1611, promulgadas por Felipe III.

Em 1967, a Constituição estabeleceu que as terras ocupadas pelos índios eram propriedade da União, mas sem trazer regra tão clara quanto à atual carta, sobre a validade de titulações anteriores, e os efeitos de responsabilidade civil, eventualmente existente.

A Lei nº 5.371, de 5.12.1967, instituiu a Fundação Nacional dos Povos Indígenas (FUNAI) com a atribuição de estabelecer as diretrizes e garantir o cumprimento da política indigenista, de maneira especial garantir a posse permanente das terras que habitam e o usufruto exclusivo dos recursos naturais e de todas as utilidades nelas existentes.

A Constituição Federal de 1988 trouxe nova disciplina, sem excluir que originaria-mente as terras devolutas pertencem aos estados, decorrente da Constituição de 1891, e também, consoante a primeira Lei de Terras, Lei nº 610, de 1850, na qual as terras ocupadas pelos índios se incluíam entre as terras devolutas, que se constituíam como propriedade dos estados federados, por força do art. 64 da ordem republicana de 1891, mas se foram eventualmente tituladas, e declaradas indígenas, na forma da lei, isto é o que basta para mudar a natureza de seu domínio, passando a integrar o patrimônio da União.

O art. 67 do ADCT determina ao Poder Executivo a demarcação das terras indígenas. Esta exigência já estava prevista no art. 65 da Lei nº 6.001, de 19.12.1973, que dispõe sobre o Estatuto do Índio e apresenta princípios, definições, direitos civis e políticos dos índios.

O processo de demarcação das terras indígenas tem o escopo fundamental de assegurar a posse indígena e seu usufruto exclusivo. A natureza de domínio federal que deste procedimento decorre é aspecto secundário ante aquele objetivo, e não deve se sobrepor a prejudicar o exercício da posse dos silvícolas, por isso que, no que pese a regra do §1º, inc. III, da Constituição Federal, que determina que compete ao Conselho de Defesa Nacional propor os critérios e condições de utilização de áreas indispensáveis à segurança do território nacional e opinar sobre seu efetivo uso, especialmente na faixa de fronteira e nas relacionadas com a preservação e a exploração dos recursos naturais de qualquer tipo, no caso de incidência de terras indígenas sobre estas, como são uma forma de destinação, de terras constitucionalmente asseguradas, com regramento próprio, não caberia ao Conselho de Defesa Nacional opinar sobre se este modelo de uso é permitido nestas áreas.

O STF já decidiu, ao julgar o MS nº 25.483-DF, em 4.6.2007, cujo relator foi o Ministro Carlos Britto, que a manifestação do Conselho de Defesa Nacional não é requisito de validade da demarcação das terras tradicionalmente ocupadas pelos índios, pois de fato se trata de reconhecimento de uma posse imemorial e que, portanto, já vinha acontecendo; assim, não é algo novo, além do mais esta não altera o domínio da área que continua a pertencer à União.

Por fim, nos termos do §7º do art. 231, da Constituição Federal, é vedada a prática da *garimpagem* em terras indígenas, que, embora não seja direta, é o que resulta do fato de a Constituição vedar o acesso de cooperativas garimpeiras, o que também deve ser se estender à atividade garimpeira empresarial. Somente uma emenda constitucional poderia permitir estas atividades em terras indígenas.

4.1.4 Natureza jurídica do indigenato e RE nº 1.017.365 – Repercussão Geral

Como já adiantado nos tópicos antecedentes, um dos pontos mais controvertidos sobre o tema do direito à terra das comunidades indígenas é o elemento do marco temporal como declarado pelo STF, a partir da análise do caso Raposa Serra do Sol, usado pela corte para aferir a manifestação da posse das comunidades indígenas, mas que não afasta outros elementos da especificidade da relação da comunidade com a terra e que origina o direito ao usufruto exclusivo indígena, permissivo para a reivindicação e garantia da efetividade do direito subjetivo à terra, inclusive nos casos de retirada violenta da comunidade, princípio fundamental reconhecido pela corte.

Neste tópico, aprofundam-se a natureza do indigenato e a conexão com o elemento do marco temporal nas terras indígenas como debatido pelo STF, o que é relevante quando a Suprema Corte ainda não finalizou o julgamento do Recurso Extraordinário nº 1.017.365, em repercussão geral, que discute a posse indígena, dado existir precedentes "que fomentem situação de absoluta instabilidade e vulnerabilidade dos atos administrativos editados com âmbito nacional".

A partir da literalidade do texto constitucional, que não prevê uma data para a configuração da posse indígena a como se refere o STF na tese do marco temporal, a maioria da doutrina já aponta a incorreção interpretativa a partir desse processo hermenêutico.

Entrementes, neste tópico se adota uma linha interpretativa diferente, embora acabe no mesmo ponto, que é afirmar a suficiência do texto constitucional a tutelar o direito à terra, sem a necessidade do marco temporal, o qual se revela uma redundância e irrelevante, dentro dos próprios marcos hermenêuticos da corte. Retoma-se a própria interpretação do STF no caso Raposa Serra do Sol, que é enfático em "afastar" o marco temporal nos casos de violência contra as comunidades, limitador da aplicação do referido elemento, garantindo a realização do direito subjetivo de acesso à terra.

Com efeito, demonstrar-se-á que ocorre certa confusão teórica entre o indigenato como fundamento protetivo da posse indígena e os elementos pelos quais se afere a sua extensão e que não se confunde com elementos para a *declaração* dessa posse, que é congênita.

Para justificar essa distinção, primeiro se resgata a clássica teoria de João Mendes Junior a respeito da natureza jurídica do indigenato e a colocamos face aos votos dos ministros, demonstrando que não há uma incompatibilidade visceral, mas um reconhecimento contextual dentro dos votos, apesar de algumas afirmativas em contrário, sobre a suposta "insuficiência" da teoria do indigenato, que precisa ser revalorizada, mas, ao mesmo tempo, posta no seu exato limite conceitual. Alerta-se, porém, que se considera, a partir das lições de Mendes Junior, que o indigenato não pode ser usado como elemento para definir a extensão da posse indígena, embora essencial para reconhecer a nulidade de outros direitos frente a esse direito subjetivo fundamental à terra.

Também se consideram na análise as decisões da Corte Interamericana de Direitos Humanos e, especialmente, a decorrente do precedente firmado no caso *Povo Indígena Xucuru e seus membros vs. Brasil*, sentença de 5 de fevereiro de 2018, que foi a primeira condenação do Estado brasileiro relevante para corrigir rumos de interpretação e ação.

4.1.4.1 Revisitando a teoria de João Mendes Junior sobre o indigenato

João Mendes Junior inicia a sua clássica obra *Os indigenas do Brazil, seus direitos individuaes e politicos*, escrita no início do século XX, introduzindo os elementos extrajurídicos que o motivam a escrever a obra, elogiando aqueles homens da nascente República que, como Rodolpho Miranda, Ministro da Agricultura, promoveram o "despertar da consciência do Governo na obrigação de proteger os primários e naturaes possuidores do território nacional" sem olvidar a necessidade de sua catequese e civilidade.

Logo se percebe que a preocupação, longe de ser a proteção da cultura indígena contra o aculturalismo e assimilacionismo, visa proteger a posse dos formadores originais da nacionalidade, fundadores da pátria. Justificava suficiente da necessidade da proteção para a formação e afirmação da nacionalidade brasileira. Não espanta, portanto, que, ao iniciar o primeiro livro da obra, com longa exposição de como se realizou a afirmação dos direitos indígenas nos Estados Unidos da América, em que se firmaram vários tratados entre os índios como nações independentes frente a nova nação que nascia, "o acto de 3 de Março de 1871, pelo qual o Congresso declara que d'ora em diante, nenhuma nação ou tribu indiana será reconhecida como poder independente, mas isto sem prejuízo dos tratados já concluídos"[74] e , após este ato, diversos planos surgiram para proteger os índios estadunidenses contra diversas usurpações e crimes e especialmente reconhecendo-lhes o direito de "como os homens, da lei do homestead, assegurando-lhes o direito de cidadãos, logo que sejam dissolvidas as tribus",[75] ou seja, registra o sucesso no processo de assimilação dos índios estadunidenses. Percebe-se, assim, que, apesar de distinguir que, no direito estadunidense, a forma de organização das tribos indígenas era muito diferente das tribos brasileiras e mais resistente à tomada de suas terras, no livro 2, reforça-se o elemento que ensaia no final do livro 1, que é o romantismo que relaciona com a presença indígena e cuja aculturação e catequização aperfeiçoam a *raça brasileira*.[76] Apesar desse enfoque, Mendes Junior não deixa de caracterizar a proximidade dos regimes originários de direitos indígenas dos EUA e Brasil frente ao Estado decorrente da sua liberdade originária. Por isso, registra que, à semelhança do direito estadunidense, os reis portugueses também reconheciam a autonomia dos índios em relação à jurisdição nacional, citando a Provisão de 9 de Março de 1718, na qual el-rei reconhece que "estes homens (os índios) são livres e ISENTOS DE MINHA JURISDIÇÃO, que os não pode obrigar a sahirem de suas terras para tomarem um modo de vida que elles se não agradam, o que, se não é rigoroso captiveiro, em certo modo parece que offende a liberdade", embora este mesmo ato apresente exceção aqueles índios que "são bravos, que andam nús, que não reconhecem rei, nem governador, não vivem com modo e forma de república, atropelam as leis da natureza, neste caso podem ser obrigados por força e medo que desçam do sertão para as aldêas".[77] Afirma-se um direito natural a existência indígena que deve ser respeitado pelo Estado, desde que não represente risco para os que estão sob a jurisdição do rei e à própria jurisdição real, segundo o princípio da *autonomia das tribos*. Portanto, nem de longe se pode pensar que reconhecer a *autonomia das tribos* impediria ou imporia um limite ao processo de aculturação, mas essa liberdade era uma forma de permitir o processo mesmo de formação da identidade nacional. Destaca ainda como o processo de miscigenação do europeu com o índio era positivo para a formação brasileira, afirmando mesmo que "os bandeirantes eram, em geral, filhos de europeu e índia"[78] e que a maioria não queria ser confundida com atacantes de índios. Encerra esse capítulo

---

[74] MENDES JUNIOR, João. *Os indígenas do Brazil, seus Direitos Individuais e Políticos*. São Paulo: Typ. Hennies Irmãos, 1912, p. 16.

[75] MENDES JUNIOR, João. *Os indígenas do Brazil, seus Direitos Individuais e Políticos*. São Paulo: Typ. Hennies Irmãos, 1912. p. 17.

[76] Cfr MENDES JUNIOR, João. *Os indígenas do Brazil, seus Direitos Individuais e Políticos*. São Paulo: Typ. Hennies Irmãos, 1912. p. 19.

[77] MENDES JUNIOR, João. *Os indígenas do Brazil, seus Direitos Individuais e Políticos*. São Paulo: Typ. Hennies Irmãos, 1912. p. 30.

[78] MENDES JUNIOR, João. *Os indígenas do Brazil, seus Direitos Individuais e Políticos*. São Paulo: Typ. Hennies Irmãos, 1912. p. 36.

destacando que, dentre as Cartas Régias de D. João VI, de 1808, que autorizaram guerra aos índios, a Carta Régia de 5 de novembro ressalvava aos índios que:

> Se quiserem fazer aldear, e viver debaixo do jugo de Minhas Leis cultivando as terras, que se lhes aproximarem, já não só ficarão sujeitos a serem feitos prisioneiros de guerra, mas serão considerados como cidadãos livres (...) debaixo das Minhas Leis protectôras de sua *segurança individual e de sua propriedade.*[79]

Com isto, João Mendes Junior estabelece as raízes históricas do direito à terra dos índios por estarem no território nacional antes de qualquer outro componente humano ou mesmo autoridade, e era o sangue que originariamente protegia a terra e a cultivava que permitia formar a identidade autenticamente nacional, sempre reconhecida até mesmo pelos reis portugueses e, assim, mais relevante, seria a garantia da posse de suas terras na independência e posteriormente na República, quando escreveu a obra.

Por isso, o terceiro livro inicia por destacar que, "assim como os reis de Portugal não se julgavam com ampla jurisdição sobre os índios, também não se podia, desde logo, julgar com essa jurisdição o novo governo do Brasil",[80] decorrente da independência. E isto ocorre decorrente da própria forma como os indígenas se inseriram na história nacional, que, segundo a sua narrativa, "a tendência para declarar a autonomia dos índios não foi tão explícita; mas a razão disto é que os índios, entre nós, entraram, como vimos, mais do que nos Estados Unidos da América do Norte, no cruzamento das raças". E conclui com um libelo romântico de como esta unidade forma a cidadania brasileira, onde se amalgamaram a formar uma única identidade, acolhida no art. 6º da Constituição do Império, pelo nascimento no Brasil.[81] Isto permite concluir que, para João Mendes Junior, não se tratava de garantir os direitos à terra dos índios como povos diferentes, mas, sim, como brasileiros originários, cujo direito de posse se manifestava de forma diferente dos outros brasileiros e, assim, ele buscava o fundamento deste direito subjetivo dos cidadãos originários ocupantes das terras brasileiras. Esta proteção, permitiria continuar este processo de aperfeiçoamento do elemento humano da nação pelo processo de miscigenação.[82] Mendes Junior vai destacar como o ato mais importante, posterior à independência, a Lei de 27 de outubro de 1831, que revogava as Cartas Regias de 1808, abolindo a servidão dos índios e os considerando como órfãos,[83] para lhe serem

---

[79] MENDES JUNIOR, João. *Os indígenas do Brazil, seus Direitos Individuais e Políticos.* São Paulo: Typ. Hennies Irmãos, 1912. p. 41.

[80] MENDES JUNIOR, João. *Os indígenas do Brazil, seus Direitos Individuais e Políticos.* São Paulo: Typ. Hennies Irmãos, 1912. p. 43.

[81] Cfr. MENDES JUNIOR, João. *Os indígenas do Brazil, seus Direitos Individuais e Políticos.* São Paulo: Typ. Hennies Irmãos, 1912. p. 52.

[82] A realidade é que a alma indígena americana pensa, julga, raciocina, coordena raciocínios, com o mesmo vigor de attenção, reflexão, analyse, synthese, comparação e apprehensão comparativa; a alma indígena está sujeita às mesmas paixões a que está sujeita a alma europeia, mostrando, porém, superioridade na temperança, na energia da paciência e até, digamos a verdade, até na justiça a na caridade. A alma do descendente de indígena cruzado com europeu, é tão vigorosa, e ás vezes mais vigorosa do que a alma do puro europeu ou do puro indígena; e tem a vantagem de unir a ambição do europeu à longanimidade do indígenas, temperando uma pela outra, Cfr. MENDES JUNIOR, João. *Os indígenas do Brazil, seus Direitos Individuais e Políticos.* São Paulo: Typ. Hennies Irmãos, 1912. p. 51.

[83] MENDES JUNIOR, João. *Os indígenas do Brazil, seus Direitos Individuais e Políticos.* São Paulo: Typ. Hennies Irmãos, 1912. p. 52.

aplicadas as cautelas a que se refere, ou seja, o regime que reconhece os índios como incapazes e que devem ser tutelados pelo Estado. Ao chegar neste ponto, Mendes Junior passa a localizar como as diversas leis concernentes ao aspecto fundiário passaram a ressalvar as terras indígenas de ocupação por terceiros. Por isso mesmo, ele afirma que passa a "estudar o direito territorial dos índios, quer no regime das sesmarias, quer no regime das terras devolutas".[84] Portanto, esse corte revela que existem elementos extrajurídicos que fundamentam estas exceções legais de respeito ao direito à terra indígena e com eles não se confundem, os quais narrou nos livros 1 e 2 da obra. Ele, portanto, distingue o fundamento do direito à terra dos instrumentos que garantem o direito fundiário à terra. Ou seja, os primeiros são os fundamentos primários da posse decorrentes da simples história do grupo humano, como habitantes originais da terra brasileira, que obrigam a concessão da garantia fundiária à terra.

Ele resgata que, mesmo sob o regime das sesmarias, que eram concessões de vastas extensões de terras onde o donatário tinha a obrigação de promover a exploração e o povoamento, pode-se encontrar disposições que vedam a ocupação de terras indígenas.

A Lei de 6 de julho de 1755 obrigava o donatário a "ser reservado o prejuízo e direito dos índios, primários e naturaes senhores delas".[85] Com a extinção do regime de sesmarias e o advento da primeira Lei de Terras do Brasil, a Lei 601, de 18 de setembro de 1850, também reservava das terras devolutas as necessárias, não só para a fundação de povoações e abertura de estradas e mais fundações públicas, como para a colonização dos indígenas.[86] O relevante em ambos os regimes nem é tanto o resgate de como a legislação reconhecia que as terras indígenas não poderiam ser ocupadas e não se caracterizavam como devolutas, que até hoje se define por exceção da sua aplicação a algum fim, mas, sim, que apresenta como estas terras apossadas pelos indígenas não poderiam ser destinadas ou desvirtuadas da finalidade a que estavam reservadas.[87] É preciso entender que o indigenato é reconhecido como uma forma de origem da própria formação territorial da nação neste processo de aculturação que ele descreve como o destino natural do indígena e do aperfeiçoamento da brasilidade pela miscigenação – daí reconhecer que "tanto o *indigenato*, como o *colonato*, podem ser preliminares da municipalização".[88] Ao reconhecer que o *indigenato* é um título *congênito*, ao passo que a *ocupação* é um título *adquirido*, nada mais está a afirmar que é um direito frente ao qual nenhum outro direito se pode opor, pois, segundo o alvará de 1º de abril de 1680, "o *indigenato* não é um facto dependente de legitimação, ao passo que a *occupação*, como

---

[84] MENDES JUNIOR, João. *Os indígenas do Brazil, seus Direitos Individuais e Políticos*. São Paulo: Typ. Hennies Irmãos, 1912. p. 54.

[85] MENDES JUNIOR, João. *Os indígenas do Brazil, seus Direitos Individuais e Políticos*. São Paulo: Typ. Hennies Irmãos, 1912. p. 56.

[86] MENDES JUNIOR, João. *Os indígenas do Brazil, seus Direitos Individuais e Políticos*. São Paulo: Typ. Hennies Irmãos, 1912. p. 57.

[87] Desde que os índios já estavam aldeados com cultura e morada habitual, essas térreas por elles ocupadas, si já não fossem deles, também não poderiam ser de posteriores posseiros, visto que estariam devolutas; em qualquer hypothese, suas terras lhe pertenciam em virtude de direito à reserva, fundado no Alvará de 1 de abril de 1680, que não foi revogado, direito esse que jamais poderá ser confundido com uma posse sujeita à legitjmação e registro. Cfr. MENDES JUNIOR, João, *Os indígenas do Brazil, seus Direitos Individuais e Políticos*. São Paulo: Typ. Hennies Irmãos, 1912, p. 57.

[88] MENDES JUNIOR, João. *Os indígenas do Brazil, seus Direitos Individuais e Políticos*. São Paulo: Typ. Hennies Irmãos, 1912. p. 58.

facto posterior, depende de requisitos que a legitimem".[89] Portanto, a distinção é para assegurar como aquela posse gera um direito de domínio que deve apenas ser declarado, vez que preexistente.[90] Esta diferenciação entre a *ocupação* e o *indigenato* não é apenas de como este se constitui, mas, sobretudo, como deve ser reconhecido pelo Estado, pois, que sejam *órfãos* os índios, os seus direitos devem ser protegidos contra agentes dolosos, dever que se impõe ao Estado, cabendo ao governo "um encargo análogo ao usofructo e não podem ser alienadas enquanto o Governo, por acto especial, não conceder aos índios o pleno gozo dellas",[91] previsto no art. 72 do regulamento de 1854.

Cândido Mendes Junior apresenta uma justificação jurídica de como a posse indígena limita a aquisição ou constituição de outros direitos sobre as mesmas áreas, inclusive do Estado, obrigado que está a obedecer e garantir este usufruto. Daí reconhecer que não podem ser consideradas terras devolutas, e tal assertiva permite relacionar por 1º lugar entre os *títulos originários de propriedade*, que não podem ser derrogados frente a outros pretendentes à aquisição de terras, *"as terras possuídas por hordas selvagens* collectivamente organizadas, cujas posses não estão sujeitas à *legitimação*, visto que o seu título não é a *ocupação*, mas o *indigenato"*, como descreve nas páginas 64 e 65 dentre os 9 títulos originários que se impõem observar "aos sertanejos" ao ir finalizando a dissertação. Aqui encontra-se o fundamento da nulidade de eventuais "títulos" sobre terras indígenas, pois são terras que não são legitimáveis, porque objeto de reserva originária, com encargo do Estado proteger. E por isso cita, em seguida, os casos daqueles que, na faina de ter um título de aquisição, "recorreram ao expediente dos chamados *grillos".*[92] Conclui-se que, segundo a doutrina de Cândido Mendes Junior, não é preocupação e nem finalidade do *indigenato* definir a extensão da posse indígena, mas protegê-la contra eventuais outras ocupações que sobre ela queiram se constituir, dado que o seu fundamento é a originária existência indígena com os primeiros e naturais possuidores da terra brasileira, e qualquer posse ou direito que se coloque frente a essa é nulo ou forma de grilagem, uma nulidade congênita.

Ele não dispensa uma única linha para descrever a extensão ou o modo pelo qual se manifesta a posse indígena, apenas parte dela como o fato que deve ser respeitado sob pena de absoluta nulidade. A perda desta distinção, limite e alcance do indigenato tem causado muita confusão interpretativa, ainda que involuntariamente.

---

[89] MENDES JUNIOR, João. *Os indígenas do Brazil, seus Direitos Individuais e Políticos*. São Paulo: Typ. Hennies Irmãos, 1912. p. 58.

[90] A *ocupação* é uma *apprehensio rei nullis* ou *rei derelictae* (...); ora as terras de índios, congenitamente apropriadas, não podem ser consideradas com *res nullius*, nem como *res derelictae*; por outra, não só se concebe que os índios tivesse *adquirido*, por *simples occupação*, aquilo que lhes é *congênito* e *primário*, de sorte que relativamente aos índios estabelecidos, não há uma simples posse, há um título *immediato* de domínio; não ha, portanto, posse a legitimar, ha domínio a reconhecer e direito originário e preliminarmente reservado. Cfr. MENDES JUNIOR, João. *Os indígenas do Brazil, seus Direitos Individuais e Políticos*. São Paulo: Typ. Hennies Irmãos, 1912. p. 59.

[91] MENDES JUNIOR, João. *Os indígenas do Brazil, seus Direitos Individuais e Políticos*. São Paulo: Typ. Hennies Irmãos, 1912. p. 60-61.

[92] MENDES JUNIOR, João. *Os indígenas do Brazil, seus Direitos Individuais e Políticos*. São Paulo: Typ. Hennies Irmãos, 1912. p. 65.

4.1.4.2 Análise crítica da doutrina desabonadora do marco temporal

O resgate crítico de como a doutrina tem analisado o *marco temporal*, como exposto anteriormente, demonstra que, ainda que relevante, há uma insuficiência para uma crítica conceitual e consistente à decisão do STF a ensejar uma virada no processo interpretativo capaz de influenciar o caminho adotado pela Corte. Isso decorre do fato que a Corte busca configurar elementos para definir a extensão da posse indígena e acaba por confundir com uma "atualização" da doutrina do indigenato, o que, numa análise acurada, não estaria em causa e, sem uma crítica deste viés da interpretação da Corte, a resposta acaba por se revelar circular.

Esta crítica pode ser resumida na posição de José Afonso da Silva. Em magistral parecer, o autor apresenta respostas que bem resumem a interpretação dominante contrária ao marco temporal definido pelo STF. Inicia por situar a questão a partir do reconhecimento dos direitos indígenas como direitos fundamentais de solidariedade, por pertencer a este grupo social como uma unidade, acolhida no sistema constitucional brasileiro a partir da Carta de 1934, como expresso nos §§5º e 7º do parecer.[93] E, apesar de declarar tais direitos como direitos naturais, contrapõe ao marco temporal fixado pelo STF o marco da carta revogada de 1934, que faria irracional o argumento do STF frente à história do ordenamento jurídico nacional. Este argumento parece lógico, mas acaba por exigir para a existência do indigenato uma data de nascença e, assim, diminui a importância do argumento da natureza de um direito fundamental ou natural que, por ser tal, antecede e é dever do Estado proteger.

Existe outro enfoque mais interessante na análise de Afonso da Silva, que é demonstrar que as decisões do próprio STF que usam o marco temporal tal como definido no precedente Raposa Serra do Sol contrariam as próprias premissas da decisão ao criar definições sobre o que seria o renitente esbulho e que são contraditórias com a análise do laudo antropológico do caso concreto, ou seja, mais que um erro de interpretação jurídica, demonstra uma má avaliação das provas, o que é bem fora da curva da função da Suprema Corte. Aponta este erro no caso do RSM nº 29.087/DF, relativo às terras da etnia Guarani-Kaiowá, no Mato Grosso do Sul, cujas provas seriam suficientes para atender o conceito de renitente esbulho.[94] Ao retomar o argumento sobre o conteúdo

---

[93] 5. Como se nota, os direitos dos índios às terras por eles tradicionalmente ocupadas preexistem ao próprio reconhecimento constitucional, porque entranhadamente à sua existência comunitária. Nesse sentido, pode-se dizer que são *direitos naturais*, porque coexistentes com o próprio ser das comunidades indígenas e que o sistema constitucional, desde a Constituição de 1934, acolheu como forma de direito constitucional fundamental, direitos humanos fundamentais dos índios que têm, para eles um valor de sobrevivência física e cultural, tanto quanto têm para todos nós os direitos humanos consagrados nos documentos constitucionais e declarações internacionais. 7. Repita-se: esses direitos são *direitos fundamentais dos índios*, que podem ser classificados na categoria dos *direitos fundamentais de solidariedade*, tal como o direito ao meio ambiente ecologicamente equilibrado. *Direitos de solidariedade*, porque têm, ao mesmo tempo, uma dimensão "individual" e uma dimensão "coletiva", uma vez que concernem à pessoa humana: o *índio* como tal, assim como a coletividades humanas: as comunidades indígenas. São direitos supraestatais e, pois, direitos absolutos, natureza essa que lhes confere a garantia de permanência, pois não podem ser eliminados.

[94] A decisão, enfim, concluiu pela desnecessidade de instrução probatória, por entender que os dados estão inseridos no laudo antropológico que subsidiou o processo administrativo. E daí passa a analisar o laudo, sublinhando as partes que, segundo os votos vencedores, provavam a ausência de índios nas terras, para concluir que "[os] excertos do lauto antropológico afastam quaisquer dúvidas sobre a anterior ocupação indígena da região na qual está inserido imóvel rural do Recorrente." No entanto, desprezaram-se as passagens do laudo que favorecem aos índios, tais como:"A maioria das pessoas com mais de trinta anos que compõem essa parentela

da norma do art. 231 da CRFB, ele mesmo desconstrói a necessidade de se apelar a um marco pretérito e deveria insistir na natureza mesmo da origem do direito ao invés de apostar numa gangorra de datas. Este argumento poderia encerrar a melhor resposta, sem exigir uma data:

> Se são *"reconhecidos...* os direitos originários sobre as terras que tradicionalmente ocupam", é porque já existiam antes da promulgação da Constituição. Se ela dissesse: "são conferidos, etc.", então, sim, estaria fixando o momento de sua promulgação como marco temporal desses direitos (Parágrafo 13, pagina 8).

Porém, em seguida, explicita o conceito de marco para explicar qual seria o melhor ponto no tempo. Esta interpretação acaba por elevar o próprio argumento do marco temporal, como necessário, ainda que criticado como uma invenção esdrúxula do STF, fazendo uma busca do marco correto.[95] Os demais argumentos sobre a natureza do direito indígena, que desenvolve em outros tópicos, acabam ficando diminutos face ao tema hermenêutico de que é preciso observar uma data temporal legislativa correta do nascedouro do indigenato.[96] Apesar desta abordagem do direito à terra possa parecer correta, ela não favorece uma distinção clara do instituto do indigenato segundo a doutrina de Mendes Junior e eventuais distinções de efeitos jurídicos, já que os ideais antropológicos atuais não eram preocupações daquela época. Não se pode colocar no pensamento de Mendes Junior algo que não fazia parte do contexto de sua análise e, assim, não se pode tirar efeitos jurídicos que não poderia produzir.

[dos Guyraraoká] nasceram em Guyraroká e guardam uma viva memória do território e da vida comunitária que aí desenvolviam. (...) "As informações levantadas junto aos índios dão conta da concentração expressiva de população Kaiowá residindo na terra reivindicada em caráter permanente até o início da década de 1940". Foi desprezada a passagem do laudo que mostra por que não existia índio, como esta: "Os Kaiowá só deixaram a terra devido às pressões que receberam dos colonizadores que conseguiram os primeiros títulos de terras na região. A ocupação da terra pelas fazendas desarticulou a vida comunitária dos Kaiowá, mas mesmo assim muitas famílias lograram permanecer no local, trabalhando como peões para os fazendeiros". O laudo afirma que nos anos 40 as pressões dos fazendeiros que começam a comprar as terras na região tornaram inviável a permanência dos índios no local. (...) Esses fatos não foram sequer questionados na decisão em apreço, e. no entanto, eram fatos dependentes de provas que tornavam não líquido e certo o pedido do mandado de segurança. A decisão, para conceder a segurança, preferiu não tomar conhecimento de fatos graves que levaram o STJ a denegar a segurança como medida inapropriada.

[95] Mostra isso que a Constituição de 1988 é o último elo do reconhecimento jurídico- constitucional dessa continuidade histórica dos direitos originários dos índios sobre suas terras e, assim, não é o marco temporal desses direitos, como estabeleceu o acórdão da Pet. 3.388. O termo "marco" tem sentido preciso. Em sentido espacial, marca limites territoriais. Em sentido temporal, marca limites históricos, ou seja, marca quando se inicia situação nova na evolução de algo. Pois bem, o documento que deu início e marcou o tratamento jurídico dos direitos dos índios sobre suas terras foi a Carta Regia de 30 de julho de 1611, promulgada por Felipe II nos seguintes termos: (...) Aqui temos inequivocamente *um marco temporal* - o reconhecimento jurídico-formal - dos direitos originários dos índios sobre as terras que ocupam. Outro *marco* nessa continuidade histórica está no reconhecimento constitucional daqueles direitos. Por que, neste caso, temos um marco temporal? Porque se dá àqueles direitos uma nova configuração jurídico-formal, retirando-os das vias puramente ordinárias para consagrá-los como direitos fundamentais dotados de supremacia constitucional. Isso, como visto, se deu com a *Constituição de 1934*, cujo art. 129 os acolheu numa síntese expressiva essencial: "*Será respeitada a posse de terras de silvícolas que nelas se achem permanentemente localizados, sendo-lhes, no entanto, vedado aliená-las.* As demais Constituições deu continuidade a essa consagração formal até à Constituição de 1988 que acrescentou o reconhecimento de outros direitos, como se pode ver do ser art. 231. Mas, no que tange aos direitos originários sobre as terras indígenas.

[96] Cfr. SILVA, Liana Amin da; SOUZA FILHO, Carlos Marés. Marco temporal como retrocesso dos direitos territoriais originários indígenas e quilombolas. *In:* WOLKMER, Antonio Carlos; SOUZA FILHO, Carlos Frederico Marés de; TARREGA, Maria Cristina Vidotte Blanco (Coord.). *Os direitos territoriais quilombolas*: além do marco territorial. Goiânia: Ed. PUC Goiás, 2016. p. 78.

Foi exatamente a falta de clareza do que é o indigenato como instituto jurídico, a partir das lições de Mendes Junior, que abriu campo para a discussão do "fato indígena", dos "círculos concêntricos" e/ou do "marco temporal" na interpretação do STF, vez que seriam *cientificamente* mais adequados para fundar na atualidade o direito da posse indígena. De fato, apesar de relevante e acertada a crítica sobre a "invenção" do marco temporal pelo STF, não se apresenta uma alternativa a questão da comprovação da posse indígena como um *fato*, pois acaba por confundir aquela com o indigenato.

Embora abordem os meios a serem perquiridos de forma correta para configurar a existência desse direito originário, o que inclui "o direito à memória, à verdade e à reparação, por meio dos depoimentos dos velhos, anciãos, rezadores, xamãs e sábios das aldeias (...) testemunhas de massacres ocorridos e da expulsão de suas comunidades da terra",[97] não há uma distinção de peso dos elementos antropológicos gizados na própria decisão do STF, pois a Corte valoriza o trabalho e *expertise* da ciência antropológica expressamente, embora inclua o marco da Constituição de 1988. Assim, esta análise, inadvertidamente, cai na mesma armadilha que cercou os Ministros do STF. Ao associarem o marco temporal como um contraponto ao tradicional instituto do indigenato, acabam por colocar como necessário situar sempre no tempo legislativo, ainda que usando a prova antropológica que é validada. Embora, na sua abordagem, expulsem da racionalidade o marco temporal, a divergência de fundo é sobre como a natureza jurídica do indigenato ou sua atualização serve para comprovar a extensão da posse tradicional indígena segundo o "correto" marco temporal definido pelo direito positivo.

Apesar da crítica contundente ao marco temporal, este raciocínio acaba por reforçar a natureza jurídica do indigenato como um instituto jurídico que abre a janela do tempo aos direitos indígenas. E isto, ao fim e ao cabo, redunda apenas por deslocar o tempo de onde poderiam ser aferidas as posses indígenas, mas reforçaria que é necessário saber onde está aberta a porta legal temporal. Logo, as bases para se aferir o direito indígena acabariam sempre por depender da validade dentro de um marco temporal sancionado pelo direito positivo. Ao invés de absurdo, o marco temporal passa a ser necessário e incontornável, abrindo um elemento de legitimidade para a escolha da janela temporal pelo STF, seja a vigente Constituição ou outra, ainda que não mais vigente.

Isto, aliás, estaria em pleno acordo com os princípios do positivismo jurídico kelseniano de que o fundamento racional para o direito é encontrado no direito posto por uma autoridade, segundo um fundamento exclusivamente jurídico, já que há a impossibilidade de estabelecer, *a priori*, determinados conteúdos que deveriam estar na Constituição Formal, a Constituição Escrita, pois, "como forma, pode assumir qualquer conteúdo e que, em primeira linha, serve para a estabilização das normas que aqui são designadas como Constituição material e que são o fundamento de direito positivo de qualquer ordem jurídica estadual".[98] Obviamente, nenhum destes autores de primeira

---

[97] SILVA, Liana Amin da; SOUZA FILHO, Carlos Marés. Marco temporal como retrocesso dos direitos territoriais originários indígenas e quilombolas. *In*: WOLKMER, Antonio Carlos; SOUZA FILHO, Carlos Frederico Marés de; TARREGA, Maria Cristina Vidotte Blanco (Coord.). *Os direitos territoriais quilombolas*: além do marco territorial. Goiânia: Ed. PUC Goiás, 2016. p. 61.

[98] KELSEN, Hans. *Teoria pura do direito*. 6. ed. Tradução João Batista Machado. Coimbra: Armênio Armado, 1984. p. 310-311.

linha colocam a questão do marco temporal a partir deste viés positivista, nem mesmo o STF, mas, sem o devido cuidado, se pode dar azo a uma interpretação que destaque o direito posto, vigente ou não, como a origem e fundamento do direito originário da posse indígena, o que deve ser afastado.

Por isso, todos estes doutrinadores reconhecem elementos da história do povo indígena como a origem dos direitos originários a legitimar a sua proteção, como se observa desde Mendes Junior. Porém, quando este autor resgata os marcos legais, é mais para demonstrar como as instituições jurídicas se curvaram frente a este fenômeno social e que pinta como romântica a aculturação.

Neste *corner*, é muito relevante quando Pedro Calafate leciona que o propósito integrador e de assimilação civilizacional sempre foi explícito desde a doutrina de Mendes Junior e em acordo com as origens da legislação portuguesa.[99] Logo, não se pode retirar da teoria do indigenato o que ela nunca teve o objetivo de ser como teoria jurídica: dar legitimidade para o direito de ser índio. O correto é limitar o efeito jurídico de declarar a nulidade sobre quaisquer direitos que se oponham ao direito de acesso à terra dos índios, desde quando existam e se confrontem com outros eventuais possuidores. A Constituição de 1988 reconhece e dá amplitude legal à posse indígena para preservar os modos de ser e viver indígenas, abandonando o termo silvícola, como se observara em todas as Cartas anteriores.[100] O uso do termo *silvícola* nos textos constitucionais anteriores expressa o caráter assimilacionista e somente com a Emenda Constitucional nº 1/67 é que se expressa constitucionalmente a nulidade de direitos contra a posse e domínio de terras afetadas aos índios, mas não confronta este direito de uso exclusivo da terra e a nulidade decorrente com a mesma extensão da Carta vigente, que condiciona até mesmo eventuais direitos de exploração da União dos recursos naturais, que ocorrem por exceção, como se vê no §6º do art. 231 da CRFB. Isto mostra a mudança total de paradigma da Carta de 1988 no aspecto do modelo de posse que passa a ser garantido e que não existia desde a origem da teoria do indigenato, e o aspecto das nulidades da teoria do indigenato é reforçado com a Constituição de 1988,

---

[99] Em qualquer caso, o propósito integrador e de assimilação cultural e civilizacional permaneceu explícito não só no próprio João Mendes Júnior, mas em todas as constituições brasileiras, com exceção da já referida Constituição de 1988, que proclama o direito dos índios permanecerem índios, sem constrangimentos de nenhuma espécie. (...) Portanto, à luz da legislação portuguesa, os índios do Brasil deveriam ser persuadidos a deixarem de ser índios. Para tanto, teriam que ser "resgatados" dessa condição, sem dolo ou malícia, deslocando-se para as proximidades das povoações coloniais, a fim de serem aldeados e evangelizados. CALAFATE, Pedro. Raízes Jusnaturalistas do Conceito de Direitos Originários dos Índios na Tradição Constitucional Brasileira: Sobre o Conceito de Indigenato. *In Revista do Instituto Brasileiro de Direitos Humanos*, [S.l.], n. 16, nov. 2016, p. 269 ISSN 1677-1419. Disponível em: http://revista.ibdh.org.br/index.php/ibdh/article/view/354. Acesso em: 24 mar. 2020.

[100] Constituição de 1934: Art. 129. Será respeitada a posse de terra de silvícolas que nelas se achem permanentemente localizados, sendo-lhes, no entanto, vedado aliená-las; Constituição de 1937:Art. 154. Será respeitada aos silvícolas a posse das terras em que se achem localizados em caráter permanente, sendo-lhes, porém, vedada a alienação das mesmas. Constituição de 1946: Art. 216. Será respeitada aos silvícolas a posse das terras onde se achem permanentemente localizados, com a condição de não a transferirem. Constituição de 1967: Art. 186. É assegurada as silvícolas a posse permanente das terras que habitam e reconhecido o seu direito ao usufruto exclusivo dos recursos naturais e de todas as utilidades nelas existentes. Emenda Constitucional nº 1 de 1969: Art. 198. As terras habitadas pelos silvícolas são inalienáveis nos termos que a lei federal determinar, a eles cabendo a sua posse permanente e ficando reconhecido o seu direito ao usufruto exclusivo das riquezas naturais e de todas as utilidades nelas existente. § 1º Ficam declaradas a nulidade e a extinção dos efeitos jurídicos de qualquer natureza que tenham por objeto o domínio, a posse ou a ocupação de terras habitadas pelos silvícolas. § 2º A nulidade e extinção de que trata o parágrafo anterior não dão aos ocupantes direito a qualquer ação ou indenização contra a União e a Fundação Nacional do Índio.

com explícito abandono do contexto onde foi gestado. Nenhum dos autores analisados defende que, ao se observar o marco temporal de 1934, se deve resgatar o aspecto da assimilação indígena da época do texto constitucional ou da época da colônia. Assim, somente se fazendo esta distinção de contexto e fins é que se torna claro qual o cerne da teoria do indigenato no seu aspecto estritamente jurídico, comum a todas as épocas constitucionais, inclusive a de 1988.

O exposto basta para demonstrar a necessidade de se reposicionar o dissenso interpretativo frente ao STF a fim de se abandonar o marco temporal, não porque a corte situa o indigenato em 1988, mas porque a questão da posse indígena com a Constituição de 1988 é, de forma unânime, o nascedouro de outro patamar de proteção da comunidade indígena e que, por isso mesmo, exige uma mais larga compreensão deste direito subjetivo à terra indígena a permitir uma efetiva proteção aos *direitos reconhecidos aos índios para a proteção de sua organização social, costumes, línguas, crenças e tradições*, e que inclui *os direitos originários sobre as terras que tradicionalmente ocupam*, como descrito no *caput* do art. 231, o que é reforçado pela teoria do indigenato, limitada ao aspecto de uma teoria das nulidades.

4.1.4.3 Reposicionando o dissenso interpretativo do marco temporal

Apresenta-se uma linha argumentativa que, ainda que não seja absolutamente inovadora, pretende deixar mais evidentes os princípios que devem guiar a resposta certa sobre a natureza jurídica do indigenato e o afastamento do marco temporal, qualquer um que seja.

Uma boa prática interpretativa exige princípios que contribuam para realizar os propósitos da comunidade. Perguntas corretamente formuladas permitem obter respostas verdadeiras, porque fundadas em princípios.[101] Por seguir esta linha clássica, adota-se o pensamento de Dworkin para orientar as respostas. Quando Ronald Dworkin descreve como o direito atua para realizar os propósitos de determinada comunidade, segundo determinados princípios que elege, ele abre o importante debate sobre a relação entre a interpretação e o direito, o que envolve apresentar argumentos sobre o que faz uma interpretação de uma prática social ser melhor que outra, e como uma exposição jurídica promove uma mais satisfatória interpretação dessa complexa e crucial prática.[102] Esta prática social não pode se realizar sem determinados princípios que permitem interpretar os propósitos ou compromissos de determinado ordenamento jurídico, revelando a concepção de Justiça que lhe é inerente. Por isso, é relevante ressaltar que Dworkin apresenta uma concepção dos direitos subjetivos segundo a qual sua obrigatoriedade origina-se de decisões políticas do passado, de acordo com a melhor interpretação do que elas podem significar para a comunidade, o que ajuda a explicar

---

[101] Cfr. ARISTÓTELES. *Metafísica*. Tradução Vinzenzo Cocco e notas de Joaquim de Carvalho. São Paulo: Abril Cultural, 1979. Livro II. p. 26. (Coleção os Pensadores). ARISTÓTELES. *Sobre a alma*. Tradução Ana Maria Lóio. São Paulo: Martins Fontes, 2013. p. 33-34. No opúsculo *A Ideia do Bem entre Platão e Aristóteles*, Hans-Georg Gadamer faz um interessante exercício filosófico de construção de um diálogo entre os princípios da filosofia platônica e aristotélica, ainda que sublinhando a sua distinção, destaca que no campo da filosofia prática (moral) há evidente convergência entre estes pensadores. Cfr. GADAMER, Hans-Georg. *A idéia do bem entre Platão e Aristóteles*. Tradução Tito Lívio Cruz Romano. São Paulo: Martins Fontes, 2009, p. 10.

[102] DWORKIN, Ronald. *Law's empire*. Cambridge: Harvard University Press, 1986. p. 86.

melhor as complexas relações entre o direito e outros fenômenos sociais. Portanto, o conteúdo do direito depende da moral e valores da comunidade.[103] Assim, para Dworkin e sua teoria do direito como integridade, a concepção de direitos subjetivos, em que se incluem os direitos fundamentais, exige reconhecer que esses direitos pertencem às pessoas e que são patrocinados por princípios que promovem a melhor justificativa para a prática jurídica como um todo,[104] como corolário, o papel central do Judiciário, dentro da sua concepção de direitos fundamentais. Por isso, quando o STF declara a exigibilidade do direito à terra indígena, é consequente lhe reconhecer e atribuir a natureza de um direito humano fundamental, o que permite a defesa de direitos subjetivos das comunidades indígenas relacionados ao direito de acesso à terra, além de permitir afastar antagonismos com outros direitos, garantindo a sua exigibilidade e proteção judicial, dispensando a necessidade da intervenção do legislador.[105] Neste contexto é que se revela muito mais interessante a doutrina que situa a crítica ao marco temporal a partir de uma análise do significado da posse indígena e como a instituição do marco temporal implica um retrocesso ao assimilacionismo, como faz Dailor Sartori Junior.[106] Não é objeto deste texto discutir como o STF aplicou o marco temporal em casos concretos, mas apontar por que este não pode ser confundido com o indigenato e a sua incompatibilidade com a extensão constitucional da posse indígena advinda de 1988, considerando os próprios termos dos votos do caso Raposa Serra do Sol. A falta de clareza dos limites do indigenato leva a uma contradição com os princípios que o STF construiu para reconhecer o direito subjetivo indígena à terra.

O debate da natureza jurídica do indigenato precisa encontrar outro caminho que lhe dê plena autonomia para ser um elemento a mais para afastar o marco temporal, presente ou passado, mas sem alterar o seu efeito jurídico, que é limitado ao aspecto da nulidade, como exposto na doutrina de Mendes Junior, reforçando que a posse indígena prescinde de um marco temporal, embora, como qualquer posse, deva ser situada no espaço e no tempo, mas com sua especificidade.

Não faz sentido conectar a posse indígena com a data do surgimento da norma de direito positivo que lhe confere efetividade, mas em outros elementos, os quais o direito positivo reconhece como válidos cultural e socialmente, e que merecem a tutela

---

[103] DWORKIN, Ronald. *Law's empire*. Cambridge: Harvard University Press, 1986. p. 96.

[104] DWORKIN, Ronald. *Law's empire*. Cambridge: Harvard University Press, 1986. p. 152.

[105] DWORKIN, Ronald. *Justice for hedgehogs*. Cambridge: Belknap of Harvard University, 2011. p. 407.

[106] Dailor Sartori Junior faz uma síntese bem competente dos casos de aplicação da tese do marco temporal pelo STF, das terras indígenas Guyraroká e Limão Verde, onde aponta que o que realmente tem impactado negativamente nas decisões destes casos é como se compreende o renitente esbulho que impediria a perda da tradicionalidade da ocupação pela aplicação do marco temporal, a partir de elementos civilistas, e limitando, especialmente no caso da TI Limão Verde, restringiu até mesmo a compreensão sobre o que poderia ser considerado resistência, com base no voto do Ministro Teori Zavascki. Bem resumindo o drama indígena, de cuja resistência à expulsão comprovada de suas terras somente é válida se representar, de preferência, uma *demanda possessória judicializada*, sem nada valer a ação silenciosa de permanência, o apelo aos órgãos indigenistas tutelares e a resistência física de enfrentamento. Mas, apesar disto, acaba por concluir que não haveria um cenário final de derrota a causa indígena neste aspecto, pois outras ações pautadas em agosto de 2017 para análise do Plenário sobre a expressão "terras tradicionalmente ocupadas" , duas ações foram adiadas e 3 foram julgadas, mas se referiam a áreas já demarcadas e consolidadas no passado, sem a aplicação do marco temporal e, onde os Ministros reafirmaram o "caráter originário dos direitos e revisaram algumas manifestações da Segunda Turma, como a exigência de conflito judicializado para caracterizar o renitente esbulho, demonstrando que não são unânimes na Corte e podem vir a ser revistas no futuro". SARTORI JUNIOR, Daillor. O "marco temporal da ocupação" e os direitos territoriais indígenas: retorno ao paradigma integracionista? *In: Vukápanavo: Revista Terena*, vol. 1, n. 1, p. 125-147.

jurídica, cuja extensão deve ser aferida por outros elementos, que não se deve buscar na teoria do indigenato, mas esta tem o importante papel de ser fundamento para a proteção da posse originária ao permitir decretar a nulidade das pretensões jurídicas que teimam em prevalecer sobre o direito subjetivo protegido constitucionalmente, especialmente com os largos contornos da Constituição de 1988. Nenhum direito é ilimitado, pois a própria noção de aplicação jurídica e a sua conexão com o ato de interpretar para obter a verdade já revelam a sua historicidade e a do próprio ser que a revela, cuja complexidade a obra de Heidegger expressa no conceito de Dasein.[107] Neste passo, o STF, ao estabelecer no processo de interpretação os limites para a aplicação do direito subjetivo, não impede a discussão sobre se avançou a Corte para além do texto constitucional, mas as contradições somente podem ser demonstradas pela via hermenêutica. Neste caminho de aparente contradição, deve ser reconstruído o romance em cadeia a partir de critérios que permitam avaliar se há ou não sério risco à realização do direito fundamental reconhecido. Para cumprir esta tarefa, Dworkin, na sua exposição sobre o Poder Judiciário, procura estabelecer limites para avaliar o exercício concreto da discricionariedade judicial, mas sem ignorar o papel do legislador e da política no contexto da teoria do direito como integridade, o que permite avaliar o resultado da prática interpretativa e apontar critérios para reconhecer possíveis erros no exercício da discricionariedade judicial.

Neste caso concreto, o STF, por meio de todos os votos dos ministros, fixou expressamente que o direito subjetivo indígena decorre diretamente do texto constitucional e, ao interpretar os critérios dos arts. 231 e 232 da CRFB, declara a especificidade do direito indígena como um direito de minoria, historicamente em desvantagem, que leva a necessidade de um espaço fundiário que assegure meios de subsistência e preservação de identidade, como está bem resumido no item 9 da ementa do acordão da PET nº 3.388.[108] Declaram os ministros que os critérios para a definição das terras indígenas estão previstos no texto constitucional e permitem a sua demarcação para atender os objetivos elencados; além disso, reconhecem que os requisitos do procedimento fixados na norma regulamentar não violam a regra constitucional de 1988, base material do direito possessório diferenciado, que constitui verdadeiros territórios,[109] como se verifica

---

[107] Benedito Nunes, profundo interprete da obra de Heidegger, assim explica o Dasein: "O Dasein continua sendo o lugar da verdade originária, só que agora a abertura pertence ao ser e não a ele; dir-se-ia que a iniciativa vem do ser e não do homem. Dir-se-ia também que o projeto só é mundo-formativo (weltbilden) porque o homem já se expõe ao ente em sua disposição, e, por conseguinte, na assinalada condição de sua facticidade, como um ai, onde o ser se projeta". Cfr. NUNES, Benedito. *Do primeiro ao último começo*. In. Crivo de Papel. São Paulo: Edições Loyola, 2014, p. 49.

[108] 9. A DEMARCAÇÃO DE TERRAS INDÍGENAS COMO CAPÍTULO AVANÇADO DO CONSTITUCIONALISMO FRATERNAL. Os arts. 231 e 232 da Constituição Federal são de finalidade nitidamente fraternal ou solidária, própria de uma quadra constitucional que se volta para a efetivação de um novo tipo de igualdade: a igualdade civil-moral de minorias, tendo em vista o proto-valor da integração comunitária. Era constitucional compensatória de desvantagens historicamente acumuladas, a se viabilizar por mecanismos oficiais de ações afirmativas. No caso, os índios a desfrutar de um espaço fundiário que lhes assegure meios dignos de subsistência econômica para mais eficazmente poderem preservar sua identidade somática, linguística e cultural.

[109] Embora no item 7 da Ementa o STF afaste o uso do termo territórios indígenas, por confundir o conceito de território com a ideia de jurisdição político administrativa, é conceito assente nas ciências sociais o uso do termo território no sentido de área de uso comum de um grupo humano, sem a necessária conotação de geopolítica, mesmo que em disputa pelos recursos naturais. Neste sentido cfr BERTONE, Leono Ferreira; MELLO, Nelo Aparecida de. Perspectivas do ordenamento territorial no Brasil: dever constitucional ou apropriação política? In: STEINBERG, Marilia et al. *Território, ambiente e políticas espaciais*. Brasília, DF: Paralelo 15; LGE, 2006. p. 146,

no item 11.4 da ementa.[110] Os ministros reforçam que as terras indígenas devem seguir espectros mais elásticos para a sua definição por meio de critérios científicos específicos, que se encontram na antropologia; logo, não se pode ler os critérios levantados na sua interpretação como condicionantes técnicos da *expertise* da ciência antropológica.

Em nenhum momento os ministros contestam a *expertise* dos antropólogos nem a legitimidade que lhes é conferida por lei é um reconhecimento da ciência social aplicada à definição do contorno da posse indígena. Como declara expressamente o Ministro Ayres Brito: "Afinal, é mesmo ao profissional da antropologia que incumbe assinalar os limites geográficos de concreção dos comandos constitucionais em tema de área indígena". Isso é reforçado pelo Ministro Menezes Direito, que, ao transcrever partes do laudo para fundamentar as suas conclusões e demonstrar que o seu senso de concretude constitucional está bem presente no caso e revelado nos laudos antropológicos do caso concreto, afirma o seguinte juízo jurídico sobre os decretos que regulamentaram e regulam a demarcação de terras indígenas:

> Ora, se há uma diferença entre um e outro diploma normativo no que se refere à chamada fase de identificação do processo de regularização esta é, no Decreto nº 1.775/1996, a expressa exigência de um laudo antropológico para fundar a regularização da área. De todo modo, o certo é que tanto em um quanto em outro fica clara a atribuição do antropólogo de um papel preponderante, que envolve a coordenação de todo o trabalho. Assim, o relatório do antropólogo é o *"foco"* desse processo.

Isto permite dizer que, para a medição e demarcação das terras indígenas, serão levados em consideração critérios de territorialidade indicados concretamente pela ciência antropológica, e nem poderia ser diferente, pois não cabe a uma corte constitucional fundar ou refundar uma ciência, mas nela se amparar para melhor interpretar o texto constitucional, como fez o Ministro Menezes Direito.

Então, o que explica os ministros levantarem a tese do marco temporal se isto não faz sentido para a antropologia, ciência que retrata a extensão do direito à terra dessa posse diferenciada? Só pode ser uma razão de ordem jurídica a confusão sobre o limite jurídico da teoria do indigenato.

BENNATI, José Heder; FISCHER, Luly Rodrigues da Cunha. As áreas protegidas no Brasil: uma estratégia de conservação dos recursos naturais. In: COSTA, Paulo Sérgio Weil A. (Coord.). *Direitos humanos em concreto*. Curitiba: Juruá, 2008. p. 246, BECKER, Bertha Koiffmann. Conflitos de uso do território e desafios às políticas públicas. In: AMAZÔNIA: geopolíticas na virada do III milênio. Rio de Janeiro: Garamond, 2007. p. 135. A legislação brasileira também reconhece o uso do termo neste sentido, especificamente destinado ao uso das terra por comunidades tradicionais, por exemplo, O Decreto Federal nº 6.040/2007 define como territórios tradicionais os espaços necessários à reprodução cultural, social e econômica dos povos e comunidades tradicionais, sejam eles utilizados de forma permanente ou temporária, observado, no que diz respeito aos povos indígenas e quilombolas, conforme dispõem os arts. 231 da CF e 68 do Ato das Disposições Constitucionais Transitórias e demais regulamentações (art. 3º, I, do Decreto Federal nº 6.040/2007). O art. 7º, 4, da Convenção 169 da OIT - Art. 7º. 1 4. Os governos deverão adotar medidas em cooperação com os povos interessados para proteger e preservar o meio ambiente dos territórios que eles habitam.

[110] 11.4. O marco do conceito fundiariamente extensivo do chamado "princípio da proporcionalidade". A Constituição de 1988 fez dos usos, costumes e tradições indígenas o engate lógico para a compreensão, entre outras, das semânticas da posse, da permanência, da habitação, da produção econômica e da reprodução física e cultural das etnias nativas. O próprio conceito do chamado "princípio da proporcionalidade", quando aplicado ao tema da demarcação das terras indígenas, ganha um conteúdo peculiarmente extensivo.

É interessante observar que, quando o Ministro Menezes Direito ascende a questão da teoria do fato indígena, o faz para explicar como se apresenta a posse indígena, e o Ministro Ayres Britto tenta contrapor o indigenato como forma de posse privilegiada protegida e diferenciada pelo texto constitucional, ainda que sem contradição com outras formas de uso da terra, como se vê nos §§77 e 78. *In verbis*:

> Um discurso jurídico-positivo que já não antagoniza colonização e indigenato, mas, ao contrário, intenta conciliá-los operacionalmente e assim é que nos coloca na vanguarda mundial do mais humanizado trato jurídico da questão indígena.
> (...)
> o meio ambiente a serviço do indigenato, e não o contrário, na lógica suposição de que os índios mantêm com o meio ambiente uma relação natural de *unha e carne*.

De fato, o Ministro Menezes Direito argumenta que a sua questão não é a eventual nulidade de outros títulos frente aos indígenas, mas como localizar concretamente esta posse no espaço, como aduz na página 25 do seu voto, afirmando que, "assim, é a ciência que oferece os meios de identificação do âmbito da presença indígena ou, em outras palavras, do fato indígena".

Neste diapasão, torna-se relevante o voto da Ministra Carmen Lúcia, que mais longamente expôs a teoria de Mendes Junior e, apesar de a "abandonar" em prol da teoria do fato indígena, acaba vendo no conflito das posses o fundamento para prevalecer a indígena a partir do aspecto da nulidade por se realizar a disputa sobre terras da união. *In verbis*:

> Daí porque não é mais necessário recorrermos à conhecida exposição de João Mendes Jr. sobre o *indigenato*. A Constituição de 1988 reconheceu aos índios os direitos originários *sobre as terras que tradicionalmente ocupavam* na data da sua promulgação. *Direi, pois, ainda outra vez: disputa entre agentes econômicos e índios, por terra indígena, consubstancia disputa juridicamente impossível; em situações como tais não há oposição de direitos; ao invasor de bem público não se pode atribuir direito nenhum.* Em termos gentis, embora plenos de vigor: a suposição de que no caso de Raposa Serra do Sol houvesse disputa pela terra entre índios e qualquer agente econômico privado configuraria evidente tolice, rematada insensatez. (Sem negrito no original)

Isto permite afirmar que, ao se colocar o indigenato como uma interpretação de quando surge o direito à terra pelos indígenas, localizando no tempo onde se situa posse imemorial ao invés de focar nos efeitos da nulidade de outras pretensões frente a este direito congênito, os juristas estendem o seu significado para investigar um campo próprio da antropologia, ciência competente para revelar e dar substância ao fenômeno social protegido pelo texto constitucional.

Que o texto constitucional de 1988 adota critérios inovadores, calcados na boa ciência antropológica, para a efetiva proteção da cultura indígena é fato inconteste, como deve ser que os juristas não podem alterá-los ao seu olhar, que certamente não é racional, mas reconhecer que, identificados estes critérios, existe uma justificativa jurídica para decretar a nulidade que decorre do instituto do indigenato é racional.

Não existe incompatibilidade da teoria do fato indígena como a teoria do indigenato desde que aquela se apresente como uma forma de legitimar constitucionalmente os critérios pelos quais a ciência antropológica constrói a legitimidade do diferencial da posse indígena.

Quando se olha a antropologia, pode-se observar que a objetivação da posse diferenciada indígena é antecedida pela busca da resposta à questão fundamental, *"o que é ser índio?"*, que os Ministros do STF não enfrentaram e nem precisam, pois, quando não se entende a necessidade dessa pergunta – o que é ser índio? –, ascende-se o erro da obrigatoriedade de temporalizar a posse indígena num espaço temporal fixo, como um critério legal, como se esta fosse a condição para se proteger o *ser índio*, objetivo constitucional.

Sobre *ser índio*, o antropólogo José Pacheco de Oliveira Filho ilumina a questão:

> O trabalho do antropólogo deve evitar contemporizações, explicitando que reconhece e considera como povo indígena toda coletividade que por suas categorias e circuitos de interação se distingue da sociedade nacional, e se reivindica como "indígena", isto é, se pensa como descendente de populações de origem pré-colombiana.
> (...)
> Ainda que fosse possível estabelecer qual o território ocupado por um povo indígena há centenas de anos atrás, isso não significa necessariamente que esse seja o território reivindicado pelos seus membros atuais. Só a pesquisa antropológica poderá dizer como o território é pensado pelo próprio grupo étnico no momento presente.[111]

Da mesma forma, a antropóloga Manuela Carneiro da Cunha, em obra clássica constituída sob os albores da constituinte de 1987, aponta sobre as comunidades e o ser índio:

> Comunidades indígenas são aquelas que se consideram segmentos distintos da sociedade nacional em virtude de consciência de sua continuidade histórica com sociedades pré-colombianas.
> E índio quem se considera pertencente a uma dessas comunidades e é por ela reconhecido como membro.[112]

Isto permite dizer que a indagação sobre a terra ocupada em qualquer marco temporal é uma falsa questão perante o objeto a ser protegido, que é o modo de viver do grupo humano especialmente protegido, conectado a povos pré-colombianos. A existência das origens do grupo pode ser muito antiga, mas, como organismo social, o que interessa é proteger o existir atual e garantir o futuro para o qual a própria extensão do território depende de todo um contexto da sua própria mobilidade e, sobretudo, da identidade e resistência como indígena dos usos que faz das terras neste processo.

Privilegiar uma data específica não faz sentido para o estudo antropológico, pois o que importa é como a história documentada no tempo do grupo justifica a terra reivindicada na atualidade e que lhe permita continuar a existir no futuro.

---

[111] OLIVEIRA FILHO, José Pacheco. Os Instrumentos de Bordo: Expectativas e Possibilidades do Trabalho do Antropólogo em Laudos Periciais. *In: Pericia Antropológica em Processos Judiciais*. Organizadores Orlando Sampaio Silva, Lidia Luz e Cecilia Maria Vieira Helm. Florianópolis: Ed. Da UFSC, 1994. pp. 126 e 134.

[112] CUNHA, Manuela Carneiro da. *Direitos dos Índios*. São Paulo: Brasiliense, 1987. p. 26.

CAPÍTULO 4
POSSES ÉTNICAS | 141

Alerta-se que é um erro jurídico comum desta leitura da teoria do indigenato colocar no texto constitucional a palavra *imemorial*, que nele não existe, a partir da interpretação daquela teoria para além do seu objetivo, de supostamente justificar a posse *imemorial indígena*, como se observa no voto do Ministro Menezes Direito. *In verbis*:

> Proponho, por isso, que se adote como critério constitucional não a teoria do indigenato, mas, sim, a do fato indígena.
> A aferição do fato indígena em 5 de outubro de 1988 envolve uma escolha que prestigia a segurança jurídica e *se esquiva das dificuldades práticas de uma investigação imemorial da ocupação indígena*. (Sem grifo no original)

Ora, *não existe a palavra imemorial ou posse imemorial no texto constitucional nos arts. 231 e 232 da CRFB*, pois dispensável para o objetivo. E quando o §4º do art. 231 declina que *as terras de que trata são inalienáveis e indisponíveis, e os direitos sobre elas, imprescritíveis*, nada diz respeito à exigência de ser imemorial a posse. Com efeito, existem diversos dispositivos legais que reconhecem nulidades por ordens de razão pública; assim, por exemplo, o art. 214, *caput*, da Lei nº 6.015/73, de que as nulidades de pleno direito do registro, uma vez provadas, invalidam-no, independentemente de ação direta. O parágrafo único do art. 168 do Código Civil declara que as nulidades devem ser pronunciadas pelo juiz quando conhecer do negócio jurídico ou dos seus efeitos e as encontrar provadas, não lhe sendo permitido supri-las, ainda que a requerimento das partes, e que dispõe, ainda, sobre a nulidade dos negócios jurídicos, no art. 166, incisos I e VI, de que é nulo quando for ilícito, impossível ou indeterminável o seu objeto ou tiver por objetivo fraudar lei imperativa. Daí que o art. 169 do Código Civil declara que o negócio jurídico nulo não é suscetível de confirmação nem convalesce com o decurso do tempo.

Se, no âmbito do direito privado, é possível e justificável uma teoria das nulidades, tanto o mais para proteger direitos constitucionais de comunidades historicamente ameaçadas de extinção.

Portanto, o §4º do art. 231 é apenas o reverso da teoria da nulidade específica, decorrente da teoria do indigenato, albergada no §6º do art. 231 da CRFB. Então, a interpretação jurídica deve se limitar à fonte normativa para explorar e explicar as consequências jurídicas de uma exposição da posse indígena fundamentada segundo os cânones antropológicos, que constrói a razão da necessidade do território reivindicado pela comunidade e que se adequa ao texto constitucional, que não se refere a uma posse imemorial, mas às "terras que tradicionalmente ocupam", "terras tradicionalmente ocupadas", objeto da posse indígena, como prevê o art. 231, §§1º e 2º, da CRFB.

Isto demonstra que, seja do ponto de vista antropológico ou jurídico, não se necessita de um marco temporal de onde a posse indígena deva ou passe a ser validada, mas é a partir do espaço territorial necessário à proteção da organização social, costumes, línguas, crenças e tradições indígenas, utilizados para suas atividades produtivas, imprescindíveis à preservação dos recursos ambientais necessários a seu bem-estar e à sua reprodução física e cultural, segundo seus usos, costumes e tradições, que se definem os direitos originários sobre as terras que tradicionalmente ocupam, competindo à União demarcá-las, proteger e fazer respeitar todos os seus bens (art. 231, *caput* e §1º, da CRFB). Portanto, é a resistência do ser índio que é validado pelo tempo, mesmo contra o esbulho violento, e que consolida o direito subjetivo constitucional à terra.[113] A indagação sobre o direito dos índios a reivindicar territórios em cidades inteiras, caso não exista o marco temporal de 1988, é o típico argumento *reductio absurdum* que levanta a falsa necessidade do marco temporal. Uma cidade com seu concreto e esgoto certamente não faz nenhum sentido para uma comunidade indígena, como não faz sentido para o grupo viver numa área com rio poluído e esgotado. É isto que não se compreende ao não se alinhar o direito à terra com o objetivo de proteção ao *ser índio*. O território indígena é condição de vida, e não de acumulação patrimonial.[114] Logo, não se trata de proteger a posse imemorial de uma terra, mas, sim, o grupo humano cuja resistência do espaço e no tempo é o centro da pesquisa antropológica, que obviamente vai se estender a um maior ou menor espaço de tempo, de acordo com a necessidade de justificar no presente o território e a proteção do grupo no futuro. Então, a rigor, não se pode exigir um marco temporal da ocupação indígena, pois a reivindicação do território diz respeito às necessidades presentes e de como o grupo enfrentou o entorno no passado e enfrenta no presente para continuar a existir desde um passado pré-colombiano; neste contexto, se há algo imemorial a ser comprovado, está conectado à tradição oral destes grupos, e não a uma posse perdida no tempo.

Ninguém pode negar que os índios são uma minoria em risco eminente que a Constituição preserva o existir hoje e a continuar a ser presente no futuro. Suas lutas no passado e perda de território fazem parte do seu ato de resistir, que pode e deve ter significado para a situação atual, vez que o grupo reconheça que o território reivindicado é relevante para o seu *ser indígena*. Nenhum dos votos dos ministros do STF ressalta o contrário. Mesmo quando afirmam o decantado marco temporal, a razão dos ministros se dobra frente à retirada violenta, *expressa no conceito de renitente esbulho*, dado este notório fato histórico.

Nenhuma pesquisa antropológica vai começar por indagar onde estava a comunidade em 1988 ou qualquer outro marco, mas vai traçar como o grupo manteve a sua diferenciação na sociedade e, neste processo, qual área é relevante para continuar este processo social de resistência para finalmente ter um local de paz.

---

[113] Para um estudo da jurisprudência nacional e internacional envolvendo terras indígenas é muito didática a obra. Brasil. Ministério Público Federal. Câmara de Coordenação e Revisão, 6. Manual de jurisprudência dos direitos indígenas / 6ª Câmara de Coordenação e Revisão, Populações Indígenas e Comunidades Tradicionais. Brasília: MPF, 2019.

[114] Muito importante o resgate de como o texto de 1988 teve a decisiva influência da luta organizada de lideranças indígenas, no processo constituinte, como bem retrata Carolina Ribeiro Santana e Thiago Mota Cardoso no artigo Direitos territoriais indígenas às sombras do passado In: *Rev. Direito Práxis*, Rio de Janeiro, Vol. 11, N.01, 2020, p. 89-116. Como leciona Ailton Krenak como seu povo vê a terra:"O nome krenak é constituído por dois termos: um é a primeira partícula, kre, que significa cabeça, a outra, nak, significa terra. Krenak é a herança que recebemos dos nossos antepassados, das nossas memórias de origem, que nos identifica como "cabeça da terra", como uma humanidade que não consegue se conceber sem essa conexão, sem essa profunda comunhão com a terra. Não a terra como um sítio, mas como esse lugar que todos compartilhamos, e do qual nós, os Krenak, nos sentimos cada vez mais desraigados – desse lugar que para nós sempre foi sagrado, mas que percebemos que nossos vizinhos têm quase vergonha de admitir que pode ser visto assim. Quando nós falamos que o nosso rio é sagrado, as pessoas dizem: "Isso é algum folclore deles"; quando dizemos que a montanha está mostrando que vai chover e que esse dia vai ser um dia próspero, um dia bom, eles dizem: "Não, uma montanha não fala nada". Quando despersonalizamos o rio, a montanha, quando tiramos deles os seus sentidos, considerando que isso é atributo exclusivo dos humanos, nós liberamos esses lugares para que se tornem resíduos da atividade industrial e extrativista. Do nosso divórcio das integrações e interações com a nossa mãe, a Terra, resulta que ela está nos deixando órfãos, não só aos que em diferente graduação são chamados de índios, indígenas ou povos indígenas, mas a todos". Cfr. KRENAK, Ailton. *Ideias para Adiar o Fim do Mundo*. São Paulo: Companhia das Letras, 2019. p. 24.

O marco temporal não faz sentido para a antropologia e não pode ser imposto como um dever ao antropólogo, não apenas porque violaria esta ciência, reconhecida a *expertise* pelo STF, mas também porque não faz sentido jurídico frente ao objetivo constitucional de efetiva proteção aos direitos reconhecidos aos índios para a proteção de sua organização social, costumes, línguas, crenças e tradições, mediante o reconhecimento dos direitos originários sobre as terras que tradicionalmente ocupam, como descrito no *caput* do art. 231 da CRFB, permitindo realizar o direito fundamental de *ser índio*.

4.2 A interpretação da Corte Interamericana de Direitos Humanos sobre o direito de propriedade das comunidades indígenas – caso Povo Indígena Xucuru e seus Membros *vs* Brasil

O próprio STF funda o reconhecimento do direito das comunidades indígenas a partir da interpretação do art. 215, §1º, da CRFB, de que o Estado protegerá as manifestações das culturas populares, indígenas e afro-brasileiras, e de outros grupos participantes do processo civilizatório nacional. Na forma do art. 216, constituem patrimônio cultural brasileiro os bens de natureza material e imaterial, tomados individualmente ou em conjunto, portadores de referência à identidade, à ação, à memória dos diferentes grupos formadores da sociedade brasileira, nos quais se incluem as formas de expressão e os modos de criar, fazer e viver.

Nos casos decididos pela CIDH, não cabe a discussão sobre um marco temporal, mas como se dá a relação da comunidade indígena com um território que se situa historicamente no tempo, mesmo em situações em que se reconheça a propriedade do Estado. Isto não afasta a necessidade de compatibilização desse direito com os direitos das comunidades indígenas, como, aliás, previsto na Constituição do Brasil, já que tais direitos sobre o território têm caráter essencial para as comunidades, impondo, no mínimo, diálogo prévio sobre eventuais decisões do Estado, como, por exemplo, usando o instituto da consulta prévia para proteger territórios indígenas já reconhecidos pelo Estado, mas também aqueles que, ainda não destinados, tenham uma posse que pode ser diretamente afetada pela ação estatal, prejudicando o seu uso tradicional, e como tal, a sua proteção é dever do Estado, como manifestação cultural que também se expressa de forma econômica.[115] A característica ímpar da posse indígena que legitima

---

[115] Marques Neto, Floriano de Azevedo. *Bens públicos*: função social e exploração econômica: o regime jurídico das utilidades públicas / Floriano de Azevedo Marques Neto; prefácio de Maria Sylvia Zanella Di Pietro; apresentação de Odete Medauar. 1ª reimpressão. Belo Horizonte: Fórum, 2014. Esse aspecto do objetivo da proteção da posse diferenciada pode ser observado na Jurisprudência do Supremo Tribunal Federal, que, ao julgar o RE nº 183.188/MS-*Com. Indígena de Jaguapire vs Octávio Junqueira Leite de Moraes e outra*, cujo relator foi o Min. Celso de Mello, por meio da Primeira Turma, ressalta na sua argumentação. Aduziu o Ministro Celso de Melo; "A importância jurídica da demarcação administrativa homologada pelo Presidente da República – ato estatal que se reveste de presunção juris tantum de legitimidade e de veracidade – reside na circunstância de que as terras tradicionalmente ocupadas pelos índios, embora pertencentes ao patrimônio da União (CF, art. 20, XI), acham-se afetadas, por efeito de destinação constitucional, a fins específicos voltados, unicamente, à proteção jurídica, social, antropológica, econômica e cultural dos índios, dos grupos indígenas e das comunidades tribais. A QUESTÃO DAS TERRAS INDÍGENAS – SUA FINALIDADE INSTITUCIONAL. – As terras tradicionalmente ocupadas pelos índios incluem-se no domínio constitucional da União Federal. As áreas por elas abrangidas são inalienáveis, indisponíveis e insuscetíveis de prescrição aquisitiva. A Carta Política, com a outorga dominial atribuída à União, criou, para esta, uma propriedade vinculada ou reservada, que se destina a garantir aos índios o exercício dos direitos que lhes foram reconhecidos constitucionalmente (CF, art. 231, §§2º, 3º e 7º), visando,

o dever de reconhecimento da "propriedade" da União no Brasil em nada diminui na Carta Magna o contexto protetivo dos valores que ela encerra e, nesse contexto, deve sempre se aplicar considerando a especificidade da posse para a proteção de seus usos e costumes.[116] Por isso, o voto do Ministro Carlos Ayres Britto apresentou um libelo do significado positivo, cultural e fraterno que o processo de demarcação das terras indígenas deve representar para a nação brasileira, iluminando o conceito de terras tradicionalmente ocupadas pelos índios, revelando o espírito de uma posse singular a espelhar esse direito subjetivo das comunidades indígenas.[117] A partir do caso Povo Indígena Xucuru e seus Membros *vs* Brasil, sentença de 5 de fevereiro de 2018, em que se discutiram a violação do direito à propriedade coletiva e à integridade pessoal do Povo Indígena Xucuru e a violação dos direitos às garantias judiciais e à proteção judicial, previstos nos artigos 21, 5, 8 e 25 da Convenção Americana, em relação aos artigos 1.1 e 2, importantes pontos foram fixados. Houve a condenação do Brasil por não assegurar a efetividade do direito de propriedade da comunidade, apesar de demarcada a área, decorrente da demora na demarcação e não realização tempestiva da desintrusão de terceiros, que fragilizou a *segurança jurídica* da efetividade do direito por *limitar o exercício sobre a totalidade do território declarado*.[118] Mas a CIDH reconheceu que, do ponto de vista normativo, não havia falhas no processo a gerar insegurança jurídica, de como se procedia ao reconhecimento do direito, pois, no caso brasileiro, não se necessitava esperar, como normalmente se faz para ponderar os direitos, pois que "os direitos de propriedade coletiva já tenham sido definidos", sendo o ato declaratório garantido a nível constitucional e infraconstitucional, como decide nos §§127 a 129.[119]

---

desse modo, a proporcionar às comunidades indígenas bem-estar e condições necessárias à sua reprodução física e cultural, segundo seus usos, costumes e tradições."

[116] O Capítulo VIII da CRFB, dedicado aos indígenas, em nenhum momento utiliza a palavra propriedade, mas salvaguarda essa posse étnica de diversas formas, como no art. 231, quando reconhece como "direitos originários" *sobre as terras que tradicionalmente ocupam, competindo à União demarcá-las, proteger e fazer respeitar todos os seus bens, sendo estas terras inalienáveis e indisponíveis, e os direitos sobre elas, imprescritíveis* (art. 231, *caput* c/c § 4º).

[117] Declarou o Ministro Ayres Britto sobre a tradicionalidade da ocupação indígena: "um tipo qualificadamente *tradicional*, de perdurabilidade da ocupação indígena, no sentido entre anímico e psíquico de que viver em determinadas terras é tanto pertencer a eles, os índios ("Anna Pata, Anna Yan": "Nossa Terra, Nossa Mãe"). Espécie de cosmogonia ou pacto de sangue que o suceder das gerações mantém incólume, não entre os índios enquanto sujeitos e as suas terras enquanto objeto, mas entre dois sujeitos de uma só realidade telúrica: os índios e as terras por ele ocupadas. As terras, então, a assumir o *status* de algo mais que útil para ser um ente. A encarnação de um espírito protetor. Um bem sentidamente congênito, porque expressivo da mais natural e sagrada continuidade etnográfica, marcada pelo fato de cada geração aborígene transmitir a outra, informalmente ou sem a menor precisão de registro oficial, todo o espaço físico de que se valeu para produzir economicamente, procriar e construir as bases da sua comunicação linguística e social genérica. Nada que sinalize, portanto, documentação dominial ou formação de uma cadeia sucessória. *E tudo a expressar, na perspectiva da formação histórica do povo brasileiro, a mais originária mundividência ou cosmovisão*".

[118] Assim declara a corte "162. Portanto, o Tribunal conclui que o processo administrativo de titulação, demarcação e desintrusão do território indígena Xucuru foi parcialmente ineficaz. Por outro lado, a demora na resolução das ações interpostas por terceiros não indígenas afetou a segurança jurídica do direito de propriedade do Povo Indígena Xucuru. Nesse sentido, a Corte considera que o Estado violou o direito à proteção judicial e o direito à propriedade coletiva, reconhecidos nos artigos 25 e 21 da Convenção, em relação ao artigo 1.1 do mesmo instrumento."

[119] 127. Nesse sentido, a Corte constata que no Brasil a ponderação anteriormente descrita não é necessária, atendendo à Constituição Federal e sua interpretação por parte do Supremo Tribunal Federal, a qual confere preeminência ao direito à propriedade coletiva sobre o direito à propriedade privada, quando se estabelece a posse histórica e os laços tradicionais do povo indígena ou tradicional com o território, ou seja, os direitos dos povos indígenas ou originários prevalecem frente a terceiros de boa-fé e ocupantes não indígenas. Além disso, o Estado afirmou que tem o dever constitucional de proteger as terras indígenas.128. Também é importante destacar que a titulação de um território indígena no Brasil reveste caráter declaratório, e não constitutivo, do direito. Esse ato facilita

Aliás, a CIDH rejeita o argumento de que haveria alguma omissão legislativa que implicasse um descumprimento do artigo 2º da Convenção Americana, referente ao direito de propriedade da comunidade, previsto no art. 21. Por não serem adotadas medidas legais para assegurar os direitos, reconhece-se a completude do ordenamento jurídico brasileiro na tutela adequada do direto de propriedade indígena, como se vê nos §§166[120] e 205[121] da sentença, com as suas especificidades, e que decorre da própria natureza destes usos, que são fundamentais para a continuidade da existência destes grupos humanos diferenciados, no seu modo de se relacionar com a terra. Em nenhum momento, a corte precisou reivindicar uma origem pré-colombiana ou marco temporal, tal como se discute se seria a função tradicional do indigenato no direito brasileiro. Apenas aponta a história específica da comunidade no território reivindicado e as violências que sofreu com maior ou menor registro no tempo. O fundamental é proteger o seu direito atual de propriedade de forma integral.[122] A condenação no caso Xucuru deve ser considerada na interpretação do STF também, como as demais decisões da CIDH, de forma a aperfeiçoar a interpretação constitucional, vez que o Brasil reconhece a sua jurisdição, e a natureza da posse indígena é suficiente e independe de um marco

---

a proteção do território e, por conseguinte, constitui etapa importante de garantia do direito à propriedade coletiva. Nas palavras do perito proposto pelo Estado, Carlos Frederico Marés de Souza Filho, "quando uma terra é ocupada por um povo indígena, o Poder Público tem a obrigação de protegê-la, fazer respeitar seus bens e demarcá-la [...] Isso quer dizer que a terra não necessita estar demarcada para ser protegida, mas que ela deve ser demarcada como obrigação do Estado brasileiro. A demarcação é direito e garantia do próprio povo que a ocupa tradicionalmente". A demarcação, portanto, seria um ato de proteção, e não de criação do direito de propriedade coletiva no Brasil, o qual é considerado originário dos povos indígenas e tribais;129. A controvérsia no presente caso ocorre, portanto, quando se trata de determinar se as ações executadas pelo Estado no caso concreto foram efetivas para garantir esse reconhecimento de direitos e o impacto que sobre ela teve a demora nos processos. Além disso, a Corte analisará se a demora em resolver as ações judiciais interpostas por terceiros não indígenas afetaram a segurança jurídica do direito à propriedade coletiva do Povo Indígena Xucuru.

[120] 166. Com base nas considerações acima, esta Corte considera que não dispõe de elementos para determinar que norma poderia estar em conflito com a Convenção e, muito menos, como essa eventual norma impactou, de maneira negativa, o processo de titulação, reconhecimento e desintrusão do território Xucuru. Por conseguinte, a Corte conclui que o Estado não é responsável pelo descumprimento do dever de adotar disposições de direito interno, estabelecido no artigo 2o da Convenção Americana sobre Direitos Humanos, em relação ao artigo 21 do mesmo instrumento.

[121] 205. A Corte considera que não se demonstrou a necessidade de adoção de um recurso simples, rápido e efetivo que tutele o direito dos povos indígenas no Brasil, levando em conta que tanto a Constituição como leis infraconstitucionais e sua interpretação por parte dos tribunais superiores confere proteção a esses direitos, nem tampouco ficou provado o descumprimento do dever de adotar disposições de direito interno relacionado ao processo de reconhecimento, titulação e desintrusão do território Xucuru.

[122] As principais condenações do Brasil neste caso foi garantir, de maneira imediata e efetiva, o direito de propriedade coletiva do Povo Indígena Xucuru sobre seu território, de modo que não sofram nenhuma invasão, interferência ou dano, por parte de terceiros ou agentes do Estado que possam depreciar a existência, o valor, o uso ou o gozo de seu território. Devendo concluir o processo de desintrusão do território indígena Xucuru, efetuando os pagamentos das indenizações por benfeitorias de boa-fé pendentes e remover qualquer tipo de obstáculo ou interferência sobre o território, em prazo não superior a 18 meses, Com respeito à sentença de reintegração de posse favorável a Milton do Rego Barros Didier e Maria Edite Barros Didier, caso a negociação não fosse realizada para indenização por benfeitorias de boa-fé, o Brasil deverá avaliar a possibilidade de sua compra ou a expropriação dessas terras, por razões de utilidade pública ou interesse social. Ou alternativamente, oferecer ao Povo Indígena Xucuru terras alternativas, da mesma qualidade física ou melhores, as quais deverão ser contíguas a seu território titulado, livres de qualquer vício material ou formal e devidamente tituladas em seu favor. O Brasil foi condenado a indenizações por dano imaterial, decorrente dos sofrimentos e as aflições causados decorrente da demora e insegurança jurídica e em consideração às violações de direitos humanos, com a criação de um fundo de desenvolvimento comunitário no montante de US$1.000.000,00 (um milhão de dólares dos Estados Unidos da América).

temporal. Deve se reduzir o indigenato ao seu campo específico da teoria das nulidades para melhor proteger o direito indígena.

A crítica ao marco temporal não deve passar por uma interpretação que use a semântica textual do texto constitucional de 1988, mas por meio de uma que valorize o significado da posse indígena como suporte a legitimar o direito subjetivo da comunidade indígena a continuar coletivamente a ser índio, dever do Poder Público de proceder à demarcação destas terras segundo seus usos, costumes e tradições, como reconhecido pela Suprema Corte e reforçado pela jurisprudência da CIDH.

Nos processos concretos de demarcação de terras indígenas, é preciso reiterar a distinção dos elementos da posse, seus campos práticos de aplicação dos critérios de prova da posse da comunidade, segundo os elementos antropológicos de especificidade da relação das comunidades com a terra, que se alinha com o instituto do indigenato apenas no que este fundamenta a prevalência daquele direito pela especificidade da nulidade de outras pretensões, salvo as indenizações por benfeitorias de boa-fé.

O momento histórico da pandemia de COVID-19 reforça até mesmo uma necessidade da humanidade de preservação de modos de existir que dialoguem com a natureza como condição de ser. Assim, a melhor luz impõe ao STF rever a jurisprudência sobre o marco temporal para as terras indígenas por ser incompatível com os pressupostos e finalidade do texto constitucional na proteção das comunidades indígenas.

Quadro dos direitos indígenas segundo a Constituição Federal

A *posse indígena* não se confunde com a posse agroecológica porque aquela tem sua origem no indigenato e a concepção de apropriação dos recursos naturais também é distinta. Enquanto na posse agroecológica há a apropriação familiar da terra ou dos recursos naturais, na posse indígena a apropriação é do grupo social indígena.
Todas as terras ocupadas pelos índios são de *domínio da União*, logo são patrimônio público e por isso podem ser defendidas por qualquer cidadão.
Os índios não podem ser retirados, por qualquer motivo, das terras que habitam, *exceto em casos de catástrofe ou epidemia* que ponha em risco a vida dos índios, ou, ainda, no interesse da soberania do país. Nesses casos é necessário o *referendum* do Congresso Nacional, ou seja, as posses indígenas são permanentes.
Às comunidades indígenas é garantida a *posse* e *usufruto* exclusivo das riquezas de suas terras, assegurando-se também que são nulos e extintos (não produzindo qualquer efeito jurídico) os atos que tenham por objetivo a ocupação, posse ou o domínio das terras indígenas.
As *terras indígenas* são *inalienáveis* e *indisponíveis* e os direitos sobre elas, *imprescritíveis*. Indisponíveis porque é proibida a alteração da destinação de suas terras e, imprescritíveis, porque o lapso de tempo não prejudica o direito, que por qualquer motivo não tenha sido exercido ou exigido.
Os direitos sobre as terras indígenas são reconhecidos como *originários*. Este é um dos mais importantes mandamentos constitucionais, pois admite que os direitos das comunidades indígenas são direitos anteriores ao surgimento do Estado brasileiro. *Posse imemorial.* Os povos indígenas têm direito à consulta prévia, livre e informada, segundo os princípios constitucionais e a jurisprudência da Corte Interamericana de Direitos Humanos, todas as vezes que políticas públicas ou ações de particulares afetem seus direitos.

4.3 Posse quilombola

A *posse quilombola* é uma posse étnica/etnocultural que surge a partir de determinada forma de apossamento de uma área e seus recursos naturais por um agrupamento descendente de negros(as) cujos antepassados foram escravos(as). Esta identidade é elemento fundamental na garantia deste direito pelo legislador e, também, uma modalidade de posse agroecológica, porque há a apropriação familiar da terra ou dos recursos naturais dentro de um contexto comunitário.

Para a discussão do tema da relação entre população tradicional quilombola e sua posse específica faz-se necessário delimitar duas linhas de análise:
1. Conceito de remanescentes de quilombos.
2. Regime da posse e regularização fundiária das terras de quilombos (reconhecimento de seus direitos territoriais).

Assim, deste duplo encadeamento é que se pode ter uma exata compreensão do tema, mas deve se esclarecer que tudo que é dito sobre a posse agroecológica e sua relação com as unidades de conservação se aplica com melhor tenacidade às comunidades quilombolas, com o adendo de que na verdade a posse destas exclui aquelas unidades de conservação que não admitem a propriedade privada.

Alerta-se que o primeiro tema a destacar é que não devemos falar em população tradicional quilombola, mas, sim, em comunidades quilombolas, sendo a denominação mais adequada de comunidades remanescentes de quilombos.

De fato, embora o termo "população tradicional quilombola" seja o mais usual, por reconhecermos que tais agrupamentos humanos se revelem como população tradicional, posto reconhecer seus usos e costumes como compatíveis com a preservação ambiental, o termo "comunidade quilombola" permite conceber-se mais claramente a ideia de unidade cultural e histórica comum do povo negro.

O conceito de população traz mais viva a noção de conjunto de pessoas que vivem sobre um território, assim, por exemplo, quando se realiza o censo populacional afere-se o total de habitantes do território nacional, incluindo-se povos indígenas, comunidades quilombolas, outros nacionais das mais diversas etnias e inclusive estrangeiros, que aqui tenham residência, e, portanto, não expressa toda a riqueza do conceito "comunidade".

No presente texto será utilizado o termo "comunidade quilombola", em vez de "população tradicional quilombola", justamente tendo em mente a riqueza conceitual da unidade histórica da luta do povo negro no processo de construção de sua liberdade que os conceitos nos oferecem.

A segunda linha fundamental da abordagem é sobre o regime da posse antecedendo ao processo de regularização fundiária das comunidades de quilombos. Este passo metodológico é fundamental para a exata compreensão do tema, pois, na realidade, a regularização fundiária é um instituto próprio do direito positivo para a expressão do domínio e que é uma resposta incorporada pelas comunidades no processo de sua luta, na defesa da sua terra, para a proteção de sua posse e sua identidade cultural estritamente vinculada ao seu território, que, na verdade, é o elemento fundamental na compreensão do seu direito à terra.

Neste sentido, é fundamental reconhecer que os territórios quilombolas têm uma dimensão cultural específica, que os faz objeto de uma proteção especial, como reconhece o art. 18 do Decreto nº 4.887, de 20 de novembro de 2003, que determina a comunicação ao IPHAN dos "documentos e os sítios detentores de reminiscências históricas dos antigos quilombos".

4.3.1 Conceito de remanescentes de quilombos

No presente item será abordado o conceito de remanescentes de quilombos no aparato jurídico nacional, mas com destaque ao modo como este conceito deve ser encarado do ponto de vista da história do povo negro, pois sem este especial enfoque perde-se a riqueza jurídica e social que tais normas devem resguardar e salvaguardar.

4.3.2 Compreensão do processo de reconhecimento das comunidades remanescentes de quilombos – Significado e alcance

Será apresentado a seguir um inventário sobre os modelos procedimentais para o reconhecimento do direito das comunidades quilombolas, destacando-se o que estes processos podem significar ante o movimento de luta das comunidades negras interessadas, especialmente no que diz respeito ao processo de reconhecimento das comunidades.

4.3.2.1 Breve análise de direito comparado nos estados brasileiros e norma federal do reconhecimento de comunidades remanescentes de quilombos

Da leitura dos instrumentos jurídicos referentes à titulação de quilombos nos estados, distinguem-se duas posturas:

1. Entes federados nos quais, embora ocorra a titulação de comunidades, não há um aparato normativo em que o tema seja posto de forma aberta e genérica.
2. Estados onde há previsão de um processo para o reconhecimento e titulação das comunidades, aberto à intervenção das comunidades que desejem adquirir este direito, a fim de obrigar o Poder Público a cumprir o seu dever constitucional, democratizando o acesso à terra, como instrumento de preservação e fortalecimento da cultura nacional, como previsto no art. 68 do ADCT da Constituição Federal c/c arts. 215 e 216.

Não existem normas gerais definindo o processo de titulação das comunidades de quilombos, caracterizando uma medida discricionária do Estado o procedimento de reconhecimento destas comunidades. Os Estados de Mato Grosso e Goiás, apesar da previsão nas respectivas Constituições estaduais da obrigação de titulação das comunidades remanescentes, não emitiram títulos até junho de 2022.

Outros Estados adotam políticas em algumas leis esparsas. No caso do Amapá, a Lei Complementar nº 110, de 15 de janeiro de 2018, que dispõe sobre as terras públicas e devolutas do Estado, prevê o "reconhecimento de territórios quilombolas" (art. 8, V). A titulação e a concessão de Contratos de Direito Real de Uso – CDRU serão concedidas de forma coletiva e não onerosa. Esta atribuição é da Coordenadoria de Assentamentos e Quilombos, do Instituto de Terras do Estado do Amapá – AMAPÁ TERRAS, criado pela Lei nº 2.425, de 15 de julho de 2019.

No estado de Mato Grosso, nos Dispositivos Constitucionais Transitórios, insere-se o art. 33, que determina que o estado emitirá, no prazo de um ano, independentemente de estar amparado em legislação complementar, os títulos de terra aos remanescentes de quilombos que ocupem as terras há mais de 50 anos. Não existe uma norma estadual definindo o processo de titulação, mas apenas através da Lei nº 7.775, de 26.11.2002, que instituiu o Programa de Resgate Histórico e Valorização das Comunidades Remanescentes de Quilombos, é que o estado identifica e promove a titulação das comunidades, e, embora a Lei Estadual nº 10.516, de 2.2.2017, tenha instituído a Política Estadual de Desenvolvimento Rural Sustentável da Agricultura Familiar, esta apenas faz referência como público-alvo dos planos e ações derivados desta política "o quilombola formalmente reconhecido", conforme art. 1º c/c art. 5º, inc. VI, sem referir as comunidades quilombolas.

O estado de Goiás, por outro lado, apesar de o ADCT, art. 16, *caput*, prever que "Aos remanescentes das comunidades dos quilombos que estejam ocupando suas terras, é reconhecida a propriedade definitiva, devendo o Estado emitir-lhes os respectivos títulos", o seu §1º limita este reconhecimento, pois define que lei complementar criará a reserva Kalunga, localizada nos municípios de Cavalcante e Monte Alegre, nos vãos das Serras da Contenda, das Almas e do Moleque.

Goiás é um caso *sui generis* porque, embora não tenha uma lei sobre o procedimento de titulação das comunidades quilombolas, a Lei nº 13.022, de 7.1.1997, regulamentada pelo Decreto nº 4.811, de 17.7.1997, que dispõe sobre as suas terras devolutas, e considere, no art. 2º, inc. II, indisponíveis as terras devolutas necessárias à preservação de sítios de valor histórico, paisagístico, ecológico e científico, excepciona desta indisponibilidade as terras ocupadas por comunidades remanescentes de quilombos.

Embora coloque a Lei de Terras Devolutas do estado de Goiás como disponíveis às comunidades quilombolas as terras devolutas por elas ocupadas, o que facilitaria o seu direito à titulação, devemos considerar que trazer constitucionalmente o reconhecimento de uma área de antigo quilombo, do povo Kalunga, prejudica a possibilidade de eventuais outras comunidades de pleitear este direito, porque como o direito do povo Kalunga foi reconhecido na Constituição e através da Lei Complementar nº 19, de 5.1.1996, estaria a se exigir igual procedimento para outras comunidades. O § 1º do art. 31 da Lei nº 18.826, de 19 de maio de 2015, que dispõe sobre as terras devolutas pertencentes ao Estado de Goiás, incluiu entre os "beneficiários da concessão e alienação de terras devolutas estaduais os [...] associações dos remanescentes de quilombos".

Verifica-se, portanto, que o elemento comum nos entes federados citados é que, não existindo um processo de titulação prevista em norma abstrata, fica o direito das comunidades quilombolas dependentes de atos concretos e determinados da ação administrativa do Estado para o reconhecimento e titulação de suas terras.

Coloca-se o direito das comunidades ao reconhecimento e titulação de suas terras dependente da ação discricionária do Estado, à exceção de Goiás, que está vinculado constitucionalmente a titular, mas apenas à comunidade Kalunga.

Neste diapasão, o Estado é o único detentor do direito de declarar ou não uma comunidade como remanescente de quilombos, limitando o poder de ação das comunidades, tornando-as dependentes de processo político muito complexo para o reconhecimento e a titulação de suas áreas.

Por outro lado, verifica-se que existe norma regulamentando o reconhecimento e a titulação dos remanescentes de quilombos nos estados do Pará, São Paulo, Espírito Santo, Rio Grande do Sul, Piauí, Bahia e Maranhão. Passamos a catalogar os diplomas legais a seguir.

A Constituição do Pará prevê no art. 322 que, aos remanescentes das comunidades dos quilombos que estejam ocupando suas terras, é reconhecida a propriedade definitiva, devendo o Estado emitir-lhes títulos respectivos no prazo de um ano, após a sua promulgação.

O estado do Pará foi o primeiro ente federativo a regulamentar o tema da titulação de comunidades remanescentes de quilombos, através do Decreto nº 663, de 20.2.1992, que foi posteriormente substituído pelo instrumental normativo previsto na Lei nº 6.165, de 2.12.1998, regulamentada pelo Decreto nº 3.572, de 22.7.1999, e pela Instrução Normativa nº 2 da Presidência do Iterpa, de 16.11.1999.

No estado de São Paulo a Lei nº 9.757, de 15.9.1997, estabeleceu o processo sobre a legitimação de posse de terras públicas estaduais aos remanescentes das comunidades de quilombos, regulamentada pelo Decreto nº 42.839, de 4.2.1998.

Destaca-se, ainda, que o Decreto nº 44.294, de 4.10.1999, que regulamenta a Lei nº 10.207, de 8.1.1999, que instituiu a Fundação Instituto de Terras do Estado de São Paulo "José Gomes da Silva" (ITESP), define no art. 6º, inc. V, que se inclui no patrimônio da Fundação as Terras Devolutas Estaduais, apuradas em ações discriminatórias e ocupadas por remanescentes de comunidades de quilombos, enquanto não lhes for transferida a propriedade, reconhecendo, portanto, a natureza especial deste patrimônio devoluto ocupado pelos remanescentes.

No Espírito Santo a Lei nº 5.623, de 9.3.1998, trata do reconhecimento da propriedade definitiva das terras devolutas ocupadas por remanescentes das comunidades dos quilombos (art. 1º).

No Rio Grande do Sul, a Lei nº 11.731, de 9.1.2002, define o processo de regularização fundiária de áreas ocupadas por remanescentes de comunidades de quilombos, e o Decreto nº 41.498, de 25.3.2002 que o regulamenta, define o procedimento administrativo de reconhecimento, demarcação e titulação das terras das comunidades remanescentes de quilombos.

No Rio de Janeiro, o Decreto nº 26.818, de 31.7.2000, confiou ao Instituto de Terras e Cartografia do Estado do Rio de Janeiro (ITERJ), a promoção da regularização de áreas especiais denominadas quilombos.

No Piauí, a Lei nº 5.995, de 1º.8.2006, dispõe sobre a regularização fundiária de áreas ocupadas por remanescentes de comunidades dos quilombos, e determina que os títulos de propriedade serão conferidos em nome de associações legalmente constituídas, constando cláusula de inalienabilidade e intransferibilidade. A Lei Complementar nº 244, de 11 de dezembro de 2019, que regulamenta o reconhecimento de domínio de imóvel rural matriculado no competente Cartório de Imóveis em nome de particular, pessoa física ou jurídica, cuja cadeia dominial não demonstre o regular destaque do patrimônio público para o privado, ressalva que esta norma não se aplica quando incidir em territórios tradicionais, dentre eles os ocupados por quilombolas (art. 2º, IV). Já a Lei nº 7.292, de 6 de dezembro de 2019, que dispõe sobre a política de regularização fundiária estadual, incluiu entre as terras indisponíveis e reservadas as ocupadas por comunidades remanescentes de quilombos e tradicionais (art. 9º). Estas terras terão que ser tituladas de forma coletiva (art. 11, parágrafo único). Esta lei foi regulamentada pelo Decreto nº 21.469, de 5 de agosto de 2022, que adota o critério da autodefinição para atestar a identidade dos povos e comunidades tradicionais (parágrafo único do art. 2º), permitindo-lhes apresentar ao Instituto de Terras do Piauí – INTERPI as peças técnicas pertinentes. A delimitação e identificação do território serão realizadas por meio de um relatório que aborde os aspectos históricos, social, cultural, agronômico e ambiental. A titulação e o registro cartorial do imóvel serão realizados sem qualquer ônus para as comunidades.

No estado da Bahia, o art. 51 da Constituição prevê que o estado executará, no prazo de um ano após a promulgação da Constituição, identificação, discriminação e titulação das suas terras ocupadas pelos remanescentes das comunidades dos quilombos. A partir da edição da Lei nº 12.910, de 11.10.2013, que regulamentou o processo de titulação, é reconhecida a propriedade definitiva das terras públicas estaduais, rurais e devolutas, ocupadas por elas. Conforme estabelecido na Instrução Normativa SDR/SEPROMI nº 01, de 19 de novembro de 2018, que dispõe sobre o procedimento de regularização fundiária de terras públicas, estaduais, rurais e devolutas ocupadas tradicionalmente por comunidades remanescentes de quilombos do Estado da Bahia, o processo de titulação é de responsabilidade da Coordenação de Desenvolvimento Agrário – CDA, órgão vinculado à Secretaria de Desenvolvimento Rural – SDR. Todo o processo de titulação e o registro imobiliário serão realizados "pelo Estado da Bahia, sem ônus à comunidade remanescente de quilombo beneficiada" (art. 20). Na Bahia, antes, o Decreto nº 11.850, de 23.11.2009, regulamentava o reconhecimento de domínio gratuito das terras devolutas estaduais ocupadas por comunidades remanescentes de quilombos que as utilizem para a garantia de sua reprodução física, social, econômica e cultural.

No estado do Maranhão, o art. 229 da Constituição Estadual prevê que o "Estado reconhecerá e legalizará, na forma da lei, as terras ocupadas por remanescentes das comunidades dos quilombos".

Considerando que as "comunidades rurais afro-brasileiras são portadoras de referência à identidade, à ação e à memória dos grupos que se destacaram na defesa dos valores nacionais e estaduais voltados à preservação dos aspectos culturais", o Decreto nº 15.849, de 1.10.1997, declarou como prioritárias para fins de legalização e desapropriação as terras de várias comunidades quilombolas e negras tradicionais presentes em sete municípios. Iniciava-se, assim, o começo do processo de reconhecimento de direitos territoriais destas comunidades, cujos títulos deveriam ser expedidos com cláusulas "pró-indiviso" e de inalienabilidade.

Este artigo 229 da constituição estadual foi regulamentado pela Lei nº 9.169, de 16.4.2010, que determina que as propriedades e posses de boa-fé incidentes nas áreas definidas como áreas remanescentes de quilombos serão devidamente indenizadas. O procedimento administrativo de identificação, reconhecimento, delimitação, demarcação e titulação da propriedade das terras ocupadas por remanescentes das comunidades dos quilombos é regulamentado pelo Decreto Estadual nº 32.433, de 23.11.2016, que determina a expedição de títulos coletivos de domínio, prevendo no art. 5º que este procedimento será iniciado de ofício pelo Instituto de Colonização e Terras do Maranhão – Iterma ou a requerimento de qualquer interessado.

O Decreto nº 32.433/2016, do estado do Maranhão, apesar de no art. 6º assegurar aos remanescentes das comunidades dos quilombos a participação em todas as fases do procedimento administrativo, diretamente ou por meio de representantes por eles indicados, bem como no art. 7º definir que o Iterma e a Secretaria de Estado de Igualdade Racial – Seir podem celebrar convênios com a Fundação Cultural Palmares para garantir os direitos étnicos dos remanescentes das comunidades dos quilombos, desenvolvendo atividades de identificação e reconhecimento das terras por eles ocupadas, não se refere à sua autoatribuição. Este critério, porém, consta explicitamente no art. 3º da Instrução Normativa do Iterma, de 28.03.2018, que disciplina o procedimento para reconhecimento, delimitação, demarcação e titulação das terras ocupadas pelas comunidades quilombolas. A autodefinição da comunidade consta no art. 6º, à qual é reconhecido o direito de apresentar informações sobre a área ocupada, indicando sua caracterização espacial, histórica, econômica ambiental e sociocultural. Destaca-se que o art. 2º, II, desta Instrução Normativa cita expressamente a Convenção 169 da OIT na sua fundamentação legal.

As normas citadas preveem um processo abstrato para o reconhecimento e titulação das comunidades remanescentes de quilombos, e por isso vão servir de substrato para esta análise, especialmente no que diz respeito ao aspecto do reconhecimento das comunidades como remanescentes de quilombos, apresentando os critérios de aferição da identidade das comunidades, se através do autorreconhecimento/autoidentificação ou se através de processo de reconhecimento ou identificação pelo Poder Público.

O art. 2º, *caput*, da Lei nº 5.623/1998, do Espírito Santo, prevê que o reconhecimento de uma comunidade como remanescente de quilombos ocorre por declaração conjunta emitida por qualquer autoridade dos poderes Legislativo, Executivo e Judiciário legalmente constituída e por uma organização de comunidades rurais ou ambientalistas legalizadas, que se responsabilizarão, perante a lei, pelas informações prestadas.

No estado de São Paulo, o art. 2º, do Decreto nº 42.839/1998, que regulamenta a Lei nº 9.757/1997, prevê que as comunidades remanescentes de quilombos serão identificadas a partir de critérios de autoidentificação e dados históricos-sociais, escritos e/ou orais, por meio de relatório técnico-científico, elaborado no âmbito do Instituto de Terras do Estado de São Paulo "José Gomes da Silva" (ITESP). A autoidentificação embora reconhecida pela norma não basta para o reconhecimento da comunidade como remanescente de quilombos, mas é o relatório técnico do ITESP que afere a sua autenticidade, sendo a autoidentificação apenas um elemento de instrução do relatório técnico-científico.

No Rio Grande do Norte, a Lei nº 9.104, de 9.6.2008, atribuiu à Coordenadoria de Promoção da Igualdade Racial, vinculada à Secretaria de Justiça e Cidadania do Rio Grande do Norte, a elaboração de uma declaração na qual conste o histórico da ocupação do local, baseado em testemunho de seus moradores, recompondo a cadeia sucessória.

À semelhança de São Paulo, no Rio Grande do Sul, o art. 2º do Decreto nº 41.498/2002, que regulamenta a Lei nº 11.731/2002, prevê que as comunidades remanescentes de quilombos serão identificadas a partir de critérios de autoidentificação e dados antropológicos, históricos, jurídicos, sociais, econômicos, geográficos e ambientais, escritos e/ou orais, sistematizados em relatório técnico-científico elaborado no âmbito da Secretaria do Trabalho, Cidadania e Assistência Social.

Assim, no Rio Grande do Sul, não é suficiente a autoidentificação para o reconhecimento da comunidade como quilombola, mas é o relatório técnico-científico do Poder Público que afere a sua autenticidade como remanescentes de quilombos, em que a autoidentificação é apenas um elemento formador do relatório.

De fato, logo se percebe que, das normas até aqui analisadas, nenhuma aceita o *autorreconhecimento* ou *autoidentificação* como elemento suficiente para o reconhecimento da comunidade como remanescente de quilombos, inclusive, há pouco tempo, somente a legislação do estado do Pará aceitava esta forma de definição, no que hoje vem acompanhada por norma federal, declarada constitucional pelo STF.

O processo de reconhecimento e titulação de comunidades remanescentes de quilombos no estado do Pará demonstra como o processo se desenrola neste aspecto, e compreende o processo de titulação das terras de remanescentes de quilombos além de um problema de resgate histórico e cultural, dando viabilidade ao mandamento constitucional dos arts. 215 e 216, mas ainda como um problema fundiário e de política agrária e ambiental.

Alerta-se que a autodefinição ou autorreconhecimento é ponto de crucial importância na compreensão da teologia constitucional, pois quando o Constituinte definiu que a titulação se deve aos remanescentes de quilombos, não definiu que a titulação seja aos remanescentes dos quilombos, ou seja, não é preciso, para que as áreas sejam tituladas, que ali tenha sido um quilombo, até porque já se passaram mais de 130 anos do fim da escravidão.

Não seria razoável que o Constituinte exigisse que as comunidades ficassem imóveis em um mesmo lugar, por mais de 100 anos, para exercer tal direito, sendo natural a mobilidade das comunidades. A eventual mobilidade física da comunidade não tem o condão de levar à perda da sua história, pois permanecem remanescentes de quilombos.

Fundamental é se atentar para o significado unitário da luta do povo negro pela liberdade, cujos quilombos foi uma forma de expressão aguda, mas que a ela não se resume.

O reconhecimento das comunidades negras não apenas como populações, mas sim como comunidades quilombolas, permite perceber a unidade histórica das comunidades remanescentes de quilombos a ser necessariamente construída desde o vínculo primordial em que foram os ancestrais negros arrancados a grilhões da Mãe África.

É necessário que a resistência ao banzo, à fome e aos açoites nos navios negreiros, sem qualquer condição de higiene, que levou à incalculável mortandade na travessia do Atlântico – provavelmente nenhum outro povo tivesse tanta força e amor à liberdade para suportar tal martírio – seja compreendida e interligada à luta atual do povo negro pela liberdade.

É essencial compreender que qualquer homem e mulher que carrega a negritude no seu ser já é um remanescente de quilombos, pois seus ancestrais tiveram a força para sobreviver ao mais degradante mercado de seres humanos nunca antes existente.

É preciso difundir o significado que a palavra *quilombo* possui para as comunidades negras, que vai muito além do significado empregado pelo sistema escravista, para se compreender a unidade desta luta.

Assim, *quilombo* é o coletivo de *mucambo*, que é a habitação propriamente dita, que com a colocação do sufixo "ara", designativo de lugar, forma a palavra *mocambuara*, designativa de lugar, procedência, ou seja, *quilombo* é a unidade desta origem ao lar comum, donde descende todo o povo negro, a Mãe África, representando a luta para reconstruir o lar de origem, onde habitavam com liberdade, nestas terras brasileiras, e não um mero zungu, que é espécie de cortiço; moradia de vadios e desordeiros, sempre usado em sentido pejorativo.[123] O legislador paraense permite a possibilidade de as comunidades se autodefinirem como remanescentes, e somente no caso de contestação expressa e substantiva desta condição é que o Estado assume o ônus de elaborar estudo histórico-antropológico de sustentação da condição de remanescentes de quilombo da comunidade (art. 2º, §§1º e 2º do Decreto nº 3.572/99).

Importante destacar que estes estudos não têm a natureza constitutiva da história, apenas tornam pública a visibilidade destas comunidades, daí que o legislador não poderia impor que a comunidade somente pudesse reivindicar a própria origem sem preexistente estudo, ou condicionar a sua autodefinição a apenas um elemento de instrução do processo oficial que reconhece esta condição.

Na posse indígena a *posse comunal* da terra tem um sentido público, no qual não pode haver apossamento individual, não existe a noção de uso privado ou familiar. Na relação comunal, as atividades produtivas são realizadas em comum, sendo que o produto é distribuído de forma comunal, e a terra não é vista como uma mercadoria que pode ser dividida e apropriada individualmente.

Na posse agroecológica existe o apossamento familiar, enquanto a área de uso comum não tem um sentido pleno de mercadoria, pois se trata de uma área imobilizada, para os fins que o grupo social lhe confere. Esses dois aspectos se diferenciam na essência da posse comunal.

Portanto, é adequado e correto o procedimento da autodefinição como critério fundamental e suficiente para o reconhecimento de uma comunidade como remanescente de quilombos.

Destarte, o legislador estadual paraense parte dos conceitos de cidadania como plena consciência de exercício de direitos, que não precisa do carimbo de autenticidade do Poder Público, e do conceito moderno de etnia como afirmação coletiva de determinado grupo, fundado numa autodefinição consensual, quanto em práticas político-organizativas e símbolos que marcam uma política de diferenças ante outros grupos, cabendo ao Estado tão somente declarar e tornar públicas através de suas instituições esta condições históricas preexistentes, construídas pela comunidade.

Evidentemente que ao contrário dos descendentes de europeus, que sempre afirmam a sua origem, até porque a sociedade considera nobres tais origens, especialmente quando estes não se misturam e mantêm a pureza de suas tradições europeias e o seu sangue, infelizmente o nosso povo negro e outras comunidades tradicionais e mestiças

---

[123] SALLES, Vicente. *Vocabulário crioulo*: contribuição do negro ao falar regional amazônico. Belém: IAP/Raízes, 2003. p. 259.

ainda muito têm que lutar para que a sua história venha a ser considerada nobre, como realmente deve ser. Neste sentido, sempre se pode encontrar, inclusive dentro das comunidades, quem negue a sua história, até mesmo por desconhecimento, ou por tentar fugir do preconceito.

Lógico que para quem está na sala é fácil reconhecer a sua origem, mas outra coisa é quem sempre esteve na cozinha desta sociedade excludente assumir e procurar resgatar as suas origens, coisa bem difícil de se construir no processo histórico, o que mais valoriza a luta dos remanescentes e o seu direito de autoidentificação.

Destarte, permite o legislador estadual, em respeito a este processo de autoconstrução da cidadania, a chamada declaração de autodefinição quilombola da comunidade como remanescentes de quilombos, e que pode ser expressa através da assinatura do requerimento inicial de titulação por associação quilombola legalmente constituída, ou, quando ainda não existir a associação, a autodefinição pode ser realizada por meio de no mínimo três representantes das comunidades que assinam o requerimento com tal declaração.

Alerta-se que, embora possa o requerimento inicial de reconhecimento e titulação da comunidade ser formulado por sociedade de fato, ou sociedade em comum, na nova linguagem do Código Civil, formulado por três representantes da comunidade, quando da titulação deve necessariamente existir a competente associação quilombola, cujo título coletivo será expedido em seu nome, possuindo cláusula de inalienabilidade.

O Decreto Estadual nº 3.572/99 permite à comunidade interessada apresentar, ao Iterpa, uma proposta de perímetro da área a ser titulada, na forma do art. 4º, §1º, a chamada autodemarcação; uma vez que não apresente o mapa o departamento técnico, através da divisão de cartografia, elabora o memorial descritivo preliminar da área pretendida pela comunidade.

Presentes estes elementos é dado conhecimento à sociedade em geral da formulação de pedido de titulação coletiva de área de terras de remanescentes de quilombos, através de editais, permitindo-se que seja contestada a condição quilombola dos interessados, ou mesmo sejam levantadas questões sobre domínio, posse ou qualquer outra forma de pretensão sobre ditas áreas, que, neste caso, serão analisadas somente em posterior momento, quando definida a situação da comunidade como remanescente de quilombos ou não.

A função dos *editais* do processo de titulação quilombola está bem definida na legislação própria, possuindo dois objetivos distintos, embora ambos tenham prazo comum para impugnação, a saber:

1. Consiste em instrumento de publicidade da identidade da comunidade como remanescente de quilombos, autorreconhecida, e oportunidade para contestação de outros atores sociais desta condição.
2. Consiste em instrumento de publicidade da área objeto de reivindicação pela comunidade, permitindo que eventuais impugnações do direito com fundamento em domínio, posse ou outra pretensão sobre as áreas sejam formuladas, que serão devidamente analisadas pelo Poder Público, após superada a fase de reconhecimento da comunidade como quilombola.

Para regular instauração do *processo de legitimação* de terras ocupadas por comunidades remanescentes dos quilombos, exige a lei a demonstração da condição quilombola dos beneficiários, que pode ser feita nas modalidades e formas que permite o art. 2º, §1º, do Decreto nº 3.572/99 c/c art. 3º da IN nº 2/99 – Iterpa.

A condição quilombola é demonstrada através de *documento de autodefinição* quilombola, que se constitui numa declaração assinada por membros da comunidade, declarando-se a origem da comunidade, ou, ainda, por meio de juntada de estudo histórico-antropológico desta condição.

Demonstrada a condição quilombola, procede-se à publicação dos editais no *DOE/PA* e um jornal de ampla circulação, e a fixação na sede do município, por duas vezes, determinando-se prazo de 15 dias de cada publicação para eventuais contestações, na forma e conteúdo a que nos referimos anteriormente (art. 3º, §1º, da IN nº 2/99 – Iterpa).

Determina o legislador estadual paraense que as *contestações* devem ser *expressas* e *substantivas* sobre a condição quilombola da comunidade, como exige o Decreto Estadual nº 3.572/99, em seu art. 2º, §2º, *in verbis*:

> Art. 2º São considerados remanescentes das comunidades dos quilombos, para os fins deste Decreto, conforme conceituação antropológica, os grupos étnicos constituídos por descendentes de negros escravos que compartilham identidade e referência histórica comuns.
> §1º Para fins de instrução do processo, a condição quilombola poderá ser atestada mediante declaração da própria comunidade encaminhada ao ITERPA, que a tornará pública, fixando prazos para contestações, findo o qual será a declaração apensada ao processo;
> §2º Em caso de contestação expressa e substantiva da condição quilombola da comunidade, o ITERPA reunirá elementos demonstrativos da caracterização da comunidade, com base em bibliografia já publicada ou estudo elaborado especialmente para esse fim.

Regulamentando o referido processo contestatório da condição quilombola da comunidade, a Instrução Normativa nº 2/99 – Iterpa, no seu §2º do art. 3º, preceitua:

> Art. 3º [...]
> §2º As declarações da comunidade e/ou estudo histórico-antropológico da condição de quilombola, ficarão à disposição dos interessados, no gabinete do Diretor do Departamento Jurídico, para conhecimento e contestação pelo prazo definido, através de advogado. Findo o prazo de Contestação, certificado o seu escoamento, a declaração e/ou estudo histórico-antropológico será apensado ao processo de legitimação.

Desta forma, fica evidente que o objeto da contestação a que se referem os *editais* é a *condição quilombola* da comunidade, tanto que o interessado em contestar a condição de quilombola poderá obter cópia da declaração e/ou estudo histórico-antropológico, mediante requerimento dirigido à Presidência, informando a finalidade, como preceitua a alínea "a" do §2º do art. 3º da IN nº 2/99 – Iterpa.

Preceituando, ainda, a IN nº 2/99 – Iterpa no seu art. 4º, *in literis*:

> Art. 4º A contestação deve ser expressa e substantiva sobre a condição quilombola da comunidade, não podendo se dirigir a alegações de domínio ou posse sobre a área a ser legitimada.

§1º Pode o Contestante, mediante requerimento, solicitar prazo para elaboração de estudo histórico-antropológico negativo da condição de quilombola, elaborado por profissional qualificado de instituição pública ou particular reconhecida pelo Ministério de Educação, a ser juntado nos autos, em complemento à sua contestação, a ser apresentado no prazo máximo de 4 meses sem direito à prorrogação.

I - O Contestante deve arcar com todos os custos do estudo histórico-antropológico de sua contestação.

Portanto, eventuais contestações devem se dirigir a impugnar de forma hábil e no prazo da lei a condição quilombola da comunidade, devendo o interessado apresentar requerimento na forma do art. 4º, §1º, da IN nº 2/99 – Iterpa, de prazo para apresentação de estudo histórico-antropológico negativo a ser elaborado por profissional habilitado, para que seja aceitável a sua impugnação, para assim ter tal impugnação as características de contestação expressa e substantiva da condição quilombola, como exige o legislador.

Os *editais* têm por objetivo tornar pública a existência de processo de comunidades remanescentes de quilombos e a área da qual pretendem ver reconhecido o seu domínio, como determina a Constituição, sendo que tal direito deverá ser levado a cabo pelo Estado pelos meios legais e convênios necessários, uma vez que não seja contestada de forma substancial a condição quilombola dessas comunidades.

Nada há de incomum que o legislador aceite como suficiente a declaração da comunidade reconhecendo a sua própria formação histórica, história oral de ocupação e posse para a partir destes dados ser construído o mapa da área pretendida, com as respectivas coordenadas geográficas.

Assim, fica claro que a opção do legislador paraense se constitui em importante lição na construção de um meio expedito e coerente para o processo de titulação de áreas de remanescentes de quilombos, porque:

a) construiu um procedimento de titulação no qual, sobretudo, se dignifica a cidadania como meio de autoafirmação histórica de um povo, marcado pela publicidade e oportunidade de contradição de interesses;

b) preservam-se os direitos de propriedade particulares opostos ao direito de titulação da comunidade; em momento próprio e adequado pode ser feita a prova pelo interessado e será objeto de ação específica do Estado.

Para poder implementar de maneira mais eficaz o processo de reconhecimento de domínio, o Decreto nº 63, de 14.3.2007, alterou o Regimento Interno do Iterpa, instituindo em seu organograma uma gerência de comunidades de quilombos.

Alguns estados instituíram grupos de trabalhos para dar plena aplicabilidade aos dispositivos constitucionais que conferem o direito de propriedade aos remanescentes de quilombos (ver, por exemplo, o Decreto do Estado de São Paulo nº 40.723, de 21.3.1996), ou programas específicos para favorecer o planejamento e execução de políticas em favor das comunidades quilombolas.

O estado de Pernambuco determinou, por meio do Decreto nº 23.253, de 15.5.2001, quais comunidades seriam beneficiadas com o Projeto Etnias.

No Amapá a Lei nº 1.184, de 4.1.2008, criou o Fundo de Ordenamento Territorial e Desenvolvimento Agrário (FDA), gerido pelo Instituto do Meio Ambiente e de

Ordenamento Territorial do Estado do Amapá (Imap), para aplicação em projetos quilombolas.

Em Mato Grosso do Sul a Lei nº 3.345, de 22.12.2006, atribuiu à Secretaria de Estado de Desenvolvimento Agrário, da Produção, da Indústria, do Comércio e do Turismo a definição das políticas e a coordenação da implementação nas atividades de assistência técnica, extensão rural e outros serviços ligados ao desenvolvimento e ao aprimoramento da agricultura e pecuária destinados à agricultura familiar, assentados, pescadores, aquicultores, comunidades indígenas e quilombolas.

Já no estado do Pará, o Decreto nº 4.054, de 12.5.2000, criou o Programa Raízes com o objetivo de dinamizar as ações de regularização do domínio das áreas ocupadas por comunidades remanescentes de quilombos e implantar medidas socioeconômicas, ambientais, culturais e de apoio às atividades de educação e de saúde que favoreçam o desenvolvimento dessas comunidades e das sociedades indígenas.

Por meio do Decreto nº 261, de 22.11.2011, foi instituída a Política Estadual para as Comunidades Remanescentes de Quilombos do Estado do Pará, cuja gestão será desenvolvida por meio da Comissão Estadual de Políticas para Comunidades Remanescentes de Quilombos e por seu comitê executivo.

No Tocantins o Decreto nº 2.483, de 26.7.2005, instituiu o Comitê Estadual Gestor do Programa Brasil Quilombola com o objetivo de direcionar políticas públicas às comunidades tradicionais e remanescentes de quilombolas no estado do Tocantins.

Na Paraíba a Lei nº 7.502, de 11.12.2003, instituiu o Programa de Resgate Histórico e Valorização das Comunidades Remanescentes de Quilombos na Paraíba, tendo como base o art. 68 das Disposições Transitórias da Constituição da República. O programa visa a identificar e demarcar os territórios ancestrais e as terras remanescentes de quilombos no estado da Paraíba, promover o levantamento e legalização dessas áreas e promover o levantamento histórico e cultural dessas comunidades.

Por fim, no âmbito normativo federal, é o Decreto nº 4.887, de 20.11.2003, que regulamenta o procedimento para identificação, reconhecimento, delimitação, demarcação e titulação das terras ocupadas por remanescentes das comunidades dos quilombos de que trata o art. 68 do Ato das Disposições Constitucionais Transitórias.

Este decreto estava sendo impugnado através da ADI nº 3.239, ajuizada em 25.6.2004 perante o STF, pelo antigo PFL, atual DEM. O STF encerrou o julgamento de mérito. Publicada a integridade dos votos, é possível ter uma leitura constitucional adequada dos contornos deste direito constitucional. O voto do relator original – Ministro Cézar Peluso – foi pela inconstitucionalidade. O voto vista da Ministra Rosa Weber foi pela constitucionalidade, assim como os votos dos Ministros Dias Toffoli e Edson Fachin. Estes podem ser considerados os principais votos. Resumidamente, os votos dos ministros apresentam as premissas dispostas a seguir.

No voto do Ministro César Peluso, chamam atenção dois motivos principais, o primeiro é que, apesar de primeiramente apontar a inconstitucionalidade formal do Decreto Federal nº 4.887/2003, apresenta num segundo momento um forte libelo de inconstitucionalidade material, e, ao final, orienta para a necessidade de modulação da inconstitucionalidade, para não afetar os títulos de domínio quilombolas já emitidos com o seu fundamento.

A linha de raciocínio quanto ao aspecto formal de que "não obstante o art. 68 do ADCT não seja norma de eficácia plena e aplicação imediata, nem por isso o chefe do Executivo está autorizado a integrar-lhe normativamente os comandos mediante regulamento, como o fez".[124] Assim, o Decreto nº 4.887/2003 ofenderia os princípios da legalidade e da reserva de lei. Apesar da simplicidade deste primeiro aspecto da argumentação, o segundo momento da fundamentação é marcado pela apresentação de um claro libelo de inconstitucionalidade material do Decreto nº 4.887/2003, que decorreria de o ministro confrontar esta modalidade especial de domínio constitucional comunitário com o direito de propriedade tradicional, que pela sua argumentação deveria sempre prevalecer, o que acabaria por excluir as áreas quilombolas da possibilidade de uma política de reforma agrária agregada a um caráter étnico.

A inconstitucionalidade material estaria calcada em argumentos cujas premissas, se tivessem sido acolhidas pela maioria do STF, imporiam limites à própria atuação do legislador para regulamentar o direito de acesso à terra para as comunidades quilombolas em caráter comunitário, impedindo que este direito pudesse se opor ao direito de propriedade particular.

Numa leitura mais radical o voto do Ministro César Peluso indica que somente seria possível para as comunidades quilombolas a declaração de usucapião especial das áreas públicas atualmente ocupadas, desde que não confrontadas com o direito de propriedade particular. Veja-se os seguintes trechos do voto:

> É reconhecida aos remanescentes das comunidades de quilombolas aposse, contínua, prolongada *(estejam ocupando)*, centenária *(que remanescem)*, exercida com ânimo de dono *(suas terras)* e qualificada *(existente em 05 de outubro de 1988)*.
> É declarada a propriedade definitiva aos remanescentes das comunidades de quilombolas, com base em direito subjetivo preexistente (certeza do direito), com o objetivo de conferir-lhes a segurança jurídica que antes não possuíam. Ao Estado caberá apenas a emissão dos títulos de propriedade, para posterior registro no cartório competente.
> Embora, a rigor, seja desnecessário nomear essa forma de aquisição de propriedade, disciplinada pelo artigo 68 do ADCT, é de se reconhecer que suas características muito a aproximam do instituto do usucapião.

Aceitar a identificação do Art. 68 do ADCT como uma forma de "usucapião" levaria a uma situação inusitada: um artigo da Constituição, que pretensamente iria reconhecer os direitos das comunidades quilombolas, na realidade as discriminaria, pois elas teriam que comprovar estarem ocupando aquele imóvel desde 1888, isto é há mais de cem anos, enquanto o usucapião extraordinário permite, inclusive para estrangeiros residentes no Brasil, um prazo máximo de 15 anos de ocupação para se transformar aquela posse em propriedade.

A questão como posta pelo voto do Ministro César Peluso aos demais ministros do Supremo não foi de simplesmente declarar a inconstitucionalidade formal, mas entrar no mérito sobre o conflito entre o direito de propriedade civil e a quilombola, em que o argumento levantado forçava a avaliar os aspectos de direito material que o

---

[124] Acórdão ADI nº 3.239-DEM *vs.* Quilombos (voto Peluso, p. 12).

tema envolve, como está sintetizado no seguinte aspecto conclusivo, sobre seu ponto de vista, da natureza jurídica do instituto. *In verbis*:

> Em síntese, trata-se de nova espécie de usucapião constitucional, cujas singularidades são: (a) característica não prospectiva, no que respeita ao termo inicial da posse, necessariamente anterior à promulgação da Constituição de 1988; (b) autorização especial do constituinte originário para que os destinatários da norma pudessem usucapir imóveis públicos, o que, na mesma Carta, está vedado expressamente pelos artigos 183, §3º, e 191, §único, que tratam do usucapião constitucional urbano e rural, os quais trazem ao particular o ônus de provar que o bem a ser usucapido é privado; e (c) desnecessidade de decreto judicial que declare a situação jurídica preexistente, exigível nas outras 04 espécies de usucapião: ordinário, extraordinário, constitucional urbano e rural.

O entendimento do Ministro César Peluso aponta limites que, se tivessem sido aceitos, seriam difíceis de ser superados pelo legislador na construção de um marco legal com respeito às características deste modelo de posse etnocultural, ante uma realidade e necessidade de afirmação de direitos, o resumo negativo deste caminho de análise, é resumido quando afirma que "os respeitáveis trabalhos desenvolvidos por juristas e antropólogos, que pretendem modernizar o conceito de *quilombos*, guardam a natureza metajurídica" e por isso não tem, nem deveriam ter, compromisso com o sentido que ele apreende do texto constitucional.

O voto-vista da Ministra Rosa Weber, apresentado em 25.3.2015, após superar as questões formais, enfrenta o mérito da questão, para afastar a inconstitucionalidade do Decreto nº 4.887/2003, e para declarar que o art. 68 do ADCT é" **norma definidora de direito fundamental de grupo étnico-racial minoritário**, dotada, portanto, de **eficácia plena e aplicação imediata**, e assim **exercitável, o direito subjetivo nela assegurado, independente de integração legislativa**" e "Em virtude da **precedência hierárquica da Constituição em relação à lei**, a norma definidora de direito fundamental limita a atuação do legislador infraconstitucional".

A ministra reconhece que é obrigação do Estado agir positivamente para alcançar o resultado pretendido pela Constituição, e que o Decreto nº 4.887/2003 se traduz em efetivo exercício do poder regulamentar da Administração previsto no art. 84, VI da CFRB. Aduz a ministra:

> os chamados quilombolas são povos tradicionais cuja contribuição histórica à formação cultural plural do Brasil somente foi reconhecida na Constituição de 1988. Embora não sejam propriamente nativos, como os povos indígenas, ostentam, à semelhança desses, **traços étnicos-culturais distintivos** marcados por **especial relacionamento sócio cultural com a terra ocupada: nativaram-se, incorporando-se ao ambiente territorial ocupado**

O voto ainda apresenta a diversidade dos quilombos como forma de fuga da escravidão, resistência e luta por reconhecimento, mas limita as comunidades remanescentes de quilombos a comunidades negras rurais, apontando o caráter positivo da autoatribuição:

a eleição do critério de auto-atribuição não é arbitrário e, tampouco desfundamentado ou viciado. Além de consistir em método autorizado pela antropologia contemporânea, estampa uma **opção de política pública legitimada pela Carta da República**, na medida em que visa à **interrupção do processo de negação sistemática da própria identidade aos grupos marginalizados**, este uma **injustiça em si mesmo**.

Na sequência, a ministra conecta este direito aos postulados da Convenção nº 169 da OIT referendada pelo Decreto Legislativo nº 143/2002 e ratificada pelo Decreto Governamental nº 5.051/2004, concluindo que os mecanismos adotados no decreto impugnado apenas atuam como meios de atestar a autodefinição e não como indutores; e resume que os critérios do art. 2º, §3º, do Decreto º 4.887/2007 não deixam ao arbítrio exclusivo das comunidades a definição do território.

A Ministra Weber conclui o seu libelo pela constitucionalidade do Decreto nº 4.887/2007, apesar de inicialmente advogar a sua aplicação aos casos de comunidades que tinham a efetiva posse das terras em 5.10.1988, dado que somente com o advento da Constituição se pode ter por existente o art. 68 do ADCT, sendo este o marco temporal definidor de sua incidência, esta referência foi excluída da versão final do voto, decorrente do debate com os demais Ministros, especialmente pelo argumento de que:

> No caso dos remanescentes das comunidades quilombolas, a Constituição reconhece, pela primeira vez na ordem jurídica, a própria existência de tais sujeitos coletivos de direitos e lhes outorga o direito de propriedade sobre as terras por eles ocupada, **não invalida os títulos de propriedade eventualmente existentes,** de modo que **a regularização do registro exige o necessário procedimento expropriatório**

Por isso, considera, por fim, apropriado o uso do instrumento da desapropriação, sendo modalidade de desapropriação por interesse social, prevista no art. 5º, XXIV, c/c a Lei nº 4.132/1962 e art. 18, alínea "a" da Lei nº 4.504/1964 (Estatuto da Terra), mas afasta a aplicação da desapropriação para fins de reforma agrária, prevista na Lei nº 8.629/1993, sobretudo porque associa o seu objetivo além do acesso ao direito de propriedade com a preservação do patrimônio cultural brasileiro, tal como previsto nos arts. 215 e 216 da CFRB.

O Ministro Dias Toffoli apresentou em 8.11.2017 o seu voto-vista, após superar os aspectos formais do conhecimento da ADI nº 3.239 – DEM *vs.* Quilombos. Ao defender a constitucionalidade do Decreto nº 4.887/2003, e embora no voto originário tenha iniciado por estabelecer uma conexão do direito das comunidades quilombolas ao título de domínio com o instituto da legitimação de posse, esta conexão foi totalmente excluída na versão final do voto.

Correta a decisão do Ministro Toffoli de associar o tema das terras quilombolas com o instituto da legitimação de posse. Com efeito, este instituto genuinamente brasileiro é geralmente empregado para transferir o patrimônio público para o domínio particular, cuja origem histórica remonta à necessidade de regularizar situações de posse que não encontravam amparo jurídico, constituindo-se a legitimação de posse em ato administrativo pelo qual o Poder Público reconhece ao particular o direito, outorgando, ipso facto, o formal domínio pleno.

O direito ao domínio quilombola não se limita a terras públicas, como o ministro reconhece no seu voto, pois é possível e necessário o instituto da desapropriação, ainda, que sem especificar o modelo aplicável. E, antes, faz importantes ressalvas, de que o art. 13 do Decreto 4.887/03, não exclui a possibilidade de usucapião, quando a prescrição aquisitiva tiver se consolidado, ou exista vício no título de propriedade particular, que nestes caso não haverá desapropriação.

O voto do Ministro Dias Toffoli apresenta uma leitura dos §§2º e 3º do art. 2º do Decreto nº 4.887/03, reconhecendo a sua adequação regulamentar ao art. 68 do ADCT, entretanto aponta que "não há de se interpretar o texto constitucional de forma a ampliar em demasia o seu comando", apontando que "O benefício assegurado no art. 68 do ADCT consiste no reconhecimento da propriedade definitiva da terras, contemplando regra de legitimação de domínio, em benefício das comunidades de remanescentes de quilombos".

E conclui:

> Diante dessa perspectiva, no meu sentir, a partir da leitura do dispositivo constitucional, **foram contemplados com a titularidade aqueles remanescentes que estavam ocupando suas terras no momento da promulgação da Constituição de 1988**.
> Não foram estabelecidos limites máximos ou mínimos para a titulação, mas a locução verbal "estejam ocupando suas terras", contida no texto constitucional, acaba por delimitar o aspecto temporal do direito, reconhecendo uma **ocupação presente, não passada**, e, como veremos a seguir, nem futura.

Reforça esta interpretação limitativa ao fazer a distinção entre terras "utilizadas" e "necessárias", relacionando o direito de acesso à terra àquelas efetivamente ocupadas pela comunidade ao tempo da promulgação da Constituição, que seriam as utilizadas, o que poderia levar a negar o direito a terras que tenham sido usurpadas da comunidade, ainda que antes utilizadas, embora no final do voto exista a ressalva deste ponto.

Outro erro desta perspectiva de leitura é ignorar que o processo de legitimação de posse tal como definido no Estatuto da Terra leva ao processo de acesso a ocupações de terras públicas, mas o voto reconhece o direito das comunidades também sobre terras particulares.

Muito mais simples e adequado seria associar o conceito de direito das comunidades quilombolas a uma modalidade etnocultural de clientes da Reforma Agrária, sem fazer tais distinções jurídicas para enquadrar o direito de domínio das comunidades negras.

Nesta quadra, o Ministro Toffoli julgou parcialmente procedente a ação direta de inconstitucionalidade para conferir interpretação conforme o §2º do art. 2º do Decreto nº 4.887, de 20.11.2003, esclarecendo, nos termos do art. 68 do ADCT:

> somente devem ser titularizadas as áreas que estavam ocupadas por remanescentes das comunidades dos quilombos, inclusive as efetivamente utilizadas para a garantia de sua reprodução física, social, econômica e cultural, na data da promulgação da Constituição (5 de outubro de 1988), salvo comprovação, por todos os meios de prova juridicamente admitidos, da suspensão ou perda da posse em decorrência de atos ilícitos praticados por terceiros.

Resumidos estes votos e encerrado o julgamento, em 8.2.2018, divulgados os demais votos do acórdão do julgado, o Tribunal, por maioria, conheceu da ação direta, vencidos os ministros Marco Aurélio e Ricardo Lewandowski. No mérito, o Tribunal, por maioria e nos termos do voto da Ministra Rosa Weber, que redigiu o acórdão, julgou improcedentes os pedidos, vencidos o Ministro Cezar Peluso (relator), e, em parte, os ministros Dias Toffoli e Gilmar Mendes. Votaram, no mérito, os ministros Marco Aurélio e Ricardo Lewandowski. Não votou o Ministro Alexandre de Moraes, por suceder o Ministro Teori Zavascki, que sucedera o Ministro Cezar Peluso.

Um dos importantes resultados do debate, foi a decisão de excluir a referência ao marco temporal, na questão quilombola, onde a maioria decidiu em sentido contrário a este, como consignou a Presidente Carmen Lúcia, no final do debate, devendo ser excluída da Ementa.

O Ministro Fachin, sobre o marco temporal, argumentou de forma muito sólida que:

Assim, dentro de uma hermenêutica constitucionalmente adequada à interpretação e aplicação de um direito fundamental que surge, pela vez primeira, na Constituição de 1988, não depreendo da redação do artigo 68 do ADCT a restrição do direito à titulação de propriedade apenas àqueles remanescentes de comunidades quilombolas que estivessem na posse mansa e pacífica da área na data da promulgação do texto constitucional.

O Ministro Fux foi bastante incisivo sobre o marco temporal:

Em verdade, a teleologia constitucional que informa o comando do art. 68 do ADCT desautoriza qualquer restrição cronológica de seu alcance. O eventual estabelecimento de um marco temporal, uma data certa que se valha de insubstituível referencial para a ocupação de um determinado espaço geográfico por uma comunidade, não se coaduna com a literalidade, nem com a teleologia da proteção constitucional assegurada aos remanescentes das comunidades quilombolas.

Com efeito, com base no voto vencedor da Ministra Rosa Weber, afirmou o STF, dentre os 11 itens da Ementa do Julgado, 9 conclusões de mérito, que são as seguintes:

1. Ato normativo autônomo, a retirar diretamente da Constituição da República o seu fundamento de validade, o Decreto nº 4.887/2003 apresenta densidade normativa suficiente a credenciá-lo ao controle abstrato de constitucionalidade.

2. O art. 68 do ADCT assegura o direito dos remanescentes das comunidades dos quilombos de ver reconhecida pelo Estado a propriedade sobre as terras que histórica e tradicionalmente ocupam – direito fundamental de grupo étnico-racial minoritário dotado de eficácia plena e aplicação imediata. Nele definidos o titular (remanescentes das comunidades dos quilombos), o objeto (terras por eles ocupadas), o conteúdo (direito de propriedade), a condição (ocupação tradicional), o sujeito passivo (Estado) e a obrigação específica (emissão de títulos), mostra-se apto o art. 68 do ADCT a produzir todos os seus efeitos, independentemente de integração legislativa.

3. Disponíveis à atuação integradora tão-somente os aspectos do art. 68 do ADCT que dizem com a regulamentação do comportamento do Estado na implementação do comando constitucional, não se identifica, na edição do Decreto 4.887/2003 pelo Poder Executivo, mácula

aos postulados da legalidade e da reserva de lei. Improcedência do pedido de declaração de inconstitucionalidade formal por ofensa ao art. 84, IV e VI, da Constituição da República.

4. O compromisso do Constituinte com a construção de uma sociedade livre, justa e solidária e com a redução das desigualdades sociais (art. 3º, I e III, da CF) conduz, no tocante ao reconhecimento da propriedade das terras ocupadas pelos remanescentes das comunidades dos quilombos, à convergência das dimensões da luta pelo reconhecimento – expressa no fator de determinação da identidade distintiva de grupo étnico-cultural – e da demanda por justiça socioeconômica, de caráter redistributivo – compreendida no fator de medição e demarcação das terras.

5. Incorporada ao direito interno brasileiro, a Convenção 169 da Organização Internacional do Trabalho – OIT sobre Povos Indígenas e Tribais, consagra a "consciência da própria identidade" como critério para determinar os grupos tradicionais aos quais aplicável, enunciando que Estado algum tem o direito de negar a identidade de um povo que se reconheça como tal.

6. Constitucionalmente legítima, a adoção da autoatribuição como critério de determinação da identidade quilombola, além de consistir em método autorizado pela antropologia contemporânea, cumpre adequadamente a tarefa de trazer à luz os destinatários do art. 68 do ADCT, em absoluto se prestando a inventar novos destinatários ou ampliar indevidamente o universo daqueles a quem a norma é dirigida. O conceito vertido no art. 68 do ADCT não se aparta do fenômeno objetivo nele referido, a alcançar todas as comunidades historicamente vinculadas ao uso linguístico do vocábulo quilombo. Adequação do emprego do termo "quilombo" realizado pela Administração Pública às balizas linguísticas e hermenêuticas impostas pelo texto-norma do art. 68 do ADCT. Improcedência do pedido de declaração de inconstitucionalidade do art. 2º, § 1º, do Decreto 4.887/2003.

7. Nos casos Moiwana v. Suriname (2005) e Saramaka v. Suriname (2007), a Corte Interamericana de Direitos Humanos reconheceu o direito de propriedade de comunidades formadas por descendentes de escravos fugitivos sobre as terras tradicionais com as quais mantêm relações territoriais, ressaltando o compromisso dos Estados partes (Pacto de San José da Costa Rica, art. 21) de adotar medidas para garantir o seu pleno exercício.

8. O comando para que sejam levados em consideração, na medição e demarcação das terras, os critérios de territorialidade indicados pelos remanescentes das comunidades quilombolas, longe de submeter o procedimento demarcatório ao arbítrio dos próprios interessados, positiva o devido processo legal na garantia de que as comunidades tenham voz e sejam ouvidas. Improcedência do pedido de declaração de inconstitucionalidade do art. 2º, §§ 2º e 3º, do Decreto 4.887/2003.

9. Diverso do que ocorre no tocante às terras tradicionalmente ocupadas pelos índios – art. 231, § 6º – a Constituição não reputa nulos ou extintos os títulos de terceiros eventualmente incidentes sobre as terras ocupadas por remanescentes das comunidades dos quilombos, de modo que a regularização do registro exige o necessário o procedimento expropriatório. A exegese sistemática dos arts. 5º, XXIV, 215 e 216 da Carta Política e art. 68 do ADCT impõe, quando incidente título de propriedade particular legítimo sobre as terras ocupadas por quilombolas, seja o processo de transferência da propriedade mediado por regular procedimento de desapropriação. Improcedência do pedido de declaração de inconstitucionalidade material do art. 13 do Decreto 4.887/2003.

Percebe-se, assim, a importância da vitória contra a ação que questionava a constitucionalidade do decreto federal regulamentar do art. 68 do ADCT, especialmente porque, além de não caracterizada a violação do disposto no art. 84, IV, da CF, o STF reconheceu a autoaplicabilidade deste direito fundamental, inclusive reconhecendo que ele limita a atuação legislativa. Outro ponto fundamental é o reconhecimento da legitimidade do direito da autoatribuição das comunidades para se declarar como remanescentes, previsto no art. 2º, *caput* e §1º.

O ponto negativo da decisão é a limitação da possibilidade de desapropriação pelo Incra das áreas que estejam em domínio particular para transferi-las aos remanescentes das comunidades dos quilombos (art. 13, *caput* e §2º), com fundamento apenas no interesse social, e não para fins de reforma agrária, mas por outro lado, é positivo que permitindo um leque amplo de modalidades de transferência de áreas para a propriedade das comunidades quilombolas.

Mesmo com algumas limitações, o essencial foi definido, pois, com o afastamento do marco temporal da posse quilombola, o Supremo Tribunal Federal protege positivamente e destacou a manifestação da posse das comunidades como o elemento essencial da especificidade da relação da comunidade com a terra, permitindo a reivindicação e garantia da efetividade do direito à terra.

Desta forma, o Supremo Federal referendou determinados princípios semelhantes aos adotados pelo legislador paraense na condução do processo de reconhecimento e titulação das comunidades remanescentes de quilombos, como defendemos nas edições anteriores, já que o decreto federal considera como remanescentes das comunidades dos quilombos os grupos étnico-raciais, segundo critérios de autoatribuição, com trajetória histórica própria, dotados de relações territoriais específicas, com presunção de ancestralidade negra relacionada com a resistência à opressão histórica sofrida, sendo que esta caracterização será atestada mediante autodefinição da própria comunidade (art. 2º e seu §1º do Decreto nº 4.877/2003).

A norma federal deixa fora de dúvidas que a autodefinição é o critério fundamental para o reconhecimento da comunidade interessada como remanescente de quilombos, ao prescrever que esta autodefinição será inscrita no cadastro geral junto à Fundação Cultural Palmares, que expedirá certidão respectiva na forma do regulamento (§4º do art. 2º do Decreto nº 4.877/2003).

O processo administrativo para a emissão desta *certidão* está previsto na Portaria nº 98, de 26.11.2007, da Fundação Cultural Palmares. No *cadastro* poderão ser registradas também as autodenominadas terras de preto, comunidades negras, mocambos, quilombos, entre outras denominações congêneres.[125] Somente se houver contestações ao procedimento de identificação e reconhecimento da comunidade é que compete ao Ministério da Cultura, por meio da Fundação Cultural Palmares, subsidiar os trabalhos técnicos do procedimento de identificação e reconhecimento das comunidades, assistindo e acompanhando o Ministério da Agricultura, Pecuária e Abastecimento e o Incra nas ações de regularização fundiária, a fim de garantir a preservação da identidade cultural dos remanescentes das comunidades dos quilombos (art. 5º do Decreto nº 4.877/2003).

---

[125] A MP nº 1.154, de 1º de janeiro de 2023, que estabelece a organização básica dos órgãos da Presidência da República, criaria o Ministério da Cultura, sendo que a Fundação Cultural Palmares volta ao Ministério da Cultura, que foi criado conforme os termos do art. 2º, V, 3, do Decreto nº 111.336, de 1º de janeiro de 2022. Não há revogação expressa da regra de que o reconhecimento das comunidades remanescentes de quilombos deve ser inscrito no cadastro geral junto à Fundação Cultural Palmares, que expede a competente certidão (Portaria nº 98/2007 c/c §4º do art. 2º do Decreto nº 4.877/2003).

A necessidade de intervenção complementar da Fundação Cultural Palmares somente ocorre se houver contestação do processo de identificação e reconhecimento da comunidade remanescente, e os eventuais interessados nesta impugnação terão o prazo de noventa dias para realizá-la. O prazo de impugnação conta-se após a publicação e notificações referentes à conclusão dos trabalhos de campo de identificação, delimitação e levantamento ocupacional e cartorial realizados pelo do Incra.

Não havendo impugnações ou sendo rejeitado, o Incra concluirá o trabalho de titulação da terra ocupada pelos quilombolas (art. 9º, *caput* e parágrafo único do Decreto nº 4.877/2003).

É importante frisar que se não existir a impugnação à condição quilombola, não há necessidade de intervenção e assistência da Fundação Palmares, podendo o Incra concluir diretamente o trabalho de titulação das comunidades, tornando-se ociosa a regra do art. 5º do Decreto nº 4.877/03.

Resulta, desta apertada síntese, que o processo de reconhecimento das comunidades remanescentes de quilombos no âmbito federal é semelhante ao previsto pelo legislador paraense, sendo a autodefinição o critério fundamental para reconhecimento de uma comunidade como remanescente de quilombos, sem dúvida o critério mais adequado para o tema.

Não poderia ser de outra forma, pois já inclusa no sistema de direito positivo nacional a Convenção nº 169 da Organização Internacional do Trabalho, que foi aprovada pelo Congresso Nacional, através do Decreto Legislativo nº 143/2002, que trata sobre os povos indígenas e tribais em países independentes, sendo que o art. 1º prevê que a consciência da identidade indígena ou tribal deverá ser considerada critério fundamental para determinar os grupos aos quais se aplicam os seus dispositivos.

A Convenção nº 169 da OIT é expressa sobre a necessidade de se aplicar à legislação nacional o dever de serem levados na devida consideração os costumes ou direito consuetudinário dos povos (art. 8º).

Define o art. 13, da Convenção nº 169-OIT, que, ao aplicarem as disposições, os governos deverão respeitar a importância especial que para as culturas e valores espirituais dos povos possui a sua relação com as terras ou territórios, ou ambos, segundo os casos, que eles ocupam ou utilizam de alguma maneira e, particularmente, os aspectos coletivos dessa relação.

Conclui-se que a norma federal, Decreto nº 4.877/03, sobre o reconhecimento e titulação das comunidades remanescentes de quilombos, está em pleno acordo com os compromissos internacionais que a Convenção nº 169 da OIT implica para o Brasil, e especialmente com o significado que da autodefinição emerge para a unidade da luta do povo negro.

O art. 68 do ADCT deve ser sempre interpretado como norma de direito fundamental do grupo étnico-racial negro, e como tal se configura direito subjetivo, que independe de integração legislativa, e limitadora da atuação do legislador infraconstitucional. É dever do Estado agir para alcançar o resultado pretendido pela Constituição, e, tratados de Direitos Humanos ratificados, como é o caso da Convenção 169 da OIT.

4.3.2.2 Sobre o significado do autorreconhecimento das comunidades remanescentes de quilombos e interpretação jurídica

Ao trabalhar com o reconhecimento de comunidades quilombolas, não se pode nunca deixar de reconhecer que é resultado de um longo processo histórico da luta negra pela liberdade, assim, é preciso um trabalho exegético que leve em conta esta responsabilidade histórica, e não podemos fazer deste um instrumento para retenção do processo de liberdade.

Embora a história oficial destaque o 13.5.1888 e a figura heroica da Princesa Izabel, o revolver da história revela que a luta negra nunca esteve dissociada de outros levantes populares.

Deve ser destacada a luta de muitos outros heróis negros, famosos ou anônimos, que ergueram a sua voz contra a escravidão, não só nos quilombos ermos, como querem reduzir a luta negra, e conseguiram, mesmo antes do fim oficial da escravidão, com o seu talento, expressar o seu anseio por justiça.

Não se pode esquecer de que, por quase quatro séculos, a economia brasileira foi mantida pelo trabalho negro, portanto, mais da metade do tempo histórico desta jovem nação dependeu do escravismo para existir economicamente, criando uma dívida não apenas moral, mas patrimonial com o povo negro.

O sistema de cerceamento da liberdade negra no Brasil foi além da escravidão, configurando-se verdadeiro escravismo. Não se deve confundir escravidão com escravismo, pois, como leciona a historiadora Marina de Mello Souza:

> O escravismo é um conceito bem mais preciso, que se refere a sociedades fundadas na utilização do trabalho escravo, dentre as quais as antigas colônias americanas são o exemplo mais bem acabado. A apropriação do trabalho de outrem no interior de uma sociedade não faz com que ela seja definida como escravista, sendo necessário para isto que esta forma de exploração seja central para a economia em questão, como ocorreu no Brasil até o final do século XIX. O continente africano não conheceu o escravismo, talvez com exceção apenas de algumas economias monocultoras do século XIX, voltadas para a exportação de mercadorias como óleo de palmeira (dendê), amendoim, café, algodão e cravo. Salvo estes poucos exemplos, decorrentes da atuação de comerciantes europeus em algumas regiões, ou de sociedades da Antiguidade, como o Egito, o trabalho escravo não foi o motor das sociedades africanas.[126] Conceber a atual luta pelo reconhecimento e titulação de comunidades quilombolas como continuidade da luta pela liberdade contra o escravismo é o único caminho aceitável, pois a cultura negra por muito tempo sequer tinha o reconhecimento como tal na República, assim, por exemplo, que no início da República, em outubro de 1890, foi promulgada a Lei nº 487 – Lei Sampaio Ferraz – pelo Presidente Deodoro da Fonseca, que previa dois a seis meses de trabalho forçado na ilha de Fernando de Noronha aos negros que praticavam capoeira. Era o único paraíso no qual o Estado bancava a estadia aos negros.

---

[126] SOUZA, Mariana de. Um novo olhar sobre a África. *Nossa História*, ano I, n. 8, jun. 2004. p. 82.

Os parâmetros sobre os quais dever ser feita a análise das comunidades quilombolas devem partir de um enfoque especial e próprio, com a sua ligação na atualidade, sem esquecer o passado.

Vicente Sales, historiador paraense, inclusive, faz ressaltar que os quilombos representavam por vezes a luta não apenas do negro pela liberdade, mas se expandia num conceito a que se vieram agregar outros excluídos, demonstrando que os negros se associavam a outros grupos:

> Na floresta o negro se achava sozinho. Às vezes, conseguia chegar a alguma aldeia indígena e, por sorte, acabava vivendo amistosamente com os silvícolas. Bandeava-se desta forma para grupos totalmente estranhos e que com ele, só tinham um traço comum: O ódio ao branco dominador. Há na crônica da escravidão muitos casos ilustrativos e que destroem o mito da incompatibilidade étnica.[127] Não se deve insistir no argumento da titulação de restos de quilombos, mas de remanescentes de quilombos, ou seja, é porque não se deve deixar de considerar que a história não se dá de forma uniforme, especialmente que esta é a história construída pelo sistema opressor.

Almeida reporta sobre os quilombos: "Admitir que era quilombola equivalia ao risco de ser posto à margem. Daí as narrativas místicas: terras de herança, terras de santo, terras de índio, doações, concessões e aquisições de terras. Cada grupo tem sua estória e construiu sua identidade a partir dela".[128] Estes excertos de estudos demonstram que a vida e a luta pela liberdade não podem ser resumidas a uma única forma histórica, simplista e preconceituosa. Reconhecer o direito à titulação das comunidades quilombolas é antes de tudo uma forma tardia de recuperar o respeito pela resistência negra pela liberdade, que ainda hoje é a maioria excluída da sociedade.

Esta história tem um marco legislativo importante na sua reversão e que reforça a mudança de paradigma advinda da Constituição Federal de 1988, quando o Brasil finalmente aprova o Estatuto da Igualdade Racial, instituído pela Lei Federal nº 12.288, de 20.7.2010, cujo art. 1º deixa muito claro que o seu destinatário é a comunidade negra, visando garantir à população negra a efetivação da igualdade de oportunidades, a defesa dos direitos étnicos individuais, coletivos e difusos e o combate à discriminação e às demais formas de intolerância étnica.

Por ser um marco jurídico fundamental, não poderia ter sido abordado de maneira periférica pelo STF no julgamento da ADI nº 3.239-DEM *vs.* Quilombos, e sequer aparece na ementa. De fato, apenas o Ministro Peluso e Fachin fazem referência a este importante instituto legislativo, o que se constitui a principal lacuna normativa presente na análise do STF sobre o decreto regulamentar das terras quilombolas e que deveria ser melhor abordado, pois vigente desde 2010.

É uma norma que tem corpo social-étnico determinado, resultado do reconhecimento do fato histórico de que a desigualdade racial no Brasil ocorre contra os afrodescendentes,

---

[127] SALLES, Vicente. *O negro no Pará, sob o regime da escravidão*. 3. ed. Belém: IAP/Programa Raízes, 2005. p. 237.

[128] ALMEIDA, Alfredo Wagner de. Terras de preto, terras de santo, terras de índio: uso comum e conflito. In: CASTRO, Edna; HEBETE, Jean (Org.). Na trilha dos grandes projetos: modernização e conflito na Amazônia. *Cadernos NAEA*, Belém, n. 10, 1988. p. 21.

cujos antepassados foram objeto de leis escravistas aplicadas no território nacional, que os excluíam da noção de sujeito de direitos, dentro de uma política de Estado.

No livro *1808*, o jornalista Laurentino Gomes destaca que a cobrança de impostos sobre as transações de compra e venda dos negros escravizados, calculados a preços atuais, rendia à Coroa o valor equivalente a 18 milhões de reais anuais.[129] Se na atualidade não seria uma receita nada desprezível, fica fácil perceber a sua importância dentro de uma economia rudimentar, como a colonial. De fato, estas normas estão conectadas com as origens da obrigação do Estado brasileiro em compensar a comunidade negra, decorrente da aplicação da sua política econômica fundada sobre o trabalho negro escravizado, por aproximadamente 300 anos, o que é suficiente para balizar a obrigação de instituir por lei uma política de Estado reparadora para esta comunidade. Não se trata de política de reparação civil a bem individualizado, mas reparação histórica a uma comunidade determinada, composta por sujeitos de direitos indeterminados, mas determináveis.

Registra a história que, de cada 100 negros capturados na África, só 45 chegavam ao destino final. Estima-se que cerca de 10 milhões de pessoas não chegaram ao destino de sua venda nas Américas,[130] cujo Brasil foi sabidamente o principal mercado. Só para se ter ideia da magnitude da mortandade neste comércio, o que revela toda a sua iniquidade e violência, hoje, em pleno século XXI, a população do Chile é de pouco mais de 16 milhões de pessoas, a Argentina possui aproximadamente 40 milhões, o Uruguai possui aproximadamente 4 milhões de habitantes, ou, seja o número de mortos no tráfico negreiro equivale a mais da metade da população atual do Chile, 1/4 da população argentina, e mais do dobro da população do Uruguai, que se constituem em nações com língua, cultura e intelectualidade marcantes da América Latina. Agora, imagine-se o impacto que esta mortandade teve nos séculos XVI a XVIII sobre as comunidades africanas, o que nos dá uma pista muito vaga da perda de talento humano de que foi privada a humanidade neste comércio iníquo, e, portanto, não se pode deixar este genocídio sem uma compensação pelo Estado, que apoiou e incentivou este crime contra a humanidade.

Importante destacar que seria um erro de perspectiva histórica se discutir que o Estatuto da Igualdade Racial possa promover a extinção do racismo contra negros, pois o racismo, ainda que exercido coletivamente, é uma odiosa atitude conceitual de origem psicossocial-humana, e, neste sentido, não se pode exigir que alguém não seja racista, ainda que seja dever do Estado combater por meios legais as práticas racistas, ou seja, as externalidades do preconceito racial, bem como dever moral da comunidade, por meio da educação, afastar o preconceito de todas as formas.

Registra-se que apesar de o art. 2º do Estatuto da Igualdade Racial apresentar um conteúdo mais genérico sobre o dever do Estado e da sociedade de garantir igualdade de oportunidades, independentemente de etnia ou cor da pele, e o direito à participação da comunidade nas atividades políticas, econômicas, empresariais, educacionais, culturais e esportivas, defendendo sua dignidade e seus valores religiosos e culturais, não se pode dizer que ele retirou o foco do destinatário da política, como previsto no art. 1º, que é

---

[129] GOMES, Laurentino. *1808*. 2. ed. 2. reimpr. São Paulo: Planeta, 2010. p. 216.
[130] GOMES, Laurentino. *1808*. 2. ed. 2. reimpr. São Paulo: Planeta, 2010. p. 217.

a comunidade negra. Pelo contrário, reafirma que a construção da igualdade racial é um dever do Estado e da sociedade, que devem garantir igualdade de oportunidades à comunidade negra, que é a destinatária da aplicação do Estatuto, seguindo as regras de interpretação hermenêutica de unidade da norma.

Mas o detalhe é que esta lei inadvertidamente não define o que é preconceito, embora o parágrafo único do art. 1º do Estatuto da Igualdade Racial defina o que considera como discriminação racial ou étnico-racial, desigualdade racial, desigualdade de gênero e raça, bem como população negra.

O Estatuto da Igualdade Racial considera discriminação racial ou étnico-racial: toda distinção, exclusão, restrição ou preferência baseada em raça, cor, descendência ou origem nacional ou étnica que tenha por objeto anular ou restringir o reconhecimento, gozo ou exercício, em igualdade de condições, de direitos humanos e liberdades fundamentais nos campos político, econômico, social, cultural ou em qualquer outro campo da vida pública ou privada (inc. I do parágrafo único do art. 1º).

A leitura do dispositivo permite aferir que o conceito de discriminação racial se revela por ações que levam a restrições de gozo de direitos pela comunidade negra, como face objetiva de manifestação do preconceito.

Por isso, mesmo legalmente, o instituto do preconceito não aparece de forma independente da discriminação racial ou étnica, mas sempre aparece nos dispositivos que tratam sobre discriminação, como verifica-se no art. 4º, inc. III, arts. 51 e 54 do Estatuto da Igualdade Racial.

O que é preconceito em razão de origem, raça ou etnia? Esta pergunta poderia ser respondida de uma forma teórica? Embora o seja, não interessa para o presente estudo, basta saber o contexto histórico donde surgiu, como visto *retro*, e como ele ainda influencia aspectos práticos da política do Estado no resgate da dívida histórica, como é o caso de uma política destinada à titulação de terras de remanescentes de quilombos.

De fato, um dos elementos sempre críticos na aplicação de leis de políticas afirmativas é ter clareza dos seus destinatários, e a sua unidade dentro deste conceito, apesar da sua diversidade de objetivos, daí o papel fundamental na interpretação e aplicação das normas do Estatuto da Igualdade Racial.

Por isso é importante que o Estatuto da Igualdade Racial, no inc. IV do parágrafo único do art. 1º, considere como população negra o conjunto de pessoas que se autodeclaram pretas e pardas, conforme o quesito cor ou raça usado pela Fundação Instituto Brasileiro de Geografia e Estatística (IBGE), ou que adotam autodefinição análoga.

O Estatuto da Igualdade Racial apresenta os parâmetros sobre os quais deve ser feita a análise das formas de discriminação racial para a sua aplicação a partir de um enfoque especial e próprio, com a sua ligação na atualidade, sem esquecer o passado.

Aliás, desde o julgamento pelo Plenário do Supremo Tribunal Federal da ADPF nº 186, que considerou constitucional a política de cotas étnico-raciais para seleção de estudantes da Universidade de Brasília (UnB), em que foi julgada por unanimidade improcedente a ação ajuizada na Corte pelo Partido Democratas (DEM), tem se esgotado o tortuoso debate jurídico sobre a constitucionalidade do sistema de cotas, por critérios raciais ou sociais, como critério de execução de políticas afirmativas para a comunidade negra e que, por evidente, deve ser estendido a outras políticas afirmativas.

De fato, no julgamento da ADPF nº 186, em 25.4.2012, na forma do voto do Ministro Ricardo Lewandowski, o STF reconheceu que o conceito de políticas afirmativas fundamenta-se no art. 2º, II, da Convenção para a Eliminação de Todas as Formas de Discriminação Racial, da Organização das Nações Unidas, ratificada pelo Brasil em 1968, segundo o qual ações afirmativas são "[...] medidas especiais e concretas para assegurar como convier o desenvolvimento ou a proteção de certos grupos raciais de indivíduos pertencentes a estes grupos com o objetivo de garantir-lhes, em condições de igualdade, o pleno exercício dos direitos do homem e das liberdades fundamentais", e compreende todas aquelas políticas cujas medidas tem como escopo "reparar ou compensar os fatores de desigualdade factual com medidas de superioridade jurídica", não podendo ser consideradas meras concessões do Estado, mas consubstanciam-se deveres extraídos dos princípios constitucionais, como definido no RMS nº 26.071, de relatoria do Min. Ayres Britto, e cuja temporalidade, na sua execução, está associada à correção da injustiça que faz persistir a desigualdade.

O elemento fundamental deste conceito é associar expressamente o conceito de política afirmativa com o de identidade étnica (racial) e as origens históricas desta descriminação que promove desigualdade, impondo um dever ao Poder Público em promover a ação pelo tempo necessário para debelar a desigualdade, ampliando o espectro da Justiça material.[131] Neste julgamento o STF expressamente abonou a possibilidade constitucional tanto da autoidentificação quanto da heteroidentificação, desde que não deixem de respeitar a dignidade humana, como base legítima para se realizar políticas de ação afirmativa, fundadas na discriminação reversa, enquanto persistente, no tempo, o quadro de exclusão social que lhes deu origem, sendo a medida proporcional aos seus fins. Destaca-se que o critério da autodeclaração foi adotado no ingresso nas universidades federais e nas instituições federais de ensino técnico de nível médio, conforme determina o art. 3º da Lei nº 12.711, de 29.8.2012.

Neste diapasão, o art. 1º, parágrafo único, inc. VI, do Estatuto da Igualdade Racial, considera ações afirmativas os programas e medidas especiais adotados pelo Estado e pela iniciativa privada para a correção das desigualdades raciais e para a promoção da igualdade de oportunidades.

Assim, é evidente que as comunidades quilombolas possuem o direito a uma política afirmativa que permita de fato ser cumprido o direito previsto no art. 68 do ADCT e demais normas posteriores, ainda mais que o Capítulo IV do Estatuto da Igualdade Racial expressamente prevê o direito do acesso à terra.

De fato, após o art. 27 da Lei nº 12.288/2010 definir que o Poder Público elaborará e implementará políticas públicas capazes de promover o acesso da população negra à terra e às atividades produtivas no campo, o art. 31 define que aos remanescentes das comunidades dos quilombos que estejam ocupando suas terras é reconhecida a propriedade definitiva, devendo o Estado emitir-lhes os títulos respectivos.

---

[131] Neste julgamento o STF reiterou que o conceito de racismo, definido no HC nº 82.424-QO/RS, de relatoria do Min. Maurício Corrêa, para os efeitos do art. 5º, XLII, da Constituição Federal, é um conceito histórico-social, pois "Embora hoje não se reconheça mais, sob o prisma científico, qualquer subdivisão da raça humana, o racismo persiste enquanto fenômeno social, o que quer dizer que a existência das diversas raças decorre da mera concepção histórica, política e social e é ela que deve ser considerada na aplicação do direito".

No mesmo norte o art. 32 do Estatuto da Igualdade Racial impõe que o Poder Executivo Federal elaborará e desenvolverá políticas públicas especiais voltadas para o desenvolvimento sustentável dos remanescentes das comunidades dos quilombos, respeitando as tradições de proteção ambiental das comunidades.

Não menos enfático o art. 33 da mesma norma define que, para fins de política agrícola, os remanescentes das comunidades dos quilombos receberão dos órgãos competentes tratamento especial diferenciado, assistência técnica e linhas especiais de financiamento público, destinados à realização de suas atividades produtivas e de infraestrutura.

E coroando este sentido específico do direito de acesso à terra das comunidades quilombolas, dentro de uma política afirmativa para as comunidades negras, o art. 34 do Estatuto da Igualdade Racial prescreve que os remanescentes das comunidades dos quilombos se beneficiarão de todas as iniciativas previstas nesta e em leis para a promoção da igualdade étnica.

Então isto permite afirmar que não agiu corretamente o STF ao limitar a utilização da desapropriação para fins de reforma agrária, a fim de atender às comunidades quilombolas, pois esta inclusive se revela mais adequada para atender à finalidade constitucional, pois o STF debate profundamente esta relação de pertencimento e identidade com a terra, especialmente das comunidades rurais.

Isto tudo permite reforçar que o exercício da manifestação social das comunidades ainda que possa indiretamente remontar a um conceito de quilombos que foi forjado justamente pelos colonizadores, os brancos dominadores, o interesse e a vontade do constituinte através destas titulações de remanescentes é iniciar um resgate da dívida para com o povo negro, que também soube ser solidário com outros excluídos, e que nem por isso diminui o seu significado; pelo contrário, aumenta e mais valoriza o significado da luta pela liberdade, que é um direito fundamental de qualquer ser humano.

Um importante instrumento desta simbologia é a expedição do título coletivo a favor da entidade representativa das comunidades e que continua possível, apesar das alterações do §14 do art. 18 da Lei Federal nº 8.629/93, pela Lei nº 13.465/2017, em cuja nova redação determina vedação interpretativa de que a concessão do título de domínio coletivo, provisório ou definitivo, seja emitida a favor de pessoa jurídica.

Apesar da redação confusa, esta "vedação interpretativa" para a concessão de título coletivo a favor de pessoa jurídica somente faria algum sentido como uma tentativa de impedir a titulação coletiva a favor das comunidades, já que em geral é por meio de suas associações que recebem o título de suas áreas para a proteção do território.

Felizmente, tal vedação é inócua, pois não está em acordo com texto magno. Com efeito, a Constituição Federal garante o direito de plena liberdade associativa, na forma do art. 5º, incs. XVII e XVIII, que independe de autorização e veda a interferência estatal em seu funcionamento. Assim, o preceito normativo não possui qualquer âmbito de aplicação ante o preceito constitucional.

A Constituição Federal colocou uma missão aos operadores do direito e estabeleceu o legítimo dever de reconhecer e titular comunidades remanescentes de quilombos, como símbolo de liberdade destas comunidades, e cumpre à sociedade, Poder Público, Judiciário e acadêmicos continuar a lutar para que este processo continue, e não podemos optar por sermos instrumentos de uma interpretação tacanha de leis que buscam resgatar um pouco da dívida para com nosso povo.

4.3.3 Regime da posse quilombola e unidades de conservação

Aplica-se ao conceito de posse quilombola todos os alinhamentos referidos anteriormente sobre a posse agrária e a posse agroecológica, com a necessária coragem, ousadia e compreensão jurídica para bem interpretar esta legislação, construindo com todas as letras a possibilidade da viabilização do dever constitucional para a melhor eficácia da tutela do direito dos remanescentes de quilombos, como importante interesse comunitário e de alcance social.

Esta nova *práxis* que ora se sustenta está concretamente vinculada à gravidade para o tecido social que representaria o Estado omitir-se no seu dever constitucional de conservar o patrimônio cultural do seu povo, e, evidentemente, vem a este agregado o direito de morar, produzir, trabalhar, tudo muito estreitamente ligado.

O poder-dever ditado desta específica modalidade de efetivação destes direitos via o instrumento da titulação de remanescentes de quilombos tem por escopo mais estreito proteger o direito à moradia com dignidade, via consolidação da propriedade àqueles que habitam determinada área coletivamente considerada, e, ainda, fundamentalmente, preservar os seus valores culturais, mas, sobretudo, reconhecer a luta pela liberdade do povo negro, ainda que tardia.

Destaca-se que o legislador tutela primeiramente o exercício do direito de moradia e reprodução cultural, a posse do direito de moradia e reprodução cultural, e não o direito de propriedade da comunidade sobre a área de exercício do domínio estéril de eventual proprietário omisso.

O registro imobiliário a favor da comunidade é apenas um meio executivo de estabilizar o direito de viver com dignidade, este sim o objetivo fundamental do legislador, tornando público o exercício deste direito. As diferentes normas federais e estaduais determinam que todo o processo de reconhecimento dos direitos territoriais das comunidades remanescentes de quilombos deve ser realizado sem ônus para as comunidades. Todas as despesas, inclusive o registro imobiliário, são de responsabilidade do poder público.

O legislador considera a posse em si mesma elemento legitimador de outros direitos, inclusive o de propriedade, que somente é considerado como respeitando a sua função social se acompanhado de um uso que o legitima socialmente.

A opção do legislador pelo *caráter comunitário* deve ser valorizada e aplicada como meio de afirmação da cidadania, e do princípio de que todo poder emana do povo.

Destaca-se que esta forma de encaminhamento do problema coloca-se como fundamental para perceber-se a ocupação da área como uma *posse coletiva*, ou seja, não é um amontoado de sujeitos numa mesma área defendendo e somando suas posses particulares, mas um exercício coletivo do direito constitucional previsto no art. 68 do ADCT, ou seja, a posse do outro não é menos ou mais que a cada posse individual, mas sim a posse somente tem sentido se percebida e lida conjuntamente e de forma unitária com a posse dos vizinhos quilombolas.

Releva destacar claramente que o ditame constitucional visa exatamente a reconhecer o domínio das comunidades remanescentes sobre as terras que ocupam, para o resgate de uma dívida histórica com o povo brasileiro, e que o modo adequado é reconhecer este apossamento de forma coletiva, e no mesmo sentindo entendemos que deve ser construído o dever de todos em mobilizar todos os instrumentos ao seu alcance para cumprir as obrigações constitucionais.

Este fenômeno ocorre não somente pelo tema dos instrumentos de regularização, como arrecadação de terras, mediante processo discriminatório administrativo ou judicial, desapropriação e outros, por terem em si problemas de ordem técnica que demandariam uma análise caso a caso do tipo, dependendo da área onde aplicada.

Dentro destas premissas se conceitua a posse quilombola como uma posse étnica e agroecológica que se manifesta pelo apossamento de uma área e seus recursos naturais por um agrupamento descendente de negros cujos antepassados foram escravos, através de grupos familiares, dentro de um contexto comunitário, e cujo processo de regularização fundiária ocorre mediante a titulação coletiva do domínio.

Importante, ainda, destacar que a situação das comunidades de remanescentes de quilombos e o seu direito à terra e propriedade como um direito específico e constitucionalmente consolidado também deve ter um tratamento diferente ante as unidades de conservação.

Primeiro fato a destacar é que toda definição de domínio posta pelo legislador deve ser vista do ponto de vista da natureza da posse ou uso que é permitido. Observando-se, assim, que a função instrumental da propriedade traz consigo a noção de posse agrária, ou melhor dizendo, no caso dos quilombos, agroecológica. E um ponto relevante é o fato de a Constituição reconhecer um específico direito de propriedade para as comunidades quilombolas.

Considerando a premissa de que as comunidades quilombolas são populações tradicionais e reconhecendo seu direito específico e que a posse agroecológica é a manifestação fática daquele conceito, a posse das comunidades tradicionais não pode ser totalmente incompatível com o instrumento das unidades de conservação, mas devemos considerar este tema especialmente diante do direito de propriedade quilombola.

Como exposto anteriormente ao tratar da posse agroecológica, não pode haver uma regra estreita sobre a presença humana e sua compatibilidade para a definição de unidades de conservação, pois existindo comunidades tradicionais esta deve condicionar o tipo de unidade de conservação a ser criada.

Porém, alerta-se que nos casos que o legislador prevê explicitamente a presença de comunidades tradicionais em unidades de conservação, estas são definidas como áreas de *domínio público*, como é o caso da reserva extrativista ou da reserva de desenvolvimento sustentável.

As comunidades quilombolas são populações tradicionais, às quais o Constituinte definiu um especial direito de propriedade, que não pode ser negado e deve ser respeitado.

Assim, aquelas unidades de conservação que não admitem a propriedade privada, embora compatível com a presença humana, não podem ser impostas ou criadas em áreas quilombolas. Somente podem ser criadas unidades de conservação que admitem a propriedade privada.

Logo, conclui-se que somente são compatíveis com as terras quilombolas as criações de unidades de conservação de proteção integral: monumento natural e refúgio de vida silvestre, pois elas permitem a propriedade privada, não sendo de exclusivo domínio público, desde que o uso pelo proprietário seja compatível com a sua finalidade, e evidentemente que a tradição destas comunidades aponta esta compatibilidade.

O contraponto disto é que não podem ser criadas, e caso existentes, antes de se reconhecer um território como quilombola, devem ter alterados seus limites ou a natureza jurídica das unidades de conservação de proteção integral das modalidades estação ecológica, reserva biológica e parque nacional.

No que tange às unidades de conservação de uso sustentável, seguindo a premissa de que deve o Poder Público respeitar o direito de domínio das comunidades quilombolas, até mesmo pela sua contribuição à preservação ambiental, podem ser criadas áreas de proteção ambiental e área de relevante interesse ecológico, pois estas podem ser constituídas de áreas públicas e/ou privadas, sendo que as áreas de domínio particular, respeitados os limites constitucionais, estão sujeitas ao estabelecido em normas e a restrições para a sua utilização, o que por certo as comunidades quilombolas não terão dificuldades em observar.

Como após a titulação a área quilombola se torna domínio, nada impede que a comunidade possa criar na sua área uma reserva particular do patrimônio natural, que obviamente é de exclusivo domínio privado, pois, mesmo na RPPN, o gravame de perpetuidade da área decorre de termo de compromisso assinado perante o órgão ambiental, depois de verificada a existência de interesse público, o termo de compromisso instituindo a RPPN deve, então, ser averbado à margem do registro de imóveis. Lembre-se de que, sem a intervenção da administração, não é legítima a sua instituição (art. 21, §§1º e 2º, da Lei nº 9.985/2000).

Logo se vê que não se trata de incompatibilidade natural, mas há possibilidade de se coordenar os interesses das comunidades e a criação de unidades de conservação, pois o resgate da história do povo negro e sua relação com o meio ambiente possuem um elo mágico entre liberdade como valor humano e meio ambiente como lugar do exercício da liberdade.

Realizando uma pesquisa sobre direito estadual comparado sobre este tema, da relação entre unidades de conservação e terras quilombolas, podemos levantar os dados seguintes.

No estado do Pará, o Decreto nº 3.572/99, que regulamentou a Lei nº 6.165/1998, prevê no art. 6º que quando verificada a incidência parcial das terras ocupadas por comunidades remanescentes de quilombos com unidades de conservação, o Iterpa realizará convênios com os órgãos competentes a fim de tornar viável a titulação da área em nome da comunidade quilombola.

Por outro lado, a Lei nº 6.506, de 2.12.2002, que instituiu as diretrizes básicas para a realização do Zoneamento Ecológico-Econômico no Estado do Pará, inclui a identificação das terras quilombolas como áreas especialmente protegidas, junto com as unidades de conservação e terras indígenas, e como tais serão observados os princípios do desenvolvimento sustentável, com prioridade ao plano de manejo (art. 4º, inc. I, c/c art. 8º).

A Lei nº 6.745, de 6.5.2005, que instituiu o Macrozoneamento Ecológico-Econômico do Estado do Pará, no art. 4º, incs. I e II, prevê que a área territorial do estado fica distribuída em quatro grandes zonas, definidas a partir de dados atuais relativos ao grau de degradação ou preservação da qualidade ambiental e à intensidade do uso e exploração de recursos naturais, sendo:

I – 65% (sessenta e cinco por cento), no mínimo, destinados a áreas especialmente protegidas, distribuídas em 28% (vinte e oito por cento), no mínimo, para terras indígenas e terras de quilombos, 27% (vinte e sete por cento), no mínimo, destinados a unidades de conservação de uso sustentável e 10% (dez por cento), no mínimo, destinados a unidades de conservação de proteção integral;
II – 35% (trinta e cinco por cento), no máximo, para consolidação e expansão de atividades produtivas, áreas de recuperação e áreas alteradas.

Observa-se que o legislador paraense, além de reconhecer o especial direito de titulação das comunidades remanescentes de quilombos, reconhece a sua contribuição à preservação ambiental, incluindo-a no mesmo patamar das unidades de conservação e da mais tradicional comunidade amazônica, que são as comunidades indígenas, sendo definidas as suas terras como áreas especialmente protegidas.

A Lei nº 5.623/98, do estado do Espírito Santo, prevê no art. 2º, §3º, que no caso de superposição de áreas de remanescentes de quilombos com unidades de conservação legalmente constituídas, o estado procederá à adequação da categoria da unidade à ocupação pelas comunidades, intermediando com a União e municípios nos casos de unidades federais ou municipais, com o objetivo de atender aos objetivos da citada lei, garantindo a preservação dos principais atributos dos ecossistemas e a manutenção das reservas florestais e obrigatórias.

No estado de Goiás, a Lei nº 12.596, de 14.3.1995, regulamentada pelo Decreto nº 4.593/95, que institui a Política Florestal do Estado, prevê no art. 6º, inc. V, que se consideram de preservação permanente as florestas e demais formas de vegetação assim declaradas por resolução do Conselho Estadual de Meio Ambiente (Cemam), quando destinadas a manter o ambiente necessário à vida das populações remanescentes de quilombos.

O legislador goiano dá um tratamento muito peculiar às terras de quilombos e não as enquadra como unidades de conservação propriamente ditas, mas as inclui como um espaço especialmente protegido de preservação permanente; portanto, o legislador reconhece especial relação destas comunidades com a natureza.

O Decreto nº 41.774, de 13.5.1997, que dispõe sobre o Programa de Cooperação Técnica para Identificação, Discriminação e Legitimação de Terras Devolutas do Estado de São Paulo ocupadas por remanescentes das comunidades de quilombos e sua regularização fundiária, no art. 9º, incs. II, III e IV, atribui à Secretaria do Meio Ambiente, em conjunto com a Procuradoria-Geral do Estado e Itesp, competência para compatibilizar as áreas especialmente protegidas com as terras quilombolas, determinando que estas entidades públicas:

a) Acompanharão a demarcação das divisas das unidades de conservação, consolidando e compatibilizando os limites dessas unidades com as áreas quilombolas, nas regiões onde se encontram os remanescentes das comunidades de quilombos.
b) Procederão à regulamentação das áreas de proteção ambiental e áreas de entorno das unidades de conservação, visando à compatibilização das regiões onde possa ser mantida a ocupação já existente, da forma de utilização da terra e a viabilidade da expedição de títulos de domínio das comunidades quilombolas.
c) Poderão propor medidas aptas a compatibilizar as ocupações das comunidades de quilombos com áreas de unidades de conservação, alterando seus limites, quando necessário.

Através da Lei nº 10.850, de 6.7.2001, o estado de São Paulo alterou os limites dos parques estaduais de Jacupiranga e Intervales, bem como regulamentou a natureza de áreas da APA da Serra do Mar visando ao reconhecimento da aquisição do domínio das terras ocupadas por remanescentes das comunidades de quilombos, nos termos do artigo 68 do ADCT da CF.

A referida lei paulista excluiu dos limites do Parque Estadual de Jacupiranga as áreas ocupadas pelas comunidades quilombolas Nhunguara, Sapatu e André Lopes, sendo que estas áreas passaram a integrar a Área de Proteção Ambiental da Serra do Mar (art. 1º, *caput* e parágrafo único).

O mesmo diploma legal excluiu dos limites do Parque Estadual de Intervales e da Zona de Vida Silvestre da APA da Serra do Mar as áreas ocupadas pelas comunidades quilombolas Pilões, Maria Rosa, São Pedro, Ivaporunduva e Pedro Cubas, que permaneceram integrando a Área de Proteção Ambiental da Serra do Mar (art. 2º, parágrafo único).

Destaca-se ainda que, percebendo claramente a compatibilidade dos usos das comunidades de quilombos com as áreas de proteção ambiental, a Lei Paulista nº 10.850/01 determinou que as áreas de quilombos incluídas na Área de Proteção Ambiental da Serra do Mar serão objeto de regulamentação específica, garantindo-se o uso e ocupação pelos remanescentes das comunidades quilombolas, respeitadas suas especificidades culturais, bem como a sua titulação (art. 3º c/c art. 5º).

Este panorama de direito comparado estadual, envolvendo diversas espécies de biomas, vantagem de se viver num país continental, permite-nos concluir que, apesar das diversidades de ecossistemas e processos históricos, os legisladores estaduais bem souberam reconhecer a contribuição das diversas comunidades negras para a preservação ambiental de suas terras e a sua importância no processo de construção do desenvolvimento sustentado.

Comunidades quilombolas e tradicionais

Quadro de fixação

Direito constitucional	As *comunidades remanescentes de quilombos* possuem um direito constitucional à terra como resultado da histórica luta do povo negro pela liberdade, sendo o mínimo pagamento da dívida que o Estado brasileiro possui com o povo negro, decorrente do escravismo a que foi submetido, assim, não pode ter preterido este direito.
Posse quilombola	A *posse quilombola* é uma *posse étnica* e *agroecológica* que se manifesta pelo apossamento de uma área e seus recursos naturais por um agrupamento descendente de negros cujos antepassados foram escravos, através de grupos familiares, dentro de um contexto comunitário, e cujo processo de regularização fundiária ocorre mediante a *titulação coletiva* do domínio.
Terras quilombolas e unidades de conservação	São compatíveis com as terras quilombolas as criações de unidades de conservação de proteção integral: monumento natural e refúgio de vida silvestre, pois elas permitem a propriedade privada, não sendo de exclusivo domínio público, desde que o uso pelo proprietário seja compatível com a sua finalidade, e evidente que a tradição destas comunidades aponta esta compatibilidade. Compatíveis, ainda, com as terras quilombolas as unidades de conservação de uso sustentável do tipo áreas de proteção ambiental e área de relevante interesse ecológico, pois estas podem ser constituídas de áreas públicas e/ou privadas, sendo que as áreas de domínio particular, respeitados os limites constitucionais, estão sujeitas ao estabelecido em normas e restrições para a sua utilização, o que por certo as comunidades quilombolas não terão dificuldades em observar.
Comunidade quilombola e reserva particular do patrimônio natural	A comunidade quilombola pode, na sua área titulada, criar reserva particular do patrimônio natural, que obviamente é de exclusivo domínio privado, pois mesmo na RPPN, o gravame de perpetuidade da área decorre de *termo de compromisso* assinado perante o órgão ambiental, depois de verificada a existência de interesse público, o termo de compromisso I será averbado à margem do registro de imóveis.

PARTE III

PROPRIEDADE RURAL E O SEU REGIME JURÍDICO

CAPÍTULO 1

ESTRUTURA DA TERRA BRASILEIRA. CONCEITO. CARACTERÍSTICAS. IDENTIFICAÇÃO

Quanto ao domínio, as terras podem ser públicas ou privadas. O fato de a terra ser pública não quer dizer que o uso não possa ser privado, ou seja, o domínio é público (da União, dos estados ou municípios), contudo, a posse da terra e dos recursos naturais pode ser privada. Pode-se citar como exemplo de terra de dominialidade pública, mas de uso privado, as áreas de terreno de marinha, as várzeas e as reservas extrativistas.

1.1 As terras públicas no ordenamento brasileiro

São terras públicas as terras devolutas; os terrenos de marinha e acrescidos; os terrenos marginais; as ilhas[132] fluviais, lacustres, costeiras e oceânicas; as áreas de várzea; os álveos abandonados pelas águas públicas; as estradas de rodagem; as vias e os logradouros de uso do povo; as áreas sobre as quais estejam construídos prédios públicos; as áreas designadas por lei indispensáveis à defesa do território nacional; e as terras tradicionalmente ocupadas pelos índios. Um dos instrumentos legais que a Administração Pública possui para proteger o bem público é a criação dos espaços especialmente protegidos, pois "todos têm direito ao meio ambiente ecologicamente equilibrado". Espaço protegido é todo local, definidos ou não seus limites, em que a lei assegura especial proteção.

A criação desses espaços protegidos é fundamental para assegurar a eficácia do mandamento constitucional e garantir o equilíbrio ecológico. No §4º do art. 225 da Constituição Federal estão dispostos alguns dos bens ambientais protegidos constitucionalmente, denominados patrimônio nacional: Floresta Amazônica, Mata Atlântica e a Serra do Mar. Por receberem essa definição, sua utilização far-se-á, na forma da lei, dentro de condições que assegurem a preservação do meio ambiente, inclusive quanto ao uso dos recursos naturais.

Contudo, não podemos tomar espaços territoriais especialmente protegidos como sinônimo de unidades de conservação, pois estas são as espécies daqueles, como lembra o constitucionalista José Afonso da Silva: "um espaço territorial se converte numa

---

[132] O interior nacional das ilhas são aquelas áreas centrais insulares compreendidas a partir da linha limite dos terrenos de marinha ou marginais.

unidade de conservação, quando assim é declarado expressamente, para lhe atribuir um regime jurídico mais restritivo e mais determinado".[133] Os espaços territoriais especialmente protegidos são *áreas geográficas públicas* "ou" *privadas* (porção do território nacional) dotadas de atributos ambientais que requeiram sua sujeição, pela lei, a um regime jurídico de interesse público que implique sua relativa imodificabilidade e sua utilização sustentada, tendo em vista a preservação e proteção da integridade de amostras de toda a diversidade de ecossistemas, a proteção ao processo evolutivo das espécies, a preservação e proteção dos recursos naturais.[134] Portanto, são espaços naturais sensíveis que merecem alguma forma de proteção jurídica (constitucional ou infraconstitucional). No entanto, não há necessidade de especificar o local exato, sua localização se dá mais por seu bioma, por característica de localização geográfica ou pelo papel ecológico desempenhado. Podemos citar como exemplos desses espaços territoriais a Floresta Amazônica, a Mata Atlântica, o Pantanal Mato-Grossense, a Serra do Mar, a zona costeira, manguezais, várzeas, dunas, restingas e as florestas que são consideradas reservas legais[135] ou áreas de preservação permanente.

1.1.1 Destinação das terras públicas

Conforme mandamento constitucional, a destinação das terras públicas e devolutas será compatibilizada com a política agrícola e com o plano nacional de reforma agrária (art. 188 da CF).

O §5º, art. 225 da CF, orienta que "são indispensáveis as terras devolutas ou arrecadadas pelos Estados, por ações discriminatórias, necessárias à proteção dos ecossistemas naturais".

Desse modo, se houver conflito de interesses em uma mesma área, quem tem direito de preferência na regularização fundiária são:

a) primeiro as posses tradicionalmente ocupadas pelos índios e pelas comunidades de quilombolas;

b) em segundo lugar as áreas necessárias à proteção dos ecossistemas naturais e as ocupadas pelas populações tradicionais;

c) em terceiro lugar as glebas de terras destinadas à reforma agrária (propriedade familiar);

d) e por último as glebas para as atividades agroambientais (agricultura, pecuária, extrativismo ou misto) para imóveis médios e grandes.

---

[133] SILVA, José Afonso da. *Direito ambiental constitucional*. São Paulo: Malheiros, 1994. p. 161.

[134] SILVA, José Afonso da. *Direito ambiental constitucional*. São Paulo: Malheiros, 1994. p. 161.

[135] A reserva florestal legal é "área localizada no interior de uma propriedade ou posse rural, delimitada nos termos do art. 12, com a função de assegurar o uso econômico de modo sustentável dos recursos naturais do imóvel rural, auxiliar a conservação e a reabilitação dos processos ecológicos e promover a conservação da biodiversidade, bem como o abrigo e a proteção de fauna silvestre e da flora nativa" (art. 3º, inc. III, do Código Florestal). Logo, a reserva legal é o espaço florestal de cada imóvel rural onde não pode ocorrer o corte raso da floresta. Dependendo da sua localização no território brasileiro é estipulado um mínimo de área necessário para que permaneça com cobertura vegetal.

1.1.2 Classificação das terras públicas

a) Áreas institucionais: são os terrenos de marinha e terrenos marginais e seus acrescidos, áreas afetas ao patrimônio da União, por força da Lei nº 9.636, de 15.5.1998, que dispõe sobre a regularização, administração, aforamento e alienação de bens imóveis de domínio da União, altera dispositivos dos decretos-leis nºs 9.760, de 5.9.1946, e 2.398, de 21.12.1987, e regulamenta o §2º do art. 49 do Ato das Disposições Constitucionais Transitória. Neste caso iremos encontrar no Pará, por exemplo, somente os terrenos marginais estadual e federal, dependendo se o rio for estadual ou federal.

b) Terras indígenas: são reconhecidas oficialmente; homologadas; delimitadas; regularizadas; reservadas; interditadas; não reconhecidas oficialmente; em identificação; e as sem providência. Essas terras, por definição constitucional, pertencem à União.

c) Unidades de conservação: criadas pela União, pelo estado e, se for o caso, pelos municípios. Pertencem ao estado do Pará, por exemplo, as unidades de conservação criadas pelo governo estadual.

d) Áreas abrangidas pelo Decreto-Lei nº 1.164, de 1º.4.1971: embora já revogado pelo Decreto-Lei nº 2.375, de 24.11.1987, precisa ser analisado qual foi a medida concreta tomada para retornar esse patrimônio à jurisdição dos estados da Amazônia Legal, definindo quais áreas não foram arrecadadas, quais foram tituladas, em fase de regularização e destinadas.

Apenas com o intuito de recordar, o Decreto-Lei nº 1.164/71 declarou indispensável à segurança nacional e ao desenvolvimento nacional, na região da Amazônia Legal, as terras devolutas situadas na faixa de cem (100) quilômetros de largura, em cada lado do eixo das rodovias, já construídas, em construção ou projetadas. Em seu art. 5º, foram ressalvadas as situações jurídicas constituídas.

O referido decreto-lei foi revogado pelo Decreto-Lei nº 2.375/87, fazendo retornar ao domínio dos estados a faixa de terras devolutas em questão, exceto as situadas nos municípios de Altamira, Itaituba e Marabá, afetas ao Exército, ao tempo em que ressaltou e considerou não devolutas, entre outras, as que estivessem a configurar objeto de situações jurídicas já constituídas ou em processo de formação.

e) Áreas afetas aos ministérios do Exército, Aeronáutica ou as Forças Armadas: são as áreas relacionadas no Decreto nº 95.859, de 22.3.1988, que afeta a uso especial do Exército terras referidas no art. 3º e §1º, do Decreto-Lei nº 2.375, de 24.11.1987; e no Decreto nº 97.596, de 30.3.1989, que afeta a uso especial do Exército terras públicas federais, referidas no art. 2º do Decreto nº 95.859, de 22.3.1988, que não incidem em terras do estado do Pará. Logo, as possíveis terras constantes no Decreto nº 2.180/97, que estavam afetas ao uso das Forças Armadas e foram transferidas ao Incra, estão fora da área jurisdicional do Estado.

f) Faixa de fronteiras internacionais: o art. 5º, §1º do Decreto-Lei nº 2.375/87 prevê a possibilidade de a União transferir aos estados as terras localizadas na faixa de fronteira, desde que vincule o uso destas áreas aos objetivos do Estatuto da Terra e legislação conexa, e respeitadas as condições impostas nos §§2º e

3º deste decreto. De fato, o art. 20, §2º, da Constituição Federal recepcionou o decreto-lei supracitado, como também a Lei nº 6.634/79.

1.1.3 As terras devolutas

De modo geral, devolutas são as terras que não estão aplicadas a algum uso público nacional, estadual ou municipal; as que não estavam na posse de algum particular, com ou sem título, em 1850; as que não estão no domínio particular, em virtude de algum título legítimo.[136] Assim, as terras devolutas não se confundem com álveo ou com o leito maior sazonal, pois esses terrenos são aplicados a um uso público, ou seja, têm uma destinação, que é dar suporte à água. As terras devolutas são institutos jurídicos originários do direito brasileiro, não possuindo outro correspondente no direito internacional. De fato, é uma situação anômala da situação fundiária brasileira. Segundo o art. 5º, do Decreto-Lei nº 9.760/46, são devolutas na faixa de fronteira, nos territórios federais e no Distrito Federal, as terras que não sendo próprias nem aplicadas a algum uso federal, estadual, territorial ou municipal não se incorporarem ao domínio privado, com a seguinte descrição:

a) por força da Lei nº 601, de 18.9.1850, Decreto nº 1.318, de 30.1.1854, e outras leis e decretos gerais, federais e estaduais;

b) em virtude de alienação, concessão ou reconhecimento por parte da União ou dos estados;

c) em virtude de lei ou concessão emanada de governo estrangeiro e ratificada ou reconhecida, expressa ou implicitamente, pelo Brasil, em tratado ou convenção de limites;

d) em virtude de sentença judicial com força de coisa julgada;

e) por se acharem em posse contínua e incontestada com justo título e boa-fé, por termo superior a 20 (vinte) anos;

f) por se acharem em posse pacífica e ininterrupta, por 30 (trinta) anos, independentemente de justo título e boa-fé;

g) por força de sentença declaratória proferida nos termos do art. 148 da Constituição Federal, de 10.11.1937.

As hipóteses de usucapião e incorporação de bens públicos por sentença previstas no art. 5º, do Decreto-Lei nº 9.760/46, que excetua determinados bens imóveis das terras devolutas, devem ser compatibilizadas com as regras constitucionais vigentes e com as definições dos bens públicos, previstas no Código Civil.

O Constituinte não precisa prever os bens públicos para que eles possam existir, tanto que o Código Civil é que define o que são bens públicos, definindo-os como os

---

[136] O art. 20, II, da CF diz que a terra devoluta é um bem da União quando for indispensável à defesa das fronteiras, das fortificações e à preservação ambiental, definidas em lei. O art. 26, IV, da CF afirma que pertencem aos estados as terras devolutas não compreendidas entre as da União. Quanto à destinação das terras devolutas, deverá ser compatibilizada com a política agrícola e com o plano nacional de reforma agrária (art. 188 CF). Já no §5º do art. 225 está previsto que "são indispensáveis as terras devolutas ou arrecadadas pelos Estados, por ações discriminatórias, necessárias à proteção dos ecossistemas naturais". Desse modo, os mandamentos constitucionais orientam a destinação das terras devolutas para reforma agrária ou para proteção ambiental, em qualquer situação serão consideradas bem público. A definição de terra devoluta está contida no art. 5º, do Decreto-Lei nº 9.760, de 5.9.1946.

bens do domínio nacional pertencentes às pessoas jurídicas de direito público interno, todos os outros são particulares, seja qual for a pessoa a que pertencerem, destacando, ainda, que os bens públicos não são passíveis de usucapião, podendo o seu uso comum ser gratuito ou retribuído, conforme for estabelecido legalmente pela entidade a cuja administração pertencerem (art. 98 c/c art. 102 e art. 103 do CC).

Neste diapasão surge a questão sobre a natureza jurídica das terras devolutas, dentro das espécies de bens públicos que na forma do art. 99 do CC classificam-se em de uso comum do povo, de uso especial e dominicais.

As terras devolutas apresentam como características pertencer à pessoa jurídica de direito público interno, não ser passíveis de usucapião e possibilidade de alienação, observadas as exigências legais.

De acordo com estas características, e observadas as categorias de bens públicos previstas no Código Civil, pode-se afirmar que as terras devolutas não podem ser classificadas como bem de uso comum do povo ou de uso especial, pois estes bens públicos não são passíveis de alienação, uma característica essencial das terras devolutas que por determinação constitucional devem ter uma destinação compatível com a política agrícola e o Plano Nacional de Reforma Agrária, nos termos do art. 188 da CF.

Essencial registrar que não compete à Constituição definir a natureza dos bens públicos, tarefa do Código Civil, assim é fácil concluir que as terras devolutas apresentam a natureza jurídica de bens dominicais, pois pertencem à pessoa jurídica de direito público interno, não são passíveis de usucapião, são passíveis de alienação, observadas as exigências da lei e, principalmente, constituem objeto de direito real da pessoa jurídica de direito público, como previsto no inc. III do art. 99 do CC, característica essencial do direito de propriedade.

Alerta-se que o fato de a Constituição determinar que a indisponibilidade das terras devolutas ou arrecadadas pelos estados, por ações discriminatórias, necessárias à proteção dos ecossistemas, na forma do art. 225, §5º, da CF, não elide a característica de bem dominical das terras devolutas, porque, neste caso, apenas há uma determinação constitucional de que estes bens públicos, ao aplicarem-se para fins ambientais, tornam-se inalienáveis, decorrente da destinação específica e, portanto, passam a ter a natureza de bem de uso especial, na forma do art. 99, inc. II, do Código Civil.

Ressalte-se que por isso mesmo é imperativo que as áreas de terras necessárias à proteção dos ecossistemas devem ser devidamente arrecadadas e matriculadas em nome do Poder Público, descaracterizando-as como terras devolutas.

Neste diapasão, as terras devolutas são os imóveis incluídos entre os bens públicos, pertencentes ao patrimônio das pessoas jurídicas de direito público interno, que pertencem ao seu patrimônio por atribuição constitucional, mesmo que não tenha sido devidamente identificadas, delimitadas e incorporadas ao seu patrimônio, não estando aplicada a um uso público, mas que são objeto de direito real, incluindo-se entre os bens públicos de natureza dominical, que não são passíveis de usucapião, mas são alienáveis na forma da lei.[137]

---

[137] A Constituição e legislação federal trazem regras especiais sobre a destinação das terras devolutas. São prioritárias para a reforma agrária (art. 9º da Lei nº 4.504/64), refletindo o preceito constitucional de que deve a sua destinação ser compatível com a política agrícola e o plano nacional de reforma agrária (art. 188 da CF); são indisponíveis as

1.1.3.1 As terras devolutas e sua dominialidade

O domínio das terras devolutas pode ser da União, estados e municípios, estes especialmente após o advento da Emenda Constitucional nº 46.

Incluem-se entre os bens do estado as terras devolutas não pertencentes à União e os rios que tenham nascentes e foz em terras estaduais, e dos municípios, aquelas que estejam localizadas no âmbito de sua légua patrimonial, não pertencentes ao estado ou à União.

As terras devolutas se diferenciam das terras pertencentes ao patrimônio público mesmo que as duas sejam consideras bens públicos, pois as terras devolutas são aquelas que não se acham aplicadas a algum uso público federal, estadual ou municipal, que não tenham sido legitimamente incorporadas ao domínio privado (art. 5º do Decreto-Lei nº 9.760/46), já as terras públicas pertencentes ao patrimônio fundiário público são aquelas que estão inscritas e destinadas para algum fim, seja para preservação ambiental ou para reforma agrária.

Com a revogação do Decreto-Lei nº 1.164, de 1º.4.1971, as terras devolutas que estavam sob a jurisdição federal voltaram para o estado respectivo da Amazônia Legal, como também devem ser incorporadas ao patrimônio do estado as glebas de terras que foram discriminadas, arrecadadas e até registradas, mas não foram destinadas pelo órgão fundiário federal, pois entendemos que a consolidação destas áreas ao patrimônio público federal ocorreria com a destinação, já que os demais atos administrativos têm como objetivo reservar para determinado fim, seja ele para assentamento rural seja para preservação ambiental.

O Decreto-Lei nº 2.375, de 24.11.1987, que revogou o Decreto-Lei nº 1.164/71, afirma no art. 5º:

> a União transferirá, a título gratuito, ao respectivo Estado ou Território, terras públicas não devolutas que, nas faixas mencionadas no *caput* do art. 1º, lhe pertençam, condicionada, a doação, a que seu benefício vincule o uso daquelas áreas aos objetivos do Estatuto da Terra e legislação conexa.

Portanto, a única obrigação para a transferência é a condição de que seu uso seja previsto na legislação agrária e nas demais normas positivas conexas.

O domínio das terras devolutas não está condicionado à sua demarcação, pois a falta de demarcação não exclui o domínio estadual, federal ou municipal. Poderia, quanto muito, em dado momento, trazer certa dúvida, a de saber se certa parcela de terreno está dentro ou fora da área concedida ao ente público. Por outro lado, seria um contrassenso fazer essa exigência, pois além de não existir lei que imponha essa obrigação, no momento em que o ente público arrecada, demarca e matricula em seu nome uma área de terra devoluta, esta deixa de ser terreno devoluto para se tornar propriedade pública disponível para ser alienada ou destinada a fins específicos previstos

---

terras devolutas ou arrecadadas pelos estados, por ações discriminatórias, necessárias à proteção dos ecossistemas (art. 225, §5º, da CF). Sobre a natureza jurídica das terras devolutas, confira NOVOA, Hélio. *Discriminação de terras devolutas*. São Paulo: Leud, 2000. p. 76; 78; 101.

em lei. Logo, o máximo que se pode inferir é que a demarcação seja um encargo do ente público, mas não uma condição para assegurar seu o domínio sob as terras devolutas.

A Constituição Federal preceitua que a destinação das terras devolutas deve ser compatibilizada com a política agrícola e com o plano nacional de reforma agrária (art. 188), assim como para a proteção dos ecossistemas naturais (art. 225, §5º). O art. 13 da Lei nº 8.629, de 25.2.1993, determina que as terras de domínio dos estados devem ser destinadas, preferencialmente, à execução de planos de reforma agrária. As exceções a esta regra geral são reduzidas: criação de unidades de conservação, de projetos de pesquisa e fomento, áreas de segurança, treinamento militar, educação e defesa nacional. O órgão fundiário estadual ou federal terá plena legitimidade de trabalhar priorizando a preservação ambiental ou assentamentos de trabalhadores rurais sem terra.

Em relação à posse em terra pública, existem decisões dos tribunais afirmando que não há que se falar em posse sobre bens públicos, havendo mera tolerância do Poder Público na ocupação do bem. A Lei nº 4.545/64 cuidou de explicitar a situação ao estabelecer em seu art. 24 o caráter precário da posse dos particulares sobre terras públicas, inclusive subordinando sua ocupação à prévia autorização governamental. Como é sabido, não induzem posse os atos de mera permissão ou tolerância (art. 1.208 do CC).[138] No que tange aos municípios, é importante reafirmar que podem possuir terras devolutas, basta considerar, por exemplo, que sendo atribuída pelo estado-membro, determinada área para formar a légua patrimonial do município, ou seja, a área que constitui o seu território, todas as áreas de terras dentro deste perímetro que não estejam devidamente incorporadas ao patrimônio privado ou de outro ente federado constituir-se-ão de devolutos municipais. Fato que se reforça com o advento da Emenda Constitucional nº 46.

Vale ressaltar que o conceito de terras devolutas remonta à primeira Lei de Terras do Brasil, a Lei nº 601/1850, cujo art. 3º instalou no nosso ordenamento jurídico a tradição de se definir tais áreas integrantes do patrimônio das pessoas jurídicas de direito público por exclusão. Reaviva-se a memória com a transcrição do dispositivo:

> Art. 3º São terras devolutas:
> §1º As que não se acharem aplicadas a algum uso público nacional, provincial ou municipal.
> §2º As que não se acharem no domínio particular por qualquer título legítimo, nem forem havidas por sesmarias e outras concessões do Governo Geral ou Provincial, não incursas em comisso por falta do cumprimento das condições de medição, confirmação e cultura.
> §3º As que não se acharem dadas por sesmarias ou outras concessões do Governo que, apesar de incursas em comissão, forem revalidadas por esta Lei.
> §4º As que não se acharem ocupadas por posses, que, apesar de não se fundarem em título legal forem legitimadas por esta Lei.

No conceito de terras devolutas, de 1850, inclusive, já faz referência a incluir entre estas aquelas que não estejam aplicadas a um uso municipal, mas em nenhum momento

---

[138] Sobre a matéria ver as decisões do Tribunal de Justiça do Distrito Federal (APC nº 2004011009563-2, Rel. Des. Asdrúbal Nascimento Lima, *DJ*, 9 ago. 2006; APC nº 20030110358339, Rel. Des. Asdrúbal Nascimento Lima, *DJ*, 12 jan. 2006) e do Superior Tribunal de Justiça (REsp nº 788.057/DF, Rel. Min. Cesar Asfor Rocha, *DJ*, 23 out. 2006; REsp nº 807.970/DF, Rel. Min. José Delgado, *DJ*, 16 out. 2006).

o legislador faz referência ao fato de que estas são somente estaduais, o que demonstra a longa história dos municípios na formação da federação, como agora expressamente reconhecido pelo art. 18 da CF.

Desta origem remonta que, tradicionalmente, as terras devolutas foram definidas pelo legislador pátrio por exclusão das terras que não poderiam ser consideradas como tais, mas em nenhum momento o legislador pátrio afirma que necessariamente sejam estaduais ou federais, nem seria o seu papel. Nesta tradição, segue o art. 5º do Decreto-Lei nº 9.760, de 5.9.1946.

Portanto, quando uma emenda constitucional atribui uma porção do território nacional antes pertencente à União aos municípios, temos que se trata de uma concessão originária de terras decorrente da Constituição aos municípios, então não se pode deixar de reconhecer que passaram a construir um devoluto municipal, a ser devidamente arrecadado e matriculado, pois ainda não o são, e isto depende de processos administrativos ou judiciais próprios, podendo-se aplicar por analogia a Lei nº 6.383/76, que define o processo discriminatório de terras devolutas da União.

A nova redação do art. 20, inc. VI, da CF, permite a criação de um devoluto municipal ao excepcionar do patrimônio da União as ilhas costeiras que contenham sede de municípios, exceto as áreas afetas ao serviço público e a unidade ambiental, as referidas no art. 26, II, ou seja, as ilhas pertencentes aos estados:

> Art. 20. São bens da União: [...]
> IV - as ilhas fluviais e lacustres nas zonas limítrofes com outros países; as praias marítimas; as ilhas oceânicas e as costeiras, excluídas, destas, as que contenham a sede de Municípios, exceto aquelas áreas afetadas ao serviço público e a unidade ambiental federal, e as referidas no art. 26, II.

Não há qualquer regra legal constitucional ou infraconstitucional que vede, nem poderia a Constituição atribuir terras aos municípios, e evidente, por ser um patrimônio imobiliário a ser apurado, por tradição decorrente de definição por exclusão do que sejam as terras devolutas, estas somente podem possuir esta natureza, inclusive, o inc. IV do art. 20 exclui do que é transferido aos municípios, situados em ilhas que constituíam patrimônio da União, aquelas áreas afetas ao serviço público e a unidade ambiental federal, e as referidas no art. 26, II, ou seja, as áreas, nas ilhas oceânicas e costeiras, que pertencem aos estados. Portanto, em nenhum momento há perda de terras das ilhas que pertencem aos estados a favor dos municípios.

Desta forma, havendo sede municipal em ilha da União, excluídas aquelas que o constituinte destaca, passam a não mais constituir as ditas terras imóvel do patrimônio da União, por se constituírem terras devolutas municipais.

1.1.4 Terreno de marinha

No direito romano a praia, parte arenosa que o mar cobre e descobre com o fluxo e refluxo das ondas, era considerada de domínio público e destinada ao uso comum do povo.

Analisando-se a legislação em vigor desde o período colonial, quando teve início a efetiva ocupação do nosso território, pode-se afirmar que a finalidade dos terrenos de marinha era pública. Eram espaços necessários aos serviços de embarque e desembarque de mercadorias e para a defesa da cidade. Por isso eram uma importante fonte de renda para o erário, além de que, em algumas localidades, se extraía o sal, bem de fundamental importância para a preservação dos alimentos.

Terrenos de marinha são *terras públicas* e *inusucapíveis*, podendo ocorrer no continente do território brasileiro ou em algumas ilhas. No continente estão situados na costa marítima e nas margens dos rios e lagos que sofrem a influência das marés.

O art. 2º do Decreto-Lei nº 9.760/46 define terreno de marinha:

> São terrenos de marinha, em uma profundidade de 33 (trinta e três) metros, metros horizontalmente, para a parte da terra, da posição da linha do preamar-médio de 1831:
> a) os situados no continente, na costa marítima e nas margens dos rios e lagoas, até onde se faça sentir a influência das marés;
> b) os que contornam as ilhas situadas em zona onde se faça sentir a influência das marés.
> Parágrafo único. Para os efeitos dêste artigo a influência das marés é caracterizada pela oscilação periódica de 5 (cinco) centímetros pelo menos, do nível das águas, que ocorra qualquer época do ano.

O art. 3º do decreto-lei supracitado definirá os terrenos acrescidos de marinha, que são aqueles "que se tiverem formado natural ou artificialmente, para o lado do mar ou dos rios e lagoas, em seguimento aos terrenos de marinha".

Portanto, os terrenos acrescidos de marinha ocorrem quando há o processo de aumento, em direção contrária à da terra. Estes terrenos também têm sua dominialidade pública.

É da competência da Secretaria do Patrimônio da União (SPU) a determinação da posição das linhas do preamar médio do ano de 1831 e da média das enchentes ordinárias (art. 9º do Decreto-Lei nº 9.760/46).

Importante registrar que o STF, ao apreciar em 16.3.2011 a Medida Cautelar na Ação Direta Inconstitucionalidade nº 4.264-Pernambuco, declarou, por maioria, inconstitucional o art. 11 do Decreto-Lei nº 9.760/1946, na redação dada pela Lei nº 11.481/2007, entendendo que esta redação ofendia as garantias do contraditório e da ampla defesa porque o simples convite aos interessados, por meio de edital, para subsidiar a administração na demarcação da posição das linhas do preamar médio do ano de 1831 não atende ao princípio do devido processo legal, sendo necessária a intimação pessoal dos ocupantes da área para realizar corretamente a sua fixação. Este dispositivo foi alterado, e sua redação atual decorre da Lei nº 13.139/2015.

Destarte, o vigente art. 11 do Decreto-Lei nº 9.760/46 determina que, antes de dar início aos trabalhos demarcatórios e com o objetivo de contribuir para sua efetivação, a SPU realizará audiência pública, preferencialmente, na Câmara de Vereadores do Município ou dos Municípios onde estiver situado o trecho a ser demarcado. Além disto, foi incluído o art. 12-A, o qual determina que a SPU fará notificação pessoal dos interessados certos alcançados pelo traçado da linha demarcatória para, no prazo de 60 (sessenta) dias, oferecerem quaisquer impugnações.

Além da linha do preamar médio, rumo ao continente, encontram-se os terrenos alodiais, sobre os quais se exerce domínio pleno público ou privado.

Em relação aos terrenos de marinha, eles sempre foram parte integrante da propriedade do Estado, desde o aviso de 27.4.1826. Terrenos de marinha "são todos os que, banhados pelas águas do mar ou dos rios navegáveis, vão até a distância de 15 braças craveiras (33 metros) para a parte da terra, contadas desde o ponto a que chega o preamar médio [de 1831]".[139] A Constituição de 1988 ratifica a dominialidade pública federal em seu art. 20, VII. É necessário fazer a devida distinção entre os conceitos e a natureza jurídica dos terrenos de marinha, seus acrescidos, terrenos marginais e as praias. A definição jurídica desta última nos é fornecida pelo §3º do art. 10 da Lei nº 7.661, de 16.5.1988, que institui o Plano Nacional de Gerenciamento Costeiro:

> Entende-se por praia a área coberta e descoberta periodicamente pelas águas, acrescida da faixa subseqüente de material detrítico, tal como areias, cascalhos, seixos e pedregulhos até o limite onde se inicie a vegetação natural, ou, em sua ausência, onde comece um outro ecossistema. Enquanto os terrenos de marinha, os acrescidos de marinha e os terrenos marginais são bens dominicais, podendo ser transferidos, por aforamento, a particulares.[140]
>
> O *caput* do art. 10 da mesma lei determina:
>
> As praias são bens públicos de uso comum do povo, sendo assegurado, sempre, livre e franco acesso a elas e ao mar, em qualquer direção e sentido, ressalvados os trechos considerados de interesse de segurança nacional ou incluídos em áreas protegidas por legislação específica.

O cadastro dos ocupantes, o aforamento, a cessão e a permissão de uso dos terrenos são regulamentados pela Lei nº 9.636, de 13.5.1998.

O Brasil não só detém uma das maiores faixas litorâneas do mundo, com mais de 8.000km de costa atlântica, mas também a bacia do maior rio de água doce do mundo: o Rio Amazonas, que lhe confere uma das maiores reservas de recursos hídricos do planeta.

1.1.4.1 Os terrenos acrescidos de marinha

São aqueles que se formaram, natural ou artificialmente, para o lado do mar ou dos rios e lagos, em seguimento aos terrenos de marinha (art. 3º do Decreto-Lei nº 9.760/1946). Esses terrenos têm a mesma natureza jurídica do terreno de marinha.

1.1.5 Os terrenos marginais

Os *terrenos marginais* são as áreas banhadas por correntes navegáveis que *não sofrem a influência das marés* ou não a sofrem a partir de determinado ponto de seu curso, são

---

[139] OCTAVIO, Rodrigo. *Do domínio da União e dos Estados segundo a Constituição Federal*. 2. ed. São Paulo: Livraria Acadêmica; Saraiva, 1924. p. 147. O próprio autor explica o que significa a expressão navegável, devendo "ser entendida em sua acepção mais lata como tal considerando-se aqueles rios e lagos que permitam a flutuação por jangada, mesmo sem admitirem a passagem de barcos que demandem outro calado de água" (OCTAVIO, Rodrigo. *Do domínio da União e dos Estados segundo a Constituição Federal*. 2. ed. São Paulo: Livraria Acadêmica; Saraiva, 1924. p. 76).

[140] Assim já determinava o art. 11 do Código de Águas (Decreto nº 24.643, de 10.7.1934): "São públicos dominicais, se não estiverem destinados ao uso comum, ou por algum título legítimo não pertencerem ao domínio particular: 1º) os terrenos de marinha".

definidos pela legislação, em determinada largura, de terrenos marginais. O art. 4º do Decreto-Lei nº 9.760/46 dá o conceito legal de tais terrenos: "São terrenos marginais os que banhados pelas correntes navegáveis, fora do alcance das marés, vão até a distância de 15 (quinze) metros, medidos horizontalmente para a parte da terra, contados desde a linha média das enchentes ordinárias".

As *correntes navegáveis* que não sofrem influência das marés, portanto, não se enquadram nas características dos terrenos de marinha, nem por isso deixam de ser públicos, mas com outra denominação. De acordo com a legislação atual, as áreas que não podem ser enquadradas como terras de marinha serão designadas como terrenos marginais.[141] Esses terrenos são considerados *bens dominicais*. Os elementos que no seu conjunto irão definir os terrenos marginais são: a) os banhados por correntes navegáveis; b) as correntes navegáveis que não sintam a influência das marés; c) a largura dos terrenos marginais, espaço que corresponde a quinze metros medidos em direção à terra; d) o marco inicial para medição – uma linha imaginária denominada linha média das enchentes ordinárias.

A dominialidade desses terrenos será *federal* quando estiverem à margem de rios navegáveis federais, em territórios federais, se por qualquer título não pertencerem a particular; quando os rios e as ilhas estiverem situados na faixa de fronteira do território nacional.

Os demais terrenos marginais pertencem aos *estados* onde estão localizados, "se por algum título, não forem do domínio federal, municipal ou particular" (art. 31 do Código de Águas). De qualquer forma, "são terras públicas, conceitualmente não devolutas, e que, por via de consequência, não são usucapíveis".[142] A dominialidade do terreno marginal pertencerá à União quando as águas forem federais, e estadual quando as águas pertencerem aos estados. A Súmula nº 479 do *Supremo Tribunal Federal* diz que "margens dos rios navegáveis são de domínio público, insuscetíveis de expropriação e, por isso mesmo, excluídas de indenização".

1.1.6 Terras na faixa de fronteira

A faixa de fronteira foi criada pela Lei de Terras. Por força do art. 1º, §1º, da Lei nº 601/1850 e dos arts. 82-86 do Decreto nº 1.318/1854 esta faixa era de 10 léguas (66 quilômetros de largura). Sua ocupação era livre, sendo facultado ao Poder Público conceder gratuitamente os imóveis nela existentes. Contrariando o que as Constituições posteriores determinaram, a Lei de Terras procura favorecer a ocupação, o povoamento da faixa de fronteira, tanto que nela as terras não são vendidas: "Excetuam-se as terras situadas nos limites do Império com países estrangeiros em uma zona de 10 léguas, as quais poderão ser concedidas gratuitamente".

A Constituição Federal de 1891 transferiu para os estados as terras devolutas, mas reservou à União: "a porção do território que for indispensável para a defesa das

---

[141] Essa mesma definição está prevista no Código de Águas (art. 14 do Decreto nº 24.643, de 10.7.1934), apenas com a terminologia de terreno reservado.

[142] NASCIMENTO, Tupinambá Miguel Castro do. *Comentários à Constituição Federal*: ordem econômica e financeira. Porto Alegre: Livraria do Advogado, 1997. p. 51.

fronteiras" (art. 64). O art. 34, §34, atribuía ao Congresso "adotar o regime conveniente à segurança das fronteiras".

Conforme o texto constitucional, a faixa de fronteira é uma faixa de terra "de até cento e cinquenta quilômetros de largura, ao longo das fronteiras terrestres, designada como faixa de fronteira, e considerada fundamental para defesa do território nacional, e sua ocupação e utilização serão reguladas em lei" (§2º, art. 20 da CF).

Com a Constituição de 1988 não faz mais sentido distinguir a faixa de fronteira e zona de segurança. Pode-se dizer que ambas se confundem, coincidem na faixa de 150km de largo, que orla o corpo inteiro do território nacional, excetuando as terras na faixa litorânea.

A faixa de fronteira é regulada pela Lei nº 6.634, de 2.5.1979, que alterou o Decreto-Lei nº 1.135, de 3.12.1970. Nessa faixa de terra pode haver domínio privado. O que a União não renunciou foi o seu domínio sobre as terras devolutas localizadas nesta área.

O Superior Tribunal Federal já tinha consolidado o entendimento do domínio da União sobre as terras na faixa de fronteira ao aprovar em Sessão Plenária em 3.12.1969 a Súmula nº 477, que dispõe:

CONCESSÕES DE TERRAS DEVOLUTAS – FAIXA DE FRONTEIRA – USO E DOMÍNIO. As concessões de terras devolutas situadas na faixa de fronteira, feitas pelos estados, autorizam, apenas, o uso, permanecendo o domínio com a união, ainda que se mantenha inerte ou tolerante, em relação aos possuidores.

Portanto, em caso de desapropriação de imóvel rural localizado na faixa de fronteira, o expropriado não faz jus a qualquer espécie de indenização relacionada ao domínio da propriedade.

O Superior Tribunal de Justiça apresenta o mesmo entendimento, ao decidir no Recurso Especial nº 1.015.133-MT, de relatoria da Ministra Eliana Calmon (*DJ* de 23.4.2010), que qualquer alienação ou oneração de terras situadas na faixa de fronteira, sem a observância dos requisitos legais e constitucionais, é "nula de pleno direito", como diz a Lei nº 6.634/79, especialmente se o negócio imobiliário foi celebrado por entidades estaduais destituídas de domínio.

Foi mais longe ao afirmar:

Compete ao Conselho de Defesa Nacional, segundo o art. 91, §1º, III, da CF/88, propor os critérios e condições de utilização da faixa de fronteira. Trata-se de competência firmada por norma constitucional, dada a importância que a CF/88, bem como as anteriores a partir da Carta de 1891, atribuiu a essa parcela do território nacional.

O STF, ao apreciar a ADI nº 5.623 – CONTAG *vs* Presidente Temer, que pretendia a declaração de inconstitucionalidade dos arts. 1º, 2º e 3º da Lei nº 13.178/2015, que dispõe sobre a ratificação dos registros imobiliários decorrentes de alienações e concessões de terras públicas situadas nas faixas de fronteira, julgou o pedido parcialmente procedente, fixando a interpretação conforme, de que é condição para a ratificação de registros imobiliários, além dos requisitos formais previstos naquele diploma, que os respectivos imóveis rurais se submetam à política agrícola e ao plano nacional de reforma agrária, previstos no art. 188 da Constituição da República e nos demais dispositivos constitucionais que protegem os bens imóveis que atendam a sua função social (inc. XXIII do art. 5º; *caput* e inc. III do art. 170; e art. 186 da Constituição do Brasil), nos termos do voto da Relatora Ministra Cármen Lúcia, sendo relevante destacar os seguintes pontos do voto:

> 8. A ratificação de registro de imóveis prevista na Lei n. 13.178/2015 não se confunde com doação de terras públicas, instituto submetido a regime normativo distinto.
> 8.1. A ratificação exige registro público anterior válido e eficaz, não estando imune a eventual questionamento judicial. A ratificação de registro imobiliário tem objeto específico: título de alienação ou de concessão de terra devoluta situada em faixa de fronteira expedido por estado.
> (...)
> 9. Embora a ratificação de registro imobiliário não se confunda com a doação de terras públicas ou mesmo com a desapropriação para fins de reforma agrária, a destinação dos imóveis, pela sua origem pública, deve se compatibilizar com a política agrícola e com o plano nacional de reforma agrária pelo disposto no art. 188 da Constituição da República.
> 10. A política agrícola e a reforma agrária, previstos na Constituição da República e alinhados aos objetivos fundamentais do art. 3º, são balizas constitucionais obrigatórias para a interpretação das normas em questão. Elas permitem que se controle a efetividade do cumprimento da destinação racional aos imóveis, que devem cumprir sua função social.
> (...)
> 14. Assim, além do cumprimento dos requisitos formais expressos nos arts. 1º, 2º e 3º da Lei n. 13.178/2015, atentando-se para interpretação coerente com os princípios previstos no art. 188 da Constituição, para a ratificação do registro imobiliário previsto naquele diploma, os imóveis devem se submeter à política agrícola e ao plano nacional de reforma agrária, para se impedir converta-se aquela providência de ratificação de título em automática transferência de bens imóveis da União.

Resumidamente, pode-se afirmar que a faixa de fronteira é bem de uso especial da União pertencente a seu domínio indisponível, cuja alienação só pode ocorrer se autorizada e desde que observados os diversos requisitos constitucionais e legais, especialmente a sua compatibilização com a política agrícola e ao plano nacional de reforma agrária.

1.1.7 Várzea – Natureza jurídica e dominialidade[143]

O primeiro aspecto a ser estudado é a definição jurídica da várzea. A legislação brasileira define o que seja várzea? Ou trata-se de um fenômeno natural que pode se enquadrar em um conceito jurídico aberto, ou seja, não há uma definição legal, apenas a descrição na norma de fenômenos naturais similares que ocorrem também no terreno da várzea? Passaremos a analisar essas duas possibilidades.

---

[143] Para aprofundar a discussão sobre várzea ver o trabalho de BENATTI, José Heder. *A questão fundiária e o manejo dos recursos naturais da várzea*: análise para elaboração de novos modelos jurídicos. Manaus: Ibama; Provárzea, 2005, ou pesquisar o *site*: <http://www.ibama.gov.br/provarzea/>.

A legislação não traz nenhum conceito de várzea. De fato, não se encontra nenhuma definição jurídica na legislação brasileira. Devido às características da várzea amazônica, pode-se afirmar que *várzea é a área alagadiça* que incide no leito maior de um corpo de água, formado pelo álveo e a calha alargada do rio ou lago.[144] O *álveo* é definido no art. 9º do Código de Águas (Decreto nº 24.643, de 10.7.1934) como "a superfície que as águas cobrem sem transbordar para o solo natural ordinariamente enxuto". Em outras palavras, o álveo é a extensão superficial a qual as águas cobrem comumente.[145] Roberto Vieira afirma, também, que "as várzeas se equivalem ao denominado leito maior sazonal".[146] A Resolução Conama nº 4, de 18.9.1985, conceituou leito maior sazonal como "a calha alargada ou maior de um rio, ocupada nos períodos anuais de cheia" (art. 2º, letra "c"), tendo sido posteriormente revogada[147] pela Resolução Conama nº 303, de 13.05.2002, posteriormente alterada pela Resolução nº 341, de 3.11.2003, que, por sua vez, foi revogada pela Resolução Conama nº 488, de 11.09.2018. Diante do que foi exposto, muito embora a norma jurídica tenha sido retirada do ordenamento pátrio, a natureza jurídica da várzea permaneceu como a que incide no terreno da calha alargada ou maior de um rio. Contudo, sob a óptica da regularização fundiária e do manejo, a várzea deve ser analisada a partir de dois elementos jurídicos, o recurso hídrico e o leito maior do rio. Para facilitar a compreensão da concepção sobre a várzea veja a figura a seguir.

---

[144] Estima-se que a várzea do Rio Amazonas possui 3.500km de extensão e uma área total em torno de 157.000km². Nessa extensão, sua largura varia de algumas centenas de metros em trechos do Alto Solimões, para uma média de 50km no Médio e Baixo Amazonas. Podemos distinguir duas regiões de várzea do ponto de vista jurídico, a várzea continental que se estende do limite com a Colômbia até a cidade de Óbidos, com uma área total de 87.600km², e a várzea da marinha que se estende de Óbidos até a foz do Rio Xingu numa área de 70.081km². A principal característica que diferencia essas duas regiões é a influência da maré presente até a cidade de Óbidos.

[145] Leito, álveo ou canal do rio é o conduto das águas, o lugar por onde elas correm entre duas margens. Logo, as margens, por terem uma superfície mais elevada, representam a porção do leito que contém as águas (MENDONÇA, Manoel Ignacio Carvalho de. *Rios e águas correntes em suas relações jurídicas*. Curitiba: Annibal Rocha, 1909. p. 7).

[146] VIEIRA, Roberto dos Santos. *Várzeas amazônicas e a legislação brasileira*. Manaus: Ibama; INPA; Instituto Max-Planck de Limnologia; Universidade do Amazonas, 1992. p. 7.

[147] Anteriormente, alguns juristas afirmaram que a Resolução Conama nº 4/85 já tinha sido revogada, pela Lei nº 9.985, de 18.6.2000 (Lei do Sistema de Unidades de Conservação da Natureza – SNUC), que revogou o art. 18 da Lei nº 6.938/81. Entendem os defensores dessa opinião que, com a revogação do citado art. 18, estaria também revogada a Resolução Conama nº 4/85. Defendeu-se a tese contrária, nas outras edições, de que a Resolução Conama nº 4/85 não seguiu o mesmo destino do art. 18 da Lei nº 6.938/81 e continua, felizmente, em pleno vigor. A resolução do Conama não regulamenta o art. 18 da Lei nº 6.938/81, portanto não teria se tornado sem efeito. Vale ressaltar, contudo, que, nas edições anteriores, já se fazia o alerta que em livro digital editado pelo Conama, das resoluções que estariam vigentes, esta simplesmente é suprimida sem ato revogador ou outras explicações (CONAMA. *Resoluções do Conama* – Resoluções vigentes publicadas entre setembro de 1984 e janeiro de 2012. Brasília: MMA, 2012. Disponível em: http://www.mma.gov.br/port/conama/processos/61AA3835/LivroConama. pdf. Acesso em: 16 jan. 2008). Após, como se pode ver, no texto acima, existiram sucessivas resoluções que culminaram com a retirada da norma do ordenamento jurídico.

Figura 1 – Elementos que compõem o terreno da várzea sob a óptica jurídica

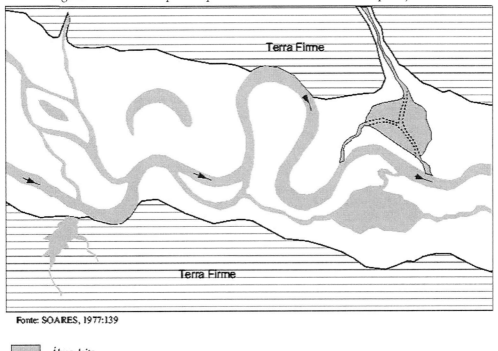

Fonte: SOARES, 1977:139

▓ Álveo, leito.

☐ Calha alargada ou maior do rio, lago, igarapé, paraná ou furo.

Com a Constituição de 1988 a água passou a ser considerada um bem público. A Lei nº 9.433/97 institui a Política Nacional de Recursos Hídricos e o Sistema Nacional de Gerenciamento de Recursos Hídricos. Essa lei afirma que a água é um bem de domínio público,[148] sendo considerada um recurso natural limitado e em situação de escassez; o uso prioritário é o consumo humano e a dessedentação de animais. Devido à determinação constitucional, a dominialidade da água vai repercutir sobre o domínio da várzea. Dispõe a Carta Magna que são bens da União, entre outros, "os lagos, rios e quaisquer correntes de água em terrenos de seu domínio, ou que banhem mais de um Estado, sirvam de limites com outros países, ou se estendam a território estrangeiro ou dele provenham" e os "potenciais de energia hidráulica" (art. 20, III e VIII). Já bens de propriedade do estado são "as águas superficiais ou subterrâneas, fluentes, emergentes e em depósito, ressalvadas, neste caso, na forma da lei, as decorrentes de obras da União (art. 26, I)".

---

[148] A expressão *domínio público* é empregada no sentido de designar os bens afetados a um fim público, os quais compreendem os de uso comum do povo e os de uso especial. Como muito bem lembra Di Pietro "embora a classificação adotada pelo artigo 98 do Código Civil abranja três modalidades de bens, quanto ao regime jurídico existem apenas duas", ou seja, os bens do domínio público do Estado e os bens do domínio privado do Estado (os bens dominicais), sendo estes parcialmente públicos e parcialmente privados. Cfr. DI PIETRO, Maria Sylvia Zanella. *Direito administrativo*. 30. ed. rev., atual. e ampl. Rio de Janeiro: Forense, 2017. p. 955

Nessa linha, José Ribeiro afirma que, "pela nova ordem constitucional, as águas serão sempre públicas e isso vem ratificado, expressamente no art. 1º, inc. I, da Lei nº 9.433, ao preceituar que a água é um bem de domínio público. Já não há, portanto, águas particulares".[149] Como a água é um bem de domínio público, o terreno que a suporta, o álveo e o leito maior sazonal, também o são. Logo, as águas e o respectivo solo que elas ocupam (permanente ou sazonalmente) pertencem aos estados quando as águas, em suas diversas maneiras de manifestações, desde que não se encontrem em terrenos de propriedade da União, não banhem mais de um estado (CF/88, art. 20, II), ou, quando em depósito, não decorram de obras realizadas pela União.

Com o novo Código Florestal (Lei nº 12.651/2012), surge a primeira definição de várzea de inundação ou planície de inundação, uma realidade jurídica de fundamental importância, sobretudo em toda a região amazônica. O artigo 3º da Lei nº 12.651/2012 fornece algumas definições importantes:

> Art. 3º Para os efeitos desta Lei, entende-se por:
> XIX - leito regular: a calha por onde correm regularmente as águas do curso d'água durante o ano;
> XXI - *várzea de inundação ou planície de inundação*: áreas marginais a cursos d'água sujeitas a enchentes e inundações periódicas;
> XXII - faixa de passagem de inundação: área de várzea ou planície de inundação adjacente a cursos d'água que permite o escoamento da enchente (BRASIL. 2022, grifo nosso);

Segundo ensina Benatti (2016, p. 21): "Na prática a várzea é o terreno que suporta a água, daí a possuir a mesma dominialidade da água. Se a água for federal, o domínio será federal; se for estadual, o domínio será estadual".[150] Portanto, diante do que foi exposto, a dominialidade da várzea é pública, podendo ser da União ou dos estados, dependendo da propriedade das águas, se estas pertencerem à União, a várzea será federal; se a corrente d'água for estadual a várzea será estadual, pois o álveo e o leito alargado dos rios seguem a mesma natureza do domínio das águas. No caso de ocorrer em uma mesma área a confluência de duas ou mais águas de dominialidades distintas, terá a preferência a dominialidade da corrente d'água mais volumosa.[151]

1.1.8 Ilhas e sua dominialidade

As ilhas, como espécie de imóveis, podem ser definidas sinteticamente como a faixa de terras cercada de água por todos os lados, mas deste conceito geográfico é

---

[149] RIBEIRO, José. Propriedade das águas e o registro de imóveis. In: FREITAS, Vladimir Passos de (Coord.). *Águas*: aspectos jurídicos e ambientais. 2. ed. Curitiba: Juruá, 2003. p. 40. O Código Civil de 2002, em seu art. 1230, afirma que "A propriedade do solo não abrange as jazidas, minas e demais recursos minerais, os potenciais de energia hidráulica, os monumentos arqueológicos e outros bens referidos por leis especiais". Apesar de não constar no rol do *caput* do artigo citado, a Constituição Federal e a lei especial (Lei nº 9.433/97) excluíram a água da dominialidade privada.

[150] BENATTI, José Heder. Várzea e as populações tradicionais: a tentativa de implementar políticas públicas em uma região ecologicamente instável *In*: ALVES, Fábio (Org.). *A função socioambiental do patrimônio da União na Amazônia*. Brasília: Ipea, 2016. p. 17-29.

[151] O uso público dessas áreas já era assegurado desde a Carta Régia de 5.3.1664.

importante distinguir as ilhas fluviais e costeiras, que não estejam situadas em faixas de fronteiras por razões de defesa nacional, e pertencem aos estados, e não à União.

Elemento importante deste debate sobre as ilhas é entender como a redação dos dispositivos constitucionais que definem as ilhas ou áreas destas que pertencem à União e aos estados, previstas respectivamente no art. 20, inc. IV, e no art. 26, inc. II e III, da CRFB, cujas descrições não ressalvam expressamente dentro destas os terrenos de marinha, quando as ilhas foram estaduais ou mesmo municipais, mas isto não importa na inconstitucionalidade da alínea "b" do art. 2º do Decreto-Lei nº 9.760/1946, que ao definir os terrenos de marinha, como uma profundidade de 33 (trinta e três) metros, medidos horizontalmente, para a parte da terra, da posição da linha do preamar-médio de 1831, inclui nesta as que contornam as ilhas situadas em zona onde se faça sentir a influência das marés, independentemente de a quem pertença o domínio da ilha, e não ocorre contradição ou incompatibilidade com o inc. I do art. 20 da CFRB/88, que inclui os terrenos de marinha entre os bens da União.

Como visto, a partir da Emenda Constitucional nº 46, as ilhas da União com sede municipal, mesmo com influências de marés, agora pertencem aos respectivos municípios, que, como ente federado, a Constituição lhe atribui um patrimônio devoluto. Aliás, lembre-se de que, desde o julgamento pelo Supremo Tribunal Federal da ACO nº 8, em 31.1.1905, foi decidido que os terrenos de marinha não poderiam ser confundidos com as terras devolutas, pois "São bens nacionais, sobre os quais a União exerce um direito de soberania ou jurisdição territorial, impropriamente chamado, também por extensão, domínio eminente".[152] O domínio das ilhas deve ser definido conforme o texto constitucional vigente, mas aquelas áreas que acaso tenham sido matriculadas pelos entes federados com base em regras constitucionais anteriormente vigentes lá permanecem como objeto de direito real, não podendo ser desconsiderado ou alterado o seu domínio.

Não se pode vincular a Constituição atual ao passado remoto sem um ato concreto de incorporação de um patrimônio de terras, quando ela tira força de suas próprias entranhas. Somente ante a norma vigente é que podemos saber sobre a validade e existência de como os bens públicos se dividem ou integram o patrimônio dos entes federados, inclusive, socorrendo-se da legislação infraconstitucional para a sua melhor definição, se não há incompatibilidade com o texto constitucional.

O Decreto-Lei nº 9.760, de 5.9.1946, que *dispõe sobre os bens imóveis da União*, prevê:

> Art. 1º Incluem-se entre os bens imóveis da União: [...]
> c) os terrenos marginais de rios e as *ilhas* nestes situadas, na faixa da fronteira do território nacional *e nas zonas onde se faça sentir a influência das marés*; [...].

---

[152] Confira TRECCANI, Girolamo Domenico. Identificação e análise dos diferentes tipos de apropriação da terra e suas implicações para o uso dos recursos naturais renováveis da várzea amazônica, no imóvel rural, na área de Gurupá. In: BENATTI, José Heder *et al.* A *questão fundiária e o manejo dos recursos naturais da várzea* – Análise para elaboração de novos modelos jurídicos. Manaus: Edições Ibama/Pró Várzea, 2005. p. 58. Também fazendo referência à decisão do STF, ACO nº 8, é a lição de ALMEIDA, José Mauro de Lima O' de. A *proteção ambiental dos terrenos de marinha e a sobrevivência das cidades*: o caso de Belém. Dissertação (Mestrado em Direito) – UFPA, Belém, 2003. p. 96 (mimeo).

É de se destacar, primeiramente, que, embora a Constituição de 1946 não previsse, expressamente, que as ilhas com influência de marés integravam o domínio da União, o Supremo Tribunal Federal, ao apreciar o RE nº 60.813/RJ, não reconheceu nenhuma inconstitucionalidade, dado estar previsto este domínio da União no Decreto-Lei nº 9.760, de 5.9.1946, publicado no *DOU* de 6.9.1946, dias antes daquela carta. Veja-se a ementa da decisão, cujo voto condutor foi do Ministro Aliomar Baleeiro:

> RE 60.813 – 2ª TURMA - JULGADO EM 29.10.68, publicado em 19/03/69.
> EMENTA – ILHAS PLUVIAIS: *I- pertencem à União as ilhas fluviais as situadas nas zonas de fronteiras ou naquelas águas federais em que se faz sentir a influência das marés (C.F. de 1946, art. 34, Dec. L. 9760/46, art. 1º). II- Nos rios internos e em zonas onde essa influência não se observa, as ilhas fluviais pertencem aos estados cujos territórios se situam, pois isso não resulta a contrario senso do art. 34 da C.F. 1946* mas também da transferência expressa operada pelos dec. Fed. N. 21.235, de 1932 e 22.658, de 1933. III- Denega-se a vigência da lei não só quando se diz que não está em vigor, mas também quando se decide em sentido diametralmente oposto ao que nela está expresso e claro. (Grifos nossos)

Reafirma-se que somente ante a Constituição vigente é que se pode dizer se uma lei é ou não inconstitucional, e, assim, não cabe se dizer que, porque a Constituição vigente não inclui expressamente as ilhas com influência de marés entre os bens da União, como previsto pelo Decreto-Lei nº 9.760/46, que este é inconstitucional, e que tais ilhas passam a pertencer aos estados, pois o art. 20, inc. I, da Constituição de 1988, inclui entre os *bens da União os que atualmente lhe pertencem e os que lhe vierem a ser atribuídos.*

Demonstrado, *retro*, inclusive por decisão do Supremo Tribunal Federal, que nunca houve dúvida, antes da vigente Constituição, de que desde a edição do Decreto-Lei nº 9.760/46 se incluem entre os bens da União as ilhas que sofrem influência das marés. Então a questão se resume a saber se o domínio da União sobre as ilhas que sofrem influência das marés permanece, ante a vigente Constituição, pois somente a ela se pode cogitar, como já demonstrado, se há ou não recepção da referida lei.

Aliás, a doutrina e a prática administrativa sempre informaram que as ilhas que sofrem influência de marés estão fora da jurisdição estadual, sem dizer na atuação aberta da Superintendência do Patrimônio da União – SPU a este respeito.[153] É evidente que quando o inc. I do art. 20 define que se incluem entre os bens da União os que atualmente lhe pertencem, e existe decreto-lei plenamente em vigor lhe atribuindo tal bem, que são as ilhas que sofrem influências de marés, que a Constituição em vigor não as inclui entre as ilhas que pertencem aos estados, mas expressamente ao reconhecer que as *ilhas oceânicas, costeiras, as fluviais e lacustres* que lhe pertencem, faz expressa exceção destas as pertencentes à União, como previsto nos incisos II e III do art. 26, está evidentemente excepcionando aquelas que foram atribuídas ao patrimônio da União anteriormente, ainda que definido pelo legislador infraconstitucional. Lembre-se, ainda, de que o

---

[153] TRECCANI, Girolamo Domenico. Identificação e análise dos diferentes tipos de apropriação da terra e suas implicações para o uso dos recursos naturais renováveis da várzea amazônica, no imóvel rural, na área de Gurupá. In: BENATTI, José Heder *et al. A questão fundiária e o manejo dos recursos naturais da várzea* – Análise para elaboração de novos modelos jurídicos. Manaus: Edições Ibama/Pró Várzea, 2005. p. 58.

Decreto-Lei nº 9.760/46, no seu art. 1º, "c", não é inconstitucional, quando se considera a *teoria da recepção* para demonstrar que a referida lei é compatível com a Constituição.

Como sabido, esta teoria do processo de interpretação constitucional, considerando ser o ordenamento jurídico dinâmico, serve para verificar se determinada lei existente antes da Constituição, que se presume constitucional, permanece com este *status*. Destarte, a doutrina constitucionalista é clara a este respeito, até porque já é firmada a jurisprudência no Supremo Tribunal Federal, de que não cabe ação direta de inconstitucionalidade contra ato normativo anterior à Constituição, o que foi reafirmado, por exemplo, ao ser julgada a ADPF nº 33-PA, promovida pelo Governador do Estado do Pará Almir Gabriel.

Neste sentido, basta transcrever a lição do constitucionalista português J. J. Gomes Canotilho, demonstrando ser este processo de hermenêutica conhecido muito além das terras tupiniquins:

> O princípio da interpretação das leis em conformidade com a constituição é fundamentalmente um princípio de controlo (tem como função assegurar a constitucionalidade da interpretação) e ganha relevância autônoma quando a utilização dos vários elementos interpretativos não permite a obtenção de um sentido inequívoco dentre os vários significados da norma. Daí a sua formulação básica: no caso de normas polissêmicas ou plurissignificativas deve dar-se preferência à interpretação que lhe dê um sentido em conformidade com a constituição. Esta formulação comporta várias dimensões: 1 - *O princípio da prevalecência da constituição* impõe que dentre as várias possibilidades de interpretação não contraria ao texto e programa da norma ou normas constitucionais; 2 - *O Princípio da conservação de normas afirma que uma norma não deve ser declarada inconstitucional quando, observados os fins da norma, ela pode ser interpretada em conformidade com a constituição.*[154] (Grifos nossos)
>
> Portanto, é de se presumir a constitucionalidade da Lei nº 9.760/46, uma vez que há norma constitucional que a ampara, prevista, no art. 20, inc. I, da CFRB/88, fazendo-se o correto uso da teoria da recepção, dentro da posição consolidada da doutrina e da jurisprudência do Excelso Pretório sobre este processo hermenêutico.

Dessa forma, não há como não se reconhecer que permanecem no domínio da União as ilhas que sofrem influência de marés, como previsto no art. 1º, alínea "c", da Lei nº 9.760/46, ainda mais porque há norma constitucional que a ampara, prevista no inc. I do art. 20, e não há norma expressa em contrário, bem em acordo com o processo de hermenêutica constitucional.

Finalmente, é importante destacar que o Supremo Tribunal Federal decidiu, em sede de repercussão geral, no RE nº 636.199/ES, sobre a titularidade de terrenos de marinha situados em ilhas costeiras onde há sede de município e definiu a seguinte tese: "A EC 46/2005 não interferiu na propriedade da União, nos moldes do artigo 20, VII, da Constituição da República, sobre os terrenos de marinha e seus acrescidos, situados em ilhas costeiras sede de municípios".

---

[154] CANOTILHO, José Joaquim Gomes. *Direito constitucional e teoria da Constituição*. 3. ed. Coimbra: Almedina, 1998. p. 1.151.

CAPÍTULO 2

FORMAS DE ACESSO À PROPRIEDADE RURAL

2.1 Legitimação e regularização de posse

A legitimação de posse é um instituto genuinamente brasileiro e é empregada para transferir o patrimônio público para o domínio particular. Tem sua origem histórica na necessidade de regularizar situações que não encontravam amparo jurídico. Legitimação de posse é o ato administrativo pelo qual o Poder Público reconhece ao particular, outorgando, *ipso facto*, o formal domínio pleno.

A primeira legislação que tratou do assunto foi a Lei nº 601, de 1850 (Lei de Terra), a qual favorecia aquele que exercia a posse mansa e pacífica de terras públicas, nelas tendo a morada habitual e desenvolvendo culturas ou práticas agrícolas (art. 5º).

O art. 156 da Constituição Federal de 18.9.1946 concedeu *status* constitucional à legitimação de posse, reconhecendo o direito de preferência na aquisição a quem ocupava imóveis com uma área até 25 hectares. Este tamanho foi ampliado até 100 hectares pela Emenda Constitucional nº 10, de 9.11.1964. O mesmo tamanho foi previsto pela Constituição de 24.1.1967 (art. 164) e pela Emenda Constitucional Federal nº 1, de 17.10.1969 (art. 171).

Contemporaneamente, faz jus à legitimação de sua posse o posseiro que preencher as exigências legais contidas nos arts. 11, 97, 99 a 102 da Lei nº 4.504/64 (Estatuto da Terra) e na Lei nº 6.383/1976, art. 29, incs. I e II (que dispõe sobre o processo discriminatório de terras devolutas da União).

Os arts. 24 e 99 do Estatuto da Terra (Lei nº 4.504/1964) afirmam que deve ser respeitada a ocupação de terras devolutas federais, manifestada em cultura efetiva e moradia habitual. Logo, é condição *sine qua non* que a área esteja sendo ocupada.

O art. 26 do mesmo diploma legal orienta que o "imóvel rural não é divisível em áreas de dimensão inferior à constitutiva do módulo de propriedade rural".

Esta determinação é retomada pelo art. 65 que impede este fracionamento por dar origem a minifúndios, imóveis economicamente e socialmente inoportunos.

Terá preferência para adquirir um lote da dimensão do módulo de propriedade rural o que ocupar a terra devoluta por pelo menos um ano (art. 97, II, do Estatuto da Terra).

A principal finalidade da legitimação é outorgar a propriedade das áreas públicas ocupadas, cujas posses forem consideradas regularizáveis. Os requisitos previstos na lei para a legitimação são:

a) serem as terras devolutas federais;
b) as dimensões da área contínua não podem ultrapassar o módulo rural;[155]
c) o ocupante da terra pública deve ter morada permanente e cultura efetiva na área reivindicada;
d) lapso temporal mínimo de um ano;
e) não pode ser proprietário de outro imóvel rural;
f) deve explorar a atividade agrária com seu trabalho direto e o de sua família.

A finalidade da legitimação de posse é tornar justas as posses injustas, e outorgar a propriedade das áreas possuídas, cujas posses forem consideradas regularizáveis.

Este instituto está previsto na quase totalidade das legislações fundiárias estaduais que reproduzem as exigências listadas pela legislação federal, permitindo, por meio de um processo administrativo, o acesso à propriedade da terra.

2.1.1 Distinção entre legitimação de posse e regularização de posse

Os agraristas brasileiros ainda não conseguiram chegar a uma conceituação consensual sobre os institutos da legitimação e regularização de posse. Parte entende que se trata de dois institutos jurídicos, sendo que a legitimação não é liberalidade, mas uma obrigação do Poder Público em reconhecer o direito do ocupante de terras públicas. A área não pode exceder o módulo rural.

A área reivindicada acima do módulo rural é denominada regularização de posse e trata-se de um instrumento administrativo facultativo de aquisição onerosa de terra pública. A regularização garante o direito de preferência para aquisição de terras devolutas. A sistemática adotada para a regularização é a mesma da legitimação.

Outros entendem que legitimação e regularização de posse são sinônimas, a diferença ocorre somente na sistemática, pois acima do módulo rural o Poder Público não é obrigado a reconhecer o direito à terra devoluta reivindicada.

A concepção aqui utilizada não faz distinção entre regularização ou legitimação de posse. A diferença ocorre na sistemática legal de reconhecimento do direito de regularização fundiária.

Tradicionalmente, porém, diferenciam-se os institutos pelas suas características, a distinção entre regularização ou legitimação é que esta é de até 100 hectares e não onerosa (art. 29 da Lei nº 6.383/76).

---

[155] Quando se trata aqui do módulo rural a comparação feita é relativa ao tamanho de um imóvel rural de quatro módulos fiscais. Por módulo fiscal entende-se a unidade de medida expressa em hectares, fixada para cada município, considerando os seguintes fatores: tipo de exploração predominante no município; renda obtida com a exploração predominante; outras explorações existentes no município que, embora não predominantes, sejam significativas em função da renda e da área utilizada; e o conceito de propriedade familiar. Legalmente o módulo rural é comparado ao conceito de propriedade familiar, sendo que este é definido como "o imóvel rural que, direta e pessoalmente explorado pelo agricultor e sua família, lhes absorva toda a força de trabalho, garantindo-lhes a subsistência e o progresso social e econômico, com área máxima fixada para cada região e tipo de exploração, e eventualmente trabalho com a ajuda de terceiros" (art. 4º, inc. II, da Lei nº 4.504/64).

Apesar desta tradicional distinção do direito agrário brasileiro, há no âmbito do direito urbanístico institutos com nomenclaturas semelhantes, decorrentes das alterações promovidas pela Lei nº 13.465/2017, que criou instrumentos de promoção da Regularização Fundiária Urbana (Reurb).

O art. 23 da Lei nº 13.465/2017 define a *legitimação fundiária*:

> forma originária de aquisição do direito real de propriedade conferido por ato do poder público, exclusivamente no âmbito da Reurb, àquele que detiver em área pública ou possuir em área privada, como sua, unidade imobiliária com destinação urbana, integrante de núcleo urbano informal consolidado existente em 22.12.2016.

Por outro lado, a *legitimação de posse* pode ser definida com base no art. 25, *caput* c/c §2º da Lei nº 13.465/20017:

> instrumento de uso exclusivo para fins de regularização fundiária, constitui ato do poder público destinado a conferir título, por meio do qual fica reconhecida a posse de imóvel objeto da Reurb, com a identificação de seus ocupantes, do tempo da ocupação e da natureza da posse, o qual é conversível em direito real de propriedade, e que não se aplica aos imóveis urbanos situados em área de titularidade do poder público.

Pelas duas definições *retro*, verifica-se que também não existe uma clara distinção entre regularização e legitimação de posse no direito urbanístico, inclusive o instituto da legitimação de posse é definido neste particular como um instrumento de regularização fundiária, que permite a conversão da posse em direito real de propriedade, mas ao contrário do âmbito do direito agrário, a sua aplicação pressupõe não se tratar da área de domínio público.

Há não distinção dos institutos do direito agrário e urbanístico pode resultar em confusões conceituais quanto à finalidade e ao âmbito de aplicação, e as suas distinções, neste livro, limitam-se ao uso dos institutos tradicionais do direito agrário.

O elemento fundamental no direito agrário é que a legitimação ou regularização de posse se aplicam para proceder à regularização fundiária em áreas de terras públicas, cujos requisitos utilizados pelo Poder Público apenas orientam a sua discricionariedade na concessão da titulação aos particulares.

2.1.2 Regularização fundiária na Amazônia Legal e demais regiões – Lei Federal nº 11.952, de 25.6.2009 – com alterações da Lei nº 13.465/2017

Considerando o grande número de apossamentos irregulares na Amazônia, o presidente da República resolveu editar a Medida Provisória nº 458, de 10.2.2009, dispondo sobre a regularização fundiária das ocupações incidentes em terras situadas em áreas da União, no âmbito da Amazônia Legal, e que foi convertida na Lei Federal nº 11.952, de 25.6.2009, adotando modelos de regularização fundiária de alienação e concessão de direito real de uso de imóveis.

Este mesmo modelo teve ampliado o seu campo de aplicação pela MP nº 759/2016, convertida na Lei nº 13.465/2017, que incluiu o art. 40-A, permitindo a aplicação das suas disposições à regularização fundiária das ocupações fora da Amazônia Legal nas áreas urbanas e rurais do Incra, inclusive nas áreas remanescentes de projetos criados pelo Incra, dentro ou fora da Amazônia Legal, em data anterior a 10.10.1985, com características de colonização. Porém, não se aplicam nas demais regiões as regras aplicáveis na Amazônia legal, que permitem, na ocupação de área contínua de até um módulo fiscal, e nos casos de terrenos de marinha, terrenos marginais ou reservados, seus acrescidos ou outras áreas insuscetíveis de alienação, a regularização mediante outorga de título de concessão de direito real de uso de forma gratuita, dispensada a licitação.

Por ter se tornado uma norma geral para regularização de imóveis rurais ocupados por particulares em áreas da União, o §1º do art. 40-A da Lei nº 11.952/2009 vedou a aplicação do art. 18 da Lei nº 12.024/2009, que permitia que as áreas públicas rurais do Incra e da União localizadas no Distrito Federal pudessem ser regularizadas, por meio de alienação e/ou concessão de direito real de uso, diretamente àqueles que as estivessem ocupando há pelo menos 5 (cinco) anos, com cultura agrícola e/ou pecuária efetiva, contados de 28.8.2009.

Também se aplicam as regras para fixação do preço do imóvel previstos na Lei nº 11.952/2009, que considera o tamanho da área e estabelece entre 10% e 50% do valor mínimo da pauta de valores da terra nua para fins de titulação e regularização fundiária elaborada pelo Incra, com base nos valores de imóveis avaliados para a reforma agrária, para a regularização fundiária de imóveis situados em área indispensável à segurança nacional, no estado do Paraná, reconhecidas de domínio da União pelo Supremo Tribunal Federal em acórdão nos autos da Apelação Cível nº 9.621-1/PR, e disciplinadas pelo Decreto-Lei nº 1.942, de 31.5.1982.

De fato, a Lei Federal nº 13.465/2017, na maior parte dos seus 109 dispositivos, apenas promove alterações em diversas leis que envolvem a regularização fundiária, tal como fez na Lei nº 11.952/2009, mas se pode definir seus objetivos como: promover a regularização fundiária rural e urbana, dispor sobre a liquidação de créditos concedidos aos assentados da reforma agrária e sobre a regularização fundiária no âmbito da Amazônia Legal, além de instituir mecanismos para aprimorar a eficiência dos procedimentos de alienação de imóveis da União, como disposto no seu art. 1º, *caput*.

A importância da Lei nº 11.952/2009, no que concerne às áreas na Amazônia Legal, está demonstrada na tabela a seguir:

ESTRATIFICAÇÃO DE ÁREAS NA AMAZÔNIA LEGAL	
Especificação	**Áreas (hectares)**
Áreas arrecadadas da União	67,4 milhões
Terras Indígenas	120,1 milhões
Assentamentos	38,3 milhões
Unidades de Conservação Federal	65,9 milhões
Unidades de Conservação Estadual	57,1 milhões
Áreas Arrecadadas do ITEAM	49,4 milhões
Imóveis (certificados e títulos Rondônia)	15,1 milhões
Estado Maior das Forças Armadas	7 milhões
Outras Ocupações	84,9 milhões
Total	**502,2 milhões**

Fonte: Incra (2009).

Como se trata agora de Lei de Regularização Fundiária para terras da União situadas na Amazônia Legal e demais regiões, é importante destacar que a lei não pode ser aplicada pelo estado-membro como regra para a regularização fundiária das terras de seu domínio (art. 1º).

A Lei Federal nº 11.952/09 não usa o termo "posse" para revelar as situações que permitem dar ensejo à regularização fundiária, mas prefere e utiliza o termo "ocupação", sem nunca se referir à posse, o que revela a opção do legislador de que o processo de regularização parte antes do interesse do Poder Público em estabilizar ou não determinada atividade fática de uso da terra pelo particular, considerando esta uma mera detenção.

Procurando ser didática e evitando dúvidas sobre os seus conceitos, a lei traz conceitos legais sobre os seus próprios institutos, como preceitua o art. 2º, incs. I a IX, da Lei nº 11.952/09, definindo, por exemplo, *ocupação direta*: aquela exercida pelo ocupante e sua família; *ocupação indireta*: aquela exercida somente por interposta pessoa; *exploração direta*: atividade econômica exercida em imóvel rural e gerenciada diretamente pelo ocupante com o auxílio de seus familiares, de terceiros, ainda que sejam assalariados, ou por meio de pessoa jurídica de cujo capital social ele seja titular majoritário ou integral; *exploração indireta*: atividade econômica exercida em imóvel rural e gerenciada, de fato ou de direito, por terceiros, que não sejam os requerentes; *cultura efetiva*: exploração agropecuária, agroindustrial, extrativa, florestal, pesqueira, de turismo ou outra atividade similar que envolva a exploração do solo; *ocupação mansa e pacífica*: aquela exercida sem oposição e de forma contínua; *concessão de direito real de uso*: cessão de direito real de uso, onerosa ou gratuita, por tempo certo ou indeterminado, para fins específicos de regularização fundiária; e *alienação*: doação, venda direta ou mediante licitação, nos termos da Lei de Licitações, do domínio pleno das terras da União. Embora conhecidos da doutrina e mesmo da prática jurídica, esses conceitos cumprem a função de evitar dúvidas na aplicação do novo normativo fundiário.

A tabela a seguir demonstra a abrangência da lei especificamente na Amazônia, ou seja, os possíveis imóveis que serão beneficiados pela regularização fundiária.

Estados	Municípios	Total posses	0 a 1 MF	1 a 4 MF	4 a 15 MF
AC	9	13.370	7.898	5.445	28
AP	15	13.599	10.834	1.779	986
AM	37	58.541	27.277	30.070	1.194
MA	28	8.757	5.525	2.928	304
MT	106	25.512	13.722	9.845	1.946
PA	86	89.785	58.942	25.877	4.966
RO	51	43.740	31.459	10.611	1.670
RR	15	28.305	23.778	2.986	1.542
TOI	89	15.249	7.181	7.486	582
9	**436**	**296.858**	**186.614**	**97.027**	**13.218**

Fonte: Incra (2009).

De modo geral, pode-se afirmar que o tratamento dispensado pelo Poder Público Federal nas últimas décadas para a regularização fundiária foi de uma exceção e não de uma política ativa. Ao regulamentar a regularização fundiária como uma política pública prioritária, o Governo Federal obrigou a aprovação de uma lei composta com um conjunto de exigências quanto à comprovação do tempo de posse, forma de pagamento, regras de mensuração e certificação do imóvel e condicionamentos para o registro deste.

Apesar de ampliada a área de abrangência da norma jurídica, é importante reconhecer que permanece a necessidade do tratamento diferenciado para os imóveis rurais da Amazônia do resto do Brasil. O modelo geral, entretanto, não deve excluir a necessidade de tratamento diferenciado e prioritário de pequenas comunidades rurais situadas na Amazônia, pois o modelo de ocupação de um ribeirinho na mais remota parte da região amazônica se não tiver uma política fundiária de tratamento diferenciado e prioritário, acabará resultando em novo déficit de direitos para os potenciais beneficiários da política nessa região, porque ainda que a documentação e obrigações requeridas ao ocupante de uma área pública em outra região brasileira sejam balizadas pelo mesmo normativo, permanecem existentes justificativas históricas de ocupação do território amazônico, que demandam um olhar diferenciado.

Trata-se, assim, de norma de regularização fundiária do patrimônio da União, não se trata de norma geral aplicável ao patrimônio fundiário dos demais entes federados, mas não exclui as demais regras gerais que regulamentam o acesso à terra e tem caráter complementar e processual administrativo.

Para os fins de nosso estudo é evidente que há interesse apenas em conhecer o modelo de regularização fundiária previsto no Capítulo II da Lei nº 11.952/09, que trata da regularização fundiária em áreas rurais. Não trataremos da regularização de áreas urbanas, especialmente a referente à doação de áreas para que os municípios formem a sua área patrimonial, previstas no Capítulo III.

A nova redação do art. 33 da Lei nº 11.952/2009, dada pela Lei nº 13.844/2019, retornou pra o INCRA as competências que tinham sido transferidas para a Secretaria Especial de Agricultura Familiar e do Desenvolvimento Agrário, da Casa Civil da Presidência da República, a fim de coordenar, normatizar e supervisionar o processo de regularização fundiária de áreas rurais em terras da União, expedir os títulos de domínio correspondentes e efetivar a doação de áreas aos municípios, mantidas as atribuições do Ministério do Planejamento, Desenvolvimento e Gestão, na administração do patrimônio imobiliário das áreas não afetadas à regularização fundiária.

A questão agrária no Brasil, apesar da sua gravidade histórica, teve um dos golpes mais fortes com a extinção do Ministério do Desenvolvimento Agrário, ao qual competia coordenar a regularização fundiária no âmbito da Lei nº 11.952/2009, nos atos administrativos que sucederam a destituição da Presidenta Dilma Rousseff em 2016.

A Lei nº 11.952/2009 não prevê mais um prazo para a realização das ações de regularização fundiária no âmbito nacional, que originariamente era de cinco anos para os imóveis situados na Amazônia Legal, assumindo o caráter de política pública permanente de caráter nacional.

O Presidente Lula promoveu a recriação do Ministério do Desenvolvimento Agrário e da Agricultura Familiar – MDA, por meio do Decreto Federal nº 1.154, de

1º de janeiro de 2023, bem como editou o Decreto Federal nº 11.338, de 1º de janeiro de 2023, que aprova estrutura regimental do Ministério, trazendo uma conformação administrativa e legislativa para que os instrumentos possibilitem que as boas posses possam efetivamente ser regularizadas e contribuam para o desenvolvimento das áreas rurais federais, com segurança jurídica e cumprindo a função social e ambiental da terra, e por isso mesmo demandam uma firme vigilância da sociedade civil.

Importante ainda registrar que há uma distinção entre as competências do MDA para promover a regularização fundiária da agricultura familiar, quilombolas, regularização fundiária em terras federais e, ainda, de comunidades tradicionais, da demarcação de terras indígenas, que, neste sentido, não se incluem para este fim no conceito de comunidades tradicionais, estando o processo demarcatório de suas terras em procedimento próprio. É o que se pode visualizar quando se coteja o art. 25, incisos I a V,[156] da MP nº 1.154/2023 com o seu art. 42,[157] em que se definem, respectivamente, as competências do MDA e do Ministério dos Povos Indígenas.

Estas distinções se aperfeiçoam por meio dos Decretos que aprovam os respectivos regimentos, quais sejam, o Decreto nº 11.355, de 1º de janeiro de 2023, cujo art. 15, incisos I e II, determina que compete ao Departamento de Demarcação Territorial do Ministério dos Povos Indígenas realizar interlocuções e acompanhar as ações da Funai nos temas relacionados às demarcações de terras indígenas e analisar os processos de demarcação de terras indígenas encaminhados pela Funai; e, por outro lado, o Decreto nº 11.338, de 1º de janeiro de 2023, que aprova a Estrutura Regimental do Ministério do Desenvolvimento Agrário e Agricultura Familiar. Além de repetir as suas competências no art. 1º, prevê no art. 27 que compete à Secretaria de Territórios e Sistemas Produtivos Quilombolas e Tradicionais promover, fortalecer e articular as políticas públicas de reconhecimento territorial e acesso à terra por quilombolas e povos e comunidades tradicionais dos campos, das florestas e das águas, sem neste ou qualquer outro dispositivo remeter aos indígenas. Mas evidente que isto não impede a realização de convênios entre estes Ministérios.

2.1.2.1 Imóveis passíveis de regularização

No que é pertinente especificamente à Amazônia Legal, às áreas a serem objeto da lei de alienação ou concessão de direito real de uso e ao seu âmbito geográfico de abrangência, segue a definição do art. 2º da Lei Complementar nº 124, de 3.1.2007, que compreende os estados de Acre, Amapá, Amazonas, Maranhão (parte), Mato Grosso, Pará, Rondônia, Roraima e Tocantins.

---

[156] Art. 25. Constituem áreas de competência do Ministério do Desenvolvimento Agrário e Agricultura Familiar: I - reforma agrária, regularização fundiária em áreas rurais da União e do Incra; II - acesso à terra e ao território por comunidades tradicionais; III - cadastros de imóveis rurais e governança fundiária; IV - identificação, reconhecimento, delimitação, demarcação e titulação de terras de comunidades quilombolas; V - desenvolvimento rural sustentável voltado à agricultura familiar, aos quilombolas e a outros povos e comunidades tradicionais.

[157] Art. 42. Constituem áreas de competência do Ministério dos Povos Indígenas: I - política indigenista; II - reconhecimento, garantia e promoção dos direitos dos povos indígenas; III - reconhecimento, demarcação, defesa, usufruto exclusivo e gestão das terras e dos territórios indígenas; IV - bem viver dos povos indígenas; V - proteção dos povos indígenas isolados e de recente contato; e VI - acordos e tratados internacionais, em especial a Convenção nº 169 da Organização Internacional do Trabalho - OIT, quando relacionados aos povos indígenas.

Exatamente por se tratar de uma norma aplicável a patrimônio determinado da União, os imóveis para sua aplicação estão descritos no art. 3º c/c art. 40-A da Lei nº 11.952/09, que define como bens passíveis de regularização fundiária as ocupações incidentes em terras:

1. Discriminadas, arrecadadas e registradas em nome da União por terem sido declaradas de interesse da segurança e do desenvolvimento nacionais, com base no art. 1º do Decreto-Lei nº 1.164/1971, por estarem situadas nas faixas de cem quilômetros de largura, em cada lado do eixo das rodovias federais, já construídas, em construção ou projetadas.

2. Abrangidas pelas exceções do parágrafo único do art. 1º do Decreto-Lei nº 2.375, de 24.11.1987, ou seja, aquelas que persistem indispensáveis à segurança nacional e sob o domínio da União, entre as terras públicas devolutas em referência, e que estejam incluídas, cumulativamente, na faixa de fronteiras, contidas nos municípios de Humaitá (AM), São Gabriel da Cachoeira (AM), Caracaraí (RR), Porto Velho (RO), Ji-Paraná (RO), Vilhena (RO), Altamira (PA), Itaituba (PA), Marabá (PA) e Imperatriz (MA).

3. Remanescentes de núcleos de colonização ou de projetos de reforma agrária que tiverem perdido a vocação agrícola e se destinem à utilização urbana em todo o Brasil.

4. Devolutas localizadas em faixa de fronteira em todo o Brasil.

5. Registradas em nome do Instituto Nacional de Colonização e Reforma Agrária (Incra), ou por ele administradas em todo o Brasil.

6. Terrenos de marinha, terrenos marginais ou reservados, seus acrescidos ou outras áreas insuscetíveis de alienação nos termos do art. 20 da CRFB, situadas na Amazônia Legal, cuja totalidade ou parte serão objeto de concessão de direito real de uso gratuito de até 1 módulo fiscal, e áreas ocupadas de até 1 módulo fiscal que podem ser objeto de alienação gratuita.

7. Situadas em áreas urbanas e rurais do Incra, inclusive nas áreas remanescentes de projetos criados pelo Incra, dentro ou fora da Amazônia Legal, cuja ocupação seja anterior à data de 10.10.1985 com características de colonização, conforme regulamento.

Importante destacar que a regra do art. 40-A da Lei nº 11.952/2009 não permite fora da Amazônia Legal a alienação gratuita de ocupação de área contínua de até um módulo fiscal ou ainda a concessão de direito real de uso gratuita para áreas de até 1 módulo fiscal que abranjam parte ou a totalidade de terrenos de marinha, terrenos marginais ou reservados, seus acrescidos ou outras áreas insuscetíveis de alienação nos termos do art. 20 da Constituição Federal, possibilidades previstas no art. 11 da Lei nº 11.952/2009.

Assim, nestes casos, aplicar-se-ão outras normas específicas, como a legislação que rege o patrimônio da União, com o Decreto-Lei nº 9.760/46 etc. O traço comum destas áreas passíveis de regularização fundiária é se tratarem de terras incorporadas e ou pertencentes ao patrimônio federal, mas algumas áreas devolutas situadas em zonas especiais.

Destacamos ainda que a hipótese de regularização fundiária dos remanescentes de colonização ou de projetos de colonização e reforma agrária que tenham perdido a vocação agrícola e se destinem à utilização urbana visa a atender a uma demanda reprimida de núcleos urbanos que atualmente formam vários municípios, em todo o Brasil, cujo desenvolvimento é travado pela ausência da definição da légua patrimonial.

A legislação também se aplica subsidiariamente a outras áreas do domínio da União em todo o Brasil, sem prejuízo dos instrumentos previstos na legislação patrimonial, ou seja, a Lei nº 11.952/09 fixa o modelo geral de regularização fundiária para as glebas federais segundo regime e objetivos específicos, quais sejam, promover a regularização fundiária de imóveis rurais e de áreas patrimoniais dos municípios.

2.1.2.2 Requisitos objetivos e subjetivos

Destarte prevê a norma que são passíveis de regularização fundiária as ocupações incidentes em terras públicas da União, situadas em áreas rurais, desde que o ocupante preencha os requisitos objetivos e subjetivos melhor delineados a seguir.

- *Requisitos objetivos* para a regularização de ocupação da Amazônia Legal, previstos no art. 5º, incs. III e IV:
  - prática de cultura efetiva;
  - comprovação de exercício de ocupação e exploração direta, mansa e pacífica, por si ou por seus antecessores, anterior a 22.7.2008. Antes da alteração promovida pela Lei nº 13.465/2017, estas ocupações deveriam remontar a 1º.12.2004, ou seja, a lei tomava como critério de posse ocupações de marco temporal de cinco anos antes de sua edição, e a nova redação toma como marco temporal 9 anos de sua edição.
- *Requisitos subjetivos* para a regularização da ocupação, previstos no art. 5º, incs. I, II, V, e §1º, demandam que o ocupante e seu cônjuge ou companheiro:
  - sejam brasileiros natos ou naturalizados;
  - não sejam proprietários de imóvel rural em qualquer parte do território nacional;
  - não tenham sido beneficiados por programa de reforma agrária ou de regularização fundiária de área rural, ressalvadas as situações admitidas pelo Incra;
  - não exerçam cargo ou emprego público no Incra; Secretaria Especial de Agricultura Familiar e do Desenvolvimento Agrário da Casa Civil da Presidência da República; Secretaria do Patrimônio da União (SPU) ou órgãos estaduais de terras.

Apesar da regra geral de que o beneficiário não possa ser proprietário de imóvel rural em qualquer parte do território para ter acesso à regularização fundiária, art. 5º, inciso II, esta regra foi flexibilizada com a nova redação do art. 38 da Lei nº 11.952/2009, advinda da Lei nº 13.465/2017, cujo *caput* trata apenas da *venda direta de imóveis urbanos da União*, pois o instituto passa a permitir a aquisição de outro imóvel rural, até o limite de 2.500 ha e observando o período de ocupação igual ou superior a 5 (cinco) anos, apurados até 23 de dezembro de 2016, ainda que em tese observando o referido art. 5º, o que revela uma contradição. Veja o dispositivo:

> Art. 38. A União e suas entidades da administração indireta ficam autorizadas a proceder a venda direta de imóveis residenciais de sua propriedade situados na Amazônia Legal

aos respectivos ocupantes que possam comprovar o período de ocupação efetiva e regular por período igual ou superior a 5 (cinco) anos, excluídos:

Parágrafo único. Aplica-se a modalidade de alienação prevista no caput deste artigo mediante o pagamento do valor máximo da terra nua definido na forma dos §§ 1º e 2º do art. 12 desta Lei, com expedição de título de domínio nos termos dos arts. 15 e 16 desta Lei, aos ocupantes de imóveis rurais situados na Amazônia Legal, até o limite de que trata o § 1º do art. 6º desta Lei, nas seguintes hipóteses: (Incluído pela Lei nº 13.465, de 2017)

I - quando se tratar de ocupações posteriores a 22 de julho de 2008 ou em áreas em que tenha havido interrupção da cadeia alienatória posterior à referida data, desde que observado o disposto nos arts. 4º e 5º desta Lei e comprovado o período da ocupação atual por prazo igual ou superior a cinco anos, apurado até a data de entrada em vigor da Medida Provisória nº 759, de 22 de dezembro de 2016; (Incluído pela Lei nº 13.465, de 2017)

II - quando os ocupantes forem proprietários de outro imóvel rural, desde que a soma das áreas não ultrapasse o limite mencionado neste parágrafo único e observado o disposto nos arts. 4º e 5º desta Lei. (Incluído pela Lei nº 13.465, de 2017)

Quando o dispositivo abre a possibilidade de propriedade de outro imóvel rural (apesar do art. 5º, cujo o inciso II, vedar a titulação se o requerente tiver outra propriedade) poderia ser interpretado como uma regra de adequação quando se tratar de áreas contíguas, o que levaria a uma conformação do objetivo de formar um único imóvel, até o limite de 2.500 hectares, o que já seria uma "flexibilização" aos objetivos constitucionais, de democratização do acesso à terra, mas que seria justificável a partir de uma política de favorecer a consolidação da posse de uma mesma área.

Mas é preciso lembrar que a legislação trata da regularização de áreas em que as ocupações exigem a comprovação de exercício de exploração direta, mansa e pacífica, por si ou por seus antecessores, anterior a 22.7.2008, ou seja, amplia para a chamada venda direta o período para aquisição desta nova área.

Porém, não satisfeito com esta regra, o Decreto Federal nº 10.952, de 24 de dezembro de 2020, a propósito de regulamentar a Lei nº 11.952/2009 e, especificamente, o critério do art. 38, parágrafo único, amplia essa possibilidade de aquisição de outro imóvel, pois o art. 36, §3º, define que a venda direta se aplica às áreas contíguas ou não às propriedades do requerente, ou seja, na prática viola o princípio de vedação de que as terras públicas originem mais de uma propriedade, o que foi reiterado pela IN nº 104, de 29 de janeiro de 2021, do INCRA, conforme art. 31, §2º, criando espécie de usucapião para além de uma posse, ainda que limitado a um total de 2.500 ha.

O que se pode concluir é que o Decreto viola a Lei nº 11.952/2009, art. 38, parágrafo único, e art. 5º, inciso II, ao permitir, na forma de aquisição de venda direta, mais de um imóvel, mesmo que descontínuos, porque, além de não previsto expressamente na Lei, seria contra o princípio de que as terras públicas devem ser objeto de democratização do acesso – daí a tradicional limitação de mais de uma concessão para o mesmo particular.

Os títulos de domínio, a concessão de uso ou a CDRU serão conferidos ao homem, na ausência de cônjuge ou companheira, à mulher, na ausência de cônjuge ou companheiro, ou ao homem e à mulher, obrigatoriamente, nos casos de casamento ou união estável (art. 18, §13 da Lei nº 8.629/93).

Este dispositivo foi incluído pela Lei nº 13.465/2017, assim, acabaram-se os dispositivos expressos sobre a expedição de títulos em nome dos conviventes, em havendo união homoafetiva, e, ainda, a preferência da expedição do título em nome da mulher, o que reflete uma barreira à promoção de direitos de casais homoafetivos, e, ainda, ao empoderamento feminino, pela sua maior proteção. Reforça-se que um requisito subjetivo por evidente é ser pessoa física, na forma do *caput* do art. 5º da Lei nº 11.952/09, pois não será objeto de regularização a área rural ocupada por pessoa jurídica.

A vedação para servidores públicos dos órgãos ligados ao processo de regularização fundiária visa impedir o tráfico de influência ou outras formas de privilégio, e visa a permitir o acesso à terra àquele que efetivamente tem vocação agrícola, mas, principalmente considerando o marco temporal da ocupação anterior a 22.7.2008, não há exceção.

Alerta-se que a exceção à vedação de servidores públicos prevista no §2º do art. 20 da Lei de Reforma Agrária, e que permite serem candidatos à titulação, somente se aplica aos assentamentos, caso o candidato preste serviços de interesse comunitário à comunidade rural ou à vizinhança da área objeto do projeto de assentamento, e desde que o exercício do cargo, do emprego ou da função pública seja compatível com a exploração da parcela pelo indivíduo ou pelo núcleo familiar beneficiado.

2.1.2.3 Formas de titulação das ocupações

O INCRA regularizará as áreas ocupadas mediante alienação ou outorga de concessão de direito real de uso (art. 6º, c/c §1º do art. 4º), na seguinte forma:

a) Mediante alienação das ocupações de áreas não superiores a dois mil e quinhentos hectares.

b) Mediante alienação das áreas ocupadas, demarcadas e que não abranjam as áreas reservadas à administração militar federal e a outras finalidades de utilidade pública ou de interesse social a cargo da União, das tradicionalmente ocupadas por população indígena, áreas de florestas públicas, nos termos da Lei de Gestão de Florestas Públicas, das áreas que sejam objeto de processo administrativo voltado à criação de unidades de conservação, conforme regulamento, e, por fim, daquelas áreas que contenham acessões ou benfeitorias federais.

Exatamente porque se trata de um procedimento de regularização de bens públicos a norma define os casos em que ele é ou não é cabível, pois sendo um bem público dominical ele somente é alienável na forma da lei.

Por estarem sujeitas a regime próprio que impede a sua alienação, o §1º do art. 4º da Lei nº 11.952/09 prevê que as áreas ocupadas que abranjam parte ou a totalidade de terrenos de marinha, terrenos marginais ou reservados, seus acrescidos ou outras áreas insuscetíveis de alienação, poderão ser regularizadas mediante outorga de título de concessão de direito real de uso. Neste caso a concessão de direito real de uso será outorgada pelo Ministério da Gestão e da Inovação em Serviço Público, após a identificação da área, nos termos de regulamento (§4º do art. 6º).[158]

As terras ocupadas por comunidades quilombolas ou tradicionais que façam uso coletivo da área serão regularizadas de acordo com as normas específicas,

---

[158] Decorrente da Reestruturação dos Ministérios pela MP nº 1154/2023 e Decreto nº 11.345, de 1º de janeiro de 2023.

aplicando-se-lhes, no que couber, os dispositivos da Lei Federal nº 11.952/09, conforme previsto no §2º do art. 4º.

Quando a ocupação de área contínua atingir até um módulo fiscal, a alienação e a concessão de direito real de uso dar-se-ão de forma gratuita, porém se a ocupação for de área contínua acima de um módulo fiscal e não superior a dois mil e quinhentos hectares, as titulações dar-se-ão de forma onerosa, mas em ambos os casos será dispensada a licitação (art. 11 c/c art. 12).

No caso da alienação onerosa o preço do imóvel considerará o tamanho da área e será estabelecido entre 10% (dez por cento) e 50% (cinquenta por cento) do valor mínimo da pauta de valores da terra nua para fins de titulação e regularização fundiária elaborada pelo Incra, com base nos valores de imóveis avaliados para a reforma agrária, conforme regulamento. Porém, em não existindo parâmetros para a definição do valor da terra nua nesta forma, a Administração Pública utilizará como referência avaliações de preços produzidas preferencialmente por entidades públicas, justificadamente. Nos casos de alienação serrão acrescidos ao preço do imóvel os custos relativos à execução dos serviços topográficos, se executados pelo Poder Público, exceto quando se tratar de ocupações cujas áreas não excedam quatro módulos fiscais (art. 12, §§1º a 3º).

No caso de concessão de direito real de uso onerosa, o preço do imóvel considerará o tamanho da área e será estabelecido à razão de 40% (quarenta por cento) do valor mínimo da pauta de valores da terra nua para fins de titulação e regularização fundiária elaboradas pelo Incra, com base nos valores de imóveis avaliados para a reforma agrária, conforme regulamento (§4º do art. 12).

A lei procura privilegiar e desburocratizar a regularização fundiária das pequenas posses; assim, na forma do art. 13, os requisitos para a regularização fundiária dos imóveis de até quatro módulos fiscais serão averiguados por meio de declaração do ocupante, dispensada a vistoria prévia. Com as mudanças organizacionais advindas do Decreto nº 1.154/2023, entende-se que passa a ser facultado ao Ministério do Desenvolvimento Agrário e Agricultura Familiar ou, se for o caso, ao Ministério da Gestão e da Inovação em Serviço Público determinar a realização de vistoria de fiscalização do imóvel rural, nas hipóteses de dispensa de vistoria prévia.

Releva destacar que aquelas áreas superiores a 2.500 hectares somente serão passíveis de alienação ou concessão de direito real de uso por meio de processo licitatório, na modalidade de leilão, na forma prevista na Lei Geral de Licitações (Lei nº 14.133/2021), interpretação que decorre da aplicação da alínea "h" do inciso I do art. 76.

Se preenchidos os requisitos legais autorizadores da regularização da ocupação, mas se esta exceder os limites de 2.500 ha, o ocupante poderá optar, na forma do art. 14, §§1º e 2º, pela titulação parcial da área até esse limite, mas sendo condicionada a titulação à desocupação da área excedente, acrescidos os custos relativos à execução dos serviços topográficos, se executados pelo Poder Público.

As alterações advindas da Lei nº 13.465/2917, que permitiram a possibilidade daquele que ocupe áreas federais nos seus moldes menores que 2.500 hectares as adquirir sem participação em processo licitatório, têm aspecto negativo, pois permitem facilitar a concentração de áreas próximas dos limites constitucionais. Afinal, se o legislador constitucional definiu que as áreas acima de 2.500 hectares demandam autorização

CAPÍTULO 2
FORMAS DE ACESSO À PROPRIEDADE RURAL | 213

legislativa específica, é porque as concessões próximas destes limites ou superiores deveriam ser absoluta exceção.

Nunca se pode deixar de considerar que as terras públicas e as diversas formas de sua concessão devem ser compatibilizadas com o Plano Nacional de Reforma Agrária, grande dívida histórica e promessa constitucional ainda não realizada, assim, para os limites constitucionais de concessão acima de 2.500 ha, devem ser considerados por pessoa física ou jurídica, e não por área, não podendo o particular receber diversos lotes inferiores a esta medida, ainda que não contínuos, pois seria uma forma de burlar, facilmente, a vontade constitucional, sempre dependendo de autorização do Congresso Nacional.

Lembre-se de que a lei não veda a acumulação de terras acima de 2.500 hectares. Sempre será acessível e possível a aquisição a preço e segundo as regras de mercado, embora este seja um aspecto que precisa ser também influenciado e regulado num debate mais profundo sobre a democratização do acesso aos recursos naturais.

Assim, nos casos de lotes acima de 2.500 hectares, impõe-se o dever de exigir que a autorização de alienação pelo Congresso considere todos os aspectos técnicos, relevantes para o cumprimento da função social da propriedade, de áreas já ocupadas, como ainda, em caso de áreas ainda não ocupadas, a sua alienação deve ser previamente aprovada pelo Congresso Nacional e submetida a processo de licitação.

O título de domínio e o termo de concessão de direito real de uso deverão conter a determinação, entre outras cláusulas, sob condição resolutiva, pelo prazo de dez anos, além da inalienabilidade: a manutenção da destinação agrária, por meio de prática de cultura efetiva; o respeito à legislação ambiental, em especial quanto ao cumprimento das regras a respeito da reserva legal, sem prejuízo da aplicação das normas sobre as áreas de preservação permanente, com o aproveitamento racional e adequado da área; averbação da reserva legal, incluída a possibilidade de compensação na forma da legislação ambiental; a não exploração de mão de obra em condição análoga à de escravo e as condições e a forma de pagamento (art. 15, incs. I a IV).

Na hipótese de pagamento por prazo superior a dez anos, a eficácia da cláusula resolutiva referente ao débito estender-se-á até a integral quitação do débito (§1º do art. 15).

Porém, nos casos de imóveis de até um módulo fiscal, ficam extintas todas as condições resolutivas na hipótese de o beneficiário optar por realizar o pagamento integral do preço do imóvel, equivalente a 100% (cem por cento) do valor médio da terra nua estabelecido para a concessão, vigente à época do pagamento, respeitado o período de carência de 3 anos e cumpridas todas as condições resolutivas até a data do pagamento (art. 15, §§2º e 3º).

O beneficiário que transferir ou negociar por qualquer meio o título obtido não poderá ser beneficiado novamente por programas de reforma agrária ou regularização fundiária (§6º do art. 15).

Criando a legislação condições resolutivas inseridas na titulação, precisa haver um mecanismo para verificar o seu cumprimento. Considerando este objetivo, permite o legislador que a comprovação seja realizada nos autos do processo de regularização fundiária, por meio de juntada da documentação pertinente. Adota-se, portanto, uma verificação formal do cumprimento das condições. Entretanto, caso a análise documental não seja suficiente para atestar o cumprimento das condições resolutivas, deverá ser realizada vistoria. Em qualquer caso, a Administração deverá, no prazo máximo de doze meses, contado da data do protocolo, concluir a análise do pedido de liberação das condições resolutivas (art. 16.)

Este aspecto da dispensa de vistoria na regularização fundiária e uma conexa insuficiência de proteção do meio ambiente foram os principais questionamentos constitucionais postos na ADI nº 4.269-PGR *vs*. Presidente Michel Temer e Congresso Nacional, quanto ao art. 13 da Lei nº 11.952/2009, que permitia que os requisitos para a regularização fundiária dos imóveis de até 4 (quatro) módulos fiscais seriam averiguados tão somente por meio de declaração do ocupante, ainda que sujeita à responsabilização nas esferas penal, administrativa e civil, dispensada a vistoria prévia, porque violaria os princípios da razoabilidade e da proibição de proteção deficiente do meio ambiente.

Apreciando a referida ADI, em julgamento em 18.10.2017, o STF fixou a interpretação conforme, segundo o voto do Ministro Fachin, relator, definindo que o Poder Público somente pode dispensar a vistoria, como previsto no impugnado dispositivo, se por outros meios demonstrar, de forma fundamentada, que ela é desnecessária, porque se pode atestar que foram observadas as limitações ambientais aplicáveis ao imóvel. De fato, assim ficou alinhavado o dispositivo do julgado:

> confira interpretação conforme ao disposto no art. 13 da Lei nº 11.952/2009, de modo a afastar quaisquer interpretações que concluam pela desnecessidade de fiscalização dos imóveis rurais de até quatro módulos fiscais, devendo o ente federal utilizar-se de todos os meios referidos em suas informações para assegurar a devida proteção ambiental e a concretização dos propósitos da norma, para somente então ser possível a dispensa da vistoria prévia, como condição para a inclusão da propriedade no Programa de regularização fundiária de imóveis rurais de domínio público na Amazônia Legal

Registre-se que, antes das alterações advindas da Lei nº 13.465/2017, todas as condições resolutivas do título de domínio e do termo de concessão de uso somente poderiam ser liberadas após vistoria, ou seja, elas dependiam de verificação *in loco* de seu cumprimento para a sua liberação, mesmo havendo longo período de adesão ao imóvel, não decaiam automaticamente, como era previsto na redação anterior do art. 16 da Lei nº 11.952/2009.

Ora, considerando o precedente do STF, quanto à interpretação conforme do art. 13, que trazia uma dispensa legal de vistoria com base em declaração do interessado para os imóveis de até 4 módulos fiscais, que agora somente podem ser liberados da vistoria se ocorrer a devida prova pela Administração, por todos os meios de que está é desnecessária, é forçoso se entender que a interpretação do art. 16, deve ser mais rigorosa. Com efeito, como visto anteriormente, o art. 16, *caput*, §§1º e 2º, com inclusões da Lei 13.456/2017, permite que as condições resolutivas do título de domínio e do termo de concessão de uso sejam liberadas após a verificação de seu cumprimento, por meio de juntada da documentação pertinente, e somente em caso de a análise desta documentação ser insuficiente para atestar o cumprimento das condições resolutivas deverá ser realizada vistoria.

Ora, se para as áreas de 4 módulos fiscais o STF atribuiu um ônus específico para a administração no processamento da liberação da vistoria, considerando a necessidade de proteção ambiental, mediante acurada análise documental, apesar em tese do seu menor potencial de lesividade à biota, há de se entender que no caso de imóveis acima de 4 módulos fiscais a vistoria deve ser obrigatória para a certificação do cumprimento das condições resolutivas.

De fato, apesar de a legislação autorizar a análise documental para a liberação das condições, na forma do art. 16, e somente se esta for insuficiente, aciona-se a vistoria, e haveria uma contradição com a *ratio* da corte constitucional, fixada na ADI nº 4.269-PGR *vs*. Presidente Michel Temer e Congresso Nacional. Se no referido dispositivo o legislador não dispensou a vistoria, apenas a colocou em segundo momento, e se não definiu a que tamanho de área se aplica o seu regramento, ele deve ser aplicado fora do âmbito do art. 13, e, logo, aplica-se às áreas acima de 4 módulos fiscais, e, por serem áreas maiores, há maior impacto ambiental, logo, maior rigor na concessão, pelo que somente a vistoria atenderia ao escopo constitucional de desenvolvimento sustentável.

Desta forma, se por análise documental ou vistoria for certificado o descumprimento das condições resolutivas pelo titulado, é consequente a resolução de pleno direito do título de domínio ou do termo de concessão, que deve ser declarada no processo administrativo, assegurados os princípios da ampla defesa e do contraditório, demonstrado o descumprimento por meio de prova material ou documento.

Alerta-se que prevê a lei que a análise do cumprimento das cláusulas resolutivas deve recair estritamente sobre o período de vigência das obrigações contratuais, tomando-se a mais longa como termo final, definindo que o descumprimento das obrigações após o período de vigência das cláusulas contratuais não gera a resolução da titulação, como se verifica do art. 18, *caput*, §§1º a 3º, incluídos pela Lei nº 13.465/20017. Entretanto, se o STF, como visto, condicionou no caso de imóveis até 4 módulos a realização de vistoria, se não houve a cabal prova de respeito ao meio ambiente, como poderia o simples decurso do tempo autorizar tal liberação, em toda e qualquer situação?

Logo, em havendo prova material ou documental do descumprimento das condições, e ainda não liberada pela Administração a sua resolução, mesmo que detectadas fora do prazo das obrigações contratuais, seja referente a condições ambientais, desrespeito a direitos humanos etc., deve ser proposta ação judicial reivindicatória de domínio pela União.

Afinal tais violações de valores constitucionais somente teriam a imunidade de impedir a ação judicial para a retomada do imóvel se ocorressem em momento posterior à fiscalização que tivesse atestado o seu cumprimento e autorizada a liberação das condições, porque, neste caso, já teria se consolidado o domínio, sem prejuízo, evidentemente, de ser o proprietário responsabilizado civil, administrativa ou penalmente, que é aplicável a qualquer propriedade.

Mas sem prova destes descumprimentos a Advocacia-Geral da União não possui interesse de agir, portanto não é o caso de a União desistir das ações ajuizadas, como previsto no §5º do art. 18 da Lei nº 11.952/2009, mas é caso de não ajuizar tais demandas por lhe faltar uma das condições da ação.

Ante a previsão legal de que resolvido o título de domínio ou o termo de concessão o contratante possui direitos indenizatórios, esta indenização poderá ser feita na via administrativa, havendo ou desocupação voluntária do imóvel, ou nos autos da ação reivindicatória de domínio, em que deve ser cumulado o pedido de retomada do imóvel com seu pagamento. Em todo caso, se a União possuir alguma pretensão indenizatória contra o réu, pode requerer nos próprios autos a compensação.

O contratante possui os seguintes direitos indenizatórios, como previsto no §7º do art. 18 da Lei de Regularização Fundiária Federal:

1. Indenização pelas acessões e pelas benfeitorias, necessárias e úteis, podendo levantar as voluptuárias no prazo máximo de cento e oitenta dias após a desocupação do imóvel, sob pena de perda delas em proveito da União.
2. Restituição dos valores pagos com a devida atualização monetária, deduzido o percentual de: a) 15% (quinze por cento) do valor pago a título de multa compensatória; e b) 0,3% (três décimos por cento) do valor atualizado do contrato por cada mês de ocupação do imóvel desde o início do contrato, a título de indenização pela fruição.

Conclui-se que referida indenização decorre de que, não permanecendo no imóvel, o particular não poderia simplesmente perder todo o valor já pago por sua compra, mas haverá os respectivos abatimentos pelo uso do imóvel, além do levantamento das benfeitorias na forma da lei. Entretanto, o contratante estará desobrigado de pagar eventual saldo devedor remanescente na hipótese de o montante das quantias retro indicadas eventualmente exceder ao valor total pago a título de preço, ou seja, ocorre uma compensação, entre o eventual débito e os direitos indenizatórios.

Caso a União não tenha realizado a indenização, e mesmo assim proceder à ação reivindicatória, poderá o réu requerer em reconvenção nos próprios autos a indenização que entender devida, conforme a previsão legal.

O art. 18 no §8º cria uma hipótese de desapropriação administrativa por interesse social, porém sem muita lógica. Com efeito, permite que a critério exclusivo da Administração Pública Federal, em casos de interesse social na destinação da área, e havendo desocupação voluntária, o ocupante poderá receber compensação financeira pelas benfeitorias úteis ou necessárias edificadas até a data de notificação da decisão que declarou a resolução do título de domínio ou da concessão.

Ora, se o particular possui estes mesmos direitos indenizatórios, mesmo descumprindo as condições resolutivas, por que sairia do imóvel voluntariamente? Somente por que a União possui interesse social na área?

Destarte, como existe inclusive o mesmo direito à indenização de benfeitorias no caso de ser decretada a resolução da titulação por não cumprimento das condições, e, mesmo havendo a compensação pelo uso da terra para a União, certamente pode ser mais vantajoso ao particular não sair voluntariamente do imóvel.

O referido dispositivo somente faria algum sentido lógico se a resolução da titulação a que se refere ocorresse por ato unilateral da Administração, independentemente de descumprimento das condições resolutivas, tendo em vista o interesse social, o que não está expresso na norma. Porém, neste caso, mais evidente ficaria o direito indenizatório do particular, inclusive para pleitear perdas e danos e lucros cessantes, considerando que seria melhor recusar a saída, pois obrigaria a União a buscar os meios forçados para realizar o seu objetivo de interesse social.

Por fim, se a área titulada passar a integrar a zona urbana ou de expansão urbana, deverá ser priorizada a análise do requerimento de liberação das condições resolutivas, o que decorre da mudança da situação fática do seu entorno.

A norma prevê uma regra de transição e espécie de anistia para os contratos, que na forma do art. 19 foram descumpridos e que tenham sido firmados com órgãos fundiários federais até 22.12.2016, assim o beneficiário originário ou seus herdeiros que ocupem e explorem o imóvel terão prazo de cinco anos, entre 23.12.2016 a 23.12.2021, para requerer a renegociação do contrato firmado, sob pena de reversão da área para a União. Porém, não se aplica esta regra caso haja manifestação de interesse social ou utilidade pública relacionada aos imóveis titulados, independentemente do tamanho da área, sendo de rigor a análise do cumprimento das condições resolutivas nos termos pactuados, observando-se os valores já pagos.

Todas as cessões de direitos a terceiros que envolvam títulos expedidos pelos órgãos fundiários federais em nome do ocupante original servirão somente para fins de comprovação da ocupação do imóvel pelo cessionário ou pelos seus antecessores, que somente poderá regularizar a área por ele ocupada. Os imóveis que não puderem ser regularizados, total ou parcialmente, serão revertidos ao patrimônio da União (art. 20, §§1º e 2º).

2.1.2.4 Aplicação da Lei Federal nº 11.952/09 pelos estados e municípios da Amazônia Legal, além de outras regiões

A princípio, quaisquer das regras de regularização fundiária decorrentes da aplicação da Lei Federal nº 11.952/09 em território dos estados da Amazônia Legal ou em outras regiões do Brasil somente poderão ser objeto de uma política pública levada a cabo diretamente pela União em áreas de seu domínio.

Porém, se houver interesse de desenvolver uma política pública estadual ou municipal que considere estas regras como modelo de regularização fundiária, ela somente será possível após firmado e objetivado um acordo de cooperação técnica, convênios ou outros instrumentos congêneres entre o estado ou o município e a União, em que o órgão fundiário estadual ou municipal, na verdade, poderá fazer o trabalho que o Incra faz, possibilidade esta prevista no art. 32, mas obviamente sobre as terras da União.

Os estados da Amazônia Legal que não aprovaram, mediante lei estadual, o respectivo zoneamento ecológico-econômico até 26.6.2012 continuam proibidos de celebrar novos convênios com a União. Até que tal obrigação seja adimplida, a vedação, permanece ainda que o marco temporal não faça mais sentido, prevista no art. 36.

Nas áreas de jurisdição estadual o estado-membro deve aplicar as regras de seu ordenamento concernentes à regularização de seu patrimônio imobiliário, pois, repisa-se, as regras da Lei Federal nº 11.952/09 não são normas gerais de direito, nem poderia, pois falece competência à União para legislar sobre os processos de alienação das terras públicas estaduais, uma vez que não está entre a competência privativa da

União legislar sobre procedimentos de regularização fundiária, que integram o direito fundiário, e não o direito agrário, como previsto no art. 22, inc. I, da CF.

Aliás, tradicionalmente, os estados exercem esta competência no que diz respeito aos procedimentos de regularização fundiária de seu patrimônio fundiário, apenas respeitando aqueles princípios gerais previstos na Constituição Federal no que diz respeito à alienação ou concessão de terras públicas.

Destacamos que, devido à inovação que este instrumento legal traz como política de regularização fundiária para a Amazônia Legal, o Ministério do Desenvolvimento Agrário e Agricultura Familiar e o Ministério da Gestão e da Inovação em Serviço Público têm o dever de criar na internet um modelo informatizado de transparência sobre o processo de regularização fundiária, além de ser criado um comitê de avaliação sistemática, assegurando a participação da sociedade civil organizada, que atue agora não só na Amazônia, mas em outras regiões, com o objetivo de avaliar a implantação da Lei nº 11.952/09 (art. 34 c/c art. 35 e art. 40-A, §2º).

2.1.3 Limitações constitucionais da regularização fundiária

Apesar de a propriedade privada ter sido protegida desde a primeira carta constitucional brasileira, a transferência de terras públicas para particulares é reconhecida em todas as constituições posteriores,[159] e, a partir de 1934, começou a ser feita com cuidados especiais. Naquele ano *o Poder Legislativo passou a ter a prerrogativa de autorizar a alienação dos grandes imóveis rurais.*[160] O *controle político* prévio relativo à destinação das terras está previsto no art. 49, XVII, da atual Constituição Federal.[161] Sendo uma competência "exclusiva", é indelegável,[162] devendo ser realizada para cada caso concreto através de resolução ou decreto legislativo, não precisando, portanto, de sanção presidencial. O art. 188 da CF e seus parágrafos afirmam:

> A destinação de terras públicas e devolutas será compatibilizada com a política agrícola e com o plano nacional de reforma agrária.
>
> §1º A alienação ou a concessão, a qualquer título, de terras públicas com área superior a dois mil e quinhentos hectares a pessoa física ou jurídica, ainda que por interposta pessoa, dependerá de prévia aprovação do Congresso Nacional.
>
> §2º Excetuam-se do disposto no parágrafo anterior as alienações ou as concessões de terras públicas para fins de reforma agrária.

---

[159] As Constituições trataram deste tema nos seguintes artigos: 1824 – art. 179, XXII; 1891 – art. 79, §17; 1934 – art. 113, §17; 1937 – art. 122, §14; 1946 – art. 141, §16; 1967 – art. 150, §22; 1969 – art. 153, §22; 1988 – art. 5º, XXII.

[160] Ao longo do tempo mudou o tamanho máximo regularizável sem a prévia autorização legislativa e a entidade competente: as Constituições de 1934 (art. 130); 1937 (art. 155); 1946 (art. 156, §2º) estabeleceram que o tamanho era de 10.000 hectares. A Emenda Constitucional nº 10/1964 (art. 6º) o reduziu para 3.000, mesmo tamanho previsto nas Constituições de 1967 (art. 164, parágrafo único) e 1969 (art. 171). A Constituição Federal de 1988 atribuiu este controle não mais só ao Senado Federal como era até então, mas o estendeu a todo o Congresso Nacional (art. 188, §1º).

[161] O art. 49 determina a competência exclusiva do Congresso: "É da competência exclusiva do Congresso Nacional: XVII – aprovar, previamente, a alienação ou concessão de terras públicas com área superior a dois mil e quinhentos hectares".

[162] O §1º do art. 68 não permite esta delegação: "§1º Não serão objeto de delegação os atos de competência exclusiva do Congresso Nacional".

Várias Constituições estaduais estabeleceram um rígido controle político-administrativo sobre a alienação de grandes imóveis, como se pode verificar na tabela a seguir.

Constituição	Art.	Tamanho (ha)
Amazonas	28	1.000
Amapá	206	500
Espírito Santo	250	150
Maranhão	31	200
Minas Gerais	62	100
Pará	241	1.500 até 2.500
Paraná	54, III	100
Rio de Janeiro	25	150
Rio Grande do Norte	119	50
Rondônia	170	1.000
Roraima	33, VI	2.500
Santa Catarina	148	25

Portanto, as terras públicas e devolutas devem ser destinadas, preferencialmente, para proteção ambiental e reforma agrária.

2.2 Colonização

A previsão legal de colonização está prevista nos arts. 4º, inc. IX, 55 e seguintes do Estatuto da Terra. Define o art. 4º, IX, que "Colonização é toda a atividade oficial ou particular, que se destine a promover o aproveitamento econômico da terra, pela sua divisão em propriedade familiar ou através de Cooperativas".

Portanto, a colonização é a ocupação de espaços vazios ou pouco povoados, mediante a utilização de terras públicas ou particulares, para assegurar o acesso à terra à propriedade familiar.

A colonização faz parte da política de desenvolvimento rural, e pretende ser permanente. Decorre de projeto de colonização, geralmente em terras públicas, obedecida a metodologia legal (arts. 63 a 72 da Lei nº 4.504/64 e o Decreto nº 59.428, de 27.10.1966).

Devido às severas críticas que a política de colonização sofreu na década de 70 do século passado, com o fracasso da colonização empregada na Amazônia, o Poder Público já não mais utiliza esse mecanismo para assegurar terra aos sem-terra.

2.3 Assentamento

Previsto nos arts. 24 e 25 do Estatuto da Terra, o assentamento ocorre quando o imóvel adquirido não tem possuidor. Toda vez que o governo buscar a ocupação de imóvel rural vazio, sem possuidores, esta se fará por meio de projeto de colonização ou projeto de assentamento.

Os projetos de assentamento ou de regularização fundiária resultam da aquisição de terra pelo processo da discriminatória (Lei Federal nº 6.383/1976), pela desapropriação para fim de reforma agrária (Lei Complementar nº 76/1993, alterada pela LC nº 88/1996) ou pela compra (Dec. nº 433/1992). Logo, o imóvel está desocupado e ocorrerá o assentamento. Se o imóvel tiver possuidores, a qualquer título, será regularizado.

É válido ressaltar que está em vigor a Resolução Conama nº 458, de 16.7.2013, que revogou a Resolução Conama nº 387, de 27.12.2006, e que estabelece procedimentos para licenciamento ambiental de atividades agrossilvopastoris e de empreendimentos de infraestrutura, passíveis de licenciamento, realizadas em assentamentos de reforma agrária. A resolução apresenta as seguintes definições:

I - Assentamentos de reforma agrária: conjunto de atividades e empreendimentos planejados e desenvolvidos em área destinada à reforma agrária, resultado do reordenamento da estrutura fundiária, de modo a promover a justiça social e o cumprimento da função social da propriedade;

II - Termo de Compromisso Ambiental - TCA: documento firmado, pelo órgão fundiário e pelo assentado responsável pela atividade agrossilvipastoril ou empreendimento de infraestrutura, mediante o qual se comprometem, perante o órgão competente, a promover a regularização ambiental, dentro do prazo e condições a serem especificados pelo órgão ambiental competente;

III - Interesse social:

a) atividades imprescindíveis à proteção da integridade da vegetação nativa, tais como prevenção, combate e controle do fogo, controle da erosão, erradicação de invasoras e proteção de plantios com espécies nativas;

b) exploração agroflorestal sustentável praticada em assentamentos de reforma agrária, desde que não descaracterize a cobertura vegetal existente e não prejudique a função ambiental da área;

c) implantação de infraestrutura pública destinada a esportes, lazer e atividades educacionais e culturais ao ar livre;

IV - Atividades eventuais ou de baixo impacto ambiental:

a) abertura de pequenas vias de acesso interno e suas pontes e pontilhões, quando necessárias à travessia de um curso d'água, ao acesso de pessoas e animais para a obtenção de água ou à retirada de produtos oriundos das atividades de manejo agroflorestal sustentável;

b) implantação de instalações necessárias à captação e condução de água e efluentes tratados, desde que comprovada a outorga do direito de uso da água, quando couber;

c) implantação de trilhas para o desenvolvimento do ecoturismo;

d) construção de rampa de lançamento de barcos e pequeno ancoradouro;

e) construção de moradia em assentamentos de reforma agrária;

f) construção e manutenção de cercas na propriedade;

g) pesquisa científica relativa a recursos ambientais, respeitados outros requisitos previstos na legislação aplicável;

h) coleta de produtos não madeireiros para fins de subsistência e produção de mudas, como sementes, castanhas e frutos, respeitada a legislação específica de acesso a recursos genéticos;

i) plantio de espécies nativas produtoras de frutos, sementes, castanhas e outros produtos vegetais, desde que não implique supressão da vegetação existente nem prejudique a função ambiental da área;

j) exploração agroflorestal e manejo florestal sustentável, comunitário e familiar, incluindo a extração de produtos florestais não madeireiros, desde que não descaracterizem a cobertura vegetal nativa existente nem prejudiquem a função ambiental da área;

k) outras ações ou atividades similares, reconhecidas como eventuais e de baixo impacto ambiental em ato do Conselho Nacional do Meio Ambiente - Conama ou dos Conselhos Estaduais de Meio Ambiente;

V - Atividades agrossilvipastoris: ações realizadas em conjunto ou não relativas à agricultura, à aquicultura, à pecuária, à silvicultura e demais formas de exploração e manejo da fauna e da flora, destinadas ao uso econômico, à preservação e à conservação dos recursos naturais renováveis;

VI - Uso alternativo do solo: utilização de área com substituição de vegetação nativa e formações sucessoras por outras coberturas do solo, tais como atividades agropecuárias, industriais, de geração e transmissão de energia, de mineração e de transporte, assentamentos urbanos ou outras formas de ocupação humana;

VII - Empreendimentos de infraestrutura: obras realizadas nos assentamentos de reforma agrária destinadas à:

a) instalação de rede de energia elétrica;

b) construção de estradas vicinais e obras de arte;

c) saneamento básico; e

d) captação, condução e reserva de água.

Importante registrar que o licenciamento ambiental das atividades agrossilvopastoris e dos empreendimentos de infraestrutura, passíveis de licenciamento, em assentamentos de reforma agrária, será realizado pelo órgão ambiental competente, mediante procedimentos simplificados constituídos pelos órgãos ambientais considerando como referência o contido no anexo da Resolução nº 458/2013.

Porém, caso o órgão ambiental competente identifique potencial impacto ambiental significativo, deverá exigir o procedimento ordinário de licenciamento, sempre ficando assegurada a participação dos beneficiários de assentamentos de reforma agrária para acompanhar o processo de licenciamento de empreendimentos de infraestrutura e das atividades agrossilvopastoris passíveis de licenciamento, mantendo interlocução permanente com o órgão ambiental competente e com o órgão fundiário.

CAPÍTULO 3

DISCRIMINATÓRIA

3.1 Introdução

A discriminação das terras devolutas é um dos mais importantes institutos do direito agrário, pois é um procedimento que tem por finalidade a identificação e a separação das terras públicas das particulares. Tem sua origem histórica nas ações divisórias previstas pelo direito romano.

Na introdução histórica comprovamos como, no Brasil, o direito de propriedade particular nasceu por meio da outorga de concessões por parte do rei. Em muitas ocasiões as terras recebidas pelos sesmeiros tinham como limites algumas léguas de frente e os fundos tinham o "horizonte" como marco delimitador.

O fundamento jurídico da discriminatória é o domínio eminente que o Estado detém sobre todos os bens que estão situados no território nacional, fato este que lhe outorga o poder de identificar suas terras devolutas.

Hely Lopes Meirelles sintetizou esta realidade com as seguintes palavras:

No Brasil todas as terras foram, originariamente, públicas, por pertencentes à Nação portuguesa, por direito de conquista. Depois, passaram ao Império e à República, sempre como domínio do Estado. A transferência das terras públicas para os particulares deu-se paulatinamente por meio de concessões de sesmarias e de data, compra e venda, doação, permuta e legitimação de posses. *Daí a regra de que toda terra sem título de propriedade particular é de domínio público.*[163] (Grifos nossos)

Um memorável acórdão, cujo voto foi elaborado pelo Ministro Aliomar Baleeiro em 24.9.1968, da Segunda Turma do Supremo Tribunal Federal, apresenta a mesma posição:

As terras do Brasil foram objeto de conquista e posse, por Pedro Álvares Cabral para o rei de Portugal. Ela passou a ser uma fazenda do Rei, ficando no domínio real até a independência, quando foi transferida para o patrimônio nacional, lá permanecendo todo o tempo do Império, até que o art. 64 da Constituição de 1891 a distribuiu aos Estados em cujos limites se encontrava. Então os Estados, como sucessores da nação Brasileira, como sucessora do patrimônio pessoal do rei de Portugal, não necessitam trazer nenhum título. O título é a posse histórica, o fato daquela conquista da terra. *A terra, no Brasil originariamente era pública.* (Recurso Extraordinário-RE n⁰ 51.290-GO) (Grifos nossos)

---

[163] MEIRELLES, Hely Lopes. *Direito administrativo brasileiro.* Atualização de Eurico de Andrade Azevedo, Délcio Balestreiro Aleixo e José Emmanuel Burle Filho. 20. ed. São Paulo: Malheiros, 1995. 1995, p. 455.

São os particulares que precisam comprovar que seus bens foram desincorporados de maneira legítima do patrimônio público, pois inicialmente as terras brasileiras pertenciam à Coroa lusitana.

Ao longo do período colonial a ocupação das terras se deu de maneira desordenada. A falta de demarcação dos limites e a ausência de técnicas de precisão que permitissem saber a exata dimensão e localização das propriedades fizeram com que, em muitas regiões, existissem sobreposições de vários títulos, gerando uma grande confusão de limites e de domínio. Este processo ficou ainda mais confuso logo antes da proclamação da independência quando, suspenso o regime sesmarial (Resolução nº 76/1822), por cerca de trinta anos perdurou o "período áureo das posses", durante o qual a ocupação primária era o instrumento de apropriação das terras.

A primeira lei brasileira que normatizou a questão agrária encontrou inicialmente um grande desafio: identificar no imenso território nacional a localização das terras públicas e particulares. Esta foi uma das grandes preocupações da Lei de Terras (nº 601/1850). Uma nova categoria jurídica, genuinamente nacional, foi criada: a das *terras devolutas*. Seu art. 3º apresentava a definição das terras devolutas como aquelas que ainda não foram aplicadas a algum uso público, não se incorporaram legitimamente ao domínio privado, foram concedidas anteriormente a uso de particulares, mas estes não lograram incorporá-las em seu patrimônio pelo descumprimento das cláusulas legais, ou não foram objeto de posse.

Para identificar e localizar as terras públicas, o art. 10 da mesma lei introduziu no nosso ordenamento jurídico o instituto da discriminatória:

> O governo proverá o modo prático de *extremar o domínio público do particular*, segundo as regras acima estabelecidas, incumbindo a sua execução as autoridades que julgar mais convenientes, ou a comissários especiais, os quais procederão administrativamente [...].

O Decreto nº 1.318/1854, que regulamentou a Lei de Terras, apesar de não prever expressamente qualquer dispositivo relativo a esta matéria, confiava à Repartição Geral das Terras Públicas a tarefa de "Dirigir a medição, divisão e descrição das terras devolutas e prover sobre a sua conservação" (art. 3, §1º). Caso o particular se sentisse prejudicado com as medições das terras públicas, poderia apresentar suas reclamações ao agrimensor que as apresentaria, juntamente com as peças técnicas, ao juiz municipal (art. 19).

O ordenamento fundiário, a alienação de terras públicas, pilares fundamentais da política fundiária imperial (arts. 1º e 14), só poderiam ocorrer depois que o Estado soubesse o que lhe pertence. Ainda mais que, para poder infundir confiabilidade aos registros dominiais existentes, era necessário separar as terras públicas das particulares, isto é, identificar e separar o devoluto daquilo que legitimamente tinha sido incorporado ao domínio do particular, e instituir um cadastro de terra confiável. De um lado nasceu a discriminatória (art. 10) e do outro o registro do vigário (art. 13 da Lei nº 601/1850).

Seja a Lei nº 601/1850 ou Decreto-Lei nº 9.760/46 que identificam as terras devolutas, através da exclusão das terras particulares das demais terras públicas, depois de verificada a legitimidade dos títulos de domínio particular, serão apuradas, por exclusão destes, as terras reconhecidas como de domínio público. O Ministro Evandro Lins apresentava assim a maneira com a qual se apuram as terras devolutas:[164] "Pode ocorrer que as terras do domínio da União, dos Estados ou dos Municípios (como acontece com as terras devolutas) se achem confundidas, ocupadas indevidamente como particulares, ou devastadas criminosamente. Todos esses fatores, de ordem material e de conseqüências jurídicas, concorrem para a índole da ação discriminatória. E é por isso que as terras públicas, em geral, se apuram por exclusão das que devam ser consideradas particulares; e não se pode exigir documento ao Poder Público para prova de seu domínio, e sim apurar esse domínio por exclusão das áreas cobertas, juridicamente, por título hábil devidamente filiado, nos termos do direito vigente".

Normalmente o processo discriminatório é deflagrado pela via administrativa e no decorrer da ação pode se transformar em judicial. A ação discriminatória pode ser realizada de maneira generalizada em determinadas regiões previamente selecionadas ou em municípios.

Com a entrega das terras para os estados (art. 64 da Constituição Federal de 1891), vários deles elaboraram seus próprios instrumentos jurídicos para "extremar" as terras públicas das particulares (a expressão "discriminação de terras devolutas" foi utilizada pela primeira vez pela Lei nº 323, de 22.6.1896, do estado de São Paulo).

A primeira legislação federal foi o Decreto nº 10.505, de 5.3.1913, regulamentado pelo Decreto nº 10.320, de 7.7.1913, os quais normatizaram, tão somente, o processo administrativo, relegando o papel do juiz àquele de mero fiscal dos procedimentos administrativos. Estes decretos tiveram, porém, sua validade suspensa pelo Decreto nº 11.485, de 10.2.1915. Precisou-se esperar até o advento do Decreto-Lei nº 9.760, de 5.9.1946, que previa a discriminatória administrativa e judicial (arts. 32-60), para voltar a se ter uma norma regulamentadora.

A Lei nº 3.081, de 22.12.1956, estendeu a discriminatória, até então competência privativa da União, aos estados e municípios. Esta lei disciplinava, exclusivamente, a discriminatória judicial, fazendo com que eminentes juristas, como Altair de Souza Maia, sustentassem que ela tinha excluído a possibilidade de se realizarem discriminatórias administrativas. Outros juristas, como Victor Nunes Leal, porém, defendiam que a Lei nº 3.081/56 só cuidava da discriminatória judicial por ser competência privativa da União legislar sobre normas de processo civil (?). Este fato, porém, não retirava dos estados o direito de dispor administrativamente de seu patrimônio, caso contrário, estaria se rompendo o pacto federativo. Com o advento do Estatuto da Terra (Lei nº 4.504/64) foi restabelecida a instância administrativa (art. 11).

A discriminatória, seja ela administrativa, seja judicial, não visa a aumentar o patrimônio público, pois as terras arrecadadas deveriam ser imediatamente transferidas aos posseiros ou destinadas a unidades de conservação, por isso durante a ação o órgão fundiário reconhece as posses legítimas, manifestadas através da cultura efetiva e morada habitual, bem como incorpora ao patrimônio público as terras devolutas ilegalmente ocupadas (ver arts. 11 e 97, do Estatuto da Terra, e 225, §5º, da Constituição).

A Constituição Federal de 1988 não prevê expressamente a ação discriminatória. A propriedade sobre as terras devolutas está prevista no art. 20, II (que atribui à União as

---

[164] *Apud* SOUZA, João Bosco Medeiros de. *Direito agrário*: lições básicas. São Paulo: Saraiva, 1994. p. 43.

terras devolutas indispensáveis à defesa das fronteiras, das fortificações e construções militares, das vias federais de comunicação e à preservação ambiental, definidas em lei); e art. 26, IV (são dos estados as terras devolutas não compreendidas entre as da União).

Estas áreas integram o domínio patrimonial destes entes públicos. Para que sejam incorporadas ao patrimônio dominical da União ou dos estados-membros, é necessário se proceder à discriminação dessas áreas, separando-as dos bens privados e dos demais bens públicos, arrecadando-as e matriculando-as no registro de imóveis.

O art. 225, §5º, da CF apresenta um caso de *afetação constitucional*, pois determina que as terras devolutas ou arrecadadas pelos estados, através de discriminatórias, se forem consideradas necessárias à proteção dos ecossistemas, serão consideradas indisponíveis (passam a integrar os bens de uso comum do povo). Este fato põe fim à polêmica doutrinária que contestava a possibilidade de os estados utilizarem este instrumento.

Os dois processos mostram-se, porém, inadequados, pois seus prazos exíguos e suas exigências burocráticas dificultam, muitas vezes, o alcance dos fins almejados.

A ação discriminatória visa assim a separar, extremar as terras devolutas das terras particulares e promover o registro cartorial dos imóveis apurados como públicos. Hoje é regulada pela Lei nº 6.383, de 7.12.1976, uma vez que os arts. 2º a 17 apresentam o processo administrativo e os arts. 18 a 23, o processo judicial.

Se os estados da federação não tiverem uma legislação própria poderão utilizar o mesmo procedimento previsto na lei acima destacada (art. 27).

O papel fundamental destes processos é identificar as terras devolutas que podem ser consideradas terras públicas originárias da prescrição ou cancelamento do ato de concessão. São terras que nunca foram demarcadas, identificadas, mas que integram o patrimônio público apesar de não constar nos registros administrativos da União ou dos estados.

3.2 Discriminatória administrativa

O processo discriminatório inicia com a *escolha da área* "e" da *comissão especial* (art. 2º). No primeiro caso, o Incra estabeleceu alguns critérios para nortear esta escolha: presumível presença de terras devolutas; áreas de tensão social; concentração de trabalhadores e de produção; áreas preferencialmente contíguas àquelas já discriminadas.

A comissão especial será composta por três membros: um bacharel em direito que a preside e que representará a União (ou estado), um agrônomo e um funcionário que assumirá as funções de secretário. O ato de criação da comissão definirá a jurisdição e a sede da comissão.

A segunda etapa será aquela da *definição do polígono* (art. 3º): elaboração do memorial descritivo inicial no qual se inscreverão o perímetro a ser discriminado, o registro das propriedades, o rol dos ocupantes, um esboço (croquis) ou o levantamento aerofotogramétrico da área.

Para poder coletar estas informações são realizados: a) levantamento ocupacional no qual serão identificados os ocupantes, sua qualificação, área declarada, confrontações dos imóveis; b) levantamento das declarações de cadastro de imóveis rurais constantes no cadastro do Incra e das eventuais informações prestadas pelo órgão estadual (ou federal); c) levantamento preliminar de títulos e registros no cartório de registros de imóveis da comarca local, apurando-se a cadeia sucessória de cada imóvel e de todos os ocupantes. Terminada a fase preliminar de levantamentos, a comissão poderá esboçar o *diagnóstico preliminar* da área destacando os aspectos físicos (clima, relevo, solos, hidrografia, vegetação, meios de acesso), econômicos (principais tipos de culturas existentes), a eventual presença de tensão social, povos indígenas, unidades de conservação etc.

Com estas informações a comissão poderá escolher se irá continuar o processo discriminatório administrativo ou se terá que ser utilizada a discriminatória judicial.

Decidindo-se pela continuidade do processo administrativo será elaborado e publicado o edital de convocação.

Este procedimento oferece aos interessados a oportunidade de apresentar a defesa de seus direitos, garantindo-se o contraditório, seja na fase administrativa seja na judicial, quando for necessário. A simples ausência de resposta por parte dos interessados já obriga a transformar o processo administrativo em judicial, pois a lei cria uma presunção desfavorável ao estado, conforme está previsto no art. 14: "O não atendimento ao edital de convocação ou à notificação (arts. 4º e 10 da presente lei) estabelece a presunção de discordância e acarretará imediata propositura de ação judicial prevista no art. 19, inc. II".

O edital deverá ser publicado duas vezes no *Diário Oficial da União*, nos órgãos oficiais do estado e na imprensa local (intervalo mínimo de oito dias e máximo de quinze), além de ser afixado nos locais públicos na sede do município, vilas, distritos. Deverá conter a delimitação da área e ser dirigido nominalmente a todos os ocupantes conhecidos, seus cônjuges e os interessados incertos ou desconhecidos.

Enquanto o art. 4º da Lei nº 3.081/1956 previa a citação pessoal de todos os interessados conhecidos, a legislação atual prevê a citação por edital (art. 4º da Lei nº 6.383/1976) facilitando a tramitação do processo e garantindo-se a convocação da universalidade dos interessados, muitos deles ainda desconhecidos nesta fase inicial dos trabalhos da comissão.

A via editalícia acarreta evidentes prejuízos para os moradores do interior que não têm acesso aos jornais e, menos ainda, ao *Diário Oficial*. A fim de *minimizar tais prejuízos*, o art. 4º, §3º, prevê que: "O edital deverá ter a maior divulgação possível, observado o seguinte procedimento: a) afixação em lugar público na sede dos municípios e distritos, onde se situar a área nele indicada [...]". As normas internas do Incra estimulam a ampla divulgação através dos meios de comunicação local.

A comissão notificará o cartório de registros de imóveis para que, a partir daquele momento, se abstenha de realizar qualquer matrícula, registro, inscrição ou averbação sem prévio conhecimento do presidente da comissão, sob pena de cometer crime de prevaricação (art. 16).

Os detentores dos imóveis não poderão derrubar a cobertura vegetal, construir cercas e transferir benfeitorias a qualquer título, sem assentimento do representante da União. Caso isso venha acontecer o juiz será informado desta infração (arts. 19, III, 24 e 25) *e tomará as providências cabíveis.*

Todos os que, a qualquer título, ocupam terras inseridas no polígono objeto da discriminatória serão convocados para que, no prazo de sessenta dias, apresentem seus documentos. Neles deverão constar informações sobre a localização, os confinantes, o valor estimado do imóvel, área certa ou estimada, as benfeitorias, culturas e criações existentes, os financiamentos recebidos, os eventuais ônus incidentes sobre o imóvel e a prova de quitação dos tributos.

Aos eventuais proprietários é conveniente apresentar uma certidão de inteiro teor, pois, caso esta comprove seu domínio, a área será definitivamente excluída do processo (neste caso será lavrado um termo de exclusão). Cada imóvel dará origem a um processo individual que será processado em separado. A declaração do interessado e o depoimento das testemunhas serão reduzidos a termo. Se um imóvel for ocupado por mais de um interessado, os processos serão apensos.

Terminada a fase de coleta das informações e instrução dos processos iniciar-se-á a *identificação fundiária dos imóveis* (art. 6º).

Durante o prazo de sessenta dias o engenheiro agrônomo realizará vistorias para verificar os diferentes aspectos da exploração das propriedades, a ancianidade de ocupação das posses e a existência de eventuais litígios. De cada imóvel serão lavrados os respectivos termos de ocupação. As partes poderão acompanhar este trabalho diretamente ou por meio de peritos.

Terminadas as vistorias todos os interessados serão notificados pessoalmente ou através de aviso de recebimento (AR) para que, no prazo não inferior a oito dias nem superior a trinta, se manifestem e assinem os respectivos termos cabíveis. Quem não responder presumir-se-á discordante, instruindo o processo judicial; do mesmo modo proceder-se-á com quem não concordar com a decisão do presidente.

Nos trinta dias seguintes, improrrogáveis, o presidente terá que manifestar sua *decisão* (art. 8º). Se verificar que a cadeia dominial está correta determinará a exclusão destes imóveis da discriminatória, mas se o levantamento geodésico e topográfico comprovar alguma divergência com os documentos apresentados serão procedidas as retificações necessárias. Em cada processo será juntada a cópia da planta e do memorial descritivo do imóvel.

Os *documentos de origem duvidosa* serão encaminhados para a procuradoria para o ajuizamento das ações de cancelamento dos registros.

Se for detectada a presença de estrangeiros observar-se-á se foi cumprida a legislação correspondente.

No caso das posses será verificado se atendem aos requisitos para sua legitimação: morada permanente, cultura efetiva e exploração direta do imóvel. Neste caso o ocupante fará a *licença de ocupação* (LO), pelo prazo mínimo de 4 (quatro) anos, que assegurar-lhe-á, por meio do processo administrativo específico, o direito de preferência na aquisição de até 100 hectares.

Destacamos que, até o advento da MP nº 458/09, que alterou a redação do §1º do art. 29, da Lei nº 6.383/76, a preferência para a aquisição do lote se dava pelo valor histórico da terra nua, mas isto foi alterado, passando a ocorrer pelo valor mínimo estabelecido em planilha referencial de preços, a ser periodicamente atualizada pelo Incra, utilizando-se os critérios relativos à ancianidade da ocupação, às diversificações das regiões em que se situar a respectiva ocupação e à dimensão de área.

O *termo de encerramento* (art. 12) conterá: planta geral e memorial descritivo da área discriminada e das eventuais áreas devolutas apuradas; relação das propriedades cuja legalidade é reconhecida e das que foram objeto de questionamento; rol dos ocupantes que fazem jus à legitimação de posse e dos que não compareceram; descrição dos acordos realizados e descrição detalhada de todas as ocorrências. Os autos cabíveis serão remetidos para o oficial do cartório de registro de imóveis. As terras devolutas apuradas serão demarcadas e *matriculadas em nome da União (ou estado)*.

Os particulares não pagarão as *custas* do processo, só as demarcações e diligências de seu interesse (art. 17).

3.3 Discriminatória judicial

A *discriminatória judicial* será proposta se o processo administrativo for dispensado ou interrompido por presumida ineficácia e contra aqueles que não atenderem ao edital de convocação (presume-se que discordem dele) ou, ainda, quando existirem dúvidas em relação à legitimidade dos documentos apresentados pelos particulares (art. 19).

É uma ação privativa de ente público.

Poderá ser proposta sem que tenha sido precedida da discriminatória administrativa.

A *petição inicial*, além de obedecer aos requisitos dos arts. 319 e 320 do Código de Processo Civil, deverá ser instruída com a planta e o memorial descritivo da área discriminada administrativamente, planta e memorial descritivo de cada imóvel, títulos e registros encontrados com indicação da cadeia sucessória, qualificação e domicílio do interessado; cópia da decisão final do presidente da comissão especial e do termo de encerramento da discriminatória administrativa (art. 20).

Apresenta as seguintes características:

a) tem como autor a União, estados ou municípios;

b) tem caráter preferencial e prejudicial em relação às ações em andamento referentes a domínio ou posse dos imóveis situados na área discriminada;

c) se o autor for o Incra, a competência será da Justiça Federal (art. 19). Neste caso as eventuais ações em tramitação na Justiça Estadual deverão ser remetidas à Justiça Federal (art. 23, parágrafo único). Quando o autor for o órgão estadual, a justiça competente será a prevista na Lei de Organização Judiciária local (art. 27);

d) a sentença só tem efeito devolutivo (art. 21).

Os estados poderão realizar as discriminatórias isoladamente ou em convênio com a União.

A *citação* será feita unicamente por edital e deverá conter o nome de todos os interessados conhecidos (proprietários, ocupantes, confinantes certos), bem como os demais interessados incertos ou desconhecidos. Durante a sua tramitação não poderá haver inovação no imóvel, não sendo permitida a alteração de divisas e a derrubada da cobertura florestal.

Originariamente o seu procedimento teria duas fases (contenciosa e demarcatória) se seguindo o processo sumaríssimo. Hoje, com o vigente CPC, não existem mais as formas de processo *sumário*, mas aplicam-se as regras do procedimento comum e procedimentos das leis especiais, quando existentes conforme previsto no art. 1.049 e parágrafo único do CPC, assim, houve uma unificação do procedimento processual.

O Ministério Público terá que acompanhar obrigatoriamente o processo.

A *demarcação*, que deverá observar os arts. 574-587 do CPC, será procedida, ainda que em execução provisória da sentença, valendo esta como título de propriedade para efeito de registro, dando início a uma nova cadeia dominial.

A doutrina é unânime em condenar a exiguidade do prazo de 90 dias por ser praticamente impossível realizar todas as atividades previstas na lei neste período.

Muitos doutrinadores (Marcos Afonso Borges, Jaci de Assis, Altir de Souza Maia) criticam o fato de se atribuir o foro em razão da pessoa (Incra) e não em razão do lugar onde se localiza o imóvel (*forum rei sitae*), pois isso obriga pessoas de poucos recursos a se deslocarem até a sede da Justiça Federal para esclarecer dúvidas geradas pelo Poder Público em defesa de seu patrimônio.

CAPÍTULO 4

ARRECADAÇÃO SUMÁRIA

A Lei nº 6.383/76 permite uma maneira simplificada de incorporar terras devolutas ao patrimônio dominical estatal: a *arrecadação sumária*.[165] Ela prescinde da instauração preliminar do processo discriminatório e se concretiza quando for constatada a inexistência de títulos e registros sobre determinada área. Inicialmente o órgão fundiário requererá no cartório de registros de imóveis uma certidão negativa apresentando o diagnóstico técnico da área, contendo a planta e o memorial descritivo; considerando que a propriedade privada é comprovada por meio do registro público, se este não existir, não há porque se falar de propriedade particular incidente na área a ser arrecadada. O procedimento visa, portanto, a apurar a existência de propriedades particulares e não posses. Estas ocupações não impedem a realização do procedimento arrecadatório sumário.

Também a existência de processos administrativos tramitando nas repartições federais ou mesmo na estadual não prejudicam esta arrecadação.

Serão também solicitadas *certidões* comprobatórias da inexistência de contestações ou reclamações administrativas promovidas por terceiros no Serviço de Patrimônio da União e Instituto de Terra estadual (ou Incra quando quem propuser a ação for o órgão estadual, §1º, do art. 28). A falta destas certidões não prejudica a legitimidade do procedimento nem implica cerceamento a possíveis direitos de terceiros particulares. Segundo o Procurador do Instituto de Terras do Estado do Pará (Iterpa), Raimundo Barros, a ausência destes documentos não prejudica a arrecadação promovida pelo órgão fundiário estadual:

> Esclareça-se, ainda, que o Estado poderá dispor sobre seu procedimento arrecadatório, onde poderá sem nenhum problema abrir mão da necessidade dessas certidões. Nesse contexto, a utilização da lei federal 6.383 é facultativa e aplicável no que "couber", conforme o art. 27. Ou seja, formalidades procedimentais que não impliquem em prejuízos irreversíveis à terceiros podem perfeitamente ser dispensados, o que é o caso. A não aplicação da segunda parte do dispositivo em tela por parte do Estado não vicia o procedimento de arrecadação a

---

[165] O §43 da Instrução Incra nº 22, de 7.1.1977, determinava que, nas áreas declaradas indispensáveis à segurança e ao desenvolvimento nacionais, os imóveis onde se constatasse a inexistência de domínio particular fossem arrecadados sumariamente.

ponto de levá-lo à nulidade.[166] Estas certidões devem dizer expressamente que sua finalidade é servir à arrecadação da área. Concluído o processo, o presidente ou a autoridade por ele expressamente delegada expedirá a portaria de arrecadação que será publicada no *Diário Oficial*. Em seguida é realizada a *matrícula do imóvel* em nome da União (estado).

Nos estados amazônicos, nos quais vigorou o Decreto-Lei nº 1.164, de 1º.4.1971, que declarou indispensáveis à segurança e ao desenvolvimento nacionais terras devolutas situadas na faixa de cem quilômetros de largura em cada lado do eixo de rodovias na Amazônia Legal, encontra-se uma situação toda peculiar.

Apesar de este decreto-lei ter sido revogado pelo Decreto-Lei nº 2.375, de 24.11.1987, quando se tratar de terras públicas devolutas incorporadas ao patrimônio de estado, ou território, por força deste decreto-lei, a arrecadação instruir-se-á, necessariamente, com certidão expedida pelo Ministério da Reforma e do Desenvolvimento Agrário (Mirad), na qual se ateste não estar, a área arrecadanda, em qualquer das situações previstas no §2º do art. 2º (art. 6º). Se isso torna obrigatória a instrução dos processos de arrecadação com os documentos citados acima, pode-se concluir que esta obrigatoriedade inexiste nas demais situações.

---

[166] BARROS, Raimundo Nonato Rodrigues. *Procedimentos para arrecadação de terras públicas do Estado*. Belém: [s.n.], 2008. p. 3. mimeo.

CAPÍTULO 5

DEMARCAÇÃO DE TERRAS PARA REGULARIZAÇÃO FUNDIÁRIA DE INTERESSE SOCIAL

A edição da Lei Federal nº 11.481, de 31.5.2007, ao introduzir a Seção III-A, arts. 18-A a 18-F no Decreto-Lei nº 9.760/46, criou uma nova modalidade de demarcação de terrenos, destinada à regularização fundiária de interesse social.

A primeira questão que surge é definir se com a introdução destes dispositivos no Decreto-Lei nº 9.760/95, que dispõe sobre o patrimônio da União, este instituto demarcatório se aplica apenas às terras federais, ou pode ser utilizado pelos demais entes federados.

A solução é dada pelo art. 22 da Lei Federal nº 11.481/2007, que determina expressamente que "Os Estados, o Distrito Federal e os Municípios nas regularizações fundiárias de interesse social promovidas nos imóveis de sua propriedade poderão aplicar, no que couber, as disposições dos *arts. 18-B a 18-F do Decreto-Lei nº 9.760, de 5.9.1946*", portanto, aplica-se esta nova modalidade demarcatória para regularização fundiária de interesse social às terras de todos os entes federados.

Alerta-se que, apesar de o art. 22 da Lei Federal nº 11.481/2007 não incluir expressamente o art. 18-A do Decreto-Lei nº 9.760/47 entre os dispositivos que podem ser aplicados pelos demais entes federados, é corolário lógico a sua utilização, pois o referido dispositivo define o público que pode ser beneficiário deste tipo de demarcação em terras da União, bem como elementos técnicos necessários para a localização e determinação da área a ser demarcada.

Evidentemente que a utilização do art. 18-A deverá sofrer adaptações necessárias à sua aplicação nas áreas estaduais, municipais e do Distrito Federal, como aliás ocorrerá com os demais dispositivos dos arts. 18-B a 18-F, pois remetem o seu texto expressamente somente às terras da União.

Destarte, sem a aplicação do art. 18-A, nas áreas dos demais entes federados ter-se-ia uma situação esquisita de um procedimento demarcatório, sem definição do público a ser atendido e requisitos procedimentais, documentais para a sua realização.

A regularização fundiária de interesse social pode ser realizada mediante a demarcação em áreas da União, estados, Distrito Federal e municípios mediante a lavratura de auto de demarcação nos seus imóveis, com base no levantamento da situação da área a ser regularizada, assinado pelo secretário do Patrimônio da União ou pelo presidente do Instituto de Terras estadual, distrital ou municipal (art. 18-A, *caput*, c/c §2º).

Esta modalidade de demarcação para regularização fundiária é considerada de interesse social porque se destina a atender a famílias com renda familiar mensal não superior a 5 (cinco) salários mínimos (§1º do art. 18-A).

O auto de demarcação para regularização fundiária de interesse social deve ser instruído de acordo com os §§2º e 3º.

Incs. I a VI do art. 18-A da Lei nº 9.760/46:

a) planta e memorial descritivo da área a ser regularizada, dos quais constem a sua descrição, com suas medidas perimetrais, área total, localização, confrontantes, coordenadas preferencialmente georreferenciadas dos vértices definidores de seus limites, assinado por profissional legalmente habilitado, com prova de anotação de responsabilidade técnica no Crea, bem como seu número de matrícula ou transcrição e o nome do pretenso proprietário, quando houver (§2º, incs. I a VI do art. 18-A);

b) planta de sobreposição da área demarcada com a sua situação constante do registro de imóveis, assinada por profissional legalmente habilitado, com prova de anotação de responsabilidade técnica no competente Crea, e, quando houver, transcrição ou matrícula respectiva;

c) certidão da matrícula ou transcrição relativa à área a ser regularizada, emitida pelo registro de imóveis competente e das circunscrições imobiliárias anteriormente competentes, quando houver;

d) certidão da Secretaria do Patrimônio da União, Instituto de Terras do DF, estado ou município de que a área pertence ao seu patrimônio e o responsável pelo imóvel, quando for o caso;

e) planta de demarcação da linha preamar média (LPM), quando se tratar de terrenos de marinha ou acrescidos;

f) planta de demarcação da linha média das enchentes ordinárias (LMEO), quando se tratar de terrenos marginais de rios federais.

Importante registrar que, diferentemente dos casos de arrecadação de terras públicas, ou outras formas de demarcação para a simples delimitação de terras na sua incorporação ao patrimônio fundiário, no caso de demarcação para regularização fundiária de interesse social a eventual existência de registro imobiliário da área a favor de outrem não é impeditivo de prosseguimento do processo demarcatório para regularização fundiária de interesse social.

Inclusive a Lei nº 9.760/46, no art. 18-B, permite seja prenotado e autuado o pedido de registro da demarcação no registro de imóveis, competindo ao oficial do cartório de registro de imóveis proceder, no prazo de 30 (trinta) dias, às buscas para identificação de matrículas ou transcrições correspondentes à área a ser regularizada, examinando os documentos apresentados, comunicando ao Poder Público, de 1 (uma) única vez, a existência de eventuais exigências para a efetivação do registro.

Inexistindo matrícula ou transcrição anterior e estando a documentação em ordem, ou atendidas as exigências feitas ao Poder Público para a efetivação do registro, o oficial do registro de imóveis abrirá matrícula do imóvel em nome da União, estado, Distrito Federal ou município, registrando o auto de demarcação (art. 18-C).

Porém, no caso de haver registro anterior, o oficial do registro de imóveis deve notificar pessoalmente o titular de domínio, no imóvel, no endereço que constar do registro imobiliário ou no endereço fornecido pelo Poder Público e, por meio de edital, os confrontantes, ocupantes e terceiros interessados (art. 18-D).

Não sendo encontrado o titular de domínio, tal fato será certificado pelo oficial do CRI encarregado da diligência, que promoverá sua notificação no mesmo edital que dá conhecimento aos confrontantes, ocupantes e terceiros interessados da existência do processo demarcatório para regularização fundiária de interesse social (§1º e *caput*, *in fine*, do art. 18-D).

A publicação dos editais é de responsabilidade do ente público interessado, que encaminhará ao oficial do registro de imóveis os exemplares dos jornais que os tenham publicado, que devem conter o resumo do pedido de registro da demarcação, com a descrição que permita a identificação da área demarcada, publicado por 2 (duas) vezes, dentro do prazo de 30 (trinta) dias, em um jornal de grande circulação local (§§2º e 5º do art. 18-D).

No prazo de 15 (quinze) dias, contado da última publicação, poderá ser apresentada impugnação do pedido de registro do auto de demarcação perante o registro de imóveis, e contra os notificados que deixarem de apresentar impugnação no prazo legal milita a presunção legal de anuência com o processo demarcatório, devendo o oficial do registro de imóveis abrir matrícula do imóvel em nome do ente federado, registrando o auto de demarcação e procedendo às averbações necessárias nas matrículas ou transcrições anteriores, quando for o caso (§§3º e 4º do art. 18-D e art. 18-E).

Lembre-se de que pelos termos do art. 14 da Lei nº 6.383, de 7.12.1976, o silêncio era considerado recusa em aceitar a decisão administrativa, um caso legal no qual a inércia favorecia o particular, sendo uma exceção ao jocoso princípio de que *o direito não favorece os que dormem*.

Se houver registro de direito real sobre a área demarcada ou parte dela, o oficial deverá proceder ao cancelamento de seu registro em decorrência da abertura da nova matrícula em nome do Poder Público, o que decorre do princípio da impenhorabilidade dos bens públicos (art. 18-E, parágrafo único).

Entretanto, em havendo impugnação, o oficial do registro de imóveis dará ciência de seus termos ao Poder Público, podendo ocorrer as seguintes situações, na forma do art. 18-F, §§1º a 3º:

a) Haver acordo com o impugnante, resolvendo-se o processo de demarcação, seja o Poder Público reconhecendo a legitimidade da impugnação, ou o impugnante aceitando a demarcação.

b) Não havendo acordo entre impugnante e o Poder Público, a questão deve ser encaminhada ao juízo competente para dirimir o conflito, dando-se continuidade ao procedimento de registro relativo ao remanescente incontroverso, se houver.

c) Julgada improcedente a impugnação pelo juiz, os autos devem ser encaminhados ao registro de imóveis para que o oficial proceda à abertura da matrícula do imóvel em nome do ente federado, registrando o auto de demarcação e procedendo às averbações necessárias nas matrículas ou transcrições anteriores, quando for o caso.

d) Sendo julgada procedente a impugnação pelo juízo, os autos devem ser restituídos ao registro de imóveis para as anotações necessárias, mantendo-se matrícula, e posterior devolução ao Poder Público dos autos de demarcatórios.

Alerta-se que o procedimento de julgamento de impugnação do pedido demarcatório de regularização fundiária de interesse social é o mesmo que se aplica aos processos de dúvida suscitados pelo oficial do CRI, previsto nos arts. 198 a 204 da Lei de Registros Públicos, sendo que a decisão prolatada pelo juízo tem natureza administrativa e não impede o uso do processo contencioso.

Importante destacar que, na forma do §4º do art. 18-F da Lei nº 9.760/46, a prenotação do requerimento de registro da demarcação ficará prorrogada até o cumprimento da decisão proferida pelo juiz ou até seu cancelamento a requerimento do Poder Público, não se aplicando neste caso o prazo previsto no art. 205 da Lei de Registros Públicos, de que cessarão automaticamente os efeitos da prenotação se, decorridos 30 (trinta) dias do seu lançamento no protocolo, o título não tiver sido registrado por omissão do interessado em atender às exigências legais.

A conclusão geral sobre a natureza jurídica deste procedimento é que, caracterizado por meio de um estudo e laudo socioeconômico que a área se destina à regularização fundiária de *interesse social*, adota-se uma maneira mais célere de registro dela em nome do ente público. Apesar de não poder tecnicamente ser considerada uma nova maneira de arrecadação, permite a incorporação do bem no patrimônio público e sua posterior destinação social, que é uma destinação vinculada.

CAPÍTULO 6

USUCAPIÃO AGRÁRIO

6.1 Antecedentes históricos e definições

6.1.1 Antecedentes históricos

O art. 530 do Código Civil de 1916 (Lei nº 3.071, de 1º.1.1916) apresentava as modalidades de aquisição da propriedade dos imóveis:

Art. 530. Adquire-se a propriedade imóvel:
I - pela transcrição do título de transferência no Registro do Imóvel;
II - pela acessão;
III - pela usucapião;
IV - pelo direito hereditário.

No Código atual (Lei nº 10.406, de 10.1.2002) não existe uma lista parecida com aquela num artigo específico, mas a *usucapião* é uma das formas de aquisição de propriedade pelo fato de isso ser o que diz o Capítulo II do Título III do Código Civil, que trata do direito de propriedade relativo a bens imóveis.

Este instituto jurídico remonta aos tempos mais antigos. Já no *Código de Hammurabi* (1792 a.C.) existe um dispositivo similar:

Se um *"awilum"* ou um *"baisun"* abandonou seu campo, seu pomar e sua casa por causa de seu serviço e se afastou: depois dele, um outro tomou o seu campo, seu pomar e sua casa e durante três anos assumiu o serviço; se (o primeiro) retornou e exigiu seu campo, seu pomar e sua casa, não lhe serão devolvidos, aquele que os tomou e assumiu seu serviço continuará a fazê-lo.[167] Os gregos reconheciam o direito que nasce da posse mansa e pacífica e ininterrupta. Os romanos aperfeiçoaram o exercício deste direito. Uma das referências mais antigas que encontramos na literatura latina é aquela de Aulo Gélio, *Noites Áticas*, Livro VI. Era já incorporada ao direito no século V a.C. através da Lei das XII Tábuas que fixava em dois anos o prazo para a aquisição do imóvel e reconhecia este direito só ao cidadão romano (Tábua Sexta, item 5: "As terras são adquiridas por usucapião depois de dois anos da posse, as coisas móveis depois de um ano". É importante sublinhar como existia a possibilidade

---

[167] §30, citado por LIMA, Raphael Augusto de Mendonça. *Direito agrário*. Rio de Janeiro: Renovar, 1997. p. 74-75.

legal de se apoderar de uma coisa sem dono, através do processo de ocupação. Se, depois de ter decorrido determinado prazo, o dono se apresentasse, perderia a propriedade que tinha abandonado. Item 7: "Se uma coisa é litigiosa, que o pretor a entregue provisoriamente 'àquele que detém a posse'").

A Lei Atínia proibia a usucapião de coisas roubadas enquanto as Leis Júlia e Plaucia a vedavam se a coisa tivesse sido adquirida utilizando a violência. Sua origem etimológica expressa bem a realidade deste instituto: *usucapere*, isto é, adquirir pelo uso. Modestino o apresentava assim: *usucapio est adjetiodomini per continuationem possessionis temporis lege definit* (Frag. 3. D. de usurp., 41, 3).

Este breve esboço histórico sobre a origem do instituto da usucapião permite concluir que esta surgiu como uma forma de aquisição das *res mancipi*, que por exigir um rito solene não podia ser transferida por possuir um vício na forma, o qual a *usucapio* permitia sanar, em proteção do adquirente.

Assim, embora posteriormente os doutos tenham agregados outros elementos como o justo título e a boa-fé para configurar o direito de usucapião, para permitir ao proprietário ficar a salvo de qualquer dúvida, sempre continuaram a existir ressalvas e restrições à coisa usucapienda,[168] configurando-se, assim, um rito substitutivo, mas, ainda, um rito de constituição da propriedade, bem ao gosto dos romanos. Portanto, se até hoje é vedado que as terras públicas sejam objeto de usucapião agrário, e isto remonta a esta antiga origem, na atualidade o objetivo não é sanar apenas uma formalidade, mas, sim, configurar um novo direito de propriedade, a partir de um elemento concreto de relação com a terra, tornando-a produtiva, a fim de atender a um interesse público, e não propriamente do particular, que seria o objetivo maior da *usucapio* romana.

Logo, a própria vedação de usucapião de terras públicas se inclui neste raio maior de cumprir um objetivo de interesse público, permitindo que a comunidade avalie se a eventual atividade exercida pelo particular em terras públicas está em acordo com a promoção de interesses comunitários. Desfoca-se o instituto meramente do acesso à propriedade, mas se conecta com a finalidade constitucional de promoção da função social da propriedade.

Ademais, há de se lembrar que o fundamento do domínio público advém diretamente do texto constitucional. Daí que o TRF da 2ª Região acolheu, inclusive, mediante Ação Rescisória, a tese da impossibilidade de usucapião em ilha de domínio da União, com base nos normativos constitucionais e infralegais que definiam a sua integração ao patrimônio público, conforme julgado de 20 de outubro de 2022, AR nº 0004338.34.2014.4.02.0000/RJ. Por mais antigo que seja, inclusive, o eventual registro sobre uma propriedade pública, este não pode servir como prova ao usucapião, como já definiu o STJ, por meio da Súmula nº 496, que "os registros de propriedade particular de imóveis situados em terrenos de marinha não são oponíveis à União".

---

[168] Henrique Ferraz Corrêa de Mello, ao desenvolver o seu esboço histórico e esta característica, aponta como restrições à coisa objeto da usucapião o recuo de "cinco pés" dos imóveis contíguos, da *res furtivaes*, as coisas fora de comércio, as coisas públicas, as *universitatits*, as *sacrae* e religiosas, as terras provinciais conquistadas pelos romanos fora da península ibérica (MELLO, Henrique Ferraz Corrêa. *Usucapião extrajudicial*. São Paulo: YK, 2016. p. 123).

Neste sentido, é firme a jurisprudência, como se cita na decisão do TRF 2ª Região, com fundamento e arrimo em decisões do STJ e STF sobre a impossibilidade de usucapião de Terreno Acrescido de Marinha como modalidade de terra pública. *In verbis*:

DIREITO ADMINISTRATIVO. APELAÇÃO. USUCAPIÃO. TERRENO ACRESCIDO DE MARINHA. IMPOSSIBILIDADE.

1. A sentença negou a pretensão à usucapião de imóvel, fundada na impossibilidade de aquisição originária de bem público.

2. Os terrenos de marinha e seus acrescidos são bens da União, nos termos do art. 20, VII, da Constituição, e insusceptíveis de usucapião, à luz dos arts. 183, § 3º, e 191, parágrafo único, da Lei Maior. Cogita-se somente da usucapião do domínio útil de imóveis públicos se existente enfiteuse ou aforamento (emprazamento) sobre o imóvel, pois "nesta circunstância, existe apenas a substituição do enfiteuta pelo usucapiente, não trazendo qualquer prejuízo ao Estado" (STJ, AgInt no REsp 1642495/RO, Rel. Min. Marco Buzzi, Quarta Turma, DJe 1/6/2017). No mesmo sentido: STF, RE-AgR nº 218324/PE, 2ª Turma, Rel. Min. Joaquim Barbosa, DJe 28/05/2010; e REsp 1594657/PE, Rel. Min. Herman Benjamin, Segunda Turma, DJe 2/2/2017.

3. A perícia é categórica ao atestar que o imóvel se trata de terreno acrescido de marinha, insusceptível de usucapião, descabendo a realização de nova prova técnica, à ausência de demonstração de qualquer vício no laudo.

4. Afasta-se também o alegado vício de fundamentação da sentença, clara ao rechaçar a pretensão com base no laudo pericial, e sem necessidade de explicitar a quantos metros de distância da linha do preamar médio o imóvel se localiza, uma vez que a informação encontra-se detalhada na prova técnica.

5. A ausência de menção a terreno de marinha no registro de imóveis não desqualifica a condição de bem público, e é inoponível à União, à luz da Súmula nº 496, do STJ ("Os registros de propriedade particular de imóveis situados em terrenos de marinha não são oponíveis à União").

6. Apelação desprovida (Turma Espec. III - Administrativo e Cível Nº CNJ: 0500753-97.2015.4.02.5102 (2015.51.02.500753-2, julgado em 27 de janeiro de 2021)

Disto decorre modernamente que, quanto às terras públicas, pela impossibilidade de usucapião, o particular não pode sequer caracterizar a sua ocupação da área como posse, e sim, *mera detenção*, como estado de fato, de uso e ocupação tolerada pelo titular das terras, que é o Estado. Assim, a jurisprudência pacífica do Superior Tribunal de Justiça, que já se pronunciou: "Súmula 619 do STJ A ocupação indevida de bem público configura mera detenção de natureza precária insuscetível de retenção ou indenização por acessões e benfeitorias".

Reforçando este aspecto, pode a Fazenda Pública, até mesmo em ação possessória, alegar o seu domínio, tal é a precariedade desta detenção, como se observa na Súmula 637 do Tribunal da Cidadania:

O ente público detém legitimidade e interesse para intervir, incidentalmente, na ação possessória entre particulares, podendo deduzir qualquer matéria defensiva, inclusive, se for o caso, o domínio.

Todos os elementos apontam, assim, que a terra pública e o usucapião são apenas anversos sobre o cumprimento do interesse social na definição da sua melhor destinação da terra, mantendo a soberania das formas de destinação das terras públicas.

6.1.2 Definição

O instituto estava previsto já nas Ordenações Afonsinas, Filipinas e Manuelinas. Lafayette o define como: "modo de adquirir a propriedade pela posse continuada durante um certo lapso de tempo, com os requisitos estabelecidos na lei".[169] Levenhagen o apresenta como: "a aquisição da propriedade pela posse continuada durante um certo lapso de tempo, com os requisitos prescritos em lei".[170] Limongi França afirma ser: "um modo originário de se adquirir a propriedade, fundado principalmente na posse continuada do objeto, de acordo com os requisitos previstos em lei".[171] Forma originária de aquisição da propriedade através de posse continuada, por certo espaço de tempo, observando-se requisitos legais. Todas estas definições mostram como os elementos *tempo e posse* são dois elementos constitutivos deste instituto jurídico.

No bojo desta ação ocorrem dois fenômenos jurídicos distintos: de um lado temos a *prescrição aquisitiva* (em favor de quem se apossou do imóvel e agora tem reconhecido seu direito) e do outro temos a *prescrição extintiva* (contra quem perdeu a posse do imóvel. O instituto da prescrição é regulamentado pelos arts. 205 e 206 do CC). Estes dois institutos jurídicos, aliás, estavam presentes na Consolidação das Leis Civis de Teixeira de Freitas, antes de prevalecer a terminologia atual. A lei protege quem trabalha a terra, ao mesmo tempo não ampara os proprietários omissos ou relapsos que não defendem seus direitos (*dormientibus non sucurrit jus*).

Existem, porém, causas que podem obstar, suspender ou interromper esta tramitação temporal (art. 1.244), inviabilizando a utilização deste instituto em determinadas situações previstas nos art. 197 e 198 do CC:

a) entre os cônjuges na constância do casamento;
b) entre ascendentes e descendentes durante o pátrio poder;
c) entre tutelado e curatelados e seus tutores e curadores;
d) contra os absolutamente incapazes;
e) ausentes do país em serviço público da União, estados e municípios;
f) os que se acharem servindo as forças armadas em tempo de guerra.

Não é o simples abandono da terra que gera o novo direito, só o uso, o trabalho daquele que torna a terra produtiva são fontes desta forma aquisitiva originária de propriedade, por isso a posse deve ser contínua, sem interrupções que a afetariam e prejudicariam o direito do ocupante. O decurso do prazo sem oposição nem interrupção faz com que a posse (até então em simples fato) comece a ter relevância jurídica e gere o direito à propriedade.

---

[169] PEREIRA, Lafayette Rodrigues. *Direito das coisas*. Rio de Janeiro: Freitas Bastos, 1956. p. 169.
[170] LEVENHAGEN, Antonio Jose de Souza. *Código Civil*. São Paulo: Atlas, 1979. v. 3. p. 117.
[171] FRANÇA, R. Limongi. *Manual de direito civil*. São Paulo: Revista dos Tribunais, 1971. v. 3. p. 114.

6.2 Evolução legislativa e modalidades

O Código Civil de 1916 previa este instituto apresentando duas modalidades: *extraordinário* (art. 550) e *ordinário* (art. 551). Enquanto este o Código de 1916 e o Decreto nº 87.620, de 21.9.1982, empregavam a palavra no masculino (*pelo* usucapião, *do* usucapião), a Lei nº 6.969, de 10.12.1981 e o atual Código usam o feminino (*Da* usucapião), que era a forma adotada em latim. A doutrina utiliza tanto o masculino como o feminino. Optou-se pelo feminino por ser a forma adotada pelo atual Código.

A Constituição Federal de 1934 instituiu, no seu art. 125, uma terceira modalidade: a *usucapião especial*: "Todo brasileiro" que ocupasse um imóvel de até 10ha por dez anos contínuos, sem oposição, tornando-o produtivo e morando nele, teria direito a adquirir o domínio do solo, mediante sentença declaratória devidamente transcrita (usucapião *pro labore*). A carta de 1937 acolheu e transcreveu o dispositivo sem mudanças, a não ser a retirada da palavra ("do solo") (art. 148). Já a Carta de 1946 estendeu este benefício também aos estrangeiros ("Todo aquele que") e ampliou a área para 25ha (art. 156, §39).

A Emenda Constitucional nº 10, de 10.11.1964, ampliou ainda mais a área até 100ha e retirou a necessidade da moradia. O art. 98 do Estatuto da Terra (Lei nº 4.504/64) fixou o tamanho da área num módulo rural regional. As constituições de 1967 e 1969 não repetem estas normas.

A Lei nº 6.669, de 12.10.1981, regulamentou a usucapião especial, determinando o devido processo legal para a sua aquisição

O CPC vigente, embora possua regras esparsas aplicáveis à ação de usucapião, não possui mais um procedimento específico como previa o *art. 941-945 do CPC /73*). Adotou o legislador uma unificação dos procedimentos, assim, conforme previsto no art. 1.049 do CPC, sempre que a lei remeter a procedimento previsto na lei processual sem especificá-lo, será observado o procedimento comum, daí que o parágrafo único, do mesmo dispositivo, determina que na hipótese de a lei remeter ao procedimento sumário, será observado o procedimento comum previsto no CPC, com as modificações previstas na própria lei especial, se houver.

A Constituição Federal de 1988, atendendo aos pedidos de inúmeros jusagraristas que achavam excessivo o prazo de 10 anos, reduziu o prazo da usucapião especial para cinco anos e estabeleceu em 50ha a área usucapível (art. 191). Apesar de não falar expressamente de "propriedade familiar", como fazia o art. 4º do Estatuto da Terra, a CF de 1988 mantém a mesma finalidade. Comparando a atual Constituição Federal com a Emenda Constitucional nº 10/64, podem-se perceber algumas diferenças: a) reduziu o prazo de dez para cinco anos; b) diminuiu pela metade a área usucapível; c) colocando um número único para todo o Brasil, retira a referência de que o tamanho do imóvel deva garantir o progresso do lavrador e de sua família.

O Código Civil de 2002 apresenta estas modalidades em seus arts. 1.238 a 1.244.[172] A mesma Constituição instituiu, em seu art. 183, a *usucapião urbana*. O art. 1.240 do CC é

---

[172] Da usucapião: "Art. 1.238. Aquele que, por quinze anos, sem interrupção, nem oposição, possuir como seu um imóvel, adquire-lhe a propriedade, independentemente de título e boa-fé; podendo requerer ao juiz que assim o declare por sentença, a qual servirá de título para o registro no Cartório de Registro de Imóveis. Parágrafo único. O prazo estabelecido neste artigo reduzir-se-á a dez anos se o possuidor houver estabelecido no imóvel a sua moradia habitual, ou nele realizado obras ou serviços de caráter produtivo. Art. 1.239. Aquele que, não sendo

relativo à *usucapião urbana*, também denominada *pró-moradia* ou *pro misero*. Neste caso, o que pode ser usucapido não é o terreno baldio, mas, para fazer jus a este direito, deverá se ter construído uma moradia.

6.3 Tipos fundamentais de usucapião

1. *Usucapião extraordinária*: *15 anos*, não estabelece tamanho nem requer a boa-fé (art. 1.238 do CC) (*praescriptio longissimi temporis*). Inicialmente o Código Civil de 1916 previa o prazo de trinta anos que foi reduzido para vinte a partir da Lei nº 2.437, de 7.3.1955, e agora para quinze (*reduzido a dez anos* pelo parágrafo único do art. 1.238 se: "o possuidor houver estabelecido no imóvel a sua moradia habitual, ou nele realizado obras ou serviços de caráter produtivo").

2. *Usucapião ordinária*: *10 anos*, não estabelece tamanho, mas requer moradia habitual ou obras ou serviços de caráter produtivo (art. 1.242). Tempo ulteriormente reduzido para cinco anos pelo parágrafo único deste artigo se: "o imóvel houver sido adquirido, onerosamente, com base no registro constante do respectivo cartório, cancelada posteriormente, desde que os possuidores nele tiverem estabelecido a sua moradia, ou realizado investimentos de interesse social e econômico" (*praescriptio longi temporis*).

3. *Usucapião especial*: *5 anos*, até 50ha (art. 191 da CF/88 e art. 1.239 do CC).

4. *Usucapião conjugal*: *2 anos*, até 250m², consolida a propriedade do bem comum. Assim, o cônjuge que exercer, por 2 (dois) anos ininterruptamente e sem oposição, posse direta, com exclusividade, sobre imóvel urbano de até 250m² cuja propriedade divida com ex-cônjuge ou ex-companheiro que abandonou o lar, utilizando-o para sua moradia ou de sua família, adquirir-lhe-á o domínio integral, desde que não seja proprietário de outro imóvel urbano ou rural. Somente pode ser declarada uma vez (art. 1.240-A do CC, incluído pela Lei nº 12.424, de 2011).

5. *Usucapião extrajudicial*: é o reconhecimento extrajudicial de usucapião, declarado pelo oficial do registro de imóveis, do cartório da matrícula do imóvel, demonstrada a posse mansa e pacífica, observado o prazo das modalidades ordinárias

---

proprietário de imóvel rural ou urbano, possua como sua, por cinco anos ininterruptos, sem oposição, área de terra em zona rural não superior a cinquenta hectares, tornando-a produtiva por seu trabalho ou de sua família, tendo nela sua moradia, adquirir-lhe-á a propriedade. Art. 1.240. Aquele que possuir, como sua, área urbana de até duzentos e cinquenta metros quadrados, por cinco anos ininterruptamente e sem oposição, utilizando-a para sua moradia ou de sua família, adquirir-lhe-á o domínio, desde que não seja proprietário de outro imóvel urbano ou rural. §1º O título de domínio e a concessão de uso serão conferidos ao homem ou à mulher, ou a ambos, independentemente do estado civil. 2º O direito previsto no parágrafo antecedente não será reconhecido ao mesmo possuidor mais de uma vez. Art. 1.241. Poderá o possuidor requerer ao juiz seja declarada adquirida, mediante usucapião, a propriedade imóvel. Parágrafo único. A declaração obtida na forma deste artigo constituirá título hábil para o registro no Cartório de Registro de Imóveis. Art. 1.242. Adquire também a propriedade do imóvel aquele que, contínua e incontestadamente, com justo título e boa-fé, o possuir por dez anos. Parágrafo único. Será de cinco anos o prazo previsto neste artigo se o imóvel houver sido adquirido, onerosamente, com base no registro constante do respectivo cartório, cancelada posteriormente, desde que os possuidores nele tiverem estabelecido a sua moradia, ou realizado investimentos de interesse social e econômico. Art. 1.243. O possuidor pode, para o fim de contar o tempo exigido pelos artigos antecedentes, acrescentar à sua posse a dos seus antecessores (art. 1.207), contanto que todas sejam contínuas, pacíficas e, nos casos do art. 1.242, com justo título e de boa-fé. Art. 1.244. Estende-se ao possuidor o disposto quanto ao devedor acerca das causas que obstam, suspendem ou interrompem a prescrição, as quais também se aplicam à usucapião".

e extraordinárias de usucapião. Não havendo resistência do proprietário ou terceiro titular de direito real, é iniciado por requerimento do interessado, representado por advogado, estando previsto no art. 216-A da Lei nº 6.015/1973 (Lei de Registros Públicos), introduzido pelo art. 1071 do CPC.

6. *Usucapião indígena*: art. 33 da Lei nº 6.001, de 10.12.1973 (Estatuto do Índio):

> O índio, integrado ou não, que ocupe como próprio, por dez anos consecutivos, trecho de terra inferior a cinquenta hectares, adquirir-lhe-á a propriedade plena. Parágrafo único: O disposto neste artigo não se aplica às terras de domínio da União, ocupadas por grupos tribais, às áreas reservadas de que trata esta lei, nem as áreas de propriedade coletiva do grupo tribal".

Este dispositivo no passado ensejou muitas intervenções em processos judiciais, nos quais a União alegava o seu interesse por se tratarem de terras indígenas, que seriam de seu domínio, ensejando a edição do Enunciado da Sumula nº 650 do STF: "Os incisos I e XI do art. 20 da Constituição Federal não alcançam terras de aldeamentos extintos, ainda que ocupadas por indígenas em passado remoto". Porém não mais é viva a controvérsia, por isso o STF rejeitou a proposição da Confederação Nacional da Agricultura e Pecuária do Brasil – CNA de conversão dela em súmula vinculante, dado o diminuto número de decisões prolatadas a respeito nos últimos anos, sendo arquivada a proposta de edição de súmula vinculante (relator Min. Ricardo Lewandowski, julgado em 24.9.2015, *DJe* de 29.9.2015).

7. *Usucapião coletiva*: já se inclui no foro entre as modalidades de usucapião aquela prevista no §4º do art. 1.228, que prevê, como modalidade de usucapião coletiva, o que nós rechaçamos, como demonstraremos mais ao norte. Todavia, prevê o referido dispositivo:

> O proprietário também pode ser privado da coisa se o imóvel reivindicado consistir em extensa área, na posse ininterrupta e de boa-fé, por mais de cinco anos, de considerável número de pessoas, e estas nela houverem realizado, em conjunto ou separadamente, obras e serviços considerados pelo juiz de interesse social e econômico relevante.

Embora se possa conjeturar a criação de uma nova modalidade de usucapião, demonstraremos que esta possui um melhor enquadramento como modalidade de exclusão da propriedade pelo não cumprimento da função social, mas em acordo com as formas de intervenção na propriedade, como é o caso da desapropriação. Voltaremos a este tema em posterior momento.

É importante observar, nos primeiros dois anos de vigência do novo Código Civil, as reduções dos prazos previstas nos parágrafos únicos dos arts. 1.238 e 1.242 e no §4º do art. 1.228.

Além da usucapião de bens imóveis, nosso Código Civil prevê a usucapião de bens móveis – ordinário (justo título e boa-fé): 3 anos (art. 1.260) e extraordinário (sem título de boa-fé): 5 anos (art. 1.261).

6.4 Exigências legais para ter direito à usucapião especial (denominada usucapião agrária ou *pro labore*)

- *Capacidade* do adquirente: só uma pessoa capaz pode adquirir propriedade.
- *Não ter outra propriedade* urbana ou rural.
- *Possuir como seu*: deter o imóvel como próprio, não se investiga aqui o *animus domini*, mas o reconhecimento dos outros (vizinhos, conhecidos) de que a pessoa detém aquela posse e fato de agir como tal (utilizar e defender). A posse é *pública* porque se exerce à vista de todos. Não poderão utilizar a usucapião os que não têm "ânimo de dono": locatário, comodatário, foreiro etc. que exercem a posse direta sobre o imóvel, mas reconhecem o domínio de outrem.
- *Prazo de cinco anos ininterruptos*: a posse deve ser "contínua". Trata-se de uma *prescrição aquisitiva*, já que o passar do tempo gera a aquisição do direito. São causas naturais de *interrupção* o *esbulho* e a *abdicação da posse*. O prazo conta-se excluindo-se o dia do começo (*dies a quo*) e incluindo-se o do vencimento (*dies ad quem*). Pode ser provado com todos os meios permitidos em direito.
- *Sem oposição*: a posse deve ser "mansa e pacífica". As ações judiciais impetradas pelo dono manifestam sua vontade de manter a propriedade do imóvel. A interrupção do prazo se dará com o despacho do juiz, ainda que incompetente, que determina a citação do réu (art. 240, §1º, do CPC). Cabe ao autor providenciar a citação do réu nos dez dias seguintes à prolação do despacho (art. 240, §2º). Se o possuidor não for citado, o juiz poderá prorrogar o prazo por até noventa dias desde que a parte o requeira nos cinco dias posteriores ao último dos dez dias referidos (art. 240, §3º). Se a citação não se efetivar a prescrição não será interrompida (art. 240, §2º). Além dos meios judiciais a oposição poderá ser provada através de qualquer ato inequívoco extrajudicial: uma notificação devidamente comprovada mediante recibo (ET, art. 92, §3º), uma carta remetida do dono ao possuidor em que se reclama o imóvel e na qual o possuidor declare sua ciência ao pé dela, um escrito do possuidor que declare reconhecer a propriedade do dono, um documento remetido através do Cartório de títulos e documentos da comarca da situação do imóvel.
- *Área não superior a cinquenta ha*: esta medida variou ao longo do tempo: 10ha (Constituições de 1934 e 1937), 25ha (CF de 1946), 100ha (Emenda Constitucional nº 10/64), um módulo rural (ET) foi fixado em 50ha pela CF 88.
- *Tornando-a produtivo*: a usucapião *pro labore*, como seu próprio nome diz, pressupõe que o possuidor trabalhe a área e a faça produzir. Não é simples posse, mas sim o trabalho que garante o direito.
- *Independe de justo título e boa-fé*: art. 1º, Lei nº 6.969/81, que serão exigidos só na usucapião ordinária. Quando se exigir justo título não é necessário que seja um documento registrado em cartório.[173] A boa-fé se dá quando se ignoram eventuais vícios ou obstáculos que impedem a aquisição da coisa.

---

[173] Superior Tribunal de Justiça (STJ): "Segundo a jurisprudência do STJ, não são necessários o registro e o instrumento público, seja para o fim da Súmula 84, seja para que se requeira a adjudicação. Podendo dispor de tal eficácia, a promessa de compra e venda, gerando direito à adjudicação, gera direito para aquisição por usucapião ordinário" (*RT*, n. 732, p. 181).

- *Adquirir-lhe-á a propriedade*: a posse mansa e pacífica exercida por cinco anos garante o domínio. Ela gera presunção absoluta de propriedade. A competente ação judicial é meramente declaratória (art. 1.241 do CC), isto é, o juiz *reconhece* a propriedade e concede a possibilidade de transcrever o título de domínio no cartório de registros de imóveis. No processo é obrigatória a presença do Ministério Público.

Enquanto na usucapião ordinária e extraordinária o possuidor atual pode acrescentar ao seu tempo de posse o de seu antecessor (art. 1.243 do CC: *acessio possessionis* se adquirida a qualquer título de terceiros ou *sucessio possesionis* se tiver sido herdada a título universal), na usucapião especial, que valoriza a "posse direta e pessoal", não reconhecendo a figura do preposto, não se admite somar a posse do antecessor ao do ocupante atual: só pode ser permitida a sucessão *causa mortis*, pois a usucapião agrária tem entre os seus postulados a "propriedade familiar".[174] Por esta razão poderá fazer jus à soma do prazo não todo e qualquer herdeiro, mas só aqueles sucessores que compunham o núcleo familiar que efetivamente possuía o imóvel ao tempo do óbito.

6.5 Objetivos

Os principais objetivos e vantagens deste instituto são:
- concretiza a verdadeira função social da propriedade assegurada pela Constituição, instaurando a "justiça social";
- reduz as tensões no meio rural;
- promove o aproveitamento do solo e incentiva o trabalho agrícola, impedindo que estes imóveis fiquem improdutivos;
- valoriza o homem do campo e lhe possibilita acesso à propriedade;
- fixa o homem ao campo, valorizando a ocupação produtiva do imóvel rural;
- reconhece a dignidade da pessoa humana do ocupante;
- recompensa quem trabalha a terra e a faz produzir.

6.6 Ação judicial – Lei nº 6.969, de 10.12.1981

Por ser uma ação real, pois se funda num direito real sobre imóveis (art. 47 do CPC), o foro competente é o da sua situação, não podendo as partes optar pelo foro de eleição, pois o litígio recai sobre a posse sendo a competência absoluta (art. 47, §2º). Ainda que não existisse a regra do CPC, o *art. 4º da Lei nº 6.969/81 diz expressamente*: "A ação de usucapião especial será processada e julgada na comarca da situação do imóvel". *O imóvel atrai a si a competência*.

Apesar da discordância de alguns autores que entendem que apesar da letra da lei o rito na realidade é ordinário, o art. 5º da Lei nº 6.969/81 determina que *o rito processual da usucapião especial seja sumaríssimo (com o vigente CPC é ordinário)*. Na audiência, o

---

[174] Neste sentido se manifestam MARQUES, Benedito Ferreira. *Direito agrário brasileiro*. São Paulo: Atlas, 2011. p. 100 e PINHEIRO, Fabiola Urbinati Maroja. *Accessio possessionis e usucapião constitucional agrário*: inaplicabilidade do artigo 1.243, primeira parte, do Código Civil de 2002 em face da constituição federal de 1988. Monografia (Especialização em Direito Agrário) – Centro Universitário do Pará, Belém, 2011.

réu, que deve ser citado pessoalmente, apresentará sua defesa. Na ação de usucapião de imóvel, os confinantes serão citados pessoalmente, exceto quando tiver por objeto unidade autônoma de prédio em condomínio, caso em que tal citação é dispensada (art. 246, §3º do CPC). Serão citados também os representantes das fazendas estaduais e municipais e o Ministério Público.

Sempre se publicam editais nas ações de usucapião para conhecimento de terceiros (art. 259, I do CPC). Caso não haja contestação a ação será decidida logo, pois presume-se ser verdade o que o autor afirma, caso contrário ele poderá justificar sua posse através de documentos, testemunhas e laudos periciais (a Lei nº 6.969/81 previa a audiência de justificação de posse, que não é mais necessária, hoje, o autor deverá apresentar suas provas se for questionado).

O pedido inicial será instruído levando-se em consideração não só os requisitos do art. 319 do CPC, mas também o previsto no §1º do art. 5º da Lei nº 6.969/81, sendo os seguintes:

I) O juiz a que se dirige.

II) Os nomes, prenomes, estado civil, profissão, domicílio e residência do autor e do réu.

III) O fato e os fundamentos jurídicos do pedido (indicar a Lei nº 6.969/81).

IV) O pedido, com as suas causas.

V) O valor da causa.

VI) As provas com que o autor pretende demonstrar a verdade dos fatos alegados.

VII) A individualização do imóvel, que é obrigatória na forma do art. 225, §3º, da Lei nº 6.015/73 (com a redação dada pelo art. 3º da Lei 10.267/2001), que determina:

> nos autos judiciais que versem sobre imóveis rurais, a localização, os limites e as confrontações serão obtidos a partir de memorial descritivo assinado por profissional habilitado e com a devida Anotação de Responsabilidade Técnica – ART. contendo as coordenadas dos vértices definidores dos limites dos imóveis rurais, geo-referenciadas ao Sistema Geodésico Brasileiro e com precisão posicional a ser fixada pelo INCRA, garantida a isenção de custos financeiros aos proprietários de imóveis rurais cuja somatória da área não exceda a quatro módulos fiscais.

É somada a usual exigência na ação de usucapião civil, art. 1.238, do CC, se não for apresentada a planta do imóvel para facilitar identificação, localização, dimensões e confinantes do imóvel, deve o juiz determinar a emenda da petição inicial, pois no caso violaria o art. 320 do CPC que determina que a petição inicial será instruída com os documentos indispensáveis à propositura da ação, e o georreferenciamento do imóvel é obrigatório por determinação legal.

VIII) Embora não exista mais a previsão expressa da necessidade e obrigatoriedade de uma audiência preliminar a fim de justificar a posse, no vigente CPC, a referida audiência deve ser realizada pelo juiz para avaliar com mais cuidado a existência do cumprimento da função social da propriedade, além de estar conectada com os princípios do art. 3º, §2º do CPC de que ao não se excluir da apreciação jurisdicional ameaça ou lesão a direito, o Estado promoverá, sempre que possível, a solução consensual dos conflitos, também em acordo com o art. 359 do CPC de que instalada a audiência, o juiz tentará conciliar as partes, independentemente do emprego anterior de outros métodos de solução consensual de conflitos, como a mediação e a arbitragem. Caso o réu não conteste a ação, as informações prestadas pelo autor na inicial serão reputadas verdadeiras.

IX) O requerimento para a citação pessoal daquele em cujo nome esteja transcrito o imóvel usucapiendo.

X) A citação dos confinantes (pessoal).

XI) A citação, por edital dos réus ausentes, incertos e desconhecidos (art. 259, I do CPC).

XII) A cientificação por carta, para que manifestem interesse na causa, dos representantes da Fazenda Pública da União, dos estados, do Distrito Federal e dos municípios permanece, apesar da omissão do CPC, e se observará o prazo de 45 dias (as cartas serão expedidas com aviso de recebimento – AR).

Comprovada a posse o autor será mantido nela até o término do processo. Caso alguém tente perturbá-lo poderá recorrer ao juiz que determinará à autoridade policial que garanta a posse do autor e sua integridade física (art. 9º da Lei nº 6.969/81).

A sentença será acolhida com efeito suspensivo e devolutivo. Depois de transitada em julgado serve como título para transcrição no cartório de registros de imóveis. Alerta-se que, como na forma do art. 225, §3º da Lei nº 6.015/73, nos autos judiciais que versem sobre imóveis rurais, a localização, os limites e as confrontações serão obtidos a partir de memorial descritivo, contendo as coordenadas dos vértices definidores dos limites dos imóveis rurais, georreferenciadas ao Sistema Geodésico Brasileiro e com precisão posicional fixada pelo Incra, a sentença deve indicar estes elementos diretamente no seu corpo, ou nas folhas dos autos judiciais em que se encontrar.

Se precisar, o autor tem direito ao benefício da assistência judiciária gratuita, inclusive para o registro de imóveis.

A posse sempre pode ser invocada em defesa nas ações reivindicatórias, como estabelece a *Súmula nº 237 do Supremo Tribunal Federal*: "O usucapião pode ser arguido em defesa". Uma vez que na reconvenção se comprova a posse e o direito à usucapião, o juiz deverá prosseguir no feito reconhecendo o direito do possuidor e expedindo o título pertinente em favor deste. Ver também o art. 7º, que prevê a reconvenção.

Lembre-se de que o art. 343 do CPC permite que, na contestação, o réu proponha reconvenção para manifestar pretensão própria, conexa com a ação principal ou com o fundamento da defesa. Mesmo que perca o prazo para contestar, o réu pode propor a reconvenção, já que §6º do art. 243 do CPC permite a reconvenção independentemente do oferecimento da contestação.

O imóvel situado na zona rural, abandonado pelo proprietário com a intenção de não mais o conservar em seu patrimônio, e que se não encontrar na posse de outrem, poderá ser arrecadado, como bem vago, e passar, três anos depois, à propriedade da União, onde quer que ele se localize, e presumir-se-á, de modo absoluto a intenção de abandono, quando, cessados os atos de posse, deixar o proprietário de satisfazer os ônus fiscais (art. 1.276, *caput*, §§1º e 2º do Código Civil).

No caso de imóvel abandonado urbano, arrecadar-se-á como bem vago e 3 anos depois passará ao domínio do município ou do Distrito Federal se se achar nas respectivas circunscrições.

6.7 Não podem ser objeto de usucapião

Apesar das discussões doutrinárias e diferentes posições jurisprudenciais relativas à possibilidade de se adquirir imóveis públicos por meio do instituto da usucapião,[175] vários diplomas legais rechaçam esta possibilidade. O Decreto nº 19.924, de 27.4.1931, determina: "Art. 1º Compete aos Estados regular a administração, concessão, exploração, uso e transmissão das terras devolutas que lhes pertencem, excluída sempre a aquisição por usucapião (Código Civil arts. 66 e 67), e na conformidade do presente Decreto e das leis federais aplicáveis".

O Decreto nº 22.785, de 31.5.1933, apresenta a mesma posição: "art. 2º Os bens públicos, seja qual for sua natureza, não são sujeitos a usucapião". O Decreto-Lei nº 710, de 17.9.1938, manteve a mesma posição, mas, contrariando estes dispositivos anteriores, permitia excepcionalmente usucapir terras públicas, desde que se baseando na usucapião constitucional: "Art. 12. [...] §1º Ressalvado o disposto no art. 148 da Constituição, não ocorre usucapião contra os bens públicos de qualquer natureza".[176] O Decreto-Lei nº 9.760, de 5.9.1946, voltou a não apresentar nenhuma exceção à regra geral da impossibilidade de serem usucapidas as terras públicas: "Art. 200. Os bens imóveis da União, seja qual for sua natureza, não são sujeitos a usucapião". Perdurando, porém, as discussões doutrinárias e as divergências jurisprudenciais, em 13.12.1963, interveio o Supremo Tribunal Federal, que baixou a Súmula nº 340, cujo teor é o seguinte: "Desde a vigência do Código Civil os *bens dominicais, como os demais bens públicos, não podem ser adquiridos por usucapião*".

A Lei nº 6.969, de 10.12.1981, adotou uma posição diferente, criando novamente a possibilidade de usucapir terras públicas em determinadas situações.[177] A Constituição Federal de 1988 derrogou esta norma, seja no que diz respeito aos imóveis urbanos (art. 183, §3º) ou rurais (art. 191, parágrafo único). Posição adotada também pelo Código Civil (Lei nº 10.406, de 10.1.2002) cujo art. 102 determina: "Os bens públicos não estão sujeitos a usucapião". Não se podem usucapir os imóveis que se localizem:

---

[175] Segundo Bandeira de Mello a imprescritibilidade das terras públicas é uma "tradição normativa, desde o Brasil Colônia". Cfr. BANDEIRA DE MELLO, Celso Antônio. *Curso de direito administrativo*. 30. ed. rev. e atual. São Paulo: Malheiros, 2013. p. 435-436.

[176] A Constituição Federal de 1937 previa: "Art. 148. Todo brasileiro que, não sendo proprietário rural ou urbano, ocupar, por dez anos contínuos, sem oposição nem reconhecimento de domínio alheio, um trecho de terra até dez hectares, tornando-o produtivo com o seu trabalho e tendo nele a sua morada, adquirirá o domínio, mediante sentença declaratória devidamente transcrita".

[177] "Art. 2º A usucapião especial, a que se refere esta Lei, abrange as terras particulares e as terras devolutas, em geral, sem prejuízo de outros direitos conferidos ao possueiro, pelo Estatuto da Terra ou pelas leis que dispõem sobre processo discriminatório de terras devolutas". O artigo sucessivo restringiu o alcance desta norma determinando: "Art. 3º A usucapião especial não ocorrerá nas áreas indispensáveis à segurança nacional, nas terras habitadas por silvícolas, nem nas áreas de interesse ecológico, consideradas como tais as reservas biológicas ou florestais e os parques nacionais, estaduais ou municipais, assim declarados pelo Poder Executivo, assegurada aos atuais ocupantes a preferência para assentamento em outras regiões, pelo órgão competente. Parágrafo único. O Poder Executivo, ouvido o Conselho de Segurança Nacional, especificará, mediante decreto, no prazo de 90 (noventa) dias, contados da publicação desta Lei, as áreas indispensáveis à segurança nacional, insuscetíveis de usucapião".

- nas áreas indispensáveis à segurança nacional, como as áreas de fronteira (nos 150km da faixa fronteiriça), a não ser que se consiga uma autorização da Secretaria de Assuntos Estratégicos (que substituiu o antigo Conselho de Segurança Nacional);
- nas áreas habitadas por silvícolas (Estatuto do Índio – Lei nº 6.001/73, art. 38);
- nos imóveis destinados ao uso das Forças Armadas (art. 5º do Decreto nº 87.040/82);
- nas áreas de interesse ecológico, reservas biológicas, florestais, parques nacionais, estaduais ou municipais (art. 3º da Lei nº 6.969, de 10.12.81);
- nos terrenos de marinha e acrescidos (art. 26 do ET e art. 5º do Decreto nº 87.040/82);
- nas terras públicas: o art. 2º da Lei nº 6.969, de 10.12.1981, previa a possibilidade de usucapião de terras particulares e de terras públicas. Esta possibilidade não existe mais em força do disposto pelo art. 191, parágrafo único da CF de 1988, e pelo art. 102 do CC. Silvio Rodrigues defende a ideia que: "A constituição, distinguindo as terras devolutas, parece ter criado uma nova espécie de bens dominiais [...]. Portanto, é forçoso reconhecer do ponto de vista da sua destinação ou utilização que esses são usucapíveis".[178] Segundo estudo de advogados do Intermat: "Essa posição nada obstante a lógica e clareza do mestre, não encontra repercussão na melhor jurisprudência".[179] A *Súmula nº 237* do Supremo Tribunal Federal estabelece que a *usucapião pode ser arguida em defesa*. Este instrumento é muito importante nas ações possessórias.

O mesmo STF, na *Súmula nº 340*, afirma que a partir da vigência do Código Civil os *bens públicos são inusucapíveis*. Podemos assim afirmar que só os imóveis ocupados quarenta anos antes são usucapíveis (prescrição quarentenária), mas teriam de ser objeto de prova específica, com grande dificuldade de êxito na atualidade.

Com efeito, mesmo Claudio Grande Júnior, que realizou importante trabalho de resumo e resgate deste debate perante o Supremo Tribunal Federal até a edição da Súmula nº 340, bem como situações específicas perante o Superior Tribunal de Justiça e outros tribunais sobre a usucapião envolvendo imóveis públicos,[180] apontando óbices de instrução processual para o conhecimento destas demandas, não analisou o tema sobre o enfoque da prescrição do direito da ação de usucapião. Com efeito, apesar de tradicionalmente a ação de usucapião ser considerada meramente declaratória, não se pode deixar de considerar que se o STF, a partir da Súmula nº 340, declarou que a partir da vigência do Código Civil não era mais possível a usucapião de terras públicas, qualquer pretensão neste sentido teria de contar com este marco prescricional, com efeito se não era possível é porque não se reconhecia mais justo título na posse destas áreas, e sim mera detenção.

---

[178] RODRIGUES, Silvio. Usucapião de terras devolutas. *Revista Literária do Direito*, São Paulo, n. 15, p. 9-10, jan./fev. 1997.

[179] MATO GROSSO (ESTADO). *Projeto de desenvolvimento agroambiental do estado de Mato Grosso*. 3ª versão. Cuiabá: Instituto de Terras de Mato Grosso, 1999. p. 18.

[180] GRANDE JUNIOR, Cláudio. *Usucapião sobre terras públicas e devolutas*. Rio de Janeiro: Lumen Juris, 2016. p 105-160; 194-213.

Um dos temas de maior divergência nas demandas contra a Fazenda Pública é justamente o tema da prescrição, considerando a diversidade de prazos prescricionais existentes em diversas leis, e o fato de existir uma vetusta legislação espelhada no art. 1º do Decreto nº 20.910/32, que a define como quinquenal.

Entretanto, ao ser apreciado o REsp nº 1.251.993/PR – Município de Londrina *vs.* Francisco Carlos de Mello Filho –, cujo relator foi o Ministro Mauro Campbell Marques, mediante a sistemática de recurso repetitivo, não é mais possível aceitar que existam ações imprescritíveis, ou divergência quanto ao prazo.

Neste recurso especial interposto pelo município de Londrina, com fundamento nas alíneas "a" e "c" do permissivo constitucional, contra acórdão do Tribunal de Justiça do Estado do Paraná, em que ao reconhecer a responsabilidade civil do município decorrente de danos advindos da queda de árvore situada em via pública sobre automóvel estacionado, afastou a prescrição trienal prevista no art. 206, §3º, inc. V, do Código Civil, afirmando que se aplicava a prescrição quinquenal, prevista no art. 1º do Decreto nº 20.910/1932, por ser lei *especial*, que prepondera, quando em confronto com a *geral* (Código Civil), segundo precedentes do STJ, e que não foi revogado com o advento do Código Civil de 2002.

Apoia-se a conclusão do julgado, segundo a qual:

> O principal fundamento que autoriza tal afirmação decorre da natureza especial do Decreto 20.910/32, que regula a prescrição, seja qual for a sua natureza, das pretensões formuladas contra a Fazenda Pública, ao contrário da disposição prevista no Código Civil, norma geral que regula o tema de maneira genérica, a qual não altera o caráter especial da norma, muito menos é capaz de determinar a sua revogação.

Ressalta-se, não se afirmou neste julgado que o Código Civil somente é aplicável ao regramento de questões de natureza privada, mas regula aspectos de direito público, entretanto:

> justamente por regular questões de natureza eminentemente de direito privado, os dispositivos que abordam temas de direito público no Código Civil de 2002 são expressos ao afirmarem que a norma rege "as pessoas jurídicas de direito público" (art. 43 do CC), os "bens públicos" (art. 99 do CC) e a "Fazenda Pública" (art. 965, VI, do CC), entre outros exemplos contidos no referido diploma.

Portanto, um importante princípio deste julgado é que determinada norma do Código Civil para ser aplicada à Fazenda Pública deve ter menção expressa, o que não ocorre no caso do art. 206, §3º, V, do CC, que "em nenhum momento foi indicada a sua aplicação à Fazenda Pública", pelo contrário, o Código Civil veda a usucapião de bens públicos.

Exatamente por isso, se os bens públicos não são passíveis de usucapião, a partir do momento em que se reconheceu esta vedação, qualquer pretensão para obter este direito deveria ter sido ajuizada dentro de um prazo prescricional. Ainda que fizesse algum sentido tal demanda, é como se existisse apenas uma obrigação natural, mas sem direito nem ação.

Não pode existir ação imprescritível contra a Fazenda Pública, e veja que o julgado afirma categoricamente que "é manifesto que a prescrição nas ações indenizatórias ajuizadas contra a Fazenda Pública é a quinquenal prevista no Decreto 20/910/32, em detrimento do prazo trienal contido do Código Civil de 2002".

Ora, nem se diga que se aplica apenas a ações indenizatórias, pois não se pode deixar que o particular tenha um direito de ação para buscar um direito que não é mais reconhecido desde 1916, e que, em pleno século XXI, ainda possa mover pedido de tal natureza.

Mudou-se totalmente a configuração da regra normativa, assim, não existindo o direito material, não existe o direito de ação, pois se havia a possibilidade de se reconhecer aquela ocupação sobre as terras públicas como um tipo de posse, a ensejar a usucapião, com a vedação, esta passou a se configurar em mera detenção, que, como tal, impossibilita o direito ação para declarar a usucapião, por faltar o elemento do justo título.

Por se tratar de recurso representativo da controvérsia, julgado segundo o procedimento de recurso repetitivo, após a publicação do acórdão, houve a sua comunicação à Presidência e aos demais ministros do STJ, aos Tribunais Regionais Federais e aos Tribunais de Justiça Estaduais, sendo um evidente caso de precedente que unificou o entendimento da Corte.

Desta forma há de ser seguido necessariamente, com efeito vinculante para todas as instâncias, daí que deverá ser aplicada também para a ação de usucapião, não havendo por que ser aplicado outro entendimento, por trazer segurança jurídica, referente a uma vedação, inclusive com assento constitucional.

Assim, se houve algum direito que assistia aos detentores de terras públicas, que agora pretendam demandar na ação de usucapião, este não existe mais, devendo ser decretada a ocorrência de prescrição da pretensão deduzida em juízo, devendo ser extinto com resolução de mérito, nos termos do art. 487, II do CPC.

6.8 Usucapião extrajudicial

O Código de Processo Civil, por meio do art. 1.071, alterou o Capítulo III do Título V da Lei nº 6.015/1973 (Lei de Registros Públicos), acrescentando o art. 216-A, cujo *caput* permite, sem prejuízo da via jurisdicional, o pedido de reconhecimento extrajudicial de usucapião, que será processado diretamente perante o cartório do registro de imóveis da comarca em que estiver situado o imóvel usucapiendo, a requerimento do interessado, representado por advogado.

Henrique Ferraz Corrêa Mello aponta que tal procedimento possui natureza jurídica de processo administrativo, instaurado a pedido do interessado, que tem por finalidade converter em propriedade uma posse reconhecidamente hábil e qualificada, segundo os requisitos predispostos em lei, e que, dada a abertura do campo probatório para a correta decretação da usucapião, a autoridade administrativa do oficial de registro se equipara à do juiz, que aqui exerce uma modalidade de jurisdição voluntária.[181]

---

[181] MELLO, Henrique Ferraz Corrêa. *Usucapião extrajudicial*. São Paulo: YK, 2016. p. 171; 178; 288-289.

Esta definição de natureza jurídica permite melhor compreender os procedimentos definidos pelo legislador, pois de fato amplia-se a compreensão do papel do oficial de registro para além de um mero autenticador de documentos, mas sim uma instância administrativa, que por delegação do Poder Judiciário atua como gestor de interesses públicos em caráter privado.

Segundo estas premissas, o interessado deve instruir o seu pedido de usucapião extrajudicial perante o oficial do registro de imóveis com a seguinte documentação:

I. Ata notarial lavrada pelo tabelião, atestando o tempo de posse do requerente e seus antecessores, conforme o caso e suas circunstâncias. Prevista no art. 384, *caput* do CPC, inclui-se entre os meios de produção de provas, constituindo-se em documento lavrado pelo tabelião que atesta a existência e o modo de existir do fato posse ou documenta a sua existência, a partir de requerimento do interessado.

Apesar de o oficial do registro ser o juiz da usucapião extrajudicial, não há impedimento de ele mesmo ter lavrado em momento anterior a ata notarial juntada pelo requerente, dada a natureza jurídica de produção antecipada de provas, na forma do art. 381, incs. II e II do CPC, admissível nos casos em que a prova produzida é suscetível de viabilizar a autocomposição ou outro meio adequado de solução de conflito, ou cujo prévio conhecimento dos fatos justifique ou evite o ajuizamento de ação.

A ata notarial não faz prova absoluta da posse para a usucapião, por isso, por exemplo, o Código de Normas do Serviço Notarial e Registral do TJ-PA, ou simplesmente Código Notarial e Registral-PA, no capítulo próprio sobre os procedimentos pertinentes à usucapião extrajudicial,[182] destaca que a ata notarial pode ser lavrada independentemente do preenchimento dos requisitos da usucapião extrajudicial, devendo consignar que as partes ficam cientes de que o documento não tem valor como confirmação ou estabelecimento de propriedade, servindo apenas para instrução de requerimento extrajudicial de usucapião, que poderá tramitar em juízo na falta de requisitos do processamento perante o registro de imóveis.[183]

II. Planta e memorial descritivo assinado por profissional legalmente habilitado, com prova de anotação de responsabilidade técnica no respectivo conselho de fiscalização profissional, e pelos titulares de direitos reais e de outros direitos registrados ou averbados na matrícula do imóvel usucapiendo e na matrícula dos imóveis confinantes.

Este documento atesta a singularidade e especificidade do imóvel a ser usucapido, pois a posse deve ser manifestada em terreno certo e determinado, pelo cumprimento da função social. O limite da área a ser usucapida deve ser daquela à qual objetivamente comprovada a posse, assim, não existe na Lei de Registros Públicos um limite, nem faria sentido.

---

[182] O Código de Normas do Serviço Notarial e Registral do TJ-PA foi instituído pelo Provimento Conjunto nº 1/2015/CRMB/CJCI, de 26.1.2015. Os procedimentos de usucapião extrajudicial foram advindos do Provimento Conjunto nº 5/2017, que incluiu a Seção I, no Capítulo VIII, do Título III, do Livro II do Código,

[183] Art. 299, §3º Código Notarial e Registral-PA. Da mesma forma o §3º do art. 5º, do Provimento nº 65/2017 do CNJ, determina que, finalizada a lavratura da ata notarial, o tabelião deve cientificar o requerente e consignar no ato que a ata notarial não tem valor como confirmação ou estabelecimento de propriedade, servindo apenas para a instrução de requerimento extrajudicial de usucapião para processamento perante o registrador de imóveis.

Neste passo não andou bem a norma do art. 1.069-D do Código Notarial e Registral-PA ao regulamentar que, sem prejuízo da via judicial, é admitido o pedido de reconhecimento extrajudicial de usucapião de imóveis cuja extensão superficial máxima for equivalente a 4 (quatro) módulos fiscais, a ser processado diretamente perante o cartório de registro de imóveis da circunscrição em que estiver situado o imóvel.

III. Certidões negativas dos distribuidores da comarca da situação do imóvel e do domicílio do requerente. Devem se limitar tais certidões à existência de demandas judiciais que possam obstar a usucapião do imóvel.

Não são obrigatórias as certidões negativas de débitos fazendários das fazendas estadual, federal ou municipal, seja qual for a natureza, tributárias ou previdenciárias, por se constituir em forma de aquisição originária da propriedade.

IV. Justo título ou quaisquer outros documentos que demonstrem a origem, a continuidade, a natureza e o tempo da posse, como o pagamento dos impostos e das taxas que incidirem sobre o imóvel.

Estes documentos visam provar o *animus domini*, e o mais importante para o imóvel rural é a prova do cumprimento da função social da propriedade, logo se inclui neste rol com precedência os documentos decorrentes de atividade produtiva no imóvel, como recibos de implementos agrícolas, venda de produtos decorrentes da atividade rural etc. nos quais constem como origem ou destino o imóvel rural.

Os documentos visam provar que a posse é mansa e pacífica, não havendo conflitos nem ônus reais sobre o imóvel objeto do pedido de usucapião extrajudicial que sejam impedimentos a reconhecer a posse como boa pelo cumprimento da função social da propriedade.

Havendo aspectos formais menores, com falhas, a exemplo de a planta do imóvel não conter a assinatura de qualquer um dos titulares de direitos reais e de outros direitos registrados ou averbados na matrícula do imóvel usucapiendo e na matrícula os imóveis confinantes, o registrador deve os notificar para sanar, pessoalmente ou pelo correio com aviso de recebimento, devendo manifestar seu consentimento expresso em 15 (quinze) dias, interpretado o seu silêncio como concordância.[184] O oficial de registro de imóveis dará ciência à União, ao estado, ao Distrito Federal e ao município, pessoalmente, por intermédio do oficial de registro de títulos e documentos, ou pelo correio com aviso de recebimento, para que se manifestem, em 15 (quinze) dias, sobre o pedido de usucapião administrativo.[185] Entretanto, dada a impossibilidade de usucapião de imóveis públicos, este prazo não tem caráter peremptório, podendo e devendo ser prorrogado, a fim de que se manifeste expressamente a Fazenda Pública sobre se o bem integra ou não o seu patrimônio, como ponto essencial sobre o qual não deve pairar dúvidas. Ora, não pode prevalecer, por exemplo, a regra do art. 1.069-H, *caput* e parágrafo único do Código Registral e Notarial – PA, de que dada a ciência à Fazenda Pública, pessoalmente, pelo correio com aviso de recebimento ou por intermédio do oficial de registro de títulos e documentos, para que se manifeste sobre o pedido no prazo de 15 (quinze) dias. A sua inércia não impede o regular andamento do procedimento e o eventual reconhecimento extrajudicial de usucapião.

---

[184] §2º do art. 216-A da Lei nº 6.015/1973.
[185] §3º do art. 216-A da nº Lei 6.015/1973.

Embora com melhor redação, também falha a previsão do Provimento nº 65, de 14.12.2017, do Conselho Nacional de Justiça, que estabelece diretrizes para o procedimento da usucapião extrajudicial nos serviços notariais e de registro de imóveis, neste aspecto.

Com efeito o art. 15 do Provimento nº 54/2017 do CNJ determina da mesma forma que a inércia dos órgãos públicos diante da notificação não impedirá o regular andamento do procedimento nem o eventual reconhecimento extrajudicial da usucapião, mas ressalva que será admitida a manifestação do Poder Público em qualquer fase do procedimento, bem como que, apresentada qualquer ressalva, óbice ou oposição dos entes públicos mencionados, o procedimento extrajudicial deverá ser encerrado e enviado ao juízo competente para o rito judicial da usucapião.[186] Destarte, se é dever do registrador notificar quaisquer titulares de direitos reais e de outros direitos registrados ou averbados na matrícula do imóvel usucapiendo e na matrícula os imóveis confinantes, para sanar e manifestar seu consentimento expresso sobre a planta do imóvel, e que seu silêncio é interpretado como concordância, isto ocorre pela natureza disponível do direito, que sustenta a previsão legal.[187] Entretanto, o mesmo não deve ocorrer para a Fazenda Pública, tendo em vista não ser previsto em lei tal efeito decorrente do silêncio da Administração e considerando, ainda, sobremodo, a natureza do bem indisponível, decorrente da vedação constitucional de usucapião de terras públicas. Com efeito, o legislador não previu expressamente que do silêncio da administração decorre este efeito, não pode inovar o regulamento, portanto, é de se considerar que se não obtida a manifestação da Administração, deve o oficial do registro de imóveis declarar o fim das diligências, reconhecendo que a documentação não está em ordem, culminando pela rejeição do pedido, na forma do §8º do art. 216-A da Lei de Registros Públicos.

A remessa ao procedimento judicial de usucapião *ex-officio* pelo oficial do registro de imóveis, como determinada pelo provimento do CNJ, viola o princípio da inércia da jurisdição.

A observância do princípio da inércia da jurisdição demandaria a previsão de que compete à parte interessada, recebendo a decisão de indeferimento do pedido, proceder o requerimento na via judicial de reconhecimento do usucapião, pois a decisão do oficial de registro de imóveis não veda a via jurisdicional para discutir o direito à usucapião.

Compete ao oficial do registro, na forma do §5º do art. 216-A da Lei de Registros Públicos, promover ou realizar quaisquer diligências necessárias para a elucidação de qualquer ponto de dúvida, pois, ao atuar como verdadeiro juiz administrativo, deve instruir o seu convencimento da melhor forma possível.

Esta ação proativa do oficial de registro é necessária, ainda, porque em qualquer caso é lícito ao interessado suscitar o procedimento de dúvida, previsto no art. 198 da Lei de Registros Públicos, caso discorde do entendimento do oficial do registro, que ao final das diligências declare que a documentação não está em ordem, rejeitando o pedido de usucapião.[188] O *processo de dúvida* é um pedido do requerente inicial que faz frente ao juiz corregedor do registro de imóveis, para que reveja a decisão do oficial do registro. Neste caso, o processo é remetido ao juiz de direito corregedor do registro de imóveis

---

[186] §§1º, 2º e 3º do art. 15 do Provimento nº 65/2017-CNJ.

[187] §2º do art. 216-A da Lei nº 6.015/1973.

[188] §§7º e 8º do art. 216-A da Lei nº 6.015/1973.

competente, segundo a Lei de Organização Judiciária local, que aprecia o processo de dúvida, dirimindo o dissenso entre o oficial do registro e a vontade do interessado, funcionando como instância recursal, ainda que seja uma instância monocrática. O juiz de direito corregedor possui uma cognição ampla nesta função recursal administrativa, não se limitando ao pedido ou às razões articuladas pelo interessado ou pelo oficial registrador.[189] Embora concordando com a lição de Henrique Ferraz Corrêa Mello de que na usucapião extrajudicial há um processo administrativo e que o oficial atua com uma função própria de julgador, divergíamos quando a exigência de que o pedido perante o oficial ou as eventuais impugnações à decisão deste, mediante o processo de suscitação de dúvida perante o juiz de direito corregedor, devam ser realizadas somente por meio de advogado.[190] A posição nesta edição foi revista, com efeito não só o art. 216-A da Lei nº 6.0125/73 o exige, como, por exemplo, o Código Registral e Notarial – PA, no seu art. 1.069-E, estabelece que o requerimento de usucapião extrajudicial deve ser assinado por advogado, com indicação de seu endereço físico e eletrônico, pelo usucapiente e, se for o caso, por seu cônjuge ou companheiro, com as firmas destes reconhecidas. No mesmo sentido procedeu o art. 2º do Provimento nº 65/2017 do CNJ.

Isto aparentemente entra em contradição com o fato de que, apesar do advogado ser essencial à administração da Justiça, previsto no art. 133 da CRFB, o STF editou a Súmula Vinculante nº 5, de que a falta de defesa técnica por advogado no processo administrativo disciplinar não ofende a Constituição. Isto porque, neste caso, o contexto foi ponderado que tal fato era usado muitas vezes como forma de provocar nulidade, sendo que o indiciado se defende dos fatos e, no caso do usucapião extrajudicial, temos a necessidade de elementos técnicos, que poderiam prejudicar o leigo na obtenção do direito relacionado à propriedade.

Outrossim, embora não se possa deixar de incluir este processo de usucapião administrativo no campo dos meios alternativos de resolução de conflitos (*alternative dispute resolution*) e como um dos modelos mais importantes dos novos horizontes que buscam evitar a via judicial, quando a arbitragem não define como obrigatória a intervenção do advogado, ela toma em conta os princípios próprios desta, onde as partes definem voluntariamente a submissão ao meio de solução, inclusive de quem vai decidir.

A Lei nº 9.307/96, que regulamenta o processo arbitral, apesar de expressamente definir o árbitro como juiz de fato e de direito, deixa a critério das partes a representação por advogado, porque valoriza a constituição do procedimento e julgador, podendo postular por intermédio de advogado, respeitada, sempre, a faculdade de designar quem as represente ou assista no procedimento arbitral.[191] Logo, é neste espírito que se

---

[189] MELLO, Henrique Ferraz Corrêa. *Usucapião extrajudicial*. São Paulo: YK, 2016. p. 299.

[190] MELLO, Henrique Ferraz Corrêa. *Usucapião extrajudicial*. São Paulo: YK, 2016. p. 305.

[191] Art. 18 c/c art. 21, §3º da Lei nº 9.307/96. Sobre a arbitragem, os seguintes artigos permitem uma visão resumida de seu diferencial e importância: FERREIRA FILHO, Marcílio da Silva. O procurador do estado como mediador de conflitos: incompatibilidade ou autonomia da vontade? *Fórum Administrativo – FA*, Belo Horizonte, ano 17, n. 200, out. 2017. Disponível em: <http://www.bidforum.com.br/PDI0006.aspx?pdiCntd=248632>. Acesso em: 8 nov. 2017; LIMA, Gabriel Odileni Barbosa; LIGEIRO Gilberto Notário; LIMA, João Angelo Barbosa. A busca da celeridade processual por meio da arbitragem e do acesso à justiça no Novo CPC. *Intertemas*, v. 12, n. 12, 2016. Disponível em: <http://intertemas.toledoprudente.edu.br/index.php/ETIC/article/view/5699>. Acesso em: 8 nov. 2017; OLIVEIRA, Washington Henrique. Os novos rumos da arbitragem. *Revista da Faculdade de Direito Santo Agostinho*. Disponível em: <http://revistas.santoagostinho.edu.br/index.php/Direito/article/viewFile/199/190>. Acesso em: 8 nov. 2017; DELGADO, José Augusto. A arbitragem: direito processual da cidadania. Doutrina:

distinguem estes modelos destinados a produzir efeitos na esfera administrativa, porque, na usucapião extrajudicial, apesar de ser uma faculdade do interessado postular, ele não pode escolher o julgador nem influir nas regras; logo, a necessidade de se postular por meio de advogado. Confirmando a relevância do objeto, certamente, a atuação por meio de um advogado gera maior segurança.

Como não poderia deixar de ser e segundo o princípio da publicidade que rege os atos administrativos, o oficial de registro de imóveis deve promover a publicação de edital em jornal de grande circulação, onde houver, para a ciência de terceiros eventualmente interessados, que poderão se manifestar em 15 (quinze) dias.[192] Transcorrido o prazo do edital, sem pendência de diligências para elucidação de qualquer ponto de dúvida, e achando-se em ordem a documentação, com inclusão da concordância expressa dos titulares de direitos reais e de outros direitos registrados ou averbados na matrícula do imóvel usucapiendo e na matrícula dos imóveis confinantes, o oficial de registro de imóveis registrará a aquisição do imóvel com as descrições apresentadas, sendo permitida a abertura de matrícula, se for o caso.[193] Este é o caminho normal do encerramento do processo de usucapião administrativo, e esta decisão do registrador deve ser fundamentada a partir da análise dos documentos, conforme seu livre convencimento, acerca da veracidade e idoneidade de seu conteúdo e da inexistência de lide relativa ao objeto de regularização pela usucapião.[194] O registro do reconhecimento extrajudicial de usucapião de imóvel rural deve ter alguns requisitos obrigatórios, tal como exige o art. 1.069-J do Código Registral e Notarial – PA, devendo ser apresentados, antes da abertura da matrícula:

a) Recibo de inscrição do imóvel rural no Cadastro Ambiental Rural (CAR) de que trata o art. 29 da Lei nº 12.651, de 25.5.2012, emitido por órgão ambiental competente, esteja ou não a reserva legal averbada na matrícula imobiliária, fazendo-se expressa referência, na matrícula, ao número de registro e à data de cadastro constantes daquele documento.

b) Certificado de Cadastro de Imóvel Rural (CCIR) mais recente, emitido pelo Instituto Nacional de Colonização e Reforma Agrária (Incra), devidamente quitado.

STJ dez anos a serviço da justiça. *STJ*. Disponível em: <http://www.stj.jus.br/publicacaoinstitucional/index.php/Dou10anos/article/view/3447/3571>. Acesso em: 8 nov. 2017; TIMM, Luciano Benetti. Análise econômica da arbitragem. *Revista de Direito Público da Economia – RDPE*, Belo Horizonte, ano 15, n. 59, jul./set. 2017. Disponível em: <http://www.bidforum.com.br/PDI0006.aspx?pdiCntd=248439>. Acesso em: 9 nov. 2017; PARADA, André Luis Nascimento. Análise crítica das decisões do Tribunal de Contas da União acerca da utilização da arbitragem em contratos administrativos. Evolução interpretativa. *Revista de Direito Administrativo – RDA*, Belo Horizonte, n. 273, set./dez. 2016. Disponível em: <http://www.bidforum.com.br/PDI0006.aspx?pdiCntd=247037>. Acesso em: 9 nov. 2017; MELO, Caio Valverde. A cláusula compromissória de arbitragem como negócio jurídico: parâmetros para interpretação. *Revista Fórum de Direito Civil – RFDC*, Belo Horizonte, ano 5, n. 13, set./dez. 2016. Disponível em: <http://www.bidforum.com.br/PDI0006.aspx?pdiCntd=246374>. Acesso em: 9 nov. 2017; BUARQUE, Elaine Cristina de Moraes. A arbitragem e as alterações trazidas pela Lei nº 13.129/15: possíveis problematizações. *Revista Fórum de Direito Civil – RFDC*, Belo Horizonte, ano 5, n. 12, p. 137-153, maio/ago. 2016; MARTES, Marina Martins. Arbitragem e Administração Pública: a compatibilidade, os limites e o procedimento arbitral envolvendo o Poder Público. *Revista Brasileira de Estudos da Função Pública – RBEFP*, Belo Horizonte, ano 5, n. 15, set./dez. 2016. Disponível em: <http://www.bidforum.com.br/PDI0006.aspx?pdiCntd=246197>. Acesso em: 9 nov. 2017.

[192] §4º do art. 216-A da Lei nº 6.015/1973.

[193] §6º do art. 216-A da Lei nº 6.015/1973.

[194] O §4º do art. 1.069-G do Código Notarial e Registral-PA segue estes princípios.

c) Certificação expedida pelo Incra de que a poligonal objeto do memorial descritivo não se sobrepõe a nenhuma outra constante de seu cadastro georreferenciado e de que o memorial atende às exigências técnicas, conforme as áreas e os prazos previstos na Lei nº 10.267, de 28.8.2001, e nos seus decretos regulamentadores.

Estes requisitos também estão descritos no art. 19 do Provimento nº 65/2017 – CNJ, demonstrando como a inscrição do imóvel rural no Cadastro Ambiental Rural, bem como o Certificado de Cadastro de Imóvel Rural, e a certificação do Incra atestando a poligonal objeto do memorial descritivo sem sobreposição são elementos essenciais para a perfeita individualização do imóvel, além de indicar o seu uso conforme a função social da propriedade.

Este normal encerramento do processo é antecedido pela autuação do pedido de usucapião pelo registrador, prorrogando-se o prazo da prenotação até o acolhimento ou a rejeição do pedido, sendo que a eventual rejeição do pedido extrajudicial não impede o ajuizamento de ação de usucapião, a ser apreciada pelo juiz de direito.[195] O juiz de direito competente para apreciar a ação judicial de usucapião exerce o *munus* constitucional da jurisdição, e deve ser acionado pelo requerente conforme os requisitos do direito de ação. Alerta-se que se o particular aciona a via administrativa para obter a usucapião, enquanto não tiver a pretensão negada, seja pelo oficial de registro ou pelo juiz de direito corregedor do registro de imóveis, na via da suscitação de dúvida, lhe falta interesse processual em promover a demanda judicial. Se deseja acionar a via judicial deve desistir previamente do pedido administrativo, ou ir diretamente, sem passar pela via administrativa. O Provimento nº 65/2017 do CNJ reforça esta interpretação, ao reconhecer a faculdade aos interessados de optar pela via judicial ou pela extrajudicial, podendo solicitar, a qualquer momento, a suspensão do procedimento extrajudicial pelo prazo de trinta dias ou a desistência da via judicial para promoção da via extrajudicial, e uma vez homologada a desistência ou deferida a suspensão, podem ser utilizadas as provas produzidas na via judicial.[196] Importa distinguir a *impugnação do pedido de reconhecimento extrajudicial de usucapião* do instituto da *suscitação de dúvida* a que referimos anteriormente. Com efeito, a *impugnação* é apresentada por qualquer um dos titulares de direitos reais e de outros direitos registrados ou averbados na matrícula do imóvel usucapiendo e na matrícula dos imóveis confinantes, por algum dos entes públicos ou por algum terceiro interessado.

Nestas *impugnações* é necessária a sua realização por meio de advogado, uma vez que o oficial do registro de imóveis não possui poder para apreciá-las, devendo remeter os autos ao juiz de direito competente da comarca da situação do imóvel. Neste caso o pedido inicial formulado perante o oficial de registro deve ser emendado para se adequar aos requisitos da petição inicial do procedimento comum, o que também deve ser feito por advogado, caso o pedido originário não tenha sido feito por profissional habilitado, pois determina a lei que se converta o procedimento em uma ação judicial de usucapião.[197] A possibilidade de intervenção do Ministério Público no processo de usucapião extrajudicial é uma questão sem previsão expressa, mas considerando a

---

[195] §§1º e 9º do art. 216-A da Lei nº 6.015/1973.

[196] §§2º e 3º do art. 2º do Provimento nº 65/2017-CNJ.

[197] §10 do art. 216-A da Lei nº 6.015/1973.

natureza do processo e os interesses nos quais este pode interferir, não se pode afastar de forma definitiva, mas precisa ser avaliada caso a caso, já que mesmo no processo judicial não há obrigatoriedade da intervenção, salvo se houve interesse social na forma do art. 178 do CPC.[198] Em todo caso esta intervenção deve ocorrer *ex-officio* pelo representante do *Parquet*. Nunca se pode olvidar que a usucapião é forma de aquisição originária, assim, é relevante que a matrícula do imóvel reflita este princípio, assim, correta a dicção do art. 1.069-C do Código Registral e Notarial – PA, que determina que na usucapião, em qualquer hipótese, deverá o oficial de registro proceder à abertura de matrícula, e da mesma forma o art. 20 do Provimento nº 65/2017-CNJ prevê que o registro do reconhecimento extrajudicial da usucapião de imóvel implica abertura de nova matrícula.

Relevante se torna, no que é pertinente aos imóveis rurais, que a matrícula contenha a perfeita descrição do imóvel, assim, um bom modelo registral é o descrito no art. 1.069-J do Código Registral e Notarial – PA:

a) Caso ocorra diferença entre o memorial georreferenciado apresentado pelo requerente e aquele objeto de certificação pelo Incra, a diferença poderá ser relevada se acompanhada de declaração do responsável técnico informando que decorre da utilização de técnicas diferentes de medição, mas que as descrições se referem ao mesmo imóvel, do ponto de vista físico, hipótese em que prevalecerá o memorial certificado pelo Incra.

b) Na hipótese de o imóvel usucapiendo encontrar-se matriculado e o pedido referir-se à totalidade do bem, o registro do reconhecimento extrajudicial de usucapião será feito na própria matrícula existente.

c) Caso o reconhecimento extrajudicial de usucapião atinja fração de imóvel matriculado ou imóveis constantes, total ou parcialmente, de duas ou mais matrículas, será aberta nova matrícula para o imóvel usucapiendo, devendo, conforme o caso, ser encerradas as matrículas atingidas, ou receberem as averbações dos respectivos desfalques ou destaques, dispensada, para esse fim, a apuração da área remanescente.

Todas as regras referentes à identificação do imóvel usucapido e do seu atual titular e requerente devem seguir os procedimentos e elementos definidos para a usucapião judicial, não devendo haver diferença, aplicando-se as regras e procedimentos a que nos referimos no item anterior deste livro.

O instituto conforma-se entre os meios alternativos de resolução de conflitos, com aspectos positivos, porém há duas falhas que mereceriam um tratamento específico pelo legislador:

1. O procedimento não prevê expressamente que a eventual demora ou ausência de manifestação da Fazenda Pública não permite o reconhecimento da usucapião, mas a impede ante a vedação constitucional de usucapião de terras públicas. No caso, deve se entender que há recusa da Administração, logo o procedimento deve ser remetido para a via judicial.

---

[198] Henrique de Mello defende a possibilidade de esta intervenção ocorrer na condição de terceiro interessado havendo interesse público ou social (MELLO, Henrique Ferraz Corrêa. *Usucapião extrajudicial*. São Paulo: YK, 2016. p. 278).

2. Ante a possibilidade da apresentação de impugnações ao pedido de usucapião extrajudicial, que poder ser realizada até mesmo pelo terceiro interessado, e corolário conversão do processo em judicial, é provável que os particulares prefiram ajuizar diretamente a ação judicial, em vez de proceder na via administrativa.

Neste último caso, deveria ser previsto no procedimento legal um caminho intermediário à judicialização, permitindo-se, antes da remessa ao juiz de direito, uma audiência de conciliação e mediação entre os interessados perante o oficial do registro de imóveis, como corretamente prevê o art. 1.069-K do Código Registral e Notarial – PA.

O Provimento nº 65/2017-CNJ também permite, no seu art. 18, que em caso de impugnação do pedido de reconhecimento extrajudicial da usucapião o oficial de registro de imóveis tente promover a conciliação ou a mediação entre as partes interessadas, e, sendo infrutífera, persistindo a impugnação, o oficial de registro de imóveis lavrará relatório circunstanciado de todo o processamento da usucapião.

A legislação que regula o usucapião extrajudicial não prevê o prazo específico de uso da terra para que o Oficial de Registro de Imóveis promove a declaração da perda da propriedade, isso ocorre porque a ela se aplicam os prazos respectivos das diversas modalidades de usucapião, previstas no ordenamento jurídico, o que muda basicamente, é que o "juiz" é o Oficial do Registro de Imóveis, onde o imóvel está matriculado.

Assim, resumidamente, o usucapião extrajudicial de imóvel rural é o procedimento pelo qual Oficial do Registro de Imóveis, demonstrada a posse mansa e pacifica, comprovado o cumprimento da função social da propriedade, observado o prazo legal de posse da terra, e não havendo resistência do proprietário ou terceiro titular de direito real, decreta na via administrativa o direito de propriedade a favor do usucapiente.

Estes são os elementos fundamentais do novo instituto.

6.9 Usucapião coletiva de imóvel rural

O instituto da usucapião especial coletiva está previsto na Lei nº 10.257/2001 (Estatuto da Cidade), como resposta à situação de ocupações consolidadas em grandes áreas urbanas, em que faltava um instrumento processual que possibilitasse a sua aplicação para viabilizar a usucapião.

Embora o instrumento tenha sido objeto de reflexões anteriores especificamente no ambiente urbano,[199] aqui é feita a presente reflexão para o meio rural, a fim de contribuir para que o instituto da usucapião possa ter uma aplicabilidade mais de acordo com os novos tempos, especialmente mediante um processo de organização popular se apropriando do instituto pela via judicial. Aplica-se o instrumento de interpretação por analogia da ação de usucapião especial urbano coletivo, instrumento processual, inserido no ordenamento jurídico brasileiro através da Lei nº 10.257, de 11.7.2001,

---

[199] A primeira abordagem do tema da ação de usucapião especial urbana coletia pode ser localizada no capítulo do livro de ROCHA, Ibraim. *Litisconsórcio, efeitos da sentença e coisa julgada na tutela coletiva*. Rio de Janeiro: Forense. 2002; e o artigo, do mesmo autor, Ação de usucapião especial urbano coletivo: Lei nº 10.257, de 10.07.2001: Estatuto da Cidade: enfoque sobre as condições da ação e a tutela coletiva. *Revista Síntese de Direito Civil e Processual Civil*, ano III, n. 15, p. 151-160, jan./fev. 2002.

incluindo o referido instrumento no âmbito da tutela dos interesses metaindividuais para o âmbito rural.

Fundamental é perceber os interesses metaindividuais tutelados e originários das relações conflituosas entre o direito de produzir e morar e o direito de propriedade como o autêntico fruto de uma sociedade dividida em classes; não podem ser distanciados dos diversos interesses metaindividuais presentes na sociedade, seja dos consumidores, do meio ambiente.

Este passo é fundamental para a compreensão de que a tutela destes interesses por este novo instrumento está completa no âmbito do sistema, devendo haver uma conjugação da Lei nº 10.257/01 (Estatuto da Cidade) com a parte processual da Lei nº 8.078/90, e Código de Processo Civil brasileiro, para a sua instrumentalização.

Procura-se abrir espaços de compreensão das organizações sociais a partir da interpretação sistemática das referidas leis e, sobretudo, fazendo prevalecer os princípios constitucionais da República Federativa do Brasil, nem tanto por ser o documento jurídico-político fundamental do país, mas, sobretudo, por ser reflexo de um pacto de coexistência que deve ser interpretado no sentido de que o nosso Estado Democrático de Direito avance nos seus fundamentos, notadamente de cidadania, dignidade da pessoa humana e valores sociais do trabalho (art. 1º da CF 88).

Este viés toma por pressuposto básico que a ciência do direito, e o processo judicial como expressão aplicada desta ciência, somente inclui no seu raio de ação os interesses que tenham alguma expressão econômica. Logo, condiciona a possibilidade de acionamento da máquina judicial para a reivindicação de direitos e interesses que tenham algum valor econômico, ainda que seja de pequeno montante; basta observar, por exemplo, os chamados juizados de pequenas causas.[200] De fato, estes fatores contraditórios nos forçam a pensar para além do paradigma liberal-individualista-positivista, que coloca o indivíduo e o direito formal como centros gravitacionais do direito. Em muitos aspectos estes velhos pressupostos são reforçados por práticas sociais e técnicas que privilegiam o enfoque privatista do direito em vez de uma visão publicista do fenômeno jurídico.

Não raro ocorre que por mais que a lei regule a proteção social de determinados interesses com enfoque centrado na tutela coletiva ou privilegiando o aspecto comunitário/comunal destes direitos, a prática dos atores sociais/jurídicos coloca em segundo plano este enfoque, justamente porque não corresponde à visão de mundo dominante,[201] privilegiando-se o uso de técnicas e institutos próprios para a solução de conflitos

---

[200] Esta verdade pode ser constatada na leitura do livro CAPPELLETTI, Mauro; GARTH, Briant. *Acesso à justiça*. Porto Alegre: Fabris, 1998, especialmente, p. 90-114.

[201] "A introdução no Brasil da defesa judicial de interesses difusos e coletivos, embora ainda não levada à prática em sua potencialidade trouxe inovações para nosso sistema processual, levaram à profunda alteração da forma de prestação jurisdicional e na própria concepção do papel do poder judiciário numa sociedade, ela própria, em processo de aceleradas transformações" (SALLES, Carlos Alberto de. Processo civil de interesse público: uma nova perspectiva metodológica. In: SUNDFELD, Carlos Ari; BUENO, Cassio Scarpinella (Coord.). *Direito processual público*: a Fazenda Pública em juízo. São Paulo: Malheiros, 2000. p. 47). No mesmo sentido confira: FARIA, José Eduardo. A crise do Poder Judiciário. *Justiça e Democracia – Revista Semestral de Informações e Debates*, São Paulo, n. 1, 1996. p. 32; LIMA, Renato Sérgio de. Acesso à justiça e reinvenção do espaço público: saídas possíveis de pacificação social. *São Paulo em Perspectiva*, v. 11, n. 3, jul./set. 1997; *Revista da Fundação SEAD*, p. 86-90, 1997. Também a releitura da crise do Judiciário, centralizada na especializada laboral, ROCHA, Ibraim. Justiça do trabalho: breve reflexão sobre a sua crise e apontamentos sobre novos rumos para um sistema judiciário do trabalho. In: FIGUEIREDO, Guilherme José Purvin de (Org.). *Temas atuais de direito do trabalho e direito processual do trabalho*. Rio de Janeiro: ADCOAS, 2001. p. 197-207.

de caráter individual. Cumpre destacar que a Lei de Ação Civil Pública e as regras processuais do Código de Defesa do Consumidor possuem como traço característico o fato de definirem a legitimidade ativa a entes coletivos ou públicos, o que lhes confere a característica de instrumentos de resolução de conflitos sociais, instrumentos de atuação da sociedade civil organizada ou de órgãos estatais criados especialmente para esse fim, configurando-se como regras do *sistema geral de tutela coletiva*, e, no caso do novo instrumento, a Lei nº 10.257/01 optou por modelo de legitimidade muito estrita, diferente daquele disjuntivo e concorrente do sistema geral, mas também deferido a ente coletivo.

Este traço de presença coletiva é que distingue a melhor forma de defesa dos interesses metaindividuais, sem olvidar que, na legislação brasileira, a defesa dos interesses metaindividuais pode ter a sua legitimidade ativa deferida ora ao *cidadão* ora a *entes coletivos* e por vezes permitindo a defesa simultaneamente, assim, por exemplo, a Lei de Ação Popular confere ao cidadão a legitimidade ativa (Lei nº 4.717/51 c/c art. 5º, inc. LXXXIII, CF/88), a Lei nº 7.347/85 e a Lei nº 8.078/90 (respectivamente Lei de Ação Civil Pública e Código de Defesa do Consumidor) definem a legitimidade ativa a entes coletivos, como a Lei nº 8.884/94, mas nenhuma destas leis exclui o uso da ação popular.

Por outro lado, a Lei nº 10.257/01, Estatuto da Cidade, define a legitimidade ativa para o ajuizamento da ação de usucapião coletiva por meio de *substituto processual*, que deve ser *associação de moradores da comunidade, regularmente constituída, com personalidade jurídica, desde que explicitamente autorizada pelos representados* (art. 12, III, da Lei nº 10.257/01).

Verifica-se, portanto, que regulou o legislador, de forma bem específica e estreita, os requisitos objetivos para que o substituto possa ser considerado legitimado. A atuação por meio de organizações civis é o diferencial mais importante na defesa dos interesses metaindividuais, porque cada organização social reflete maior consciência de setores da sociedade, que deixam de esperar o super-herói cidadão, mas unem as pequenas forças, de cada indivíduo, para a defesa dos interesses comuns. Este é o escopo comum dos modelos de legitimidade ativa em sede de tutela coletiva, seguido na presente lei, embora de forma mais estreita.

De outro lado, a legitimidade ativa deferida a órgãos públicos, no *sistema geral de tutela coletiva*, destaque ao Ministério Público, é uma forma clara e evidente da afirmativa legislativa de que se tratam de interesses os quais dizem respeito ao tecido social, variando apenas a maior ou menor extensão dos sujeitos a serem beneficiados pela tutela coletiva, construindo uma pré-compreensão de que se trata de interesses sociais qualificados pela lei como tais. Assim, com o advento da Lei nº 10.257/01, a legitimidade ativa da ação de usucapião especial urbano coletivo coloca-se como exceção ao modelo geral de tutela coletiva, excluindo outros entes coletivos, mas permanece a obrigatoriedade de intervenção do Ministério Público como fiscal da lei.

Como instrumento conquistado pelas organizações sociais comunitárias em defesa do direito de morar é que devemos encarar a ação de usucapião urbano especial coletivo e, no que pese a realidade de que a atuação judicante não pode mudar a sociedade, que é apenas um elemento dela, serve como meio aglutinador dos membros da sociedade, em torno da maior efetividade ao direito de morar, o que evidente pode ser aplicado também para o direito de acesso à terra como meio de produção do campo.

6.9.1 Conceito

A Lei nº 10.257/01 não define de forma expressa o que é a ação de usucapião especial urbana coletiva, nem precisaria, mas a partir da sua preceituação podemos perceber que, apesar de no seu conjunto regular haver mais aspectos de direito material, podemos apontar que o objeto tutelado está ligado a instrumentalizar o direito de morar e habitar com dignidade, e que aqui adequamos ao meio agrário.

Importante destacar que, mesmo tendo sido dada nova redação ao art. 10 do Estatuto da Cidade pelo art. 79 da Lei nº 13.465/2017, não houve uma alteração substancial nos seus objetivos, apenas deixou mais amplo o rol dos particulares que podem ser atendidos com esta modalidade de usucapião.

Assim, define-se a ação de usucapião especial rural coletiva como a ação que visa a tutelar o direito de acesso à terra de um núcleo rural informal existente sem oposição há mais de cinco anos e cuja área total dividida pelo número de possuidores seja inferior a duzentos e cinquenta metros quadrados por possuidor, desde que os possuidores não sejam proprietários de outro imóvel urbano ou rural (art. 10).

Como veremos mais a frente a área a ser usucapida poderá ser maior se aplicada a agricultura familiar, como se debate no item 6.9.6, dos aspectos materiais do conflito, considerando a finalidade do imóvel rural, e destinação ao cumprimento da função social.

6.9.2 Estatuto da Cidade, interesses tutelados e meio rural

Reconhecer a existência de interesses que ultrapassam o grau de atributividade em nível apenas individual é reconhecer a existência de interesses metaindividuais, como autêntica expressão dos conflitos inerentes à sociedade de massas.

Na compreensão do significado dos interesses, cumpre destacar a existência de pelo menos duas categorias básicas: O "interesse comum" que é aquele que se liga a um bem da vida de interesse para um sujeito com um valor muito particular para este sujeito, mas sem reflexos para outros membros da sociedade. O "interesse jurídico", por outro lado, é aquele interesse que, além do valor que representa para a pessoa ou coletividade, possui um valor social e a sua violação se reflete sobre os interesses da sociedade, por isso o direito cria mecanismos para a sua proteção.[202] Todas as espécies de interesses, jurídicos ou comuns, possuem um ponto de encontro, qual seja, a busca de determinada situação de vantagem que emerge da necessidade da posse ou fruição de dada situação.[203] Cumpre dizer que não nos interessa aqui, neste espaço, como realizado em outra sede, estabelecer discussão e distinção por diversos pontos entre interesses comuns e jurídicos.[204] Interessa-nos dizer que os interesses metaindividuais

---

[202] Edmond Picard aponta que o elemento proteção-coação é o critério anatômico distintivo do direito, o que lhe torna único (PICARD, Edmond. *O direito puro*. 2. ed. Salvador: Progresso, 1954. p. 51 *et seq.*).

[203] MANCUSO, Rodolfo de Camargo. *Interesses difusos*: conceito e legitimação para agir. 3. ed. São Paulo: Revista dos Tribunais, 1994. p. 17-18.

[204] Seguindo as lições de Mancuso, é possível estabelecer a distinção entre interesses jurídicos e comuns, a partir de critérios do conteúdo axiológico; local de referência do valor axiológico do interesse; projeção dos efeitos dos interesses na sociedade; posição do Estado ante o interesse; destacando que o traço comum destes diversos enfoques ou critérios é que quando determinados interesses/direitos começam a transcender o interesse individual, projetando efeitos para além do psicológico de um indivíduo isolado, estes interesses passam a ter importância para a manutenção da ordem de dada sociedade, e assim o direito passa a tutelá-los, deixando, consequentemente,

são interesses jurídicos, no sentido de hoje existir todo um aparato legislativo que os tirou da informalidade, criando mecanismos próprios e específicos para a sua proteção/ coerção pelo Estado, podendo ser reivindicada a sua observância pelos sujeitos legitimados. A construção de uma racionalidade que permita enfrentar a realidade desta sociedade em que só há espaço para os incluídos é o grande desafio dos novos modelos de tutela coletiva.[205] Como dito ao norte, estes instrumentos trazem o Estado como parte necessária do diálogo e processo de solução dos embates de interesses da modernidade. O novo instrumento surgido, que vem agregar-se aos já tradicionais instrumentos de tutela coletiva, a *ação especial de usucapião rural coletiva*, doravante apenas denominada *ação de usucapião coletiva*, foi introduzido pela aplicação analógica da Lei nº 10.257/01, que o definiu para o meio urbano denominado Estatuto da Cidade, mas que pode perfeitamente se aplicar ao meio rural. Os interesses tutelados pela Lei nº 10.257/01 têm natureza pública, como expressamente previsto no Capítulo I, que traça as diretrizes gerais, prevendo o parágrafo único do art. 1º que, "para todos os efeitos, esta Lei, denominada Estatuto da Cidade, estabelece normas de *ordem pública e interesse social* que regulam o uso da propriedade urbana em prol do bem coletivo, da segurança e do bem-estar dos cidadãos, bem como do equilíbrio ambiental".

Esta legislação vem atender a antigo reclamo social por uma gestão mais democrática do espaço urbano e instrumentalizar o exercício da democracia participativa, assim, o art. 2º estabelece que a política urbana tem por objetivo ordenar o pleno desenvolvimento das funções sociais da cidade e da propriedade urbana, estabelecendo o inc. II como uma das suas diretrizes, a *gestão democrática por meio da participação da população e de associações representativas dos vários segmentos da comunidade na formulação, execução e acompanhamento de planos, programas e projetos de desenvolvimento urbano*; definindo, ainda, no inc. XIV, *a regularização fundiária e urbanização de áreas ocupadas por população de baixa renda mediante o estabelecimento de normas especiais de urbanização, uso e ocupação do solo e edificação, consideradas a situação socioeconômica da população e as normas ambientais.*

O direito de propriedade na área urbana e evidente no meio rural somente se reconhece a partir da sua função social, inserindo-se instrumentos que permitem excluir o domínio estéril do meio social, com destaque aos direitos e interesses da população de baixa renda. A propriedade sem função social não tem o *status* que antes se lhe atribuía, criando o Estado meios de retirar-lhe do meio social quando não cumpra o seu especial caráter, destinando-a a um fim de utilidade social, criando mecanismos que permitam a reinserção da propriedade como utilidade social, dentro destes meios é que vem se colocar a ação de usucapião coletiva.

A ação de usucapião coletiva apresenta-se como instrumento que vem permitir a inclusão do conflito coletivo pela posse da terra no direito, logo é necessário que os operadores do direito construam uma práxis de solução efetiva, não indeferindo no

---

de ser meros interesses comuns e assumindo o caráter de interesses jurídicos (ROCHA, Ibraim. *Ação civil pública e o processo do trabalho*. 2. ed. São Paulo: LTr, 2001. p. 28-30).

[205] Para uma discussão e compreensão sobre a regra da exclusão nas sociedades contemporâneas, ainda que centradas na questão do movimento do emprego/classe trabalhadora, confira-se DRUCKER, Peter. *A sociedade pós-capitalista*. Tradução de Nivaldo Montiglinelli Jr. São Paulo: Pioneira, 1993, especialmente, p. 45 (Coleção Novos Umbrais), e DUPAS, Gilberto. O novo paradigma do emprego. *São Paulo em Perspectiva*, v. 12, n. 3, jul./set. 1998; *Revista Fundação SEAD*, 1998, p. 69.

nascedouro ações que, justamente, têm o objetivo de incluir no sistema essas novas modalidades de conflitos da sociedade pós-industrial, dando-lhes uma solução efetiva e não apenas formal.

Podemos concluir que esta opção do legislador reflete a compreensão de que estas modalidades de interesses possuem um fundamento que legitima e serve como norte de todo o aparato legislativo, é que não se trata de garantir o acesso coletivo à Justiça como sói dizer, mas de instrumentalizar a efetividade da justiça pelos meios ou processos de tutela de interesses por meio de fórmula comunal ou coletiva do conflito, conflitos que até poderiam ser atacados de forma individual, mas dada a realidade da fragilidade desta forma de combate, construiu o legislador um meio de inclusão coletiva de enfrentamento destas lides, tornando mais factível e real a sua tutela, de fato, isto explica a necessidade de tornar mais evidente a necessidade de tutela comunal do direito de acesso à terra, pois na modernidade este conflito tem se apresentado sobretudo como um embate desta natureza, em que se insere a ação de usucapião especial rural coletiva, por aplicação analógica do instrumento introduzido pela Lei nº 10.257/01.

6.9.3 Modalidades dos interesses metaindividuais no direito brasileiro e usucapião coletiva

O direito brasileiro, anteriormente à Lei nº 8.078/90, não possuía de forma conceitual no direito positivo a noção tripartite dos interesses metaindividuais, apenas elencava algumas matérias que definia como possível a sua tutela coletiva. Dentro desta categorização seria impossível definir previamente todos estes interesses possíveis de serem tutelados coletivamente, até mesmo por isso a doutrina já construía a percepção de que os elementos caracterizados no art. 1º da Lei nº 7.347/85 eram apenas exemplificativos.

De fato, com a Lei nº 8.078/90, art. 81, parágrafo único, incs. I, II e III, foram introduzidas as estruturas de acoplamento que permitem a inclusão de forma aberta destes interesses dentro do sistema, tornando-os passíveis de uma práxis decisória de forma mais estável, sendo caracterizados como difusos, coletivos ou individuais homogêneos.

Importa, assim, apenas por desencargo teórico, saber em que modalidade de interesses metaindividuais podemos caracterizar os interesses tutelados por meio da ação de usucapião coletiva, pelo que vamos analisar os interesses que a Lei nº 10.257/01 protege e sua definição.

6.9.4 Modalidades de interesses metaindividuais e ação de usucapião especial coletivo – Lei nº 10.257/01 – Elementos para sua adequada compreensão

Como demonstrado anteriormente, um interesse processado por meio de tutela coletiva, para ser definido como metaindividual, não deve estar relacionado necessariamente ao número de sujeitos lesados concretamente, mas à gravidade para o tecido social que representa, pois é evidente que a menor ou maior definição dos sujeitos ou da indivisibilidade do objeto levará ao enquadramento do interesse como difuso, coletivo ou individual homogêneo. O manuseio destes conceitos atua como meio de *inclusão* destes interesses no sistema jurídico, e não deve e não pode substituir a finalidade do permissivo legal de melhor possibilitar a tutela de tais interesses.

A Lei nº 10.257/01 – Estatuto da Cidade –, ao introduzir a ação de usucapião especial urbana coletiva, *não cria exclusividade deste instrumento para a tutela de interesses metaindividuais referentes ao direito de morar e como instrumento do desenvolvimento urbano, apenas especifica a possibilidade de tutela destes interesses via o novo instrumento, cujo escopo mais estreito é proteger o direito de morar com dignidade via consolidação da propriedade àqueles que habitam determinada área coletivamente considerada como um núcleo urbano informal, o que, por evidente, também pode ser ampliado para o meio rural.*

Desconsiderar ou excluir do âmbito interpretativo da posse como elemento material da usucapião coletiva especial rural o apossamento civil e privilegiar a posse agrária de contornos sociais mais definidos é fundamental para não tornar o instituto natimorto. Na posse da área deverão ser consideradas não só as áreas estritamente definidas como espaço das unidades habitacionais, mas, ainda, e necessariamente, as áreas de lazer da comunidade, como o campo de pelada, áreas de bosque, espaços de exercício da fé, áreas de reunião, e especialmente as áreas de produção pela comunidade, e que integram o apossamento coletivo.

Somente se considerando esta especial forma de relação com a terra é que se pode dar efetividade à legislação que regula o processo de reconhecimento de usucapião coletiva de áreas rurais para trabalhadores.

Todas estas premissas e observações deixam claro que estes processos novos possuem nota diferencial e apontam no sentido claro de democratização do acesso à terra, não apenas no sentido da sua concessão, mas também na forma da sua gestão. É evidente este intuito quando o legislador federal aponta este rumo, basta uma leitura do art. 10 da Lei nº 10.257/01:

> Art. 10. Os núcleos urbanos informais existentes sem oposição há mais de cinco anos e cuja área total dividida pelo número de possuidores seja inferior a duzentos e cinquenta metros quadrados por possuidor são suscetíveis de serem usucapidos coletivamente, desde que os possuidores não sejam proprietários de outro imóvel urbano ou rural.

O legislador *condicionou* o exercício da ação de usucapião coletiva *quando existir núcleos rurais informais*, o que remete ao conceito de *eventual dificuldade na identificação dos terrenos ocupados por cada possuidor*, como era presente na redação original do preceito, estes *não sejam proprietários de outro imóvel urbano ou rural.* Observa-se que os titulares são identificados, pois são os membros da comunidade, que devem ser substituídos em juízo por *associação de moradores da comunidade, regularmente constituída, com personalidade jurídica, e explicitamente autorizada por eles* (art. 12, inc. III, da Lei nº 10.257/01), portanto, a identidade dos sujeitos se constrói a partir de sua relação comunitária.

6.9.5 Condições da ação

As *condições da ação*, como o conjunto de requisitos pelo qual o Estado condiciona o direito do jurisdicionado de pedir a prestação da atividade jurisdicional, definia-se classicamente por meio das condições da ação da possibilidade jurídica, legitimidade *ad causam* e interesse processual. O vigente CPC não utiliza mais o termo *condições da ação*, apenas declara que para postular em juízo é necessário que se tenha interesse e legitimidade (art. 17 do CPC).

O CPC vigente apenas prevê que o juiz não resolverá o mérito quando verificar a ausência de legitimidade ou de interesse processual, na forma do seu art. 485, inc. VI.

Na tutela dos interesses metaindividuais mesmo as clássicas noções das condições de ação sofrem um *plus*, pondo-se sob a égide de um direito processual público no qual a lide coloca-se entre o conflito de uma pretensão que visa a atender aos interesses de uma coletividade e a resistência do infrator ou infratores. Note-se aqui que isto corresponde ao conflito posto em tese, pois ao final do processo pode ser verificada a inexistência do direito material, a chamada teoria abstrata da ação.

6.9.5.1 Interesse processual ou interesse de agir

No campo dos interesses coletivos, o critério do interesse processual ou interesse de agir, composto pelos critérios de *necessidade*[206] e *adequação*[207] do provimento, visa a uma *utilidade* da tutela requerida em particular manifestação na sede dos interesses metaindividuais que, desde o seu nascedouro, possuem acentuada repercussão social. Não seria racional o Estado mobilizar toda a sua estrutura judiciária se não existisse utilidade na obtenção de um provimento estatal.[208] No campo dos interesses metaindividuais, toma reforçada intensidade a observância do interesse processual ou de agir como condição da ação, representada pela relação existente entre a situação antijurídica denunciada e o provimento que se pede para debelá-la mediante a aplicação do direito, cuja relação deve consistir na *utilidade* deste provimento solicitado em proporcionar ao interesse social lesado a proteção concedida pelo direito, quando as normas de direito substancial não estejam mais aptas a promover por si mesmas o seu desiderato, devendo merecer o exame judicial,[209] a fim de que a situação de desrespeito ao direito material seja debelada de forma a compor de forma útil o conflito de interesses. Compreendendo, como Liebman, que o "interesse de agir é, em resumo, *a relação de utilidade entre a afirmada lesão de um direito e o provimento de tutela jurisdicional pedido*",[210] torna-se fácil perceber que o interesse processual está em se evitar que a comunidade seja violada no seu direito de acesso à terra como meio de produção, daí a necessidade de que seja decretada pelo Estado-juiz por parte do pseudoproprietário a perda do direito de propriedade em favor da comunidade coletivamente considerada, sobre a área onde desenvolve o seu direito constitucional a habitar e produzir, logo, consolidando a área de forma *pró-indiviso*, como instrumental para a melhor reivindicação perante o

---

[206] "O requisito da necessidade concreta da jurisdição significa que a ação não nasce se e enquanto as forças do próprio direito substancial objetivo não se mostrarem incapazes de eliminar a situação lamentada" (DINAMARCO, Cândido Rangel. *Execução civil*. 4. ed. São Paulo: Malheiros, 1994. p. 406).

[207] Adequação é o requisito que significa que "o Estado condiciona ainda o exercício da atividade jurisdicional, em cada caso, à concreta correlação entre o provimento desejado e a situação desfavorável lamentada pelo demandante" (DINAMARCO, Cândido Rangel. *Execução civil*. 4. ed. São Paulo: Malheiros, 1994. p. 406).

[208] DINAMARCO, Cândido Rangel. *Execução civil*. 4. ed. São Paulo: Malheiros, 1994. p. 397, nota 103.

[209] LIEBMAN, Enrico Tulio. *Manual de direito processual civil*. Tradução e notas de Cândido Rangel Dinamarco. 2. ed. Rio de Janeiro: Forense, 1995. v. 1. p. 155-156.

[210] LIEBMAN, Enrico Tulio. *Manual de direito processual civil*. Tradução e notas de Cândido Rangel Dinamarco. 2. ed. Rio de Janeiro: Forense, 1995. v. 1. p. 156.

Poder Público de melhorias no ambiente rural, e mesmo a reorganização do espaço, o que aliás é um dever do Estado.

6.9.5.2 Legitimidade *ad causam*

A legitimidade *ad causam* é a condição da ação que diz respeito à solução do problema decorrente da distinção entre a existência objetiva do interesse de agir e a sua pertinência subjetiva.[211] A ação de usucapião coletiva condiciona o seu exercício quando existir núcleo rural informal sem oposição há mais de cinco anos *e cujos terrenos ocupados por cada possuidor seja inferior a 250 m²*, e que estes *não sejam proprietários de outro imóvel urbano ou rural*. Deste preceito, como apontado anteriormente, é que se extrai que os titulares do direito, embora possam ainda não estar individualizados, são *identificados*, pois são os membros da comunidade que compõem o núcleo rural informal, e que devem ser substituídos em juízo pela associação de moradores, regularmente constituída, com personalidade jurídica, e explicitamente autorizada por eles (art. 10 c/c art. 12, inc. III, da Lei nº 10.257/01).

Observa-se que a condição de não ser proprietário de imóvel, urbano ou rural, deve servir como uma das condições associativas, servindo como uma prova pré-constituída. Aliás, pela própria condição destas comunidades como núcleo rural informal, é automaticamente preenchido este requisito previsto pelo legislador no organismo associativo.

Entretanto, cabe destacar que a exigência legal de que os substituídos tenham autorizado expressamente a associação a atuar em juízo, de forma a conferir legitimidade ao substituto processual, não pode e não deve ser interpretada de forma tacanha, assim, a legitimidade da substituição processual não pressupõe uma autorização individual e com firma reconhecida de cada um dos membros da comunidade, mas apenas e tão somente uma autorização deferida nos termos do Estatuto Social, observado o *quorum* específico e modo de decisão da organização, sendo o comum nestes casos a realização de assembleia geral, com convocação específica, devidamente registrada em ata.

Assim, bastará ao substituto processual juntar aos autos ata da assembleia que deliberou pela proposição da ação e o estatuto, quando do ajuizamento, cumprindo a exigência legal da autorização específica dos representados. Exigir mais do que isso seria inviabilizar o instrumento, e fazer uma leitura incorreta do *novel* instituto processual interpretando-o pelo prisma tradicional.

Esta interpretação se justifica inclusive porque no campo da tutela coletiva não importa à sua configuração a relação direta com o bem material lesado ou passível de lesão, porque o bem da vida é inerente a uma categoria mais ou menos vasta de pessoas, ao contrário do processo civil tradicional, em que ordinariamente há a coincidência no mesmo sujeito legitimado pela ordem jurídica para a proposição da ação e o titular do interesse material, bem da vida que motiva o pedido de atividade jurisdicional. É a chamada *legitimação ordinária*, prevista no art. 18 do CPC.

Desta feita, aqui neste campo o "titular", "o dono" destes interesses, não precisa ser imediatamente determinado, mas é suficiente que seja possível a sua determinação, para

---

[211] LIEBMAN, Enrico Tulio. *Manual de direito processual civil*. Tradução e notas de Cândido Rangel Dinamarco. 2. ed. Rio de Janeiro: Forense, 1995. v. 1. p. 157.

que a lei organize os meios que soberanamente constrói para deferir a legitimidade ativa. Neste sentido é que funciona o modelo de legitimidade extraordinária, prevista no art. 12, III, da Lei nº 10.257/01.[212] Observamos que na ação de usucapião coletiva o legislador restringiu de forma muito peculiar os critérios objetivos de aferição da legitimidade do substituto processual, diferentemente do que fez no caso de outro instrumento de tutela coletiva, que é a ação civil pública, cujo sistema inseriu uma legitimidade do tipo concorrente e disjuntiva, prevista no art. 5º da Lei nº 7.347/85, com as ampliações da Lei nº 8.078/90, deferida que foi ao Ministério Público, órgãos da Administração Pública, direta ou indireta, ainda que sem personalidade jurídica, desde que tenham por finalidade a defesa de interesses lesados, bem como as associações legalmente constituídas, velhas de um ano e com fins institucionais de defesa de interesses, permitindo ainda a lei que esta pré-constituição possa até ser dispensada pelo juiz, no caso da relevância do interesse social a ser tutelado, como previsto no §1º do art. 82 da Lei nº 8.078/90.

Evidente que facilitar ou diminuir a possibilidade de legitimidade extraordinária está no âmbito de discricionariedade de legislador, mas considerando a natureza destes interesses, notadamente sociais, bem como o flagrante interesse que teria a Administração Pública em ajuizar este tipo de ação, em áreas de ocupação consolidada, retirando-lhe o pesado ônus de eventualmente se ver obrigada a desapropriar áreas para regularização de assentamentos rurais, ou difusão de instrumentos e equipamentos sociais, poderia o legislador ter deferido um espectro de legitimidade mais ampla, legitimando entes da Administração Pública e o Ministério Público,[213] também na ação de usucapião coletiva, mas que pode ser objeto de alteração legal. Uma vez que o legislador define a legitimidade ativa para o ajuizamento da ação de usucapião coletiva por meio de substituto processual, que deve ser associação de moradores da comunidade, regularmente constituída, com personalidade jurídica, desde que explicitamente autorizada pelos representados (art. 12, inc. III), não se pode sem uma razão objetiva ignorar estes requisitos objetivos para que o substituto possa ser considerado legitimado.

---

[212] Para uma compreensão mais sistemática sobre os modelos de legitimidade ativa no campo dos interesses metaindividuais ou coletivos, em que se enquadra o presente instrumento, ver o artigo de ROCHA, Ibraim. Tutela de interesses metaindividuais: escopo dos sistemas de pressupostos de legitimidade ativa: a contramão da história: Medida Provisória 1.984-24, de 24.11.2000, que acresceu parágrafo único aos artigos 1º e 2º da Lei 7.734/85. *Revista dos Tribunais*, v. 90, n. 787, maio 2001.

[213] Apesar de seus limites, é um importante avanço legislativo, inclusive devendo ser criado instrumento semelhante no âmbito rural, a fim de possibilitar a usucapião coletiva de áreas rurais, onde estes conflitos se apresentam com maior ocorrência, e, ainda, para facilitar o procedimento de titulação de áreas de remanescentes de quilombos. Para uma análise e estudo do fenômeno da posse coletiva no âmbito rural, sugerimos ler o artigo de ROCHA, Ibraim. Reforma agrária: titulação coletiva de populações tradicionais do Estado do Pará: elementos de experiência de um novo paradigma. *Caderno de Teses e Comunicações do XXVI Congresso Nacional de Procuradores de Estado*, Goiânia, 2000, o mesmo artigo também está no *site* da revista virtual *Jus Navigandi* (<www.jus.com.br>). Sobre o tema da posse coletiva, ainda, ANDRADE, Lúcia de; TRECCANI, Girolamo Domenico. Terras de Quilombo. In: LARANJEIRA, Raymundo (Org.). *Direito agrário brasileiro*. São Paulo: LTr, 1999; BENATTI, José Heder; MAUÉS, Antônio Gomes Moreira. Pluralismo jurídico e as posses agrárias na Amazônia. In: CHAGAS, Silvio Donizete (Org.). *Lições de direito civil alternativo*. São Paulo: Acadêmica, 1994; BENATTI, José Heder. A posse agrária alternativa e a reserva extrativista na Amazônia. In: D'INCÃO, Maria Angela; SILVEIRA, Isolda Maciel da (Org.). *A Amazônia e a crise da modernização*. Belém: Museu Paraense Emílio Goeldi, 1994 e, ainda, o livro do professor Girolamo Domenico Treccani: *Violência e grilagem*: instrumentos de aquisição da propriedade da terra no Pará. Belém: UFPA-ITERPA, 2001. p. 60-66.

A princípio não pode a ação de usucapião coletiva ser ajuizada por substituto processual que não preencha todos os requisitos definidos pelo legislador nem por possuidores individuais, atuando em litisconsórcio ou mesmo regime de composse.

Destaca-se, neste ponto, que embora o art. 12, incs. I e II, da lei defina a legitimidade para ajuizamento de ação de usucapião especial coletivo ao possuidor, isoladamente ou em litisconsórcio originário ou superveniente, e aos possuidores em estado de composse, nestes casos, nada mais se trata de ação particular, nos tradicionais modos de tutela, embora com o menor prazo e requisitos previstos no art. 9º do Estatuto da Cidade, que deve ser processada sob o rito sumário (art. 14 da Lei nº 10.257/01), Lembre-se de que o CPC vigente somente define o rito comum, extinguindo a nomenclatura de processo sumário.

De fato, nestes casos, o sujeito titular vem a juízo para pretender o reconhecimento de seu direito do ponto de vista particular, ainda que a atuação se dê de forma conjunta, via litisconsórcio, ou seja, a demanda apresentada ao Estado-juiz tem como cerne o reconhecimento da *praescriptio longi temporis* considerada interesse privado, e não comunitário, assim, válido lembrar a lição da Caio Mário da Silva de que, mesmo no caso da composse, do ponto de vista do terceiro, estranho à relação de posse, os titulares deste exercício atuam como se fossem um único sujeito.[214] Válido, ainda, citar a lição de Carlos Alberto Bittar, para quem "a composse manifesta-se como resultado de ajuste entre os titulares, ou por força de lei, dado o estado de indivisão presente, incidindo sobre cota ideal, ou sobre partes definidas em concreto, na harmonização dos interesses envolvidos".[215] Portanto, embora não vede de forma explícita para o ajuizamento de ação de usucapião coletiva a legitimidade ao sujeito individual, ainda que consorciado, haverá carência de ação por ilegitimidade ativa quando o autor for pessoa física, eis que a lei deferiu somente a entes coletivos a legitimidade para a propositura da ação coletiva de usucapião especial, devidamente preenchidos os requisitos, *devendo ser uma associação de moradores da comunidade rural, regularmente constituída, com personalidade jurídica, explicitamente autorizada pelos representados.*

O CPC permite, em causas de grande complexidade, marcar audiência de saneamento do feito em cooperação com as partes, oportunidade em que, se for o caso, convidará as partes a integrar ou esclarecer suas alegações, como previsto no §3º do art. 357 do CPC.

Nesta audiência, apesar da legitimidade ativa restrita prevista na ação de usucapião coletiva, mas considerando que o objetivo do §3º do art. 357 do CPC é ampliar a participação do diálogo do juízo com a partes na audiência de saneamento, é perfeitamente possível que esta audiência seja aberta para os membros da classe apresentarem argumentos importantes para a melhor tutela, não apenas o substituto processual, e essa participação pode ser autorizada como informante ou como assistente litisconsorcial na

---

[214] SILVA, Caio Mário da. *Instituições de direito civil.* 2. ed. Rio de Janeiro: Forense, 1991. v. 4. p. 28. Válido, ainda, citar a lição de Carlos Alberto Bittar, para quem "a composse manifesta-se como resultado de ajuste entre os titulares, ou por força de lei, dado o estado de indivisão presente, incidindo sobre cota ideal, ou sobre partes definidas em concreto, na harmonização dos interesses envolvidos" (BITTAR, Carlos Alberto. *Curso de direito civil.* Rio de Janeiro: Forense Universitária, 1994. v. 2. p. 860).

[215] BITTAR, Carlos Alberto. *Curso de direito civil.* Rio de Janeiro: Forense Universitária, 1994. v. 2. p. 860.

forma do art. 18 parágrafo único do CPC, vez que este dispositivo legal considera que, *havendo substituição processual, o substituído poderá intervir como assistente litisconsorcial.*

6.9.5.3 Legitimidade restrita da ação de usucapião coletiva e legitimidade concorrente e disjuntiva de outros instrumentos de ação coletiva

Outrossim, embora a legitimidade da ação de usucapião coletiva seja estrita, como definido no art. 12, III, da Lei nº 10.257/01, temos que é possível a utilização do instrumento da ação civil pública, ou outra modalidade de ação coletiva, a fim de se obter medida jurisdicional semelhante, dado que é evidentemente possível se enquadrar o desenvolvimento rural e o direito de acesso à terra como meio de produção para cumprimento da função social como um interesse metaindividual, seja difuso, coletivo, ou individual homogêneo, dependendo da forma de construção da causa de pedir e do pedido.

Assim, uma vez que se possa configurar que o não exercício da posse de uma área por parte do proprietário, com medida superior a 250m^2, esteja prejudicando o direito constitucional de acesso ao trabalho e impedindo que a terra cumpra a sua função social, temos como perfeitamente cabível a legitimidade do Ministério Público e entes da Administração Pública direta e indireta no pedido de tutela judicial coletiva visando pedir a perda da propriedade em favor da comunidade, considerada a área globalmente, para, assim, poder a Administração Pública desenvolver, sem precisar desapropriar, uma política de regularização e desenvolvimento rural na área, com notável economia.

6.9.6 Aspectos materiais para resolução do conflito

O vigente CPC como visto extinguiu a denominada condição da ação da possibilidade jurídica do pedido, que muitas vezes era alegada, com fundamento de que determinado aspecto da demanda não era possível de conhecimento, ante a vedação de seu conhecimento pelo ordenamento jurídico, o que acabava no mais das vezes se confundindo com o mérito, como usualmente os juízes afastavam a sua análise para apreciar quando do julgamento da causa.

Além de positiva esta mudança, há uma regra que vem completar o objetivo do sistema processual de privilegiar a resolução de mérito dos conflitos, que é a regra do art. 488 do CPC que permite ao juiz desde que possível, resolver o mérito sempre que a decisão for favorável à parte a quem aproveitaria eventual pronunciamento nos casos de extinção do processo sem resolução do mérito, que estão previstos no art. 485 do CPC. Assim, por exemplo, havendo o ajuizamento de ação de usucapião coletiva em cuja descrição da causa de pedir se observe que a área objeto do pedido é inferior a 250m^2, a cada possuidor, e prevendo a lei que somente é possível o uso desta ação no caso de existir um núcleo rural informal, portanto, pressupõe-se que devem ser múltiplas posses. Em vez de julgar extinto o processo, o juiz deve receber a ação e apreciá-la como uma ação de usucapião pertinente, apreciando o mérito da demanda, conforme os demais elementos, determinando a emenda da petição inicial.

Importante destacar que o legislador não faz mais referência expressa de que a área ocupada por cada possuidor inferior a 250 m^2 deve ser ocupada necessariamente por população de baixa renda e para a sua moradia, como previsto na redação original do art. 10 do Estatuto da Cidade. Agora remete a lei tão somente a se constituir em núcleo urbano informal, e, assim, ocorrendo uma ocupação semelhante em área rural, mesmo que a atividade produtiva na terra não seja apenas meio de subsistência, a ação poderá ser processada pelo instrumento de tutela coletiva. Provados os demais requisitos, deve ser julgada procedente a ação de usucapião coletiva.

Com a extinção da chamada possibilidade jurídica do pedido, o juiz deve sempre avaliar os elementos materiais descritos no preceito legal que regem o usucapião como pertinentes ao mérito, Assim, por exemplo, se não comprovada a não oposição pelo prazo de mais de cinco anos do terreno ocupada, a ação coletiva deverá ser julgada improcedente.

Um dos elementos importantes para a correta decisão sobre o mérito na ação de usucapião coletiva é a identificação dos terrenos ocupados por cada possuidor. Embora a princípio não devem ser superiores e 250m², conforme previsto no art. 10 da Lei nº 10.257/2010, é necessário considerar que, ainda que a área seja um pouco maior, o juiz deve considerar o seu uso efetivo, e que os possuidores não sejam proprietários de outro imóvel urbano ou rural, permitindo o reconhecimento do direito de usucapião.

Uma questão importante, é que embora o Estatuto da Cidade preveja o a possibilidade de usucapião coletiva de cujas as áreas de cada família seja de até 250 m2, é relevante considerar que mesmo na área rural, estas devem se destinar a função da proteção do direito social de moradia, onde esta medida, leva em conta o espaço necessário para uma moradia digna.

Entretanto, pode ocorrer que a área a ser usucapida, se destine a permitir além da moradia digna, a produção de agricultura de subsistência, atividade comum no meio rural, e, neste caso, poderá o juiz flexibilizar o tamanho da área a ser usucapida, para alcançar até o tamanho da pequena propriedade, que conforme a Lei de Reforma Agrária, com área de até 4 módulos fiscais[216], e, que corresponde a propriedade familiar do Estatuto da Terra, argumento que se defende *de lege ferenda*, considerando a especificidade do uso da terra, pelas comunidades rurais, como insumo básico para o exercício do trabalho, mas em qualquer caso, não pode o interessado possuir outro imóvel urbano ou rural. Nestes casos, o juiz aprecia o próprio mérito da demanda, julgando os contornos do direito subjetivo posto em juízo, segundo os parâmetros do direito positivo, ainda que aplicando por analogia as regras próprias que favorecem o desenvolvimento agrário.[217] Entrementes, não pode o Juízo julgar procedente a ação de usucapião coletiva onde o autor não pretenda um provimento de aquisição da propriedade de uma área considerada como um todo indivisível, pois o *art. 10, §3º, da Lei nº 10.250/2001, decreta expressamente que na sentença o juiz atribuirá igual fração ideal de terreno a cada possuidor, independentemente da dimensão do terreno que cada um ocupe, salvo hipótese de acordo escrito entre os condôminos*, estabelecendo frações ideais diferenciadas.

---

[216] Lei nº 8.629/93, art. 4º, alínea II "a".

[217] Aqui pode-se observar que reverberou o legislador os elementos da crítica de Dinamarco. Nestes casos de ações típicas, estas especiais condições previstas pelo legislador não são da ação, mas na verdade a lei está traçando os contornos do direito subjetivo a ser tutelado (para uma melhor compreensão sobre este enfoque, cf. Contra as ações típicas, no capítulo X, Das ações típicas, do livro de DINAMARCO, Cândido Rangel. *Fundamentos do processo civil moderno*. 4. ed. São Paulo: Malheiros, 2001. t. I, especialmente, p. 348-349).

Assim, portanto, o pedido de tutela coletiva deve dirigir-se ao pedido de usucapião da área considerada como um todo, mesmo no caso de já terem os condôminos decidido entre si as frações ideais diferenciadas. Como previsto pelo legislador, temos que neste caso o juízo apenas deverá homologar esta divisão das frações diferenciadas, após ter decretado por sentença a usucapião da área considerada na totalidade.

Nem poderia ser diferente, pois, se a lei estabelecer de forma diversa, de nada adiantaria a previsão da ação coletiva de usucapião especial, pois que sendo centenas ou milhares de beneficiários, teria cada um que provar a sua posse particular e o lapso temporal individual, o que na verdade tornaria a nova ação em apenas um megalitis-consórcio ou composse, mas, na realidade, como define a lei, inclusive, no *art. 10, §4º* "o condomínio especial constituído é indivisível, não sendo passível de extinção, salvo deliberação favorável tomada por, no mínimo, dois terços dos condôminos, no caso de execução de urbanização posterior à constituição do condomínio".

Temos, por evidente, que interessa ao juízo, cumprindo a missão lhe dada pelo legislador, atender ao pedido de tutela para que determinada área considerada globalmente seja decretada como adquirida por uma comunidade mediante usucapião.

Portanto, o pedido de tutela deve se dirigir à decretação de usucapião coletiva sobre uma área considerada como uma unidade, permitindo a regularização do núcleo rural informal, independentemente da variação de tempo dos ocupantes particulares, sendo o prazo da ocupação da área total de no mínimo cinco anos, e, sem oposição, cuja área de cada possuidor seja inferior a 250m², se destinada apenas a moradia, ou pode abrange área maior, até o limite de 4 módulos fiscais, se houver uso da ´área para a produção familiar, desde que os possuidores não sejam proprietários de outro imóvel urbano ou rural.

Necessário lembrar que o pedido de usucapião coletiva, como qualquer outro, somente será possível se o objeto for terras particulares, pois as terras públicas estão constitucionalmente excluídas, como expressamente previsto no art. 183, §3º, da Constituição Federal, dada a impossibilidade de usucapião de imóveis públicos.

Esta interpretação tem por objetivo consolidar uma forma de tutela que atenda ao escopo de uma justiça distributiva, instrumental de uma nova forma de prestação jurisdicional, enfim, de uma nova racionalidade.

O paradigma desta nova racionalidade têm papel fundamental a ser perseguido, pois é de importância crucial na própria instrução do processo, que deve ser realizada de forma a provar o período de ocupação da área coletivamente considerada e não particularmente considerada por cada um dos eventuais beneficiários, assim, por exemplo, o período de posse da área coletiva pelo prazo de cinco anos pode ser comprovado pela existência na área, pleiteada pela comunidade, de atividades públicas realizadas neste prazo, como terraplenagem, realização de esgoto, instalação de eletrificação rural ou existência de equipamentos públicos, como escolas rurais, postos de saúde, mercados de apoio à produção, todos velhos de meia década, dos quais justamente se serve a comunidade, e que estão situados dentro da área reivindicada coletivamente, ou mesmo bem nos limites da área pretendida.

Aliás, podem estas modificações vir a ser realizadas em regime de mutirão pela comunidade que caracterizem o apossamento coletivo, demonstrando esta sua forma de conformação do ambiente rural da área coletivamente possuída, realizando trabalhos de aplainamento de vicinais, escolha de áreas para lazer da comunidade, tais como área de campo de pelada, destinação de área do centro comunitário, construção de poços artesianos de serventia coletiva etc.

De fato, estes fatos exteriores de modificação da área, traçando sua transformação, ainda que precária, como ambiente rural, somados ao prazo legal de mais de cinco anos, é que permitem demonstrar a posse da área coletivamente considerada, que exige o legislador e que permite decretar a perda da propriedade do pseudoproprietário, e possibilitando o decreto da aquisição da área em favor da comunidade *pró-indiviso* pelo juízo, no momento da prestação da tutela jurisdicional da ação coletiva de usucapião especial.

Claro que pode ser agregada a estas modalidades de prova a demonstração de posse particular, mediante amostragem, mas tudo de modo que os meios probatórios também sejam adequados ao tipo de tutela que se pretende.

Desta forma, é com esta nova racionalidade que será possível atingir-se a finalidade do legislador de possibilitar de forma mais célere a prestação da tutela jurisdicional, resolvendo de forma eficaz e expedita o conflito coletivo pelo direito de acesso à terra, mediante o instrumento da usucapião coletiva; outro sentido é fazer inútil o instituto processual.

A linha de raciocínio reforça o escopo da decretação do direito de aquisição coletiva da propriedade de uma área considerada um todo indivisível, como já visto da regra do art. 10, §3º, que decreta expressamente que, na *sentença, o juiz atribuirá igual fração ideal de terreno a cada possuidor, independentemente da dimensão do terreno que cada um ocupe, salvo hipótese de acordo escrito entre os condôminos, estabelecendo frações ideais diferenciadas.*

O pedido de usucapião deve se dirigir à área considerada como um todo, mesmo no caso de já terem os condôminos decidido entre si as frações ideais diferenciadas. Se o pedido não estiver assim formulado, o juiz deve determinar a emenda da inicial, mas, ao julgar o mérito e confirmando a procedência do pedido, o magistrado deverá homologar a divisão das frações diferenciadas.

A linha de raciocínio ora apresentada vai de encontro às recentes reflexões da Professora Ada Pellegrini Grinover em procurar dimensionar de forma mais técnica e eficaz a tutela dos interesses metaindividuais, embora centralizando sobre a tutela dos interesses individuais homogêneos, nas quais há possibilidade de enquadrar os interesses tutelados via ação de usucapião coletiva. Assim, procura-se nesta análise dar *ênfase à prevalência das questões comuns sobre as individuais* e interpretar as normas do novo instituto a fim de que a tutela daí resultante tenha *mais eficácia do que aquela que derivaria das ações individuais, demonstrando-se mais útil à tutela dos interesses da comunidade, com efeito superior*, resultando em uma decisão *mais justa e eficaz*.[218] Logo, somente após o reconhecimento *pró-indiviso* é que se poderá tomar as medidas para, se for do interesse dos condôminos, realizar a distinção das áreas, na forma prevista no art. 10, §3º *in fine* e §4º da Lei nº 10.257/01, bem como a previsão do §5º do mesmo diploma legal, que determina que as deliberações relativas à administração do condomínio especial serão tomadas por maioria de votos dos condôminos presentes, obrigando também os demais, discordantes ou ausentes.

Por fim, reforçando o anteriormente dito, registre-se que via o art. 55 da Lei nº 10.257/01, foi alterado o art. 167, inc. I, item 28, da Lei nº 6.015/73 – Lei dos Registros

---

[218] GRINOVER, Ada Pellegrini. Da class action for damages à ação de classe brasileira: os requisitos de admissibilidade. In: MILARÉ, Edis (Coord.). *Ação civil pública* – 15 anos. São Paulo: Revista dos Tribunais, 2001; também na *RePro*, São Paulo, n. 101, jan./mar. 2001. p. 21-24.

Públicos – incluindo como um dos objetos do registro de imóveis as *sentenças declaratórias de usucapião, independentemente da regularidade do parcelamento do solo ou da edificação*, assim, a lei não exige que a sentença já especifique o perfeito delineamento de cada um dos titulares, para que possa ser levada a registro a sentença, justamente reforçando que o interesse e objetivo primacial é a decretação da perda da propriedade da área considerada como um todo, e a sua aquisição em favor dos substituídos pelo legitimado ativo.

6.9.7 Aspectos procedimentais da usucapião coletiva e formação da relação jurídica processual

Como a Lei nº 10.257/01 não contém regras sobre a formação da relação jurídica processual, aplicam-se subsidiariamente as regras do Código de Processo Civil e outras normas pertinentes para a perfeita conformação da demanda, assim, deve a associação expor, na petição inicial da ação de usucapião coletiva, além das regras que regem a elaboração da petição inicial, o fundamento do pedido, e juntar planta do imóvel, na qual conste os elementos previstos no art. 225, §3º, da Lei nº 6.015/73, que exige que, nos autos judiciais que versem sobre imóveis rurais, a localização, os limites e as confrontações serão obtidos a partir de memorial descritivo, contendo as coordenadas dos vértices definidores dos limites dos imóveis rurais, georreferenciadas ao Sistema Geodésico Brasileiro e com precisão posicional fixada pelo Incra, requerendo a citação daquele em cujo nome estiver registrado o imóvel usucapiendo, bem como dos confinantes e, por edital, dos réus em lugar incerto e dos eventuais interessados, observado quanto aos requisitos e prazos o disposto nos incs. I a IV do art. 257 do CPC.

Havendo necessidade de que os réus em lugar incerto ou eventuais interessados sejam citados por edital, a associação, observado o disposto no art. 257 do CPC, não precisará pagar estas despesas, pois o art. 12, §2º, da Lei nº 10.257/01, garante ao autor da ação de usucapião especial coletivo o benefício da assistência jurídica gratuita, inclusive, perante o cartório de registro de imóveis, até mesmo na obtenção de certidões.

Cumpre destacar que, estando no polo ativo uma associação de trabalhadores rurais de baixa renda, esta pode ter dificuldade em produzir a planta do imóvel que deve ser juntada com a inicial, bem como em determinar a favor de quem está registrado o imóvel e dos confinantes, que devem ser citados para integrar o polo passivo.

Neste ponto é cabível e necessária uma intervenção do Poder Público, nos momentos anteriores do ajuizamento da demanda, seja através dos institutos de terras, incentivando e apoiando a organização das associações, seja com o auxílio de órgão do Poder Público, através de processo administrativo próprio, uma espécie de inquérito civil público, que poderia ser aberto, por exemplo, junto ao Ministério Público, na Procuradoria-Geral do Estado, Defensoria Pública ou órgãos estadual ou municipais de desenvolvimento rural, a fim de produzir os elementos que devem compor a instrução da petição inicial da ação de usucapião coletiva, pois, de fato, deixar este ônus à associação seria um meio de se inviabilizar economicamente o instrumento.

Um outro fator relevante é que as regras de assistência gratuita previstas na Lei nº 10.257/2001 estão na mesma direção da isenção legal de custas prevista no art. 87 da Lei nº 8.078/90 e arts. 17 e 18 da Lei nº 7.347/85, e funcionam como exceção legal à regra geral prevista no art. 82 do CPC, de que salvo as disposições concernentes à gratuidade da justiça, incumbe às partes prover as despesas dos atos que realizarem ou requererem no processo, antecipando-lhes o pagamento, desde o início até a sentença final ou, na execução, até a plena satisfação do direito reconhecido no título.

Essas regras que definem a isenção legal sempre tiveram pouca aplicabilidade prática, por não haver regra de procedimento a aparelhar essa isenção, porque, em geral, especialmente os órgãos de perícia pública não tinham como ser indenizados pelos custos de realização das perícias, o que agora é corrigido pela regra do art. 95 do CPC. Apesar de o *caput* deste artigo manter a regra geral sobre os ônus periciais pelo pagamento ou rateio da remuneração do assistente técnico ou do perito judicial, seu §3º, incs. I e II, definem o procedimento para pagamento da perícia quando de responsabilidade de beneficiário de gratuidade da justiça, o que se deve aplicar a todo e qualquer caso de isenção legal, pois não adianta ser isento de custas, se não se pode pagar a perícia.

Assim, no caso de ação de usucapião coletiva, a perícia pode ser:

a) custeada com recursos alocados no orçamento do ente público e realizada por servidor do Poder Judiciário ou por órgão público conveniado;

b) paga com recursos alocados no orçamento da União, do estado ou do Distrito Federal, no caso de ser realizada por particular, hipótese em que o valor será fixado conforme tabela do tribunal respectivo ou, em caso de sua omissão, do Conselho Nacional de Justiça.

Após o trânsito em julgado da decisão final, o juízo oficiará a Fazenda Pública para que promova, contra quem tiver sido condenado ao pagamento das despesas processuais, a execução dos valores gastos com a perícia particular ou com a utilização de servidor público ou da estrutura de órgão público.

Por se tratar de uma isenção legal, o previsto no §4º do art. 95 do CPC, de que mesmo em relação ao beneficiário de gratuidade da justiça não se afasta a responsabilidade pelas despesas processuais e pelos honorários advocatícios decorrentes de sua sucumbência, esta regra não se aplica em casos de ação de usucapião coletiva, pois aplicam-se a este instrumento de tutela coletiva as regras da ação civil pública, de que a não ser no caso de ter atuado com comprovada má-fé, tal como previsto no art. 87 da Lei nº 8.078/90, arts. 17 e 18 da Lei nº 7.347/85, não haverá condenação em custas e honorários advocatícios do autor.

Em qualquer caso de usucapião serão intimados para que manifestem interesse na causa os representantes da Fazenda Pública da União, dos estados, do Distrito Federal, dos territórios e dos municípios, e, de fato, esta regra é fundamental para o Poder Público se manifestar sobre eventual impossibilidade do usucapião, seja por imóvel incidir em área pública, o que de todo afastaria a possibilidade do usucapião, seja porque outro motivo de ordem pública deva ser observado no que concerne à área a ser usucapida.

Ademais, registre-se que o art. 565 do CPC, §§4º e 5º, determina que os órgãos responsáveis pela política agrária e pela política urbana da União, de estado ou do Distrito Federal e de município onde se situe a área objeto do litígio poderão ser intimados para a audiência, a fim de se manifestarem sobre seu interesse no processo e sobre a existência de possibilidade de solução para o conflito possessório, sendo que esta regra se aplica ao litígio sobre propriedade de imóvel.

Destarte, pela leitura do art. 2º da Lei nº 10.257/01, verifica-se que no processar de uma ação de usucapião coletiva, por ser uma solução em larga escala e que por certo trará efeitos sobre a política rural, o Poder Público ao ser intimado deve atentar sobre fatos reflexos de como este direito deve eventualmente ser reconhecido, pois a política rural objetiva ordenar o pleno desenvolvimento das funções sociais da propriedade, assim, ainda que o Poder Público não se coloque contra o usucapião, pode e deve indicar eventuais contrastes entre o exercício comunitário desta posse e normas de ordem pública que precisam ser observadas, adequando-se o reconhecimento deste direito comunitário à moradia com o respeito ao meio ambiente ou o direito à saúde da população.

Ainda, no que tange ao Poder Público, cabível é a sua intervenção no processo, aderindo como assistente do autor, pois no processo de usucapião coletiva temos a legitimidade ativa muito estreita, deferida somente à associação de moradores da comunidade, regularmente constituída, com personalidade jurídica, explicitamente autorizada pelos representados, e qualquer intervenção de um terceiro neste processo, seja ente público, particular, ou indivíduo, a princípio somente poderia ser aceita a título de assistência simples, e embora agora permita o legislador que o substituído atue como assistente litisconsorcial, de acordo com regra do parágrafo único do art. 18 do CPC, esta regra não se aplica ao Poder Público, pois o substituído é sempre e tão somente o trabalhador rural, que pode atuar com maiores poderes no processo.

Embora o Poder Público não tenha uma relação jurídica com o demandante ou demandada, a sua intervenção enquanto assistente simples interessado na vitória do demandante, é justificada a partir do seu interesse jurídico em atuar na defesa do interesse constitucional de acesso à terra e de favorecer o desenvolvimento rural, sem dizer que, sendo procedente a ação de usucapião coletiva, não precisaria eventualmente ter de utilizar o instrumento da desapropriação para cumprir os seus deveres sociais, desonerando as suas obrigações quanto a este aspecto do desenvolvimento rural.

Coerente com o interesse metaindividual tutelado no art. 12, §1º, da Lei nº 10.257/01, coloca na ação de usucapião especial como obrigatória a intervenção do Ministério Público, reforçando a regra do art. 178, II do CPC, que prevê também esta obrigatória intervenção nos casos de litígios coletivos pela posse da terra urbana ou rural.

De fato, justamente demonstrando que a ação de usucapião especial rural coletivo é um meio que visa a incluir de forma mais célere a solução de conflitos envolvendo o direito de acesso à terra de uma comunidade situado em núcleo rural informal, a lei define o procedimento como de rito sumário, mas como o CPC vigente não prevê este rito, deve ser lida como uma forma de prioridade no seu processamento.

6.9.8 Competência

Importante distinguir a competência enquanto âmbito administrativo de exercício da administração judiciária e que serve de elemento definidor do juízo competente para processar determinado feito pelo órgão do Poder Judiciário.

No tema da ação de usucapião coletiva, dada a maior estreiteza do seu objeto que sempre haverá de ter um âmbito limitado definido pelo tamanho da área a ser usucapida, não tem mais pertinência a discussão sobre qual regra deve ser adotada para fixação da competência, se a regra do art. 2º da Lei de Ação Civil Pública, que se define pelo local do dano, ou as regras do art. 93 do CDC, tendo em vista que a partir do art. 117 da Lei nº 8.078/90, que introduziu o art. 21 da LACP, estas normas passaram a formar um sistema processual uno, e por isso a leitura isolada do art. 2º da Lei nº 7.347/85 representaria um critério interpretativo defasado para a definição da competência em sede de interesses metaindividuais.[219] No caso da ação de usucapião coletiva, por lhe ser essencial a delimitação do imóvel reivindicado, aplica-se a regra do art. 47 do CPC sobre a fixação da competência, sendo competente o foro da situação do imóvel onde se exerce o direito de trabalhar e produzir, não se necessitando reivindicar o art. 2º da Lei de Ação Civil Pública ou aplicar-se a regra de competência prevista no art. 93 do CDC da vara da Justiça local, onde ocorreu ou deva ocorrer o dano, quando de âmbito local, mas em qualquer caso ressalvando-se a competência da Justiça Federal para conhecer a ação, uma vez que haja intervenção de entes da Administração federal no processo, na forma prevista no art. 109, inc. I, da Constituição, apenas excluindo-se a possibilidade de a União e as autarquias federais serem rés, pois os seus bens não são passíveis de usucapião, e no caso de apresentarem oposição, provada a natureza pública do imóvel, também será de extinguir-se o processo sem julgamento do mérito, embora esta matéria deva ser decidida pela vara da Justiça Federal.

6.9.9 Execução

Processo de execução é a atividade substitutiva do cumprimento voluntário de obrigação a que está vinculado o obrigado, atuando o Estado por meio da jurisdição para que seja suprida a obrigação não realizada, pacificando-se o conflito. A execução deve primar sempre por oferecer, na medida do que for possível, aquilo e exatamente aquilo que deveria ser prestado voluntariamente pelo devedor, a chamada execução específica.[220] A ação de usucapião coletiva tem como *objeto de execução* apenas proceder ao registro declarativo do direito de propriedade da comunidade, decretado pela sentença, uma vez julgada procedente, logo, não precisa de abertura da fase de execução, seguindo-se, assim, que a sentença que julgar procedente a ação de usucapião será transcrita, mediante mandado, no registro de imóveis, sem a exigência de que sejam satisfeitas as obrigações fiscais, pois o art. 12, §2º, da Lei nº 10.257/01, garante os benefícios da assistência judiciária perante os cartórios, ou seja, o registro é gratuito, neste tipo de ação, sem cobrança de impostos ou taxas.

---

[219] Conhecida é a posição de Ada Pellegrini Grinover a este respeito, lecionando que a regra de competência territorial nacional ou regional, do art. 93 do CDC, não é exclusiva dos processos em defesa de interesses individuais homogêneos, mas também incide na tutela jurisdicional dos interesses difusos e coletivos, pois, embora inserido no capítulo atinente às "ações coletivas em defesa de interesses individuais homogêneos", rege todo e qualquer processo coletivo, estendendo-se às ações em defesa de interesses difusos e coletivos. Não se trata de utilizar o método integrativo, destinado ao preenchimento da lacuna da lei, tanto pela interpretação extensiva (extensiva no significado da norma) como pela analogia (extensiva da intenção do legislador). Resulta da necessária coerência interna do sistema jurídico que exige formulação de regras idênticas, em que se verifica a identidade de razão. Assim, se o art. 93 do CDC fosse aplicável apenas aos interesses individuais homogêneos, o resultado seria a regra de competência territorial de âmbito nacional ou regional só para as ações em defesa de aludidos direitos, enquanto nos processos coletivos em defesa de interesses difusos e coletivos ficaria vedada a competência nacional ou regional. O absurdo do resultado dessa posição, sendo evidente, leva ao seu repúdio pela razão e pelo bom senso, para o resguardo da coerência do ordenamento (GRINOVER, Ada Pellegrini. Ação civil pública no STJ. *Repro*, São Paulo, n. 99, jul./set. 2000. p. 22).

[220] CHIOVENDA *apud* DINAMARCO, Cândido Rangel. *Execução civil*. 4. ed. São Paulo: Malheiros, 1994. p. 314.

Após o trânsito em julgado, expedir-se-á o mandado para realizar o registro da área a favor da comunidade, pois possível o seu registro, na forma do art. 167, inc. I, item 28, da Lei nº 6.015/73 – Lei dos Registros Públicos, como nova redação dada pela Lei nº 10.257/01. Assim, eventuais divergências entre os membros da comunidade devem ser decididas fora do processo coletivo, no âmbito do condomínio, pois a lei não exige que a sentença já especifique o perfeito delineamento de cada um dos titulares, para que possa ser levada a registro a sentença, justamente reforçando que o interesse e objetivo primacial é a decretação da perda da propriedade da área considerada como um todo, e a sua aquisição em favor dos substituídos pelo legitimado ativo, logo a isto se limita a execução do julgado.

6.10 Notas conclusivas sobre usucapião coletiva

Ante o exposto, em caráter conclusivo pode-se afirmar que é possível a tutela dos interesses coletivos de uma comunidade rural de moradores de núcleo rural informal como clara expressão do direito como um sistema de inclusão, e somente a partir de tal compreensão do fenômeno jurídico torna-se possível a interpretação adequada dos aparatos normativos que regulam esta especial forma de tutela, conjunto processual que aponta a necessidade de superação do paradigma normativista/individualista e exige uma postura de justiça distributiva e coletivista, mais apropriada aos desafios do século XXI.

1. Demonstrada a força do sistema processual de tutela coletiva dos interesses metaindividuais, notadamente com a Lei nº 7.347/85, consolidando-se com a Constituição Federal de 1988, e Lei nº 8.078/90, sem olvidar da Lei de Ação Popular (Lei nº 4.771/51), e que aqui somente fazemos incluir e completar as especiais regras da Lei nº 10.257/01, no que concerne à ação de usucapião especial urbana coletiva, aplicados analogicamente ao meio rural, para delinear a ação de usucapião coletiva de imóvel rural como instrumento consolidado e pronto aos novos desafios.

2. É instrumento inserido pelo Estatuto da Cidade, Lei nº 10.257, de 10.7.2001, permitindo prevalecer o interesse social por uma gestão democrática do espaço rural como expressão da organização social e instrumentalizar o exercício da democracia participativa, eliminando do meio rural o falso domínio, pois domínio que não cumpre a sua função social não é a propriedade constitucionalmente protegida, pois o uso coletivo da terra nestas áreas é uma realidade mais evidente.

3. Fundamental na interpretação da ação de usucapião coletiva rural é compreender as suas regras a partir de um prisma processual que valorize o paradigma coletivo, sob pena de se transformar o novo instrumento em apenas um megalitisconsórcio ou exercício de megacomposse, o que não atende aos objetivos do legislador.

4. A ação de usucapião coletiva tem a legitimidade ativa, deferida associação de moradores da comunidade rural, regularmente constituída, com personalidade jurídica, desde que explicitamente autorizada pelos representados (art. 12, inc. III), portanto de forma muito estrita.

5. Outrossim, embora a legitimidade da ação de usucapião coletiva seja estrita, como definido no art. 12, III, da Lei nº 10.257/01, temos que é possível a utilização do instrumento da ação civil pública, ou outra modalidade de ação coletiva, a fim de se obter medida jurisdicional semelhante, dado que é evidentemente possível se enquadrar o desenvolvimento rural e o acesso à terra como interesse metaindividual, seja difuso, coletivo, ou individual homogêneo, dependendo da forma de construção da causa de pedir e do pedido.

6. Assim, uma vez que se possa configurar que o não exercício da posse de uma área por parte do proprietário, com medida superior a 250m², esteja prejudicando o direito constitucional de acesso à terra e trabalho com dignidade, sem o evidente cumprimento da função social, temos como perfeitamente cabível a legitimidade do Ministério Público e entes da Administração Pública direta e indireta, no pedido de tutela judicial coletiva visando a pedir a perda da propriedade em favor da comunidade, considerada a área globalmente, para, assim, poder a Administração Pública desenvolver, sem precisar desapropriar, uma política de regularização e desenvolvimento rural na área, com notável economia.

7. A ação de usucapião coletiva rural quando destinada a moradia, a ocupação de cada família deve obedecer o limite de até 250 m2, previsto no Estatuto da Cidade, mas se a área estiver aplicada na produção de agricultura familiar, o tamanho da área a ser usucapida deve ser de 4 módulos fiscais, correspondente a pequena propriedade rural, nos termos do art. 4º inciso II, alinea "a" da Lei 8.629/93, mas em qualquer caso, não pode o interessado possuir outro imóvel urbano ou rural.

8. O pedido de tutela coletiva deve dirigir-se à aquisição coletiva da propriedade da área considerada como um todo indivisível, mesmo no caso de já terem os condôminos decidido frações ideais diferenciadas. Temos que neste caso o juízo apenas deverá homologar esta divisão das frações diferenciadas, após ter decretado por sentença a usucapião da área considerada no todo.

9. O período de ocupação da área coletivamente considerada e não particularmente considerada, por cada um dos eventuais beneficiários, pelo prazo de cinco anos, pode ser comprovado pela existência na área pleiteada pela comunidade, de atividades públicas realizadas neste prazo, tais como terraplenagem de vicinais, realização de esgoto, instalação de rede elétrica rural, ou existência de equipamentos públicos, como escolas rurais, postos de saúde, todos velhos de meia década, dos quais justamente se serve a comunidade, e que estão situados dentro da área reivindicada coletivamente, ou mesmo nos limites da área pretendida.

10. A intervenção do Poder Público é fundamental no processo de organização das associações no sentido de incentivar o uso do instrumento, especialmente produzindo provas técnicas a serem apresentadas com a petição inicial, tais como obtenção dos registros, levantamento topográfico da área, localização dos elementos caracterizadores do apossamento coletivo.

Usucapião

Modalidades e evolução legislativa

Usucapião extraordinária: CC de 1916 – art. 550	Usucapião ordinária: CC de 1916 – art. 551, *caput*	Usucapião extraordinária: CC 2002 – art. 1.238	Usucapião ordinária: CC de 2002 – art. 1.242	Usucapião *pró-labore*: CC de 2002 – art. 1.239
Aquele que, por vinte anos, sem interrupção nem oposição, possuir como seu um imóvel, adquirir-lhe-á o domínio, independentemente de título de boa-fé que, em tal caso, se presume; podendo requer ao juiz que assim o declare por sentença, a qual lhe servirá de título para a transcrição no registro de imóveis.	Adquire também o domínio do imóvel aquele que, por dez anos entre presentes ou quinze entre ausentes, o possuir como seu contínua e incontestadamente, com justo título e boa-fé.	Aquele que, por quinze anos, sem interrupção nem oposição, possuir como seu um imóvel, *adquire-lhe a propriedade*, independentemente de título e boa-fé; podendo requerer ao juiz que assim o declare por sentença, a qual servirá de título para o registro no cartório de registro de imóveis. Parágrafo único: O prazo estabelecido neste artigo reduzir-se-á a dez anos se o possuidor houver estabelecido no imóvel a sua moradia habitual, ou nele realizado obras ou serviços de caráter produtivo.	*Adquire também a propriedade* do imóvel aquele que, contínua e incontestadamente, com justo título e boa-fé, o possuir por dez anos. Parágrafo único. Será de cinco anos o prazo previsto neste artigo se o imóvel houver sido adquirido, onerosamente, com base no registro constante do respectivo cartório, cancelada posteriormente, desde que os possuidores nele tiverem estabelecido a sua moradia, ou realizado investimentos de interesse social e econômico.	Aquele que, *não sendo proprietário de imóvel rural ou urbano*, possua como sua, por cinco anos ininterruptos, sem oposição, área de terra em zona rural não superior a cinqüenta hectares, tornando-a produtiva por seu trabalho ou de sua família, tendo nela sua moradia, *adquirir-lhe-á a propriedade*.

Usucapião extraordinária: art. 1.238	Usucapião ordinária: art. 1.242	Usucapião *pró-labore*: art. 1.239
Aquele que, por quinze anos, sem interrupção, nem oposição, possuir como seu um imóvel, *adquire-lhe a propriedade*, independentemente de título e boa-fé; podendo requerer ao juiz que assim o declare por sentença, a qual servirá de título para o registro no Cartório de Registro de Imóveis. Parágrafo único: O prazo estabelecido neste artigo reduzir-se-á a dez anos se o possuidor houver estabelecido no imóvel a sua moradia habitual, ou nele realizado obras ou serviços de caráter produtivo.	*Adquire também a propriedade* do imóvel aquele que, contínua e incontestadamente, com justo título e boa-fé, o possuir por dez anos. Parágrafo único. Será de cinco anos o prazo previsto neste artigo se o imóvel houver sido adquirido, onerosamente, com base no registro constante do respectivo cartório, cancelada posteriormente, desde que os possuidores nele tiverem estabelecido a sua moradia, ou realizado investimentos de interesse social e econômico.	Aquele que, *não sendo proprietário de imóvel rural ou urbano*, possua como sua, por cinco anos ininterruptos, sem oposição, área de terra em zona rural não superior a cinqüenta hectares, tornando-a produtiva por seu trabalho ou de sua família, tendo nela sua moradia, *adquirir-lhe-á a propriedade*.

Usucapião especial (*pró-labore*)						
Const. de 1934: art. 125	Const. de 1937: art. 148	Const. de 1946: art. 56, §3º	Emenda Const. nº 10/64: art. 156, §3º	Estatuto da Terra: art. 98	Lei nº 6.969/81: art. 1º	Const. de 1988: art. 191
Todo brasileiro que, *não sendo proprietário rural ou urbano*, ocupar por dez anos contínuos, sem oposição nem reconhecimento de domínio alheio, um trecho de terra até dez hectares, tornando-o produtivo por seu trabalho e tendo nele a sua morada, *adquirirá o domínio* do solo, mediante sentença declaratória devidamente transcrita.	Todo brasileiro que, *não sendo proprietário rural ou urbano*, ocupar, por dez anos contínuos, sem oposição nem reconhecimento de domínio alheio, um trecho de terra até dez hectares, tornando-o produtivo com o seu trabalho e tendo nele a sua morada, *adquirirá o domínio* mediante sentença declaratória devidamente transcrita.	Todo aquele que, *não sendo proprietário rural nem urbano*, ocupar, por dez anos ininterruptos, sem oposição nem reconhecimento do domínio alheio, trecho de terra não superior a vinte e cinco hectares, tornando-o produtivo por seu trabalho e tendo nele sua morada, *adquirir-lhe-á a propriedade*, mediante sentença declaratória devidamente transcrita.	Todo aquele que, *não sendo proprietário rural nem urbano*, ocupar até dez anos ininterruptos sem oposição nem reconhecimento de domínio alheio, trecho de terra que haja tornado produtivo por seu trabalho e de sua família, *adquirir-lhe-á a propriedade*, mediante sentença declaratória devidamente transcrita. A área nunca excedente de cem hectares deverá ser caracterizada como suficiente para assegurar, ao lavrador e sua família, condições de subsistência e progresso social e econômico, nas dimensões fixadas pela lei, segundo os sistemas agrícolas regionais.	Todo aquele que, *não sendo proprietário rural nem urbano*, ocupar por dez anos ininterruptos, sem oposição nem reconhecimento do direito alheio, tornando-o produtivo por seu trabalho, e tendo nele sua morada, trecho de terra com área caracterizada como suficiente para, por seu cultivo direto pelo lavrador e sua família, garantir-lhes a subsistência, o progresso social e econômico, nas dimensões fixadas por esta lei, para o módulo de propriedade, *adquirir-lhe-á o domínio*, mediante sentença declaratória devidamente transcrita.	Todo aquele que, *não sendo proprietário rural nem urbano*, possuir como sua, por cinco anos ininterruptos, sem oposição, área rural contínua, não excedente de vinte e cinco hectares e a houver tornado produtiva com seu trabalho e nela tiver sua morada, *adquirir-lhe-á o domínio*, independentemente de justo título e boa-fé, podendo requerer ao juiz que assim o declare por sentença, a qual servirá de título para transcrição no Registro de Imóveis.	Aquele que, *não sendo proprietário de imóvel rural ou urbano*, possua como seu, por cinco anos ininterruptos, sem oposição, área de terra, em zona rural, não superior a cinqüenta hectares, tornando-a produtiva por seu trabalho ou de sua família, tendo nela sua moradia, *adquirir-lhe-á a propriedade*.

CAPÍTULO 7

AQUISIÇÃO DE IMÓVEIS POR PARTE DE ESTRANGEIROS

Entende-se por aquisição a incorporação de um bem no patrimônio de alguém. Pode ser do domínio pleno ou só do domínio útil (enfiteuse, aforamento ou emprazamento). A transferência de propriedade pode se dar através de um contrato de compra e venda, que deve ser realizado através de uma escritura pública (a não ser no caso do art. 108 do Código Civil quando dispensa a escritura pública na transferência de imóveis com valor não superior a trinta vezes o maior salário-mínimo vigente no país); contrato de doação; formal de partilha; carta de adjudicação; carta de arrematação; usucapião; dação em pagamento; fideicomisso; permuta; título definitivo de terras outorgado pela União ou pelos estados etc. A prova da propriedade se dá através de uma certidão expedida pelo cartório de registros de imóveis da comarca onde se localiza o imóvel.

O Brasil foi um país que, durante muitas décadas, facilitou a entrada de estrangeiros que ajudaram no povoamento e desenvolvimento do país. Nos últimos anos, passada a grande corrente migratória, nasceu a preocupação com a aquisição de enormes quantidades de terras por estrangeiros, pessoas físicas e jurídicas. Sobretudo depois dos levantamentos aerofotogramétricos do território nacional esta tendência aumentou consideravelmente.

Já as Constituições de 1946 (art. 156, §2º), 1967 e 1969 restringiam o acesso à terra por parte de estrangeiros. O Ato Complementar nº 45, de 30.1.1969, instituiu limitações rigorosas para o exercício deste direito em vista de defender a integridade do território nacional, a segurança do Estado e a justa distribuição da propriedade (art. 3º).[221] Seu art. 1º determinava que a aquisição de propriedade rural por parte de estrangeiros somente poderia ser feita por brasileiro ou estrangeiro residente no país. Estrangeiro que morasse fora do país só teria acesso à propriedade *mortis causa*. Lei complementar teria que determinar as restrições a serem adotadas. A lei que regulamenta esta matéria é a Lei nº 5.709, de 7.10.1971.

---

[221] Art. 3º: "Lei especial determinará as condições, restrições, limitações e demais exigências a que ficará sujeita a aquisição de imóvel rural por pessoa estrangeira natural ou jurídica, tendo em vista a defesa da integridade do território nacional, a segurança do Estado e a justa distribuição da propriedade".

7.1 Estrangeiros

Pessoa física: os que não são brasileiros natos ou naturalizados (art. 12, incs. I e II da CF), isto é, todas as pessoas físicas que não têm a condição jurídica de brasileiro, ou a perderam (art. 12, §4º).

Pessoa jurídica: empresa constituída no Brasil que tenha a maior parte do capital de pessoas estrangeiras físicas ou jurídicas com residência ou sede no exterior.

Os portugueses gozam de estatuto especial: Decreto Legislativo nº 82, de 24.11.1971, regulamentado pelo Decreto nº 70.436, de 18.4.1972. Entre seus direitos existe aquele de ser proprietário de terras em igualdade de condições com os brasileiros, sem estar sujeito às limitações impostas aos outros estrangeiros.

Apesar de a Constituição Federal determinar em seu art. 5º que "Todos são iguais perante a lei, sem distinção de qualquer natureza, garantindo-se aos brasileiros e aos estrangeiros residentes no país a inviolabilidade do direito à vida, à liberdade, à igualdade, à segurança e à propriedade, nos seguintes termos: [...]", a própria Constituição (art. 190) prevê um tratamento especial para a aquisição de imóveis por parte de estrangeiros, determinando que tenha uma lei complementar que regulamente a matéria.

7.2 Modos de aquisição

Hoje não só as terras localizadas na faixa de fronteira (que pelo art. 20, §2º, da Constituição Federal: "é considerada fundamental para a defesa do território nacional"), mas todas as aquisições realizadas por estrangeiros estão sujeitas a restrições.

A Constituição Federal é regulamentada pela Lei nº 8.629/93, cujo art. 23 determina que o estrangeiro residente no país e a pessoa jurídica autorizada a funcionar no Brasil só poderão arrendar imóvel rural na forma da Lei nº 5.709, de 7.10.1971, que regulamenta a aquisição de imóvel rural por estrangeiro residente no Brasil ou pessoa jurídica estrangeira autorizada a funcionar no Brasil.

Aplica-se ao arrendamento de imóveis todos os limites, restrições e condições aplicáveis à aquisição de imóveis rurais por estrangeiros, constantes da Lei nº 5.709/71, competindo ao Congresso Nacional autorizar tanto a aquisição ou o arrendamento além dos limites de área e percentual fixados na citada lei, como a aquisição ou arrendamento, por pessoa jurídica estrangeira, de área superior a 100 módulos de exploração indefinida (art. 23, §§1º e 2º da Lei 8.629/93).[222] Observa-se, portanto, que a Constituição e referida legislação ampliaram para o arrendamento as limitações antes previstas só para a aquisição de imóveis.

É de essência do ato de aquisição de terras por parte de estrangeiros a lavratura de escritura pública (art. 3º do Decreto nº 74.965). *Não se admite instrumento particular.*

Os estrangeiros residentes no Brasil e as pessoas jurídicas estrangeiras autorizadas a funcionar no Brasil podem adquirir terras em área rural, mas sempre observando os termos da Lei nº 5.709/71, que também se aplica à pessoa jurídica brasileira da qual

---

[222] Assim houve recepção da Lei nº 5.709, de 7.10.1971, o Decreto nº 74.965, de 26.11.1974, e a Lei nº 6.815, de 19.8.1980 (Estatuto do Estrangeiro), regulamentado pelo Decreto nº 85.715, de 10.12.1981.

participem, a qualquer título, pessoas estrangeiras que tenham a maioria de seu capital social e residam ou tenham sua sede no estrangeiro (art. 1º, *caput* e §1º, da Lei nº 5.709/71).

Nas áreas consideradas de segurança nacional a aquisição se dá mediante prévia autorização do Conselho de Defesa Nacional, conforme o art. 91 da CF. Como essa se trata de uma atribuição permanente do Conselho, a sua execução é atribuída ao Gabinete de Segurança Institucional da Presidência da República (art. 4º da Lei nº 8.183/91).

O art. 2º, *caput* e inc. V da Lei nº 6.634, de 2.5.1979, proíbe, sem prévio assentimento do Conselho de Defesa Nacional na faixa de fronteiras, transações com imóvel rural, que impliquem a obtenção por estrangeiro, do domínio, da posse ou de qualquer direito real sobre imóvel.

Apenas os estrangeiros de nacionalidade portuguesa que preencham os requisitos para a igualdade de tratamento entre brasileiros e portugueses por força do Estatuto de Direitos e Deveres podem adquirir livremente terras na faixa de fronteira (art. 14, §1º, inc. V do Decreto nº 70.436/72).

7.2.1 Pessoa física

A aquisição da propriedade rural é livre a qualquer pessoa física estrangeira se a área medir até 3 módulos, mas é necessário autorização do Incra, que ouvirá previamente o Gabinete de Segurança Institucional da Presidência da República, para áreas superiores a 3 e até 100 módulos, com a respectiva prova de identidade do adquirente, prova de residência no território nacional e, se o imóvel localiza-se em área de segurança nacional, cópia da autorização do Conselho de Defesa Nacional (§§1º e 2º, do art. 3º da Lei nº 5.709/71 c/c arts. 9º e 10 do Decreto nº 74.965/74).

É importante registrar que, embora não tenham sido revogados expressamente os dispositivos, tanto da Lei nº 5.709/71 como do Decreto nº 74.965/74, concernentes ao limite e procedimentos para a aquisição de imóveis rurais por estrangeiros em até o tamanho máximo de 50 módulos de exploração indefinida com área contígua ou não, este limite não mais é vigente, pois a Lei nº 8.629/93, no art. 23, §2º, passou a prever que compete ao Congresso Nacional autorizar tanto a aquisição ou quanto o arrendamento de áreas a cima de 100 módulos, para a pessoa jurídica estrangeira. O que se tem agora é uma revogação tácita, dada a incompatibilidade lógica entre os dois regramentos, e se segue o princípio de que lei posterior revoga a anterior.

Assim, os demais requisitos e percentuais fixados na Lei nº 5.709/1971 continuam a se aplicar para a aquisição de imóveis por estrangeiros para áreas acima de 3 módulos até 100 módulos, para pessoa física e jurídica.

Logo, a aquisição por estrangeiros de imóvel entre 3 até 100 módulos deverá ser autorizada pelo Incra, e nas áreas acima de 20 módulos deve apresentado um projeto de exploração, ouvido previamente o Gabinete de Segurança Institucional da Presidência da República.

Nas aquisições de áreas acima de 100 módulos, a aquisição por estrangeiros depende da autorização do Congresso Nacional, mas previamente avaliado e autorizado pelo Incra o projeto de exploração econômica do imóvel.

A pessoa física pode assinar ainda no exterior contrato de promessa de compra e venda. Neste caso ele terá três anos para estabelecer-se no Brasil, pois, caso contrário, este contrato será rescindido. O art. 2º, §2º, da Lei nº 5.709/71 determinava que, neste caso, o promitente comprador perderia as prestações já pagas, mas o art. 53 do Código de Proteção e Defesa do Consumidor declarou nulas as cláusulas dos contratos de compra e venda que determinem a perda das prestações já pagas, revogando assim este dispositivo e obrigando a devolver o que já foi pago.[223]

- *Sucessão legítima*: não é necessária nenhuma autorização (a não ser nas áreas de segurança), mesmo que o herdeiro more no exterior (art. 1º, §2º, da Lei nº 5.709/71). Este dispositivo não se aplica à sucessão testamentária e legatária, os herdeiros legatários ou testamentários não são beneficiados por este artigo.
- *Aquisição de imóvel por parte de estrangeiro com filho brasileiro ou casado com brasileiro(a)*: se o casamento for com regime de comunhão parcial ou total de bens, precisa de autorização. Ele, porém, é dispensado da exigência prevista pelo art. 12 que obriga a provar que a soma total das áreas ocupadas por estrangeiros num município seja inferior a 1/4 da superfície dele (ver art. 12, §2º, III).[224]
- *Aquisição de imóvel por parte de brasileiro(a) casado(a) com estrangeiro(a)*: se o casamento for com regime de comunhão parcial ou total de bens, precisa de autorização.

7.2.2 Pessoas jurídicas

A aquisição de terras por pessoas jurídicas estrangeiras, além das regras procedimentais para o registro da transação, tem regras especiais quanto à sua destinação, para se evitar que sejam adquiridas apenas com finalidade especulativa. Assim, os imóveis devem ser destinados à implantação de projetos agrícolas, pecuários, industriais ou de colonização, vinculados aos objetivos estatutários da empresa rural. Para controlar a efetividade da destinação o pedido deverá ser aprovado pelo Ministério da Agricultura (art. 5º, *caput* e §1º da Lei nº 5.709/71). A CF determinava, em seu art. 171, a diferenciação entre a empresa brasileira e a empresa brasileira de capital nacional. Este fato fez surgir várias discussões sobre a aplicação da Lei nº 5.709/71, discussões estas que não fazem mais sentido com a Emenda Constitucional nº 6, de 15.8.1995 que revoga o art. 171 fazendo com que se aplique às empresas estrangeiras a supracitada lei.

Não existe um limite de área que possa ser destinada para a implantação de projetos agrícolas, pecuários industriais ou de colonização, mas em todo o caso deve o pedido de aprovação perante o Ministério da Agricultura ser instruído com a cópia do contrato social ou da licença para funcionar no Brasil, e, no projeto de colonização, pelos menos 30% da área deve ser destinada à ocupação por brasileiros, o que visa garantir um mínimo legal da presença de nacionais, evitando-se a formação de guetos de estrangeiros, mas uma saudável comunidade rural, que possa contribuir para o engrandecimento da diversidade humana nacional.

---

[223] Lei nº 8.078/90, art. 53: "Nos contratos de compra e venda de móveis ou imóveis mediante pagamento em prestações, bem como nas alienações fiduciárias em garantia, consideram-se nulas de pleno direito as cláusulas que estabeleçam a perda total das prestações pagas em benefício do credor que, em razão do inadimplemento, pleitear a resolução do contrato e a retomada do produto alienado".

[224] Art. 12: "[...] §2º Ficam excluídas das restrições deste artigo as aquisições de áreas rurais: a) inferiores a três módulos; [...] c) quando o adquirente tiver filho brasileiro ou for casado com pessoa brasileira sob o regime de comunhão de bens".

O art. 5º (Decreto nº 74.965/74) estabelece que "A soma das áreas rurais pertencentes a pessoas estrangeiras, físicas ou jurídicas, não poderá ultrapassar 1/4 da superfície dos municípios onde se situem, comprovada por certidão do Registro de Imóveis, com base no livro auxiliar de que trata o art. 15" (o art. 15 determina a existência de um livro auxiliar específico para registrar a aquisição de imóveis por parte de estrangeiros). No caso de pessoas da mesma nacionalidade, não poderão deter mais de 40% do limite acima (art. 5º, §1º). Estas restrições não se aplicam a estrangeiro que tiver filho brasileiro ou esteja casado com regime de comunhão de bens. O tabelião deve manter um livro especial no qual anota estas transações.

O art. 14 (Lei nº 5.709/71) proíbe a doação de terras para estrangeiros, a não ser em projetos de colonização.

O art. 15 (Lei nº 5.709/71) faz uma advertência grave:

A aquisição de imóvel rural, que viole as prescrições desta Lei, é nula de pleno direito. O tabelião que lavrar a escritura e o oficial de registro que a transcrever responderão civilmente pelos danos que causarem aos contratantes, sem prejuízo da responsabilidade criminal por prevaricação ou falsidade ideológica.

O art. 19 (Decreto nº 74.965/74) repete o mesmo dispositivo e obriga o alienante a devolver ao adquirente o que recebeu, decorrente da nulidade do negócio.

Como é obrigatória na aquisição de terras por estrangeiros, devem constar na escritura pública os documentos de identidade (ou contrato social para as pessoas jurídicas); memorial descritivo do imóvel, com área, características, limites e confrontações, e a transcrição das autorizações obtidas para a aquisição, como forma de assegurar a licitude do negócio, que será transcrito no registro de imóveis.

A cada três meses os cartórios de registros de imóveis, sob pena de perder o cargo, deverão remeter a relação das áreas adquiridas por estrangeiros para a Corregedoria do Tribunal de Justiça e para o Incra, e, nas áreas de segurança nacional, também para o Conselho de Defesa Nacional (art. 16, *caput* e parágrafo único do Decreto nº 74.965/74).

7.3 Vedações legais para aquisição de propriedades por parte de estrangeiros

A aquisição de propriedades é vedada à:
a) pessoa física estrangeira que tiver domicílio no exterior;
b) pessoa jurídica estrangeira que tiver sede no exterior.

PARTE IV

LIMITAÇÕES AMBIENTAIS AO DIREITO DE PROPRIEDADE

CAPÍTULO 1

ESTRUTURA DA PROPRIEDADE
AGROAMBIENTAL E SEU REGIME JURÍDICO

Nestas últimas três décadas, a questão ambiental tem sido um tema obrigatório nas agendas políticas nacional e internacional, como também nos debates acadêmicos e científicos. A discussão sobre os riscos de degradação do meio ambiente foi realçada por um trabalho publicado por um grupo de pesquisadores, sob a liderança de Dennis L. Meadows, no qual se manifestavam as ideias sobre os "limites do crescimento".[225] Neste período duas conferências internacionais foram realizadas, em 1968 e 1972, para avaliar os problemas do meio ambiente global e sugerir ações corretivas. A primeira foi a *Conferência da Biosfera*, realizada em Paris em setembro de 1968, que concentrou as discussões sobre os aspectos científicos da conservação da biosfera.

A segunda, a Conferência das Nações Unidas sobre o Meio Ambiente Humano, realizada em Estocolmo em junho de 1972, foi um marco fundamental para o crescimento do movimento ambientalista internacional. Participaram desta conferência representantes de 113 países, presentes também 19 órgãos intergovernamentais e quatrocentas outras organizações intergovernamentais e não governamentais. Foi a primeira vez que os problemas políticos, sociais e econômicos do meio ambiente em escala global foram discutidos num fórum intergovernamental com o intuito de se buscar ações corretivas.[226] Um dos primeiros documentos a definir a sustentabilidade como estratégia de desenvolvimento foi o Relatório Brundtland, um trabalho da Comissão Mundial (da ONU) sobre o Meio Ambiente e o Desenvolvimento (UNCED). Este trabalho, presidido por Gro Harlem Brundtland e Mansour Khalid, apresentava a definição de que o desenvolvimento sustentável é o desenvolvimento que satisfaz as necessidades do presente, sem comprometer a capacidade das gerações futuras de satisfazerem as suas próprias necessidades.

O auge da discussão internacional sobre desenvolvimento e preservação do meio ambiente ocorreu com a realização da II Conferência da ONU sobre Meio Ambiente e Desenvolvimento (UNCED), realizada em julho de 1992 no Rio de Janeiro. Neste encontro

---

[225] BRÜSEKE, Franz Josef. A crítica da técnica moderna. *Estudos Sociedade e Agricultura*, 10, p. 5-55, abr. 1998. p. 29. Disponível em: <http://bibliotecavirtual.clacso.org.ar/ar/libros/brasil/cpda/estudos/dez/brusek10.htm>. Acesso em: 8 fev. 2019.

[226] MCCOMICK, John. *Rumo ao paraíso*: a história do movimento ambientalista. Tradução de Marco Antonio Esteves da Rocha e Renato Aguiar. Rio de Janeiro: Relume Dumará, 1992. p. 97.

foram aprovados quatro documentos importantes que objetivam orientar as ações dos governos e da sociedade civil. Os documentos são: a "Agenda XXI", a "Declaração sobre as Florestas", a "Convenção sobre a Diversidade Biológica" e a "Convenção sobre as Mudanças Climáticas Mundial".

Todas essas discussões acabaram influenciando os vários ramos do conhecimento humano, e como não poderia deixar de ser, o direito agrário.

A questão ambiental, que sempre esteve presente no direito agrário, agora ganha uma nova dimensão com o crescimento vertiginoso de convenções internacionais; a promulgação da Constituição Federal, que realçou a questão agrária e ambiental com a inclusão de capítulos exclusivos tratando destes assuntos, além de artigos dispersos sobre os temas e uma gama de legislações que direta ou indiretamente tratam das matérias.

A sensibilidade da sociedade e dos governos com a preservação e tutela da natureza, bem como o reconhecimento do direito a um ambiente sadio e ecologicamente equilibrado, vai exercer uma repercussão positiva no direito agrário, implicando um fortalecimento conceitual e axiológico deste.[227] Os temas conhecidos, como a terra, a água, o solo, a floresta, que podem ser integrados na categoria de recursos naturais renováveis, ganham uma nova dimensão diante das obrigações de conservação e do uso racional destes mesmos recursos naturais renováveis.

Busca-se, depois da Eco-92, um novo equilíbrio entre agricultura e mercado, e a preocupação com os possíveis impactos que as atividades agrárias podem causar no meio ambiente, o que leva a uma evolução no debate com a inclusão de novos temas, como biodiversidade, biosseguridade, biotecnologia e bioética.[228] Dentro deste quadro, é importante que se concilie a análise científica com a construção normativa e a diversidade social do uso dos recursos naturais, com o intuito de compor os diferentes interesses, pois há casos em que os objetivos de gestão dos recursos pelos diferentes atores sociais são contraditórios entre si ou até mesmo antagônicos.

Portanto, neste final de milênio, a exigência de proteção do ambiente natural vem estabelecer um problema particularmente importante para o direito agrário, que leva a uma dicotomia premente a ser superada pela doutrina e pela legislação, que é a questão das relações recíprocas entre a garantia institucional da propriedade e do direito fundamental da propriedade, por um lado, e o da proteção do ambiente, por outro.[229] Em uma visão restritiva, a propriedade é considerada um espaço formado pelo solo (produção) e seus acessórios (recursos naturais), sendo impossível entendê-la como espaço rural,[230] no qual ocorre a inter-relação entre o uso da terra e dos recursos naturais, respeitando-se os diferentes interesses existentes. Porém, a propriedade deixou de ser uma noção abstrata, um poder absoluto e ilimitado do proprietário sobre a coisa,

---

[227] ZELEDÓN ZELEDÓN, Ricardo. El principio de la responsabilidad ambiental en el derecho agrario. In: ZELEDÓN ZELEDÓN, Ricardo; ROMANO ORLANDO, Pietro. *El renacimiento del derecho agrario*. San José: Guayacán, 1998. p. 29.

[228] ZELEDÓN ZELEDÓN, Ricardo. *Op. cit.* p. 93.

[229] CANOTILHO, José Joaquim Gomes. *Protecção do ambiente e direito de propriedade*: crítica de jurisprudência ambiental. Coimbra: Coimbra Ed., 1995. p. 96.

[230] Juan Francisco Delgado de Miguel defende a concepção de espaço rural como centro aglutinador e configurador do atual direito agrário. Para o autor, essa concepção é um bom exemplo da perfeita inter-relação existente entre direito agrário e direito ambiental (DELGADO DE MIGUEL, Juan Francisco. *Derecho agrario ambiental*: propriedade y ecologia. Pamplona: Aranzadi, 1992).

e passou a ter uma configuração determinada e delimitada constitucionalmente, com vinculação jurídica e efetiva com a função socioambiental, características presentes na propriedade rural.

A propriedade rural tem o seu conteúdo constitucional assegurado quando a exploração econômica privada e a proteção dos interesses socioambientais estão conjugadas, ou seja, quando esses elementos fazem parte da estrutura do direito de propriedade.

O objetivo principal da proteção ambiental deve ser a manutenção dos serviços ecológicos prestados pelos recursos naturais renováveis existentes na propriedade.

Na elaboração das normas jurídicas que buscam efetivar a função socioambiental da propriedade, destacam-se dois tipos de limitações de cunho ambiental do direito de propriedade:

a) as que incidem no uso e aproveitamento econômico da terra e de outros recursos naturais renováveis, que são regulamentados pela legislação agrária;[231]

b) as que buscam proteger o meio ambiente e suas qualidades naturais e o manejo dos recursos florestais, previstos na legislação ambiental.

Esses dois corpos de legislação vão compor a atual estrutura normativa de utilização e proteção dos bens ambientais na propriedade.

A análise dessa pluralidade de normas que impõem vínculos ambientais à propriedade permite averiguar se está sendo assegurada a maximização do conteúdo dos direitos em conflitos (públicos e privados), ou seja, a conciliação do interesse público ambiental com o direito de propriedade. É também a análise dessas normas que permitirá compreender a estrutura da propriedade rural e seu regime jurídico.

1.1 A função social e ecológica da propriedade privada rural como um direito fundamental e constitucional

O interesse da sociedade e do Poder Público por um meio ambiente sano, pela conservação dos recursos naturais e por um desenvolvimento sustentável apresenta-se como um desafio jurídico aos estudiosos da área, que buscam identificar claramente o papel que os setores público e privado incumbem nesta matéria.

No âmbito da dogmática jurídica, é a partir da segunda metade da década de 80 que os imóveis rurais passaram efetivamente a incorporar a preocupação da preservação ambiental. Até então, falar em preservação dos recursos naturais era referir-se às áreas protegidas ou unidades de conservação.

---

[231] Carlos Frederico Marés de Souza Filho lembra que o direito agrário passou por algumas fases. A primeira foi contra o não uso da propriedade, a exigência de que a propriedade cumprisse o papel de provedora de alimentos (SOUZA FILHO, Carlos Frederico Marés de. Direito agrário e meio ambiente. In: LARANJEIRA, Raymundo (Coord.). *Direito agrário brasileiro*: em homenagem à memória de Fernando Pereira Sodero. São Paulo: LTr, 2000. p. 509). A segunda fase está ligada à superação da concepção produtivista, que confundia a produtividade agrária com produtividade econômica. Esta, ligada à compreensão de que o importante era produzir, independentemente do custo social e ambiental. Logo, a produtividade agrária está associada à ideia de função social. Finalmente, na terceira fase, o direito agrário incorporou a questão ambiental e a "questão socioambiental passou assim a ser central no Direito Agrário que tem se preocupar com o uso continuado da terra, com a produção de alimentos e com o bem-estar desta e das futuras gerações, que dependerão sempre da mesma terra" (SOUZA FILHO, Carlos Frederico Marés de. Direito agrário e meio ambiente. In: LARANJEIRA, Raymundo (Coord.). *Direito agrário brasileiro*: em homenagem à memória de Fernando Pereira Sodero. São Paulo: LTr, 2000. p. 512).

A literatura agrarista brasileira teve grande parte de sua preocupação voltada mais para estudar a estrutura fundiária – que é um tema premente e politicamente ainda não superado – fundamentando-se na preocupação em destacar que a terra, enquanto bem de produção, devia cumprir sua função social.

Portanto, a investigação científica do instituto jurídico do imóvel rural se centrou na propriedade da terra, e a inquietação com a ecologia, com o uso do solo e dos recursos naturais estava incorporada em uma visão produtivista, ou seja, havia uma hegemonia da concepção do "privilégio agrário".

A definição de atividade agrária como o resultado da ação humana sobre a natureza, com o intuito de lucro e para suprir as necessidades humanas, é ainda muito restritiva.

É necessário ampliar a concepção de que no direito agrário a propriedade se baseia no trinômio terra/homem/produção, pois devem ser incorporados os novos elementos introduzidos pela Constituição Federal de 1988.[232] Fundamentado nos mandamentos constitucionais, é possível afirmar que as diretrizes do direito agrário são: terra, ser humano, produção e preservação ambiental.

Assim, a atividade agrária seria definida não como qualquer exploração rural, mas sim aquela que, além de condicionar o processo produtivo, não seja nociva à natureza.

Para consolidar mecanismos jurídicos que busquem um equilíbrio entre a produção agrícola e a proteção do meio ambiente, é necessário lembrar que quando se trata de recursos naturais renováveis, estes devem ser entendidos como bens que estão em propriedade pública ou privada, ou seja, têm dono, são propriedades de alguém.[233] Partindo desta constatação elementar, o estudo é desenvolvido analisando também os instrumentos jurídicos públicos e privados, que de alguma forma contribuam para a proteção dos recursos naturais renováveis na propriedade rural privada. Assim, serão discutidos os recursos naturais renováveis sob o aspecto dos seus serviços ecológicos prestados ao proprietário e à sociedade, sejam esses serviços para a melhoria da produção agrícola, para fins paisagísticos, medicinais, de contenção do gás carbono, controle climático, hídrico e/ou preservação da biodiversidade. A propriedade além da sua função social também tem uma função ecológica, conforme consta nos incs. I e II do art. 186 da Constituição Federal.[234] Nas duas hipóteses previstas nesses incisos ficam expressas a justaposição da função social e ecológica, o que a doutrina costuma denominar como *função socioambiental* da propriedade. Contudo, nem toda propriedade que cumpre a função ecológica legalmente precisa cumprir a função social, como é o caso de alguns tipos de unidades de conservação (parques, reserva biológica, reserva florestal etc.), pois

---

[232] Na atual Constituição Federal está previsto que a propriedade deve cumprir sua função social, e inclusa está também a função ecológica, conforme prescrevem os arts. 5º, XXIII; 170, III; 186 e 225, *caput*.

[233] Ao tratar de recursos naturais, no seu sentido mais amplo, não podemos esquecer os bens sobre os quais não incide qualquer direito de propriedade e os bens insuscetíveis de apropriação individual, que são *res nullius* (as coisas que podem ser objeto de ocupação) e as *res communes* (trata-se dos bens reservados ao uso comum), respectivamente.

[234] "Art. 186. A função social é cumprida quando a propriedade rural atende, simultaneamente, segundo critérios e graus de exigência estabelecidos em lei, aos seguintes requisitos: I - aproveitamento racional e adequado; II - utilização adequada dos recursos naturais disponíveis e preservação do meio ambiente; III - observância das disposições que regulam as relações de trabalho; IV - exploração que favoreça o bem-estar dos proprietários e dos trabalhadores".

um dos elementos caracterizadores da função social é a produtividade,[235] e a maioria das unidades de conservação não tem como seu objetivo constitutivo a produção agrícola ou extrativa, a exceção é a reserva extrativista e a reserva de desenvolvimento sustentável.

1.2 A propriedade rural como elemento configurador dos mandamentos constitucionais

A propriedade rural está conformada por princípios constitucionais, do direito agrário e do direito ambiental, e a inter-relação dessas disciplinas jurídicas ajuda a compreender a estrutura da propriedade.

A *propriedade rural* é constituída pelas atividades agrárias e dá suporte aos recursos naturais de tal sorte que um elemento não pode prescindir do outro, o desenvolvimento de um está ao mesmo tempo limitado pelo outro e arrimado no outro.

Assim, a propriedade rural é o *espaço rural* que compreende "não só a terra que é submetida à produção por seu titular, o agricultor, senão aquelas outras [áreas] sujeitas às atividades diversas por sujeitos não vinculados diretamente a ela".[236] Nessa concepção, a agricultura passa a desempenhar o papel de garantir as funções econômicas, sociais e de proteção do meio ambiente. Por esta perspectiva, é indiferente tratar-se de uma pequena, média ou grande propriedade, pois todas serão consideradas propriedades agroambientais desde que sejam fatores de produção e de outros usos, entre os quais sobressai a proteção da natureza. Logo, cabe ao direito agrário e ao direito ambiental a apresentação de instrumentos jurídicos para que cada uma das propriedades cumpra a sua função socioambiental, dentro de sua particularidade fundiária.

O aspecto fundiário não é o principal, em si mesmo, nesta hipótese, tendo maior relevância a preocupação com o aspecto de uso da terra e dos recursos naturais.

A autonomia privada pode ser exercida desde que se respeitem as limitações estatutárias de seu próprio direito. O controle da autonomia privada e o desenvolvimento da atividade agrária são conformados pela função ecológica do espaço rural, a ponto de se rever a concepção de utilização privada, pois a "autonomia está assim autolimitada pela necessidade de conservar o marco do próprio ciclo natural de produção, de preservação da paisagem, de proteção dos recursos naturais".[237] O binômio uso tradicional agrário e proteção dos recursos naturais está conciliado por um conjunto de medidas legais e administrativas, do direito agrário e ambiental, que buscam desenvolver essas atividades, sem perder de vista os seus distintos objetos de regulamentação na propriedade.

A divisão espacial interna a que está submetida a propriedade é uma diretriz que ajuda a conciliar a exploração agrícola e as diversas funções de caráter ecológico, que o direito constitucional e infraconstitucional atribuem ao espaço rural como sendo seus valores intrínsecos.

---

[235] A Lei de Reforma Agrária, Lei nº 8.629/93, define quando considera uma propriedade produtiva (art. 6º), em que circunstância ter-se-á o aproveitamento racional e adequado (art. 8º), e quais os graus e critérios necessários para que a propriedade cumpra a função social (art. 9º).

[236] DELGADO DE MIGUEL, Juan Francisco. *Derecho agrario ambiental*: propriedad y ecologia. Pamplona: Aranzadi, 1992 p. 52.

[237] DELGADO DE MIGUEL, Juan Francisco. *Derecho agrario ambiental*: propriedad y ecologia. Pamplona: Aranzadi, 1992 p. 52.

A divisão espacial interna da propriedade rural e a consequente limitação do direito de propriedade em cada um desses espaços ocorre devido à função socioambiental a que está submetida a propriedade e em virtude da vinculação situacional[238] do imóvel rural. Logo, não cabe discutir ressarcimento financeiro para os vínculos ambientais decorrentes de determinado ato normativo ou administrativo.[239] Assim, todo terreno é caracterizado pela sua localização geográfico-espacial e pela sua qualidade, bem como pela integração que representa no contexto da natureza, da paisagem ou, ainda, do patrimônio construído. É dessa qualidade intrínseca que todos os terrenos apresentam que decorre determinado número de obrigações e deveres para seus proprietários. Não se trata senão de delimitar ou concretizar o conteúdo particular de dado direito de propriedade privada que já nasceu limitado por causa de especiais condições do terreno ou do bem imóvel em causa.[240]

O tema da localização do imóvel é tão relevante que o STF o enfrentou no julgamento da ADI nº 4866 – *CNA vs Presidenta Dilma*, sob a relatoria do Ministro Gilmar Mendes, proposta pela Confederação da Agricultura e Pecuária do Brasil – CNA, analisando se seria constitucional a exigência de "memorial descritivo com georreferenciamento para fins de registro de imóvel rural", previsto nos §§3º, 4º e 5º do artigo 176 da Lei nº 6.015, de 31 de dezembro de 1973, com a redação dada pela Lei nº 10.267, de 28 de agosto de 2001, e pela Lei nº 11.952, de 25 de junho de 2009.

A Corte considerou que não se poderia aceitar o argumento de que esta exigência legal importaria em violação ao princípio da duração razoável dos processos administrativos e judiciais, previsto no artigo 5º, inciso LXXVIII, da Constituição Federal, vez que "a norma impugnada, objetivamente considerada, demonstra ser capaz de atingir sua finalidade (segurança jurídica e garantia do direito de propriedade em áreas rurais), demandando, para sua efetivação, medidas administrativas de implementação", o que se resolveria concretamente pela automação de todo o processo de certificação do georreferenciamento de imóveis rurais; assim, a corte declarou constitucional a norma, por ser em acordo com o objetivo de permitir a identificação do imóvel e promover a segurança jurídica do direito de propriedade.

Os vínculos ambientais estabelecidos na propriedade resultam das qualidades imanentes e inerentes ao próprio terreno. A lei ou a administração determina a criação da área de preservação permanente ou da reserva legal no imóvel, impondo vínculos

---

[238] O conceito de vinculação situacional foi elaborado pela doutrina e jurisprudência alemã e italiana a partir da década de 50, buscando caracterizar os vínculos ecológicos ou ambientais como de natureza não ressarcitória, quando se tratar de imóvel rural. O mesmo raciocínio não se aplica ao vínculo de natureza urbanística: para que não haja indenização, o ato normativo pode limitar o direito de propriedade, desde que seu conteúdo mínimo não seja violado. Na área urbana, é preciso distinguir os vínculos urbanísticos que são resultados da vinculação situacional de determinados terrenos, e os que decorrem da discricionariedade administrativa para introduzir modificações no terreno para lograr outros objetivos. Nesse trabalho empregaremos as expressões *vinculação situacional* e *vinculação ambiental* como análogas, esta indicando a espécie e aquela, o gênero.

[239] Sobre a indenização da cobertura vegetal ver BENATTI, José Heder. Indenização da cobertura vegetal no imóvel rural: um debate sobre o papel da propriedade na contemporaneidade. In: FREITAS, Vladimir Passos de (Coord.). *Direito ambiental em evolução*. Curitiba: Juruá, 2005.

[240] FERNANDEZ, Maria Elizabeth Moreira. *Direito ao ambiente e propriedade privada*: aproximação ao estudo da estrutura e das conseqüências das "leis-reserva" portadoras de vínculos ambientais. Coimbra: Coimbra Ed., 2001. p. 62.

ambientais, em função de uma discricionariedade técnica, decorrente das características *ad intra* do espaço rural.

Segundo esse entendimento, a proibição do exercício de determinadas faculdades dominiais tem efeito declarativo e não constitutivo, pois o legislador ou o administrador público materializa por via normativa o limite imposto pela natureza. "Desse modo, segundo a doutrina originariamente alemã a lei não é a causa, mas antes a consequência, das qualidades do terreno".[241] O Código Florestal e a legislação agrária[242] estabelecem um conjunto de três modalidades distintas de limitação da propriedade privada rural, que são adiante definidas e descritas: área de preservação permanente (APP), reserva legal (RL) e área de uso intensivo (AUI). Sob a ótica de sua horizontalidade, portanto, a *propriedade rural* é constituída por três elementos: a *área de preservação permanente* (APP), a *reserva legal* (RL) e a *área de uso intensivo* (AUI). Em cada um desses espaços, o direito de propriedade incide de forma diferenciada. Apesar de a Lei nº 12.651, de 25.5.2012, ter sido impugnada em diversos dispositivos perante o STF, este, ao promover o julgamento conjunto da ADC nº 42, ADI nº 4.902,[243] ADI nº 4.903 e ADI nº 4.937, julgadas parcialmente procedentes, considerou pouquíssimos dispositivos inconstitucionais, como se pode observar no *Informativo* nº 892 do STF, de 7.3.2018, e acórdão publicado. Assim, é relevante apenas destacar os dispositivos que foram declarados inconstitucionais ou nos quais foi dada interpretação conforme. Com efeito, o Plenário concluiu julgamento conjunto de ações diretas de inconstitucionalidade e de ação declaratória de constitucionalidade em que se discutiram diversos dispositivos da Lei nº 12.651/2012 (Código Florestal), para:

1. Declarar a inconstitucionalidade das expressões "gestão de resíduos" e "instalações necessárias à realização de competições esportivas estaduais, nacionais ou internacionais", contidas no art. 3º, VIII, assim, estas não são mais consideradas de utilidade pública. E atribuiu a Corte, **mesmo nos casos de interesse social ou utilidade pública**, a interpretação conforme a Constituição ao art. 3º, VIII e IX, de modo a se **condicionar a intervenção excepcional em APP à inexistência de alternativa técnica e/ou locacional à atividade proposta.**

2. Declarar a inconstitucionalidade das expressões "demarcadas" e "tituladas", contidas no art. 3º, parágrafo único, assim, o tratamento dispensado à pequena propriedade e/ou posse familiar rural se aplica às propriedades e posses rurais com até 4 (quatro) módulos fiscais que desenvolvam atividades agrossilvopastoris, bem como às terras indígenas, independentemente de estarem demarcadas e/ou tituladas a povos e comunidades tradicionais que façam uso coletivo do seu território.

---

[241] FERNANDEZ, Maria Elizabeth Moreira. *Op. cit.* p. 62.

[242] As principais leis agrárias que tratam da matéria são: Lei nº 4.504/1964 (dispõe sobre o Estatuto da Terra), Lei nº 8.117/1993 (dispõe sobre a política agrícola), Lei nº 8.629/1993 (dispõe sobre a regulamentação dos dispositivos constitucionais relativos à reforma agrária).

[243] Conclusão: Declaração de constitucionalidade do artigo 78-A do Código Florestal. 23. Ações Diretas de Inconstitucionalidade nº 4901, 4902, 4903 e 4937 e Ação Declaratória de Constitucionalidade nº 42 julgadas parcialmente procedentes *in* Processo Eletrônico julg-28-02-2018 uf-df turma-tp min-luiz fux n.pág-666 dje-175 divulg 12-08-2019 public 13-08-2019 adi 4902 processo eletrônico julg-28-02-2018 uf-df turma-tp min-luiz fux n.pág-643 dje-175 divulg 12-08-2019 public 13-08-2019.

3. Dar interpretação conforme o art. 4º, inc. IV, para fixar a interpretação de que **os entornos das nascentes e dos olhos d'água intermitentes configuram área de preservação permanente**, o que aumenta a sua proteção.

4. Dar interpretação conforme a Constituição ao art. 48, §2º, do Código Florestal, assim, embora reconhecendo que a **cota de reserva ambiental – CRA** possa ser transferida, onerosa ou gratuitamente, à pessoa física ou à pessoa jurídica de direito público ou privado, mediante termo assinado pelo titular da CRA e pelo adquirente, ela **somente pode ser utilizada para compensar reserva legal de imóvel rural situado no mesmo bioma da área à qual o título está vinculado, mas deve haver identidade ecológica**, ou seja, deve ser o mesmo tipo de vegetação.

5. Dar interpretação conforme a Constituição ao art. 59, §4º, assim, mesmo permanecendo, é possível à União, aos estados e ao Distrito Federal implantar programas de regularização ambiental – PRA de posses e propriedades rurais, com o objetivo de adequá-los aos requisitos de APP e RL. No período entre a publicação do CFLOR e a implantação do PRA, bem como após a adesão do interessado ao PRA e enquanto estiver sendo cumprido o termo de compromisso, o proprietário ou possuidor não poderá ser autuado por infrações cometidas antes de 22.7.2008, relativas à supressão irregular de vegetação em áreas de preservação permanente, de reserva legal e de uso restrito, mas afastado, no decurso da execução dos termos de compromissos subscritos nos programas de regularização ambiental, o risco de decadência ou prescrição, seja dos ilícitos ambientais praticados antes de 22.7.2008, seja das sanções deles decorrentes, aplicando-se extensivamente o disposto no §1º do art. 60 da Lei nº 12.651/2012, segundo o qual "a prescrição ficará interrompida durante o período de suspensão da pretensão punitiva".

Como se pode verificar, essas áreas têm uso distinto e devem se harmonizar com o poder dominial do titular do imóvel e a proteção dos bens ambientais conforme características próprias e definições normativas, e esses usos distintos, mas harmônicos, permitem que a propriedade cumpra objetivos econômicos e ambientais, sem resultar em desarmonia.

CAPÍTULO 2

FUNÇÃO SOCIOAMBIENTAL DA PROPRIEDADE

O direito de propriedade, de acordo com clássica doutrina, constitui-se no direito de usar, gozar e dispor da coisa e de reavê-la de quem a detenha.

Para Rodrigues,[244] é o mais completo dos direitos subjetivos e representa a espinha dorsal do direito privado, pois o conflito de interesses entre os homens, que o ordenamento jurídico procura disciplinar, manifesta-se na quase totalidade dos casos na disputa sobre bens. Este direito sofreu, ao longo dos anos, mutações significativas no que diz respeito ao seu exercício, deixando de ter um caráter absoluto e ilimitado.

Para Varella:

> [...] o uso da propriedade não é mais irrestrito, como se observava nos ordenamentos legais supervenientes à revolução burguesa, ou mesmo derivados do *Code Napoléon*. Desde então, a proteção à propriedade não tinha limites. Como conseqüência da evolução social, pode-se observar o crescimento das ideologias sociais-democratas que tem como característica comum a limitação do direito de propriedade, vinculando-a ao cumprimento de sua função social.[245] Nasceu, portanto, deste ambiente a noção de *função social da propriedade*, que retirou da concepção clássica do direito de propriedade, até então tida como absoluta, o caráter meramente individualista.

Araújo, tratando desta evolução, afirma:

> Essa rejeição à velha concepção de propriedade trazida pela revolução francesa, como símbolo da propriedade individual, é efetivada mediante todo um processo de transformação determinado por diversos fatores.
>
> Assim, o poder absoluto, conferido pelo Código Civil Francês ao proprietário, passa a sofrer restrições no âmbito das prerrogativas do titular do domínio, a par da construção jurisprudencial do princípio do abuso de direito e do caráter tutelar cada vez mais acentuado, que se vai emprestando aos direitos e interesses dos arrendatários e colonos.
>
> Essa Marcha evolutiva levou evidentemente a um novo conceito em que a propriedade aparece erigida em função social.
>
> Já Duguit, partindo de uma posição positivista e socializadora, nega à propriedade o caráter de um direito do indivíduo. Afirmando ter ele uma função social. O indivíduo tem o dever

---

[244] RODRIGUES, Silvio. *Direito civil* – Direito das coisas. 28. ed. São Paulo: Saraiva, 2006. v. 5. p. 76.

[245] VARELLA, Marcelo Dias. *Introdução ao direito à reforma agrária*. São Paulo: LED, 1998. p. 216.

de aproveitar corretamente a propriedade e, uma vez que desatendida essa obrigação, a prerrogativa assegurada ao senhorio pode desaparecer. Esclarece, finalmente, *Duguit, nas sociedades modernas a propriedade é para empregar as riquezas que possui em manter e aumentar a interdependência social. Resume: a propriedade não deixa ser um direito, mas passa a ter uma função social.*[246] Venosa, discorrendo sobre a importante contribuição da Igreja católica na fixação deste conceito de função social da propriedade, informa:

A Encíclica *Mater et Magistra* do Papa João XXIII, de 1961, ensina que a propriedade é um direito natural, mas esse direito deve ser exercido de acordo com uma função social, não só em proveito do titular, mas também em benefício da coletividade. Destarte, o Estado não pode omitir-se no ordenamento sociológico da propriedade. Deve fornecer instrumentos jurídicos eficazes para o proprietário defender o que é seu e que é utilizado em seu proveito de sua família e de seu grupo social. Deve, por outro lado, criar instrumentos legais e justos para tornar todo e qualquer bem produtivo e útil. Bem não utilizado ou mal utilizado é constante motivo de inquietação social. A má utilização da terra e do espaço urbano gera violência. O instituto da desapropriação por interesse social deve auxiliar a preencher o desiderato da justa distribuição de bens.[247] Esta noção de função social da propriedade, pouco a pouco, dominou o pensamento moderno e das normas jurídicas que tratam do direito de propriedade, sendo atualmente o ponto central sob o qual se assenta o direito agrário.

Marés Filho acrescenta:

O Direito Agrário tem, assim, como base fundante, a função social da propriedade, isto é, a luta jurídica pela implantação do princípio da Constituição de Weimar, "a propriedade obriga", e daquilo que a Constituição Mexicana chamou de subordinação da propriedade ao interesse comum. [...] O ideal era assim, assentado na máxima "terra a quem trabalha" ou nenhum trabalhador sem terra e nenhuma terra sem trabalhador.[248] Este conceito foi incorporado pela legislação brasileira através do Estatuto da Terra, que em seu art. 2º prevê que é assegurada a todos a oportunidade de acesso à propriedade da terra, condicionada pela sua função social.

A Constituição Federal brasileira de 1988, muito embora garantindo o direito de propriedade, condiciona-o à sua função social (art. 5º, incs. XII e XIII), e o elevou ao patamar de princípio geral da atividade econômica, nos termos do art. 170, III, da Carta Magna, estabelecendo de maneira definitiva o conceito de função social da propriedade, se propondo, inclusive, a estabelecer os seus requisitos.

Com efeito, segundo a Magna Carta, art. 186, a função social é cumprida, quando a propriedade rural atende, simultaneamente, segundo critérios de graus de exigência estabelecidos em lei, aos seguintes requisitos:

I - aproveitamento racional e adequado;
II - utilização adequada dos recursos naturais disponíveis e preservação do meio ambiente;

---

[246] ARAÚJO, Telga de. A propriedade e sua função social. In: LARANJEIRA, Raymundo (Coord.). *Direito agrário brasileiro*. São Paulo: LTR, 2000. p. 157.

[247] VENOSA, Sílvio de Salvo. *Direito civil*. 5. ed. São Paulo: Atlas, 2005. p. 176 (Direitos reais, v. 5).

[248] SOUZA FILHO, Carlos Frederico Marés de. Direito agrário e meio ambiente. In: LARANJEIRA, Raymundo (Coord.). *Direito agrário brasileiro*: em homenagem à memória de Fernando Pereira Sodero. São Paulo: LTr, 2000. p. 509.

III - observância das disposições que regulam as relações de trabalho;

IV - exploração que favoreça o bem-estar dos proprietários e dos trabalhadores.

De igual modo a Lei nº 8.629/1993, repetindo as disposições constitucionais acima indicadas, disciplina os requisitos para que a propriedade cumpra com a sua função social, estabelecendo os graus de utilização e exigência a que se refere o *caput* do dispositivo em seu art. 6º.

Como é de se notar, os requisitos para que a propriedade cumpra com a sua função social compreendem requisitos de ordem econômica, ligados à boa utilização da terra; social, no que diz respeito ao trabalho humano e ao bem-estar dos que a terra exploram; e ambientais, no que tange à utilização racional dos recursos naturais e preservação do meio ambiente.

Rios, atento a este fato, acentua:

> Note-se que a propriedade privada e sua função social, dados centrais na concepção de reforma agrária delineada na Constituição, estão, ao lado respeito ao meio ambiente, simultaneamente elencados no Capítulo III (Da Política Agrícola e Reforma Agrária) e no Capítulo I (Dos Princípios Gerais da Atividade Econômica) do aludido Título VII. Neste último Capítulo, são tais categorias (propriedade privada, função social e meio ambiente) enumerados como princípios gerais da atividade econômica, a informar os *fundamentos* da Ordem Econômica constitucional: a valorização do trabalho humano e a livre iniciativa.
>
> Tal qualificação normativa conferindo natureza principiológica, no contexto da ordem econômica, à propriedade, sua função social e ao meio ambiente, não pode passar desapercebida ao operador do direito. Muito menos à sua íntima ligação com os indicados fundamentos da Ordem Econômica.[249] A preocupação com o meio ambiente passou a partir do surgimento dos chamados direitos constitucionais da terceira geração ou dimensão a ingressar nos sistemas constitucionais dos diversos países do mundo, e constitui hoje preocupação constante do direito agrário brasileiro.

A partir do surgimento deste novo ramo do direito e sua considerável interferência no direito agrário brasileiro surgiu o conceito de função socioambiental da propriedade.

Não basta, a partir de então, que a propriedade tenha o seu uso condicionado ao bem-estar da coletividade, torna-se necessário que ela seja explorada de maneira ecologicamente adequada, de forma a garantir a sua exploração para as futuras gerações.

Tal ideia foi incorporada pelo Código Civil de 2002, que, no §1º do art. 1.228, dispõe:

> §1º O direito de propriedade deve ser exercido em consonância com as suas finalidades econômicas e sociais e de modo que sejam preservados, de conformidade com o estabelecido em lei especial, a flora, a fauna, as belezas naturais, o equilíbrio ecológico e o patrimônio histórico e artístico, bem como evitada a poluição do ar e das águas.

---

[249] PAULSEN, Leandro; CAMINHA, Vivian Josete Pantaleão; RIOS, Roger Raupp (Org.). *Desapropriação e reforma agrária*. Porto Alegre: Livraria do Advogado, 1997. p. 24.

Marés Filho[250] sintetiza a questão, ensinando que a questão socioambiental passou a ser central no direito agrário, que tem de se preocupar com o uso continuado da terra, com a produção de alimentos e com o bem-estar desta e das futuras gerações, que dependerão sempre da mesma terra. Em conclusão, mesmo tendo a Constituição colocado o direito de propriedade no rol dos direitos fundamentais, condicionou a sua utilização e proteção à sua adequada exploração (ambiental, social e econômica). Logo, o bem, antes objeto de uso ilimitado, passa a sofrer a devida limitação do bem-estar da coletividade.

---

[250] SOUZA FILHO, Carlos Frederico Marés de. Direito agrário e meio ambiente. In: LARANJEIRA, Raymundo (Coord.). *Direito agrário brasileiro*: em homenagem à memória de Fernando Pereira Sodero. São Paulo: LTr, 2000. p. 509.

CAPÍTULO 3

NATUREZA JURÍDICA DO MEIO AMBIENTE E DOS BENS AMBIENTAIS

Com a Constituição de 1988, o meio ambiente passou a ser assegurado constitucionalmente e equiparado a um direito fundamental da pessoa humana.

A proteção do meio ambiente foi assumida como uma função pública e privada, cujo exercício se relaciona com os direitos fundamentais da qualidade de vida e a utilização racional e sustentável dos recursos naturais. Ao ser promovida à categoria constitucional de direito fundamental, a proteção do meio ambiente tornou-se um elemento importante para assegurar a implementação do princípio fundamental da dignidade da pessoa humana.[251] A jurisprudência do Supremo Tribunal Federal tem afirmado que o direito ao meio ambiente ecologicamente equilibrado é a consagração constitucional de um típico direito de terceira geração.[252] O *meio ambiente*[253] é considerado um bem público de uso comum do povo e na definição de Benjamin um macrobem.[254] O art. 225 da CF afirma que "todos têm direito ao meio ambiente ecologicamente equilibrado, bem de uso comum do povo e essencial à sadia qualidade de vida, impondo-se ao Poder Público e à coletividade o dever de defendê-lo e preservá-lo para as presentes e futuras gerações".

O meio ambiente passa a ser entendido como uma categoria difusa, de natureza pública e imaterial (macrobem), não se confundindo com os bens ambientais, que são partes integrantes do ambiente, que tem autonomia e identidade própria (microbem).[255]

---

[251] A Declaração do Meio Ambiente de Estocolmo, de 1972, com os seus vinte e seis princípios, foi adotada pela Conferência das Nações Unidas como continuação à Declaração Universal dos Direitos Humanos, sendo tratada com o mesmo *status quo* dessa legislação internacional.

[252] RE nº 134.297-8/SP, Rel. Min. Celso de Mello, *DJ*, 22 set. 1995.

[253] O art. 3º, inc. I, da Lei nº 6.938/81 define meio ambiente como "o conjunto de condições, leis, influências e interações de ordem física, química e biológica, que permite, abriga e rege a vida em todas as suas formas". Já o art. 2º, inc. I, da mesma lei atribui ao meio ambiente a qualidade de patrimônio público, ressaltando a sua dominialidade como pertencendo à sociedade e não aos indivíduos ou às pessoas de direito público interno, ou seja, como um bem público de uso comum.

[254] BENJAMIN, Antonio Herman V. Função ambiental. In: BENJAMIN, Antonio Hernam V. (Coord.). *Dano ambiental*: prevenção, reparação e repressão. São Paulo: Revista dos Tribunais, 1993. p. 60.

[255] A *Corte Costituzionale* italiana tem considerado o conceito jurídico "ambiente" como um bem unitário cuja tutela busca assegurar a conservação, a gestão racional e a melhoria das condições naturais dos bens ambientais. "A noção de ambiente é, portanto, unitária e geral, e requer proteção jurídica porque sua conservação se considera fundamental para o desenvolvimento da pessoa" (MORENO MOLINA, José Antonio. *La protección ambiental de los bosques*. Prólogo de Luis Ortega Álvarez. Madrid: Marcial Pons, 1987. p. 97). Nessa perspectiva, os valores ambientais são constitucionalmente prioritários para se alcançarem os objetivos do desenvolvimento econômico e social.

Logo, o meio ambiente passa a ser analisado como um bem, "mas bem como entidade que se destaca dos vários bens materiais em que se firma, ganhando proeminência, na sua identificação, muito mais o valor relativo à composição, característica ou utilidade da coisa do que a própria coisa".[256] Devido à natureza pública do meio ambiente, este adquire as características de indisponível, inalienável, impenhorável e imprescritível.[257] A indisponibilidade está ligada ao seu elemento primordial de não poder ser negociado, o Poder Público não pode dispor dele, pois há a supremacia do interesse público em relação ao uso privado. A repercussão jurídica imediata é a proibição à degradação ambiental, mesmo em "nome" do progresso econômico. Para o jurista argentino Lorenzetti, destacam-se ainda duas características do meio ambiente como bem público de uso comum:[258]

a) a indivisibilidade dos benefícios: o bem não pode ser dividido entre aqueles que o utilizam, não pode ocorrer a apropriação privada devido ao caráter difuso da titularidade;

b) a não exclusão de benefícios: todos os indivíduos têm direito ao meio ambiente, inclusive as gerações futuras.

Outra característica encontrada na Constituição Federal – o meio ambiente é um bem de uso comum do povo – é o fato de bens ambientais deixarem de existir como *res nullius*, ou seja, coisa de ninguém, de acesso aberto ao primeiro ocupante. A partir dessa declaração constitucional, os bens ambientais que compõem o meio ambiente, para serem apropriados privadamente, precisam de autorização ou licença pública, com exceção dos casos de subsistência ou sobrevivência do indivíduo.

Desse modo, o meio ambiente e os bens ambientais constituem duas esferas de relações jurídicas, independentes e inter-relacionadas, de bens públicos de uso comum. Os bens ambientais (microbens), como elementos que constituem o meio ambiente (macrobem), possuem a mesma natureza pública de uso comum (*communes omnium*). Logo, "essa dupla afiliação simultânea a dois regimes patrimoniais vai dar ensejo a um regime de responsabilidade civil igualmente duplo".[259] Com isso, podemos interpretar que uma ação degradadora está provocando danos ao mesmo tempo ao *macrobem* e ao *microbem*, e a reparação deve ser de tal magnitude que possibilite a recuperação da *res* (ou das *res*) afetada individualmente e também do meio ambiente.[260] Essa classificação do meio ambiente (*communes omnium*) e dos bens ambientais (*res communes omnium*) vai

---

[256] BENJAMIN, Antonio Herman V. Função ambiental. In: BENJAMIN, Antonio Hernam V. (Coord.). *Dano ambiental*: prevenção, reparação e repressão. São Paulo: Revista dos Tribunais, 1993. p. 77.

[257] Os bens públicos de modo geral possuem as seguintes características: a) inalienabilidade – a princípio, não podem ser vendidos e somente podem ser alienados se for previsto em lei, desde que se tenha a autorização legislativa e após ocorrer a avaliação, a licitação e a desafetação do bem (desafetar significa que o bem deixou de servir a um interesse público); b) imprescritibilidade – não podem ser objeto de usucapião, não podem ser adquiridos por prescrição aquisitiva; c) impenhorabilidade – não podem ser dados em garantia de dívida ou ser objeto de penhora.

[258] LORENZETTI, Ricardo Luis. *Fundamentos do direito privado*. São Paulo: Revista dos Tribunais, 1998. p. 567.

[259] BENJAMIN, Antonio Herman V. Função ambiental. In: BENJAMIN, Antonio Hernam V. (Coord.). *Dano ambiental*: prevenção, reparação e repressão. São Paulo: Revista dos Tribunais, 1993. p. 70.

[260] A lei italiana de proteção da natureza, Lei nº 394/91, dá o mesmo tratamento jurídico, quando tutela a natureza como sistema (macrobem) e quando assegura proteção aos bens ambientais (FERNANDEZ, Maria Elizabeth Moreira. *Direito ao ambiente e propriedade privada*: aproximação ao estudo da estrutura e das consequências das "leis-reserva" portadoras de vínculos ambientais. Coimbra: Coimbra Ed., 2001. p. 67).

repercutir no tratamento jurídico dado aos bens naturais existentes nas propriedades privadas, sendo a *res communes* recepcionada juridicamente como coisa singular que faz parte de uma unidade maior, o meio ambiente. Devido à crescente preocupação com a proteção ambiental, com o dever constitucional de proteger o meio ambiente e coibir práticas lesivas ao equilíbrio ecológico, a tendência do direito nacional e internacional é de cada vez mais regular a apropriação e o uso dos bens ambientais, impondo restrições ou orientando comportamentos na utilização desses bens. São várias as convenções internacionais e as leis nacionais que têm como objeto específico a água, a floresta, a flora, a fauna e a biodiversidade.

Apesar do fracionamento legislativo no tratamento dos bens ambientais, a compreensão sobre o uso e a proteção dos recursos naturais deve buscar a interação entre eles, pois o meio ambiente é um bem unitário.

A inquietação crescente com a proteção dos bens ambientais decorre da escassez desses bens, considerados recursos críticos e finitos. Se num primeiro momento a imposição de limites ao acesso e ao uso dos recursos naturais era considerada uma "restrição ao domínio", o direito evoluiu e chegou aos nossos dias com uma concepção completamente distinta dos séculos passados.

Na contemporaneidade, o conceito de "coisas comuns" é revisto, e o acesso aos bens ambientais é concedido, mas limitado para assegurar a proteção ambiental. O meio ambiente interessa não somente ao indivíduo, mas também à coletividade e às gerações futuras.

Pode-se, então, concluir que não há mais a livre esfera individual de apropriação e de uso dos recursos naturais. A privatização não é mais absoluta e exclusiva. A fruição dos bens é condicionada ao fim social, e as ações privadas serão orientadas para melhor protegê-los.

Por conseguinte, no ordenamento brasileiro, constitucional e infraconstitucional, há a classificação dos bens em três categorias: os bens de uso comum do povo (meio ambiente e os bens ambientais), os bens públicos (de uso comum, de uso especial e os dominicais) e os bens privados.

Os bens ambientais, reputados microbens, são descritos pela legislação como recursos ambientais.[261] A Lei da Política Nacional do Meio Ambiente, Lei nº 6.398/81, art. 3º, V, entende como recursos ambientais a atmosfera, as águas interiores, superficiais e subterrâneas, os estuários, o mar territorial, o solo, o subsolo, os elementos da biosfera, a fauna e a flora. Todos esses bens são considerados bens de uso comum (*res communes*), que podem ter a apropriação e o uso privado, sob condições estabelecidas pelo Poder Público. Esses recursos não podem ser utilizados com o fim único voltado

---

[261] Recurso natural é um termo utilizado na economia e foi "importado" para o direito, mas é sinônimo de bem ambiental. Devido às características atuais de elaboração das leis, adotou-se uma linguagem menos jurídica, mais setorial e com objetivos concretos. Por ter a lei uma preocupação mais setorial, acaba importando termos técnicos de outras áreas com similares ou não no âmbito jurídico. Essa característica tem criado problemas de interpretação da norma, e, como ressaltou Gustavo Tepedino, pode acabar suscitando muitas vezes dúvidas ou dificuldades para o intérprete jurídico, que passa a trabalhar com termos não usuais em sua área. No sistema americano, recurso natural é tudo o que não foi feito pelo homem (*anything not man-made*), concepção muito próxima da definição brasileira, que preferiu enumerar os bens a apresentar um conceito de bem (TEPEDINO, Gustavo. Premissas metodológicas para a constitucionalização do direito civil. In: TEPEDINO, Gustavo. *Temas de direito civil*. Rio de Janeiro: Renovar, 1999. p. 9).

para o interesse privado, o seu aproveitamento deve buscar atender igualmente às finalidades sociais. A apropriação privada dos recursos naturais (*res communes*) deve assegurar a manutenção de um meio ambiente ecologicamente equilibrado (art. 225 da Constituição Federal – CF), uma utilização adequada dos recursos naturais disponíveis e a preservação do meio ambiente (art. 186, II, da CF).

Esses mandamentos constitucionais passam a ser considerados determinações que condicionam o domínio privado, implicando o "agir responsável do sujeito na escolha de seus objetivos, dos meios empregados, bem como no cuidado com a manutenção destes bens objetos de fruição, a um só tempo, individual e coletiva".[262] Outra categoria de bem é a dos *bens públicos*, que são aqueles "bens do domínio nacional pertencentes às pessoas jurídicas de direito público interno; todos os outros são particulares, seja qual for a pessoa a que pertencerem" (art. 98 do Código Civil – CC). Esses bens são classificados em: bens de uso comum do povo, bens de uso especial e bens dominicais (art. 99 do CC). Segundo Meirelles, bens públicos "são todas as coisas, corpóreas ou incorpóreas, imóveis, móveis e semoventes, créditos, direitos e ações, que pertençam a qualquer título, às entidades estatais, autárquicas, fundacionais e paraestatais".[263]

a) Os *bens de uso comum do povo* são as coisas públicas utilizadas por todos, voltadas para fruição coletiva, mas insuscetíveis de apropriação individual, tais como rios, mares, estradas, ruas e praças (art. 99, I, do CC).

b) Os *bens de uso especial* são aqueles cuja utilização não é facultada a todos indistintamente, pois são destinados aos fins administrativos, especialmente à execução dos serviços públicos e, "por isso mesmo, são considerados instrumentos desses serviços; não integram propriamente a Administração, mas constituem o aparelhamento administrativo".[264] Podem-se citar como exemplos os edifícios ou terrenos destinados a serviço ou estabelecimento da Administração federal, estadual, territorial ou municipal, inclusive os de suas autarquias (art. 99, II, do CC). O uso privativo ocorre por meio de um título individual, que segue as regras de direito público e pode ser revogado pelo Poder Público, podendo ser instrumentalizado mediante autorização de uso, permissão de uso, concessão de uso, concessão de direito real de uso e cessão de uso.

c) Os bens patrimoniais ou dominicais constituem o patrimônio público e são utilizados para satisfazer os fins públicos. Diferem-se dos demais bens públicos "pela possibilidade sempre presente de serem utilizados em qualquer fim, ou, mesmo, alienados pela Administração, se assim o desejar".[265] Como é possível a alienação dos bens dominicais, são considerados de domínio privado do Estado e seu regime jurídico é equiparado ao da propriedade privada. Os bens dominicais "constituem o patrimônio das pessoas jurídicas de direito público,

---

[262] DERANI, Cristiane. A propriedade na Constituição de 1988 e conteúdo da função social. *Revista de Direito Ambiental*, n. 27, 2002.

[263] MEIRELLES, Hely Lopes. *Direito administrativo brasileiro*. Atualização de Eurico de Andrade Azevedo, Délcio Balestreiro Aleixo e José Emmanuel Burle Filho. 20. ed. São Paulo: Malheiros, 1995. p. 428.

[264] MEIRELLES, Hely Lopes. *Direito administrativo brasileiro*. Atualização de Eurico de Andrade Azevedo, Délcio Balestreiro Aleixo e José Emmanuel Burle Filho. 20. ed. São Paulo: Malheiros, 1995. p. 430.

[265] MEIRELLES, Hely Lopes. *Direito administrativo brasileiro*. Atualização de Eurico de Andrade Azevedo, Délcio Balestreiro Aleixo e José Emmanuel Burle Filho. 20. ed. São Paulo: Malheiros, 1995. p. 431.

como objeto de direito pessoal, ou real, de cada uma dessas entidades" (art. 99, III, do CC). Todos esses bens públicos submetem-se ao regime jurídico que lhes confere as características fundamentais de serem inalienáveis, imprescritíveis e impenhoráveis. Tais características os distinguem dos bens privados.

Os bens privados, por exclusão, são todos aqueles que não pertencem às pessoas jurídicas de direito público interno, conforme estabelece o *caput* do art. 98 do Código Civil. Os bens públicos de uso comum do povo e os de uso especial são inalienáveis, enquanto conservarem a sua qualificação, na forma que a lei determinar (art. 100 do CC), já os bens públicos dominicais podem ser alienados, observadas as exigências da lei (art. 101 do CC). Contudo, os bens públicos não estão sujeitos à usucapião (arts. 183, §3º e 191, parágrafo único da Constituição Federal; art. 102 do CC).

O Estado, mesmo no caso da propriedade privada, não está totalmente ausente, porque, por intermédio de seu *poder de polícia*, ele pode intervir na propriedade privada.

As limitações administrativas são manifestações desse poder e são frequentemente encontradas em matéria ambiental.

Esse poder significa nada mais do que a *execução* das respectivas normas legais da União, dos estados e municípios, mediante fiscalização, lavra de multas e outras medidas de controle.[266] O conceito legal de poder de polícia está contido no art. 78 do Código Tributário Nacional:

> Art. 78. Considera-se poder de polícia atividade da administração pública que, limitando ou disciplinando direito, interesse ou liberdade, regula a prática de ato ou abstenção de fato, em razão de interesse público concernente à segurança, à higiene, à ordem, aos costumes, à disciplina da produção e do mercado, ao exercício de atividades econômicas dependentes de concessão ou autorização do Poder Público, à tranqüilidade pública ou ao respeito à propriedade e aos direitos individuais ou coletivos.

A previsão de um conceito legal para poder de polícia no CTN se dá em razão de que o seu exercício é um dos fatos geradores da taxa (art. 145, II, CF e art. 77, CTN).

Quando se diz que o poder de polícia é a faculdade de limitar o exercício de direitos individuais, está-se pressupondo que essa limitação seja prevista em lei, em face do princípio da legalidade.

Acerca do assunto, preleciona Meirelles:

> Em linguagem menos técnica, podemos dizer que o poder de polícia é o mecanismo de frenagem de que dispõe a administração pública para conter os abusos do direito individual. Por esse mecanismo, que faz parte de toda a Administração, o Estado detém a atividade dos particulares que se revelar contrária, nociva ou inconveniente ao bem-estar social, ao desenvolvimento ou à segurança nacional.[267]

E continua:

---

[266] ACKEL FILHO, Diomar. *Município e prática municipal*, 1992. p. 77 *apud* KRELL, Andreas J. *Discricionariedade administrativa e proteção ambiental*: o controle dos conceitos jurídicos indeterminados e a competência dos órgãos ambientais: um estudo comparativo. Porto Alegre: Livraria do Advogado, 2004. p. 124.

[267] MEIRELLES, Hely Lopes. *Direito administrativo brasileiro*. 23. ed. São Paulo: Malheiros, 1998. p. 115.

Outro meio de atuação do poder de polícia é a fiscalização das atividades e bens sujeitos ao controle da Administração. Essa fiscalização, como é óbvio, restringe-se à verificação da normalidade do uso do bem ou da atividade policiada, ou seja da sua utilização ou realização em conformidade com o alvará respectivo, com o projeto de execução e com as normas legais e regulamentares pertinentes. [...].[268]A Administração Pública, no exercício da parcela que lhe é outorgada pelo referido poder, regulamenta as leis e controla a sua aplicação, preventivamente ou repressivamente, por meio do Poder Legislativo ou Executivo, respectivamente.

Leme Machado assim preconiza sobre o conceito de poder de polícia ambiental:

Poder de polícia ambiental é a atividade da Administração Pública que limita ou disciplina direito, interesse ou liberdade, regula a prática de ato ou abstenção de fato em razão de interesse público concernente à saúde da população, à conservação dos ecossistemas, á disciplina da produção e do mercado, ao exercício da atividades econômicas ou de outras atividades dependente de concessão autorização permissão ou licença do poder público de cujas atividades possam decorrer poluição ou agressão à natureza.
O Poder de polícia age através de ordens e proibições, mas, e sobretudo, por meio de normas limitadoras e sancionadoras, ou pela ordem de polícia, pelo consentimento de polícia, pela fiscalização de polícia e pela sanção de polícia.[269]
Nesta esteira de raciocínio, preleciona Edis Milaré:
A Política Nacional do Meio Ambiente, estabelecida pela Lei nº 6.938, de 31.8.1981, traz duas afirmações altamente significativas para o nosso estudo. Ei-las:
a) A ação governamental deve ser exercida "na manutenção do equilíbrio ecológico, considerando o meio ambiente como um patrimônio público a ser necessariamente assegurado e protegido, tendo em vista o uso coletivo".
Pelo fato de ser bem de uso comum, o meio ambiente é de domínio público, embora não seja de propriedade do Poder Público que, sem embargo, tem papel insubstituível na gestão ambiental.
b) Meio ambiente é "o conjunto de condições, leis, influências e interações de ordem física, química e biológica, que permite, abriga e rege a vida em todas as suas formas".[270]
Através de restrições impostas às atividades do indivíduo que afetem a coletividade, cada cidadão cede parcelas mínimas de seus direitos à comunidade e o Estado lhe retribui em segurança, ordem, higiene, sossego, moralidade e outros benefícios públicos, propiciadores do conforto individual e do bem-estar geral. Para efetivar essas restrições individuais em favor da coletividade, o Estado utiliza-se desse poder.

A tradução do poder de polícia ambiental praticado pelo órgão gestor ambiental pode se dar, por exemplo, por intermédio do licenciamento ambiental, da fiscalização e até mesmo em situações extremas da interdição.

---

[268] MEIRELLES, Hely Lopes. *Direito administrativo brasileiro.* 23. ed. São Paulo: Malheiros, 1998. p. 122.

[269] MACHADO, Paulo Afonso Leme. *Direito ambiental brasileiro.* 15. ed. rev. e ampl. Malheiros: São Paulo, 2007. p. 328-329.

[270] MILARÉ, Edis. *Direito do ambiente*: doutrina, prática e jurisprudência. São Paulo: Revista dos Tribunais, 2000. p. 259.

"O licenciamento insere-se, portanto, *no âmbito do exercício do poder de polícia,* definido no art. 78, do Código Tributário Nacional"[271] (grifos do original). Várias são as *limitações ambientais* que se impõem ao direito de propriedade, que condicionam este direito e limitam seu conteúdo.

O proprietário para que possa fazer uso da terra e de recursos naturais deve observar variadas normas de cunho ambiental que limitam de forma cogente esta utilização. Como exemplos de legislações especiais: das águas, minerária, florestal, pesca, proteção à fauna, tombamento de bens culturais, Política Nacional do Meio Ambiente, Sistema Nacional de Unidades de Conservação da Natureza (SNUC) etc.

As limitações dirigem-se ao proprietário, distintas que são do princípio da função social da propriedade que condiciona a propriedade em si, mas que legitima uma intervenção limitante. Tudo o que afeta o exercício do direito de propriedade pode ser denominado limitação.

Essas limitações ao direito de propriedade de caráter ambiental buscam dar efetividade à função socioambiental da propriedade prevista no §1º do art. 1.228 do Código Civil. Ou seja, não se tratam de meras limitações ao direito individual ao uso da terra, mas, sim, dirigir este uso ao atendimento das políticas públicas de bem-estar coletivo do qual inegavelmente o meio ambiente é elemento indispensável.

Despiciendo afirmar que todas as decisões que importem intervenção do Poder Público sobre o direito de propriedade alheio devem ser motivadas (interpretação analógica do art. 93, X, da CF).

Não há uniformidade na doutrina quanto à classificação das limitações administrativas à propriedade.

---

[271] MARCHESAN, Ana Maria Moreira; STEIGLEDER, Anelise Monteiro; CAPPELLI, Sílvia. *Direito ambiental.* Porto Alegre: Verbo Jurídico, 2006. p. 57.

CAPÍTULO 4

DESAPROPRIAÇÃO PARA FINS AMBIENTAIS

A desapropriação pode ser utilizada como instrumento de limitação à propriedade particular, com fins de preservação ambiental, ainda que não prevista expressamente no texto constitucional.

Ela foi contemplada no Decreto-Lei nº 3.365, de 21.6.1941, no art. 5º, alíneas "k" e "l"; e não vem sendo muito utilizada pelo Poder Público com esta finalidade, uma vez que importa em indenização prévia e pode o Poder Público utilizar outros instrumentos de intervenção/limitação à propriedade menos custosos.[272]

---

[272] "Decreto-Lei nº 3.365, de 21 de junho de 1941. Dispõe sobre desapropriações por utilidade pública. [...] Art. 5º Consideram-se casos de utilidade pública: [...] k) a preservação e conservação dos monumentos históricos e artísticos, isolados ou integrados em conjuntos urbanos ou rurais, bem como as medidas necessárias a manter-lhes e realçar-lhes os aspectos mais valiosos ou característicos e, ainda, a proteção de paisagens e locais particularmente dotados pela natureza; l) a preservação e a conservação adequada de arquivos, documentos e outros bens moveis de valor histórico ou artístico; [...]".

CAPÍTULO 5

TOMBAMENTO

Os monumentos naturais[273] (formações físicas e/ou biológicas) que tenham expressivo valor estético ou científico, os sítios e paisagens, formações geológicas e fisiográficas e áreas de espécies animais e vegetais ameaçadas, nitidamente delimitadas que constituam o *habitat* delas, lugares naturais notáveis ou zonas naturais nitidamente delimitadas, todos para serem protegidos podem ser objeto de tombamento. O tombamento, via de regra, não gera direito à indenização, pois se trata de limitação, não inibe o domínio. Para fazer jus à indenização o proprietário deverá demonstrar que sofreu realmente prejuízos, em razão da parcial limitação, pois do tombamento deflui que o patrimônio tombado não poderá sofrer descaracterização de suas qualidades e, se para tanto a utilização da propriedade tiver sido atingida de modo inequívoco e direto com prejuízo econômico, será devida indenização.[274]

---

[273] O Brasil é signatário da Convenção Relativa à Proteção do Patrimônio Mundial, Cultural e Natural, adotada em Paris, em 23.11.1972, e aprovada e promulgada no Brasil, pelo Decreto nº 80.978, de 12.12.1977.

[274] Decreto-Lei nº 25, de 30.11.1937: "Art. 1º Constitue o patrimônio histórico e artístico nacional o conjunto dos bens móveis e imóveis existentes no país e cuja conservação seja de interêsse público, quer por sua vinculação a fatos memoráveis da história do Brasil, quer por seu excepcional valor arqueológico ou etnográfico, bibliográfico ou artístico [...] §2º Equiparam-se aos bens a que se refere o presente artigo e são também sujeitos a tombamento os monumentos naturais, bem como os sítios e paisagens que importe conservar e proteger pela feição notável com que tenham sido dotados pelo natureza ou agenciados pelo indústria humana".

CAPÍTULO 6

RESERVA LEGAL (RL)

6.1 Imóvel rural e a reserva legal (RL)

A reserva legal no Código Florestal, instituído pela Lei Federal nº 12.651/2012, não mais excetua desta a área de preservação permanente, como fazia o Código Florestal revogado, até porque a natureza não faz esta distinção do ponto de vista da proteção biótica que promove através da conservação da cobertura vegetal.

A reserva legal nada mais é que cobertura de vegetação nativa que deve ser preservada no imóvel rural, seja propriedade ou posse rural, com a função de assegurar o uso econômico de modo sustentável dos recursos naturais do imóvel rural, auxiliar a conservação e a reabilitação dos processos ecológicos e promover a conservação da biodiversidade, bem como o abrigo e a proteção de fauna silvestre e da flora nativa, segundo os percentuais definidos em lei, que são estabelecidos de acordo com a região e o bioma de localização do imóvel.[275] A reserva legal é passível de exploração econômica, através do manejo florestal, previamente aprovado pelo órgão ambiental competente, que pode ter ou não propósito comercial, segundo práticas de exploração seletiva das espécies vegetais, devendo a área estar inscrita junto ao Cadastro Ambiental Rural.[276] A reserva legal é uma limitação de uso ambiental e *incide sobre o domínio, posse ou ocupação de caráter público ou privado*, o que reflete a sua natureza de limitação administrativa com caráter geral, independentemente da titularidade do domínio, ou, seja, seu objetivo fundamental é conforme a posse a uso ambientalmente correto.

Como a área de reserva legal na Amazônia Legal é de 80% para imóveis situados em área de florestas, o Código Florestal definiu condições especiais com as quais o Poder Público poderá reduzir a reserva legal para até 50%, para fins de recomposição, permitido quando o município tiver mais de 50% da área ocupada por unidades de conservação da natureza de domínio público e por terras indígenas homologadas, ou,

---

[275] "Art. 12. Todo imóvel rural deve manter área com cobertura de vegetação nativa, a título de Reserva Legal, sem prejuízo da aplicação das normas sobre as Áreas de Preservação Permanente, observados os seguintes percentuais mínimos em relação à área do imóvel, excetuados os casos previstos no art. 68 desta Lei: I - localizado na Amazônia Legal: a) 80% (oitenta por cento), no imóvel situado em área de florestas; b) 35% (trinta e cinco por cento), no imóvel situado em área de cerrado; c) 20% (vinte por cento), no imóvel situado em área de campos gerais; II - localizado nas demais regiões do País: 20% (vinte por cento)".

[276] Confira §1º do art. 17, c/c art. 20 e art. 18 da Lei nº 12. 651/2012.

ainda, quando, ouvido o Conselho Estadual de Meio Ambiente, o estado tiver zoneamento ecológico-econômico aprovado e mais de 65% do seu território ocupado por unidades de conservação da natureza de domínio público, devidamente regularizadas, e por terras indígenas homologadas (§§4º e 5º do art. 12 do Código Florestal).

Importante destacar ainda a competência diferenciada do Governo Federal para, na forma do art. 13 do Código Florestal, quando indicado pelo zoneamento ecológico-econômico estadual, realizado segundo metodologia unificada, reduzir, exclusivamente para fins de regularização, mediante recomposição, regeneração ou compensação da reserva legal de imóveis com área rural consolidada, situados em área de floresta localizada na Amazônia Legal, para até 50% da propriedade, excluídas as áreas prioritárias para conservação da biodiversidade e dos recursos hídricos e os corredores ecológicos.

É, possível, ainda, ao Governo Federal ampliar as áreas de reserva legal em até 50% dos percentuais já previsto nos respectivos biomas e região, para cumprimento de metas nacionais de proteção à biodiversidade ou de redução de emissão de gases de efeito estufa.

Pelo sistema jurídico brasileiro a reserva legal é um dos elementos que constitui a propriedade rural, sendo equiparada às obrigações reais *propter rem* (que acompanham a coisa) e *in rescriptae* (gravada na coisa).

Alerta-se que o dever de a área de reserva legal ser registrada no órgão ambiental competente por meio de inscrição no Cadastro Ambiental Rural não é constitutivo deste instituto, apenas torna público o cumprimento da limitação administrativa, daí que esta obrigação se mantém sempre, sendo vedada a alteração de sua destinação, mesmo nos casos de transmissão, a qualquer título, ou de desmembramento, ressalvadas as exceções previstas no próprio Código Florestal.[277] O Código Florestal define expressamente as exceções da observância da reserva legal, algumas na verdade possuem caráter apenas de desoneração formal da obrigação de registro da limitação administrativa, outras são casos em que, por política legislativa, a área é dispensada de sua constituição ou recomposição.

Incluem-se entre os casos de desoneração formal de registro da reserva legal as áreas de empreendimentos de abastecimento público de água e tratamento de esgoto, alerta-se que isto não significa que o imóvel onde localizado o empreendimento não possui vegetação ou possa promover o corte raso em todo imóvel, porém como a preservação da vegetação é essencial para a conservação do corpo hídrico, necessário

---

[277] "Art. 18. A área de Reserva Legal deverá ser registrada no órgão ambiental competente por meio de inscrição no CAR de que trata o art. 29, sendo vedada a alteração de sua destinação, nos casos de transmissão, a qualquer título, ou de desmembramento, com as exceções previstas nesta Lei. §1º A inscrição da Reserva Legal no CAR será feita mediante a apresentação de planta e memorial descritivo, contendo a indicação das coordenadas geográficas com pelo menos um ponto de amarração, conforme ato do Chefe do Poder Executivo. §2º Na posse, a área de Reserva Legal é assegurada por termo de compromisso firmado pelo possuidor com o órgão competente do Sisnama, com força de título executivo extrajudicial, que explicite, no mínimo, a localização da área de Reserva Legal e as obrigações assumidas pelo possuidor por força do previsto nesta Lei. §3º A transferência da posse implica a sub-rogação das obrigações assumidas no termo de compromisso de que trata o §2º. §4º O registro da Reserva Legal no CAR desobriga a averbação no Cartório de Registro de Imóveis, sendo que, no período entre a data da publicação desta Lei e o registro no CAR, o proprietário ou possuidor rural que desejar fazer a averbação terá direito à gratuidade deste ato".

ao desenvolvimento da atividade, o legislador dispensou o seu registro tão somente, como previsto no §6º do art. 12 do Código Florestal.

Da mesma forma, se inclui entre os casos de desoneração formal de registro de reserva legal a hipótese do §7º do art. 12 do Código Florestal, que abrange as áreas adquiridas ou desapropriadas por detentor de concessão, permissão ou autorização para exploração de potencial de energia hidráulica, nas quais funcionem empreendimentos de geração de energia elétrica e subestações ou sejam instaladas linhas de transmissão e de distribuição de energia elétrica, pois também neste caso o desmate é pontual, pela natureza do empreendimento, e, mesmo no caso das linhas de transmissão, deve haver uma área de segurança, que deve a todo tempo estar livre de vegetação, fazendo com que a obrigação de conservação da vegetação, decorrente da reserva legal, poderia se revelar incompatível.

Os casos caracterizados como de política legislativa da dispensa de observância da reserva legal incluem a sua dispensa relativa às áreas adquiridas ou desapropriadas com o objetivo de implantação e ampliação de capacidade de rodovias e ferrovias.[278] Alerta-se que, só aparentemente, as chamadas áreas consolidadas, que se caracterizam pela ocupação do proprietário ou possuidor de imóvel rural na área do imóvel que deveria se constituir de reserva legal, objeto de detenção em 22.7.2008, reduzindo a extensão efetiva da RL a dimensões inferiores as estabelecido no art. 12 do Código Florestal, se constituem casos de dispensa de reserva legal, pois, na verdade, o legislador apenas permitiu a regularização desta situação específica, independentemente da adesão ao Plano de Recuperação Ambiental. A reserva legal continua a existir, o que se cria é uma exceção legal à obrigação legal de recompô-la, no mesmo lugar, com um marco temporal definido, sendo respeitadas estas ocupações, e a rigor é um prêmio para os que ilegalmente avançaram sobre a área de reserva legal.[279] Neste caso, entretanto, é relevante o entendimento expedido pelo Ministro do STJ, Dr. Herman Benjamin, na apreciação da Petição no REsp nº 1.240.122/PR, julgado em 2.10.2012, de que as multas aplicadas pela inobservância da área de preservação permanente, conforme o antigo Código Florestal (Lei nº 4.771/65), o que também se aplica, por óbvio, às áreas de reserva legal, não foram anistiadas pelo novo Código Florestal, segundo a regra das chamadas áreas consolidadas, porque, havendo infração ambiental, aplica-se a norma ambiental mais rigorosa vigente à época dos fatos, e não a contemporânea ao julgamento da causa, menos protetora da natureza.

Destacou, ainda, o STJ neste julgamento tal que mesmo a regra do art. 59 não anistiou geral e irrestritamente as infrações ou extinguiu a ilicitude de condutas anteriores a 22.7.2008, apenas foram suspensas as multas e autos de infração, que foram convertidas em serviços de preservação, melhoria e recuperação do meio ambiente, desde que as chamadas áreas rurais consolidadas sejam incluídas no âmbito de Programa de Regularização Ambiental, após a inscrição do imóvel no Cadastro Ambiental Rural (CAR) e a assinatura de termo de compromisso, valendo este como título extrajudicial.

---

[278] §8º do art. 12 do Código Florestal.
[279] Art. 66 do Código Florestal.

Na mesma esteira de raciocínio do STJ, é válido conferir o acórdão do julgamento da ADI nº 4.902, do Supremo Tribunal Federal (p. 45), que afirma peremptoriamente não ter havido ampla anistia para o proprietário ou possuidor do imóvel rural.

O que muda, especificamente quanto a reserva legal, é que o Código Florestal já define as formas de sua recomposição, independentemente de adesão ao Programa da Recuperação Ambiental, podendo o particular neste caso, alternativa, isolada ou conjuntamente, recompor a reserva legal, permitir a regeneração natural da vegetação na área de reserva legal, compensar a reserva legal, conforme definido no art. 66 e parágrafos.

Para excepcionar o cumprimento da obrigação do respeito à reserva legal de imóvel rural, mesmo quando situado em perímetro urbano, definido mediante lei municipal, é necessário o registro do parcelamento do solo para fins urbanos, aprovado segundo a legislação específica e consoante as diretrizes do plano diretor municipal, o que é consequência de deixar o imóvel de ser classificado como rural.[280] Outra hipótese legal de política legislativa que desobriga a recomposição da reserva legal abrange os imóveis rurais que detinham, em 22.7.2008, área de até 4 (quatro) módulos fiscais e que possuam remanescente de vegetação nativa em percentuais inferiores ao previsto no art. 12; a reserva legal neste caso será constituída com a área ocupada com a vegetação nativa existente em 22.7.2008, vedadas novas conversões para uso alternativo do solo, conforme previsto no art. 67, e que se destina à aplicação das áreas de agricultura familiar.

Como o tamanho da reserva legal variou por diversas épocas, o legislador definiu, no art. 68, a dispensa dos proprietários ou possuidores de imóveis rurais que realizaram supressão de vegetação nativa respeitando os percentuais de reserva legal previstos pela legislação em vigor à época em que ocorreu a supressão da obrigação de promover a recomposição, compensação ou regeneração para os percentuais exigidos no novo Código Florestal.

O que se pode observar é que a supressão parcial ou total da cobertura vegetal da reserva legal ainda constitui dano ao meio ambiente, por isso consta na legislação que, mesmo nos casos de áreas consolidadas, quem adquire o imóvel desprovido de cobertura vegetal tem legitimidade passiva para responder à demanda que visa à recomposição da reserva legal.

Essa orientação, que já era definida pelo STJ, parte do pressuposto de que a reserva florestal é uma obrigação decorrente de lei, que objetiva a proteção do meio ambiente, e a limitação segue a propriedade, independentemente de quem seja o seu proprietário.[281] Nem poderia ser diferente, porque o cumprimento da reserva legal valoriza as propriedades, apresentando preço maior no mercado porque não possuem passivos ambientais, os quais obviamente o novo proprietário não tem como se desonerar de observar. A *reserva legal* e a *área de preservação permanente* são consideradas *espaços territoriais especialmente protegidos*, conforme estabelece o art. 225, §1º, inc. III, da CF.

---

[280] Art. 19 do Código Florestal.

[281] Seguem essa linha as seguintes decisões do STJ: REsp nº 222.349/PR, Rel. Min. José Delgado, *DJ*, 2 maio 2000; REsp nº 264.173/PR, Rel. Min. José Delgado, *DJ*, 2 abr. 2001; REsp nº 282.781/PR, Rel. Min. Eliana Calmon, *DJ*, 27 maio 2002; REsp nº 237.690/MS, Rel. Min. Paulo Medina, *DJ*, 13 maio 2002; REsp nº 327.254/PR, Rel. Min. Eliana Calmon, *DJ*, 19 dez. 2002. Em sentido contrário temos o acórdão REsp nº 218.120/PR, Rel. Min. Garcia Viera, *DJ*, 11 out. 1999.

Portanto, a APP e a RL são *espaços naturais sensíveis* que merecem alguma forma de proteção jurídica devido à localização do bioma em determinada parte do território nacional, à localização geográfica de determinadas matas ou ao serviço ambiental desempenhado.

Contrariando a concepção produtivista, essas áreas não são "improdutivas" pelo fato de não estarem disponíveis para a exploração agrícola ou pecuária. A produtividade e a sustentabilidade das atividades desenvolvidas no imóvel estão asseguradas pela *sinergia ecológica* das três áreas, pois a APP e a RL potencializam o uso econômico do imóvel.

O que não se pode tolerar é uma exploração especulativa e predatória que possa exaurir em pouco tempo os recursos naturais e o solo, transferindo o passivo ambiental para a sociedade.

Assim, a utilização econômica do imóvel rural, conforme sua própria natureza, deve desenvolver uma relação de produção sustentável, social e ambiental. A fruição privada de parcela de bens de uso comum do povo está condicionada à função socioambiental da propriedade.

6.2 Utilização

A reserva legal é instrumento com a finalidade de obrigar a conservação da natureza, mas isto não impede que sejam desenvolvidas atividades, com o preenchimento de determinados requisitos legais, como a sua utilização por intermédio de regime de manejo florestal, sempre sujeito ao *poder de polícia ambiental*, a fim de verificar se na prática está havendo alguma distorção do apresentado ao órgão ambiental competente.

Admite-se o manejo sustentável da vegetação florestal da reserva legal, segundo a adoção de práticas de exploração seletiva nas modalidades de manejo sustentável sem propósito comercial para consumo na propriedade e manejo sustentável para exploração florestal com propósito comercial,[282] e, neste caso, depende de autorização do órgão competente, devendo a atividade não descaracterizar a cobertura vegetal e não prejudicar a conservação da vegetação nativa da área, assegurar a manutenção da diversidade das espécies, conduzir o manejo de espécies exóticas com a adoção de medidas que favoreçam a regeneração de espécies nativas.[283] Por outro lado, o manejo sustentável para exploração florestal eventual sem propósito comercial, para consumo no próprio imóvel, independe de autorização dos órgãos competentes, devendo apenas ser declarados previamente ao órgão ambiental a motivação da exploração e o volume explorado, limitada a exploração anual a 20 (vinte) metros cúbicos (art. 23 do Código Florestal).

Assim, embora não se exija sempre o licenciamento prévio, isto não impede o poder de polícia ambiental, estando sujeito à *fiscalização* pelo órgão ambiental competente, para observar se a atividade está em acordo com necessário respeito à fauna e flora, que depende da preservação das características da área a ser preservada. A supressão da vegetação na forma de desmatamento desordenado impõe a aplicação da Lei Criminal nº 9.605/98.

---

[282] Art. 20 do Código Florestal.
[283] Art. 22 do Código Florestal.

6.3 Localização

Quanto à localização da reserva legal em um imóvel rural, esta deverá ser aprovada pelo órgão ambiental competente, e, conforme o art. 14. do Código Florestal, deverá levar em consideração o plano de bacia hidrográfica, o zoneamento ecológico-econômico, a formação de corredores ecológicos com outra reserva legal, com área de preservação permanente, com unidade de conservação ou com outra área legalmente protegida, as áreas de maior importância para a conservação da biodiversidade e as áreas de maior fragilidade ambiental, revelando estes requisitos que se procura aproveitar ao máximo o efeito positivo desta cobertura vegetal na composição do microclima local.

Permite-se o cômputo das áreas de preservação permanente no cálculo do percentual da reserva legal do imóvel, desde que isto não implique a conversão de novas áreas para o uso alternativo do solo, que a área a ser computada esteja conservada ou em processo de recuperação, conforme comprovação do proprietário ao órgão estadual integrante do Sisnama e que o proprietário ou possuidor tenha requerido inclusão do imóvel no Cadastro Ambiental Rural.[284] Pode a reserva legal ser instituída em regime de condomínio ou coletiva entre propriedades rurais, respeitado o percentual em relação a cada imóvel, conforme a região e bioma onde, e, mesmo no caso de parcelamento de imóveis rurais, a área de reserva legal poderá ser agrupada em regime de condomínio entre os adquirentes.[285] Como se verifica, embora a localização da reserva legal deva se dar mediante aprovação do Poder Público, incumbe ao particular o dever de indicá-la, como dever para o cumprimento da função socioambiental da propriedade, segundo os parâmetros definidos pelo legislador, para que a função ambiental seja melhor cumprida.

6.4 Registro da reserva legal junto ao cadastro ambiental rural

Não é mais obrigatória a averbação da reserva legal à margem da matrícula do imóvel no registro competente, porém como este é instrumento de publicidade por excelência dos atos que envolvem o imóvel, não é proibido de ser realizado; na verdade, o objetivo do legislador foi facilitar a publicidade do ato pelo mecanismo administrativo mais desburocratizado, permitindo maior fiscalização social. Por isso, é necessária para a inscrição da reserva legal no CAR a apresentação de planta e memorial descritivo, contendo a indicação das coordenadas geográficas com pelo menos um ponto de amarração (§1º do art. 18 do Código Florestal).

6.5 Percentuais de propriedade e problemas de localização

A reserva legal é um limite legal à supressão da vegetação de um imóvel para a utilização em atividades econômicas que demandam o desmatamento da área com vegetação florestal. É o que se denomina tradicionalmente uso alternativo do solo.

O Código Florestal definiu, como percentuais mínimos da vegetação, a serem conservados a título de reserva legal, quando localizado na Amazônia Legal: 80%, se o

---

[284] Art. 15 do Código Florestal.
[285] Art. 16 do Código Florestal.

imóvel estiver situado em área de florestas, 35% se situado em área de cerrado, e 20% se situado em área de campos gerais, por fim, quando localizado nas demais regiões do país é de 20% a reserva legal.

6.6 Recomposição de reserva legal

A recomposição de reserva legal é obrigatória, mesmo quando situada nas áreas consolidadas, embora o legislador tenha adotado regra de transição, permitindo que sejam convertidas as multas em serviços ambientais, no caso de seu descumprimento, e, ainda, tenha apresentado casos em que se deixou de exigir a reserva legal, como os casos de imóveis rurais que detinham, em 22.7.2008, área de até 4 (quatro) módulos fiscais e que possuam remanescente de vegetação nativa em percentuais inferiores ao previsto no Código Florestal.

6.7 Compensação de reserva legal

A compensação de reserva legal não é um direito potestativo do possuidor ou proprietário, ou seja, um direito que ele pode opor ao interesse público de conservação da vegetação nativa localizada no imóvel rural, é apenas uma exceção legal à obrigação do titular do imóvel de recompor ou permitir a regeneração natural da vegetação. Por isso, para utilizar este direito, deve estar na detenção do imóvel em 22.7.2008, e a área de reserva legal ter extensão inferior ao estabelecido pelo Código Florestal, o que possibilita regularizar a situação ambiental, independentemente da adesão ao Plano de Recuperação Ambiental.[286] O que se pode deduzir disto é que este instituto é claramente temporário, pois depende de situações já consolidadas no tempo, conforme o marco temporal definido pelo legislador, sendo portanto um instituto que disciplina que, uma vez adquirido o imóvel, por terceiro, posterior à data que o legislador define, ainda que já com situação de desmatamento superior à área de reserva legal, não há para este novo possuidor ou proprietário o direito à compensação da reserva legal, mas deverá promover a sua recomposição.

Isto fica mais evidente quando o §9º do art. 66 define que as medidas de compensação de reserva legal não poderão ser utilizadas como forma de viabilizar a conversão de novas áreas para uso alternativo do solo.

A compensação de reserva legal deverá ser precedida pela inscrição da propriedade ou no CAR e poderá ser feita mediante: aquisição de cota de reserva ambiental (CRA); arrendamento de área sob regime de servidão ambiental ou reserva legal; doação ao Poder Público de área localizada no interior de unidade de conservação de domínio público pendente de regularização fundiária; cadastramento de outra área equivalente e excedente à reserva legal, em imóvel de mesma titularidade ou adquirida em imóvel de terceiro, com vegetação nativa estabelecida, em regeneração ou recomposição, desde que localizada no mesmo bioma.

---

[286] Art. 66, *caput*, do Código Florestal.

Em todos estes casos as áreas a serem utilizadas para compensação de reserva legal devem ser equivalentes em extensão à área da reserva legal a ser compensada, estar localizadas no mesmo bioma da área de reserva legal a ser compensada e, se estiver fora do estado onde situado o imóvel, estar localizadas em áreas identificadas como prioritárias pela União ou pelos estados.[287] Por essas características se verifica que o legislador busca estabelecer um equilíbrio da cobertura vegetal como um todo do bioma, estabelecendo mecanismos que possam identificar, ao final, a vegetação da área como um mosaico de áreas verdes e uso alternativo do solo, como se fosse uma só grande posse ou propriedade, compensando situações históricas de desmatamento; mas, ao mesmo tempo, revela que nas demais regiões do país, cujo o desmatamento está mais acelerado, uma paisagem mais verde dependerá muito fortemente da criação de espaços especialmente protegidos, ou outras formas de incentivo de conservação de florestas em propriedades particulares, já que, fora do bioma amazônico, a reserva legal é de 20% somente.

As denominadas áreas prioritárias para compensação de reserva legal, quando não existente área dentro do mesmo estado, não permite seja fora do mesmo bioma, assim, por exemplo, o Maranhão possui áreas do bioma amazônico, e uma área fora deste estado pode ser localizada no estado do Pará, mas esta área prioritária deve favorecer, entre outras, a recuperação de bacias hidrográficas excessivamente desmatadas, a criação de corredores ecológicos, a conservação de grandes áreas protegidas e a conservação ou recuperação de ecossistemas ou espécies ameaçadas (§7º do art. 66 do Código Florestal).

O instituto da compensação de reserva legal, conforme o marco temporal de 22.7.2008, foi reconhecer uma situação fática e buscar um meio de compensar a preservação ambiental com a criação de mais um mecanismo para proteção da natureza, com áreas equivalentes dentro do mesmo bioma, e como tal deve ser interpretado restritivamente.

6.8 Possibilidade de compensação de reserva legal em terras públicas

O instituto da compensação da reserva legal em terras públicas foi reforçado com o vigente Código Florestal, pois de fato, hoje, o legislador estabeleceu um marco legislativo que permite mais claramente conceber as áreas públicas, como as situadas em unidades de conservação, com uma fonte para a instituição de cota de reserva florestal, como ocorre para os excessos de reserva legal em áreas de propriedade particular.

Importante diferenciar esta situação daquela compensação de reserva legal, em que o particular faz doação de área para integrar unidade de conservação do Poder Público, pois neste caso o particular contribui com a regularização fundiária de um espaço especialmente protegido pelo Poder Público.

Esta hipótese apenas se distingue da compensação de reserva legal quando se tratar de imóveis públicos, prevista no §8º do art. 66 do Código Florestal, que diferencia a natureza jurídica de como a área vai integrar o processo de regularização fundiária da unidade de conservação pública, pois neste caso deverá ser feita mediante concessão

---

[287] §6º do art. 66 do Código Florestal.

de direito real de uso ou doação, ou seja, não apenas por doação, agora é evidente que neste caso a concessão de direito real de uso não pode ser temporária.

Essa possibilidade da doação ou concessão de direito real de uso, na verdade, visa contornar a eventual demora do imóvel a ser incorporado no processo de regularização fundiária de unidade de conservação, dada a necessidade do processo de autorização legislativa no caso da doação de imóvel público, quando se tratar de imóvel público, como ocorre em alguns estados, e, ainda como previsto no inciso I do art. 76 da Lei nº 14.133/2021, mas que excepciona, na alínea "b" do mesmo dispositivo, se for destinada para outro órgão ou entidade da Administração Pública.

Lembre-se, ainda, que o inc. I, do § 3º do art. 76 da Lei nº 14.133/2021 permite que a Administração conceda título de propriedade ou de direito real de uso de imóveis, dispensada licitação, quando o uso se destinar a outro órgão ou entidade da Administração Pública, qualquer que seja a localização do imóvel, sendo, neste caso, portanto, dispensada a autorização legislativa.

Destarte, o art. 44 do Código Florestal, ao instituir a cota de reserva ambiental (CRA), como título nominativo representativo de área com vegetação nativa, existente ou em processo de recuperação, permite por este documento representar o regime de servidão ambiental, na forma do art. 9º-A da Lei nº 6.938, de 31.8.1981, em que o proprietário ou possuidor de imóvel, pessoa natural ou jurídica, pode, por instrumento público ou particular ou por termo administrativo firmado perante órgão integrante do Sisnama, limitar o uso de toda a sua propriedade ou de parte dela para preservar, conservar ou recuperar os recursos ambientais existentes, mas não está excluída a sua aplicação às unidades de conservação instituídas pelo Poder Público.

Veja que o particular pode instituir a servidão ambiental, que dá origem às cotas de reserva ambiental, somente quando correspondente à área de reserva legal excedente aos percentuais exigidos no art. 12 do Código Florestal, ou quando protegida na forma de reserva particular do patrimônio natural (RPPN).

De fato, há uma semelhança ao Poder Público, quando cria as unidades de conservação ao caso de criação de RPPN, que nada mais são que unidades de conservação de caráter privado, portanto, pode o Poder Público instituir servidão nas unidades de conservação. Entrementes, tais áreas públicas especialmente protegidas não possuem reserva legal, pois não faz sentido falar em tal instituto em imóvel que tem por objetivo a conservação dos recursos naturais, e, portanto, não se destina parte da área ao uso alternativo do solo.

Exatamente por isso que a cota de reserva florestal não pode ser emitida com base em vegetação nativa localizada em área de RPPN instituída em sobreposição à reserva legal do imóvel, como previsto no §2º do art. 66 do Código Florestal, porque o imóvel particular, por sua natureza, tem um uso privado com permissivo legal de desmatamento para o uso alternativo do solo, como regra geral, diferente das unidades de conservação instituídas pelo Poder Público, cuja finalidade é proteger o bioma natural.

Registre-se que a possibilidade de, existindo propriedade rural localizada no interior de unidade de conservação de domínio público que ainda não tenha sido desapropriada, prevista no inc. IV do art. 66 do Código Florestal, aquela ser objeto de instituição de cota de reserva florestal decorre da premissa de que a servidão ambiental só antecipa a finalidade ambiental, dada a sua incorporação em unidade de conservação, ainda que não concluído o processo de regularização fundiária da área especialmente protegida.

Observados os requisitos previstos no art. 45 do Código Florestal, a cota de reserva florestal será emitida pelo órgão competente do Sisnama em favor de proprietário de imóvel. No caso de unidades de conservação, foi o Poder Público que as instituiu, adequando-se obviamente os seus requisitos, sendo que cada CRA corresponderá a 1 (um) hectare de área com vegetação nativa primária ou com vegetação secundária em qualquer estágio de regeneração ou recomposição e de áreas de recomposição mediante reflorestamento com espécies nativas (art. 46 do Código Florestal).

Importante distinguir que, enquanto a instituição da CRA, em propriedade privada, segue o princípio da disponibilidade, podendo ser cancelada, por mera solicitação do proprietário, em caso de desistência de manter a área conservada, como previsto no art. 50, inc. I do Código Florestal, o mesmo não pode acontecer nas unidades de conservação instituídas pelo Poder Público, já que neste caso somente por lei pode ser desafetada uma área destinada à preservação ambiental.

O art. 50, incs. II e III do Código Florestal, prevê outros dois casos de extinção da cota de reserva florestal, a primeira ocorre de modo automático, em razão do término do prazo da servidão ambiental, o segundo caso ocorre por decisão do órgão competente do Sisnama, quando verificar a degradação da vegetação nativa da área vinculada à CRA, cujos custos e prazo de recuperação ambiental inviabilizem a continuidade do vínculo entre a área e o título, por ausência de objeto e suporte substancial da CRA, mas, neste segundo caso, deve-se apurar com rigor a responsabilidade pelos danos ambientais, do ponto de vista administrativo e penal.

Com estas mudanças legislativas fica claro que é possível afetar para compensação de reserva legal áreas dentro de unidade de conservação (UC), bastando que esteja expressamente prevista no seu plano de manejo a afetação de áreas para este fim dentro da UC, sendo possível ser utilizado mesmo naquelas unidades de conservação cuja instituição inicialmente não previu esta possibilidade.

6.9 Áreas de preservação permanente

Conforme definição legal, a área de preservação permanente (APP) é uma área protegida, coberta ou não por vegetação nativa, com a função ambiental de preservar os recursos hídricos, a paisagem, a estabilidade geológica e a biodiversidade, facilitar o fluxo gênico de fauna e flora, proteger o solo e assegurar o bem-estar das populações humanas.

A *APP* segue longa trajetória no direito ambiental brasileiro, sendo já no Código Florestal de 1930 reconhecida como *florestas protetoras*. O Código de 1965 confirmou a concepção de que a floresta e demais formas de vegetação existentes nas áreas que descreve são permanentes, ou seja, não podem ser eliminadas e são insuscetíveis de modificação.

A preocupação com a preservação das matas protetoras é prevista em diversas legislações de outros países[288] que buscam conservar o regime de águas, prevenir a erosão do solo, impedir o desmoronamento dos barrancos de rios, lagos e demais correntes d'água, manter o calado nas vias fluviais, proteger rodovias e ferrovias etc. A imposição de um conjunto de limitações às possibilidades de utilização do solo e dos recursos naturais é a confirmação da adoção do *princípio biocêntrico* em detrimento do exclusivamente antropocêntrico. Em outras palavras, o legislador demonstra a sua "inclinação para encarar o homem, não como centro da natureza, mas como parte integrante dela".[289] Os recursos naturais existentes na APP são insuscetíveis de indenização, pois, além de serem considerados *bens de uso comum do povo*, independentemente do ente que for o proprietário da terra (público ou privado), esses recursos continuarão cumprindo o mesmo objetivo.

Caso a APP sofra corte raso,[290] total ou parcial, os proprietários das terras (públicas ou privadas) deverão plantar a floresta ou reflorestar as áreas degradadas, sendo uma obrigação *propter rem*, que se transmite a quem venha degradar a área, mesmo que não tenha sido responsável pelo crime ambiental. Ao julgar a ADC nº 42, o STF declarou a inconstitucionalidade das expressões "gestão de resíduos" e "instalações necessárias à realização de competições esportivas estaduais, nacionais ou internacionais", contidas no art. 3º, VIII, "b" do Código Florestal, que, assim, não podem ser consideradas de utilidade pública, para fins de exceção para a permissão de supressão em área de preservação permanente. Em todo o caso, por maioria, o STF fixou a interpretação conforme a Constituição ao art. 3º, VIII e IX, de modo a se condicionar a intervenção excepcional em APP, por interesse social ou utilidade pública, à inexistência de alternativa técnica e/ou locacional à atividade proposta. A delimitação das áreas de preservação permanente está prevista no art. 4º do Código Florestal, nas áreas rurais e urbanas, conforme a seguinte localização:

a) Nas faixas marginais de qualquer curso d'água natural perene e intermitente, excluídos os efêmeros, desde a borda da calha do leito regular, em largura mínima de: 30 (trinta) metros, para os cursos d'água de menos de 10 (dez) metros de largura; 50 (cinquenta) metros, para os cursos d'água que tenham de 10 (dez) a 50 (cinquenta) metros de largura; 100 (cem) metros, para os cursos d'água que tenham de 50 (cinquenta) a 200 (duzentos) metros de largura; 200 (duzentos) metros, para os cursos d'água que tenham de 200 (duzentos) a 600 (seiscentos) metros de largura; 500 (quinhentos) metros, para os cursos d'água que tenham largura superior a 600 (seiscentos) metros.

---

[288] De acordo com Paulo Affonso Leme Machado, os seguintes países protegem suas Áreas de Preservação Permanente: Argentina, Venezuela, Alemanha e França. Temos conhecimento de que a Costa Rica, Espanha e Itália também possuem um sistema legal de proteção dessas áreas (MACHADO, Paulo Affonso Leme. *Direito ambiental brasileiro*. 7. ed. São Paulo: Malheiros, 1999. p. 613-618).

[289] FERNANDEZ, Maria Elizabeth Moreira. *Direito ao ambiente e propriedade privada*: aproximação ao estudo da estrutura e das conseqüências das "leis-reserva" portadoras de vínculos ambientais. Coimbra: Coimbra Ed., 2001. p. 67.

[290] Corte raso é um "tipo de corte em que é feita a derrubada de todas as árvores, de parte ou de todo um povoamento florestal, deixando o terreno momentaneamente livre de cobertura arbórea" (Portaria de 1986 do IBDF *apud* MACHADO, Paulo Affonso Leme. *Direito ambiental brasileiro*. 7. ed. São Paulo: Malheiros, 1999. p. 642).

b) Nas áreas no entorno dos lagos e lagoas naturais, em faixa com largura mínima de: 100 (cem) metros, em zonas rurais, exceto para o corpo d'água com até 20 (vinte) hectares de superfície, cuja faixa marginal será de 50 (cinquenta) metros; 30 (trinta) metros em zonas urbanas.

c) Nas áreas no entorno dos reservatórios d'água artificiais, decorrentes de barramento ou represamento de cursos d'água naturais, na faixa definida na licença ambiental do empreendimento.

d) Nas áreas no entorno das nascentes e dos olhos d'água perenes, qualquer que seja sua situação topográfica, no raio mínimo de 50 (cinquenta) metros.

e) Nas encostas ou partes destas com declividade superior a 45º, equivalente a 100% (cem por cento) na linha de maior declive.

f) Nas restingas, como fixadoras de dunas ou estabilizadoras de mangues.

g) Nos manguezais, em toda a sua extensão.

h) Nas bordas dos tabuleiros ou chapadas, até a linha de ruptura do relevo, em faixa nunca inferior a 100 (cem) metros em projeções horizontais.

i) No topo de morros, montes, montanhas e serras, com altura mínima de 100 (cem) metros e inclinação média maior que 25º, as áreas delimitadas a partir da curva de nível correspondente a 2/3 (dois terços) da altura mínima da elevação sempre em relação à base, sendo esta definida pelo plano horizontal determinado por planície ou espelho d'água adjacente ou, nos relevos ondulados, pela cota do ponto de sela mais próximo da elevação.

j) Nas áreas em altitude superior a 1.800 (mil e oitocentos) metros, qualquer que seja a vegetação.

k) Em veredas, a faixa marginal, em projeção horizontal, com largura mínima de 50 (cinquenta) metros, a partir do espaço permanentemente brejoso e encharcado.

As hipóteses legais de dispensa da exigência de área de preservação permanente decorrem de fatores nos quais naturalmente não se localizaria a vegetação em torno de cursos d'água, assim, por exemplo, o §1º do art. 4º do Código Florestal dispensa a exigência no entorno de reservatórios artificiais de água que não decorram de barramento ou represamento de cursos d'água naturais.

Outras hipóteses ocorrem quando a área do espelho d'água seja tão pequena que a lei dispensa a área de preservação permanente; assim, o §4º do art. 4º do Código Florestal prevê que nas acumulações naturais ou artificiais de água com superfície inferior a 1 (um) hectare, fica dispensada a reserva da faixa de proteção, vedada nova supressão de áreas de vegetação nativa, salvo autorização do órgão ambiental competente do Sistema Nacional do Meio Ambiente (Sisnama).

De outra banda o Código Florestal prevê expressamente situações em que a área de preservação permanente não só é obrigatória, como define medidas mínimas que devem ser conservadas, assim, o art. 5º determina que, na implantação de reservatório d'água artificial destinado à geração de energia ou abastecimento público, é obrigatória a aquisição, desapropriação ou instituição de servidão administrativa pelo empreendedor das áreas de preservação permanente criadas em seu entorno, conforme estabelecido no licenciamento ambiental, observando-se a faixa mínima de 30 (trinta) metros e máxima de 100 (cem) metros em área rural, e a faixa mínima de 15 (quinze) metros e máxima de 30 (trinta) metros em área urbana.

Há ainda os casos em que o interesse social, declarado pelo Poder Público, define como de áreas de preservação permanente as áreas cobertas com florestas ou outras formas de vegetação destinadas a conter a erosão do solo e mitigar riscos de enchentes e deslizamentos de terra e de rocha, proteger as restingas ou veredas, proteger várzeas, abrigar exemplares da fauna ou da flora ameaçados de extinção, proteger sítios de excepcional beleza ou de valor científico, cultural ou histórico, formar faixas de proteção ao longo de rodovias e ferrovias, assegurar condições de bem-estar público, auxiliar a defesa do território nacional, a critério das autoridades militares, proteger áreas úmidas, especialmente as de importância internacional.[291] Importante, para o direito agrário, a legislação expressamente reconhecer a produtividade das áreas de preservação permanentes, ainda que com limitações. Além do manejo florestal sustentável, é admitido que, para a pequena propriedade ou posse rural familiar, o plantio de culturas temporárias e sazonais de vazante de ciclo curto na faixa de terra que fica exposta no período de vazante dos rios ou lagos, desde que não implique supressão de novas áreas de vegetação nativa, seja conservada a qualidade da água e do solo e seja protegida a fauna silvestre.[292] Uma terceira via econômica expressa na APP é que, nos imóveis rurais com até 15 (quinze) módulos fiscais, é admitida a prática da aquicultura e a infraestrutura física diretamente a ela associada, desde que sejam adotadas práticas sustentáveis de manejo de solo e água e de recursos hídricos, garantindo sua qualidade e quantidade, de acordo com norma dos conselhos estaduais de meio ambiente, estejam de acordo com os respectivos planos de bacia ou planos de gestão de recursos hídricos, seja realizado o licenciamento pelo órgão ambiental competente, o imóvel esteja inscrito no cadastro ambiental rural (CAR) e não implique novas supressões de vegetação nativa.[293] Por sua função biótica de proteção natural, a intervenção ou a supressão de vegetação nativa em área de preservação permanente somente ocorrerá nas hipóteses de utilidade pública, de interesse social ou de baixo impacto ambiental, sendo que a supressão de vegetação nativa protetora de nascentes, dunas e restingas somente poderá ser autorizada em caso de utilidade pública, ou, ainda, excepcionalmente, em locais onde a função ecológica do manguezal esteja comprometida, para execução de obras habitacionais e de urbanização, inseridas em projetos de regularização fundiária de interesse social, em áreas urbanas consolidadas ocupadas por população de baixa renda (art. 8º do Código Florestal).

Por isso, é vedado, em qualquer hipótese, o direito à regularização de futuras intervenções ou supressões de vegetação nativa, além das previstas no Código Florestal, e não poderia ser diferente, pela função ambiental que estas áreas de preservação permanente objetivam.

Válido destacar que continua válida a Resolução nº 369, de 28.3.2006 do Conama, que dispõe sobre os casos excepcionais, de utilidade pública, interesse social ou baixo impacto ambiental, que possibilitam a intervenção ou supressão de vegetação em área

---

[291] Art. 6º do Código Florestal.
[292] §5º do art. 4º do Código Florestal.
[293] §6º do art. 4º do Código Florestal.

de preservação permanente.[294] Segundo essa resolução, o órgão ambiental competente somente poderá autorizar a intervenção ou supressão de vegetação em APP, devidamente caracterizada e motivada mediante *procedimento administrativo autônomo e prévio*, junto ao órgão ambiental competente e atendidos os requisitos previstos na resolução e noutras normas federais, estaduais e municipais aplicáveis, bem como no plano diretor, zoneamento ecológico-econômico e plano de manejo das unidades de conservação, se existentes. São *possibilidades de autorização ou supressão segundo o Conama*:

I – *Utilidade pública*: a) as atividades de segurança nacional e proteção sanitária; b) as obras essenciais de infraestrutura destinadas aos serviços públicos de transporte, saneamento e energia; c) as atividades de pesquisa e extração de substâncias minerais, outorgadas pela autoridade competente, exceto areia, argila, saibro e cascalho; d) a implantação de área verde pública em área urbana; e) pesquisa arqueológica; f) obras públicas para implantação de instalações necessárias à captação e condução de água e de efluentes tratados; e g) implantação de instalações necessárias à captação e condução de água e de efluentes tratados para projetos privados de aquicultura.

II – *Interesse social*: a) as atividades imprescindíveis à proteção da integridade da vegetação nativa, tais como prevenção, combate e controle do fogo, controle da erosão, erradicação de invasoras e proteção de plantios com espécies nativas, de acordo com o estabelecido pelo órgão ambiental competente; b) o manejo agroflorestal, ambientalmente sustentável, praticado na pequena propriedade ou posse rural familiar, que não descaracterize a cobertura vegetal nativa, ou impeça sua recuperação, e não prejudique a função ecológica da área; c) a regularização fundiária sustentável de área urbana; d) as atividades de pesquisa e extração de areia, argila, saibro e cascalho, outorgadas pela autoridade competente.

III – *Intervenção ou supressão de vegetação eventual e de baixo impacto ambiental*, e quando o requerente, entre outras exigências, comprovar: a) a inexistência de alternativa técnica e locacional às obras, planos, atividades ou projetos propostos; b) atendimento às condições e padrões aplicáveis aos corpos de água; c) averbação da área de reserva legal; e d) a inexistência de risco de agravamento de processos como enchentes, erosão ou movimentos acidentais de massa rochosa.

---

[294] Conferir também, para casos de supressão de APP de nascente, o inc. II do art. 3º da Resolução Conama nº 303, de 2002, e lembrar que é condicionada à outorga do direito de uso de recurso hídrico, conforme o disposto no art. 12 da Lei nº 9.433, de 8.1.1997.

CAPÍTULO 7

ÁREA DE USO INTENSIVO

7.1 Imóvel rural e área de uso intensivo (AUI)

Nessa área, os poderes dominiais são proporcionalmente muito mais intensos do que em outras partes da propriedade, sendo que o proprietário pode fazer o uso que achar mais conveniente, como a utilização do corte raso, o que tradicionalmente se chama de uso alternativo do solo.

Não há limitação ao uso da propriedade, tendo plenos poderes para suprimir a vegetação da área, desde que mediante autorização. A única restrição é que o interessado deve comprovar que esta porção da propriedade não se encontra abandonada, subutilizada ou utilizada de forma inadequada, segundo a vocação e a capacidade do solo, conforme estabelecem os comandos normativos da Lei Agrária (Lei nº 8.629/93).

CAPÍTULO 8

SERVIDÕES

8.1 Servidão de trânsito

Nas margens das correntes não navegáveis ou flutuáveis, mas que concorrem para formar outras flutuáveis, mas não navegáveis, fica reservada uma faixa de dez metros para servidão dos agentes da Administração Pública, quando em execução de serviço (art. 11, §2º, do Código de Águas).

Nas áreas em que incide a servidão de trânsito reconhece-se o domínio privado de tais terras.

8.2 Servidão florestal e servidão ambiental

A *servidão florestal* pode servir como instrumento para compensação de reserva legal desde que situada no mesmo bioma ou outro estado com mesmo bioma. O proprietário oferece área a terceiro que esteja localizada fora da reserva legal, e como esta inclui a área de preservação permanente, a dimensão daquela é que permite definir a área florestada passível de ser utilizada para fins de servidão. Pode ser temporária, prazo mínimo de 15 anos, ou perpétua, e pode ser instituída a favor de uma ou mais pessoas físicas ou jurídicas. Trata-se de servidão distinta da servidão predial prevista nos arts. 1.378 a 1.389 do Código Civil, aplicada usualmente para garantia de passagem e acesso à água.

Destaca-se que, quando o §2º do art. 9-A da Lei nº 6.983/81 declara que a **servidão ambiental não se aplica às áreas de preservação permanente e à reserva legal mínima exigida**, somente está reafirmando o princípio de que é a área excedente da reserva legal que define a área passível de servidão florestal, pois esta inclui a área de APP.

Alguns entendem que a servidão florestal é sinônima da servidão ambiental, ecológica ou de conservação, e, ainda que elas tenham idênticas limitações e requisitos, deve-se entender que **a servidão ambiental**[295] **é de abrangência mais ampla que a servidão florestal, esta última a ser aplicada a áreas onde exista cobertura florestal.** Assim, a primeira é gênero da qual a segunda pode ser espécie.

---

[295] Prevista na Lei Federal nº 6.983/81, arts. 9º-A, 9º-B e 9º-C, incluídos pela Lei nº 12.651, de 2012.

8.3 Servidão minerária e servidão civil

O Código de Mineração (art. 59 e ss.) e o Regulamento do Código de Mineração – Decreto nº 62.934/68 (art. 81 e ss.) estabelecem que ficam sujeitas à servidão de solo e subsolo, para os fins de pesquisa ou lavra, não só a propriedade onde se localiza a jazida, como também as limítrofes.[296] Esta servidão é de cunho administrativo e como afirmado pode ser concedida antes mesmo da efetiva extração, ainda no momento da pesquisa. A *servidão minerária não se confunde com a servidão regida pelo direito civil*, já que a minerária será concedida tendo como parâmetro a predominância do interesse público de caráter nacional na efetiva exploração das jazidas minerais (art. 176 da CF), uma vez que a atividade extrativa é de utilidade pública (art. 5º, "f", do Decreto-Lei nº 3.365/41: "Consideram-se casos de utilidade pública: [...] f) o aproveitamento industrial das minas e das jazidas minerais, das águas e da energia hidráulica", quem pode o mais pode o menos).

É válido observar que a servidão minerária é um tipo de servidão administrativa e, por ser prevista no Código de Mineração (arts. 59 a 62), recebe esta nomenclatura.

Se o Poder Público pode desapropriar, este pode instituir servidões. E a servidão civil, regida pelo Código Civil, é instituída no interesse individual do proprietário do solo, muito embora seja um ônus à coisa e não à pessoa, a beneficiar o prédio dominante em face do prédio serviente (inaplicável mais o antigo art. 707 do Código Civil de 1916).

É possível instituir servidão minerária em área já serviente, uma vez que não há óbice legal, tendo em vista a diversidade de objetivos, e desde que a segunda servidão não prejudique o exercício da primeira.

A servidão é direito real sobre coisa alheia, mas a servidão minerária não é em função da coisa em si. A servidão minerária é instituída em favor do título minerário e objetiva a efetiva exploração da jazida, em conformidade com a concessão de lavra outorgada pela União.

8.3.1 Indenização prévia das servidões minerárias

É procedimento de jurisdição voluntária se as partes estiverem de acordo quanto ao valor da indenização.[297] Do contrário, a Agência Nacional de Mineração deverá

---

[296] Código de Mineração (Decreto-Lei nº 227, de 28.2.1967): "Art. 6º [...] Parágrafo único. Consideram-se partes integrantes da mina: b) servidões indispensáveis ao exercício da lavra; [...] Das Servidões [...] Art. 59. Ficam sujeitas a servidões de solo e subsolo, para os fins de pesquisa ou lavra, não só a propriedade onde se localiza a jazida, como as limítrofes (Renumerado do art. 60 para art. 59 pelo Decreto-Lei nº 318, de 1967) Parágrafo único. Instituem-se Servidões para: a) construção de oficinas, instalações, obras acessórias e moradias; b) abertura de vias de transporte e linhas de comunicações; c) captação e adução de água necessária aos serviços de mineração e ao pessoal; d) transmissão de energia elétrica; e) escoamento das águas da mina e do engenho de beneficiamento; f) abertura de passagem de pessoal e material, de conduto de ventilação e de energia elétrica; g) utilização das aguadas sem prejuízo das atividades pré-existentes; e, h) bota-fora do material desmontado e dos refugos do engenho".

[297] Código de Mineração (Decreto-Lei nº 227, de 28.2.1967): "Art. 27. O titular de autorização de pesquisa poderá realizar os trabalhos respectivos, e também as obras e serviços auxiliares necessários, em terrenos de domínio público ou particular, abrangidos pelas áreas a pesquisar, desde que pague aos respectivos proprietários ou posseiros uma renda pela ocupação dos terrenos e uma indenização pelos danos e prejuízos que possam ser causados pelos trabalhos de pesquisa, observadas as seguintes regras: I - A renda não poderá exceder ao montante do rendimento líquido máximo da propriedade na extensão da área a ser realmente ocupada; II - A indenização por danos causados não poderá exceder o valor venal da propriedade na extensão da área

CAPÍTULO 8
SERVIDÕES

333

proceder à avaliação e encaminhar ao MM. juiz da comarca de localização da área que conterá a servidão. O valor deverá ser depositado judicialmente pelo titular do direito minerário. A indenização é prévia. Caso o avaliador seja judicial, aplica-se o disposto no art. 27, X, do denominado Código de Mineração, o qual estabelece que as despesas judiciais com o processo de avaliação serão pagas pelo titular da autorização de pesquisa, por exemplo. Importante notar que a servidão minerária tem caráter indenizatório em relação à superfície do solo, em razão do valor do terreno ocupado e dos prejuízos resultantes dessa ocupação. Isso quer dizer que não basta apenas o direito da lavra da empresa mineradora, mas sim que a servidão minerária esteja instituída para que haja efetiva desocupação da área superficiária. Esta renda é devida a partir da efetiva ocupação da área pela mineradora.

Finalmente, a servidão minerária não se confunde nem exclui a participação prevista no art. 176, §2º, da CF que estabelece: "É assegurada participação ao proprietário do solo nos resultados da lavra, na forma e no valor que dispuser a lei". Este dispositivo

---

efetivamente ocupada pelos trabalhos de pesquisa, salvo no caso previsto no inciso seguinte; III - Quando os danos forem de molde a inutilizar para fins agrícolas e pastoris toda a propriedade em que estiver encravada a área necessária aos trabalhos de pesquisa, a indenização correspondente a tais danos poderá atingir o valor venal máximo de toda a propriedade; IV - Os valores venais a que se referem os incisos II e III serão obtidos por comparação com valores venais de propriedade da mesma espécie, na mesma região; V - No caso de terrenos públicos, é dispensado o pagamento da renda, ficando o titular da pesquisa sujeito apenas ao pagamento relativo a danos e prejuízos; VI - Se o titular do Alvará de Pesquisa, até a data da transcrição do título de autorização, não juntar ao respectivo processo prova de acordo com os proprietários ou posseiros do solo acerca da renda e indenização de que trata este artigo, o Diretor-Geral do D. N. P. M., dentro de 3 (três) dias dessa data, enviará ao Juiz de Direito da Comarca onde estiver situada a jazida, cópia do referido título; VII - Dentro de 15 (quinze) dias, a partir da data do recebimento dessa comunicação, o Juiz mandará proceder à avaliação da renda e dos danos e prejuízos a que se refere este artigo, na forma prescrita no Código de Processo Civil; VIII - O Promotor de Justiça da Comarca será citado para os termos da ação, como representante da União; IX - A avaliação será julgada pelo Juiz no prazo máximo de 30 (trinta) dias, contados da data do despacho a que se refere o inciso VII, não tendo efeito suspensivo os recursos que forem apresentados; X - As despesas judiciais com o processo de avaliação serão pagas pelo titular da autorização de pesquisa; XI - Julgada a avaliação, o Juiz, dentro de 8 (oito) dias, intimará o titular a depositar quantia correspondente ao valor da renda de 2 (dois) anos e a caução para pagamento da indenização; XII - Feitos esses depósitos, o Juiz, dentro de 8 (oito) dias, intimará os proprietários ou posseiros do solo a permitirem os trabalhos de pesquisa, e comunicará seu despacho ao Diretor-Geral do D. N. P. M. e, mediante requerimento do titular da pesquisa, às autoridades policiais locais, para garantirem a execução dos trabalhos; XIII - Se o prazo da pesquisa for prorrogado, o Diretor-Geral do D. N. P. M. o comunicará ao Juiz, no prazo e condições indicadas no inciso VI deste artigo; XIV - Dentro de 8 (oito) dias do recebimento da comunicação a que se refere o inciso anterior, o Juiz intimará o titular da pesquisa a depositar nova quantia correspondente ao valor da renda relativa ao prazo de prorrogação; XV - Feito esse depósito, o Juiz intimará os proprietários ou posseiros do solo, dentro de 8 (oito) dias, a permitirem a continuação dos trabalhos de pesquisa no prazo da prorrogação, e comunicará seu despacho ao Diretor-Geral do D. N. P. M. e às autoridades locais; XVI - Concluídos os trabalhos de pesquisa, o titular da respectiva autorização e o Diretor-Geral do D. N. P. M. Comunicarão o fato ao Juiz, a fim de ser encerrada a ação judicial referente ao pagamento das indenizações e da renda. [...] Art. 60 Instituem-se as Servidões mediante indenização prévia do valor do terreno ocupado e dos prejuízos resultantes dessa ocupação (Renumerado do art. 61 para art. 60 pelo Decreto-Lei nº 318, de 1967). §1º Não havendo acordo entre as partes, o pagamento será feito mediante depósito judicial da importância fixada para indenização, através de vistoria ou perícia com arbitramento, inclusive da renda pela ocupação, seguindo-se o competente mandado de imissão de posse na área, se necessário. §2º O cálculo da indenização e dos danos a serem pagos pelo titular da autorização de pesquisas ou concessão de lavra, ao proprietário do solo ou ao dono das benfeitorias, obedecerá às prescrições contidas no Artigo 27 deste Código, e seguirá o rito estabelecido em Decreto do Governo Federal. Art. 61. Se, por qualquer motivo independente da vontade do indenizado, a indenização tardar em lhe ser entregue, sofrerá, a mesma, a necessária correção monetária, cabendo ao titular da autorização de pesquisa ou concessão de lavra, a obrigação de completar a quantia arbitrada (Renumerado do art. 62 para art. 61 pelo Decreto-Lei nº 318, de 1967). Art. 62. Não poderão ser iniciados os trabalhos de pesquisa ou lavra, antes de paga a importância à indenização e de fixada a renda pela ocupação do terreno (Renumerado do art. 63 para art. 62 pelo Decreto-Lei nº 318, de 1967)".

da CF foi regulamentado pela Lei Federal nº 8.901/94, que alterou o art. 11, "b", do Decreto-Lei nº 227/67 – Código de Mineração.[298]

8.4 Jurisprudência relacionada

8.4.1 Servidão minerária e civil – Institutos diferentes

TJMG Processo nº 1.0470.02.006542-6/002(1) – Relator Luciano Pinto – Data do acórdão 09.11.2006 – Data da Publicação 23.11.2006.
TRF1ª Região. AMS 2000.38.00.019113-0/MG; APELAÇÃO EM MANDADO DE SEGURANÇA DESEMBARGADORA FEDERAL SELENE MARIA DE ALMEIDA Órgão Julgador: QUINTA TURMA Publicação: 10.08.2006 DJ p.75 Data da Decisão: 24.07.2006.
STF. Voto do Ministro Relator Nelson Jobim. AI-AgR 404862/MG MINAS GERAIS AG. REG. NO AGRAVO DE INSTRUMENTO Relator(a): Min. NELSON JOBIM Julgamento: 15.04.2003 Órgão Julgador: Segunda Turma. Publicação DJ 06.06.2003 – Ement VOL-02113-06 PP-01018. Jurisdição Voluntária: STJ. AgRg no Ag 128881/MG; AGRAVO REGIMENTAL NO AGRAVO DE INSTRUMENTO – 1996/0069196-7 Ministro WALDEMAR ZVEITER (1085) Órgão Julgador T3 – TERCEIRA TURMA Data do Julgamento 27.10.1997 Data da Publicação/ Fonte DJ 25.02.1998 p. 72.

8.4.2 Outros tipos de servidões incidentes sobre a propriedade – servidão administrativa de modo geral

Linha de Transmissão Elétrica – TJ – MG: Processo 1.0433.05.147482-6/001(1) – Relator Hilda Teixeira da Costa – Data do acórdão 25.01.2007 – Data da Publicação 12.02.2007.
APELAÇÃO CÍVEL – AÇÃO DE CONSTITUIÇÃO DE SERVIDÃO ADMINISTRATIVA – LINHA DE TRANSMISSÃO DE ENERGIA ELÉTRICA – INDENIZAÇÃO – VALOR – DIVERGÊNCIA ENTRE O LAUDO OFICIAL E DO ASSISTENTE TÉCNICO. PREVALÊNCIA DO LAUDO OFICIAL – JUROS COMPENSATÓRIOS – TERMO INICIAL – HONORÁRIOS ADVOCATÍCIOS – INTELIGÊNCIA DO §4º ART. 20 DO CPC-RECURSO PROVIDO. A servidão administrativa de linha de transmissão de energia elétrica, mesmo não implicando em transferência do domínio para o poder público, mas somente uma limitação ao uso pleno da propriedade, enseja o pagamento de indenização na proporção da intensidade das limitações ao uso do bem. Na indenização pela constituição de servidão administrativa deve ser considerado na fixação do valor a ser pago ao proprietário o efetivo prejuízo por ele suportado, não devendo ser computado suposto prejuízo, que pode advir de situações não constatadas, no momento da perícia. Em ação de constituição de servidão administrativa

---

[298] Art. 11. [...] b) o direito à participação do proprietário do solo nos resultados da lavra. §1º A participação de que trata a alínea b do caput deste artigo será de cinquenta por cento do valor total devido aos Estados, Distrito Federal, Municípios e órgãos da administração direta da União, a título de compensação financeira pela exploração de recursos minerais, conforme previsto no caput do art. 6º da Lei nº 7.990, de 29.12.1989 e no art. 2º da Lei nº 8.001, de 13 de março de 1990. §2º O pagamento da participação do proprietário do solo nos resultados da lavra de recursos minerais será efetuado mensalmente, até o último dia útil do mês subsequente ao do fato gerador, devidamente corrigido pela taxa de juros de referência, ou outro parâmetro que venha a substituí-la. §3º O não cumprimento do prazo estabelecido no parágrafo anterior implicará correção do débito pela variação diária da taxa de juros de referência, ou outro parâmetro que venha a substituí-la, juros de mora de um por cento ao mês e multa de dez por cento aplicada sobre o montante apurado.

havendo divergência no tocante à localização do imóvel se em área urbana ou rural e ao preço, prevalece a avaliação do perito oficial, isento e equidistante do interesse das partes, de acordo com laudo elaborado de forma criteriosa e contendo todos os elementos necessários à justa indenização. Nas ações de constituição de servidão administrativa, havendo divergência entre o preço ofertado em juízo E o valor do bem, fixado em sentença, incidirão juros compensatórios de até seis por cento ao ano sobre o valor da diferença apurada, a contar da imissão na posse, vedado o cálculo de juros compostos. A sentença que fixar o valor da indenização quando esta for superior ao preço oferecido condenará o desapropriante a pagar honorários de advogado, que serão fixados entre meio e cinco por cento do valor da diferença, observado o disposto no §1º, do art. 27, da RP nº 2.183-56.

Indenização e Honorários: Processo: 1.0672.99.001081-7/001 (1) – Relator Pinheiro Lago – Data do Acórdão 21.06.2005 – Data da publicação: 24.08.2005 – Administrativo. Servidão Administrativa. Direito à Indenização. A servidão administrativa, por não transferir o domínio do imóvel, rende ensejo à indenização, a qual deve refletir os prejuízos efetivamente sofridos pelo proprietário do bem serviente, não se incluindo no cômputo do importe de tal verba suposto prejuízo advindo de situações ainda não verificadas, dependentes de eventos futuros e incertos. Honorários Advocatícios. Em tais hipóteses, tal parcela deve ser arbitrada consoante o disposto no art. 27, §1º, §3º e incs. e §4º, do Decreto-Lei nº 3.365/41, com as alterações introduzidas pela Medida Provisória nº 2.183-56. Todos os recursos desprovidos.

CAPÍTULO 9

LIMITAÇÃO ADMINISTRATIVA PROVISÓRIA (LAP) E TERRAS RESERVADAS

9.1 Origem e natureza jurídica do instituto da limitação administrativa provisória e sua distinção das terras reservadas

Quando se observa o conceito de *limitação administrativa provisória*[299] previsto no art. 22-A da Lei nº 9.985/2000 (SNUC), que o define como o instituto pelo qual o Poder Público poderá, ressalvadas as atividades agropecuárias e outras atividades econômicas em andamento e obras públicas licenciadas, na forma da lei, decretar limitações administrativas provisórias ao exercício de atividades e empreendimentos efetiva ou potencialmente causadores de degradação ambiental, para a realização de estudos para criação de unidade de conservação, quando, a critério do órgão ambiental competente, houver risco de dano grave aos recursos naturais ali existentes, pode-se pensar que este é um instituto novo do direito ambiental. Entretanto, essa possibilidade do Poder Público de restringir atividades e empreendimentos em determinada área, criando um perímetro de segurança de caráter temporário, com vistas a possibilitar estudos para definição de uma futura unidade de conservação, prevista no art. 225, §1º, III, da CF, possui raízes no direito agrário, no denominado instituto das terras reservadas.

Com efeito, o instituto das terras reservadas, originalmente previsto no art. 12, inc. 2º da Lei nº 601, de 18.9.1850, primeira Lei de Terras do Brasil, já determinava ao governo o dever de reservar das terras devolutas as necessárias para a "fundação de povoações, aberturas de estradas, e quaesquer outras servidões, e assento de estabelecimentos públicos".

---

[299] Lei nº 9.985/2000 – Lei do SNUC: "Art. 22-A. O Poder Público poderá, ressalvadas as atividades agropecuárias e outras atividades econômicas em andamento e obras públicas licenciadas, na forma da lei, decretar limitações administrativas provisórias ao exercício de atividades e empreendimentos efetiva ou potencialmente causadores de degradação ambiental, para a realização de estudos com vistas na criação de Unidade de Conservação, quando, a critério do órgão ambiental competente, houver risco de dano grave aos recursos naturais ali existentes (*vide* Decreto de 2.1.2005). §1º Sem prejuízo da restrição e observada a ressalva constante do caput, na área submetida a limitações administrativas, não serão permitidas atividades que importem em exploração a corte raso da floresta e demais formas de vegetação nativa. §2º A destinação final da área submetida ao disposto neste artigo será definida no prazo de 7 (sete) meses, improrrogáveis, findo o qual fica extinta a limitação administrativa".

A possibilidade de instituição das terras reservadas foi devidamente regulamentada na sua forma e requisitos de sua destinação pelos arts. 76 a 79 do Decreto nº 1.318, de 30.01.1854, em que se destacava o caráter vinculativo destas terras ao cumprimento da destinação para as quais foram separadas pelo governo, inclusive com a preocupação de que a concessão dos lotes observasse a "regularidade e formosura das povoações" (art. 78, *in fine*).

Também no referido instituto de direito agrário residia e reside o caráter temporário, como na limitação administrativa provisória, que segundo o §2º do art. 22-A da Lei nº 9.985/2000 determina que a destinação final da área será definida no prazo de 7 (sete) meses, improrrogáveis, findo o qual fica extinta a limitação administrativa, porém no direito agrário a temporalidade do instituto está ligada à execução do objetivo para os quais as terras foram reservadas, não existindo um período determinado para a sua exaustão.

Importante registrar que com a proclamação da República os estados, originários das antigas províncias, fizeram editar as suas respectivas leis de terras; assim, o estado do Pará, por exemplo, fez editar o Decreto nº 410, de 8.10.1891, que também previu o instituto das terras reservadas, no art. 19, mantendo a mesma linha da Lei nº 601/1850.

O referido instituto das terras reservadas foi regulamentado no estado do Pará pela Lei nº 82, de 15.9.1892, nos arts. 27 a 29, destacando-se a preocupação de que fosse cumprida a finalidade de atender à destinação e finalidade para as quais as elas foram afetadas pelo Poder Público.

A vigente Lei de Terras do Estado do Pará, Lei nº 8.878/2019, não mais prevê, como fazia a revogada Lei Estadual Paraense nº 7.289/2009, regras sobre o instituto das terras reservadas. A nova legislação adota os procedimentos semelhantes à Lei Federal nº 13.465/2017, no seu art. 6º, para permitir a regularização fundiária de imóveis de área não rural, regulamentada no Decreto Estadual nº 1.191/2020, no qual se inclui a destinação de áreas para a formação da Légua Patrimonial ou área de patrimônio Municipal.

Importante destacar que o antigo instituto das terras reservadas tem a natureza de processo acautelador da destinação de determinada gleba, ou seja, restringir o seu apossamento por decisão governamental, que lhe afeta a uma finalidade que considera mais adequada justificando a reserva de ditas glebas a um interesse público superior.

A rigor, o instituto das terras reservadas, ainda que o seu procedimento e destinação não sejam previstos em lei, decorre do domínio eminente que o Poder Público possui sobre as terras sobre a sua jurisdição, segundo o princípio geral de direito de que cabe ao Poder Público ordenar a gestão territorial, segundo o mais relevante interesse público, sinalizando aos particulares de forma geral que não devem perseguir a sua regularização para outro fim, que não aquele ao qual foi reservada a área.

É exatamente o mesmo papel realizado pela limitação administrativa provisória dentro de uma macropolítica de destinação de terras públicas para a conservação de recursos ambientais.

É óbvio que, em ambos os casos, se deve ressalvar eventuais situações já consolidadas antes da emissão do decreto a favor de particulares, o que a rigor não impede o alcance de áreas de propriedade particular e atividades econômicas devidamente licenciadas, ressalvando a sua continuidade dentro dos limites impostos pelo instituto no perímetro e período temporal.

Evidente que a propriedade particular cujo uso foi incompatível com a destinação final a ser resultado da área afetada pela limitação administrativa imposta pelo Poder Público deverá ser objeto do competente processo de desapropriação.

A conformação do instituto das terras reservadas e da limitação administrativa provisória leva em conta a destinação a finalidades de interesse público, tendo em vista, justamente, regulamentar a ordenada utilização destas áreas, cumprindo, assim, o objetivo de que estas venham servir a um adequado uso e logo servir ao bem-estar da comunidade.

Uma distinção importante entre o instituto das terras reservadas e a limitação administrativa provisória é que a primeira cumpre a função especial de destinar terras do Estado para a aplicação em finalidades específicas, mas não em *numerus clausus*, permitindo ampla aplicação, já a segunda destina-se exclusivamente à criação de unidades de conservação.

Na aplicação do instituto das terras reservadas, as limitações administrativas dela decorrentes têm o foco principal em não permitir que a transferência de terras do patrimônio do Estado ao de outras pessoas de direito público ou privado seja tomada apenas tão somente como um modo de aquinhoamento patrimonial, mas que este quinhão patrimonial seja efetivamente aplicado na finalidade para a qual foi afetada pelo Poder Público por estar em acordo com os planos de desenvolvimento econômico e social da região.

Por outro lado, na aplicação do instituto da limitação administrativa provisória, as limitações administrativas dela decorrentes têm como foco evitar que o exercício de atividades e empreendimentos efetiva ou potencialmente causadores de degradação ambiental prejudiquem a realização de estudos com vistas na criação de unidade de conservação, dado existir risco de dano grave aos recursos naturais ali existentes.

Decorrente destes aspectos fundamentais na concretização do ato de limitação administrativa provisória ou terras reservadas pelo estado cabe observar regras mínimas para ter um mínimo de certeza de que estes objetivos serão alcançados.

O que passaremos a analisar a seguir.

9.2 Procedimentos para instituição da limitação administrativa provisória e terras reservadas

O objetivo comum da limitação administrativa provisória e das terras reservadas é a conservação e aproveitamento racional dos recursos naturais, seguindo uma série de princípios de ordem pública, que justificam a imposição de limitações administrativas temporárias ao uso de uma área delimitada.

Por isso, o primeiro procedimento na sua instituição é a edição de decreto governamental que delimite a área afetada e descreva o objetivo de ordenação do território que justifica a sua edição, ressalvando as atividades em curso que estejam em conformidade com a legislação em vigor, e que não prejudiquem o objetivo do decreto.

Evidentemente que tais condições devem ser apresentadas em acordo com o tipo de destinação que ao final será aplicada à área seja a criação da unidade de conservação ou a regularização fundiária, respectivamente, se tratando de limitação administrativa provisória ou terra reservada.

Mas é importante alertar que em ambos os casos, para a destinação final das terras, é necessário fazer uma junção da questão ambiental com a regularização fundiária, para o correto uso da limitação administrativa.

Importante registrar que o fato de a área de uma LAP ou terras reservadas possuir dimensão superior a 2.500ha não implica a necessidade de prévia consulta ao Congresso Nacional, por não haver violação do art. 188, §1º, da Constituição Federal. Isso ocorre porque ambos os institutos apenas funcionam como limitação administrativa, necessária para assegurar a conservação da área e sua destinação para um fim previamente eleito pelo chefe do Poder Executivo, que melhor atende ao interesse público, não se tratando de mecanismo de concessão de terras públicas.

Mesmo as áreas que ainda não estão devidamente arrecadadas e matriculadas em nome do Estado podem ser objeto destes procedimentos ou terras particulares, o que não impede a publicação do decreto delimitador da área a ser objeto da aplicação dos institutos.

Essas limitações administrativas visam assegurar, em caso das terras devolutas, que a destinação seja compatibilizada com a política agrícola e com o plano nacional de reforma agrária (art. 188), assim como com a proteção dos ecossistemas naturais (art. 225, §5º).

Exatamente porque a LAP ou terras reservadas têm sua finalidade descrita pelo Poder Público em decreto, este deverá conter o polígono da área objeto da limitação administrativa georreferenciada e o respectivo memorial descritivo, segundo o previsto na Lei Federal nº 10.267/01.

Podem editar decretos de criação de LAPs ou terras reservadas a União, os estados e o Distrito Federal (art. 24, VI, da CF), já que estes entes de acordo com a Constituição Federal possuem competência concorrente para legislar sobre conservação da natureza, defesa do solo e dos recursos naturais, proteção do meio ambiente e controle da poluição.

DOMÍNIO DAS UNIDADES DE CONSERVAÇÃO E POSSE AGROECOLÓGICA

A Lei nº 9.985/2000 divide as Unidades de Conservação (UCs) em dois tipos: as unidades de proteção integral (UPI) e as unidades de uso sustentável (UUS). Passa-se a analisar cada uma com os respectivos tipos de domínio, sem apontar os instrumentos de regularização fundiária compatíveis com estas e suas especificidades, pois não é importante para os fins desta exposição, neste momento, a diferenciação entre cada uma delas. Assim, será feita apenas uma exposição legal do conceito, ressaltando alguns aspectos, mas com a finalidade de destacar a natureza do domínio. Alerta-se, entretanto, que, mesmo aquelas que admitem o domínio privado, são instituídas pelo Poder Público mediante lei (em sentido lato).

Integram as unidades de conservação de proteção integral as seguintes modalidades: estação ecológica; reserva biológica; parque nacional; monumento natural; refúgio de vida silvestre.

Do ponto de vista do domínio somente as duas últimas, monumento natural e refúgio da vida silvestre, permitem a propriedade privada, não sendo de exclusivo domínio público como as anteriores, desde que o uso pelo proprietário seja compatível com a sua finalidade, caso contrário a área deve ser desapropriada.

Neste ponto, cabe desde logo afastar o mito de que as UPIs se caracterizam pela ausência humana dentro dos seus limites, uma vez permitida a propriedade privada no caso de monumento natural e refúgio de vida silvestre.

O objetivo básico das unidades de proteção integral é preservar a natureza, sendo admitido apenas o uso indireto dos seus recursos naturais, ou seja, aquele uso que não envolve consumo, coleta, dano ou destruição dos recursos naturais, (art. 7º, §1º, c/c art. 1º, inc. IX, da Lei nº 9.985/2000), mas a lei permite exceções a esta regra, permitindo, por exemplo, coleta de componentes do ecossistema com finalidades científicas no caso de estação ecológica (art. 9º, §4º, inc. III, da Lei nº 9.985/00).

As unidades de conservação são criadas por ato do Poder Público, mesmo quando sejam de domínio privado. No seu processo de criação destaca o legislador a precedência de estudos técnicos e de consulta pública, sendo que a Administração Pública é obrigada a fornecer informações adequadas e inteligíveis à população local e a outras partes interessadas (art. 22, §§2º e 3º, da Lei do SNUC) o que não deve ter exceção por estar em acordo com os princípios de democracia participativa.

A constituição das unidades de conservação e seu aparato normativo regulamentar, previsto na Lei nº 9.985/00, remetem ao art. 225 da CF que, após definir como um direito de todos o direito ao meio ambiente ecologicamente equilibrado, bem de uso comum do povo e essencial à sadia qualidade de vida, impondo-se ao Poder Público e à coletividade o dever de defendê-lo e preservá-lo para as presentes e futuras gerações, prevê no §1º, III, para assegurar a efetividade desse direito, como obrigação do Poder Público a criação, em todas as unidades da Federação, de espaços territoriais e seus componentes a serem especialmente protegidos, sendo a alteração e a supressão permitidas somente por lei, *vedada qualquer utilização que comprometa a integridade dos atributos que justifiquem sua proteção.*

Fica evidente que o constituinte não criou uma regra que vede diretamente a presença humana para a criação destas áreas especialmente protegidas, e, portanto, podemos encontrar uma regra de ouro no sistema que permite a compatibilidade destas unidades de conservação com a posse agroecológica, pois a vedação direta do constituinte somente se dirige àquelas práticas possessórias que possam comprometer a integridade dos atributos protegidos.

Por isso é inconstitucional e destoante do sistema a regra prevista no §4º do art. 21 da Lei nº 9.985/00, que preceitua que na criação de estação ecológica ou reserva biológica não é obrigatória a consulta pública, norma que deve ser derrubada não só no processo de organização social como em juízo, por inconstitucionalidade.

Aliás, basta ler o art. 22, §§5º e 6º, que, ao tratar da transformação ou ampliação das unidades de conservação, além de destacar outros requisitos neste processo, enfatiza o processo de consulta pública como um elemento importante destes procedimentos.

O envolvimento da comunidade é mesmo fundamental para que o processo de preservação seja uma ação firme na comunidade. Sem olvidar que o §7º do art. 22, ao prever que a desafetação ou redução dos limites de uma unidade de conservação só pode ser feita mediante lei específica, deixa clara a submissão destas ao jogo democrático, cuja lei é apenas um modo específico de realização da vontade popular.

A estação ecológica e a reserva biológica são espécies de unidade de conservação do grupo de proteção integral, e o art. 29 da Lei do SNUC preceitua que todas elas disporão de um conselho consultivo, presidido pelo órgão responsável por sua administração e constituído por representantes de órgãos públicos e organizações da sociedade civil.

Ora, devendo existir este conselho, com estes participantes, como poderiam ser criadas sem consulta pública? É evidente a contradição.

Essa contradição ocorre também, no que diz respeito à sua criação e afetação da posse agroecológica, justamente pela referência no art. 29, da inconstitucional regra do §2º do art. 42 da Lei do SNUC, em que o *caput* prevê que as populações tradicionais residentes em unidades de conservação, nas quais sua permanência não seja permitida, serão indenizadas ou compensadas pelas benfeitorias existentes e devidamente realocadas pelo Poder Público, em local e condições acordados entre as partes.

Combinados esses aspectos, parece óbvio que nesse caso há regra que procura alijar essas comunidades tradicionais de expressarem os seus argumentos sobre a criação de estação ecológica e reserva biológica, uma vez que não é obrigatória a consulta, outro significado não há de se excluir a obrigatoriedade da consulta pública que não seja a de impedir a oitiva das comunidades que exerçam algum tipo de posse sobre essas áreas e, assim, facilitar a aplicação da regra do §2º do art. 42 da Lei do SNUC.

De fato, o legislador cria uma regra do conflito, pois vedando a fórmula da consulta pública, que em si já é inconstitucional, vai mais além para desrespeitar o direito de minorias que ele próprio define como populações cuja existência baseia-se em sistemas sustentáveis de exploração dos recursos naturais, desenvolvidos ao longo de gerações e adaptados às condições ecológicas locais, que desempenham um papel fundamental na proteção da natureza e na manutenção da diversidade biológica (art. 20).

Este conflito se instala ao estabelecer norma que define uma suposta prioridade no reassentamento destas populações a serem realocadas, e comprometendo-se a estabelecer um procedimento de transição até que seja possível efetuar o reassentamento dessas populações, ainda que sob o apanágio de estabelecer normas e ações específicas destinadas a compatibilizar a presença dessas comunidades residentes com os objetivos da unidade, sem prejuízo dos modos de vida, das fontes de subsistência e dos seus locais de moradia, assegurando-se a sua participação na elaboração das referidas normas e ações (art. 42, §§1º e 2º).

A fim de demonstrar o destoar da regra do art. 42 do sistema, que, como norma jurídica, não deveria gerar conflito de interesses, basta a leitura do preceito do art. 32 da Lei do SNUC, que prescreve que os órgãos executores articular-se-ão com a comunidade científica com o propósito de incentivar o desenvolvimento de pesquisas sobre a fauna, a flora e a ecologia das unidades de conservação e formas de uso sustentável dos recursos naturais, valorizando-se o conhecimento das populações tradicionais.

Evidente, assim, que a regra do art. 42 soa totalmente incompatível com estes princípios do art. 32 ao determinar o ato de retirar as comunidades tradicionais das áreas que seus antepassados ocuparam, construindo a sua história.

Verifica-se, portanto, que o art. 42 do SNUC, além de inconstitucional, não possui nenhuma lógica, pois uma vez que o legislador apresenta um amplo leque de opções de unidades de conservação que podem admitir ou não a presença de populações humanas, dando especial enfoque às comunidades tradicionais, e ainda com uma regra geral de consulta pública na criação das unidades, não há sentido de criar um conflito com pessoas que podem contribuir até mesmo com o processo de preservação ambiental, tentando impor a partir do critério do domínio a exclusão de um paradigma de posse legitimamente construído no processo histórico dessas comunidades.

É ineficaz a regra do art. 42, pois além de inconstitucional, contradiz o direito como instrumento de inclusão e de paz social, e a solução para evitar este conflito é dada pelo constituinte ao destacar a função social da propriedade e, na esteira desta, a valorização da posse como instrumento legitimador daquela.

Uma vez focada a regularização fundiária das unidades de conservação num processo democrático, não haverá conflito, pois a eventual presença de populações tradicionais e do modelo de posse construído historicamente, compatível com o sistema de espaços especialmente protegidos, que ditará o norte e a unidade de conservação mais adequada a ser criada em determinado local, é uma das características da posse agroecológica.

Neste momento, é válido lembrar do caso dos remanescentes de quilombos de Oriximiná, no estado do Pará, que lutam para que seja permitido o seu acesso a áreas de castanhais localizadas na Rebio Trombetas, e que vem sendo contestado pelo Ibama. Essa unidade de conservação de proteção integral foi criada sem considerar a presença dessas populações, até mesmo por ausência de uma definição legal adequada que protegesse a sua posse.

Entretanto, mesmo após 1988, quando estas comunidades passaram a ter seus direitos reconhecidos pelo art. 68 do ADCT da CF, foi criada uma nova unidade de conservação, a Floresta Nacional Saraca-Taquera (Decreto nº 9.874, de 27.12.1989), que incidiu sobre outra parte do território quilombola, portanto, ambas deveriam ter revistos os limites dessas unidades de conservação *ex officio* pelo Poder Público, por meio de lei, ou, ainda, pode ser desconstituída a incidência de parte desta, por inconstitucionalidade, em que se manifesta a posse dessas comunidades, uma vez que a lei que criou a unidade não observou os direitos constitucionais daquela comunidade, na via judicial mediante ação civil pública.

Nesse caso, seria adequada e conciliadora para resolver o conflito a transformação por lei da Rebio Trombetas em outro tipo de unidade que permite a presença humana, a exemplo de floresta nacional, admitindo, assim, a atividade dos quilombolas, como previsto no art. 17, §2º, da Lei do SNUC, sem ser preciso mudar a titularidade do domínio da área, pois o que interessa para a comunidade é garantir os usos de exploração dos castanhais que vinham historicamente desenvolvendo.

Um caso concreto de que esta compatibilização é possível se deu através da Lei Estadual nº 8.595, de 11 de janeiro de 2018, em que o Estado do Pará alterou os limites das Florestas Estaduais de Faro e do Trombetas, desafetando as áreas de uso das Comunidades Quilombolas de Cachoeira Porteira e de Ariramba.

Foram desafetadas as áreas de uso da Comunidade Quilombola Cachoeira Porteira, com 225.289,5222 ha (duzentos e vinte e cinco mil, duzentos e oitenta e nove hectares, quinhentos e vinte e dois ares e dois centiares), incluídos na área da Floresta Estadual de Faro e na da Floresta Estadual do Trombetas, e as áreas de uso da Comunidade Quilombola de "Ariramba", com 10.454,5619 ha (dez mil, quatrocentos e cinquenta e quatro hectares, cinquenta e seis ares e dezenove centiares), incluídas na área da Floresta Estadual Trombetas, para o aproveitamento das áreas a ser realizado conforme o Plano de Uso e Desenvolvimento Socioeconômico e Ambiental Sustentável – PDSEAS – Cachoeira Porteira e o Plano de Utilização da Comunidade Remanescente de Quilombo de Ariramba.

Com as referidas desafetações, a área da Floresta Estadual de Faro passou de 613.868 ha (seiscentos e treze mil e oitocentos e sessenta e oito hectares) para aproximadamente 525.434,0975 ha (quinhentos e vinte e cinco mil, quatrocentos e trinta e quatro hectares, nove ares e setenta e cinco centiares), e a área da Floresta Estadual do Trombetas passou de 3.172.978,3230 ha (três milhões, cento e setenta e dois mil, novecentos e setenta oito hectares, trinta e dois ares e trinta centiares) para aproximadamente 3.025.667,1816 ha (três milhões, vinte e cinco mil, seiscentos e sessenta e sete hectares, dezoito ares e dezesseis centiares).

As unidades de conservação de uso sustentável têm por objetivo básico compatibilizar a conservação da natureza com o uso sustentável de parcela dos seus recursos naturais, compreendendo-se como tal exploração do ambiente de maneira a garantir a perenidade dos recursos ambientais renováveis e dos processos ecológicos, mantendo a biodiversidade e os demais atributos ecológicos, de forma socialmente justa e economicamente viável (art. 7º, §2º, c/c art. 2º, inc. XI, da Lei do SNUC).

As unidades de uso sustentável são compostas pelas seguintes categorias de unidade de conservação: área de proteção ambiental, área de relevante interesse ecológico, floresta nacional, reserva extrativista, reserva de fauna, reserva de desenvolvimento sustentável, reserva particular do patrimônio natural. A regra geral nesse tipo de unidade é que a presença humana faz parte do próprio conceito, salvo no caso da reserva de fauna, que não admite a presença humana.

São de exclusivo domínio público a floresta nacional; reserva extrativista; reserva de fauna; reserva de desenvolvimento sustentável, embora neste último caso o legislador, confusamente, após as definir como de domínio público, preceitua que as áreas particulares incluídas em seus limites devem ser, quando necessário, desapropriadas, de acordo com o que dispõe a lei, como se fossem compatíveis dois domínios de natureza diversa. Deve-se entender que, no caso de existir domínio privado no perímetro desta, ela deve ser desapropriada, pois, do contrário, bastaria o legislador prever, como fez nos casos de admissão de propriedade privada em áreas de proteção integral, que ocorrendo a sua incompatibilidade deveriam ser desapropriadas, mas como a lei a define como de domínio público, este exclui o privado, logo sujeito à desapropriação.

Registre-se, por fim, que as áreas de proteção ambiental e as áreas de relevante interesse ecológico podem ser constituídas de áreas públicas e/ou privadas, sendo que as áreas de domínio particular, respeitados os limites constitucionais, estão sujeitas ao estabelecido em normas e restrições para a sua utilização. O mesmo ocorre com a reserva particular do patrimônio natural, que obviamente é de exclusivo domínio privado, mas são todas instituídas pelo Poder Público, pois mesmo na RPPN, o gravame de perpetuidade da área decorre de termo de compromisso assinado perante o órgão ambiental, depois de verificada a existência de interesse público, o qual será averbado à margem do registro de imóveis. Logo, sem a intervenção da Administração, não é legítima a sua instituição (art. 21, §§1º e 2º, da Lei nº 9.985/00).

O que se observa pela exposição feita é que, na realidade, definindo o legislador a natureza do domínio e a possibilidade de presença humana ou não num dado tipo de unidade de conservação, ocorre apenas uma distinção de conceitos de cada uma, sem uma diferenciação do ponto de vista ontológico, pois tanto as de proteção integral como as de uso sustentável se definem como espaços especialmente protegidos.

Estabelecemos, anteriormente, as premissas para que a criação desses espaços seja realizada de forma democrática e compatível com a posse agroecológica das populações tradicionais, e esta situação concreta é que deve determinar qual a modalidade de unidade a ser criada, e quais os instrumentos jurídicos que vão ser mobilizados para a regularização não apenas do domínio, mas também do aspecto da posse de terceiros.

Uma característica essencial das unidades de conservação de proteção integral é a sua incompatibilidade com a propriedade privada que tenha um uso incompatível com a unidade e, por isso mesmo, caso o proprietário não se ponha de acordo com as condições propostas pelo Poder Público, para permanecer dentro da área definida para integrar a unidade de conservação, ela deve ser desapropriada, para integrar o domínio público.

No caso das unidades de uso sustentável, em geral é admitida a presença humana, e possibilita que, respeitados os limites constitucionais, possam ser fixadas normas e restrições para a utilização da propriedade privada localizada na área desta unidade. Ou seja, faz parte da instituição destas as chamadas limitações administrativas, que afetam várias propriedades localizadas em determinado espaço, impondo um ônus igual e proporcional, sem inviabilizar o exercício da propriedade, não ensejando o direito à desapropriação indireta, uma vez que estas limitações se mantenham neste patamar.

Embora as limitações administrativas não estejam no âmbito dos instrumentos de regularização fundiária, exercem importante papel no que diz respeito à relação entre unidade de conservação de uso sustentável e propriedade privada, que, uma vez admitida, deve ser utilizada de forma compatível com a função social, o que inclui especiais limitações que atingem um conjunto de propriedades de forma isonômica, por meio de normas de caráter genérico, ainda que limitando os normais atributos deste direito, mas sem esvaziar o seu conteúdo.

Por fim, destaca-se que no tema da regularização fundiária as regras transitórias, previstas nos arts. 55 e 57 da Lei do SNUC, possuem apenas a função de adequação das unidades de conservação e áreas protegidas criadas sob a égide das legislações anteriores ao sistema atual, bem como de levantamento da situação das áreas indígenas e superposições com espaços especialmente protegidos, cujo prazo de 180 dias da publicação da lei já se esgotou, mas os conflitos devem se resolver a favor das comunidades indígenas, respeitando os ditames constitucionais e o enfoque de valorização da posse agroecológica e das minorias tradicionais.

Reafirma-se, portanto, que a posse agroecológica não é incompatível com a criação de unidades de conservação, por atender ao objetivo constitucional de preservação ambiental e sustentabilidade, portanto, deve ser evitado o conflito de criarem-se unidades de conservação que desrespeitem o interesse de comunidades tradicionais.

10.1 Modalidades de unidade de conservação

Atualmente, a legislação que trata das unidades de conservação é a Lei nº 9.985, de 18.7.2000, que dispõe sobre os objetivos nacionais de conservação da natureza, criando o Sistema Nacional de Unidades de Conservação e estabelecendo medidas de preservação da diversidade biológica, além de outras providências. Essa lei, inteiramente regulamentada pelo Decreto nº 4.340, de 22.8.2002, tem por objetivo fornecer uma base legal que vise a estabelecer e administrar adequadamente uma rede integrada, coerente e completa de unidades de conservação; respondendo assim a uma antiga reivindicação do movimento ambientalista brasileiro (art. 4º).

A Lei do SNUC unificou a terminologia a ser utilizada para a constituição das áreas, estabelecendo critérios e procedimentos, para sua criação e administração, e conferiu uma definição legal de unidade de conservação (art. 2º, I).

Segundo o art. 22 do SNUC, as unidades de conservação serão criadas por ato do Poder Público,[300] cabendo não só ao legislador, mas igualmente ao administrador e ao juiz, através dos instrumentos cabíveis (criação por lei, decreto, resolução ou termo de compromisso), a instituição de tais áreas.[301] Sua alteração ou supressão, no entanto, somente pode ocorrer através de lei específica (art. 22, §7º), ou seja, que exclusivamente

---

[300] Portaria nº 77-N, de 20.9.1999 do Ibama: "Regula os critérios e procedimentos administrativos para a instrução do processo de criação de unidades de conservação, também previstos na legislação em vigor (SNUC)".

[301] A ampliação dos limites de uma unidade de conservação pode ser feita por instrumento normativo do mesmo nível hierárquico de criação da UC, devendo atender aos requisitos de estudos técnicos prévios e consulta pública, nos termos do art. 22, §2º.

aborde a matéria.[302] Observe-se que a criação de unidades de conservação, após a edição do SNUC, não mais pode ser aleatória. Devem ser realizados estudos técnicos e consultas públicas prévios para a instituição das unidades, que permitam identificar a localização, a dimensão e os limites mais adequados da unidade (art. 22, §2º), estando o Poder Público obrigado a fornecer informações adequadas e inteligíveis à população local e outras partes que tenham interesse na questão (art. 22, §3º).[303] Apenas estão isentos da realização de consulta pública os processos de criação da estação ecológica e da reserva biológica (art. 22, §4º). Neste último caso afastando-se a discussão de inconstitucionalidade anteriormente aventada.

Nos termos da lei, o SNUC é gerido pelos seguintes órgãos: (a) o Conama, como órgão consultivo e deliberativo; (b) o Ministério do Meio Ambiente, que acompanha a implementação do sistema; e (c) o Ibama, os órgãos estaduais e os municipais, que são órgãos executores, com a atribuição se subsidiar propostas de criação de unidades de conservação, bem como de administrar as unidades de conservação, nas respectivas esferas de atuação (art. 6º).[304] Segundo dispõe o art. 30, as unidades de conservação também poderão ser geridas por organizações da sociedade civil de interesse público (Oscip),[305] mediante instrumento firmado com o órgão de gestão (termo de parceria previsto nos arts. 9º a 15 da Lei nº 9.790/99). Outra possibilidade de gestão é a compartilhada, quando há a um conjunto de unidades de conservação, de categorias diferentes ou não, próximas, justapostas ou sobrepostas, e outras áreas públicas ou privadas, constituindo um mosaico. Nesse caso, a gestão é feita de forma integrada e participativa, considerando os distintos objetivos de conservação. Esse mosaico deve ser reconhecido pelo Ministério do Meio Ambiente, a pedido dos órgãos gestores das unidades, e deverá dispor de um conselho, atuando na gestão integrada das áreas.[306]

Outro ponto relevante desta lei foi definir a dominialidade que cada tipo de unidade pode possuir, qual seja, pública ou privada.[307] A lei também faz referência direta

---

[302] Como ressalta Antônio Herman Benjamin, "a exigência de lei em sentido estrito vale tão só para aquelas hipóteses em que o Poder Público ameaça a existência de unidade de conservação já estabelecida, seja com supressão ou descaracterização, seja com redução de sua área". Assim, a ampliação das unidades poderá ocorrer pelo mesmo procedimento de sua criação (BENJAMIN, Antônio Herman V. Introdução à lei do sistema nacional de unidades de conservação. In: BENJAMIN, Antônio Herman V. (Coord.). *Direito ambiental das áreas protegidas*: o regime jurídico das unidades de conservação. Rio de Janeiro: Forense Universitária, 2001. p. 307).

[303] O decreto regulamentador do SNUC, em seus arts. 2º, 3º e 4º, indica os requisitos que devem constar no ato de criação das unidades de conservação, indicativos da denominação a ser dada às áreas criadas, a competência para a execução de estudos técnicos e de consulta pública, bem como as finalidades, definição e os requisitos da última. Os critérios de identificação dos limites da unidade de conservação no que tange ao subsolo e ao espaço aéreo estão previstos no art. 6º do decreto acima.

[304] O parágrafo único do referido artigo abre a possibilidade de que, excepcionalmente e a critério do Conama, unidades de conservação estaduais e municipais atendam a peculiaridades regionais e locais e que possuam objetivos de manejo que não possam ser satisfatoriamente atendidos por nenhuma categoria prevista em lei cujas características permitam uma clara distinção.

[305] Cf. Lei nº 9.790, de 23.3.1999. Os arts. 21 a 24 do decreto regulamentador do SNUC elencam os requisitos para as OSCIPs poderem gerir unidades de conservação.

[306] A criação do mosaico e a instituição de seu conselho, bem como suas referidas atribuições, estão disciplinadas nos arts. 8º a 11 do Decreto nº 4.340/02. A título de exemplo, destacamos o Mosaico Matupiri-Igapó-Açu, no estado do Amazonas, com 727, 5 mil hectares de áreas de uso sustentável e 745,9 mil hectares de proteção integral. É uma área com grande potencial extrativista, abundância de espécies com valor econômico e várias espécies novas de animais, bem como existe a presença de espécies ameaçadas de extinção. A área abriga também 26 comunidades, totalizando 480 famílias.

[307] Nas palavras de Figueiredo e Leuzinger, das 12 diferentes espécies de unidades de conservação da natureza elencadas na Lei nº 9.985/2000, uma das unidades – reserva particular do patrimônio natural – somente admite

a elementos que devem ser excluídos das indenizações para regularização fundiária das unidades. Conforme o art. 45, estão excluídas do valor da indenização, derivadas ou não de desapropriação: as espécies arbóreas declaradas imunes de corte pelo Poder Público, expectativas de ganhos e lucros cessantes, o resultado do cálculo efetuado mediante operação de juros compostos e as áreas que não tenham prova de domínio inequívoco e anterior à criação das unidades de conservação.[308]

Cada unidade de conservação prevista no SNUC possui um regime próprio de fruição e pode ser criada tanto pela esfera federal, quanto estadual ou municipal. A lei definiu 12 diferentes espécies de unidades, estando classificadas[309] em dois grupos: a) unidades de proteção integral; e b) unidades de uso sustentável.

Segundo o art. 2º, VI, entende-se por proteção integral[310] a "manutenção dos ecossistemas livres de alterações causadas por interferência humana, admitindo apenas o uso indireto de seus recursos naturais". Esse grupo de unidades é composto por: estação ecológica (art. 9º), reserva biológica (art. 10), parque nacional (art. 11), monumento natural (art. 12) e refúgio da vida silvestre (art. 13). Cada unidade de conservação do grupo de proteção integral disporá de um conselho consultivo,[311] do qual fazem parte: (a) o órgão responsável pela administração da unidade de conservação (presidente); (b) integrantes de órgãos públicos; (c) integrantes da sociedade civil; (d) proprietários de terras localizadas em áreas de refúgio da vida silvestre ou monumento nacional; e (e) residentes (art. 42, §2º).

A *estação ecológica*, já prevista na Lei nº 6.902/81 (arts. 1º a 7º), é uma área representativa de ecossistemas brasileiros, destinada à realização de pesquisa básica e aplicada à ecologia, à proteção do ambiente natural e ao desenvolvimento da educação preservacionista. Sua finalidade é a preservação da flora e da fauna existentes, devendo 90% de sua área ser destinada à preservação permanente e integral da biota. Devido ao seu grau de restrição a área é de domínio público.

A *reserva biológica* é uma área pública destinada à proteção integral da flora e da fauna, não sendo permitida qualquer alteração do meio ambiente. As pesquisas são

---

implantação em terras de domínio privado; sete outras delas não são, *a priori*, compatíveis com o regime de propriedade particular – estação ecológica, reserva biológica, parque nacional, floresta nacional, reserva extrativista, reserva de fauna e reserva de desenvolvimento sustentável. Restam quatro unidades de conservação que podem indistintamente ser implantadas em terras de domínio privado ou público: monumentos naturais, refúgios da vida silvestre, áreas de proteção ambiental e áreas de relevante interesse ecológico (FIGUEIREDO, Guilherme José Purvin de; LEUZINGER, Márcia Dieguez. Desapropriações ambientais na Lei nº 9.985/2000. In: BENJAMIN, Antônio Herman V. (Coord.). *Direito ambiental das áreas protegidas*: o regime jurídico das unidades de conservação. Rio de Janeiro: Forense Universitária, 2001. p. 483-484).

[308] A inclusão das áreas de preservação permanente e da reserva legal como não indenizáveis foi vetada pelo presidente da República. As razões do veto seriam de que os incisos vetados incentivariam o desmatamento de áreas de preservação permanente e que as áreas de reserva legal seriam objeto de superexploração (MACHADO, Paulo Affonso Leme. *Direito ambiental brasileiro*. 11. ed. rev., ampl. e atual. São Paulo: Malheiros, 2001. p. 257).

[309] Existem várias formas de classificar as unidades de conservação. Segundo José Heder Benatti, além da classificação legal, tais áreas podem ser classificadas a partir de sua dominialidade, em pública e privada ou mista (BENATTI, José Heder. *Posse agroecológica e manejo florestal*. Curitiba: Juruá, 2003. p. 154-155). Antônio Benjamin ainda faz a distinção das unidades entre federais, estaduais e municipais e entre áreas de preservação e de conservação (BENJAMIN, Antônio Herman V. (Coord.). *Direito ambiental das áreas protegidas*: o regime jurídico das unidades de conservação. Rio de Janeiro: Forense Universitária, 2001. p. 299).

[310] Para efeitos legais, todas as áreas de proteção integral são consideradas rurais (art. 49).

[311] Os arts. 17 a 20 do decreto regulamentador do SNUC trazem os critérios para composição, reunião e competência do Conselho.

CAPÍTULO 10
DOMÍNIO DAS UNIDADES DE CONSERVAÇÃO E POSSE AGROECOLÓGICA | 349

permitidas desde que com prévia autorização, bem como visitas com fins educacionais, conforme disposto no plano de manejo.

O *parque nacional*, primeiro tipo de unidade de conservação criado no mundo, tem por objetivo a preservação de ecossistemas naturais, a realização de pesquisas e o desenvolvimento de atividades educativas, recreacionais e turísticas. Seu domínio é público.

O *monumento natural* apareceu pela primeira vez na Constituição Federal de 1934, tendo sido ratificado pela Constituição de 1946. Nas demais constituições, não apareceu de forma explícita, tendo sido protegido como monumento de modo geral. Nos termos do SNUC, tem a finalidade de proteger atributos específicos, de grande interesse cultural e turístico, e preservar sítios raros ou de grande beleza cênica. Sua área pode incluir áreas privadas, desde que possuam uso compatível com a unidade.

O *refúgio da vida silvestre*, novidade introduzida pelo SNUC, tem por escopo proteger ambientes naturais necessários à existência ou à reprodução de espécies da flora e da fauna, residentes ou migratórias. Essa área pode incluir propriedades particulares, desde que seu uso não seja incompatível com os objetivos da unidade criada. A visitação é permitida, conforme estabelecido no plano de manejo.

O desenvolvimento sustentável[312] é definido como "exploração do ambiente de maneira a garantir a perenidade dos recursos ambientais renováveis e dos processos ecológicos, mantendo a biodiversidade e os demais atributos ecológicos, de forma socialmente justa e economicamente viável" (art. 2º, XI). O art. 14 do SNUC lista as seguintes unidades como de desenvolvimento sustentável: área de proteção ambiental (art. 15), área de relevante interesse ecológico (art. 16), floresta nacional (art. 17), reserva extrativista (art. 18), reserva de desenvolvimento sustentável (art. 20),[313] reserva de fauna (art. 19) e reserva particular do patrimônio natural (art. 21).

A *área de proteção ambiental*, anterior ao SNUC (art. 8º da Lei nº 6.902/81), tem a finalidade de preservação de recursos naturais, e para tanto disciplina o processo de ocupação da área, visando à sustentabilidade das atividades a serem desenvolvidas. As restrições impostas não são incompatíveis com o domínio privado, mas podem ser criadas em terras públicas.

A *área de relevante interesse ecológico*, com previsão no Decreto nº 89.336/84 (art. 2º), tem por fim proteger áreas de característica natural extraordinária ou que abriguem exemplares raros da biota regional, exigindo cuidado especial de proteção. Sua área deve ser inferior a 5.000ha e possuir baixa ocupação humana. Pode ser adquirida no todo ou em parte pelo Poder Público.[314]

A *floresta nacional* tem por característica ser uma área com cobertura vegetal predominantemente nativa e tem por finalidade a produção econômica sustentável de madeira e outros produtos florestais e a pesquisa científica. Comporta igualmente

---

[312] As unidades de conservação desse grupo podem ter sua área total ou parcialmente transformada em área de proteção integral, obedecidos os requisitos previstos no art. 22, §5º do SNUC.

[313] No caso das reservas extrativistas e das reservas de desenvolvimento sustentável, a posse e o uso das áreas ocupadas pelas populações tradicionais serão regulamentados por contrato (art. 23), gerando uma série de obrigações e limitações às populações (§§1º e 2º).

[314] Se for totalmente pública passará a ser uma estação ecológica ou então será considerada uma área de relevante interesse ecológico, caso seja em parte privada.

a utilização da unidade para fins recreativos, educacionais e o manejo de fauna. É de dominialidade pública, sendo possível a presença de populações tradicionais.

A *reserva extrativista*, criada pela Lei nº 6.938/81 (art. 9º, VI), é uma área ocupada por populações tradicionais, cuja subsistência baseia-se no extrativismo, e de forma complementar, na agricultura e criação doméstica de animais. Tem por escopo proteger os meios de vida tradicionais da população e assegurar o uso sustentável dos recursos naturais. Sua criação é de iniciativa das populações destinatárias e a dominialidade é pública, sendo o uso concedido às populações por meio de contrato de concessão de direito real de uso.[315] A pesquisa é admitida.

A *reserva de desenvolvimento sustentável*, criada pela Lei do SNUC, é uma área que abriga populações tradicionais, que praticam atividades sustentáveis de exploração de recursos naturais, através de sistemas adaptados às condições ecológicas, e que desempenham um papel importante na manutenção da diversidade biológica. São áreas de domínio público onde é possível a visitação, a pesquisa científica, a exploração de componentes dos ecossistemas naturais e a substituição da cobertura vegetal por espécies cultiváveis, limitadas ao plano de manejo da área.

A *reserva de fauna* foi também uma inovação do SNUC e é conceituada como uma área natural com populações animais de espécies nativas, terrestres ou aquáticas, residentes ou migratórias, adequadas ao estudo técnico-científico sobre o manejo econômico sustentável dos recursos faunísticos. Nessa área é proibido qualquer tipo de caça, sendo permitida, contudo, a comercialização dos produtos e subprodutos resultantes da pesquisa científica. O domínio é público, sendo a visitação e a pesquisa permitidas, nos termos do plano de manejo aprovado.

A *reserva particular do patrimônio natural*, com origem no Código Florestal (art. 6º), é uma área de domínio privado, gravada com perpetuidade pelo proprietário do imóvel rural, desde que seja verificado o interesse público. Deve ser devidamente averbada no título de registro do imóvel. O ato é voluntário e não acarreta a perda da propriedade do imóvel.

Todas as unidades de conservação devem possuir *plano de manejo*[316] (art. 27 e §1º), abrangendo a área da unidade, sua zona de amortecimento (art. 2º, XVIII) e corredores ecológicos (art. 2º, XIX), sendo assegurada a participação da população residente em sua elaboração (§2º). Após a aprovação, o plano de manejo deve estar disponível para consulta do público, na sede da unidade de conservação e no centro de documentação do órgão executor (art. 16 do Decreto nº 4.340/02).

A Lei do SNUC faz ainda menção a uma categoria *sui generis* de unidade de conservação: a *reserva da biosfera* (art. 41).[317] Trata-se de uma área reconhecida internacionalmente pelo programa intergovernamental "O Homem e a Biosfera" (MAB). Pode ter em sua área

---

[315] O referido contrato deve estar de acordo com o plano de manejo aprovado (art. 13 do Decreto nº 4.340/02).

[316] Plano de manejo é definido no art. 2º, XVII, do SNUC como "documento técnico mediante o qual, com fundamento nos objetivos gerais de uma unidade de conservação, se estabelece o seu zoneamento e as normas que devem presidir o uso da terra e o manejo dos recursos naturais, inclusive a implantação das estruturas físicas necessárias à gestão da unidade". Segundo o art. 12 do decreto que regulamentou o SNUC, dispõe que o plano ne manejo deve ser elaborado pelo órgão gestor ou proprietário, devendo ser posteriormente aprovado por portaria ou resolução, dependendo da unidade em questão.

[317] Os arts. 41 a 45 do Decreto nº 4.340/02 regulamentaram o gerenciamento da reserva da biosfera.

CAPÍTULO 10
DOMÍNIO DAS UNIDADES DE CONSERVAÇÃO E POSSE AGROECOLÓGICA | 351

propriedades públicas ou privadas, podendo também incluir unidades de conservação já criadas. Tem por característica ser um modelo adotado internacionalmente de gestão integrada, participativa e sustentável dos recursos naturais. Pode ser composta por uma ou várias áreas-núcleo, ou por uma ou várias zonas de amortecimento ou transição.[318]

10.2 Criação de unidade de conservação e populações tradicionais

No que toca às populações tradicionais,[319] dependendo do tipo de unidade de conservação a ser criada, será realizada ou não a remoção da população tradicional residente, isto no caso de se abstraírem os conceitos anteriormente expostos de inconstitucionalidade do art. 42 do SNUC. Nesses casos haverá indenização pelas benfeitorias existentes, sendo as comunidades remanejadas, pelo Poder Público, para outro local e em condições acordadas pelas partes envolvidas (art. 42). Enquanto o remanejamento não ocorrer serão estabelecidas normas e ações para compatibilizar os objetivos da unidade como modo de vida das populações residentes (§2º). Afastada neste caso a interpretação de inconstitucionalidade aventada anteriormente.

Além da propriedade privada – que pode ser pequena, média ou grande – atualmente temos distintas formas de legitimação do apossamento das populações tradicionais. Podemos enumerar as reservas extrativistas (Resex), as reservas de desenvolvimento sustentável (RDS), as propriedades quilombolas, os projetos de assentamento agroextrativista (PAE), os projetos de desenvolvimento sustentável (PDS) e neste ano foi criado o projeto de assentamento florestal (PAF). Além dessas figuras jurídicas, as áreas ocupadas pelas populações tradicionais em florestas nacionais são asseguradas para o seu uso.[320]

10.2.1 Natureza jurídica do domínio das unidades de conservação e instrumento de regularização fundiária para as comunidades tradicionais

Embora a maior parte dos tipos de unidades de conservação sejam definidas como de domínio público, o Sistema Nacional de Unidades de Conservação (SNUC) admite a propriedade privada em algumas espécies, em outras o domínio é público, mas a legislação permite e regulamenta o uso por populações tradicionais.

Dessa forma, a regularização fundiária de UCs implica não só o estudo da forma de consolidação do seu domínio se público ou privado, mas também os limites sobre uso

---

[318] Existe uma reserva da biosfera na Amazônia denominada Reserva da Biosfera da Amazônia Central, localizada no interior do estado do Amazonas.

[319] Os arts. 35 a 39 do Decreto nº 4.340/02 regulamentaram os artigos da Lei do SNUC, que dispõem sobre o reassentamento das populações tradicionais. Não há uma definição de populações tradicionais na lei do SNUC. Uma aproximação em definir está na Lei nº 11.284, de 2.3.2006, que dispõe sobre a gestão de florestas públicas para a produção sustentável, ao descrever em seu art. 2º, X, que comunidades locais são "populações tradicionais e outros grupos humanos, organizados por gerações sucessivas, com estilo de vida relevante à conservação e à utilização sustentável da diversidade biológica".

[320] A Floresta Nacional é uma área protegida de posse e domínio públicos, sendo que as áreas particulares incluídas em seus limites devem ser desapropriadas de acordo com o que dispõe a lei. É admitida a permanência de populações tradicionais que a habitam quando de sua criação, em conformidade com o disposto em regulamento e no plano de manejo da unidade (art. 17 da Lei nº 9.985, de 18.7.2000).

dos recursos por parte tanto de proprietários particulares na área como por populações tradicionais, que não podem ser proprietárias nesses espaços especialmente protegidos, o que, aliás, pouco as preocupa, pois a noção de posse e uso da terra é o que lhes importa.

A noção de propriedade, e logo de domínio exclusivo, nunca foi conceito usual nestas comunidades, sendo apenas apreendido por essas populações no trato com o Poder Público e enfrentamento com outras populações humanas que chegaram à região. Mas, sobretudo, é apropriado como um mecanismo de defesa ante esses sujeitos externos, em vez de um mecanismo de proteção das áreas de uso exclusivo, fruto de seu trabalho, sempre reconhecido por outros membros de sua comunidade.

Apesar de essas populações tradicionais não poderem ser proprietárias, o legislador apresenta regras para a regularização da sua situação dentro da UC, logo, o conceito de regularização fundiária deve se estender a estas formas de apossamento, estabilizando a situação de uso das áreas pelas comunidades, respeitando o seu estilo de vida.

Trabalha-se com uma lógica de sistema que exclua o conflito, e este somente poderá resultar de uma visão externa de sujeitos que, formados por uma sociedade que não se reconhece como colaboradora do meio ambiente, transfere o seu modo de ver o mundo para populações que desenvolveram outro modo de vida.

Mas, infelizmente, muitas vezes, a situação fundiária das populações tradicionais tem se apresentado como o maior problema nesse tema, no que tange à criação de modalidades de UCs que não admitem a presença humana, pois elas não detêm títulos de propriedade e a sua posse apresenta-se em moldes diferenciados da posse civil, criando-se impasses e conflitos. Para essas comunidades, a terra é mais do que um bem econômico, liga-se a toda uma tradição cultural e à história oral dos seus antepassados, que aos olhos dos novos colonizadores, os ecorradicais ou Poder Público, é percebida apenas como uma *estória*, sem respeito aos seus usos, tradições e relações com o meio ambiente.

No caso de propriedades privadas, não há maiores problemas. Muito embora estas estejam expressas em registros de imóveis e cártulas do rei, situadas dentro das áreas de UCs, definidas pelo legislador como de exclusivo domínio público, como as de proteção integral (UPI), elas devem ser desapropriadas.

No caso das unidades de uso sustentável (UUS), em que regra geral a presença humana faz parte do próprio conceito deste tipo de UC (salvo no caso da reserva de fauna, que não a admite), de exclusivo domínio público, o instrumento da desapropriação é utilizado para excluir a propriedade privada. A utilização das terras localizadas nas UCs que permitem a propriedade privada está sujeita a restrições para o seu uso definidas pelo Poder Público.

O fundamental a sintetizar do exposto é que a situação específica da presença humana e os usos realizados por estas devem estar adequados ao tipo de unidade de conservação a ser criada e aos instrumentos a serem utilizados na definição do domínio e eventual compatibilidade com a posse, e, tratando-se das populações tradicionais, já descrevemos anteriormente os casos de compatibilidade ou não, aos quais remetemos o leitor.

Tabela de cada categoria jurídica de reconhecimento do apossamento das populações tradicionais no Brasil

Reserva extrativista (Resex)	É uma área utilizada por populações extrativistas tradicionais, cuja subsistência baseia-se no extrativismo e, complementarmente, na agricultura de subsistência e na criação de animais de pequeno porte, e tem como objetivos básicos proteger os meios de vida e a cultura dessas populações, e assegurar o uso sustentável dos recursos naturais da unidade. A reserva extrativista é de domínio público, com uso concedido às populações extrativistas tradicionais (art. 18 da Lei nº 9.985, de 18.7.2000). A criação e a regularização fundiária são de responsabilidade do órgão ambiental estadual ou federal.
Reserva do desenvolvimento sustentável (RDS)	É uma área natural que abriga populações tradicionais, cuja existência baseia-se em sistemas sustentáveis de exploração dos recursos naturais, desenvolvidos ao longo de gerações e adaptados às condições ecológicas locais e que desempenham um papel fundamental na proteção da natureza e na manutenção da diversidade biológica. A RDS é de domínio público, sendo que as áreas particulares incluídas em seus limites devem ser, quando necessário, desapropriadas, de acordo com o que dispõe a lei (art. 20 da Lei nº 9.985, de 18.7.2000). A criação e a regularização fundiária são de responsabilidade do órgão ambiental estadual ou federal.
Propriedade quilombola	Consideram-se remanescentes das comunidades dos quilombos os grupos étnico-raciais, segundo critérios de autoatribuição, com trajetória histórica própria, dotados de relações territoriais específicas, com presunção de ancestralidade negra relacionada com a resistência à opressão histórica sofrida. A caracterização dos remanescentes das comunidades dos quilombos será atestada mediante autodefinição da própria comunidade. São terras ocupadas por remanescentes das comunidades dos quilombos as utilizadas para a garantia de sua reprodução física, social, econômica e cultural (Decreto nº 4.887, de 20.11.2003). A criação e a regularização fundiária em nível federal são de responsabilidade do Instituto Nacional de Colonização e Reforma Agrária (Incra), enquanto em nível estadual esta atribuição é dos órgãos de terras estaduais.
Projeto de Assentamento Agroextrativista (PAE)	É uma área na qual se busca a exploração de riquezas extrativas, através de atividades economicamente viáveis e ecologicamente sustentáveis, a serem executadas pelas populações que ocupem ou venham a ocupar as mencionadas áreas (Portaria Incra nº 627, de 30.7.1987). A criação e a regularização fundiária são de responsabilidade do órgão de terra federal – Instituto Nacional de Colonização e Reforma Agrária (Incra).
Projeto de Desenvolvimento Sustentável (PDS)	É uma modalidade de projeto de assentamento, de interesse socioeconômico-ambiental, destinado às populações que já desenvolvem ou que se disponham a desenvolver atividades de baixo impacto ambiental, dependendo da aptidão da área (Portaria Incra nº 477, de 4.11.1999). A criação e a regularização fundiária são de responsabilidade do órgão de terra federal – Instituto Nacional de Colonização e Reforma Agrária (Incra).
Projeto de Assentamento Florestal (PAF)	Os assentamentos florestais baseiam-se, sobretudo, no extrativismo madeireiro, de óleos comestíveis e combustíveis, no cultivo de polpas de frutas e de ervas medicinais. Também preveem o manejo de animais silvestres e de recursos hídricos. Nas áreas em que grande parte da mata já foi derrubada, haverá reflorestamento, plantio de subsistência e criação de pequenos animais. A área precisa ter madeira suficiente para a retirada de 20 a 30 metros cúbicos por hectare, estar próxima dos mercados para atender à demanda do setor madeireiro e possuir infraestrutura para que a produção possa ter escoamento e comercialização ágil. A criação e a regularização fundiária são de responsabilidade do órgão de terra federal – Instituto Nacional de Colonização e Reforma Agrária (Incra).

PARTE V

POLÍTICA AGRÍCOLA

CAPÍTULO 1

POLÍTICA AGRÍCOLA

Como já visto nos capítulos anteriores, o direito agrário compreende o conjunto de normas que regulam a atividade agrícola. Tal atividade, segundo o parágrafo único do art. 1º da Lei nº 8.171/91, de 17.1.1991, que dispõe sobre política agrícola, compreende a produção, o processamento e a comercialização de produtos, subprodutos e derivados, serviços e insumos agrícolas, pecuários, pesqueiros e florestais.

O ordenamento jurídico brasileiro despende especial atenção no que tange aos objetivos que deve alcançar e aos fundamentos sob os quais deve se desenvolver a atividade agrícola.

A Constituição Federal disciplina a atividade agrícola tanto através dos princípios gerais da atividade econômica (arts. 170 a 181 da CF/88), estabelecida no Capítulo I do Título VII, que trata da ordem econômica e financeira, quanto no Capítulo III, do mesmo título, que trata especificamente da política agrícola e fundiária e da reforma agrária (arts. 184 a 191).

Basicamente, estes dois capítulos estabelecem a estrutura jurídica sob a qual deve ser assentada a atividade agrícola no Brasil, determinando os fins a serem atingidos pelo Estado e pelos particulares na exploração (*lato sensu*) desta atividade.

A partir deste regramento constitucional se enreda um complexo sistema normativo infraconstitucional, que vai detalhar de acordo com os comandos neles estabelecidos as competências e atribuições, deveres e obrigações dos sujeitos que participam desta atividade.

É dentro deste complexo normativo (constitucional e infraconstitucional) que está definido o papel do Estado para o cumprimento dos objetivos pretendidos pelo ordenamento jurídico no desenrolar da atividade agrícola, e é exatamente deste papel que se irá tratar no presente capítulo.

O legislador constituinte, atento à grandiosidade e importância, sob os mais diversos aspectos da atividade agrícola, até pela histórica vocação natural do Brasil para esta atividade, despendeu especial atenção ao regramento da atividade agrícola.

Neste sentido, nosso ordenamento jurídico estabeleceu um conjunto de ações necessárias ao desenvolvimento da atividade agrária no país. Tais ações se manifestam através de políticas públicas indispensáveis ao bom desenvolvimento da atividade.

Objetivando uma melhor compreensão, passemos à perigosa tarefa de conceituar o que vem a ser política agrícola, partindo de um conceito mais genérico.

Política agrícola é o conjunto de ações estatais que direta ou indiretamente visem ao cumprimento das disposições constitucionais e legais no que se refere à atividade agrícola, que visem, portanto, ao desenvolvimento desta atividade, com vistas a incentivar o incremento da produção, do desenvolvimento do setor rural, da valorização do homem do campo e do meio ambiente.

Segundo o art. 2º, §2º, da Lei nº 4.504/64 (Estatuto da Terra):

Entende-se por Política Agrícola o conjunto de providências de amparo à propriedade da terra, que se destinem a orientar, no interesse da economia rural, as atividades agropecuárias, seja no sentido de garantir-lhes o pleno emprego, seja no de harmonizá-las com o processo de industrialização do país.

Tais ações são, em verdade, manifestações da vontade da lei, que determina que o Estado deve criar condições adequadas para o desenvolvimento da atividade rural, em seus mais diversos aspectos, quais sejam: fornecimento de crédito, incentivos fiscais, medidas para que a propriedade cumpra com a sua função social, fomento à pesquisa e à defesa sanitária, seja criando órgãos próprios para execução de determinadas tarefas, seja incentivando que a iniciativa privada assim proceda.

Para Torminn Borges:

Diversamente da Reforma Agrária, a Política Agrícola, também chamada de Política de Desenvolvimento Rural, é um movimento permanente, em eterna renovação para acoplar os recursos da tecnologia e a necessidade de retirar riquezas cada vez mais densas da terra, sem a exaurir, sem a esgotar. Se a ação governamental não se fizer presente na zona rural, furtando-se à coordenação de uma Política Agrícola, o desenvolvimento econômico do rurícola, em vez de caminhar para a formação de uma comunidade homogênea, transformar-se-á, paulatinamente em ilhas de progresso, e ilhas de retrocesso.[321]

Conforme já afirmado, tanto a Constituição Federal, art. 187, como a infraconstitucional, no caso o Estatuto da Terra, art. 73, e Lei nº 8.171 de 17.01.1991, art. 4º, estabelecem um rol de ações necessárias ao bom desenvolvimento da atividade agrícola, entre as principais:

Art. 187. A política agrícola será planejada e executada na forma da lei, com a participação efetiva do setor de produção, envolvendo produtores e trabalhadores rurais, bem como dos setores de comercialização, de armazenamento e de transportes, levando em conta, especialmente:
I – os instrumentos creditícios e fiscais;
II – os preços compatíveis com os custos de produção e a garantia de comercialização;
III – o incentivo à pesquisa e à tecnologia;
IV – a assistência técnica e extensão rural;
V – o seguro agrícola;
VI – o cooperativismo;
VII – a eletrificação rural e irrigação;
VIII – a habitação para o trabalhador rural.

---

[321] BORGES, Paulo Torminn. *Institutos básicos do direito agrário.* 11. ed. São Paulo: Saraiva, 1998. p. 22.

Por sua vez, o Estatuto da Terra, no Capítulo III, art. 73, estabelece:

Art. 73. Dentro das diretrizes fixadas para a política de desenvolvimento rural, com o fim de prestar assistência social, técnica e fomentista e de estimular a produção agropecuária, de forma a que ela atenda não só ao consumo nacional, mas também à possibilidade de obtenção de excedentes exportáveis, serão mobilizados, entre outros, os seguintes meios:
I – assistência técnica;
II – produção e distribuição de sementes e mudas;
III – criação, venda e distribuição de reprodutores e uso da inseminação artificial;
IV – mecanização agrícola;
V – cooperativismo;
VI – assistência financeira e creditícia;
VII – assistência à comercialização;
VIII – industrialização e beneficiamento dos produtos;
IX – eletrificação rural e obras de infra-estrutura;
X – seguro agrícola;
XI – educação, através de estabelecimentos agrícolas de orientação profissional;
XII – garantia de preços mínimos à produção agrícola.

É imprescindível citar a Lei nº 8.171/1991, a chamada Lei da Política Agrícola, que estabelece um conjunto de normas e princípios voltados ao desenvolvimento da atividade agrária e os fundamentos, define os objetivos e as competências institucionais, prevê os recursos e estabelece as ações e instrumentos da política agrícola, relativamente às atividades agropecuárias, agroindustriais e de planejamento das atividades pesqueira e florestal (art. 1º). Este rol de ações é estabelecido em seu art. 4º.

Torminn Borges, discorrendo sobre os objetivos da política agrícola, ensina que esta possui dois propósitos imediatos: a) garantir o pleno emprego; b) acompanhar o processo de industrialização do país. Acrescenta:

A Política Agrícola, encontrando regulados aqueles dois tópicos, faz com que não decaiam na perpetuação de seus resultados, fomentando o pleno emprego das atividades agropecuárias, e fazendo-as acompanhar o ritmo de progresso e desenvolvimento da área industrial.[322]

A Lei nº 8.171/1991 delimita os seus objetivos no art. 3º:

Art. 3º São objetivos da política agrícola:
I – na forma como dispõe o art. 174 da Constituição, o Estado exercerá função de planejamento, que será determinante para o setor público e indicativo para o setor privado, destinado a promover, regular, fiscalizar, controlar, avaliar atividade e suprir necessidades, visando assegurar o incremento da produção e da produtividade agrícolas, a regularidade do abastecimento interno, especialmente alimentar, e a redução das disparidades regionais;
II – sistematizar a atuação do Estado para que os diversos segmentos intervenientes da agricultura possam planejar suas ações e investimentos numa perspectiva de médio e longo prazos, reduzindo as incertezas do setor;

---

[322] BORGES, Paulo Torminn. *Institutos básicos do direito agrário*. 11. ed. São Paulo: Saraiva, 1998. p. 22.

III – eliminar as distorções que afetam o desempenho das funções econômica e social da agricultura;

IV – proteger o meio ambiente, garantir o seu uso racional e estimular a recuperação dos recursos naturais;

V – (Vetado);

VI – promover a descentralização da execução dos serviços públicos de apoio ao setor rural, visando a complementariedade de ações com Estados, Distrito Federal, Territórios e Municípios, cabendo a estes assumir suas responsabilidades na execução da política agrícola, adequando os diversos instrumentos às suas necessidades e realidades;

VII – compatibilizar as ações da política agrícola com as de reforma agrária, assegurando aos beneficiários o apoio à sua integração ao sistema produtivo;

VIII – promover e estimular o desenvolvimento da ciência e da tecnologia agrícola pública e privada, em especial aquelas voltadas para a utilização dos fatores de produção internos;

IX – possibilitar a participação efetiva de todos os segmentos atuantes no setor rural, na definição dos rumos da agricultura brasileira;

X – prestar apoio institucional ao produtor rural, com prioridade de atendimento ao pequeno produtor e sua família;

XI – estimular o processo de agroindustrialização junto às respectivas áreas de produção;

XII – (Vetado);

XIII – promover a saúde animal e a sanidade vegetal; (Inciso incluído pela Lei nº 10.298, de 30.10.2001)

XIV – promover a idoneidade dos insumos e serviços empregados na agricultura; (*Inciso incluído pela Lei nº 10.298, de 30.10.2001*)

XV – assegurar a qualidade dos produtos de origem agropecuária, seus derivados e resíduos de valor econômico; (*Inciso incluído pela Lei nº 10.298, de 30.10.2001*)

XVI – promover a concorrência leal entre os agentes que atuam nos setores e a proteção destes em relação a práticas desleais e a riscos de doenças e pragas exóticas no País; (*Inciso incluído pela Lei nº 10.298, de 30.10.2001*)

XVII – melhorar a renda e a qualidade de vida no meio rural. (*Inciso incluído pela Lei nº 10.298, de 30.10.2001*)

Deste modo, verifica-se que a lei estabelece os padrões sobre os quais deve se desenvolver a atividade agrícola, repassando ao Estado, através de seus órgãos, a tarefa de proceder para que a atividade se desenvolva dentro destes objetivos.

A seguir, serão especificados alguns destes instrumentos.

1.1 Crédito rural

O crédito rural é um dos importantes instrumentos da política agrícola do país, e se constitui na facilitação de crédito financeiro para desenvolvimento da atividade.

Segundo a Lei nº 4.829/1965, que, de acordo Marques, institucionalizou esta espécie de crédito no Brasil, crédito rural:

[...] considera-se o suprimento de recursos financeiros, por entidades públicas e estabelecimento de crédito particulares, a produtores rurais e suas cooperativas, para aplicação exclusiva em atividades que se enquadrem nos objetivos indicados na legislação em vigor.[323]

Além da previsão constitucional (inc. I, art. 187, CF/88), diversos dispositivos infraconstitucionais preveem a garantia de crédito rural. A Lei nº 8.171/1991 delimita a sua finalidade, qual seja:

I – estimular os investimentos rurais para produção, extrativismo não predatório, armazenamento, beneficiamento e instalação de agroindústria, sendo esta quando realizada por produtor rural ou suas formas associativas;
II – favorecer o custeio oportuno e adequado da produção, do extrativismo não predatório e da comercialização de produtos agropecuários;
III – incentivar a introdução de métodos racionais no sistema de produção, visando ao aumento da produtividade, à melhoria do padrão de vida das populações rurais e à adequada conservação do solo e preservação do meio ambiente;
IV – propiciar, através de modalidade de crédito fundiário, a aquisição e regularização de terras pelos pequenos produtores, posseiros e arrendatários e trabalhadores rurais;
V – desenvolver atividades florestais e pesqueiras.

Ferreira Marques leciona que, desde a sua institucionalização, o crédito rural teve três finalidades precípuas, a saber: custeio; investimento e comercialização, sendo que com o advento da chamada Lei Agrícola nova finalidade foi instituída, o crédito fundiário, cujo objetivo era estabelecer meios para a aquisição da terra, segundo o autor:

A linha de custeio é destinada à cobertura das despesas ordinárias feitas durante todo o ciclo produtivo, seja agrícola, seja pecuária, compreendendo todos os encargos desde o preparo da terra até o beneficiamento primário da produção e seu armazenamento, bem como a extração de produtos espontâneos, de natureza vegetal, e seu preparo primário e, ainda, aquisição de mudas, sementes, adubos, corretivos do solo e defensivos [...]. Anote-se que o custeio pecuário serve também às atividades de piscicultura, apicultura, sericicultura, limpeza e restauração de pastagens, fenação, silagem, formação de capineiras e de outras culturas forrageiras. Registre-se, também, que no campo de beneficiamento, essas despesas normais custeáveis abrangem a mão-de-obra, manutenção e conservação do equipamento, aquisição de materiais secundários, sacaria, embalagem, armazenamento, seguro, preservação, impostos, fretes e carretos.
A linha de investimento, à sua vez, é aquela que se destina às aplicações em bens ou serviços, cujo desfrute se estenda por mais de um período de produção. Pode ser classificado como fixo, que compreende a inversão de capital para a fundação de culturas permanentes, inclusive pastagens, florestamento e reflorestamento, construção, reforma ou ampliação de benfeitorias e instalações permanentes, eletrificação rural, obras de irrigação e drenagem; e, como semi-fixo, que corresponde à inversão de capital na aquisição de animais de grande, médio e pequeno porte, destinados à criação, recriação, engorda ou ao serviço; na aquisição de máquinas e respectivos implementos, veículos e equipamentos e instalação de desgastes.

---

[323] MARQUES, Benedito Ferreira. *Direito agrário brasileiro*. São Paulo: Atlas, 2007. p. 364.

E a linha de comercialização é aplicada em fase posterior à colheita, para pagamento das despesas de próprias desta fase, mas também serve para a conservação, em espécie, de títulos advindos da venda de produtos, ou emitidos em operações entre produtores e suas cooperativas. Destina-se, portanto, a facilitar aos produtores rurais a colocação de seus produtos colhidos, compreendendo, o armazenamento, o seguro, a manipulação, a preservação, o acondicionamento, os impostos fretes e carretos.[324]

Não é, portanto, difícil concluir que a garantia do crédito rural pode ser encarada como sustentáculo financeiro sobre o qual se assenta a atividade agrícola no país, sendo, portanto, importante instrumento para que o Estado atinja os objetivos produtivos no Brasil.

1.2 Cadastro rural

O sistema de cadastro de imóveis rurais foi instituído no país em 1964 e implantado a partir do ano seguinte, impondo-se como medida obrigatória a todos os proprietários ou possuidores de terrenos situados na zona rural, e que sobre eles possuíssem documentação de qualquer natureza,

Criado por expressa disposição do art. 46 da Lei nº 4.504, de 30.11.1964 (Estatuto da Terra), foi concebido pelo legislador para atender a diversas finalidades então consideradas essenciais à implantação de uma nova política agrária, entre as quais se destaca a de possibilitar o levantamento e registro de todos os imóveis rurais existentes no território nacional, de modo a caracterizá-los e individualizá-los para fins de lançamento e cobrança do Imposto Territorial Rural (ITR).

O Cadastro de Imóveis Rurais surgiu, também, como decorrência natural das expectativas de desenvolvimento que então se formaram com a abertura dos principais eixos viários – Belém-Brasília, nos anos 50; Transamazônica, nas décadas de 60 e 70, que provocou um intenso fluxo migratório para algumas regiões mais distantes da Amazônia, oriundo de vários pontos do país, expandindo aceleradamente as frentes econômicas, agropecuária e mineral, a exigir o conhecimento do número de imóveis pertencentes a um mesmo proprietário, sua localização por município, dimensão, condições sociais e rendimento econômico de cada área e do conjunto delas.

Seria assim – o cadastro – "uma espécie de banco de dados sobre a propriedade rural brasileira", no dizer do ilustre tratadista Ismael Marinho Falcão,[325] lembrando ainda que, a despeito de sua natureza meramente declaratória, todos os possuidores de imóveis rurais, sejam proprietários ou não, estão obrigados ao cadastramento, na forma da legislação vigente. Essa afirmativa encontra ressonância no art. 29 da Lei nº 5172, de 25.10.1966 (Código Tributário Nacional), ao enunciar que o fato gerador do ITR é a propriedade, o domínio útil ou a ocupação a qualquer título do imóvel rural.

Alerta, de igual modo, aquele renomado jurista, para o fato de que os proprietários de imóveis rurais, ou melhor dizendo, todos aqueles que possuam imóveis rurais

---

[324] MARQUES, Benedito Ferreira. *Direito agrário brasileiro*. São Paulo: Atlas, 2007. p. 367-368.

[325] FALCÃO, Ismael Marinho. *Direito agrário brasileiro*: doutrina, jurisprudência, legislação e prática. Bauru: Edipro, 1995.

cadastrados em seus nomes, deverão promover a atualização das informações constantes das respectivas fichas cadastrais, pelo menos anualmente, como forma de facilitar a aplicação dos índices de regressividade ou de progressividade, se for o caso, do ITR, por se constituir no único elemento disponível para a elaboração do cálculo para a cobrança desse tributo. Tal providência – atualização cadastral – passa a ser assim do próprio interesse dos ocupantes e proprietários de imóveis rurais realmente produtivos, na medida em que, ao contrário daquilo que imaginam alguns, a lei estabelece um critério de coerência para a incidência desse tributo, de maneira que, quanto maior for o nível de produtividade do imóvel, menor o imposto a pagar. E vice-versa.

Deixando de lado os antecedentes mais distantes da noção atual de cadastro rural, preconizada na Lei nº 601/1850, cujo art. 13 já revelava o interesse do poder central em promover um recenseamento das terras possuídas, tanto que instituiu o chamado "registro paroquial" ou "do vigário", que foi regulamentado no Decreto nº 1.318, de 1854, a verdade é que, desde o art. 46 do Estatuto da Terra, uma vasta legislação se seguiu visando ao aprimoramento do sistema, até chegar à Lei nº 9.393, de 19.12.1996, que, ao dispor sobre o novo ITR, introduziu significativas alterações no programa de cadastro de imóveis rurais do país, das quais vale realçar a obrigatoriedade de encaminhamento das informações cadastrais à Receita, documento de informação e atualização cadastral do ITR (DIAC) e documento de informação e apuração do ITR (DIAT), que passaram a servir de base para a aferição e cobrança do referido tributo.

A Lei nº 13.465/2017, mediante o art. 2º, reafirmou a importância do cadastro de imóveis rurais, ao incluir o §2º no art. 4º, da Lei nº 8.629/93, tornando obrigatória a manutenção no Sistema Nacional de Cadastro Rural (SNCR) de informações específicas sobre imóveis rurais com área de até um módulo fiscal, o que abrange, assim, todos os imóveis rurais, ainda que não sejam classificados como pequena propriedade.

1.3 Imposto Territorial Rural (ITR)

O Imposto Territorial Rural (ITR) está previsto no art. 153, IV, e §4º da Constituição Federal. Seu regramento infraconstitucional é feito pela Lei nº 9.393/1996, que dispõe sobre o Imposto sobre a Propriedade Territorial Rural (ITR), sobre pagamento da dívida representada por títulos da dívida agrária e dá outras providências.

Antes da vigência da atual Constituição, o ITR já estava devidamente implementado no ordenamento jurídico brasileiro, já pela Constituição de 1891 e de 1946, que outorgavam competência para instituir o tributo sobre a propriedade aos estados-membros, passando a competência aos municípios com a EC nº 5/61, e para a União, com a EC nº 10/64, que deveria repassar aos municípios o produto da arrecadação.

A Lei nº 4.504/1964 estabeleceu os critérios legais para a tributação da terra nos arts. 47 ao 52. Possuindo importante função extrafiscal, o ITR procura assegurar o cumprimento de sua função social da propriedade.

1.3.1 Finalidades

O Imposto Territorial Rural (ITR) possui duas finalidades básicas. A primeira delas é a normal de todos os impostos, que é a de incrementar a arrecadação do Estado, com o objetivo de adquirir recursos financeiros que possibilitem a realização de seus objetivos (fiscal); a segunda possui caráter extrafiscal, que é a de inibir a manutenção de propriedades improdutivas e incentivar a melhor distribuição de terras, cumprindo sua função social.

O §4º, inc. I, do art. 153 da Constituição Federal de 1988, com redação dada pela Emenda Constitucional nº 42/2003, é claro em destacar o objetivo extrafiscal do ITR, ao estabelecer que o imposto será progressivo e terá suas alíquotas fixadas de forma a desestimular a manutenção de propriedades improdutivas.

A este respeito, sustenta Paulsen:

> Com a nova redação, o inciso I do §4º do art. 153 enseja tanto o estabelecimento de alíquota maior à medida que aumenta a base de cálculo (progressividade), como a utilização extrafiscal do ITR, de modo que seja mais onerado o proprietário que não dê destinação econômica ao imóvel rural, produza apenas em parte o mesmo ou com baixo rendimento.[326]

Representa desta forma, o ITR, um importante instrumento da política agrícola, exatamente por seu caráter extrafiscal, por seu importante incentivo à adequada utilização da propriedade rural, de acordo com os ditames estabelecidos pela Constituição Federal, e esta é, certamente, a sua mais nobre finalidade.

1.3.2 Fato gerador, base de cálculo e alíquota

1.3.2.1 Fato gerador

O art. 29 do Código Tributário Nacional estabelece que o imposto sobre a propriedade territorial rural tem como fato gerador a propriedade, o domínio útil ou a posse por natureza, como definido em lei civil, localizado fora da zona urbana do município.

A Lei nº 9.393/1996, no art. 1º, estabelece que o ITR, de apuração anual, tem como fato gerador a propriedade, o domínio útil ou a posse de imóvel por natureza, localizado fora da zona urbana do município, em 1º de janeiro de cada ano, sendo que o seu §1º disciplina que ele incide, inclusive, sobre o imóvel declarado de interesse social para fins de reforma agrária, enquanto não transferida a propriedade, exceto se houver imissão prévia na posse.

Pela redação dos textos legais acima indicados, o ITR incidirá não somente sobre a propriedade, mas também sobre a posse e o domínio útil. Tal previsão tem gerado algumas divergências doutrinárias a respeito da constitucionalidade das mesmas, haja vista que a Constituição Federal de 1988, ao prever a instituição do ITR, em seu art. 153, IV, previu tão somente que a mesma recairia sobre a propriedade, de maneira que o CTN não poderia alterar sua amplitude para incidir sobre a posse.[327]

Machado sustenta:

---

[326] PAULSEN, Leandro; MELO, José Eduardo Soares de. *Impostos*: federais, estaduais e municipais. 3. ed. Porto Alegre: Livraria do Advogado, 2007. p. 179.

[327] PAULSEN, Leandro; MELO, José Eduardo Soares de. *Impostos*: federais, estaduais e municipais. 3. ed. Porto Alegre: Livraria do Advogado, 2007.

Falando a Constituição em *propriedade*, naturalmente abrangeu também a posse que nada mais é que um direito inerente à propriedade. A autorização constitucional é para tributar a propriedade, e o CTN facultou à lei ordinária tomar para fato gerador do tributo a propriedade, o domínio útil, ou a posse, vale dizer, o direito pleno, total, que é a propriedade, ou um de seus elementos, domínio útil, ou ainda a posse. Se a propriedade, com todos os seus elementos, está reunida em poder de uma pessoa, o tributo recai sobre ela. Se está fracionada, isto é, se ninguém é titular da propriedade plena, ou porque há enfiteuse, ou porque a posse está com pessoa diversa do proprietário, que é desconhecido, ou imune ao tributo, ou isento, então o tributo recai sobre o domínio útil, ou a posse.[328]

Não há inconstitucionalidade a ser alegada a este respeito, pois o que a Constituição objetivou tributar não foi o direito subjetivo de propriedade, mas o bem, o objeto de direito, isto é, o imóvel rural, de maneira que todo aquele que o detenha, a qualquer título, deve ser sujeito passivo para pagamento do tributo.

A Constituição Federal, ao instituir o Imposto sobre Propriedade Territorial Rural, objetivou instituir o imposto sobre o imóvel rural, mormente o imóvel rural que não cumpra sua função social, e nestes termos foi considerado pela legislação infraconstitucional.

Outra relevante questão a ser explicitada em relação ao fato gerador do ITR diz respeito ao critério de definição do que vem a ser imóvel rural, se da finalidade do imóvel ou se da sua localização (área urbana x área rural).

Varella afirma:

Apesar do Código Tributário Nacional se referira imóvel localizado fora da zona urbana do município, o direito agrário, durante muitos anos manteve posição consolidada, legal e doutrinariamente, no sentido de considerar o imóvel como rural baseando-se na destinação do mesmo e não na sua localização. Sendo assim, será imóvel rural aquele situado em zona rural ou urbana, desde que tenha fins rurais e será urbano, ainda que localizado em zona tipicamente rural, mas que seus fins sejam completamente alheios aos do campo.[329]

Para Paulsen:

O art. 1º da Lei 9.393/96 segue critério da localização na definição de imóvel repetindo a redação do art. 29 do CTN. Mas o critério da localização tem sido temperado coma exceção constante do art. 15 do DL 57/66, sujeitou ao ITR o imóvel que, mesmo situado na zona urbana do Município, seja utilizado em exploração, extrativa vegetal, agrícola pecuária ou agro-industrial. Note-se que o DL 57/66 foi editado quando ainda não se fazia necessária lei complementar para cuidar da matéria. O STF já aplicou o DL 57/66, e o STJ também o tem aplicado.[330]

---

[328] MACHADO, H. B. *Curso de direito tributário*. 28. ed. São Paulo: Malheiros, 2007. p. 364.

[329] VARELLA, Marcelo Dias. *Introdução ao direito à reforma agrária*. São Paulo: LED, 1998. p. 294.

[330] PAULSEN, Leandro; MELO, José Eduardo Soares de. *Impostos*: federais, estaduais e municipais. 3. ed. Porto Alegre: Livraria do Advogado, 2007. p. 183.

Para fins de configuração do fato gerador do ITR, deverá ser adotado, em verdade, este duplo critério, isto é, tanto o de localização quanto o de finalidade do imóvel, este último por exceção.

1.3.2.2 Base de cálculo

A base de cálculo do ITR está estabelecida tanto no art. 30 do CTN, que dispõe que ela será o seu valor fundiário, quanto no art. 11 da Lei nº 9.393/96, que dispõe:

> Art. 11. O valor do imposto será apurado aplicando-se sobre o Valor da Terra Nua Tributável – VTNt a alíquota correspondente, prevista no Anexo desta Lei, considerados a área total do imóvel e o Grau de Utilização – GU.

As duas legislações utilizam-se do mesmo critério, posto que ambas consideram como base de cálculo o valor da terra nua, sem considerar eventuais benfeitorias existentes.

Tal valor será aferido pela diferença do valor venal do imóvel, inclusive as respectivas benfeitorias e o valor dos bens incorporados ao imóvel, declarado pelo contribuinte e não impugnado pela Administração, ou resultante de avaliação feita por esta.[331]

Para Paulsen:

> O VTNt é o valor da terra nua tributável, assim considerada a terra nua (portanto, sem considerar-se na avaliação o que a ela se agrega, como o valor das construções, instalações, benfeitorias, culturas, pastagens e florestas plantadas, excluídas as áreas de preservação permanente, de reserva legal, de interesse ecológico e as comprovadamente imprestáveis para qualquer exploração agrícola, pecuária granjeira, agrícola ou florestal [...].[332]

1.3.2.3 Alíquota

A alíquota do ITR é variável de acordo com a dimensão do imóvel e o seu grau de utilização, e será obtida pelo percentual entre a área do imóvel e a área efetivamente utilizada.

Tal variação consta da tabela de alíquota estabelecida anexa à Lei nº 9.393/1996, conforme exposto a seguir.

---

[331] MACHADO, H. B. *Curso de direito tributário*. 28. ed. São Paulo: Malheiros, 2007. p. 365.

[332] PAULSEN, Leandro; MELO, José Eduardo Soares de. *Impostos*: federais, estaduais e municipais. 3. ed. Porto Alegre: Livraria do Advogado, 2007. p. 190.

Tabela de alíquotas (art. 11)

Área total do imóvel (em hectares)	Grau de utilização – GU (em %)				
	Maior que 80	Maior que 65 até 80	Maior que 50 até 65	Maior que 30 até 50	Até 30
Até 50	0,03	0,20	0,40	0,70	1,00
Maior que 50 até 200	0,07	0,40	0,80	1,40	2,00
Maior que 200 até 500	0,10	0,60	1,30	2,30	3,30
Maior que 500 até 1.000	0,15	0,85	1,90	3,30	4,70
Maior que 1.000 até 5.000	0,30	1,60	3,40	6,00	8,60
Acima de 5.000	0,45	3,00	6,40	12,00	20,00

É importante ressaltar que, para a fixação da alíquota devida, deverão ser considerados os imóveis contínuos, pertencentes ao mesmo contribuinte, considerados um único imóvel para este fim.

1.3.3 Imunidades e isenções

Tanto a Constituição Federal de 1988 (art. 153, §4º, inc. II) quanto a Lei nº 9.393/1996, arts. 2º e 3º, estabelecem os casos de imunidade e isenção do ITR.
Para Machado:

> Isenção é a exclusão, por lei, de parcela da hipótese de incidência, ou suporte fático da norma de tributação, sendo o objeto da isenção a parcela que a lei retira dos fatos que realizam a hipótese de incidência da regra de tributação. [...] Imunidade. A regra constitucional impede a incidência da norma jurídica de tributação. Caracteriza-se, portanto, a imunidade pelo fato de decorrer de regra jurídica de categoria superior, vale dizer, de regra jurídica decorrente na Constituição, que impede a incidência da lei ordinária de tributação.[333]

Nesse compasso, é correto afirmar que o art. 2º da Lei nº 9.393/1996 não institui hipótese de imunidade, apenas regulamenta a imunidade instituída pela Constituição Federal, ao especificar o que vem a ser pequena gleba rural:

> Art. 2º Nos termos do art. 153, §4º, *in fine*, da Constituição, o imposto não incide sobre pequenas glebas rurais, quando as explore, só ou com sua família, o proprietário que não possua outro imóvel.
> Parágrafo único. Para os efeitos deste artigo, pequenas glebas rurais são os imóveis com área igual ou inferior a:
> I – 100ha, se localizado em município compreendido na Amazônia Ocidental ou no Pantanal mato-grossense e sul-mato-grossense;

---

[333] MACHADO, H. B. *Curso de direito tributário*. 28. ed. São Paulo: Malheiros, 2007. p. 251.

II – 50ha, se localizado em município compreendido no Polígono das Secas ou na Amazônia Oriental;
III – 30ha, se localizado em qualquer outro município.

Os casos de isenção estão previstos na Seção II, art. 3º, da mesma lei que estabelece que são isentos de impostos:

I - o imóvel rural compreendido em programa oficial de reforma agrária, caracterizado pelas autoridades competentes como assentamento, que, cumulativamente, atenda aos seguintes requisitos:
a) seja explorado por associação ou cooperativa de produção;
b) a fração ideal por família assentada não ultrapasse os limites estabelecidos no artigo anterior;
c) o assentado não possua outro imóvel.
II - o conjunto de imóveis rurais de um mesmo proprietário, cuja área total observe os limites fixados no parágrafo único do artigo anterior, desde que, cumulativamente, o proprietário:
a) o explore só ou com sua família, admitida ajuda eventual de terceiros;
b) não possua imóvel urbano.

Existem ainda legislações esparsas prevendo outros casos de isenção, conforme se pode verificar na Lei nº 5.868/1972, arts. 5º e 7º:

Art. 5º São isentas do Imposto sobre a Propriedade Territorial Rural:
I – as áreas de preservação permanente onde existam florestas formadas ou em formação;
II – as áreas reflorestadas com essências nativas. [...]
Art. 7º O Imposto sobre a Propriedade Territorial Rural não incidirá sobre as glebas rurais de área não excedente a 25 (vinte e cinco) hectares, quando as cultive, só, ou com sua família, o proprietário que não possua outro imóvel (§6º do art. 21 da Constituição Federal).

Por fim, cabe destacar que, na forma do inc. III do §4º do art. 153, da Constituição Federal, embora o ITR seja instituído pela União, ele pode ser fiscalizado e cobrado pelos municípios, que assim o optarem, mediante convênio com a União, desde que não implique redução do imposto ou qualquer outra forma de renúncia fiscal, cabendo-lhes neste caso 100% da receita, e não apenas 50% da receita apurada dos imóveis situados em seu território.

PARTE VI

REFORMA AGRÁRIA

CAPÍTULO 1

REFORMA AGRÁRIA

1.1 Conceito

Conforme já exposto nos capítulos anteriores, o processo de ocupação de terras no Brasil não só privilegiou a concentração de terras nas mãos de poucos, como ocasionou a "devolução" de inúmeros hectares de terras para o Estado, que as manteve ao longo dos anos sem qualquer destinação.

Com o passar dos anos, a pressão social e os reclamos por um mais justo acesso à terra tencionaram-se, colocando em xeque a estrutura agrária e fundiária estabelecida no país.

Conforme se afirmou no tópico anterior, a preocupação primeira do direito agrário no Brasil está centrada na função social da propriedade e na adequada e justa distribuição da terra a todos que dela necessitam.

Este contexto fático e jurídico tornou e tem tornado necessário que o Estado brasileiro tome medidas tendentes a redistribuir e reordenar a estrutura fundiária do país, em um processo denominado historicamente de *reforma agrária*.

Segundo o §1º do art. 1º do Estatuto da Terra:

§1º Considera-se Reforma Agrária o conjunto de medidas que visem a promover melhor distribuição da terra, mediante modificações no regime de sua posse e uso, a fim de atender aos princípios de justiça social e ao aumento de produtividade.

Para o art. 16 do mesmo diploma legal, a reforma agrária visa a estabelecer um sistema de relações entre o homem, a propriedade rural e o uso da terra, capaz de promover a justiça social, o progresso e o bem-estar do trabalhador rural e o desenvolvimento econômico do país, com a gradual extinção do minifúndio e do latifúndio.

Com efeito, a reforma agrária se exterioriza pela intervenção do Estado, no sentido de redimensionar a estrutura agrária do país, visando à melhor distribuição de terras a todos os que dela necessitam, e o aumento da produtividade, promovendo a efetivação de justiça social, e colaborando com a erradicação da pobreza e demais objetivos previstos no art. 3º da Constituição Federal de 1988, tidos como objetivos fundamentais da República Federativa do Brasil.

A reforma agrária tal como incluída no texto constitucional e ainda não cumprida é uma política essencial que permitiria elevar a propriedade a uma forma de encarnação da personalidade, permitindo à maioria dos cidadãos alcançar a sua liberdade como um direito fundamental. A sua não realização é grave, e infelizmente o Estado brasileiro tenta limitar seu alcance, como se passa a demonstrar.

Apesar do §1º do art. 1º do Estatuto da Terra definir que a reforma agrária é "o conjunto de medidas que visem a promover melhor distribuição da terra, mediante modificações no regime de sua posse e uso, a fim de atender aos princípios de justiça social e ao aumento de produtividade," o Decreto Federal nº 9.311, de 15.3.2018, sobre o pretexto de regulamentar a Lei nº 8.629, de 25.2.1993, para dispor sobre o processo de seleção, permanência e titulação das famílias beneficiárias do Programa Nacional de Reforma Agrária, apresenta uma redefinição do conceito, que é menos rica no seu aspecto dos objetivos.

Com efeito, o art. 2º do Decreto nº 9.311/2018 considera a reforma agrária "o conjunto de medidas que visam a realizar uma melhor distribuição da terra com acesso a políticas públicas para promover o desenvolvimento social e econômico das famílias beneficiárias". Ora, este conceito, além de obviamente contrariar o basilar princípio de que não cabe ao regulamento limitar o conteúdo da lei, altera um conceito fundamental da política agrária, pois retira do conceito de reforma agrária o objetivo de se realizar *mediante modificações no regime de posse e uso da terra.*

A via regulamentar pretende limitar um objetivo constitucional já previamente detalhado, pois não se pode olvidar que, segundo o art. 16 do Estatuto da Terra, a reforma agrária visa a estabelecer um sistema de relações entre o homem, a propriedade rural e o uso da terra, capaz de promover a justiça social, o progresso e o bem-estar do trabalhador rural e o desenvolvimento econômico do país, com a gradual extinção do minifúndio e do latifúndio.

Ao definir a reforma agrária apenas como "o conjunto de medidas que visam a realizar uma melhor distribuição da terra com acesso a políticas públicas para promover o desenvolvimento social e econômico das famílias beneficiárias", o novo "conceito" do Decreto nº 9.311/2018, claramente retira um aspecto fundamental para a efetiva realização da reforma agrária, que é apresentar uma justificativa da intervenção do Estado, no sentido de redimensionar a estrutura agrária do país, mediante *modificações no regime de posse e uso da terra.*

Pode-se vislumbrar neste ataque ao conceito tradicional de reforma agrária um propósito de resumi-la à mera distribuição de terras, quando ela é antes de tudo um debate sobre mudar o modelo de ocupação da terra como encarnação da liberdade, que gera o legítimo reconhecimento social deste direito à propriedade.

Neste sentido, as formas de regime e uso da terra devem ser plurais, para que cada expressão subjetiva de projeção dos cidadãos sobre a terra seja uma manifestação livre de sua vontade e, portanto, antes de tudo, protegida pelo direito, sem que o Estado possa impor um modelo de propriedade como o único a ser seguido e permitido.

O aparentemente inofensivo conceito de reforma agrária, expresso no Decreto nº 9.311/2018, art. 2º, claramente sugere um mero modelo de distribuição da terra como um direito de ocupação individual, segundo uma forma de propriedade tradicional que sirva somente ao modelo de produção que insira estas propriedades no mercado.

A reforma agrária somente cumpre o seu objetivo quando promove *modificações no regime de posse e uso da terra*, aspecto fundamental para a efetiva construção da liberdade no campo. Esta alteração normativa não é racional e é contrária ao escopo constitucional da reforma agrária, e acabaria por ser um meio de limitar o direito subjetivo dos cidadãos de decidirem como desejam se relacionar com a terra, que é o objetivo deste conjunto normativo. O contrário, favorece o velho modelo histórico, em que somente a propriedade como mercadoria tem o suporte da ação do Poder Público, ainda que sob o apanágio do conceito deturpado de "reforma agrária". Mas tal modificação pela via de decreto é inócua, pois, além de contrariar o espírito constitucional para a promoção da reforma agrária, contraria o expresso no conceito legal do Estatuto da Terra, que como lei não pode ser revogado por decreto regulamentar.

A redistribuição das terras para fins de promoção da reforma agrária se faz através de três caminhos principais: a) destinada às terras devolutas da União, dos estados-membros e dos municípios, respeitada a competência de cada ente federativo; b) compra e venda de imóveis rurais, para esta destinação específica; e c) através da desapropriação por interesse social para fins de reforma agrária, além de outros instrumentos que o Estado pode se utilizar para este fim, conforme acentua Paulsen:

> [...] a desapropriação é apenas um dos instrumentos de que a União pode se valer para a realização de reforma agrária. Não é o caminho necessário para tanto e muito menos o mais desejável. De fato, existem outros instrumentos, como a tributação progressiva, (e efetiva) da terras improdutiva, o incentivo à realização de contratos de parceria e arrendamento e a utilização de terras públicas, que podem se revelar mais adequadas e menos traumáticos na busca de uma melhor situação fundiária.[334]

A primeira hipótese acima citada é arrimada no art. 9º do Estatuto da Terra, que estabelece que entre as terras públicas terão prioridade, subordinando-se aos itens previstos no referido estatuto, as de propriedade da União, que não tenham outra destinação específica; as reservadas pelo Poder Público para serviços ou obras de qualquer natureza, ressalvadas as pertinentes à segurança nacional, desde que o órgão competente considere sua utilização econômica compatível com a atividade principal, sob a forma de exploração agrícola; as devolutas da União, dos estados e dos municípios. E ainda com respaldo no art. 13 da Lei nº 8.629/1993, que assim estabelece:

> Art. 13. As terras rurais de domínio da União, dos Estados e dos Municípios ficam destinadas, preferencialmente, à execução de planos de reforma agrária.

Nada mais natural, haja vista que se o Estado possui terras adequadas para promoção de reforma agrária, ele deve prioritariamente dar destinação a elas, para

---

[334] PAULSEN, Leandro; CAMINHA, Vivian Josete Pantaleão; RIOS, Roger Raupp (Org.). *Desapropriação e reforma agrária*. Porto Alegre: Livraria do Advogado, 1997. p. 94.

que a partir de seu próprio patrimônio colabore com a justa distribuição de terras. É inclusive a via economicamente menos onerosa para a promoção da reforma agrária.

O segundo caso, compra de imóveis para posterior destinação a trabalhadores rurais, está devidamente regulamentada através do Decreto nº 433, de 24.1.1992, que autoriza o Instituto Nacional de Colonização e Reforma Agrária (Incra) a ultimar este processo. Por óbvio, as áreas previamente escolhidas para compra pelo Incra deverão ser adequadas aos projetos de assentamento, nas quais deverão ser realizados estudos de viabilidade econômica.

A desapropriação por interesse social para fins de reforma agrária é regulamentada pela Lei nº 8.629/1993, que dispõe sobre a regulamentação dos dispositivos constitucionais relativos à reforma agrária, previstos no Capítulo III, Título VII, da Constituição Federal, e que no tópico seguinte será melhor analisada.

Importante frisar que não é a mera distribuição de terras que irá tornar satisfatória a execução da reforma agrária no Brasil, pois é fundamental que esta seja acompanhada de políticas agrícolas que propiciam o pleno desenvolvimento do trabalho e da produção, armazenamento, transporte e comercialização dos frutos deste trabalho. Pois, ao contrário, correr-se-á o risco de distribuir terras e não se conseguir fazer com que a propriedade cumpra com a sua função social.

Para Opitz:

> Uma reforma agrária sem medidas de política agrária é quase impossível num país em desenvolvimento, porque não basta distribuir a terra, mister se faz que o Estado dê condições econômicas e financeiras aos colonos para garantir-lhes o pleno emprego e o aumento da produtividade.[335]

É necessário que os incentivos de crédito e fiscais e demais instrumentos da política agrícola, previstos na Constituição e demais comandos legais, sejam levados a efeito, conforme aliás já prevê o art. 24 da Lei nº 8.629/1993, que estabelece que as ações de reforma agrária devem ser compatíveis com as ações de política agrícola, e constantes no plano plurianual.

Deste modo, o conceito de reforma agrária não pode estar atrelado ao mero processo de redistribuição de terras, é necessário ampliar os elementos deste conceito, para que ele possa expressar aquilo que exatamente significa.

Com efeito, pode-se conceituar reforma agrária como o conjunto de medidas que visem a promover melhor distribuição da terra, mediante modificações no regime de sua posse e uso, assim como que propicie ao seu beneficiário acesso a todos os mecanismos necessários, para a eficaz exploração da terra, a fim de que ela cumpra com a sua função social e ecológica.

A partir deste conceito de reforma agrária, torna-se necessário observar que este tema fundamental do direito agrário se conecta diretamente com o cumprimento da função social da propriedade, o que justifica a tomada de medidas enérgicas contra aquela propriedade que por não cumprir esta função se revela um entrave ao desenvolvimento social.

---

[335] OPITZ, Silvia C. B.; OPITZ, Oswaldo. *Curso completo de direito agrário*. 11 ed São Paulo: Saraiva, 2017. p. 318.

Nesse sentido, muito interessante a visão de Maria Tereza Pantoja Rocha que denuncia que o principal instrumento de exclusão da propriedade improdutiva, a Lei Federal nº 8.629/1993, que regulamenta os dispositivos constitucionais relativos à reforma agrária, previstos no Capítulo III, Título VII, da Constituição Federal, adota inadequadamente o valor de mercado para a avaliação da justa e prévia indenização, afirmando que este não é um critério efetivo de sanção ao proprietário que, ao não cumprir o requisito constitucional, comete o ilícito do abuso do direito de propriedade.[336]

Demonstra Maria Tereza Pantoja Rocha, a partir das lições colidas de Miragem[337] e Boulos,[338] que comete abuso de direito de propriedade o proprietário rural que não cumpre a função social, ilícito objetivo previsto no art. 187 do Código Civil de 2002, sendo insuficiente o modelo adotado de sanção pelo legislador pátrio na Lei Federal nº 8.629/93, ante a gravidade do ilícito, porque viola o ordenamento jurídico constitucional. Define a citada autora:

> Comete abuso do direito de propriedade rural pelo não cumprimento da função social, o proprietário que deixa de cumprir o previsto no art. 186, art. 5º. XXIII e art. 170 *caput* e inc. III, da CF/88, que exigem, simultaneamente, o aproveitamento racional e adequado, utilização adequada dos recursos naturais disponíveis e preservação do meio ambiente, observância das disposições que regulam as relações de trabalho e a exploração que favoreça o bem-estar dos proprietários e dos trabalhadores, segundo os princípios da ordem econômica fundada na valorização do trabalho humano e na livre iniciativa, a fim de assegurar a todos existência digna, conforme os ditames da justiça social.[339]

De forma muito crítica aponta que, ao se caracterizar como abuso do direito o não cumprimento da função social da propriedade, ainda que não se exclua o dever social de indenizar o proprietário que não cumpre a função social, porque previsto na Constituição, é necessário se definir adequadamente o que é a justa indenização, missão esta dada ao legislador, já que este critério não é dado na norma constitucional, daí que conclui pela inconsistência da Lei Federal nº 8.629/93.

Numa apertada síntese, Maria Tereza Pantoja Rocha aponta que, como a Constituição apenas prevê que a indenização ao proprietário na desapropriação deve ser justa e prévia, cabe ao legislador fazer a distinção em cada caso, para que não se iguale por cima a indenização da desapropriação-ônus e a desapropriação-sanção, como é o caso da desapropriação por interesse social para fins de reforma agrária, porque evidente que devem ter valor social diferente.

Concluindo a autora:

> são inconstitucionais os dispositivos legais que definem o valor de mercado como valor da justa e prévia indenização na desapropriação por interesse social para fins de reforma agrária,

---

[336] ROCHA, Maria Tereza Pantoja. O abuso do direito de propriedade pelo não cumprimento da função social da propriedade. *Boletim de Direito Administrativo*, São Paulo, n. 6, 2012. p. 684.

[337] MIRAGEM, Bruno. *Abuso do direito*: proteção da confiança e limite ao exercício das prerrogativas jurídicas no direito privado. Rio de Janeiro: Forense, 2009.

[338] BOULOS, Daniel M. *Abuso do direito no novo Código Civil*. São Paulo: Método, 2006.

[339] ROCHA, Maria Tereza Pantoja. O abuso do direito de propriedade pelo não cumprimento da função social da propriedade. *Boletim de Direito Administrativo*, São Paulo, n. 6, 2012. p. 701.

como o previsto no art. 12 da Lei nº 8.629/93, porque desvirtuam o modelo Constitucional de sanção da propriedade improdutiva e valorização da propriedade produtiva.[340]

Propondo a alteração do art. 12, §1º, da Lei nº 8.629/93, para se estabelecer uma efetiva-sanção pelo descumprimento da função social da propriedade, com abatimento de 50% sobre o valor de mercado da terra nua, passaria o art. 12, §1º, da Lei nº 8.629/93, a ter a seguinte redação:

> Art. 12. Considera-se justa a indenização que após encontrado o preço atual de mercado do imóvel em sua totalidade, aí incluídas as terras e acessões naturais, matas e florestas e as benfeitorias indenizáveis, seja abatido o valor de 50% sobre o valor da Terra nua, como sanção pelo não cumprimento da função social da propriedade, observados os seguintes aspectos:
> §1º Verificado o preço atual de mercado da totalidade do imóvel, proceder-se-á à dedução do valor das benfeitorias indenizáveis a serem pagas em dinheiro, obtendo-se o preço da terra a ser indenizado em TDA, realizado o abatimento de 50% descrito no *caput*.

De fato, não é lógico que quem comete um ilícito, como de fato é o abuso do direito de propriedade pelo não cumprimento da função social, que motiva a sanção na desapropriação por interesse social para fins de reforma agrária, tenha como critério da definição da justa indenização o mesmo critério utilizado para a desapropriação para um caso de utilidade pública, especialmente se este cumpre a função social, porque seria igualar os desiguais e premiar o que comete um ilícito contra a Constituição.

Conclui-se que como para configurar o ilícito do art. 187, abuso do direito, não importa o *animus* da conduta do autor do ilícito, isto é fundamental para se exigir do titular do direito de propriedade o cumprimento do dever de responsabilidade social, pois ainda que o autor tenha agido no exercício de um direito subjetivo, quando este extrapola o seu exercício regular, deve responder pelo seu ato; assim, nada mais justo que o legislador defina a sanção correspondente.

De fato, esta inovação legislativa é urgente, mas enquanto ela não chega é importante que o juiz, ao apreciar as situações concretas, declare o abuso do direito de propriedade, e conforme o caso concreto aplique a sanção pelo cometimento deste ilícito. Ante a ausência de norma legislativa, deve aplicar pelo menos 10% sobre o valor da terra nua, como critério de efetividade da norma constitucional da desapropriação sanção.

Evidente que, a princípio, todo uso deve ser legítimo, e somente este deve ser reconhecido pelo sistema, porque, se tenho uma ação ilícita na utilização do bem, justificada está a exclusão por esse ilícito.

Por isso o constituinte reformador ampliou as hipóteses de cabimento da desapropriação para fins de reforma agrária, quando permite que as propriedades rurais onde forem localizadas culturas ilegais de plantas psicotrópicas ou a exploração de trabalho escravo sejam expropriadas e destinadas à reforma agrária, sem qualquer indenização ao proprietário e sem prejuízo de outras sanções previstas em lei.

---

[340] ROCHA, Maria Tereza Pantoja. O abuso do direito de propriedade pelo não cumprimento da função social da propriedade. *Boletim de Direito Administrativo*, São Paulo, n. 6, 2012. p. 710.

É relevante destacar que, embora o art. 243 da CFRB preveja a necessidade de que a aplicação da referida sanção se faça na forma da lei para o caso de trabalho escravo, isto não impede que desde a promulgação da emenda constitucional já se realize a expropriação com base neste dispositivo constitucional, pois quando o fim do dispositivo remete que esta forma de sanção se dá sem prejuízo de outras sanções previstas em lei, observado, no que couber, o disposto no art. 5º, que justamente já remete ao cumprimento da função social da propriedade, é correto interpretar que apenas se está ampliando as hipóteses materiais de desapropriação para fins de reforma agrária, previstas na Lei nº 8.629/93, por estar fora das hipóteses em que a propriedade está excluída desta sanção, apenas acrescendo que, neste caso, nenhuma indenização é devida, seja pela terra nua ou benfeitorias.

Merece ser celebrado este avanço constitucional, com a promoção da sua máxima efetividade, aplicando-se a legislação que regulamenta o tema da desapropriação por interesse social para fins de reforma agrária, no caso, a Lei nº 8.629/93.

Lembre-se sempre que o princípio de promoção e proteção da propriedade produtiva está devidamente normatizado e é reforçado pelo art. 7º, incs. I até IV, da Lei nº 8.629/93, que declara que não será passível de desapropriação, para fins de reforma agrária, o imóvel que comprove estar sendo objeto de implantação de projeto técnico que atenda aos requisitos de ser elaborado por profissional legalmente habilitado e identificado; esteja cumprindo o cronograma físico-financeiro originalmente previsto, não admitidas prorrogações dos prazos; preveja que, no mínimo, 80% (oitenta por cento) da área total aproveitável do imóvel seja efetivamente utilizada em, no máximo, 3 (três) anos para as culturas anuais e 5 (cinco) anos para as culturas permanentes; haja sido aprovado pelo órgão federal competente, na forma estabelecida em regulamento, no mínimo seis meses antes da comunicação de vistoria para fins de aferir produtividade.

Por fim, ainda, o art. 8º da Lei nº 8.629/93 declara que se terá como racional e adequado o aproveitamento de imóvel rural, quando esteja oficialmente destinado à execução de atividades de pesquisa e experimentação que objetivem o avanço tecnológico da agricultura.

Conclui-se que quem cumpre a função social da propriedade está blindado, protegido da desapropriação por interesse social para fins de reforma agrária, porque não há motivo para sofrer sanção social, mas aquele que não cumpre deve efetivamente sofrer uma sanção, o que nem de longe acontece, se a sua propriedade é simplesmente desapropriada pelo valor de mercado, sem qualquer medida de penalidade sobre o valor a ser pago pela sociedade, mas que, no caso de existência de trabalho escravo e plantas psicotrópicas, já definiu o constituinte a sanção adequada, excluindo toda e qualquer indenização ao proprietário, seja pela terra nua ou benfeitorias.

CAPÍTULO 2

DESAPROPRIAÇÃO POR INTERESSE SOCIAL PARA FINS DE REFORMA AGRÁRIA

Aqui é feita uma abordagem dos principais elementos que caracterizam o uso da ação de desapropriação como instrumento para consecução da reforma agrária, delineando aspectos de direito processual e material.

As reflexões apresentadas sobre o processo de desapropriação servem para a aplicação em situações em que esteja muito claro o interesse de União Federal na promoção da reforma agrária. Mas se sabe que há situações de conflito envolvendo imóveis rurais as quais precisam de outros caminhos de solução, daí o significado e a razão de outras situações neste estudo.

Por isso mesmo o texto também considera situações, como exemplo, de ocupação de imóvel localizado em município do interior, por cerca de 500 (quinhentas) famílias, em que esteja pendente mandado judicial de reintegração de posse, expedido pelo juízo da comarca.

O problema prático de tal natureza leva à necessidade de reflexão envolvendo o instituto do §4º do art. 1.228 do Código Civil, como nova modalidade de perda da propriedade que enseja. Preliminarmente destacamos que partimos da premissa de que o imóvel possui regularidade fundiária, ou seja, há um título do Poder Público que deu origem à propriedade, pois, caso contrário, prejudicaria os raciocínios expostos.

Pretende a reflexão responder quais instrumentos jurídicos o Poder Executivo estadual tem à sua disposição e não apenas intervir em situações conflituosas envolvendo o direito de propriedade e o interesse social decorrente do conflito pela terra, especialmente quando já pendente ordem judicial de reintegração da área, envolvendo comunidades de baixa renda.[341]

Há de se destacar que a reflexão somente tem alguma utilidade nos casos em que se necessita encontrar caminhos para uma solução pacífica de conflito e que atenda a um só tempo ao interesse público e ao particular, mas somente podem ser deflagrados os usos destes mecanismos jurídicos a partir da manifestação do juízo discricionário do Poder Executivo.

---

[341] Adota-se, aqui, o critério de baixa renda adotado pelo art. 5º, MP nº 335/2007, convertida na Lei nº 11.481, de 31.5.2007, que alterou o §2º do art. 1º do Decreto-Lei nº 1.876, de 15.7.1981, que considera carente ou de baixa renda o responsável por imóvel cuja renda familiar for igual ou inferior ao valor correspondente a cinco salários mínimos.

2.1 Conceito e objetivos

A ação de desapropriação por interesse social para fins de reforma agrária, prevista no art. 184 da Constituição Federal, regulamentada pela Lei nº 8.629/93 c/c Lei Complementar nº 76/93, é o instrumento processual que permite a aquisição originária da propriedade, no qual a União exclui do seio social o imóvel rural que não cumpre a sua função social, mediante a prévia e justa indenização, em dinheiro, das benfeitorias úteis e necessárias e em títulos da dívida agrária (TDAs) o valor da terra nua, com cláusula de preservação do valor real, resgatáveis no prazo de até vinte anos, a partir do segundo ano de sua emissão. Estão imunes a este instrumento a pequena e média propriedade rural, desde que sejam as únicas, e, ainda, a propriedade produtiva.

A desapropriação por interesse social tem os seguintes objetivos, previstos no art. 18 do Estatuto da Terra: a) condicionar o uso da terra à sua função social; b) promover a justa e adequada distribuição da propriedade; c) obrigar a exploração racional da terra; d) permitir a recuperação social e econômica de regiões; e) estimular pesquisas pioneiras, experimentação, demonstração e assistência técnica; f) efetuar obras de renovação, melhoria e valorização dos recursos naturais; g) incrementar a eletrificação e a industrialização no meio rural; h) facultar a criação de áreas de proteção à fauna, à flora ou a outros recursos naturais, a fim de preservá-los de atividades predatórias.

O instituto da desapropriação para fins de reforma agrária representa importante instrumento na reestruturação fundiária do país, sua utilização adequada e de acordo com os ditames legais colaborará, certamente, com o processo de reforma agrária e consequentemente com a efetivação da justiça social e desenvolvimento econômico do país.

2.2 Bens objeto da desapropriação para fins de reforma agrária

Serão passíveis de desapropriação para fins de reforma agrária as propriedades rurais que não estejam cumprindo com a sua função social, como tal definidas as que não cumprem os requisitos do art. 9º da Lei nº 8.629/1993 e art. 186 da Constituição Federal de 1998, bem como nas hipóteses do art. 243 da CFRB.

Estarão incluídas dentro deste objeto as grandes, médias e pequenas propriedades, que não cumpram com a função social. Contudo, as pequenas e médias propriedades somente serão passíveis de desapropriação caso o seu proprietário possua outra, caso contrário, segundo o parágrafo único do art. 4º da Lei nº 8.629/93, com igual previsão do art. 185, inc. I, da Constituição Federal, ficarão insuscetíveis de desapropriação para fins de reforma agrária, mas, no caso de ocorrer a hipótese do trabalho escravo e plantação de plantas psicotrópicas, não se aplica qualquer exceção, por prever o constituinte que são casos de expropriação, sem qualquer direito à indenização.

Em todo caso, a desapropriação deverá recair sobre a propriedade improdutiva, de vez que é vedada pela Constituição Federal desapropriação sobre imóveis produtivos.

A competência para aferir a produtividade do imóvel é do ente escolhido pelo Estatuto da Terra para promover a desapropriação por interesse social para fins de reforma agrária, o Incra, que deverá, de acordo com os critérios estabelecidos no art. 6º da Lei nº 8.629/1993 e as normas que lhe são complementares, apresentar laudo técnico sobre a produtividade da terra.

De igual modo, não estão sujeitos à desapropriação os imóveis que comprovadamente estejam sendo objeto de implantação de projeto técnico que atenda aos seguintes requisitos (art. 7º da Lei nº 8.629/93):

I – seja elaborado por profissional legalmente habilitado e identificado;

II – esteja cumprindo o cronograma físico-financeiro originalmente previsto, não admitidas prorrogações dos prazos;

III – preveja que, no mínimo, 80% (oitenta por cento) da área total aproveitável do imóvel esteja efetivamente utilizada em, no máximo, 3 (três) anos para as culturas anuais e 5 (cinco) anos para as culturas permanentes;

IV – haja sido aprovado pelo órgão federal competente, na forma estabelecida em regulamento, no mínimo seis meses antes da comunicação de que tratam os §§2º e 3º do art. 2º.

Pela sua importância e tendo em vista os efeitos relativos ao direito de propriedade, direito este que continua tendo especial proteção do direito brasileiro, a declaração de interesse social necessita de uma prévia avaliação do órgão executor da reforma agrária, o Incra, que possui, entre suas funções, a identificar a propriedade produtiva de acordo com os critérios estabelecidos na Lei nº 8.629/1993, art. 6º, quais sejam:

Art. 6º Considera-se propriedade produtiva aquela que, explorada econômica e racionalmente, atinge, simultaneamente, graus de utilização da terra e de eficiência na exploração, segundo índices fixados pelo órgão federal competente.

§1º O grau de utilização da terra, para efeito do "caput" deste artigo, deverá ser igual ou superior a 80% (oitenta por cento), calculado pela relação percentual entre a área efetivamente utilizada e a área aproveitável total do imóvel.

§2º O grau de eficiência na exploração da terra deverá ser igual ou superior a 100% (cem por cento), e será obtido de acordo com a seguinte sistemática:

I – para os produtos vegetais, divide-se a quantidade colhida de cada produto pelos respectivos índices de rendimento estabelecidos pelo órgão competente do Poder Executivo, para cada Microrregião Homogênea;

II – para a exploração pecuária, divide-se o número total de Unidades Animais – UA do rebanho, pelo índice de lotação estabelecido pelo órgão competente do Poder Executivo, para cada Microrregião Homogênea;

III – a soma dos resultados obtidos na forma dos incs. I e II deste artigo, dividida pela área efetivamente utilizada e multiplicada por 100 (cem), determina o grau de eficiência na exploração.

§3º Consideram-se efetivamente utilizadas:

I – as áreas plantadas com produtos vegetais;

II – as áreas de pastagens nativas e plantadas, observado o índice de lotação por zona de pecuária, fixado pelo Poder Executivo;

III – as áreas de exploração extrativa vegetal ou florestal, observados os índices de rendimento estabelecidos pelo órgão competente do Poder Executivo, para cada Microrregião Homogênea, e a legislação ambiental;

IV – as áreas de exploração de florestas nativas, de acordo com o plano de exploração e nas condições estabelecidas pelo órgão federal competente;

V – as áreas sob processos técnicos de formação ou recuperação de pastagens ou de culturas permanentes, tecnicamente conduzidas e devidamente comprovadas, mediante documentação e Anotação de Responsabilidade Técnica. (NR)

§4º No caso de consórcio ou intercalação de culturas, considera-se efetivamente utilizada a área total do consórcio ou intercalação.

§5º No caso de mais de um cultivo no ano, com um ou mais produtos, no mesmo espaço, considera-se efetivamente utilizada a maior área usada no ano considerado.

§6º Para os produtos que não tenham índices de rendimentos fixados, adotar-se-á a área utilizada com esses produtos, com resultado do cálculo previsto no inc. I do §2º deste artigo.

§7º Não perderá a qualificação de propriedade produtiva o imóvel que, por razões de força maior, caso fortuito ou de renovação de pastagens tecnicamente conduzida, devidamente comprovados pelo órgão competente, deixar de apresentar, no ano respectivo, os graus de eficiência na exploração, exigidos para a espécie.

§8º São garantidos os incentivos fiscais referentes ao Imposto Territorial Rural relacionados com os graus de utilização e de eficiência na exploração, conforme o disposto no art. 49 da Lei nº 4.504, de 30.11.1964.

Ressalte-se que inexiste, atualmente, a indicação de áreas para a realização de reforma agrária, conforme adverte Paulsen:

> Hoje em dia, não há mais a exigência de que os imóveis desapropriandos estejam situados em *zonas declaradas prioritárias*, para a realização de reforma agrária, por decreto do Presidente da República. Já não perdura este tipo de delimitação geográfica que condicionava a atividade administrativa, uma vez que não foi repetida na Constituição de 1988, a norma do §2º, do art. 161, da Constituição Federal de 1967, com a redação estabelecida pela Emenda Constitucional nº 1/69. Na época tratava-se de requisito inafastável; se o imóvel não estivesse nas zonas declaradas prioritárias não poderia ser desapropriada, e todo ato neste sentido estaria inevitavelmente viciado de nulidade. [...]
>
> Ausente a restrição do trabalho do INCRA a imóveis situados previamente indicados pelo Presidente da República, pode agir livremente na identificação dos imóveis passíveis de desapropriação para fins de reforma agrária.
>
> A atenção dos técnicos deve ser voltada para as zonas que apresentam maior concentração de grandes propriedades improdutivas, em que o êxodo rural seja mais preocupante e nas quais haja maior tensão social decorrente de conflitos agrários. Aliás, certos casos, considerados emergenciais, em razão da existência de "tensão social" grave, podem ser incluídos na programação de desapropriações a qualquer tempo (IN nº 8 e ET).[342]

Em todo caso, as áreas escolhidas para desapropriação para fins de reforma agrária deverão passar por prévia avaliação de viabilidade econômica de exploração, pois só assim poderão cumprir com a sua finalidade.

---

[342] PAULSEN, Leandro; CAMINHA, Vivian Josete Pantaleão; RIOS, Roger Raupp (Org.). *Desapropriação e reforma agrária*. Porto Alegre: Livraria do Advogado, 1997. p. 115.

2.3 Fase administrativa do processo de desapropriação

A fase administrativa que antecede o processo judicial de desapropriação é a fase na qual se obtém o levantamento dos dados necessários à edição de decreto de interesse social para fins de reforma agrária, esta, basicamente, prevista na Lei nº 8.629/93.

2.3.1 Vistoria

A vistoria é a fase do processo administrativo da desapropriação em que se realiza o levantamento de dados e informações, antecedida de prévia comunicação escrita ao proprietário, preposto ou representante, e se ausentes, mediante a comunicação por edital, publicado 3 vezes consecutivas em jornal de grande circulação da capital do estado, como previsto no art. 2º, §§2º e 3º, da Lei nº 8.629/1993.

A fim de se evitar que o proprietário pretenda aumentar o valor do imóvel ao saber do interesse da União, não se considera qualquer modificação quanto ao domínio, à dimensão e às condições de uso do imóvel, introduzida ou ocorrida até 6 meses após a data da comunicação da vistoria (art. 2º, §4º, da Lei nº 8.629/93).

O *Supremo Tribunal Federal* ao apreciar o MS nº 24.190, cuja relatora foi a Ministra Ellen Gracie, já assinalou que é possível o desmembramento da propriedade após o decurso de mais de seis meses da data da vistoria, conforme precedentes, deferindo a segurança requerida (Informativo nº 336 do STF).

Mas considerando motivos de ordem pública, quando a fiscalização do imóvel é decorrente do poder de polícia, é dispensada a comunicação prévia, nos termos do §5º do art. 2º da Lei nº 8.629/93. Um exemplo desta natureza é a vistoria decorrente para se apurar a existência de trabalho em condições degradantes ou análogas à condição de escravo, ou, ainda, para verificar a existência de crimes ambientais.

Um aspecto muito peculiar previsto na lei para se combater as formas organizadas de movimentos sociais na ocupação de imóveis rurais é a vedação de que os imóveis rurais de domínio público ou particular objeto de esbulho possessório ou invasão motivada por conflito agrário ou fundiário de caráter coletivo seja objeto de vistoria, avaliação, ou desapropriação nos dois anos seguintes à sua desocupação, ou 4 anos no caso de reincidência. Inclusive, se forem feitos estes procedimentos, deve-se apurar a responsabilidade civil e administrativa do servidor (art. 2º, §§6º a 9º, da Lei nº 8.629/93).

2.3.1.1 Vistoria e características do Manual de Obtenção de Terras do Incra

De acordo com o Manual de Obtenção de Terras do Incra, a fase de *levantamento preliminar* tem por objetivo:

a) apurar a produtividade e fiscalizar o cumprimento da função social da propriedade, segundo os parâmetros estabelecidos em lei e em normas internas;
b) fundamentar parecer sobre a viabilidade técnica e ambiental para sua inclusão no programa de reforma agrária;
c) identificar, qualificar e dimensionar benfeitorias úteis, necessárias e voluptuárias (esse procedimento será adotado nos casos de flagrante condição de improdutividade do imóvel e sua prestabilidade para assentamento de trabalhadores rurais);

d) aferir a veracidade dos dados do Sistema Nacional de Cadastro Rural (SNCR), declarado pelos proprietários, titulares de domínio útil ou possuidores, promovendo *ex ofício* a atualização cadastral dos imóveis, com dados que retratem sua real e atual situação, conforme as condições de exploração verificadas, além de incluir novos dados que não estejam ainda lançados no cadastro.

A vistoria será precedida de análise da certidão dominial do imóvel, de acordo com o que estabelece o parágrafo único do art. 2º da Norma de Execução nº 35/2004 do Incra, que dispõe sobre procedimentos técnicos e administrativos nas ações de obtenção de recursos fundiários; de comunicação ao proprietário, nos termos estabelecidos nos §§2º e 3º do art. 2º da Lei nº 8.629/1993, na qual deverá constar o período previsto para ingresso no imóvel.

Em caso de ausência do proprietário ou de preposto, deverá a comunicação ser feita por edital, nos termos previstos no §3º, art. 2º da Lei nº 8.629/93.

Deverá ser respeitado pelo Incra, para o início da vistoria, o prazo estabelecido no §2º do art. 26 da Lei nº 9.784/1999, que trata do processo administrativo no âmbito da Administração Pública Federal. Tal prazo, havendo mais de um proprietário, será contado a partir da entrega da última comunicação.

Além destes atos, antes da vistoria, deverá o Incra, ainda, em se tratando de imóveis indicados por entidades representativas de trabalhadores rurais e agricultores, comunicar as referidas entidades, conforme preceitua o art. 2º do Decreto nº 2.250/1997; e comunicar o oficial de registro imobiliário da comarca onde se situa o imóvel, para fins do previsto no art. 2º, §4º, da Lei nº 8.629/93, com redação dada pela MP nº 2.183-56/2001.

Como visto, a notificação do proprietário é condição indispensável para que o Incra proceda ao referido levantamento, porque, além de possibilitar a entrada do Instituto no imóvel, irá possibilitar que o proprietário acompanhe os trabalhos do Incra de medição e análise da propriedade sob os mais diversos aspectos, inclusive indicando técnicos para tal fim.

Findo o levantamento prévio, este constará de um laudo técnico conclusivo, denominado de *laudo agronômico de fiscalização (LAF)*, a ser elaborado pela comissão, em que constarão todos os dados indispensáveis no sentido de avaliar se o imóvel está cumprindo com a sua função social, ou seja, de acordo com os critérios legais, deverão ser analisados o grau de utilização da terra e o grau de eficiência na exploração.

O LAF deverá ser elaborado de maneira clara, em linguagem técnica e embasado em normas jurídicas, técnicas e na legislação especializada, e deverá expressar todos os aspectos levantados pela equipe técnica, mormente, aqueles relacionados à potencialidade produtiva do imóvel e, inclusive, aspectos sociais, como a existência de tensões e conflitos e concluir sobre a viabilidade técnica e ambiental da exploração do imóvel, visando à sua inclusão no programa de reforma agrária, além de dados necessários ao requerimento de licenciamento , conforme Anexo da Resolução nº 458/2013.

Sendo inadequado o imóvel para desapropriação por interesse social para fins de reforma agrária, seja por que esteja cumprindo com sua função social, seja porque constatada a sua inviabilidade para implantação de projeto de assentamento – caso em que deverão ser explicitadas as razões técnicas de sua inviabilidade –, ele poderá ser apresentado de forma simples, para que tão somente seja atualizado o seu cadastro.

Em todo caso, de acordo com o Manual de Obtenção de Terras do Incra, deverá o LAF conter as seguintes informações:

- *Considerações preliminares e objetivos*: deverá constar referência à ordem de serviço que instituiu a comissão de vistoria e os objetivos e justificativas de sua realização, mencionando a data de recebimento da comunicação prévia e de ingresso no imóvel, informando ainda se os trabalhos foram acompanhados pelo proprietário, preposto ou representante, com qualificação destes, de acordo com o que estabelece o §7º do art. 4º da Norma de Execução nº 35/2004 do Incra, e outras considerações julgadas relevantes para a equipe técnica.

- *Identificação do proprietário*: deverão ser coletados dados pessoais do proprietário e de seu cônjuge, observadas as especificações constantes do referido manual, para pessoa física, pessoa jurídica, espólio, condomínio e usufrutuário. Para este levantamento, poderá ser utilizada a Receita Federal, a declaração para cadastro de imóvel rural, processo de fiscalização recente, lista telefônica, junta comercial, cartórios distribuidores.

- *Identificação do imóvel*: identificação conforme consta do CRI; áreas registradas; situação dominial; área levantada na vistoria ou certificada pelo Incra, observando as normas técnicas para levantamento topográfico, inclusive das áreas de servidão; o número de módulos fiscais do imóvel, considerando, para tal, o módulo fiscal do município; fração mínima de parcelamento; código do imóvel no SNCR; código do imóvel na Receita Federal; localização, coordenadas geográficas dos pontos extremos e acesso ao imóvel; localização e vias de acesso ao imóvel, inclusive em relação às faixas de fronteira, unidades de conservação, áreas indígenas e outras; limites e confrontações do imóvel materializados no campo, comparando-os com os documentos do cartório; indicação de se há sobreposição de áreas a outros imóveis e/ou sobre perímetro objeto da fiscalização prevista na Resolução/Incra/CD nº 3/2006 e IN nº 28 de 24.1.2006.

- *Características gerais da região de influência do imóvel*: neste tópico deverá ser descrita a localização da região de influência do imóvel, dentro da divisão político-administrativa do Estado, em que serão considerados aspectos físicos (geologia, relevo, solo); recursos hídricos (representação cartográfica e descrição das condições de conservação ambiental das bacias, se existentes); aspectos climáticos; aspectos bióticos (vegetação e fauna); aspectos socioeconômicos e culturais, em que será descrita a estrutura fundiária, conforme restrições de zoneamento federal, estadual e municipal, a existência de outros projetos de assentamento, de unidades de conservação, áreas indígenas e comunidades tradicionais, especialmente aquelas que estejam numa faixa de 10km da propriedade, identificação de atividades econômicas, potencial turístico e ocorrências de endemias.

- *Características físicas e edafoclimáticas do imóvel*: descrição da vegetação; descrição e classificação do relevo, de acordo com o quadro de classificação do relevo estabelecido pelo Incra; descrição e classificação do solo; classificação das terras no sistema de classes de capacidade de uso e recursos hídricos. O presente tópico será de fundamental importância na formação da convicção do técnico, daí porque nele deverão ser relatados os pontos fundamentais da vistoria.

– *Uso do imóvel*: este tópico demonstrará as atividades desenvolvidas durante os doze meses inteiros, imediatamente anteriores ao do recebimento da comunicação da vistoria, e deverá especificar as culturas exploradas, a rotação ou intercalação de culturas, caso cultivadas em consórcio, a produção do imóvel, podendo-se se utilizar, para tanto, notas fiscais e contranotas, para apurar a quantidade de produtos vegetais vendidos. Caso não seja possível a obtenção destes documentos, esta aferição poderá ser realizada com base nos índices fixados na IN nº 11/2003 do Incra, e se ainda assim não for possível aferir o grau de utilização, considerar-se-á a área colhida igual a área plantada. Deverão ser consideradas para este fim as áreas arrendadas, em parceria, bem como as cedidas e efetivamente utilizadas pelos assalariados dos proprietários e comodatários, caso em que serão identificados. Serão ainda consideradas as áreas de extração vegetal efetivamente utilizadas, áreas com plano de manejo, devidamente aprovadas pelo órgão ambiental, e em dia quanto ao seu cronograma. Na elaboração deste tópico, que deverá ser feito através de formulário próprio, deverão ser identificadas as áreas ocupadas por posseiros, indicador de restrição (reserva legal, preservação permanente etc.), evidência de exploração mineral, o cultivo de plantas psicotrópicas, existência de experimentação científica, e as áreas inaptas e inaproveitáveis.

– *Efetivo pecuário*: na obtenção do efetivo pecuário, deverá a equipe técnica especificar no laudo o método utilizado. Poderá o técnico se utilizar dos mais diversos documentos para a aferição deste efetivo (documentos de fiscalização sanitária, documentos tributários, IAG/DAP – Inventário Anual de Gado e Declaração Anual do Produtor), além da contagem física, assim como qualquer outra forma idônea de aferição.

– *Aspectos ambientais*: deverão ser identificadas neste tópico as condições ambientais do imóvel, com indicação de áreas de preservação permanente, reserva legal e de cumprimento da legislação ambiental pelo proprietário, uso adequado dos recursos naturais, observando-se se há emprego de práticas inadequadas, capazes de afetar o equilíbrio do ecossistema, e propiciar a degradação ambiental, como: erosão, compactação de solos, assoreamento, salinização do solo, desertificação, entre outras ocorrências.

– *Aspectos trabalhistas*: constará deste tópico a relação de todos os trabalhadores do imóvel, na qual serão relatados indícios de descumprimento da legislação trabalhista, a situação de contratos agrários, a existência de conflitos, assim como as condições de saúde, educação, lazer e alimentação, devendo ser consultada a Delegacia Regional do Trabalho, no sentido de informar a ocorrência de reclamações trabalhistas e incidência de trabalho escravo.

– *Aspectos sociais*: as ocupações ocorridas no imóvel, antes ou durante as vistorias, deverão ser identificadas, assim como as suas circunstâncias, como mapeamento, tamanho, percentual, localização e duração, descrevendo inclusive se a ocupação afetou a realização dos trabalhos. Tal notícia se torna importante, seja porque ela desautoriza a publicação do decreto expropriatório, seja porque pode influenciar na avaliação de produtividade do bem.

- *Identificação das benfeitorias*: as benfeitorias dos imóveis deverão ser citadas no LAF. Ocorrendo que as benfeitorias que interferirem no grau de utilização da terra e no grau de eficiência na exploração deverão ser dimensionadas. As benfeitorias localizadas em áreas de preservação permanente e/ou de reserva legal deverão ser identificadas em separado.
- *Uso potencial recomendado para o imóvel*: neste item será explicitada a viabilidade econômica de eventual projeto de assentamento, no sentido de definir a adequação do imóvel. Sob este aspecto, para o programa de assentamento de trabalhadores rurais, irá se definir se o imóvel é economicamente útil, nos termos estabelecidos no §2º do art. 2º do Estatuto da Terra. Para esta verificação poderá ser utilizado o Sistema Brasileiro de Classificação de Uso das Terras, assim como os dados socioeconômicos regionais coletados, apontando todas as alternativas de exploração da terra, considerando suas características intrínsecas (recursos naturais, solos, relevos, vegetação, recursos hídricos, capacidade de uso, acesso, localização, riscos de impacto ambiental), e extrínsecas (mercado regional, armazenamento, capacidade de escoamento de produção, assistência técnica, crédito rural etc.).
- *Capacidade de assentamento*: a capacidade de assentamento deverá analisar diversos aspectos, desde a quantidade de unidades familiares, dimensão dos imóveis, até aspectos mercadológicos e de características dos imóveis, a fim de garantir a viabilidade das unidades de produção.
- *Conclusão e anexos ao LAF*: o LAF deverá ser conclusivo quanto à destinação ou não do imóvel para fins de reforma agrária, devendo esta decisão ser em todo caso fundamentada, e conter a classificação do imóvel quanto ao enquadramento segundo o grau de utilização da terra (GUT), e grau de eficiência na exploração (GEE), resultantes da atualização cadastral do imóvel, processada no Sistema Nacional de Cadastro Rural (SNCR), além de classificação. Nesta fundamentação deverá a equipe técnica fazer expressa referência aos critérios do art. 9º da Lei nº 9.629/93.

Ao LAF deverão ser anexados todos os documentos que embasem a fundamentação da conclusão a que chegou a equipe técnica, no sentido de comprová-las, tais quais: planta geral de situação, mapa de uso atual, delimitação das áreas de influência, memorial descritivo do imóvel, documentação fotográfica, mapa temático de classes de capacidade de uso das terras, imagem de satélite georreferenciada ou qualquer outra fonte de sensoriamento, fichas de vacinação, notas fiscais, memória de cálculo do efetivo pecuário, relação nominal dos trabalhadores assalariados e residentes, outros documentos que a equipe técnica entender necessários.

Concluído o LAF, o proprietário poderá exercer direito de manifestação no prazo de quinze dias, nos termos do art. 3º do Decreto nº 2.250/1997, além de interpor recursos administrativos, que serão julgados de acordo com o que estabelece a Norma de Execução nº 35/2004 do Incra.

Após a conclusão destes trabalhos, se o imóvel não estiver cumprindo com a sua função social, será proposta ao presidente da República a declaração de interesse social para fins de reforma agrária.

Tal declaração será feita através de decreto presidencial que identificará o imóvel e autorizará o Incra a proceder à desapropriação, após publicado.

Por derradeiro, será realizada vistoria no imóvel com a principal finalidade de verificação do preço, a fim de indenizar o seu proprietário, nos termos previstos em lei.

2.3.2 Pagamento das TDAs

O procedimento geral da indenização nas desapropriações de imóveis rurais para fins de reforma agrária é que as benfeitorias úteis e necessárias sejam pagas em dinheiro e que o valor da terra nua seja pago em títulos da dívida agrária, os quais são resgatáveis a partir do 2° ano de sua emissão, com cláusula de preservação do valor real, em até 20 anos, segundo os prazos previstos nos incs. I a III do §3°, do art. 5°, da Lei nº 8.629/93, e que toma em consideração tão somente o tamanho do imóvel rural em módulos fiscais.

Assim, será do segundo ao décimo quinto ano, quando emitidos para indenização de imóvel com área de até setenta módulos fiscais; do segundo ao décimo oitavo ano, se acima de setenta e até cento e cinquenta módulos fiscais; e do segundo ao vigésimo ano, quando com área superior a cento e cinquenta módulos fiscais

Os prazos de resgate das TDAs serão reduzidos em havendo acordo administrativo ou nos autos da ação judicial de desapropriação, procedida nos termos da Lei Complementar nº 75/93, seguindo os prazos previstos nos incs. I a II do §4° do art. 5° da Lei nº 8.629/93.

Neste caso, o pagamento será efetuado de forma escalonada em TDAs, resgatáveis em parcelas anuais, iguais e sucessivas, a partir do segundo ano de sua emissão, para os imóveis com área de até três mil hectares, no prazo de cinco anos; aos imóveis com área superior a três mil hectares, o valor relativo aos primeiros três mil hectares, no prazo de cinco anos; o valor relativo à área superior a três mil e até dez mil hectares, em dez anos; o valor relativo à área superior a dez mil hectares até quinze mil hectares, em quinze anos; e o valor da área que exceder quinze mil hectares, em vinte anos.

Os prazos de resgate iguais ou superiores a dez anos podem ser reduzidos em cinco anos, desde que o proprietário concorde em receber o pagamento do valor das benfeitorias úteis e necessárias integralmente em TDA, sendo os prazos de resgates destes títulos fixados na mesma proporcionalidade dos relativos ao valor da terra e suas acessões naturais (§§5° e 6° do art. 5° da Lei nº 8.629/93).

A grande inovação introduzida pela Lei nº 13.465/2017, no que diz respeito ao pagamento de indenização pela aquisição de imóveis rurais destinados à reforma agrária, ocorreu pela introdução o §7° no art. 5° da Lei nº 8.629/93, permitindo que, na aquisição por compra e venda ou na arrematação judicial, o pagamento poderá ser feito em dinheiro, na forma estabelecida em regulamento, podendo envolver não só a terra como as benfeitorias do imóvel.

Este dispositivo que à primeira vista é positivo, pois permite um mecanismo mais célere para aquisição de imóveis rurais para a reforma agrária, com pagamento em espécie, é a rigor uma contradição com a realidade do Plano Nacional de Reforma

Agrária, que em geral não possui recursos financeiros suficientes para a emissão de novas TDAs, ou para o pagamento de benfeitorias úteis e necessárias em novas ações de desapropriação.

Inevitável o questionamento sobre qual a viabilidade deste instrumento ante os constantes cortes de recursos do Incra, ou, ainda, que este poderia ser um mecanismo de favorecimento de interesses particulares no processo de aquisição de imóveis, tendo em vista, não tanto a solução de eventuais conflitos rurais, mas atendimento de interesses escusos, sob o apanágio de se realizar a reforma agrária.

Alerta-se, por fim, que o limite da indenização deve observar o preço atual de mercado, integrando ao preço da terra as florestas naturais, matas nativas e qualquer outro tipo de vegetação natural (§§1º e 2º do art. 12 da Lei nº 8.629/93).

2.3.3 Condições do imóvel, pagamento da terra pelo beneficiário da reforma agrária, e outros aspectos dos assentamentos e seu desmembramento

Elemento fundamental para se realizarem os objetivos da reforma agrária é que o assentamento dos trabalhadores rurais seja realizado em terras economicamente úteis, de preferência na região por eles habitada, como previsto no art. 17, *caput*, da Lei nº 8.629/92.

Para cumprir este objetivo o art. 17, incs. I. II, III da Lei nº 8.629/93, prevê uma série de medidas a serem observadas quanto às terras rurais destinadas à implantação de projetos de assentamento integrantes do programa de reforma agrária, destacando-se:

1. Devem as aquisições serem precedidas de estudo sobre a viabilidade econômica e a potencialidade de uso dos recursos naturais.
2. Os beneficiários devem manifestar a sua concordância com as condições de obtenção das terras, inclusive quanto ao preço a ser pago pelo órgão federal executor do programa de reforma agrária e com relação aos recursos naturais.
3. Nos projetos será elaborado plano de desenvolvimento de assentamento – PDA, que orientará a fixação de normas técnicas para a sua implantação e os respectivos investimentos.

A terra, embora fundamental, não é suficiente, por isso a consolidação dos projetos de assentamento integrantes dos programas de reforma agrária demanda a concessão de créditos de instalação e a conclusão dos investimentos, bem como com a outorga do instrumento definitivo de titulação (inc. V do art. 17 da Lei nº 8.692/93).

Apesar desta previsão de concessão de créditos para a consolidação dos assentamentos, o que é reforçado pelos §§2º e 5º do art. 17 da Lei nº 8.629/93, que autoriza o Poder Executivo a conceder créditos de instalação aos assentados, com prazos, carências, termos e condições para liquidação e procedimentos simplificados para o seu cumprimento, este que seria o caminho correto e adequado para a efetiva reforma agrária, está fragilizado.

Com efeito a Lei nº 13.465/97 incluiu no art. 17 da Lei nº 8.629/93 o §6º, que cria uma forma anômala de consolidação dos assentamentos por mero decurso de tempo, independentemente da implementação da instalação e conclusão dos investimentos, bastando ser atingido o prazo de quinze anos de sua implantação, pois ainda que seja ressalvado que por decisão fundamentada do Incra isto possa não ocorrer, instala-se uma verdadeira licença legal, para se excluir o dever do Poder Público de realizar os investimentos, o que contraria os princípios constitucionais que impõem a realização da reforma agrária.

Aliás, o §7º do art. 17 da Lei nº 8.629/93, incluído pelo já citado diploma legislativo, determina que os assentamentos que, em 1º.6.2017, contarem com quinze anos ou mais de criação devem ser consolidados em até três anos, o que revela um verdadeiro incentivo para que o Poder Público descumpra os objetivos constitucionais.

É relevante destacar que é preciso afastar o mito de que o cliente da reforma agrária não paga pela terra, que seria uma benesse do Estado, pois, embora na implantação do projeto de assentamento seja celebrado com o beneficiário contrato de concessão de uso, gratuito, inegociável, de forma individual ou coletiva, com cláusulas resolutivas, com os direitos e as obrigações, assegura-se a ele o direito de adquirir título de domínio ou a concessão de direito real de uso (CDRU), que não será gratuita (§2º do art. 18 da Lei nº 8.629/93).

O título de domínio e a CDRU são inalienáveis por 10 anos, contados da concessão de uso, conterão cláusulas resolutivas e serão outorgados ao beneficiário de forma individual ou coletiva, após a realização dos serviços de medição e demarcação topográfica do imóvel a ser alienado. O valor da alienação, na hipótese de outorga de título de domínio, considerará o tamanho da área e será estabelecido entre 10% e 50% do valor mínimo da pauta de valores da terra nua para fins de titulação e regularização fundiária elaborada pelo Incra, com base nos valores de imóveis avaliados para a reforma agrária (§§1º, 3º e 5º do art. 18 da Lei nº 8.629/93).

A única exceção de alienação gratuita da terra ocorre quando envolver lotes de até 1 (um) módulo fiscal, em projetos de assentamento criados em terras devolutas discriminadas e registradas em nome do Incra ou da União, o que decorre, neste caso, do fato de a terra não ter sido adquirida pelo Poder Público por meio oneroso, e se tratar de lotes pequenos, que favorecem pequenos agricultores, e com áreas mínimas para a produção (§7º do art. 18 da Lei nº 8.629/93).

Por se tratar de elementos de interesse social, não são considerados reembolsáveis pelos assentados ao Poder Público os valores relativos às obras de infraestrutura de interesse coletivo e os custos despendidos com o plano de desenvolvimento do assentamento e serviços de medição e demarcação topográficos (§8º do art. 8º da Lei nº 8.629/93).

Os títulos individuais de domínio, a concessão de uso ou a CDRU serão conferidos ao homem, na ausência de cônjuge ou companheira, à mulher, na ausência de cônjuge ou companheiro, ou ao homem e à mulher, obrigatoriamente, nos casos de casamento ou união estável.

Embora exista a possibilidade de concessão de título coletivo de domínio e CDRU, o §14 do art. 18 da Lei nº 8.629/93 determina que, para fins de interpretação, a outorga coletiva não permite a titulação, provisória ou definitiva, à pessoa jurídica. O dispositivo, além de incompreensível, fere o direito constitucional de livre organização e associação, tal como previsto no art. 5º, incs. XVIII e XX da CRFB, que garante a livre criação de associações e de cooperativas, que independem de autorização, e veda a interferência estatal em seu funcionamento, pois ninguém pode ser compelido a associar-se ou a permanecer associado.

Existe uma contradição muito grande entre a regra do art. 18-A da Lei nº 8.629/93, que define que os lotes a serem distribuídos pelo Programa Nacional de Reforma Agrária não poderão ter área superior a 2 (dois) módulos fiscais ou inferior à fração mínima de parcelamento, com o fato de que o §1º, inc. I, do mesmo dispositivo, autoriza o Incra, nos assentamentos com data de criação anterior ao período de dois anos, contado retroativamente a partir de 22.12.2016, a conferir o título de domínio ou a CDRU relativos às áreas em que ocorreram desmembramentos ou remembramentos após a concessão de uso, pois, ainda que com a observância da fração mínima de parcelamento, é permitido que o limite de área seja de até quatro módulos fiscais por beneficiário.

A contradição é que o beneficiário da reforma agrária que tenha respeitado e promovido o sucesso e integridade do assentamento somente pode ter até dois módulos fiscais, já aquele particular que teve parte em assentamentos em que ocorreram desmembramentos ou remembramentos poderá obter uma área de até quatro módulos fiscais, verdadeiro prêmio para os que tenham apostado, voluntária ou involuntariamente, para a desconstituição do assentamento.

Embora existam condicionantes para essa forma de titulação, em que o beneficiário não deve possuir outro imóvel a qualquer título, os títulos serão inegociáveis por 10 anos; deve ser agricultor familiar e empreendedor familiar rural e, como tal, não pode ter área maior do que 4 (quatro) módulos fiscais; deve utilizar predominantemente mão de obra da própria família, deve dirigir seu estabelecimento ou empreendimento com sua família, e não deve fazer jus aos créditos de instalação próprios da reforma agrária. Isso não deixa de ser uma regra contrária à política de reforma agrária, pela criação e fortalecimento dos assentamentos (art. 18-A, §§1º, 2º e 3º da Lei nº 8.629/93).

Esse procedimento é reiterado pelo art. 26-B da Lei nº 8.629/93, que permite que nos casos de ocupação de lote sem autorização do Incra em área objeto de projeto de assentamento criado há, no mínimo, dois anos, contados a partir de 22.12.2016, esta possa ser regularizada, observadas as vedações referentes aos elegíveis como clientes da reforma agrária, e possa ser processada a pedido do interessado ou mediante atuação, de ofício, do Incra.

Nestes casos, a ocupação e exploração da parcela pelo interessado deve ocorrer há, no mínimo, um ano, contado a partir de 22.12.2016; não devem existir candidatos excedentes interessados na parcela elencados na lista de selecionados do Incra para o projeto de assentamento e deve haver a quitação ou assunção pelo interessado, até a data de assinatura de novo contrato de concessão de uso, dos débitos relativos ao crédito de instalação reembolsável concedido ao beneficiário original.

Apesar do marco temporal, poderá servir de modelo para pressionar o legislador a abrir mais exceções futuras, para regularizar áreas em assentamentos objeto de desmembramento ou remembramentos.

Deveria prevalecer em todo o caso a regra do art. 18-B da Lei nº 8.629/93, de que, identificada a ocupação ou a exploração de área objeto de projeto de assentamento por indivíduo que não se enquadre como beneficiário do Programa Nacional de Reforma

Agrária, o ocupante deve ser notificado para a desocupação da área, sem prejuízo de eventual responsabilização nas esferas cível e penal.

Por fim, registre-se que são isentas de impostos as operações de transferências de imóveis desapropriados para fins de reforma agrária, e não se cobra custas ou emolumentos para registros dos títulos e transferência aos beneficiários (art. 26 da Lei nº 8.629/93).

2.4 Desapropriação judicial por interesse social para fins de reforma agrária

A característica do processo judicial de desapropriação por interesse social para fins de reforma agrária é o rito sumário e contraditório especial, regulamentado pela Lei Complementar nº 76/93 com as alterações da Lei Complementar nº 88/96.

Primeiramente, por evidente, não se pode esquecer do caminho clássico de intervenção do Poder Público, que é a desapropriação, como forma originária de aquisição da propriedade.

Cediço dizer que somente a União tem a competência de desapropriar por interesse social para fins de reforma agrária, decorrente desta competência é que a princípio qualquer desapropriação cujo objeto tenha por finalidade a solução de conflito rural, permitindo avançar a reforma agrária, a princípio se impede que a ação desapropriatória seja movida pelo estado-membro, o que tem suporte no art. 184 da CF c/c a Lei nº 8.629/93, uma vez que o imóvel seja classificado como rural.

Registre-se, entretanto, que Bandeira de Mello aponta em brilhante estudo doutrinário o quanto esta visão é insuficiente para impedir que o Estado desaproprie por interesse social determinado imóvel rural, mesmo envolvendo conflito agrário, e leciona que pode ser realizado com fundamento na Lei nº 4.132/62, pois o contrário, inclusive, violaria o princípio federativo. Leciona com a sua contumaz força de argumentos:

> [...] que espécie de Estados federados seriam estes se nem ao menos pudessem atuar para "atendimento" do "interesse social" instalado no âmbito de validade de suas ordens jurídicas e aos quais fossem, negados os meios hábeis para a busca de interesses aos quais a constituição atribui tanta relevância (Art. 3º, 170, *caput* e incs. III e VII)? Repugnaria à própria noção federativa a negativa de poderes necessários à realização do interesse social em seus territórios.[343]

Em nível doutrinário concorda-se com o autor *supra* no que concerne à possibilidade de desapropriação de imóvel rural, com fundamento na Lei nº 4.132/62, que apenas deve ser realizada mediante a indenização prévia e justa em dinheiro, pois que no caso se tutelaria o interesse social em manter a paz no campo, possibilitando e criando condições de regular produção agrícola.

Porém, esta posição de vanguarda tem por vezes ressonância negativa nos tribunais, como se pode ver no mais das vezes em decisões do STJ e STF, como exemplo a decisão proferida na Medida Cautelar nº 5.240/RS (2002/0100416-0), de relatoria do Ministro

---

[343] BANDEIRA DE MELLO, Celso Antônio. Desapropriação de imóvel rural por estados e municípios. *Revista Trimestral de Direito Público*, São Paulo, v. 29, 2000. p. 24.

José Delgado, publicada no *DJ* de 10.3.2003, em que se possibilita a desapropriação por interesse social, desde que não se trate de imóvel rural e para fins de reforma agrária.

Alerta-se, porém, que mais recentemente o STJ vem revendo a sua posição a respeito, como se verifica no julgamento do RO em MS nº 16.627/RS (2003/109420-9) em que a partir de pedido de vista do Ministro Teori Albino Zavascki, por maioria, se admitiu que mesmo no caso de desapropriação por interesse social de imóvel rural para fins de reforma agrária o estado-membro possui competência para desapropriar, apenas, não podendo pagar a indenização em títulos da dívida agrária, mas em dinheiro, lastrou-se o voto na decisão proferida em pedido de suspensão de segurança deferida pelo presidente do Supremo Tribunal Federal, nos autos da SS nº 2.217/RS, publicada no *DJ* de 9.9.2003.[344]

Dessa forma, o tema ainda enseja muitas controvérsias nos tribunais superiores, logo a prudência nos encaminha, a princípio, a afastar como caminho adequado para a solução do impasse envolvendo imóvel localizado na zona rural a utilização do instrumento da desapropriação, quando o imóvel se destinar a atender à demanda da reforma agrária.

É relevante destacar que mesmo que o imóvel esteja situado na área rural, este não necessariamente é rural, de forma a atrair o conflito sobre competência, pois devemos observar o número de famílias e a sua destinação precípua para fins de produção agrícola, afinal não se trata de definir a natureza do imóvel para fins tributários – na forma do Código Tributário Nacional, utiliza-se o critério da localização para defini-lo como urbano ou rural (arts. 29 – ITR e 32 – IPTU do CTN).

De fato, para a definição do modelo adequado de desapropriação é preciso considerar a qual tipo de conflito se pretende dar solução e a consequente destinação do imóvel, especialmente porque é comum no meio rural os pequenos roçados, mas por evidente o que deve predominar é o critério da destinação do imóvel, conforme adotado pelo Estatuto da Terra no art. 4º, inc. I, e também, coincidentemente, no art. 4º, inc. I, da Lei nº 8.629/93, por serem critérios do direito agrário mais aptos a solucionar a questão.

2.4.1 Decreto

O interesse social para fins de reforma agrária deve ser declarado através de decreto presidencial, que deverá instruir a petição inicial. Após declarado o interesse social, caso o Poder Público não tenha avaliado previamente o imóvel por resistência do particular, deve haver prévia autorização judicial para a vistoria e avaliação do imóvel, caso haja resistência do particular, conforme decidido pelo STF ao julgar o MS nº 23.744/MS.[345]

Ocorre a caducidade do decreto presidencial após 2 anos da sua edição, impedindo o direito de ação da União Federal.

---

[344] O Ministro Nelson Jobim também concedeu a Suspensão de Segurança de nº 2.721/PB, requerida pelo estado da Paraíba, admitindo a possibilidade de os estados desapropriarem imóvel rural por interesse social para fins de reforma agrária, desde que paga a indenização em dinheiro.

[345] Rel. Min. Maurício Corrêa, *DJU*, p. 49, 17 ago. 2001, ement. v. 2.039-01, p. 83, julgado em 21.6.2001, Tribunal Pleno.

2.4.2 Requisitos e características da ação judicial

A ação de desapropriação por interesse social para fins de reforma agrária possui caráter preferencial e prejudicial em relação a outras ações, independe de preparo e emolumentos e atrai por dependência as ações que tenham por objeto o imóvel desapropriando para a Vara Federal (art. 18 da LC nº 76/93).

O Decreto-Lei nº 3.36/41 determina, no art. 10-A, que, antes de proceder à judicialização, o poder público deverá notificar o proprietário e apresentar-lhe oferta de indenização, devendo tal notificação conter cópia do ato de declaração de utilidade pública; planta ou descrição dos bens e suas confrontações; valor da oferta; informação de que o prazo para aceitar ou rejeitar a oferta é de 15 (quinze) dias e de que o silêncio será considerado rejeição.

Este procedimento também deve se aplicar à desapropriação para fins de reforma agrária e, assim, deve a inicial, entre os seus anexos, incluir tal informação de tentativa extrajudicial de conciliação; do contrário, a petição será inepta, por falta de interesse processual, na forma do art. 330, inciso III, do CPC; do contrário, deverá ser emendada, sob pena de extinção do processo sem resolução do mérito, na forma do art. 485, incisos I e VI, do CPC, intimando-o previamente, no prazo de 5 dias, na forma do art. 10 do CPC.

Entrementes, se for aceita a oferta e realizado o pagamento, será lavrado acordo, o qual será título hábil para a transcrição no registro de imóveis, Rejeitada a oferta ou transcorrido o prazo sem manifestação, o poder público está autorizado a proceder à judicialização.

2.4.2.1 Petição inicial e citação

A petição inicial da ação de desapropriação além dos requisitos do art. 319 do CPC exige a oferta do preço, devendo ser instruída com: a) decreto presidencial de interesse social; b) certidões atualizadas do imóvel; c) laudo de vistoria e avaliação administrativa; d) comprovante de TDAs para o VTN; e) comprovante bancário oficial do valor ofertado das benfeitorias úteis e necessárias (art. 5º da LC nº 76/93).

Importante destacar que, embora o STF tenha derrubado no julgamento do RE nº 247.866/CE[346] a expressão do art. 14 da Lei Complementar nº 76/93, que dispunha que o valor da indenização estabelecido por sentença em processo de desapropriação para fins de reforma agrária deverá ser depositado pelo expropriante em dinheiro, para as benfeitorias úteis e necessárias, inclusive culturas e pastagens artificiais, por contrariar o sistema de pagamento das condenações judiciais, pela Fazenda Pública, determinado pela Constituição Federal no art. 100 e parágrafos,[347] isto não implicou dizer a inconstitucionalidade do inc. VI do art. 5º da LC nº 76/93.

Com efeito, integra um dos requisitos da petição inicial da ação de desapropriação por interesse social para fins de reforma agrária, previstos no art. 5º da LC nº 76/93, inc.

---

[346] Rel. Min. Ilmar Galvão, *DJ*, p. 105, 24 nov. 2000, ement. v. 2.013-05, p. 983, julgado em 9.8.2000 – Tribunal Pleno. Merece registro histórico o fato de que na apreciação da ADI nº 1.187 MC/DF – o Relator Min. Ilmar Galvão, em 9.2.1995, concedeu a liminar no mesmo sentido, embora posteriormente o processo tenha sido extinto pelo Plenário, ressalvando o ajuizamento de outra ação posterior para apreciar o tema.

[347] Por essas incompatibilidades com o texto constitucional foram os arts. 14 e 15 da LC nº 76/93, revogados pelo art. 109, da Lei nº 13.465/2017.

VI, a obrigatoriedade da juntada do comprovante de depósito em espécie, à disposição do juízo, do valor correspondente ao ofertado para pagamento das benfeitorias úteis e necessárias, porque em acordo com o §1º do art. 184 da CFRB, que define que benfeitorias úteis e necessárias serão indenizadas em dinheiro.

Com efeito, com relação à exigência de *depósito em dinheiro* para as benfeitorias úteis e necessárias, somente é vedado que seja fixada em sentença – por violar o art. 100 da CF de que as dívidas do Poder Público objeto de decisão judicial, que não se enquadrem como de pequeno valor, devem ser objeto de precatório requisitório –, mas continua como requisito necessário para o ajuizamento da ação.

O art. 7º da Lei Complementar nº 76/93 traz as regras sobre a citação do desapropriando, considerando a situação de domínio da área, objeto de decreto de interesse social, ditando as seguintes regras:

1. O expropriando será devidamente citado na pessoa do proprietário do bem, ou de seu representante legal, obedecidas as regras do Código de Processo Civil.
2. Existindo situações de mais de um titular sobre o bem imóvel, deverá ser realizada a citação de todos os interessados.
3. Havendo enfiteuse ou aforamento, serão citados os titulares do domínio útil e do domínio direto, exceto quando for contratante a União, pois, neste caso, deve haver a articulação prévia do Incra com a Gerência do Patrimônio da União.
4. No caso de espólio, inexistindo inventariante, a citação será feita na pessoa do cônjuge sobrevivente ou na de qualquer herdeiro ou legatário que esteja na posse do imóvel.
5. Serão intimados da ação os titulares de direitos reais sobre o imóvel desapropriando.
6. Serão ainda citados os confrontantes que, na fase administrativa do procedimento expropriatório, tenham, fundamentadamente, contestado as divisas do imóvel expropriando.

O Incra, além de outras formas previstas na legislação processual civil, poderá requerer que a citação do expropriando seja feita pelo correio, através de carta com aviso de recepção, firmado pelo destinatário ou por seu representante legal (art. 8º da LC nº 76/93).

A *petição inicial* será despachada pelo juiz federal de plano ou no prazo máximo de 48 horas, determinando a imissão na posse, citação e indicação de assistente técnico, se quiserem as partes indicar, expedindo, ainda, mandado de averbação no registro imobiliário para conhecimento de terceiros do processo de desapropriação (art. 6º da LC nº 76/93).

Cediço dizer que o Decreto-Lei nº 3.365/41 é a Lei Geral de Desapropriações, logo é relevante observar as suas regras, na ausência de norma própria na LC nº 76/93. Portanto, é permitido que, havendo a imissão na posse e concordância, reduzida a termo, do expropriado, esta decisão concessiva da imissão provisória na posse convalide-se em aquisição da propriedade pelo expropriante, com o consequente registro da propriedade na matrícula do imóvel. Tal possibilidade decorre da inclusão pelo art. 104 da Lei nº 13.465/2017 do art. 34-A, no Decreto-Lei nº 3.365/41.

Entretanto, tal concordância escrita do expropriado não implica renúncia ao seu direito de questionar o preço ofertado em juízo, mas permite ao expropriado levantar 100% (cem por cento) do depósito realizado com petição inicial (art. 34-A, §§1º e 2º do Decreto-Lei nº 3.365/41).

Deste valor a ser levantado pelo expropriado devem ser deduzidos os valores relativos às dívidas fiscais, quando inscritas e ajuizadas, bem como as multas decorrentes de inadimplemento e de obrigações fiscais, além de, a critério do juiz, aqueles tidos como necessários para o custeio das despesas processuais, tudo na forma do §3º, do art. 34-A do Decreto-Lei nº 3.365/41.

2.4.2.2 Contestação

A contestação não pode discutir o mérito da desapropriação, apenas o valor da indenização, segundo regra tradicional do direito brasileiro, excluída a apreciação do interesse social, e deve ser protocolada no prazo de 15 dias.

Alerta-se que, se a desapropriação do imóvel for parcial, o desapropriando pode requerer que a totalidade da propriedade seja desapropriada se a área remanescente for inferior à pequena propriedade ou prejudicada substancialmente a exploração econômica e o seu valor for inferior à área desapropriada (art. 4º da LC nº 76/93).

Na contestação o requerido pode requerer o levantamento de 80% da indenização depositada, podendo o juiz autorizar o requerimento, após pagos os tributos e publicados os editais, às expensas do expropriante, duas vezes na imprensa e uma no *Diário Oficial*, após decorrido o prazo de 30 dias. Para esta autorização ocorrer também não deve haver dúvidas de domínio, direito real, domínio útil ou direto, em caso de enfiteuse ou aforamento, pois, se houver, o valor ficará depositado, e os interessados deverão resolver o conflito mediante ação própria (art. 6º, §1º, da LC nº 76/93).

O Tribunal Regional Federal da 1ª Região, ao apreciar o AI nº 2005.01.00.000443-5/PA, originário da Vara Federal de Marabá-PA, pela pena do Juiz Federal convocado José Carlos Madeira, concedeu o adiantamento da pretensão recursal, ao estado do Pará, contra decisão judicial que tinha indeferido pedido de retenção de valores referentes aos seus direitos de enfiteuse, de imóvel objeto de desapropriação, bem como o tinha excluído da lide, por entender que não cabia aquela discussão na ação.

A decisão registrou que *em se tratando de desapropriação de imóvel sujeito a aforamento, impõe-se preservar o interesse do ente público em ser indenizado pelo domínio direto, de sorte que o expropriando – por não ser detentor do domínio pleno – não pode receber integralmente a indenização colocada à disposição pelo expropriante.*

Porque *pretendendo destinar imóvel objeto de aforamento ao programa de reforma agrária, o agravado não poderia descurar – e efetivamente não o fez – do interesse do detentor do domínio direto, pois que a desapropriação implicará o desfazimento da enfiteuse, ficando o enfiteuta com o direito ao recebimento da indenização, mas com a dedução do laudêmio correspondente.*

Destacando, ainda, que a *eventual discussão sobre os limites de dedução do laudêmio, com o exame das normas que tratam do tema, não pode ser remetida para outra ação, pois a ação de desapropriação comporta esse debate.*

Com base nestes fundamentos, reconheceu o magistrado a presença da verossimilhança da alegação e o perigo de dano, pois a manutenção da decisão impugnada implicaria o recebimento dos valores depositados apenas por parte do enfiteuta, ficando comprometido o direito do titular do domínio direto, deferindo o pedido de adiantamento da pretensão recursal do Estado e determinando o bloqueio dos valores requeridos pelo agravante e sua manutenção no polo passivo da ação de desapropriação, até o pronunciamento definitivo da 3ª Turma do TRF – 1ª Região.

Logo, se vê que esta decisão é bem didática sobre o objetivo da norma em preservar os direitos sobre o imóvel desapropriado disputado por vários interessados, mas deixando claro que se a discussão se limitar ao *quantum* do direito de recebimento da indenização do imóvel e não ao próprio direito de recebimento, estas questões podem ser resolvidas no bojo da própria ação de rito sumário.

2.4.3 Procedimentos da instrução e julgamento

Após devidamente citados os desapropriados, o juiz deve promover a audiência de conciliação, que deve ocorrer após 10 dias da citação. Esta audiência não suspende o curso da ação.

Infrutífera a conciliação, somente serão objeto de perícia os pontos impugnados do laudo de vistoria administrativa, a qual deve ser feita em prazo fixado pelo juiz, não podendo exceder 60 dias da data do compromisso do perito (art. 9º).

A audiência de instrução e julgamento deverá ocorrer em até 15 dias depois de concluída a perícia, sendo que a *sentença* deverá ser proferida em audiência ou até 30 dias após a audiência de instrução e julgamento, quando se define o valor da indenização com base nos laudos e outros meios objetivos, inclusive pesquisa de mercado.

2.4.4 Recursos e execução

Da sentença da ação de desapropriação cabe o recurso de apelação, que terá apenas o efeito devolutivo se interposto pelo expropriado e em ambos os efeitos se pelo expropriante. Somente ocorre a remessa *ex officio* se a condenação da indenização for em valor superior a 50% do oferecido na inicial. Não há revisor na apreciação destes recursos.

Após *transitado em julgado* o *decisum*, em até 48 horas deverá haver a expedição do *mandado translativo do domínio*. O registro no cartório deve ocorrer no prazo improrrogável de 3 dias, a contar da apresentação do mandado (art. 17 c/c art. 18 da LC nº 76/93)

Embora a Lei Complementar nº 76/93, no art. 19, §1º, fixe a regra de que os honorários advocatícios na sentença devem ser fixados em até 20% sobre a diferença entre o preço oferecido e o valor da indenização fixada, defendemos, até a 3ª edição deste manual, que se aplicava conjuntamente às regras do art. 85 do CPC, especialmente o seu §3º, que define os percentuais mínimos e máximos a serem aplicados na fixação de honorários nas condenações contra a Fazenda Pública, de acordo com o valor líquido da condenação.

Entretanto, no julgamento do Tema nº 184, dos recursos especiais repetitivos, firmou o STJ o entendimento de que "o valor dos honorários advocatícios em sede de desapropriação deve respeitar os limites impostos pelo artigo 27, §1º, do Decreto-Lei 3.365/1941, qual seja: entre 0,5% e 5% da diferença entre o valor proposto inicialmente pelo imóvel e a indenização imposta judicialmente", o que firmou aplicando o entendimento do STF fixado na ADI nº 2.332-DF, especificamente quanto aos honorários advocatícios em desapropriação.

De fato, a Corte Suprema firmou a tese de que *é constitucional a estipulação de parâmetros mínimo e máximo para a concessão de honorários advocatícios em desapropriações, sendo, contudo, vedada a fixação de um valor nominal máximo de honorários*, declarando que é constitucional a estipulação de parâmetros mínimo e máximo para a concessão de honorários advocatícios, previstos no §1º do art. 27 do Decreto-Lei nº 3.365/1941. Assim, primeiro apura-se a base de cálculo para os honorários, conforme previsto no art. 19, §1º, da LC nº 76/93, que é a diferença entre o preço oferecido e a condenação; após isto, considerando o grau de zelo do profissional; o lugar de prestação do serviço; a natureza e a importância da causa; o trabalho realizado pelo advogado; e o tempo exigido para o seu serviço, o juízo fixará, na forma do §1º do art. 27 do Decreto-Lei nº 3.365/1941, o percentual de honorários devidos, entre 0,5% e 5%.

Na ação judicial o valor da indenização proposta na petição inicial pode não ser o mesmo definido como devido pelo Poder Judiciário, assim, se a decisão judicial transitada em julgado fixar a indenização da terra nua ou das benfeitorias indenizáveis em valor superior ao ofertado pelo expropriante, corrigido monetariamente, a diferença será paga por meio de precatório, na forma do art. 100 da Constituição Federal (§8º do art. 5º da Lei nº 8.629/93).

Importante registrar que o STF já havia derrubado a exigência de depósito em dinheiro das benfeitorias úteis e necessárias fixadas em sentença por contrariar o sistema de precatórios (RE nº 247.866/CE – CEARÁ. Relator(a): Min. ILMAR GALVÃO Publicação: DJ DATA-24-11-00 PP-00105 EMENT VOL-02013-05, PP-00983, Julgamento 09/08/2000 - Tribunal Pleno), previsto nos artigos art. 14 e 15 da LC nº 76. O art. 14 foi suspenso pela Resolução nº 19/2007 do Senado, reforçando a constitucionalidade do modelo de precatórios em qualquer circunstância de fixação do valor devido em sentença judicial acima dos valores de RPV.

Entretanto, está em julgamento, com repercussão geral, o RE nº 922.144, afetado pelo Ministro Barroso, que vai decidir o tema do pagamento sob o regime de precatórios e a sua relação com a justa indenização, com a seguinte ementa:

> DIREITO CONSTITUCIONAL E DIREITO ADMINISTRATIVO. DESAPROPRIAÇÃO. GARANTIA DE JUSTA E PRÉVIA INDENIZAÇÃO EM DINHEIRO. COMPATIBILIDADE COM O REGIME DE PRECATÓRIOS. PRESENÇA DE REPERCUSSÃO GERAL. 1. Constitui questão constitucional saber se e como a justa e prévia indenização em dinheiro assegurada pelo art. 5º, XXIV, da CRFB/1988 se compatibiliza com o regime de precatórios instituído no art. 100 da Carta.

O Tema estava em debate no plenário virtual do STF, mas foi paralisado o julgamento pelo pedido de vistas, em 13.12.2021. Do Ministro Alexandre de Moraes, constam as seguintes proposições para a tese do Tema nº 856:

   a) Ministro Roberto Barroso (Relator): no caso de necessidade de complementação da indenização, ao final do processo expropriatório, deverá o pagamento ser feito mediante depósito judicial direto se o Poder Público não estiver em dia com os precatórios, limitada, todavia, a eficácia temporal desta decisão, para que as teses nela estabelecidas sejam aplicadas somente às desapropriações propostas a partir da publicação da ata da sessão deste julgamento, ressalvadas as ações judiciais em curso em que se discuta expressamente a constitucionalidade do pagamento da complementação da indenização por meio de precatório judicial – acompanhado pelo Ministro Ricardo Lewandowski.

b) Ministro Gilmar Mendes: o pagamento da complementação do depósito prévio ou do valor indenizatório fixado em ação de desapropriação ocorrerá por meio de precatório, salvo nos casos de desapropriação por descumprimento da função social (que será pago por meio de títulos da dívida pública ou agrária, a depender de o imóvel ser urbano ou rural), no que foi acompanhado pelos Ministros Dias Toffoli e Nunes Marques.

c) Ministro Edson Fachin: "no caso de necessidade de complementação da indenização, ao final do processo expropriatório, deverá o pagamento ser feito mediante depósito judicial, que é compatível com a Constituição, sem submissão ao regime de precatório, previsto no art. 100, CRFB", e modula os efeitos para que a tese seja aplicada "somente às desapropriações propostas a partir da publicação da ata da sessão deste julgamento, ressalvadas as ações judiciais em curso em que se discuta expressamente a constitucionalidade do pagamento da complementação da indenização por meio de precatório judicial", acompanhado pelas Ministras Cármen Lúcia e Rosa Weber.

Ainda existem três votos a serem colhidos: Alexandre de Moraes, Luiz Fux e André Mendonça. Portanto, está indefinido o resultado e existe possibilidade de mudança de votos. Pensamos que a melhor posição é do Ministro Gilmar, posto segue o rito constitucional que mantém a previsibilidade orçamentária das despesas públicas e sem afetar o *quantum* indenizatório. Como bem fundamentou o Ministro Gilmar Mendes em seu voto no Plenário da Corte:

> Assim, qualquer dispêndio de recurso público deve estrita observância à lei orçamentária e à categoria correspondente à sua programação e unidade administrativa (órgãos desconcentrado e descentralizado – parágrafo único do art. 22), de sorte que a transposição, o remanejamento ou a transferência de recursos de uma categoria de despesa programada para outra não são admitidos sem prévia autorização legislativa (inciso VI do art. 167 da CF) ou nas hipóteses expressamente previstas na Lei 4.320/64.
>
> Não havendo essa previsão legislativa, não é cabível ao Poder Judiciário determinar, em ação de desapropriação, o depósito complementar em dinheiro da diferença entre a quantia fixada judicialmente e o valor depositado de forma prévia, tampouco o bloqueio/sequestro/arresto de numerário dissociado da correspondente espécie de despesa da unidade administrativa, sob pena de grave ofensa ao postulado orçamentário.

Havendo a imissão prévia na posse e, posteriormente, verificada divergência entre o preço ofertado em juízo e o valor do bem fixado na sentença definitiva, expressos em termos reais, sobre a diferença eventualmente apurada incidirão juros compensatórios a contar da imissão de posse, em percentual correspondente ao fixado para os títulos da dívida agrária depositados como oferta inicial para a terra nua, vedado o cálculo de juros compostos (art. 5º, §9º, da Lei nº 8.629/93).

O imóvel desapropriado não pode ser objeto da ação reivindicatória, uma vez que seja desapropriado e registrado em nome do Incra (art. 21 da LC nº 73/96).

2.5 A justa indenização na ação de desapropriação por interesse social para fins de reforma agrária

Tema fundamental em desapropriação é a reflexão sobre o critério de justa indenização de áreas desapropriadas na região amazônica e outras regiões em situações assemelhadas onde exista uma riqueza ambiental florestal natural, quando, por vezes, a sociedade é punida pela riqueza da biodiversidade presente no local, sem que o pretendente à indenização tenha contribuído para esta biodiversidade, agindo, inclusive, no sentido contrário da sua preservação.

A grande verdade é que, neste tema, à justa indenização prepondera o tradicional olhar do prejuízo do privado, como se este estivesse sofrendo um dano por ação do Poder Público, quando em muitas situações a intervenção do Poder Público ocorre justamente porque há uma inação do particular que não cumpre o ônus constitucional da função social, elemento fundador e constitutivo do direito de propriedade, mas que é preciso difundir a quebra deste paradigma no julgamento da ADI nº 2.332-DF.

Passaremos a traçar uma análise dos critérios relevantes para a sua correta definição, inclusive e especialmente sob o enfoque de mérito da ADI nº 2.332/DF, na qual o Supremo Tribunal Federal, ainda que por maioria de votos, analisou diversos dispositivos do Decreto-Lei nº 3.365/41, com a redação dada pela MP nº 2.027-43, de 27.9.2000, decisão publicada na Ata nº 9, de 18.05.2018, ainda pendentes Embargos de Declaração, mas que indicam não afetar o mérito.

2.6 Avaliação das terras – Correta metodologia – Impossibilidade de se avaliar bens naturais como um valor próprio independentemente da intervenção humana

Deve ser refutada a tradicional contestação da injustiça da indenização de áreas desapropriadas que excluem do cálculo as áreas de floresta como um critério à parte do valor da terra nua, por não estarem aplicadas a um uso econômico, pois não estão "considerando o lucro potencial dos recursos naturais ali existentes".

2.6.1 Exclusão de espécies arbóreas e terras sem efetivo uso – Meras potencialidades não geram direitos a lucros cessantes

O dano ao direito de propriedade deve ser avaliado corretamente, sem atender às pretensões descabidas de proprietários, especialmente a de inserir no valor indenizatório as potencialidades de lucros dos recursos naturais existentes na área, ou seja, as espécies florestais lá existentes, sem um uso econômico, com efeito, como pretendem as chamadas perdas dos seus lucros cessantes.

Ora, sem provar efetivamente que existem determinados bens naturais numa área, que em tese podem ser até mesmo por uma criança estabelecidos, pois todos sabemos da exuberância da Amazônia, não há como indenizar; além disso, deve o proprietário demonstrar a efetiva produtividade e utilização da terra, e logo dos recursos florestais, pelo efetivo apossamento, que não deriva como pretendem fazer acreditar apenas do domínio.

Um dado fundamental é que não se deve extrair da simples titulação o direito indenizatório de tudo quanto exista na área, considerando somente a potencialidade do uso, como se houvesse *pari passu* um efetivo e objetivo uso econômico de todos os bens da natureza situados na área objeto da desapropriação, e considerando as características dessa região é elementar reconhecer como existentes tais elementos naturais independentes de vistoria, mas daí a indenizar é passo gigantesco a se dar.

Enfrentando o tema da indenização da propriedade tradicional, a legislação pátria e alguns tribunais vêm afastando sistematicamente o abuso em processos de indenização, nos quais se supõem usos e perdas na exploração econômica de bens naturais que o proprietário alega perder com a exclusão da sua posse e domínio pelo Poder Público, exigindo a lei e a jurisprudência uma demonstração específica e inequívoca da perda do uso dos bens econômicos que são possibilidades potenciais e que estejam situadas na área de intervenção do Poder Público e, como será visto, embora este tipo de raciocínio estivesse em desacordo com as razões da liminar da medida cautelar da ADI nº 2.332/DF, **o STF corrigiu o seu entendimento no julgamento de mérito, ainda que por maioria, alinhando o raciocínio**.

Uma correta metodologia não pode abrir mão da necessária demonstração de que tais recursos naturais sejam transformados em bens econômicos pelo trabalho, pois só assim poderia se avaliar estes como independentes do valor da terra nua, com um valor próprio.

Esta nova forma de encarar o domínio e aferir direito pela sua indenização é um meio de valorar a efetiva posse, além do domínio estéril. O domínio é configurado, assim, apenas como uma premissa elementar para um processo de desapropriação, e deste não decorre necessariamente um direito à indenização de recursos naturais que sequer foram apossados, como um elemento à parte para ser indenizado.

Os critérios da jurisprudência e legislação que servirão de apoio têm por objetivo evitar que bens construídos pela natureza, sem o trabalho direto do homem ou seu uso efetivo, possam ensejar um direito à indenização pelo simples fato de estar situado em área onde era exercido o "domínio", sem uma efetiva ação de valoração pelo trabalho, fato muito especial na Amazônia, onde qualquer pedaço de terra pode ter facilmente sobre o seu raio diversas e magníficas espécies animais e vegetais.

Neste passo, basta, comparativamente, observar as regras previstas pelo legislador nacional na Lei do Sistema Nacional de Unidades de Conservação (SNUC – Lei nº 9.985/2000), cujo art. 45 estabeleceu regras especiais, no que tange à indenização referente à regularização fundiária das unidades de conservação, derivadas ou não de desapropriação, para excluir do seu cálculo quatro hipóteses: (i) as espécies arbóreas declaradas imunes de corte pelo Poder Público; (ii) expectativas de ganhos e lucro cessante; (iii) o resultado de cálculo efetuado mediante a operação de juros compostos; (iv) as áreas que não tenham prova de domínio inequívoco e anterior à criação da unidade.

Destacam-se, ainda, as regras da Lei nº 8.629/93, que regulamenta a desapropriação por interesse social para fins de reforma agrária, cujo art. 12, §§1º e 2º, ao definir o que se considera justa indenização, toma o valor de mercado como limite da fixação da indenização e decreta expressamente que integram o preço da terra as florestas naturais, matas nativas e qualquer outro tipo de vegetação natural, não podendo o preço apurado superar, em qualquer hipótese, o preço de mercado do imóvel.

Evidente que não se pode aferir qualquer valor para as meras potencialidades naturais, o que torna até mesmo desnecessária qualquer avaliação dos referidos bens naturais, porque não passíveis de indenização se não aplicadas a um uso econômico, logo, nestes casos em que esta falta de aplicação econômica é declarada, deve de pronto o pedido de indenização das espécies florestais ser julgado totalmente improcedente, indeferindo-se até mesmo o pedido de perícia, por ser de total despropósito.

2.6.2 Exclusão de indenização de áreas cujo legislador define como fora do uso econômico – Espécies arbóreas declaradas imunes de corte – art. 45, inc. III, da Lei nº 9.985/2000 c/c regras da Lei nº 12.651/2012 – Código Florestal – Sobre as áreas de preservação permanente e reserva legal

De fato, pensar na justa indenização pressupõe reconhecer que deve existir um objeto indenizável, o que impõe se verificar as situações que a legislação define como fora do uso econômico. Neste sentido, a Lei nº 9.985/2000 exclui do valor da indenização a ser paga na regularização fundiária de unidades de conservação, decorrentes de desapropriação ou não, as espécies arbóreas declaradas imunes de corte pelo Poder Público (art. 45, *caput*, c/c inc. III).

A regra tem o mesmo escopo da corrente jurisprudencial que já vinha sendo firmada pelas 1ª e 2ª Turmas do Superior Tribunal de Justiça (STJ), em acordo com o antigo Código Florestal, no sentido de que a desapropriação de área de preservação permanente não enseja indenização pela cobertura vegetal do imóvel se, anteriormente à dita desapropriação, configurada estava a impossibilidade de sua exploração econômica por força de lei, pois, como já existia previsão de limitação administrativa em relação à cobertura vegetal, a desapropriação não enseja prejuízo, sendo incabível a indenização.[348]

Mas esta construção do STJ levava por base não só o conceito constitucional da justa indenização, como também uma interpretação teleológica da Lei nº 4.771/65 – antigo Código Florestal, e que, como veremos a seguir, permanece em acordo com o vigente Código Florestal.

Observa-se que a dicção legal da Lei nº 9.985/2000 é aparentemente mais restritiva do que a interpretação jurisprudencial, porque excluiria da indenização apenas as espécies arbóreas não sujeitas a corte, entretanto, a correta razão legal nos leva a interpretar que, mesmo que a espécie arbórea presente no local não seja daquelas espécies vegetais cujo corte não é vedado, o simples fato de estar em área cujo legislador define como de restrição ao uso, a exemplo das áreas de preservação permanente, não autoriza dizer

---

[348] Acórdão 1ª T. – REsp nº 307.535-SP, de 12.3.2002, *DJ*, 13 maio 2002 (unânime); 2ª T. – REsp nº 196.456 SP, decisão de 7.8.2001, *DJ*, 11 mar. 2002 (unânime).

que estaria permitida a sua indenização, pelo contrário. Ainda, no caso de estar a área sendo explorada com ou sem projeto de manejo, embora o legislador defina a restrição de exploração, como, aliás, foi o motivo do veto dos incs. I e II do art. 45 da Lei do SNUC pelo presidente da República, permitida estaria a indenização.

Apesar de a lei se referir às espécies arbóreas, vedadas ao corte, como excluídas da indenização, observando-se o conceito de posse agroecológica, a lei, ao excluir da indenização as espécies cujo corte é proibido, autoriza a interpretação de que as espécies arbóreas localizadas em áreas que não estão sujeitas a uso, pois vedado legalmente, embora não sejam espécies vedadas ao corte, também não podem ser indenizadas, ou seja, a área, usada em contrariedade a uma restrição legal ao seu uso, com evidente natureza de limitação administrativa, por ter exploração contrária à lei, está fora da fixação do *quantum* indenizatório.

Portanto, não se pode, no cálculo da indenização, incluir áreas as quais o legislador define como de preservação e sujeitas a restrições legais, que devem ser excluídas do suposto dano indenizatório, assim, qualquer pleito neste sentido deve ser julgado totalmente improcedente.

O juízo, ao entender que é necessária a realização de perícia do imóvel, deve determinar que seja apurada a área de preservação permanente, para que sejam excluídas da indenização não somente as espécies arbóreas imunes a corte por legislação especial, bem como toda a vegetação da área, pois situadas em espaço definido pelo legislador pátrio como sujeitas a restrições administrativas de uso, como no caso das áreas de preservação permanente, que como tais não são passíveis de utilização econômica.

Assim, destaca-se, pois, para deixar claro quais porções de vegetação estariam fora da apuração indenizatória, que a rigor todas as florestas e demais vegetações existentes no Brasil são consideradas pela Lei nº 12.651/2012, que institui o Código Florestal, objeto da proteção e uso sustentável em harmonia com a promoção do desenvolvimento econômico, e como bens de interesse comum a todos os habitantes do país, segundo o compromisso soberano na sua preservação, bem como da biodiversidade, do solo e dos recursos hídricos, e com a integridade do sistema climático, para o bem-estar das gerações presentes e futuras (art. 1º, *caput*, inc. I).

De fato, embora não se deixe de reconhecer a utilidade das florestas e outras formas de vegetação às terras que revestem as propriedades particulares, os direitos de propriedade devem ser exercidos com as limitações que estabelece o Código Florestal e legislação em geral, que por isso considera que as ações ou omissões contrárias às suas disposições na utilização e exploração das florestas configurem uso irregular da propriedade, sem prejuízo da responsabilidade civil, nos termos do §1º do art. 14 da Lei nº 6.938, de 31.8.1981, e das sanções administrativas, civis e penais (art. 2º, *caput*, e §1º).

Quem contraria as disposições do Código Florestal pratica ato ilegal e, portanto, não passível de indenização por serem atos ilegítimos que ferem preceitos de ordem pública, destarte, mesmo no âmbito do direito privado considera-se como realizando ato ilícito o titular de um direito que, ao exercê-lo, excede, manifestamente, os limites impostos pelo seu fim econômico ou social, pela boa-fé ou pelos bons costumes (art. 187 do Código Civil), e, assim, o exercício do direito de propriedade, mediante o uso de áreas as quais o legislador define como de preservação permanente, excede os limites ao seu regular exercício.

Desta forma, a perícia deve detectar e identificar, na forma do art. 3º, inc. II, do Código Florestal, as áreas de preservação permanente (APP), que o legislador define como áreas protegidas, cobertas ou não por vegetação nativa, com a função ambiental de preservar os recursos hídricos, a paisagem, a estabilidade geológica e a biodiversidade, facilitar o fluxo gênico de fauna e flora, proteger o solo e assegurar o bem-estar das populações humanas.

Alerta-se, ainda, que o perito deve verificar se, por ato do chefe do Poder Público, não há incidência de áreas que foram declaradas como de preservação permanente. Segundo o art. 6º, inc. I a IX do Código Florestal, é possível esta declaração se existirem áreas cobertas com florestas ou outras formas de vegetação destinadas a conter a erosão do solo e mitigar riscos de enchentes e deslizamentos de terra e de rocha, proteger as restingas ou veredas, várzeas, abrigar exemplares da fauna ou da flora ameaçados de extinção, proteger sítios de excepcional beleza ou de valor científico, cultural ou histórico, formar faixas de proteção ao longo de rodovias e ferrovias, assegurar condições de bem-estar público, auxiliar a defesa do território nacional, a critério das autoridades militares, proteger áreas úmidas, especialmente as de importância internacional.

Ocorrendo esta situação de declaração de área de preservação permanente pelo chefe do Poder Executivo, segundo as hipóteses legais, como limitações administrativas não permitem que a vegetação seja integralizada no valor do *quantum* indenizatório, tendo em vista que não poderia ser objeto de corte raso, portanto, não possui um valor por indivíduo vegetal.

A exclusão destas áreas do *quantum* indenizatório se faz por justiça, sem que se possa considerar como prejuízo ao proprietário, pois interditadas ao uso econômico, o art. 7º do Código Florestal expressamente determina que a vegetação situada em área de preservação permanente deverá ser mantida pelo proprietário da área, possuidor ou ocupante a qualquer título, pessoa física ou jurídica, de direito público ou privado.

O fato de existir exceções permissivas de supressão da vegetação não contraria a obrigação de que tendo ocorrido supressão de vegetação situada em área de preservação permanente, o proprietário da área, possuidor ou ocupante a qualquer título, deva promover a recomposição da vegetação, sendo inclusive esta obrigação de natureza *propter rem*, e como tal possui natureza real, sendo transmitida ao sucessor no caso de transferência de domínio ou posse do imóvel rural (§§1º e 2º, art. 7º).

A intervenção ou a supressão de vegetação nativa em área de preservação permanente somente ocorrerá nas hipóteses de utilidade pública, de interesse social ou de baixo impacto ambiental, e no caso da supressão de vegetação nativa protetora de nascentes, dunas e restingas, ela somente poderá ser autorizada em caso de utilidade pública (art. 8º, §1º, Código Florestal).

Por fim, é importante destacar que o permissivo do art. 9º do Código Florestal do acesso de pessoas e animais às áreas de preservação permanente para obtenção de água e para realização de atividades de baixo impacto ambiental não descaracteriza a sua natureza de área de uso restrito.

Regra geral, não há permissivo legal para a destinação das áreas de preservação permanente a uso econômico pelo particular que importe na supressão total ou parcial da vegetação florestal, embora o novo Código Florestal admita a continuidade de atividade nestas áreas desmatadas, que denomina de situações de ocupação consolidada e que ocasionaram esta supressão.

Entretanto, na forma do art. 61-A do Código Florestal, a continuidade da atividade econômica tradicional nestas áreas é autorizada exclusivamente para as atividades agrossilvopastoris, de ecoturismo e de turismo rural, desde que estas áreas rurais consolidadas tenham ocorrido até 22.7.2008.

Mas, embora a lei seja tão rígida quanto à derrubada da vegetação de área de preservação permanente, para a sua utilização econômica, é possível a utilização econômica destas áreas, no caso das atividades definidas pelo Código Florestal como eventuais ou de baixo impacto ambiental, como previsto no art. 3º, inc. X, permitindo a derrubada da vegetação como meio para viabilizar determinadas atividades econômicas.

Uma questão importante, apesar deste uso restrito das áreas de preservação permanente, vedado o corte raso, é saber se é possível a realização de manejo florestal em áreas de preservação permanente em caráter comercial e não apenas nas modalidades comunitária e familiar, uma vez que o Código Florestal não é expresso a este respeito.

Primeiro é importante observar que o atual Código Florestal permite no art. 15, inc. I a III, o cômputo das áreas de preservação permanente no cálculo do percentual da reserva legal do imóvel, desde que não implique a conversão de novas áreas para o uso alternativo do solo, devendo a área a ser computada estar conservada ou em processo de recuperação, conforme comprovação junto ao órgão estadual integrante do Sisnama, devendo ainda o proprietário ou possuidor ter requerido a inclusão do imóvel no Cadastro Ambiental Rural (CAR).

Outrossim, como na forma do §1º do art. 15 do Código Florestal, o regime de proteção da área de preservação permanente não se altera, mesmo ocorrendo a hipótese de seu cômputo na área de reserva legal, e que por outro tanto o §1º do art. 17, c/c art. 20, permite expressamente exploração econômica das áreas de reserva legal mediante manejo sustentável, previamente aprovado pelo órgão competente do Sisnama, adotadas práticas de exploração seletiva nas modalidades de manejo sustentável sem propósito comercial para consumo na propriedade e manejo sustentável para exploração florestal com propósito comercial, temos que as áreas de preservação permanente podem ter este mesmo regime, uma vez que valorizam o uso econômico da posse ou propriedade com proteção ambiental.

Na Amazônia, onde a reserva legal é de 80%, é comum esta se confundir com a área de preservação permanente, dada a grande presença de corpos d'água; assim, na verdade, apesar de uma eventual definição legal, do ponto de vista biótico a vegetação é a mesma.

Assim, não existindo uma razão de caráter ambiental que impeça a atividade de ser realizada nas áreas de preservação permanente, e havendo permissivo para a realização do manejo florestal comercial em áreas de reserva legal, também é de admitir em áreas de preservação permanente, devendo o plano de manejo florestal observar as características biológicas do lugar, ressalvadas estritamente as observações legais.

Somente no caso de existir uma exploração econômica, devidamente estribada em plano de manejo florestal sustentável, autorizado e licenciado na forma da lei, é que o resultado desta exploração econômica deverá ser indenizado, com base no que efetivamente é produzido, podendo constituir objeto indenizável.

Portanto, o princípio que se pode inferir desta exposição é que, quando o particular possuir riqueza vegetal florestal em sua posse ou propriedade e se encontrar impedido de explorar os recursos naturais por ato legislativo de caráter genérico, como autêntica limitação administrativa, não há direito à indenização desta, porém esta riqueza natural poderá dar ensejo a direitos indenizatórios se o particular, além demonstrar, objetivamente, o resultado econômico de exploração da riqueza agroflorestal, provar que a atividade está devidamente licenciada e autorizada pelo órgão ambiental, limitando-se esta indenização ao resultado econômico objetivamente aferível e não como resultado aritmético da multiplicação dos espécimes vegetais da área.

Cumprindo este ônus, o particular terá direito à indenização, mas repisa-se que o que será indenizado será a exploração dos frutos, que foram previamente objeto de licenciamento pelo órgão ambiental competente, pois nesta autorização eles não possuem qualquer valor comercial, ainda que potencial, para a indústria madeireira ou outra atividade, pois, a princípio, está vedado o corte da vegetação; portanto, não tem expressão econômica.

Mas é necessário lembrar, como já visto, que independentemente da existência na propriedade particular nas áreas de preservação permanente, definidas legalmente como interditadas ao uso econômico pelo particular, salvo na forma da lei, o legislador determina o ônus ao proprietário de conservar parte do imóvel do uso econômico tradicional, a chamada reserva legal.

Por possuírem a mesma função biótica de preservação do meio ambiente, aplicam-se, no que se refere à indenização das áreas de reserva legal pelo Poder Público, os mesmos critérios expostos para as áreas de preservação permanente, ou seja, não ensejam indenização pelo simples fato de estarem localizadas no perímetro da propriedade, mas deve o proprietário demonstrar uma perda econômica decorrente da exclusão de apossamento efetivo, em atividade produtiva, mediante manejo florestal, devidamente autorizado pelo Poder Público.

2.6.3 Impossibilidade de indenização de lucros cessantes ou compensatórios de áreas sem efetivo uso econômico – Não se indenizam meras potencialidades – Somente o trabalho gera riqueza e direitos indenizáveis

Importante, comparativamente, ainda, estudar a segunda hipótese do art. 45 da Lei do SNUC que exclui da indenização as expectativas de ganhos e lucro cessante, e que refletem a prática jurisprudencial que exclui do valor indenizatório aqueles elementos da área que não foram objeto do trabalho humano, ensejando uma especial modalidade de enriquecimento sem causa, caso fossem indenizados bens apenas produzidos pela natureza e que o proprietário não explorava, mas que no processo de desapropriação direta ou indireta pretende ver indenizados, o que na linguagem jurisprudencial chama-se *juros compensatórios*.

Esta forma de exclusão de indenização é muito comum nos processos de desapropriação para fins de reforma agrária, que agora o legislador estende e positiva no tema das unidades de conservação, nos casos em que havendo a desapropriação por interesse social, em que o constituinte exige que o imóvel seja improdutivo, pretendem os proprietários auferir lucros cessantes de um uso que não realizavam na propriedade, não cumprindo a sua função social. Por exemplo, a seguinte decisão do E. STJ:

Acórdão RESP 228481/MA; RECURSO ESPECIAL 1999/0078252 – Fonte *DJ* DATA: 20.03.2000 PG: 00046RIPVOL. 00008 PG: 00262 RSTJ VOL.: 00132 PG:00184 Relator Min. JOSÉ DELGADO (1105) Ementa ADMINISTRATIVO. DESAPROPRIAÇÃO POR INTERESSE SOCIAL PARA FINS DE REFORMA AGRÁRIA. TERRA NUA. JUROS COMPENSATÓRIOS. INAPLICABILIDADE. 1- Os juros compensatórios são devidos como forma de completar o valor da indenização, aproximando-o do conceito de ser "justo", por determinação constitucional. 2 – Hipótese de desapropriação, por interesse social, para fins de reforma agrária, de imóvel rural que não cumpre sua função social, não auferindo produtividade, não pode ser agraciado com o percentual de compensação aludido, substitutivo que é dos chamados lucros cessantes. 3 – "Os juros compensatórios somente são devidos quando restar demonstrado que a exploração econômica foi obstada pelos efeitos da declaração expropriatória. Pois não são indenizáveis meras hipóteses ou remotas potencialidades de uso e gozo" (REsp nº 108.896/SP, Rel. Min. Milton Luiz Pereira, *DJU* 30.11.98). 4 – Recurso especial provido para o fim de afastar da condenação imposta ao Incra a parcela referente aos juros compensatórios. Data da Decisão 24.02.1999 Órgão Julgador T1 – PRIMEIRA TURMA Decisão Vistos, relatados e discutidos estes autos, acordam os Exmos. Srs. Ministros da Primeira Turma do Superior Tribunal de Justiça, por unanimidade, dar provimento ao recurso, nos termos do voto do Exmo.sr. Ministro Relator. Votaram com o Relator os Exmos. Srs. Ministros Garcia Vieira, Humberto Gomes de Barros e Milton Luiz Pereira. Ausente, justificadamente, o Exmo. Sr. Ministro Francisco Falcão.

Existem muitos outros precedentes, como as decisões nos acórdãos REsp nº 23.432-SP, REsp nº 23.198-PR, REsp nº 13.702-SP, EREsp nº 100.588-SP, EDREsp nº 70.714-SP, REsp nº 179.915-SP, REsp nº 108.896-SP do STJ, no que foi feliz o legislador, pois sendo áreas que justamente têm a sua desapropriação em vista de atributos naturais conservados, não há que se indenizar atributos construídos pela natureza sem a intervenção humana, ou seja, sem o trabalho que tenha produzido o valor.

Assim, mesmo que a área tenha vegetação exuberante, mas que a intervenção do Poder Público, embora tenha excluído uma efetiva posse dos proprietários, ainda não era geradora de riqueza, não cabe uma valoração à parte das espécies, somente seria cabível a indenização dos chamados lucros cessantes se fosse demonstrada cabalmente a utilização direta e imediata sobre o bem, ou seja, seu apossamento agroecológico, pois não se indeniza uma riqueza que, embora potencial, nunca foi transformada em efetiva riqueza, sendo uma suposição, quando muito, uma indenização construída nas linhas de um documento unilateral e pela pena dos proprietários, portanto, incorreto obrigar-se a sociedade a indenizar estes supostos danos.

2.7 Cálculo da indenização e incidência de juros compensatórios e de mora – Consequências do julgamento de mérito da ADI nº 2.332/DF

Um dos temas mais incompreendidos no processo de indenização é o dos juros compensatórios, que têm a sua natureza confundida a toda hora com a mera mora, também denominada juros de mora. Importante destacar que os limites percentuais para incidência de juros compensatórios não devem ser confundidos com perdas e danos/lucros cessantes, que também são denominados juros compensatórios pela jurisprudência, causando certa confusão.

Assim, é importante evitar esta confusão, tema fundamental em processo de indenização, tendo-se clareza no cálculo destes juros, e seus limites percentuais. Devemos afastar de pronto a ideia de que não existem mais limites legais aos juros reais anuais (compensatórios), pois embora a Emenda Constitucional nº 40, de 29.5.2003, tenha alterado o art. 192 da Constituição Federal, excluindo o §3º que limitava as taxas de juros reais a 12% ao ano, o tema da desapropriação possui regras próprias.

O fato de ter sido referido dispositivo constitucional revogado, cujo escopo era o sistema de concessão de créditos, e que nunca foi observado pelos bancos, não implica que o legislador não possa fixar limites às taxas de juros, já que existe no processo de desapropriação, mesmo que seja a indenização decorrente de desapropriação indireta. Este fundamento é confirmado quando se observa que o STF editou a Súmula Vinculante nº 7, fixando que a norma do §3º do art. 192 da Constituição, revogada pela Emenda Constitucional nº 40/2003, que limitava a taxa de juros reais a 12% ao ano, tinha sua aplicação condicionada à edição de lei complementar, o que reforça que é reservado e permissivo ao legislador proceder a tais limitações dos juros.

Outrossim, não confundir com a mora ou juros de mora, que tem natureza de acréscimo pecuniário pelo atraso no cumprimento da obrigação, definida no Código Civil no art. 394, com os juros compensatórios, como se conhece na jurisprudência, e que se aproximam da natureza das chamadas perdas e danos do Código Civil, art. 402, pois ambos se destinam a indenizar quem tem uma perda decorrente de ato de outrem, abrangendo, além do que ele efetivamente perdeu, o que razoavelmente deixou de lucrar, também chamados *lucros cessantes*. Necessário ainda distinguir ambos da atualização monetária, que é mera correção dos valores em equivalente monetário que permitiria igual poder aquisitivo da moeda.

O Decreto-Lei nº 3.365, de 21.6.1941, tradicional instrumento regulador da desapropriação por utilidade pública no direito brasileiro, com as alterações legislativas que sofreu através do tempo, especialmente pela Medida Provisória nº 2.183-56, de 24.8.2001, apresenta-se como o instrumento legal mais didático para a perfeita compreensão e distinção das diversas modalidades de juros e multas antes referidas, e teve os seus dispositivos, que melhor regulamentavam a questão, primeiramente suspensos por medida cautelar do Supremo Tribunal Federal, na ADI nº 2.332/DF, e restaurados em 17.5.2018 quando julgado o seu mérito, como será analisado.

Fundamental é ter em mente que como o processo de desapropriação é uma forma de aquisição originária, em que se visa ao atendimento de uma necessidade da coletividade, a princípio não há de se falar em juros de mora, nem compensatórios, mas tão somente em indenização pela perda do imóvel, ou seja, compensa-se o proprietário com o recebimento de indenização equivalente à que obteria em comércio pelo bem.

Daí, por exemplo, que a Lei nº 8.629/93 considera como justa a indenização que reflita os preços atuais de mercado, considerando integrado o valor da *terra* às florestas naturais, matas nativas e qualquer outro tipo de vegetação natural, por isso a indenização não pode superar, em qualquer hipótese, o preço de mercado (art. 12, *caput* c/c §3º). Alerta-se, portanto que não se apura a vegetação no mercado como um valor à parte do valor da terra, mas a íntegra o *quantum in comércio*. Este é o ponto fundamental para se evitar que o processo de desapropriação se torne um meio incomum de enriquecimento indevido, às custas da sociedade, como infelizmente vem sistematicamente ocorrendo.

Assim, compreende-se claramente porque somente no caso da imissão prévia na posse, na desapropriação por necessidade ou utilidade pública e interesse social, inclusive para fins de reforma agrária, previa o legislador que havendo divergência entre o preço ofertado em juízo e o valor do bem, fixado na sentença, expressos em termos reais, haveria a limitação dos juros compensatórios em até 6% (seis por cento) ao ano sobre o valor da diferença eventualmente apurada, a contar da imissão na posse (art. 15-A – DL nº 3.365/41).

A parte do dispositivo que fixa o limite de juros teve inicialmente suspensa a sua vigência, decidindo por liminar o STF pela "relevância da arguição de inconstitucionalidade da expressão 'de até seis por cento ao ano' no '*caput*' do art. 15-A em causa em face do enunciado da súmula 618 desta Corte". Como sabemos, o Enunciado nº 618 do STF define que "na desapropriação, direta ou indireta, a taxa de juros compensatórios é de 12% (doze por cento) ao ano".

Defendemos em edições anteriores desta obra que havia incorrido em erro o STF, ao determinar a aplicação da Súmula nº 618, pois melhor caberia afastar o seu juízo sobre limite de juros na desapropriação em havendo atuado o legislador neste aspecto, pois a ação legislativa é mais coerente com um paradigma que considere a justa indenização a partir de uma concepção materialmente construída, e não abstratamente, como o faz a referida súmula, vez que define previamente a incidência dos 12%.

E veja que o critério de afastamento da incidência de 12%, posto pelo Relator Ministro Barroso e acolhida a unanimidade, é fundado na ausência de razoabilidade e proporcionalidade do critério jurisprudencial da Súmula nº 618, que foram forjados em contexto totalmente diverso do ora vigente e, portanto, não mais justificável. *In verbis*:

32. Há, portanto, uma clara distorção no valor das indenizações pagas pelo poder público, causada, em parte, pela demora na tramitação dos processos expropriatórios, mas, de certo, acentuada pela taxa de juros compensatórios no valor de 12% (doze por cento). Atuando conjuntamente, esses fatores são determinantes para o aumento dos custos da desapropriação. Como a duração do processo nem sempre é elemento passível de controle pelo Estado, parece-me que a fixação do percentual de juros compensatórios em 6% (seis por cento) constitui medida adequada para mitigar o quadro atual de sangria de recursos públicos, sem, contudo, deixar de recompor o patrimônio do expropriado pela perda da posse do imóvel.

33. Assim, a associação dos três fatores acima mencionados - (i) majoração do percentual dos juros compensatórios (de seis para doze por cento) em razão do contexto econômico de

inflação elevada, (ii) compatibilidade do percentual previsto na medida provisória (seis por cento ao ano) com as aplicações financeiras disponíveis no mercado, (iii) elevação irrazoável das indenizações produzida pelos juros compensatórios doze por cento ao ano - leva à conclusão de que o percentual de seis por cento está de acordo com a cláusula constitucional do justo preço da indenização da desapropriação (art. 5º, XXIV, CF/88), que, por sua vez, consiste em corolário do direito de propriedade (art. 5º, XXII, CF/88).

Logo, *a Súmula nº 618 é um verbete superado, um morto que ainda vaga entre os vivos, apenas ainda não declarado formalmente morto pela Suprema Corte*, pois, se o patamar de 12% é superado por razões de ordem lógica e econômica, ela não só não pode se aplicar nas desapropriações diretas, como também nas indiretas, porque as razões de sua fixação não dizem respeito à natureza do ato expropriatório, mas ao percentual de incidência deste critério de recomposição patrimonial.

Não só a Corte afastou a expressão "até", predefinindo em 6% ao ano dos juros compensatórios, como confirmou os termos da liminar anteriormente concedida, decidindo que incidem os "juros compensatórios sobre a diferença entre 80% (oitenta por cento) do preço ofertado em juízo pelo ente público e o valor do bem fixado na sentença".

Mas há outro ponto ainda mais relevante no julgamento histórico: é que, ao apreciar de forma definitiva o tema, o STF firmou as premissas pelas quais deve ser avaliado de forma concreta e economicamente o tema da justa indenização, que não deve ser aferida a partir de um critério que sempre assegure juros compensatórios ao proprietário, sem aferir se *in casu* existe um dano efetivamente sofrido e o quanto isto deve ser onerado deste *plus* denominado juros compensatórios.

Foi superado pela maioria do STF o raciocínio do relator, que argumentava que, para justificar a base de incidência dos juros compensatórios de forma a não afetar o "justo preço", bastava a imissão na posse, como um fato presumido a perda ou violação de direitos que seriam aferidos pelo proprietário, protegendo o interesse privado frente ao ato estatal de força. Veja o argumento do relator:

> 44. Entendo que a inconstitucionalidade dos §§ 1º e 2º do art. 15-A do Decreto-lei nº 3.365/1941 decorre da própria natureza dos juros compensatórios. Como já destacado, a incidência destes juros busca recompensar o expropriado pela perda em si da posse do bem antes da conclusão do processo desapropriatório. Assim, não se justifica a exigência contida no § 1º, que condiciona a recomposição patrimonial à comprovação da perda de renda oriunda da propriedade. Os valores incidem em decorrência da mera retirada do bem da posse do particular, sem a necessidade de verificar se o proprietário efetivamente auferia qualquer vantagem econômica com a exploração da propriedade.

De fato já era defendido nas outras edições que a definição adotada pelo legislador, representante do povo, era a melhor medida para se superar o critério formal normalmente adotado pelo Poder Judiciário para a aferição da existência de perdas produtivas decorrentes do exercício da função social da propriedade, valorizado nos preceitos legais que reconhecem a definição material da origem dos juros compensatórios, tais como definidos no art. 15-A, §§1º e 2º, do Decreto-Lei nº 3.365/41.

Assim, a Suprema Corte declarou constitucional a base de cálculo eleita pelo legislador para aferir se os juros compensatórios teriam incidência, firmando a tese de que *são constitucionais as normas que condicionam a incidência de juros compensatórios à produtividade da propriedade.*

Ora, veja-se que o legislador, na dicção legal agora acolhida pelo Supremo, não feriu o princípio constitucional do prévio e justo preço, mas apenas estabeleceu a base de cálculo para a incidência dos juros compensatórios, pois a diferença a que se refere a lei e sobre a qual incidem os juros compensatórios de 6% ao ano é o que o Código Civil denomina de perdas e danos ou lucros cessantes, e que a jurisprudência também denomina muitas vezes de "juros compensatórios", sendo um ônus do desapropriado demonstrar que a avaliação prévia da Fazenda está incorreta, o que é especialmente relevante na desapropriação para fins de reforma agrária, porque, neste caso, é cediço dizer, é pressuposto seja a propriedade improdutiva, já que a produtiva é imune ao procedimento.

De fato, o valor apurado como excedente é que demonstra de forma cabal que havia uma parcela de riquezas produzidas pelo bem e que o Poder Público não considerou ou mal avaliou na indenização oferecida, e que a partir da sua imissão na posse impediu que o particular continuasse a produzir tais frutos. Veja, neste sentido, o argumento prevalecente do Supremo, a partir da provocação do Ministro Ricardo Lewandowski de que, "agora, o proprietário, ao meu ver, não teve uma perda de renda, porque renda não havia, ele não explorava o imóvel. Ele precisa vir a juízo e provar que teve um prejuízo".

> É porque se quer fazer uma distinção. Uma coisa é desapropriar uma fábrica ou um comércio, que está dando renda, isso é facilmente provável em juízo, passível de prova em juízo; e outra é fazer uma desapropriação de um terreno baldio. É claro que há uma diferença. É preciso que o prejuízo sofrido, a renda que se deixou de auferir, isso pode ser provado em juízo, pode e deve. Eu não vejo nenhuma inconstitucionalidade nesse aspecto.

No mesmo sentido a argumentação do Ministro Alexandre de Moraes na distinção dos juros moratórios para os compensatórios, que demandam estes últimos efetiva comprovação. *In verbis*:

> *É importantíssimo se verificar que a ideia de juros compensatórios não é mais a ideia da criação pretoriana, que abarcava também a correção monetária.* Ninguém, hoje, numa indenização, vai perder o seu direito à correção monetária e juros moratórios, *agora, se ele não auferia nada, nenhum lucro, não utilizava, vira um grande negócio conseguir ser desapropriado, e quanto mais demorar, melhor ainda.* (Sem grifos no original)

No seu voto vogal, o Ministro Fachin bem expressa a necessidade de afastamento do raciocínio tradicional da jurisprudência sobre os juros compensatórios face as exigências constitucionais e que estão espelhados nos dispositivos impugnados como inconstitucionais:

Nada obstante, com a promulgação da Constituição de 1988, emerge o atendimento da função social (art. 5º, inciso XXIII); a par de ser considerado um direito fundamental, é sua conjugação com o cumprimento de sua função social que o concretiza.

(...)

No entanto, a previsão legal contida no artigo 15-A, §§ 1º e 2º não pode ter a sua constitucionalidade atestada em face do entendimento jurisprudencial fixado em período no qual inexistia qualquer disposição legal sobre a figura dos juros compensatórios, mas sim em face do texto constitucional.

O limite para apreender o paradigma de controle da inconstitucionalidade suscitado deve ser o haurido da Constituição, a qual é também a baliza para manter ou alterar a orientação jurisprudencial.

É a Constituição que deve orientar a jurisprudência, e não o inverso.

(...)

A indenização devida deve ser a mais ampla possível, para cumprir com o que prevê o disposto no artigo 5º, XXII da Constituição. Compreendo que a previsão dos §§ 1º e 2º do artigo 15-A do DL 3.365/41 é coerente constitucionalmente, ao exigir para a inclusão de juros compensatórios no montante a ser pago ao expropriado, a comprovação da perda de renda pela posse antecipada do expropriante, bem como que a terra não se reduza a ter grau de utilização ou grau de eficiência iguais a zero.

Pelas razões acima expendidas, e por considerar inexistir violação ao princípio da justa indenização ao expropriado, voto pela constitucionalidade dos §§ 1º e 2º do artigo 15-A do Decreto-Lei 3.365/41, divergindo do I. Relator, no ponto.

Com a interpretação fixada pelo Supremo, a base de cálculo dos juros compensatórios deve considerar apenas o que foi efetivamente comprovado como excedente produtivo. Veja o argumento do Ministro Marco Aurélio.

E como os juros compensatórios pressupõem fato constitutivo, a prova cabe ao proprietário, no que articule a perda a ser – repito – compensada, para chegar-se à justa indenização reclamada pelo Texto Constitucional.

Afasto, Presidente, a pecha de inconstitucional quanto ao § 1º do artigo 15-A da Lei – penso que a Medida Provisória já foi transformada, alterando-se vetusto Decreto-Lei de 1941.

O § 2º prevê que "não serão devidos juros compensatórios quando o imóvel possui graus de utilização da terra e de eficiência na exploração iguais a zero". Se o prejuízo é nenhum, não se tem o que compensar. O preceito, portanto, segue a ordem natural das coisas.

Com base nestas argumentações o STF, por maioria, vencidos os Ministros Roberto Barroso (Relator), Luiz Fux e Celso de Melo, reconheceu a constitucionalidade dos §§1º e 2º do art. 15-A do Decreto-Lei nº 3.365/41. E assim, se o particular provar que possui o direito ao excedente, tendo levantado 80% do valor ofertado, o restante será base de cálculo dos juros compensatórios.

Em edições anteriores, argumentamos se haveria correção na inclusão da base de cálculo dos juros compensatórios, os 20% restantes, vez que se trará um valor que está devidamente sob a guarda judicial, sob a incidência de juros e correção monetária, que integrariam desde o início o valor da justa indenização, apontando que isto não seria adequado.

O argumento seria de que incluir os restantes 20% aumentaria a *base de cálculo dos juros compensatórios* de forma incorreta, considerando que o particular já teria levantado os 80% no início da demanda, como a lei permite, porque, estando depositados em juízo, incidindo juros e correção monetária, não deveriam ser considerados para aferir a base dos juros compensatórios para ser somada ao novo valor definido pela sentença, como o "justo preço". Porque, neste caso, os juros compensatórios estarão incidindo sobre um valor que já estava depositado e atualizado por juros e correção monetária, e, portanto, o particular não estava perdendo, o que levaria a justiça da sua exclusão da base de cálculo, não havendo razão para, sobre eles, também incidir juros compensatórios. Assim, mais correta era a redação do dispositivo original, posto que estes incidiam apenas sobre os valores a maior, aferidos pelo juízo, entre o valor ofertado e o valor devido pelo bem.

Um exemplo deixará mais claro. Um imóvel que foi desapropriado, e que foi avaliado por R$1.000.000,00 (um milhão de reais), tendo depositado seu valor em juízo, o particular levantou R$800.00,00 (oitocentos mil reais), contestando o valor da indenização, afirmando que o bem vale R$1.500.000,00 (um milhão e quinhentos mil reais), ficando depositado na conta do juízo R$200.000,00 (duzentos mil reais).

Sendo julgado parcialmente procedente o pedido do desapropriado, o juízo reconhece como devido pelo imóvel o valor de R$1.200.000,00. Pela redação anterior, antes da decisão do Supremo, a base de cálculo dos juros compensatórios seria de R$200.00,00 (duzentos mil reais), que é a diferença entre o valor ofertado R$1.000.000,00 (um milhão de reais) e o valor definido na sentença (R$1.200.000,00). Pela interpretação fixada pelo Supremo, a base de cálculo dos juros compensatórios seria de R$400.000,00 (quatrocentos mil reais), pois esta é a diferença entre 80% do valor ofertado (1.000.000 – 80% = R$800.000,00) e o valor aferido na sentença (R$1.200.000,00).

Mas, com o julgamento de mérito, não faz mais sentido a argumentação sobre a base de cálculo para os juros compensatórios de 6% ao ano, dado o caráter vinculante do julgamento de mérito da ADI nº 2.332/DF, mas não se tem mais dúvidas de que afastada a Súmula nº 618 do STF, estando definida a base de cálculo dos juros compensatórios.

Hoje, aplica-se à decisão do Supremo a seguinte redação do disposto no art. 15-A do Decreto-Lei nº 3.365/41:

> Art. 15-A No caso de imissão prévia na posse na desapropriação por necessidade ou utilidade pública e interesse social, inclusive para fins de reforma agrária, havendo divergência entre o preço ofertado em juízo e o valor do bem, fixado na sentença, expresso em termos reais, incidirão juros compensatórios de 6% *(seis por cento)* ao ano sobre a *diferença eventualmente apurada entre 80% do preço ofertado em juízo e o valor do bem fixado na sentença*, a contar da imissão na posse, vedado o cálculo de juros compostos.

Corolário deste raciocínio, o Supremo julgou por maioria constitucional a regra prevista pelo legislador de que *os juros compensatórios destinam-se, apenas, a compensar a perda de renda comprovadamente sofrida pelo proprietário* (art. 15-A, §1º, do DL nº 3.365/41) e de que *não serão devidos juros compensatórios quando o imóvel possuir graus de utilização da terra e de eficiência na exploração iguais a zero* (art. 15-A, §2º, do DL nº 3.365/41), sendo ônus do particular demonstrar as efetivas perdas decorrentes do cumprimento da função social da propriedade, sob pena de violação do princípio constitucional da prévia e justa indenização, porque tais dispositivos explicitam a natureza dos juros compensatórios, que não decorrem da simples imissão na posse, mas da perda efetiva de uma posse produtiva, especialmente porque a desapropriação sanção atinge imóveis que por princípio não cumprem a função social da propriedade.

Acertadamente, a maioria do STF afastou a confusão da base de cálculo dos juros compensatórios e dos critérios para se aferir a sua própria existência, como fazem os §§1º e 2º do art. 15-A, vez que um imóvel que não produz riquezas não cumpre a sua função social; então, não há de se falar em juros compensatórios, portanto, sem ofensa à prévia e justa indenização. Pelo contrário, está em pleno acordo com esta, porque inexistentes elementos autorizadores para a existência de valor a maior a ser devido pelo Poder Público.

O art. 15-A, *caput*, reporta-se à "diferença eventualmente apurada", cuja constitucionalidade foi *mantida pelo STF*. É corolário lógico que pode haver situações em que não serão devidos juros compensatórios, por não ter base de cálculo para a incidência, pois pode simplesmente ocorrer de o Poder Público ter oferecido o justo preço, aliás, como demonstram as decisões citadas do STJ, por não provar o particular uma efetiva produção de riquezas no bem, e que, portanto, não foi avaliada, ou foi mal avaliada pelo Poder Público na desapropriação.

A decisão definitiva do STF consolida o princípio de que existem dois passos fundamentais na questão dos juros compensatórios.

O primeiro é verificar que existe uma diferença decorrente da interdição ao uso do bem, causando prejuízo ao proprietário, posto tinha um uso produtivo do imóvel, ensejando perdas e danos/lucros cessantes, sendo obrigatória a definição do seu montante, ou seja, deve restar provada nos autos a existência de uma diferença entre o valor oferecido pelo Poder Público e efetivamente devido a ser fixado na sentença, que, como é um direito constitutivo do réu, é seu o ônus da prova, não podendo ser deferida sob o fundamento de meras alegações.

No caso de desapropriação direta ou indireta, é preciso que o autor prove, além da perda ilegítima do bem, o que já gera uma indenização, que deixou de aferir determinadas riquezas que o bem produzia, as chamadas perdas e danos do Código Civil e que a jurisprudência chama de "juros compensatórios".

O segundo momento é que sobre o valor, uma vez apurado o montante, fixado em termos reais, declinado em valor monetário de padrão nacional perfeitamente delimitado na sentença, devidamente fundamentado em prova pericial, demonstrativo da existência de perdas e danos, e que será subtraído 80% do valor oferecido pelo Poder Público, é que incidirão os juros compensatórios de 6% ao ano.

Alerta-se que a lei veda expressamente que na fixação dos juros compensatórios haja a incidência de juros compostos, art. 15-A, *in fine*, do Decreto-Lei nº 3.365/41, com efeito, significa dizer que não se pode calcular juros sobre juros, erro evidente por se tomar este acessório como se fosse principal, quando na realidade os juros compensatórios devem ser apurados em todo o período em percentuais anuais de 6% para, acumulado o total percentual pelo período entre a imissão na posse e a data de requisição de pagamento.

Por ser um erro evidente é que a Lei nº 9.985/2000 – Lei do SNUC, no seu art. 45, inc. V, expressamente determina a exclusão da indenização do resultado de cálculo efetuado mediante a operação de juros compostos, como fez o legislador preventivamente no DL nº 3.365/41. Na realidade, a presente hipótese não é de exclusão da indenização, mas de vedação de incidência de juros sobre juros, posto que se trata de um erro na atualização do crédito, pois é a prática usual de sobre os juros incidirem novos juros, considerando esta parcela acessória como principal, assim, é uma prevenção do erro, pois uma vez que não exista este erro no cálculo nada há que se excluir, o que pode ser evitado se adotada a metodologia correta.

Os conceitos expostos também se aplicam às ações ordinárias de indenização por apossamento administrativo ou desapropriação indireta, bem assim às ações que visem à indenização por restrições decorrentes de atos do Poder Público, em especial aqueles destinados à proteção ambiental, incidindo os juros sobre o valor fixado na sentença como previsto no art. 15-A, §3º, DL nº 3.365/41, declarado constitucional pelo STF no julgamento de mérito da ADI nº 3.223/DF.

Somente por não ter considerado estes elementos de forma adequada é que o Supremo decidiu no mérito pela inconstitucionalidade do §4º do mencionado art. 15-A que, segundo seu entendimento, entraria em choque com o princípio constitucional da garantia do justo preço na desapropriação, reiterando o decidido na liminar que suspendeu o dispositivo.

O referido dispositivo, declarado inconstitucional, apenas regulamentava que nas ações ordinárias de indenização por apossamento administrativo ou desapropriação indireta, bem assim, nas ações que visem à indenização por restrições decorrentes de atos do Poder Público, em especial aqueles destinados à proteção ambiental, "não será o Poder Público onerado por juros compensatórios relativos a período anterior à aquisição da propriedade ou posse titulada pelo autor da ação". Tentou o legislador deixar claro que quem deve demandar é o legítimo proprietário e possuidor, em pleno gozo desta, assim, não haveria necessidade de declarar inconstitucional o dispositivo, mas apenas interpretar que o Poder Público deve pagar o principal, e os juros compensatórios, a quem for o real titular do direito.

Por fim, cabe destacar que não se deve confundir os juros moratórios com a correção monetária e hoje estão claramente fixados na sua natureza e incidência pelo legislador, como demonstraremos. Mesmo nos termos da legislação civil, somente se considera em *mora* o devedor que não efetuar o pagamento e o credor que não quiser recebê-lo no tempo, lugar e forma que a lei ou a convenção estabelecer (art. 394 do CC).

Isto é que justifica que o Poder Público não pode ser constituído em mora pelo pagamento de indenização no período de constituição e no prazo do art. 100 da CF, que exige decisão com trânsito em julgado, através do instrumento do precatório. Portanto, se for paga a indenização fixada por sentença, nos prazos do art. 100 da CF, não há mora, pois cumpriu a obrigação nos termos constitucionalmente fixados. Ainda mais que mesmo o código privado prevê que, não havendo fato ou omissão imputável ao devedor, não incorre este em mora (art. 396 do CC).

Neste diapasão é que o art. 15-B, do Decreto-Lei nº 3.365/41, fixou que, nas ações de desapropriação, os juros moratórios destinam-se a recompor a perda decorrente do atraso no efetivo pagamento da indenização fixada na decisão final de mérito, e somente serão devidos à razão de até 6% (seis por cento) ao ano, a partir de 1º de janeiro do exercício seguinte àquele em que o pagamento deveria ser feito, nos termos do art. 100 da Constituição, justamente porque se cumprir tais prazos de pagamento, no período de recebimento e prazo de quitação do precatório, não há de se falar em mora do Poder Público, se antes disso não pagou, nem poderia, pois sem sentença transitada e precatório expedido não há como pagar, nem dívida líquida para incidir a mora.

Alerta-se aqui, portanto, para o fato de que pode haver num caso concreto sem a aplicação do percentual de 6% ao ano dos juros compensatórios e sem a aplicação dos juros moratórios de 6% ao ano, respectivamente previstos nos arts. 15-A e 15-B do Decreto-Lei nº 3.365/41 caso o valor depositado pela Fazenda seja considerado justo, incidindo neste caso apenas a correção monetária sobre o valor depositado em juízo, que será liberado o que restar ao particular.

O preceito legal deixa explícito que, no caso das desapropriações, dada a sua natureza em que o Poder Público oferece o preço ou na indireta de que a obrigação ainda não está líquida, e pode até mesmo não existir, não se pode falar em mora de quem deve, desde a citação, pois não é o seu objetivo postergar o pagamento do preço, se isto ocorre se dá por discussão eventual de o valor ou mesmo do fato do apossamento ter ocorrido, e uma vez demonstrada e apurada a diferença entre o preço ofertado e o devido, devem incidir os juros moratórios e compensatórios.

Como um dos princípios norteadores da Administração, não pode o administrador se afastar do princípio da legalidade, sob pena de ser responsabilizado por esta violação. A eficácia de toda atuação da Administração Pública condiciona-se à lei, não há liberdade ou vontade pessoal do administrador, o que importa é a obediência aos ditames e regras previstos no direito positivo, por isso que se referir ao princípio da legalidade é mencionar a total sujeição do administrador à vontade da lei.[349]

Destacamos que o instrumento do precatório, odiado por muitos, serve para sedimentar o princípio constitucional da harmonia entre os poderes, previsto no art. 2º da Constituição Federal. Aliás, o pagamento mediante precatório vem sistematicamente sendo considerado pelos tribunais pátrios como procedimento meramente administrativo, justamente porque não se trata de verdadeira invasão no patrimônio público, como é remansosa a jurisprudência. Logo, se existisse demora, também em tese poderia se responsabilizar o E. Tribunal, o que evidente também seria absurdo.

Neste norte, pode-se compreender a decisão do Plenário do Supremo Tribunal Federal no julgamento do RE nº 298.616, no voto conduzido pelo Ministro Gilmar Ferreira Mendes, que excluiu os juros de mora no cálculo de atualização de precatório, decisão publicada no *DJU*, n. 216, de 8.11.2002, ata nº 38, processo julgado em 31.10.2002, pois o fundamento é que na realidade quando o Estado paga o precatório, dentro do período constitucionalmente previsto, até o final do exercício seguinte, não há mora, pois neste caso o Estado não está inadimplente e o atraso decorre tão somente do mecanismo do precatório.

Válido lembrar que é praxe nas desapropriações movidas pelo Poder Público o depósito prévio do valor da indenização, como dito, até mesmo para possibilitar a imissão prévia, embora já exista decisão do Supremo Tribunal Federal que tenha

---

[349] Hely Lopes Meirelles, sucinto e preciso (*Direito administrativo brasileiro*. Atualização de Eurico de Andrade Azevedo, Délcio Balestreiro Aleixo e José Emmanuel Burle Filho. 20. ed. São Paulo: Malheiros, 1995. p. 83).

considerado inconstitucionais as regras da Lei Complementar nº 76/93, arts. 14 e 15, que exigiam que, com a condenação por sentença, deveria ser depositado o valor em espécie das benfeitorias úteis e necessárias. Entendeu a Suprema Corte que qualquer valor em dinheiro deve ser pago pelo mecanismo do precatório,[350] portanto, abonando o critério legislativo. Ainda que tenham sido revogados posteriormente tais dispositivos, este tema volta a ser discutido pelo STF no RE nº 922.144, como veremos mais à frente.

Esta lógica apresentada, além de garantir que a justa indenização não onera o Poder Público de forma incabível, respeitando os interesses do particular e da sociedade, deixa clara a natureza e significado de cada parcela que compõe o *quantum* indenizatório.

O art. 25 do DL nº 3.365/41 preceitua que o principal e os acessórios serão computados em parcelas autônomas, deixando indene de dúvidas a finalidade moralizadora destes preceitos e a sua correção, assim, se vier a ser provado o direito indenizatório dos proprietários, esta metodologia e forma de cálculo deve ser expressamente declarada em sentença.

2.8 Domínio e indenização

Deve-se lembrar, por fim, a quarta hipótese do art. 45 da Lei do SNUC, que diz respeito a excluir da indenização as áreas que não tenham prova de domínio inequívoco e anterior à criação da unidade. Esta hipótese foi resultado da tomada de consciência de fragilidade dos registros de imóveis, em que, através da prática da grilagem, particulares se apossaram de áreas do patrimônio público, sem demonstrar uma origem no desmembramento deste patrimônio privado.[351]

Na realidade não é que se tenha de excluir da indenização a área que não tenha prova de domínio, leia-se a terra nua, como definiu o legislador, mas é o caso de não ser o domínio indenizável, ou seja, não sendo provada a propriedade legítima, não existe propriedade a ser indenizada, pois do contrário o Poder Público estaria pagando ao particular por uma área que não lhe pertence, e evidente que esta deve ser anterior à criação de unidade de conservação, pois justamente a regularização visa a excluir mediante a desapropriação o domínio incompatível com a unidade, o caso é de ser objeto impossível de indenização.

Na prática não pode o magistrado contentar-se com o simples registro imobiliário a ser considerado unilateralmente como válido. Os *títulos de domínio* juntados aos autos devem ser remetidos aos órgãos fundiários, com toda a cadeia dominial, para ser confirmada a *legitimidade* do desmembramento do patrimônio público, que é a origem de todo o patrimônio privado, e isto deve ocorrer especialmente na desapropriação indireta, pois naquela movida pelo Poder Público deve este, antes de ajuizar a ação,

---

[350] RE nº 247.866/CE, Rel. Min. Ilmar Galvão, *DJ*, p. 105, 24 nov. 2000, ement. v. 02013-05, p. 983, julgamento em 9.8.2000. ADI nº 1.187 MC/DF, Rel. Min. Ilmar Galvão, concedeu liminar e, posteriormente, foi extinta sem julgamento do mérito.

[351] Para um breve relato sobre a formação da propriedade privada e terras públicas, confira o artigo de ROCHA, Ibraim. Teoria da posse agrária e usucapião de terras públicas: breve reflexão frente a Constituição do Estado do Pará. *Revista da Procuradoria Geral do Estado do Pará*, Belém, n. 5, jul./dez. 2001. Aliás, foi a prática da grilagem desenfreada que ensejou o advento da Lei Federal nº 6.739, de 5.12.1979, que inclusive teve a sua constitucionalidade apreciada e declarada pelo Supremo Tribunal Federal, quando apreciou a Representação nº 1.070-8/DF, proposta pelo procurador-geral da República.

verificar a regularidade do domínio, para então ajuizar a competente ação, fornecendo, ao juízo este elemento.

Alerta-se, porém, que a prova do desmembramento do patrimônio público não possibilita certificar que aquele que se diz proprietário realmente o é. Isto é que justifica a regra de que, se o juiz verificar que há dúvida fundada sobre o domínio, o preço ficará em depósito, ressalvada aos interessados a ação própria para disputá-lo (art. 34, parágrafo único do DL nº 3.365/41).

2.9 Notas conclusivas sobre a indenização

Devem ser excluídas do *quantum* indenizatório áreas que o legislador define como fora do uso econômico, como as espécies arbóreas declaradas imunes de corte, áreas de preservação permanente e reserva legal, nestes últimos casos, somente será possível a indenização pelo uso no caso de comprovada utilização econômica devidamente autorizada pelos órgãos ambientais. A indenização destas áreas pelo Poder Público não é decorrente do simples fato de estarem localizadas no perímetro da propriedade, mas deve o proprietário demonstrar uma perda econômica vinculada à exclusão do apossamento efetivo das riquezas naturais, decorrente de atividade produtiva devidamente autorizada pelo Poder Público.

Fundamental é ter em mente que como o processo de desapropriação é uma forma de aquisição originária, em que se visa ao atendimento de uma necessidade da coletividade, a princípio não há de se falar em juros de mora nem compensatórios, mas tão somente em indenização pela perda do imóvel, ou seja, compensa-se o proprietário com o recebimento de indenização equivalente a que obteria em comércio. Daí que a Lei nº 8.629/93 considera como justa a indenização que reflita os preços atuais de mercado, considerando integradas ao valor da terra as florestas naturais, matas nativas e qualquer outro tipo de vegetação natural; logo a indenização não pode superar, em qualquer hipótese, o preço de mercado (art. 12, *caput*, c/c §3º). Este é o ponto fundamental para se evitar que o processo de desapropriação se torne um meio incomum de enriquecimento indevido, às custas da sociedade, como infelizmente vem sistematicamente ocorrendo.

Felizmente o STF não confirmou a liminar da ADI nº 2.232/DF, mantendo parcialmente a integridade dos dispositivos alterados no Decreto-Lei nº 3.365, de 21.6.1941, pela Medida Provisória nº 2.183-56, de 24.8.2001, reconhecendo-se a sua constitucionalidade. Estas alterações resultaram em marcos legais mais claros sobre o tema da justa indenização. Desta forma, concluímos que tais dispositivos asseguram:

1. Somente no caso de imissão prévia na posse, na desapropriação por necessidade ou utilidade pública e interesse social, inclusive para fins de reforma agrária, e havendo divergência entre o preço ofertado em juízo e o valor do bem, fixado na sentença, expressos em termos reais, é que incidirão juros compensatórios de 6% (seis por cento) ao ano sobre o valor da diferença eventualmente apurada, a contar da imissão na posse (art. 15-A – DL nº 3.365/41).
2. O valor apurado como excedente é que demonstra de forma cabal que havia uma parcela de riquezas produzidas pelo bem e que o Poder Público não considerou ou mal avaliou na indenização oferecida e que, a partir da sua imissão na

posse, impediu que o particular continuasse a produzir tais frutos, pois como definido pelo legislador *os juros compensatórios destinam-se, apenas, a compensar a perda de renda comprovadamente sofrida pelo proprietário* (art. 15-A, §1º, do DL nº 3.365/41).

3. De um imóvel que não produz riquezas, não cumprindo a sua função social, não há como se aferir juros compensatórios, tanto que a lei é expressa em preceituar que *não serão devidos juros compensatórios quando o imóvel possuir graus de utilização da terra e de eficiência na exploração iguais a zero* (art. 15-A, §2º, do DL nº 3.365/41).

Por fim, cabe destacar que não foi declarada inconstitucional pelo STF a vedação expressa de que na fixação dos juros compensatórios haja a incidência de juros compostos, art. 15-A, *in fine*, do Decreto-Lei nº 3.365/41. Assim, a regra teve a sua constitucionalidade, o que significa dizer que não se pode calcular juros sobre juros, erro evidente que ocorre quando se calcula sobre os juros, que não um acessório, novos juros, como se ele fosse a verba principal devida, assim, os juros compensatórios devem ser apurados em todo o período de tramitação da ação, mas apenas sobre o valor principal fixado como a justa indenização, devidamente acumulado o total percentual de juros pelo período entre a emissão na posse e o pagamento.

Nas ações de desapropriação, os juros moratórios destinam-se a recompor a perda decorrente do atraso no efetivo pagamento da indenização fixada na decisão final de mérito, e somente serão devidos a partir de 1º de janeiro do exercício seguinte àquele em que o pagamento deveria ser feito, nos termos do art. 100 da Constituição, justamente porque se cumprir tais prazos de pagamento, período de recebimento e prazo de quitação do precatório, não há de se falar em mora do Poder Público. É o chamado período da graça, pois, sem sentença transitada e precatório expedido, não há como pagar, embora já exista dívida líquida, não incide a mora.

Fundamental na indenização justa é a certeza do domínio, pois na realidade não é que se tenha de excluir da indenização a área que não tenha prova de domínio, leia-se a terra nua, mas é o caso de não ser o domínio indenizável, ou seja, não sendo provada a propriedade legítima, não existe propriedade a ser indenizada, pois do contrário o Poder Público estaria pagando ao particular por uma área que não lhe pertence.

2.10 Distinções entre o pedido de decretação judicial de perda da propriedade pelo não cumprimento da função social, previsto no art. 1.228, §4º, do CC, e usucapião coletiva

Apesar de ser instrumento com as suas grandezas históricas, como visto *retro*, não podemos deixar de reconhecer que a desapropriação por interesse social para fins de reforma agrária é um instituto que está dentro do modelo que segundo as linhas da tradição secular valoriza a propriedade cartulária, que independentemente do cumprimento da função social é, de certa maneira, protegida pelo direito.

Nessa linha e dentro desta tradição segue o art. 1.228 do Código Civil, que prevê no §3º que o proprietário somente pode ser privado da coisa nos casos de desapropriação, por necessidade ou utilidade pública ou interesse social, bem como no de requisição, em caso de perigo público iminente e, embora não seja explícito, todos estes casos ensejam indenização pelo Estado, cuja iniciativa para o processo compete ao Poder Público, que oferece o preço que entende justo, e compete apenas ao particular resistir à pretensão quanto ao valor indenizatório, sem discutir o mérito do ato administrativo, como é regra geral na desapropriação.[352]

Mas, apesar disto, importa destacar a fissura deste sistema que está prevista no §4º do art. 1.228 do CC/2002, que acrescenta uma nova modalidade de decretação judicial de perda da propriedade, a qual denominamos *incidente de perda da propriedade por decisão judicial pelo não cumprimento da função social*. De fato, prevê o referido dispositivo legal:

> Art. 1.228. [...]
> §4º O proprietário também pode ser privado da coisa se o imóvel reivindicado consistir em extensa área, na posse ininterrupta e de boa fé, por mais de cinco anos, de considerável número de pessoas, e estas nela houverem realizado, em conjunto ou separadamente, obras e serviços considerados pelo juiz de interesse social e econômico relevante.

Logo se vê da leitura do dispositivo que o proprietário, além das formas tradicionais de perda da propriedade, mediante ação própria pelo Poder Público, prevista no §3º do art. 1.228, pode também ser privado da coisa na forma do §4º do art. 1.228, se o *imóvel reivindicado* consistir em *extensa área*, na *posse ininterrupta e de boa-fé, por mais de cinco anos*, de *considerável número de pessoas*, e estas nela *houverem realizado, em conjunto ou separadamente, obras e serviços considerados pelo juiz de interesse social e econômico relevante*.

Importante destacar que, verificando o juízo estarem presentes os requisitos descritos no §4º do art. 1.228 do CC, compete a ele fixar a justa indenização devida ao proprietário e, pago o preço, valerá a sentença como título para o registro do imóvel em nome dos possuidores, tudo conforme previsto no §5º do art. 1.228 do CC/2002.

Como é evidente, há semelhanças ainda entre o previsto no §4º do art. 1.228 do CC/2002 e a ação de usucapião especial coletiva, prevista na Lei nº 10.257/2001, basta uma leitura do art. 10:

> Art. 10. Os núcleos urbanos informais existentes sem oposição há mais de cinco anos e cuja área total dividida pelo número de possuidores seja inferior a duzentos e cinquenta metros quadrados por possuidor são suscetíveis de serem usucapidos coletivamente, desde que os possuidores não sejam proprietários de outro imóvel urbano ou rural.[353]

---

[352] Neste sentido os arts. 9º e 20 do Decreto-Lei nº 3.365, de 21.6.1941, dispõem sobre desapropriações por utilidade pública, regime que se aplica à Lei nº 4.132, de 10.9.1962, que define os casos de desapropriação por interesse social, posto que essa lei é omissa sobre a contestação e, na forma do seu art. 5º, aplicam-se as normas legais que regulam o processo na desapropriação por utilidade pública; ainda, o art. 9º, da Lei Complementar nº 76, de 6.7.1993, que dispõe sobre o procedimento contraditório especial, de rito sumário, para o processo de desapropriação de imóvel rural, por interesse social, para fins de reforma agrária.

[353] Sustenta a inconstitucionalidade do instituto Carlos Alberto Dabus Maluf em FIUZA, Ricardo (Coord.). *Novo Código Civil comentado*. São Paulo: Saraiva, 2002. p. 1098-1099. Ainda sobre o tema da usucapião coletiva, leia capítulos do livro de ROCHA, Ibraim. *Litisconsórcio, efeitos da sentença e coisa julgada na tutela coletiva*. Rio de Janeiro: Forense. 2002, bem como os artigos Ação de usucapião especial urbano coletivo: Lei nº 10.257, de 10.07.2001: Estatuto da Cidade: enfoque sobre as condições da ação e a tutela coletiva. *Revista Síntese de Direito Civil e Processual Civil*, ano III, n. 15, p. 151-160, jan./fev. 2002; Ação de usucapião coletivo, intervenção de terceiros e procuradorias de estado. In: CONGRESSO NACIONAL DE PROCURADORES DE ESTADO, 27., Vitória, out. 2001.

Com efeito, pode-se comparar uma *extensa área* com *áreas com mais de 250 metros quadrados*. O prazo do legislador é igual, de cinco anos, em ambos os institutos, e por outro lado é evidente que a produção na terra pode ser considerada pelo juízo um interesse social relevante, mas cabe-nos procurar distinguir os institutos para destacar que, no caso de haver litígio judicial com liminar, é de presumir que não cabe a usucapião, dada a situação de litígio do imóvel.

É fundamental se compreender que se trata de institutos diferentes, senão perde-se a riqueza do legislador. Nos tópicos a seguir, passaremos à ligeira distinção desses institutos e à maneira como ela influencia a intervenção do Poder Público.

2.10.1 Elementos de distinção dos institutos jurídicos

Apresentaremos os elementos formais e materiais que distinguem os dois institutos que procuram valorizar a posse como elemento fundante do direito à terra.

2.10.1.1 Forma de apresentação do pedido

Diferença fundamental entre os institutos é que, enquanto a usucapião coletiva é requerida mediante ação própria, como regra geral, ainda que possa ser arguida como matéria de defesa em ação petitória ou possessória, o mesmo não ocorre com a perda da propriedade prevista no §4º do art. 1.228 do CC/2002, como procedimento usual.

O legislador apresenta como modelo que o direito previsto no §4º do art. 1.228 do CC deve ser requerido como defesa no bojo de *ação reivindicatória de domínio*, daí se referir a *imóvel reivindicado*. Alerta-se que, embora inexistente prazo definido pelo legislador, consideramos a princípio que o pedido deve ser realizado no prazo da contestação, ou antes da sentença.

Por outro lado, apesar de a lei referir-se à reivindicação do imóvel, entende-se que pode ser requerida também mediante ação autônoma, que se denomina *ação de declaração judicial de perda da propriedade, mediante indenização, pelo não cumprimento da função social*, promovida pelos possuidores que preencham os demais requisitos, e que se disponham a pagar o justo preço, fixado em sentença pelo juiz, tudo na forma do art. 1.228, §4º, c/c §5º do CC.

Há de se destacar, também, que, embora a lei somente se refira à reivindicação do imóvel, não podemos excluir o fato de que este pedido também pode ser realizado em face de ação possessória, de maneira incidental, considerando que o art. 343 do CPC permite que, na contestação, o réu proponha reconvenção para manifestar pretensão própria, conexa com a ação principal ou com o fundamento da defesa, revelando o escopo do processo civil de solucionar os conflitos.

É importante destacar que, por se tratar de um direito material previsto no Código Civil com contornos próprios, o instituto está além da discussão da melhor posse, mas garante um direito de aquisição da propriedade de uma parte e decretação de perda da propriedade da outra, assim, não se aplica a vedação do art. 557 do CPC, de que na pendência de ação possessória, tanto ao autor quanto ao réu não podem propor ação de reconhecimento do domínio.

A rigor não se trata de pretensão de reconhecimento de domínio, mas, sim, como denominamos *retro*, de pedido de tutela jurisdicional para a decretação da perda da propriedade mediante a correspondente indenização. Reitera-se, o CPC vigente acabou com o arcaísmo de se apartar em autos apensos os pedidos contrapostos do réu ao autor em *reconvenção*. Destarte, o art. 343 do CPC não só autoriza que, na contestação, o réu possa propor reconvenção para manifestar pretensão própria, conexa com a ação principal ou com o fundamento da defesa, mas admite que a reconvenção seja proposta pelo réu independentemente de oferecer contestação, tal como previsto no §6º do art. 343, do CPC, ou seja, não há preclusão temporal expressa para a apresentação da reconvenção caso esta não seja proposta no prazo da contestação, como ocorria no CPC de 1973.

Desta forma, não havendo regra de preclusão expressa, devem se favorecer os caminhos que promovam a resolução das demandas e permitam às partes obter o melhor conteúdo de Justiça possível. Este escopo de pacificação do conflito permite, inclusive, como previsto no §3º do art. 343 do CPC, que a reconvenção seja proposta contra o autor e terceiro, e, mesmo que ocorra a desistência da ação ou a causa extintiva do processo principal, isto não impede o exame do mérito e não obsta o prosseguimento do processo quanto à reconvenção, como previsto no §2º do art. 343 do CPC.

Assim, plenamente possível por meio de pedido reconvencional seja requerida pelo réu a *declaração judicial de perda da propriedade, mediante indenização, pelo não cumprimento da função social*, promovida pelos possuidores que preencham os demais requisitos, e que a tanto se disponham a pagar o justo preço, fixado em sentença pelo juiz, tudo na forma do art. 1.228, §4º, c/c §5º do CC.

Fundamental é ressalvar que não pode o juízo de ofício decretar a perda da propriedade, é necessário o pedido expresso dos posseiros da área, no bojo de ação reivindicatória de domínio, possessória ou mediante ação própria. Este passo é fundamental para se evitar embaraços, como: quem deve pagar a indenização? Seria o Poder Judiciário? Mediante ordem emitida pelo juízo de primeiro grau à presidência do Tribunal para incluir no seu orçamento? Expedição de precatório ao Tribunal para requerer ao Poder Executivo o pagamento da indenização?

Destaca-se que mecanismos deste gênero, embora viáveis na pura lógica, além de ferir o sistema de independência dos poderes e da inércia da jurisdição, se apresentam inviáveis historicamente, pois o Poder Executivo, que controla a entrada de receitas, sequer dá conta de promover as desapropriações que decreta, estando sempre limitado por falta de recursos, quanto mais para pagar aquelas que vierem a ser decretadas pelo Poder Judiciário.[354]

2.10.1.2 Forma de uso do imóvel

Outra distinção dos institutos é que enquanto a usucapião coletiva, aplicada ao meio rural, se destina a tutelar interesse social de morar e produzir na terra para a subsistência, portanto, a ocupação da área não gera um excedente econômico para os possuidores, tanto que a lei defere a legitimidade ativa à associação de moradores da

---

[354] Marilena Diniz também afasta a possibilidade de o Estado ser condenado a pagar a indenização considerando que não foi parte. Confira DINIZ, Maria Helena. *Curso de direito civil brasileiro*. 20. ed. São Paulo: Saraiva, 2004. p. 200.

comunidade, como previsto no art. 12, inc. III, da Lei nº 10.257/2001; por outro lado, no caso do §4º do art. 1.228, o apossamento do imóvel a princípio está gerando algum excedente econômico ou se apresenta como obra que permite ao juízo aferir que foi agregada com valor econômico significativo, revelando a capacidade econômica das pessoas que requerem na via incidental ou direta a decretação judicial de perda da propriedade.

Neste caso, vamos levantar uma hipótese em que se tenha uma comunidade rural de baixa renda, o que, por evidente, implica considerações diversas, afastando a aplicação do instituto previsto no §4º do art. 1.228 do CC.

Destarte, por isso o Código Civil se refere a que tenha o considerável número de pessoas "realizado, em conjunto ou separadamente, obras e serviços considerados pelo juiz de *interesse social e econômico relevante*".

Assim, os interesses social e econômico relevante têm de vir conjugados, ou seja, expressam que a obra realizada demonstra que os possuidores não são pessoas de baixa renda, permitindo justamente que o juiz acolha a exceção/defesa, se presentes os demais requisitos, determinando a perda da propriedade, fixando o valor a ser pago pelos possuidores que efetivamente possuem capacidade econômica e financeira que permita a viabilidade fática no pagamento da indenização, o que evidentemente não poderia ser feito se o pedido fosse realizado por pessoas de baixa renda, como pode ocorrer no caso da usucapião coletiva, mas não necessariamente.

Em síntese apertada, o que distingue os dois institutos do ponto de vista da natureza da posse é que na usucapião coletiva a posse não necessariamente permite gerar um excedente econômico decorrente da ocupação, pode se limitar a uma atividade produtiva de subsistência dos ocupantes, caso sejam pessoas de baixa renda, porém no caso do §4º do art. 1.228 do CC/2002, a princípio esta posse é realizada com características reveladoras de aplicação econômica relevante na área, por pessoas que por tal ação demonstram ter capacidade financeira a suportar o eventual ônus da indenização e o seu pagamento no montante fixado pelo juízo ao proprietário.

Destaca-se que, como o §5º do art. 1.228 do Código Civil determina que no caso da decretação da perda judicial da propriedade o juiz fixará a justa indenização devida ao proprietário e "pago o preço, valerá a sentença como título para o registro do imóvel em nome dos possuidores", somente após a quitação é que pode haver a inscrição definitiva da área a favor dos possuidores, no competente registro de imóveis, na forma de condomínio especial.[355]

Por fim, reforçando o anteriormente dito, registre-se que via o art. 55 da Lei nº 10.257/01, foi alterado o art. 167, inc. I, item 28, da Lei nº 6.015/73 – Lei dos Registros Públicos – incluindo, como um dos objetos do registro de imóveis, as *sentenças declaratórias de usucapião, independentemente da regularidade do parcelamento do solo ou da edificação*. Assim, a lei não exige que a sentença já especifique o perfeito delineamento da área de cada um dos titulares, para que possa ser levada a registro a sentença, justamente

---

[355] É o caso de se aplicar analogicamente a regra do art. 10, §4º da Lei nº 10.250/2001 – Estatuto da Cidade, de que decorre da usucapião especial coletiva o reconhecimento de condomínio especial, que possui a característica de ser indivisível, não sendo passível de extinção, salvo deliberação favorável tomada por, no mínimo, dois terços dos condôminos, no caso de execução de urbanização posterior à constituição do condomínio.

reforçando que o interesse e objetivo primacial é a decretação da perda da propriedade da área considerada como um todo, e a sua aquisição em favor dos representados pelo legitimado ativo, o que também se aplica ao caso de decretação judicial da perda da propriedade na forma do art. 1.288, §4º, do Código Civil.

Isso por evidente não obsta que se obtenha no início da demanda uma decisão de tutela de urgência na qual seja garantida a imissão judicial na posse, a ser devidamente averbada à margem do registro de imóveis, fato que é relevante para garantir estabilidade da posse dos posseiros que tenham o relevante interesse social e econômico.

A tutela de urgência deve ser requerida com fundamento no art. 300 e §2º do CPC, pois esta forma de tutela será concedida quando houver elementos que evidenciem a probabilidade do direito e o perigo de dano ou o risco ao resultado útil do processo, podendo ser concedida liminarmente ou após justificação prévia.

A tutela de urgência objetiva resguardar a utilidade e a efetividade da tutela jurisdicional a ser concedida ao final do processo, e nestes casos a sua pertinência deve ser comprovada mediante a demonstração da prova da ocupação pelo prazo de 5 (cinco anos) e do interesse social e econômico relevante, que permite ao juízo o convencimento da probabilidade do direito e de que se não concedida a tutela haverá fundado perigo de dano e risco ao resultado útil do processo que objetiva garantir o direito de produzir na terra para que esta cumpra a sua função social, permitindo assim a imissão prévia na posse, que deverá ser devidamente averbada à margem do registro de imóveis, fato que é relevante para garantir estabilidade da posse.

Vale ressaltar que a concessão da liminar não se trata de violar a garantia do proprietário de receber o pagamento do preço pelo imóvel, mas de prevalecer o direito de posse como exercício da função social da propriedade, até que venha a ser definido o seu valor e realizada a quitação, que possibilitará a transferência definitiva e posterior regularização fundiária em caráter permanente a favor dos possuidores.

Neste diapasão, reconhece-se inclusive como legítimo que o juízo possa fixar prazos e prestações para a quitação do débito considerando situação econômica dos interessados, pois do contrário poderia ser de eficácia nenhuma a solução judicial do impasse, se não houver como os requerentes pagarem o preço.

2.10.1.3 Da forma de manifestação da posse

Importante elemento de distinção entre a modalidade judicial de decretação da propriedade prevista no art. 1.228, §4º, do Código Civil, e a usucapião coletiva está na forma de manifestação da posse. Com efeito, na primeira, a *posse* deve ser *ininterrupta e de boa-fé*, já na *usucapião coletiva* a *ocupação deve ser ininterrupta e sem oposição*. Passa-se a melhor demonstrar o que significa. Veja-se a transcrição dos dispositivos, com destaques:

> Art. 1.228. [...]
> §4º O proprietário também pode ser privado da coisa se o imóvel reivindicado consistir em extensa área, *na posse ininterrupta e de boa fé, por mais de cinco anos*, de considerável número de pessoas, e estas nela houverem realizado, em conjunto ou separadamente, obras e serviços *considerados pelo juiz de interesse social e econômico relevante*.

Art. 10. Os núcleos urbanos informais existentes sem oposição há mais de cinco anos e cuja área total dividida pelo número de possuidores seja inferior a duzentos e cinquenta metros quadrados por possuidor são suscetíveis de serem usucapidos coletivamente, desde que os possuidores não sejam proprietários de outro imóvel urbano ou rural.

O primeiro elemento a se destacar é que em ambas as situações jurídicas a posse ou ocupação deve ser ininterrupta, ou seja, deve se apresentar sem solução de continuidade, embora, por evidente, a posse do antecessor possa somar ao atual possuidor.

O segundo elemento é que na posse para fins do §4º do art. 1.228 do CC basta que esta seja realizada de boa-fé, ou seja, ainda que tenha se manifestado a oposição do proprietário, mesmo que judicial, mas puder o juiz perceber que a destinação da terra se colocou com o objetivo de gerar bem-estar social, ou interesse social e econômico, na linguagem do código, que revela a boa-fé dos possuidores, aliada ao prazo de cinco anos, permite a decretação judicial de perda da propriedade, cabendo apenas ao proprietário o recebimento da indenização devida.

Na usucapião coletiva a manifestação da posse pela *ocupação*, além de ininterrupta, *deve ser sem oposição*, ou seja, aqui embora os populares possam estar agindo de boa-fé, ou seja, ocupando a área com o legítimo intento de exercer o direito constitucional de moradia e produção de subsistência, basta a oposição do proprietário, antes de decorrido o quinquídio legal, para impedir a decretação judicial da prescrição aquisitiva.

Logo se vê que, na verdade, neste último caso o legislador foi mais exigente em como se apura a manifestação da posse de meia década, talvez por certo que, neste caso, não recebe o proprietário qualquer compensação pela violação de seu "sagrado" direito de propriedade, o que não ocorre no caso anterior, em que recebe a indenização correspondente.

Esta diferença é essencial, pois considera-se que o fator tempo influi positivamente na consolidação da posse para permitir a decretação da perda da propriedade nos termos do art. 1.228, §4º, do Código Civil, mesmo que o quinquídio legal venha a se consolidar posteriormente ao eventual ajuizamento de demanda judicial, o que pode facilmente ocorrer, quando o juízo percebe que seria impossível cumprir sem maiores transtornos uma ordem judicial de reintegração de posse do proprietário, e os possuidores estejam dispostos a indenizar a propriedade.

2.11 Pedido de decretação judicial de perda da propriedade e intervenção do Poder Público

Como já viemos adiantando, não estamos em acordo com a denominação do instituto previsto no art. 1.228, §4º, do Código Civil em vigor de *desapropriação judicial*, aliás, denominação decorrente da clara influência de Miguel Reale, que fixou esta denominação. Assim, fundada nas lições do mestre, Maria Helena Diniz denomina o novo instituto de *desapropriação judicial baseada na posse pro labore*, pois destaca que "o *desideratum* do novo Código Civil parece ter sido as configurações de uma *desapropriação judicial* pela posse qualificada; pois ante a colisão do direito de propriedade com o princípio da função social da propriedade, privilegiou o segundo".[356]

Porém, é inadequada tal assertiva, sendo certo denominar o instituto de *incidente de perda da propriedade por decisão judicial pelo não cumprimento da função social*, quando requerido dentro de ação reivindicatória de domínio ou mesmo em ação possessória; ou, quando requerido mediante ação autônoma, denominamos *ação de declaração de perda da propriedade, mediante indenização, pelo não cumprimento da função social*.

De fato, contesta-se a natureza de *ação de desapropriação*, pois a característica desta tradicional ação judicial é a *decretação prévia* do *interesse social*, por *ato jurídico específico*, e que expõe os fundamentos que legitimam a perda da propriedade, e que somente no caso de o particular resistir é que haverá a necessidade de, na via judicial, ser decretada a perda da propriedade e corolário indenização na forma da lei, e que, sabemos, é norma tradicional do nosso sistema, somente cabe ao particular discutir o preço, sem poder o juízo analisar o mérito do ato administrativo.

Assim, conforme analisado, não se trata de ocorrer um *decreto judicial prévio declarando e ex officio* a presença dos requisitos do art. 1.228, §4º, do CC, para se determinar a perda da propriedade, mas sim a partir de um pedido incidental ou direto de particulares, interessados na decretação judicial desta modalidade de perda da propriedade, que o Estado Juiz emitirá um provimento, declarando ou não a perda da propriedade, e fixando a consequente indenização, portanto, o mérito é posto pela parte, e não iniciado *ex officio* pelo juízo, aliás muito de acordo com o nosso sistema de inércia da jurisdição.

De fato, se assim, não fosse, seria o caso de um juízo declarar, e outro executar, caso o particular não aceitasse a declaração de perda da propriedade, posto do contrário, estaria se criando um modelo inquisitório de perda da propriedade, mas claro que atuando o juiz, como aqui expomos, é evidente que se trata tão somente de um novo instituto material que amplia o objeto de análise judicial para os casos em que se deve decretar a perda da propriedade, que não é novidade no sistema, pois é isso que a usucapião faz, apenas não se indeniza.

Este ponto da indenização é relevante, pois, de fato, somente tem sentido se pedir a perda da propriedade na via judicial na forma do art. 1.228, §4º, do CC/2002, se a situação fática permitir aferir que não cabe qualquer das modalidades de usucapião admitidas pelo sistema, pois é evidente que, se o particular pode obter uma decretação judicial de perda da propriedade sem necessidade de indenização, por que faria um pedido que ensejaria a indenização?

Por outro lado, se não fosse desta maneira, poderíamos ter uma situação em que, embora o particular apresentasse uma ação de usucapião coletiva, o juízo poderia julgar que presente uma situação que se enquadra na hipótese legal do art. 1.228, §4º, e pretender fixar uma obrigação de pagar, a quem assim não pediu.

Ora, é elementar do sistema que cabe ao juízo apreciar a demanda conforme o pedido, ainda que possa aplicar fundamentos jurídicos diversos dos elencados pelo autor, seguindo o brocardo *jura novit curia*.

---

[356] DINIZ, Maria Helena. *Curso de direito civil brasileiro*. 20. ed. São Paulo: Saraiva, 2004. p. 198.

Muito menos há de se aceitar, criar uma nova modalidade de responsabilidade civil do Estado, para indenizar estes pedidos, pois não está expresso que é dever do Poder Público pagar a indenização, fixada pelo juiz, pois também se trataria de uma situação de ampliar a lide de forma indevida, incluindo o Estado.

Isto, porém, não impede que, ocorrendo uma demanda, envolvendo o conflito coletivo pela terra, o Estado realize pedido de que seja decretada a perda da propriedade, na forma do art. 1.228, §4º, do CC, e se responsabilize pela indenização, porque, neste caso, na realidade, houve um ingresso voluntário, e pedido expresso de uma decisão judicial neste sentido, portanto, dentro dos limites dos princípios processuais do sistema processual brasileiro, especialmente o tradicional *nemo judex sine actore*, e em acordo com o que expusemos.

Veja-se que, neste caso, dentro do exposto sobre a natureza da posse definida no Código Civil como requisito do §4º do art. 1.228, podemos pensar, por exemplo, na situação de haver uma liminar de reintegração de posse em área ocupada por agricultores de baixa renda. O único impedimento aparente para se aplicar o instituto em situações como essa, posta a reflexão, para legitimar a intervenção do Poder Público, seria o fato de que o conflito está instalado no bojo de ação possessória e que na verdade temos apenas o *relevante interesse social*, pois não se pode perceber o *interesse econômico* relevante.

Mas basta uma hermenêutica do instituto que tome em conta o que é o seu elemento fundamental para logo se afastar estes óbices, pois o fundamento principal a prevalecer é a boa posse sobre a propriedade, mediante as indenizações equivalentes, afastando-se as falsas premissas, tornando-se plenamente viável o pedido do Estado, caso assim seja decidida pelo juízo discricionário do administrador a intervenção no feito.

Como dito *retro*, a princípio o pedido de decretação judicial de perda da propriedade somente pode ocorrer se o interesse social e econômico relevante apresentarem-se conjugados, demonstrando que os possuidores não são pessoas de baixa renda, e que têm recursos para pagar a indenização a ser fixada pelo juiz.

Porém é evidente que somente se legitimaria a intervenção do Poder Público se o pedido fosse realizado para atender à demanda de pessoas de baixa renda, em atendimento a interesse social relevante, como cediço dizer é o direito de morar e produzir na terra para a sua subsistência, e, assim, neste caso, prevaleceria o interesse a legitimar o pedido da Administração Pública.

Como dito antes, diferente da usucapião coletiva, o fator tempo, na hipótese da decretação judicial de perda da propriedade pelo não cumprimento da função social, influi positivamente na consolidação da posse para permitir a decretação da perda da propriedade, mesmo que o quinquídio legal venha a se consolidar posteriormente ao eventual ajuizamento de demanda judicial.

Não é desconhecido que pode facilmente ocorrer, por exemplo, que embora ajuizada a demanda de reintegração de posse, menos de ano e dia, sendo concedida a liminar pelo juízo, por motivos de várias ordens, seja impossível cumprir-se a liminar, pois a ocupação ou posse esteja consolidada, e, passado o tempo, complete-se o quinquídio legal, o julgador, havendo requerimento expresso do Poder Público se responsabilizando pela indenização do proprietário, e sensibilizado que seria impossível cumprir sem maiores transtornos a ordem judicial de reintegração de posse do proprietário, pode decretar a perda do imóvel na forma do art. 1.228, §4º, do CC.

Outrossim, para se manter uma interpretação coerente do §5º do art. 1.228 do Código Civil, que determina que caso da decretação da perda judicial da propriedade, o juiz fixará a justa indenização devida ao proprietário e "pago o preço, valerá a sentença como título para o registro do imóvel em nome dos possuidores", mesmo que requerida pelo Estado, somente após a quitação é que poderá haver a inscrição definitiva da área em nome do Poder Público, e que poderá então proceder a favor dos possuidores a regularização fundiária definitiva, no competente registro de imóveis, na forma de condomínio especial.[357]

Porém é relevante destacar que não há impedimento para que no início da demanda seja concedida uma tutela de urgência a favor do Poder Público, com fundamento no art. 300, *caput* e §2º do CPC, a partir de demonstração da prova da ocupação pelo prazo de 5 (cinco anos) e do interesse social relevante, permitindo o convencimento do juízo probabilidade do direito e o perigo de dano ou o risco ao resultado útil do processo, e de que se não concedida a tutela haverá fundado receio de dano irreparável ou de difícil reparação ao direito de morar com dignidade, permitindo assim a imissão prévia na posse, que deverá ser devidamente averbada à margem do registro de imóveis, fato que é relevante para garantir estabilidade da posse.

Esta *imissão liminar na posse* do imóvel pelo Poder Público é essencial porque permitiria que a Administração concedesse a favor dos possuidores de baixa renda a regularização fundiária a título precário, mediante *concessão de uso para fins de regularização fundiária visando a atender a interesse social de moradia*, nos termos do art. 7º do Decreto-Lei nº 271/67, *caput in fine*, com natureza jurídica de direito real de uso resolúvel, em caráter gratuito, até que viesse a ser possível a regularização fundiária definitiva. Vejam-se os termos do dispositivo legal:

> Art. 7º É instituída a concessão de uso, de terrenos públicos ou particulares, remunerada ou gratuita, por tempo certo ou indeterminado, *como direito real resolúvel, para fins específicos de regularização fundiária de interesse social*, urbanização, industrialização, edificação, cultivo da terra, aproveitamento sustentável das várzeas, preservação das comunidades tradicionais e seus meios de subsistência, ou outras modalidades de interesse social em áreas urbanas. (NR) (Grifos nossos)

Acentua-se o caráter relevante desta medida porque a partir do momento que o Poder Público realizar a *concessão de direito real de uso* para fins de regularização fundiária em atendimento a interesse social cultivo da terra, já permite aos populares de baixa renda o acesso a créditos agrícolas em analogia à possibilidade de créditos habitacionais, previstos no art. 13 da Lei nº 11.481, de 31.5.2007, pois esta pode ser objeto de garantia real, sendo assegurada a sua aceitação pelos agentes financeiros no âmbito do Sistema Financeiro da Habitação. Transcreve-se o dispositivo:

---

[357] É o caso de se aplicar analogicamente a regra do art. 10, §4º da Lei nº 10.250/2001 – Estatuto da Cidade, de que decorre da usucapião especial coletiva o reconhecimento de condomínio especial, que possui a característica de ser indivisível, não sendo passível de extinção, salvo deliberação favorável tomada por, no mínimo, dois terços dos condôminos, no caso de execução de urbanização posterior à constituição do condomínio.

Art. 13. A concessão de uso especial para fins de moradia, a concessão de direito real de uso e o direito de superfície *podem ser objeto de garantia real, assegurada sua aceitação pelos agentes financeiros no âmbito do Sistema Financeiro da Habitação – SFH*. (Grifos nossos)

Alerta-se que é importante não se confundir a *concessão de direito real de uso*, prevista no art. 7º do Decreto-Lei nº 271/67, a que fazemos referência e destacamos neste capítulo, com a *concessão de uso especial para fins de moradia*, ainda que o primeiro instituto também possa ser destinado a interesse social de moradia, porque o segundo instituto é instrumento de regularização fundiária que somente pode ser utilizado para a regularização fundiária daqueles imóveis que já são de titularidade do Poder Público e que estavam ocupados até 22.12.2016, e cuja ocupação data de cinco anos anteriores, bem como obedecidos os demais requisitos previstos no art. 1º, da MP nº 2.220 de 4.9.2001.

A concessão de direito real de uso prevista no art. 7º do DL nº 271/67 tem aplicação mais flexível e daí a sua utilização na presente reflexão, que visa a buscar soluções adequadas a situações de intricada complexidade social.

Portanto, a liminar de imissão de posse a favor do Poder Público, sem violar a garantia do proprietário de receber o pagamento do preço pelo imóvel a ser pago pelo Poder Público, atende ao direito de posse como exercício social do direito de moradia, que possibilitará a transferência definitiva ao Poder Público e a posterior regularização fundiária em caráter permanente a favor dos possuidores, mas desde logo facilita o acesso a linhas de crédito agrícola, ainda que fundada em instrumento precário, tornando-se mais real a solução do problema.

2.11.1 Pagamento da indenização e Poder Público

Fator relevante a se destacar é que, uma vez o Estado decida pela sua intervenção, como se trata de um pedido incidental, não precisa o Poder Público depositar o valor da indenização previamente, ou mesmo que o fizesse por meio de ação declaratória incidental, como ocorre na desapropriação.

Cabe o requerimento liminar da decretação da imissão na posse da área pelo Estado, como exposto *retro*, dado o conflito de interesses presentes, sopesando o interesse fundamental de garantir o acesso ao direito de morar e produzir da comunidade como um interesse social fundamental, previsto no *caput* do art. 6º da Constituição.[358]

O pedido liminar deve requerer a avaliação do imóvel, bem como a cassação da liminar e a suspensão da ação possessória ou reivindicatória em curso, quando realizada através de ação autônoma ou a conversão do seu rito, caso feita de forma incidental nos próprios autos, a fim de o juízo determinar a instrução para apurar o valor devido ao proprietário.

---

[358] Para uma leitura sobre as relações do direito de propriedade e o direito urbanístico, confira o v. 2 da *Revista de Direitos Difusos*, especialmente o artigo "O direito constitucional a moradia e os efeitos da emenda constitucional nº 26/2000", de Olavo Augusto Vianna Alves Ferreira e Rodrigo Pieroni Fernandez, que alterou o art. 6º da CF para incluir o direito de moradia como um direito social, exortando a não deixar ser letra morta a referida emenda (FERREIRA, Olavo Augusto Vianna Alves; FERNANDEZ, Rodrigo Pieroni. O direito constitucional a moradia e os efeitos da emenda constitucional nº 26/2000. *Revista de Direitos Difusos*, São Paulo, 2000).

O valor da indenização devida ao proprietário deve ser fixado pelo juízo na sentença que decretar a perda da propriedade, que, no caso da Fazenda Pública, será pago, após o trânsito em julgado, mediante o competente precatório judicial.

De fato, compreende que não se poderia exigir o depósito judicial imediato do valor porque não prevista regra legal expressa neste sentido no art. 1.228, §4º, do CC, a obrigar a Fazenda Pública.

Assim, deve-se aplicar a regra geral do art. 100 da Constituição Federal de pagamento dos débitos judiciais da Fazenda Pública, deixando explícito *in casu*, dada a natureza incidental do pedido, que não pode o Poder Público oferecer o preço, porque a obrigação ainda não está líquida, não se podendo exigir o depósito imediato, a demais o fundamental do instituto é tutelar o direito constitucional de respeito à função social da propriedade, que não vinha sendo cumprido.

Alerta-se que não é caso de se postergar o pagamento do preço, mas isto ocorre por ser necessária a discussão do valor considerando os fatores específicos do apossamento popular e uma vez avaliado e demonstrado o efetivamente devido é que será determinado e fixado pela sentença judicial que decretar a perda definitiva do bem.

Reitera-se que, como não há regra específica, devemos aplicar a regra geral para pagamento de débitos no prazo legal. No caso da Fazenda Pública, somente pode ocorrer por meio de precatório, e somente se não cumprir o pagamento desta forma é que incidirão os juros de mora, aliás, como já vem decidindo reiteradamente a este respeito o Pleno do STF.[359]

Violaria o princípio da legalidade inscrito nos arts. 5º e 37, *caput*, da Constituição Federal ser o ente público obrigado a depositar de imediato um valor sob o argumento de que isto desrespeitaria o direito de propriedade. Devemos sopesar os interesses, ainda mais que calcado na própria natureza jurídica do instituto do precatório, uma vez que a "demora" do pagamento será decorrente tão somente do próprio mecanismo do precatório, e não de uma mora proposital do Poder Público.

Um dos princípios norteadores da Administração é que não pode o administrador se afastar do princípio da legalidade, sob pena de ser responsabilizado por esta violação. A eficácia de toda atuação da Administração Pública condiciona-se à lei, não há liberdade ou vontade pessoal do administrador, o que importa é a obediência aos ditames e regras previstas no direito positivo, por isso que se referir ao princípio da legalidade é mencionar total sujeição do administrador à vontade da lei.[360]

No caso em questão, analisa-se que se o Estado vier a submeter-se a critério diverso, estaria inevitavelmente renunciando à especial forma de regulação do dispositivo constitucional supramencionado, art. 100 da CF, corolário, também, levaria à violação

---

[359] Neste norte, pode-se compreender, por exemplo, a decisão do Plenário do Supremo Tribunal Federal no julgamento do RE nº 298.616, no voto conduzido pelo Ministro Gilmar Ferreira Mendes, que excluiu os juros de mora no cálculo de atualização de precatório, pois o fundamento é que na realidade quando o Estado paga o precatório, dentro do período constitucionalmente previsto, até o final do exercício seguinte, não há mora, pois neste caso o Estado não está inadimplente e o atraso decorre tão somente do mecanismo do precatório (decisão publicada no *DJU*, n. 216, 8 nov. 2002, Ata 38, julgado em 31.10.2002).

[360] MEIRELLES, Hely Lopes. *Direito administrativo brasileiro*. Atualização de Eurico de Andrade Azevedo, Délcio Balestreiro Aleixo e José Emmanuel Burle Filho. 20. ed. São Paulo: Malheiros, 1995. p. 83.

direta e literal do disposto nos arts. 5º e 37, *caput*, da Constituição Federal, pois estará realizando pagamento fora da forma prevista em lei.

Logo, como se verifica, será realizado o pagamento no momento oportuno e na forma prevista em lei, e a Fazenda Pública não pode ser penalizada, posto apenas cumprir o que prevê a lei.

O instrumento do precatório, odiado por muitos, serve para sedimentar o princípio constitucional da harmonia entre os poderes, previsto no art. 2º da Constituição Federal. Aliás, o pagamento mediante precatório vem sistematicamente sendo considerado pelos tribunais pátrios como procedimento meramente administrativo, justamente porque não se trata de verdadeira invasão no patrimônio público, como é remansosa a jurisprudência.

É relevante destacar que, embora seja praxe nas desapropriações movidas pelo Poder Público o depósito prévio do valor da indenização, para possibilitar a imissão prévia, é de se destacar que este não é um caso de desapropriação, como já apontamos, mas modalidade nova de decretação de perda da propriedade, para atender a um interesse social prevalecente.

Outrossim, mesmo no caso da desapropriação propriamente dita, já existe decisão do Supremo Tribunal Federal que considerou inconstitucionais as regras da Lei Complementar nº 76/93, arts. 14 e 15, que exigiam o depósito em espécie das benfeitorias úteis e necessárias, fixadas em sentença, pois entendeu a Suprema Corte que qualquer valor em dinheiro deve ser pago pelo mecanismo do precatório,[361] dada a natureza do crédito.[362]

Esta lógica apresentada, além de garantir que a justa indenização não onera o Poder Público de forma incabível, respeitando os interesses do particular e da sociedade, deixa clara a natureza e significado do instituto de fazer prevalecer o interesse social sobre um bizantino direito de propriedade.

2.11.2 Notas conclusivas

Dentro dos parâmetros expostos, pode-se concluir que somente a partir de um juízo de discricionariedade por parte do chefe do Executivo o estado-membro pode decidir intervir em situações de conflito entre propriedade e interesse social no campo, especialmente quando presente demanda judicial tutelando o direito de propriedade, ainda que provocado pelo Judiciário, e a utilização pelo Poder Público ou particular dos mecanismos deve seguir os seguintes procedimentos:

1. Pode ser adotada a decisão tradicional do Poder Público de sob a conveniência de atender ao interesse público mediante o mecanismo da desapropriação da área por interesse social, na forma da Lei nº 4.132/62 c/c Decreto-Lei nº 3.365/41.
2. A intervenção mediante o requerimento de decretação judicial de perda da propriedade pelo não cumprimento da função social da propriedade, na

---

[361] RE nº 247.866/CE, Rel. Min. Ilmar Galvão, *DJ*, p. 105, 24 nov. 2000, ement. v. 02013-05, p. 983, julgamento em 9.8.2000. ADI nº 1.187 MC/DF, Rel. Min. Ilmar Galvão, concedeu liminar e, posteriormente, foi extinta sem julgamento do mérito.

[362] Estes dispositivos foram revogados pelo art. 109 da Lei nº 13.465/2017.

forma do art. 1.228, §§4º e 5º, do Código Civil de 2002, no qual se observarão os seguintes requisitos:

2.1. O imóvel deve ser objeto de ação reivindicatória ou possessória, consistindo de extensa área, na posse ininterrupta e de boa-fé, por mais de cinco anos, de considerável número de pessoas, e estas nela houverem realizado, em conjunto ou separadamente, obras e serviços considerados pelo juiz de interesse social relevante.

2.2. O pedido deve ser realizado no prazo da contestação ou antes da sentença, mediante reconvenção nos próprios autos quando requeridos pelos possuidores ou mediante ação autônoma incidental quando requerida pelo Poder Público, que será apensa aos autos principais de ação reivindicatória ou possessória.

2.3. O pedido deve ser realizado com requerimento de liminar de decretação da imissão na posse da área pelo Estado, a fim de garantir o interesse social fundamental de acesso à moradia à comunidade, como previsto no *caput* do art. 6º da Constituição, atendidos os requisitos do art. 300, *caput* e §2º do CPC.

2.4. O pedido liminar deve, ainda, requerer a avaliação do bem, a suspensão da ação possessória ou reivindicatória em curso, caso seja feita mediante ação autônoma pelo Estado, ou por reconvenção nos próprios autos pelos particulares, devendo-se requerer em qualquer caso a apuração do valor devido, mediante instrução específica, que pela competente sentença será decretada a perda da propriedade e o valor de indenização correspondente a ser pago, após o trânsito em julgado, mediante o competente precatório judicial, no caso do Poder Público.

2.5. A liminar de imissão liminar na posse do imóvel pelo Poder Público permite que a Administração conceda a favor dos possuidores de baixa renda a regularização fundiária a título precário, mediante *concessão de uso para fins de regularização fundiária visando a atender a interesse social de moradia*, nos termos do art. 7º do Decreto-Lei nº 271/67, *caput in fine*, com natureza jurídica de direito real de uso resolúvel, em caráter gratuito, até que seja possível a regularização fundiária definitiva.

2.6. A *concessão de direito real de uso* para fins de regularização fundiária em atendimento a interesse social de moradia permite aos populares de baixa renda o acesso a créditos habitacionais, nos termos do art. 13 da Lei nº 11.481, de 31.5.2007, podendo ser objeto de garantia real, assegurada a sua aceitação pelos agentes financeiros no âmbito do Sistema Financeiro da Habitação.

A hermenêutica do instituto toma em conta o elemento fundamental do instituto, que é fazer prevalecer a boa posse sobre a propriedade cartulária e que não cumpre a sua função social, mediante a indenização equivalente, garantindo a justa indenização e sem onerar o Poder Público de forma incabível, quando este manifestar o seu interesse, respeitando os interesses do particular e da sociedade, deixa clara a natureza e significado do instituto de fazer prevalecer o interesse social frente ao direito de propriedade.

CAPÍTULO 3

DECLARAÇÃO DE NULIDADE DE REGISTROS IMOBILIÁRIOS ATRAVÉS DE PEDIDO ADMINISTRATIVO

O cancelamento de registros imobiliários através de pedido administrativo feito pela pessoa de direito público interessada, na forma da Lei nº 6.739/79 e alterações posteriores, talvez seja a única forma de fazer frente ao grandioso problema de apropriação indevida de terras públicas no Brasil, o que ao longo dos anos ficou conhecido como *grilagem*.

No presente tópico, procurar-se-á estabelecer os fundamentos deste instituto, que paulatinamente vem sendo readmitido nos tribunais de justiça de nosso país, e que se apresenta como poderosa arma contra a falsificação de documentos públicos indevidamente levados a registro nos cartórios imobiliários.

3.1 Grilagem como apropriação indevida de terras públicas

Antes de se adentrar nas considerações relativas ao melhor caminho para garantir a reincorporação ao patrimônio público dos milhões de hectares de terras griladas, é necessário conhecer as dimensões deste fenômeno. A grilagem não é um fenômeno denunciado só recentemente. Pois "desde o começo de nossa história a apropriação indevida de terras públicas, fenômeno popularmente denominado de 'grilagem', caracteriza o processo de ocupação do Brasil e, de maneira especial, da Amazônia".[363]

Já em 1980, Otávio Mendonça, advogado conhecedor da história registral do Pará, afirmou: "Infelizmente, e com louváveis exceções, registrou-se tudo quanto se quis nos cartórios da Amazônia".[364]

Estudos realizados pelo Ministério de Política Fundiária e do Desenvolvimento Agrário apontam para *mais de 100 milhões a área grilada no Brasil*.[365] Destes, cerca de trinta milhões se localizariam no estado do Pará. *O mesmo documento fornece a definição desta atividade criminosa: toda ação ilegal que objetiva a transferência de terras públicas para o patrimônio de terceiros constitui uma grilagem ou grilo.*

---

[363] TRECCANI, Girolamo Domenico. Combate a grilagem: instrumento de promoção dos direitos agroambientais na Amazônia. In: COSTA, Paulo Sérgio Weyl A. *Direitos humanos em concreto.* Curitiba: Juruá, 2008. p. 259.

[364] Palestra proferida no I Ciclo de Estudos de Direito Imobiliário, promovido pelos Conselhos Federal e Regional de Corretores de Imóveis, em Belém, Pará, em 10.5.1980.

[365] BRASIL. Ministério de Política Fundiária e do Desenvolvimento Agrário. *Livro branco da grilagem.* Brasília, 1999. p. 14.

Na tentativa de combater esta irregularidade, o Instituto de Terras do Pará (Iterpa), ainda no final da década de noventa, ajuizou mais de quarenta ações judiciais de cancelamento de registros irregulares envolvendo uma área superior a vinte milhões de hectares. O departamento jurídico do órgão, que tem a responsabilidade de administrar o patrimônio fundiário estadual, declarou reiteradas vezes que existem outras centenas de ações que poderiam ser ajuizadas envolvendo milhões de hectares.

O caminho escolhido, o ajuizamento das ações de nulidade e cancelamento da matrícula, transcrições e averbações no registro de imóveis, mostrou-se, porém, ineficaz, como reconhece o Provimento nº 13, assinado em 21.6.2006 pela excelentíssima Desembargadora Osmarina Onadir Sampaio Nery, Corregedora de Justiça das Comarcas do Interior do TJE-PA.

O primeiro "considerando" do Provimento nº 13/2006 do TJE/PA é o melhor resumo da situação:

> *Considerando que as medidas pontuais que vêm sendo adotadas por esta Corregedoria e pelo ITERPA no sentido de equacionar o problema têm se mostrado insuficientes, ante a dimensão que a grilagem de terras atingiu em nosso Estado.* Como já afirmado, há vários municípios do interior com áreas registradas que superam em uma, duas ou mais vezes a sua superfície territorial, e todos nós conhecemos o tamanho de nossos municípios, alguns deles maiores que vários países.

Nas últimas décadas, sobretudo na região amazônica, assistiu-se a um fenômeno enormemente lucrativo: a multiplicação das "terras de papel". Em vários municípios a audácia dos grileiros subverteu as leis básicas da física permitindo que até 16 corpos ocupassem o mesmo espaço.[366] A própria geografia deveria ser revista para poder atender aos interesses dos grileiros: no estado do Amazonas[367] e no Pará existem vários municípios cujas áreas territoriais são inferiores àquelas registradas. No nosso estado, os municípios de Acará, Tomé Açu e Moju detêm, respectivamente, uma área de 854.200 hectares, 582.200ha, e 1.172.800ha, mas neles foram cadastrados 1.040.112ha, 819.314ha, e 2.750.080ha.

Na correição especial realizada pelo Juiz Corregedor José Torquato Araújo de Alencar em São Félix do Xingu, estado do Pará, foi constatado que:

> O Cartório transformou o Sr. Jovelino Nunes Barbosa certamente no maior proprietário de terras do planeta, se é que tal pessoa efetivamente existe, pois nos atos de transmissão praticados ele aparece sempre representado por procurador. *O que se contém nestes autos é um retrato de como um Cartório pode, com atos fraudulentos, apropriar em nome de particulares milhares de hectares de terras públicas.*[368]

---

[366] Em seu depoimento na CPMI da Terra em 2004 o Ministro do Desenvolvimento Agrário, Miguel Rossetto, afirmou: "No Mato Grosso, por exemplo – digo porque conheço o caso –, existe uma área que tem 16 títulos".

[367] No Pedido de Providências nº 268, julgado pelo Conselho Nacional de Justiça em 15.8.2006, o relator, Conselheiro Paulo Schmidt, escreveu: "Apenas para ilustrar, em vários desses municípios as áreas de terras canceladas superam, muitas vezes, a totalidade do território desses municípios, do que são exemplos: Lábrea – área total 6,69 milhões de hectares, e 8,07 milhões de hectares cancelados; Canutama – área total de 2,4 milhões, e 10,34 milhões de hectares cancelados; Novo Aripuanã – 6.45 milhões de hectares, e 10,4 milhões cancelados".

[368] Ver ALENCAR, José Torquato Araújo de. Relatório Especial sobre as matrículas nºs 971, 1498, 1708 e 1709, em nome de Jovelino Nunes Batista no Cartório Extrajudicial da Comarca de São Félix do Xingu. Belém, 14.7.2006. Mimeografado.

Este mesmo município tem uma superfície de 8.421.200ha, mas a área registrada no cartório é de 18.022.589ha.

O valor monetário deste crime é assustador: denúncias apresentadas pelo Greenpeace revelam que sete corretoras virtuais oferecem à venda pela internet 11 milhões de hectares de floresta nos estados do Amazonas, Pará, Rondônia e Roraima por um valor de quase R$1 bilhão.[369] Este fenômeno introduziu uma nova modalidade de crime que poderia ser denominada "cybergrilagem". Qual o valor dos 100 milhões de hectares de terras públicas que a CPI da Terra denuncia como áreas griladas? Qual o valor das madeiras nelas existentes? Quantas milhares de famílias de indígenas, remanescentes de quilombo, ribeirinhos, posseiros, colonos ocupam estas terras e disputam seu uso?

Apesar de a grilagem estar presente desde os tempos coloniais, este fenômeno se agravou sensivelmente nas décadas de setenta e oitenta, quando se expandiu a fronteira agrícola em direção ao Centro-Oeste e ao Norte do país e a implantação da política de integração nacional.

A questão do combate à grilagem não pode ser encarada simplesmente como um mero exercício acadêmico, não podemos esquecer suas consequências sociais (despejos irregulares, queima de casas, ameaças e assassinatos de trabalhadores e trabalhadoras rurais) e ambientais (desmatamento e extração ilegal de madeira). Os conflitos sociais que dão ao Pará o triste primado de "campeão nacional de violência no campo"[370] são gerados por este crime, não são fruto do acaso, mas consequência direta desta apropriação indevida. Violência e grilagem são duas faces da mesma moeda.[371]

Ciente da necessidade de investigar a situação, a Corregedoria das Comarcas do Interior do Tribunal de Justiça do Estado do Pará, por exemplo, realizou nos últimos anos correições especiais em vários cartórios de registros de imóveis que permitiram investigar e apurar em profundidade a caótica situação existente no Pará. O resultado revelou que alguns registros de imóveis realizados no Pará podem ser classificados como verdadeiros absurdos jurídicos: registros imobiliários que não têm qualquer origem, ou cuja origem são documentos que não transmitem domínio, como protocolos do Incra ou do Iterpa, escrituras de compra e venda de benfeitorias etc. Já foram encontrados os mais absurdos registros de documentos absolutamente impossíveis de registro, porque inábeis à configuração de domínio, e, portanto, nulos de pleno direito.[372]

O festival de irregularidades pode ser assim resumido:

a) registros com mais de 100.000 hectares incidindo sobre terras indígenas, unidades de conservação, terras devolutas estaduais ou terras públicas já devidamente matriculadas em nome da União e do estado;

---

[369] GREENPEACE. *Grilagem de terras na Amazônia*: negócio bilionário ameaça a floresta e populações tradicionais, 2005.

[370] Reconhecendo a dramaticidade desta situação, o Desembargador Dr. Milton Augusto de Brito Nobre, Presidente do Tribunal de Justiça do Estado do Pará, constituiu, por meio da Portaria nº 0904/2006-GP Belém (PA), 26.6.2006, uma comissão destinada para acompanhar a tramitação de processos relacionados a fatos em que foram vítimas trabalhadores em conflitos pela posse da terra.

[371] Ver TRECCANI, Girolamo Domenico. *Violência e grilagem*: instrumentos de aquisição da propriedade da terra no Pará. Belém: UFPA-ITERPA, 2001.

[372] Confira ROCHA, Ibraim. Cancelamento de registro de imóveis decorrentes de nulidades, independente de ação judicial-possibilidade. *Revista da Procuradoria Geral do Estado do Pará*, Belém, n. 15, 2006.

b) milhares de títulos de posse não legitimados declarados caducos pelo Decreto nº 1.054, de 16.2.1996, e sobre os quais pesa o protesto judicial apresentado pelo Iterpa no mesmo ano;

c) centenas de títulos de domínio, supostamente emitidos na década de 60, com área correspondente a uma légua quadrada (4.356ha), mas que foram levados a registro três décadas depois;

d) registros de áreas com mais de 1.500 hectares expedidos depois de 1989 sem a devida autorização legislativa prevista nos arts. 241 e 242 da Constituição estadual;

e) registros de áreas superiores a 500ha, sem que o Conselho Estadual de Política Agrícola, Agrária e Fundiária tivesse aprovado o plano de utilização.

Em muitos casos faltou a comprovação de cadeia dominial regular, iniciada com um título originário outorgado pela pessoa jurídica de direito público interno titular do domínio das terras devolutas onde o imóvel está situado. Em outros casos registros tinham origem em documentos válidos, mas cuja área foi ampliada em relação àquela indicada no título originário de propriedade.

Em junho de 2006, com a edição do *Provimento nº 13/2006*, o combate à grilagem mereceu uma atenção especial por parte da Corregedoria das Comarcas do Interior do Tribunal de Justiça do Estado do Pará. A relevância histórica deste ato foi assim saudada por Carlos Augusto Santos Silva, presidente da Federação dos Trabalhadores na Agricultura: "Finalmente o Judiciário paraense começa a combater o problema da grilagem de terra pela raiz, bloqueando títulos suspeitos. Assim, o Poder Judiciário do Estado está admitindo que têm problemas de regularização fundiária no Pará e quer resolvê-los",[373] afirmava o então presidente da Fetagri-Pará, lembrando que a entidade vem incluindo o assunto seguidamente nas pautas de reivindicação dos "Gritos". Os pedidos da Fetagri, na verdade, vão além do bloqueio dos títulos. A Federação defende o cancelamento de títulos de imóveis que considera "de origem duvidosa" e vê no bloqueio o primeiro passo para que os títulos sejam, em breve, cancelados e as terras destinadas à reforma agrária.[374]

O Provimento Estadual Paraense nº 13/2006 resgata com muita propriedade um dos postulados clássicos do direito agrário, a origem pública do patrimônio fundiário:

> *Considerando que no Brasil todas as terras são originalmente públicas*, já que havidas por direito de conquista à Coroa Portuguesa e com a independência passaram a pertencer à nação brasileira, assim, *qualquer pessoa que se intitule proprietário de terras no país tem que provar que seu imóvel foi desmembrado validamente do patrimônio público, sendo os bens públicos imprescritíveis e insusceptíveis de usucapião.*

---

[373] O Tribunal de Justiça do Estado do Pará acatou a sugestão da Fetagri e criou a Comissão Permanente de Monitoramento, Estudo e Assessoramento das Questões Ligadas à Grilagem (Portaria nº 271/2007). A Comissão não só comprovou a existência de milhares de registros de origem duvidosa, mas sugeriu a adoção de um provimento específico que regulamentasse o cancelamento administrativo das matriculares nulas. Diante da recusa do TJE-PA de aceitar este cancelamento, recorreu ao Conselho Nacional de Justiça, que acatou seus argumentos (Pedido de Providências nº 0001943-67.2009.2.00.0000).

[374] Ver jornal *O Liberal*, Belém, 28 jun. 2006.

Esta decisão da Excelentíssima Desembargadora Corregedora do Interior se associa a uma posição doutrinária consolidada pela jurisprudência pátria que assim foi resumida pela Desembargadora Marinildes Costeira de Mendonça Lima,[375] Corregedora do Tribunal de Justiça do Amazonas em memorável parecer no qual destaca que nosso ordenamento jurídico:

> admite duas formas de aquisição: uma originária, decorrente de um título de propriedade outorgado ao particular pela entidade estatal (União Federal, Estados Membros ou Municípios), detentora do domínio pleno das terras devolutas onde se situa a gleba ou a porção de terra requerida: outra, derivada, decorrente da transmissão da propriedade originariamente adquirida, por parcelamento ou divisão, ou ainda, por compra e venda, dação em pagamento, doação, permuta, arrematação ou adjudicação judicial, herança, etc. etc.

Aceitar que um simples registro imobiliário irregular possa gerar uma presunção de direito de propriedade seria violar os princípios básicos da legislação brasileira.

O Provimento nº 13/2006 denuncia com muita propriedade como a legislação do estado do Pará, através do Decreto Estadual nº 410, de 8.10.1891 e seu regulamento de 28.10.1891, criou um instrumento jurídico inédito no direito brasileiro denominado "título de posse".

A análise da história permite afirmar que este foi o documento mais utilizado pelos órgãos fundiários que se sucederam na administração das terras paraenses e que só cerca de 10% dos seus detentores respeitou as obrigações legais de legitimar estes títulos para que fossem considerados documentos translativos de domínio. Por isso o Provimento nº 13/2006 reconhece o perigo representado por estes documentos:

> Considerando que, por estimativa, devem ter sido expedidos, nesse regime, *cerca de cinquenta a sessenta mil Títulos de Posse*, com limites imprecisos e apenas uma pequena parte deles foi legitimada, entretanto, ainda assim, quase um século depois, *a partir da década de setenta, milhares deles foram, "indevidamente levados a registro nos Cartórios de Registro de Imóveis do Estado".* (Grifos nossos)

Diante de tantas situações ilegais, é importante inovar nos caminhos de combate à grilagem, e, certamente, o procedimento de declaração de nulidade de registro de imóveis, com fundamento no art. 1º da Lei nº 6.739/79, é um instrumento fundamental, até porque já referendado pelo Supremo Tribunal Federal, como demonstraremos.

3.2 Regime jurídico da atividade notarial e de registro e possibilidade de declaração administrativa de nulidade de registros imobiliários

A atividade notarial e de registro, como é sabido, é atividade delegada pelo Poder Público ao particular, que a exerce de maneira privada. Não obstante, tal atividade

---

[375] MENDONÇA, Marinildes Costeira de. *Relatório das correições extraordinárias nos registros de terras rurais no Estado do Amazonas*. Manaus: Secretaria de Estado da Cultura, Turismo e Desporto, 2002. p. 15.

é regida por normas jurídicas de direito público, estando estas sob a égide de um verdadeiro regime jurídico administrativo.

A delegação da atividade registral ao particular é feita através de normas jurídicas que disciplinam quase que integralmente a atividade do delegatário com o Estado e deste com os indivíduos, enquanto agente público, no exercício de suas funções.

A análise dos efeitos jurídicos desta delegação e da própria atividade que dela decorre é tarefa que interessa ao estudo do tema proposto, pois a definição do tipo de atividade exercida, de seu regime jurídico e da natureza dos atos jurídicos praticados no exercício desta delegação é algo que vai incidir diretamente na conclusão deste trabalho, qual seja, a possibilidade ou não de cancelamento de registro por meio de procedimento administrativo. Vejamos.

A Constituição Federal, em seu art. 236, subscreve que os serviços notariais e de registros serão exercidos em caráter privado, por delegação do Poder Público.

Portanto, a Magna Carta de 1988, ao delegar a atividade notarial e de registro ao particular, delegou atividade essencial ao funcionamento do Estado e da sociedade, e de boa parte das relações jurídicas que nela surgem. Desta forma, não seria um equívoco afirmar que de tal atividade depende a própria estabilidade do ordenamento jurídico e do Estado de direito, haja vista que irregularidades na prestação destes serviços certamente tornarão tumultuadas as relações jurídicas das pessoas e a atuação do Estado, no âmbito de suas mais diversas competências.

Não por outra razão, as normas que disciplinam tais serviços buscam sempre, considerando as finalidades apontadas, tanto na Lei nº 6.015/1973 (LRP), quanto na Lei nº 8.935/1994 (art. 1º) – de dar segurança, eficácia e autenticidade aos atos jurídicos –, privilegiar o princípio da supremacia do interesse público, haja vista que tal interesse é a razão de ser própria da atividade.

Neste diapasão, não é difícil notar que as leis acima citadas restringem de maneira marcante a livre manifestação de vontade do agente público delegatário, fazendo com que este, no exercício desta função, manifeste sempre a vontade da lei e, portanto, da Administração Pública, inclusive e principalmente através do procedimento nela estabelecido.

Portanto, tanto o notário quanto o registrador, ao praticarem atos inerentes a esta função, estão sempre, em tese, respeitando a vontade da lei, e assim cumprem a finalidade nela apontada, o que implica dizer que, quando agem, é a Administração Pública que está agindo.

Pois bem. Diante dos efeitos jurídicos que decorrem da efetivação do ato registral, efeitos estes que poderão ser oponíveis contra o próprio Estado, e pela especial forma e finalidade de sua produção, é lícito afirmar que o ato de registro é verdadeiro ato administrativo, e como tal deve ser tratado.

Para Bandeira de Mello, ato administrativo pode ser conceituado, de maneira genérica, como:

> Declaração do Estado (ou de quem lhe faça as vezes – como, por exemplo, um concessionário de serviço público), no exercício das prerrogativas públicas, manifestadas como providências

jurídicas complementares da lei a título de lhe dar cumprimento, e sujeitas a controle de legitimidade por órgão jurisdicional.[376]

Em sentido estrito, prossegue Bandeira de Mello. O autor conceitua ato administrativo com os mesmos termos utilizados, apenas acrescentando as características da concreção e da unilateralidade, como:

> Declaração Unilateral do Estado no exercício de prerrogativas públicas, manifestada mediante comandos concretos complementares da lei (ou excepcionalmente, da própria Constituição, aí de modo plenamente vinculado) expedidos a título de lhe dar cumprimento e sujeitos a controle de legitimidade por órgão jurisdicional.[377]

Carvalho Filho, por sua vez, conceitua ato administrativo como "a exteriorização da vontade de agentes da Administração Pública ou de seus delegatários, nessa condição, que, sob regime de direito público, vise a produção de efeitos jurídicos, com o fim de atender ao interesse público".[378]

Deste modo, forçoso concluir que o ato de registro, de uma maneira geral, se enquadra perfeitamente no conceito de ato jurídico administrativo estabelecido por valiosa doutrina, haja vista que representa, como já foi dito, declaração do Estado, manifestada por agente público delegatário, de comandos concretos, complementares à lei e da própria Constituição, o que faz sob regime de direito público, visando a lhe dar cumprimento. Acrescente-se que de tal declaração emana efeitos jurídicos com a finalidade de atender ao interesse público.

Uma vez configurado o ato de registro como ato jurídico administrativo, a ele aderem todos os atributos e consequências jurídicas desta espécie de atos jurídicos, tais quais os da presunção de legalidade e veracidade da declaração, o da imperatividade, e o da possibilidade de ser anulado ou invalidado pela própria Administração Pública.

Uma consequência fundamental é que, sendo o ato de registro de imóveis um ato administrativo e, estando em desconformidade com a lei, padecerá ele de vício de legalidade, que o tornará nulo (inválido), e imporá a necessidade de retirada deste ato do mundo jurídico.

Como é sabido, são inúmeros os problemas de registros de títulos tidos como nulos nos cartórios, e os casos de invalidade destes títulos são os mais diversos.

Os atos de registro que resultam na emissão de matrículas nulas de pleno direito podem ser anulados pelo próprio poder.

Os atos administrativos viciados são aqueles que estão em desconformidade com a lei, e quando se fala em ato administrativo, deve-se analisá-lo quanto à observância de sua validade ante o ordenamento jurídico, sob o ponto de vista de todos os seus requisitos, competência, forma, finalidade, objeto e motivos, e que, portanto, qualquer registro de imóvel que se proceda mediante a violação dos requisitos previstos na Lei

---

[376] BANDEIRA DE MELLO, Celso Antônio. *Curso de direito administrativo*. 20. ed. rev. e atual. São Paulo: Malheiros, 2006. p. 358.

[377] BANDEIRA DE MELLO, Celso Antônio. *Curso de direito administrativo*. 20. ed. rev. e atual. São Paulo: Malheiros, 2006. p. 360.

[378] CARVALHO FILHO, José dos Santos. *Manual de direito administrativo*. 16. ed. São Paulo: Lumen Juris, 2006. p. 88.

nº 9.835/94, que regula as atividades notariais, e Lei nº 6015/73 – Lei dos Registros Públicos, certamente está contaminado por vícios de nulidade.

3.3 Declaração de nulidade de registros públicos pelas corregedorias dos tribunais de justiça – Constitucionalidade

Ante a invulgar história de grilagem de terras públicas, em que os agentes desta ilegalidade estão acostumados a seguir impunemente na pilhagem do patrimônio público, o remédio deve ser o mais amargo possível, uma vez que não se tem o mínimo pudor de registrar absurdas dimensões de terras públicas como privadas, aproveitando-se da má-fé de cartorários sem compromisso com a coisa pública em verdadeira afronta à dignidade da justiça.

O Supremo Tribunal Federal já apontou claramente no sentido de remeter à origem histórica do patrimônio público e que o desenlace deste é que legitima a propriedade privada.

Aliás, esta origem histórica da formação territorial do Brasil é a justificativa primeira para o constituinte de 1988 prescrever claramente a impossibilidade de usucapião de terras públicas, no art. 191, parágrafo único.

Destas premissas decorre a nulidade absoluta de registro perante o cartório de registro de imóveis de documentos que não são aptos a transferir a propriedade.

Veja-se, por exemplo, o lapidar acórdão de 24.9.1968, da Segunda Turma, no julgamento do RE nº 51.290/GO, cujo relator foi o Min. Evandro Lins e Silva, em que, acompanhando o voto deste, o Ministro Aliomar Baleeiro asseverou:

> As terras do Brasil foram objeto de conquista e posse, por Pedro Álvares Cabral para o rei de Portugal. Ela passou a ser uma fazenda do Rei, ficando no domínio real até a independência, quando foi transferida para o patrimônio nacional, lá permanecendo todo o tempo do Império, até que o art. 64 da Constituição de 1891 a distribuiu aos Estados em cujos limites se encontrava. Então os Estados, como sucessores da nação Brasileira, como sucessora do patrimônio pessoal do rei de Portugal, não necessitam trazer nenhum título. O título é a posse histórica, o fato daquela conquista da terra. A terra, no Brasil originariamente era pública. [...] O Estado de Goiás não precisa provar nada. A presunção é de que a terra é dele. O particular é que tem de provar, por uma cadeia sucessória, que as terras foram desmembradas do patrimônio público. Não há nenhuma dúvida a respeito disso.

No seu voto, o Ministro Evandro Lins e Silva fez constar a justificação do projeto e a lógica inerente à apuração das terras devolutas, como espécie de terras públicas que, embora ainda não devidamente incorporadas ao patrimônio público de forma individualizada, não estavam excluídas deste:

> Pode ocorrer que as terras do domínio da União, dos Estados ou dos Municípios (como acontece com as terras devolutas) se achem confundidas, ocupadas indevidamente como particulares, ou devastadas criminosamente. Todos esses fatores, de ordem material e de conseqüências jurídicas, concorrem para a índole da ação discriminatória. E é por isso que as terras públicas, em geral, se apuram por exclusão das que devam ser consideradas

particulares; e não se pode exigir documento ao Poder Público para prova de seu domínio, e sim apurar esse domínio por exclusão das áreas cobertas, juridicamente, por título hábil devidamente filiado, nos termos do direito vigente.

Após expor a justificativa do processo discriminatório, destacou o Ministro Evandro Lins e Silva a respeito do registro de imóveis sobre as terras públicas, declarando que: "a transcrição não expurga de vícios o domínio nem a posse pode se objetivar sobre coisas fora de comércio".

Portanto, deixou o ministro evidente a impossibilidade de o registro constituir meio legítimo e suficiente para a excluir a presunção de domínio do Estado sobre as terras do seu território, mas, ao contrário, por ser coisa fora de comércio, não pode ser apropriado pelo particular, e o patrimônio privado somente pode ter origem em regular desmembramento do patrimônio público, não podendo as transferências particulares, por mais antigas que tenham sido realizadas, ter o condão de legitimar a exclusão do domínio público.

Destarte, e reafirmando este princípio, é que o STF já declarou a constitucionalidade da Lei nº 6.739/79, que permite o cancelamento administrativo de registro de imóveis pelas corregedorias dos Tribunais de Justiça, quando eivados de nulidade.

Este relevante pronunciamento ocorreu quando da apreciação pelo Supremo Tribunal Federal, após reafirmar a prevalência da origem pública das terras, que nem o registro imobiliário pode afastar, na sua presunção de domínio, da Representação de Inconstitucionalidade nº 1.070-8/DF, realizada em 23.3.1983, cujo relator foi o Ministro Moreira Alves, que declarou a adequação da Lei nº 6.739, de 5.12.1979, à Carta Magna então em vigor, sendo asseverado no relatório que a exposição de motivos da referida lei faz constar expressamente:

> Em contrapartida, levada a registro documento que não configure a transferência de propriedade imóvel, ou, ainda, título não tido como registrável pela lei nacional, o registro dele não consubstanciará a aquisição do domínio nem dará lugar à presunção desta [...] A proteção constitucional diz respeito à pessoa que detém legitimamente a titularidade, e não àquela que invoca domínio com fundamento em título nulo de pleno direito.

Aliás, seguindo esta lógica, o Ministro Moreira Alves, no seu voto, no julgamento da citada representação de inconstitucionalidade, asseverou:

> Em nosso sistema jurídico, ao contrário do que ocorre no direito alemão, o registro do título de aquisição de imóvel é causal e gera, apenas, a presunção *juris tantum* de propriedade. O que importa dizer que, inválido o título, inválido será o registro, desfeita, assim, a aparência de transferência da propriedade.

Ressalta, ainda, o eminente ministro, que o procedimento instituído pela Lei nº 6.739/79 nada tem de inconstitucional:

> A modificação que a Lei nº 6.739, de 5.12.1979, introduziu em nosso sistema imobiliário foi o de permitir, como exceção ao princípio estabelecido no artigo 250, I, da Lei de Registros Públicos em vigor (que exige decisão judicial transitada em julgado), a possibilidade de

autoridade judiciária – o Corregedor Geral da Justiça – no desempenho de função de natureza administrativa, declarar inexistente e cancelar a matrícula e o registro de imóvel rural vinculado a título nulo de pleno direto, ou feitos em desacordo com o artigo 221 e seguintes da Lei nº 6.015, de 31.12.1973, alterada pela Lei nº 6.216, de 30.6.1975.

Registrou o ministro no voto histórico que nada vê de estranho em mediante ato administrativo a lei permitir o cancelamento de registros nulos:

> O que, aliás, não é nada de extraordinário, certo como é que as súmulas 316 e 473, parte inicial, reconhecem que "A administração pode declarar a nulidade dos seus próprios" e "A administração pode anular seus próprios atos, quando eivados de vícios que os tornem ilegais, porque deles não se originam direitos".

Reforça, inclusive, o Exmo. Ministro Moreira Alves, que a própria Lei nº 6.739/79 ressalva o mecanismo do particular em impugnar o ato, se considerar lesivo ao seu interesse, mediante ação declaratória de nulidade de ato administrativo, prevista no art. 3º, do mesmo diploma legal, como se destaca do seguinte trecho de seu voto: "Note-se, ademais, que a parte que teve o registro cancelado não se retira o direito de socorrer-se do Poder Judiciário, por meio de ação anulatória, como se vê do artigo 3º da lei em causa".

Neste diapasão, deve-se entender que a Lei nº 6.739/79, e alterações posteriores, é uma lei que apenas define o procedimento para cumprir o art. 214 da Lei de Registros Públicos, que permite a declaração de nulidade independentemente de ação direta. *E como lei que define esta competência procedimental da Corregedoria de Justiça, é nela que se funda a competência de proceder ao cancelamento administrativo de registros imobiliário nulos, e não apenas bloquear.* Como ressaltou o Ministro Moreira Alves, no muitas vezes citado voto:

> Ademais, a Lei nº 6.739 não criou causas novas de nulidade, mas apenas modificou, parcialmente, o procedimento para a obtenção do cancelamento ou da retificação da matrícula e do registro de imóvel rural, e não há direto adquirido a procedimento. [...]
> Sendo o registro, em nosso sistema jurídico, causal, e, por isso mesmo, só gerando presunção *juris tantum* de propriedade, esta só existe se for válido o título levado a registro. E quando se declara a nulidade do registro não se desconstitui o direito de propriedade, mas apenas se declara que ele não chegou a surgir. E o §22 do artigo 153 da Constituição só protege direito de propriedade existente.

Logo se vê que nada há de inconstitucional em que as corregedorias de justiça procedam à declaração de nulidade de registros imobiliários na forma da Lei nº 6.379/79, uma vez detectada a nulidade, o que está em pleno acordo com inteligência sobre o tema já exposta pelo Excelso Pretório.

As práticas criminosas de grilagem de terras vêm gerando insegurança nos negócios jurídicos, dificultando as transações de terras, impedindo investimentos importantes, prejudicando sensivelmente o desenvolvimento socioeconômico do Estado, cabendo, portanto, ao Poder Público, no âmbito das atribuições que lhe foram conferidas, usar os meios e instrumentos legais em defesa do interesse da coletividade. E esse poder de agir, do ente público, deixa de ser uma faculdade para ser uma imposição, um dever.

Não se pode negar que o art. 1.245, *caput*, do Código Civil atual realça a importância do registro de imóveis, ao determinar que se transfere entre vivos a propriedade mediante o registro do título translativo no registro de imóveis.

Entretanto, por evidente, esse ato diz respeito ao registro de título idôneo, admitido pelo Código Civil e pelo art. 221 da Lei nº 6.015/73, e é óbvio que se trata de procedimento legal gerando normalmente os direitos de propriedade sobre o respectivo imóvel.

Quando, porém, esse registro envolve documento inidôneo para operar a configuração do domínio e a presunção resultante, resta este registro inteiramente contrário às exigências do Código Civil e às do art. 221 da Lei nº 6.015/73, e, portanto, sendo comprovadamente não registrável, é claro que se trata de ato ilícito, criminoso, que deve ser declarado inexistente, e que deve ser cancelado, para que não siga produzindo efeitos danosos contra a coletividade.

Portanto, é neste contexto que deve se interpretar o §2º do mesmo art. 1.245 do CC, de que enquanto não se promover, por meio de ação própria, a decretação de invalidade do registro, e o respectivo cancelamento, o adquirente continua a ser havido como dono do imóvel. Neste caso, coerente com o sistema de estrita legalidade, somente pode tratar a lei de título válido, e não de nulidade do título, portanto, exige a via judicial, somente quando se trata de alguma mácula de pequena monta no registro, daí falar a lei inclusive apenas em invalidade, e, portanto, não remonta a uma nulidade do título registrado, que vicia de forma inarredável o registro. Como, aliás, já destacou a Suprema Corte nos julgados citados mais ao norte, e é efetivamente o caso aqui tratado.

As fragilidades detectadas em documentos que não poderiam ser levados a registro podem ter o seu cancelamento decretado pela Corregedoria de Justiça dos Tribunais, para nada mais fazer que reconhecer preceitos legais contidos na Lei de Registros Públicos e no Código Civil brasileiro, dos quais a clareza e precisão impõem ao Poder Judiciário o ofício da aplicação da justiça:

> Lei nº 6.015/73
> Art. 168. [...]
> Parágrafo Único. As nulidades devem ser pronunciadas pelo juiz, quando conhecer do negócio jurídico ou de seus efeitos e as encontrar provadas, não lhe sendo permitido supri-las, ainda a requerimento das partes. [...]
> Art. 214. As nulidades de pleno direito do registro, uma vez provadas, invalidam-no, independentemente de ação direta.

A matrícula de título inexistente é ato jurídico nulo, e como tal não pode jamais ser convalidado, conforme determina o novo Código Civil, inclusive sem correspondente no antigo de 1916, reforçando a teoria das nulidades em nosso sistema:

> Art. 169. O negócio jurídico nulo não é suscetível de confirmação, nem convalesce pelo decurso do tempo.

É incontestável, quando se tratar de nulidade de registros sob os quais nascem supostos direitos de propriedade feitos nos cartórios das comarcas do interior, fundados em documentos inábeis que sequer poderiam ser levados a registro, que a consequência é que pode e deve ser decretada a sua nulidade, por decisão direta da Corregedoria de Justiça dos estados, devendo ser requerida por pessoa jurídica de direito público, na forma do art. 1º da Lei nº 6.379/79.

E nem se diga que tal procedimento viola o contraditório, pois na verdade como já decidido pelo Supremo apenas se defere ao particular outro momento de impugnar o ato da corregedoria.

E, por evidente, também não se diga que tal procedimento de declaração administrativa da nulidade não seria possível tendo em vista a regra do §1º do art. 214 da Lei nº 6.015/73, incluído pela Lei nº 10.931/2004, que determina que *a nulidade será decretada depois de ouvidos os atingidos*, pois, na verdade, esta regra apenas cria uma regra de oitiva administrativa sem que se exclua a possibilidade de decretação de nulidade, mas, por outro lado, em situações graves nas quais atingido o interesse público, pode ser deferida de tutela antecipada no procedimento administrativo, aplicando-se por analogia as regras do art. 300 do CPC, até mesmo porque, feito dentro do regime específico da Lei nº 6.739/79, perfeitamente constitucional, como declarado pela Suprema Corte, e que tem procedimento próprio.

Entrementes, deve ser deixado claro que ainda que possível de plano a declaração de nulidade, como medida de antecipação de tutela, isto não exclui nem obsta que esta nulidade seja declarada no bojo de processo administrativo invalidador, precedida de oitiva prévia do interessado, conforme preceitua boa parte da doutrina administrativista.[379]

Alerta-se que as matrículas tidas como nulas, para que sejam invalidadas, devem necessariamente passar pelo devido procedimento administrativo invalidador, procedimento este já previsto na Lei nº 6.739/1979.

O art. 1º desta lei estabelece: Art. 1º A requerimento de pessoa jurídica de direito público ao corregedor-geral da justiça, são declarados inexistentes e cancelados a matrícula e o registro de imóvel rural vinculado a título nulo de pleno direito, ou feitos em desacordo com os artigos 221 e segs. da Lei nº 6.015, de 31.12.1973, alterada pela Lei nº 6.216, de 30.6.1975.

> §1º Editado e cumprido o ato, que deve ser fundamentado em provas irrefutáveis, proceder-se-á, no qüinqüídio subseqüente, à notificação pessoal:
> a) da pessoa cujo nome constava na matrícula ou no registro cancelados;
> b) do titular do direito real, inscrito ou registrado, do imóvel vinculado ao registro cancelado.
> §2º Havendo outros registros, em cadeia com o registro cancelado, os titulares de domínio do imóvel e quem tenha sobre o bem direitos reais inscritos ou registrados serão também notificados, na forma prevista neste artigo.
> §3º Inviável a notificação prevista neste artigo ou porque o destinatário não tenha sido encontrado, far-se-á por edital:
> a) afixado na sede da comarca ou do Tribunal de Justiça respectivos; e
> b) publicado uma vez na imprensa oficial e três vezes, e com destaque, em jornal de grande circulação da sede da comarca, ou, se não houver, da capital do Estado ou do Território.
> §4º O edital será afixado e publicado no prazo de 30 (trinta) dias, contados da data em que for cumprido o ato do corregedor-geral.

---

[379] A respeito, confira SIMÕES, Mônica Martins Toscano. *O processo administrativo e a invalidação de atos viciados*. São Paulo: Malheiros, 2004.

Por isso mesmo, na cauda do veredicto firmado pelo STF, veja-se, a propósito, o que mais recentemente decidiu o Tribunal de Justiça do Estado de São Paulo:

Cancelamento *ex officio* – Possibilidade – Ato lavrado sem observância das formalidades legais – Nulidade de pleno direito – Natureza administrativa do ato – art. 214 da Lei de Registros Públicos – Segurança denegada. MS. n. 217.981-1, SP.- Alegação de nulidade, por violação do direito de defesa e inobservância do devido processo legal – Ilegalidade inexistente – Ato fulcrado no art. 214 da Lei de Registros Públicos" – Jurisprudência do Tribunal de Justiça nº 156,.5.1994 – Pedido de Providências nº 271-274.

Afinal, não há quem não saiba, mesmo entre os que estão a iniciar-se no estudo das letras jurídicas, de que na construção da teoria da nulidade, desprezou o legislador brasileiro o velho princípio consagrado pelo direito francês de que *"pas de nullité sans grief"*. Inspirou-se o direito brasileiro, ao contrário do velho direito francês, no princípio da preservação da ordem pública, assentando as regras definidoras da nulidade na infração à lei, e legitimando, para argüi-la, por isso mesmo, qualquer interessado, em seu próprio nome, ou o Ministério Público, em nome da coletividade. *Ao juiz*, – bem assinalou *Caio Mário da Silva Pereira* (*Instituições de direito civil*, v. 1, p. 549) *"cumpre pronunciá-la quando tiver oportunidade de tomar conhecimento do ato ou de seus efeitos"*.

De conseguinte, Martinho Garcez:

Os contratos feridos por nulidade dependente de ação consideram-se anuláveis e produzem todo o seu efeito enquanto não são anulados por ação de rescisão. [...] Quando a nulidade é de pleno direito o juiz exerce um ministério passivo, na frase de TROPLONG, porque a lei se encarrega de reconhecer e declarar a nulidade, deixando ao juiz o papel ou a missão de constatá-la e de impedi-la de continuar produzindo qualquer efeito. O juiz não tem que entrar na apreciação das provas e circunstâncias; esse trabalho tirou-lhe a lei, declarando o ato nulo de pleno direito.[380]

Assim, diante da razão jurídica, *os atos que se formarem com a violação de alguns desses requisitos são nulos de pleno direito*, ou seja, não existem, porque a própria lei é que declara a nulidade ou inexistência e que obriga ao magistrado, quando o ato lhe for exibido com tal imprestabilidade visível do próprio instrumento ou da prova literal, a não o aceitar para qualquer efeito e declará-lo nulo.

Seguindo essa linha de abordagem do tema, já nada embaraçoso é afirmar, como decorrência natural das considerações feitas anteriormente, que *os registros imobiliários promovidos em afrontosa violação à lei não têm como subsistir, porque nulos de pleno direito, podendo, por via de consequência, ser legitimamente desconstituídos através de decisão administrativa da Corregedoria-Geral da Justiça, lastreada no art. 1º da Lei nº 6.739/79, apenas exigindo-se que tal decisão seja fundamentada em provas irrefutáveis, a teor do §1º do citado dispositivo*. Tanto é assim que não foram raras as decisões proferidas nesse sentido por diversos tribunais do país.

Alerta-se que quando se trata de atos registrais nos cartórios de registros de imóveis, o Poder Judiciário exerce uma dupla função, a primeira, típica, que é a de dizer o direito

---

[380] GARCEZ, Martinho. *Das nulidades dos atos jurídicos*. 3. ed. Rio de Janeiro: Renovar, 1997. p. 61-62.

aplicável ao caso concreto, quando provocado. A segunda, atípica, que é a de fiscalizar a própria atividade administrativa dos cartórios.

Ora, uma vez que o papel do Poder Judiciário ante a atividade registral é a de fiscalização, este papel é exercido com todos os atributos do poder de polícia de que goza o Poder Público, pois não faria sentido que a Administração pudesse fiscalizar, sem ter o poder de desfazimento do ato nulo praticado por agentes investidos na competência para realizar o ato.

Aliás, é de se perguntar, assim, que razões poderiam evitar a revisão ou mesmo a declaração de nulidade de um registro irregular por parte da Corregedoria-Geral de Justiça, quando é ela, em última análise, quem possui a competência institucional para fiscalizar os atos notariais?

Afinal, negar essa possibilidade legal àquele órgão do Poder Judiciário seria praticamente jogar por terra, de maneira inconsequente, um princípio que representa um dos pilares do ordenamento jurídico nacional de que a Administração pode e deve rever seus próprios atos. Não apenas isso, retirar da Corregedoria de Justiça este poder-dever importaria institucionalizar a conduta omissiva daquele órgão.

Neste aspecto, diante do avolumado problema de títulos nulos de pleno direito existentes nos cartórios de registro de imóveis, torna-se imperiosa a necessidade de se privilegiar a possibilidade de cancelamento de registros imobiliários através de procedimento administrativo.

Como visto, o Provimento nº 13/2006 do TJE-PA resgatou com muita propriedade um dos postulados clássicos do direito agrário: a origem pública do patrimônio fundiário, embora não tenha o utilizado para promover o cancelamento imediato de registros imobiliários nulos.

Aliás, esse entendimento da origem das terras particulares na concessão pelo Estado foi renovado na decisão do Conselho Nacional de Justiça (CNJ) no Pedido de Providências nº 0001943-67.2009.2.00.0000, julgado em 16.8.2010, interposto pelo Estado do Pará, o Instituto de Terras do Pará, o Ministério Público Federal, o Instituto Nacional de Colonização e Reforma Agrária (Incra), a Advocacia-Geral da União, a Federação dos Trabalhadores na Agricultura (Fetagri) e a Comissão Pastoral da Terra, e que determinou o cancelamento de diversos registros, realizados acima dos limites constitucionais de concessão de terras públicas, justamente porque o TJE-PA, quando editou o Provimento nº 13/2006, se negou a seguir, entre outras coisas, o procedimento idôneo, para administrativamente proceder ao cancelamento dos registros nulos, apesar de já haver bloqueado algumas centenas.

Destarte, o referido pedido de providências perante o CNJ foi interposto após a Comissão Permanente de Monitoramento, Estudo e Assessoramento de Questões ligadas à Grilagem de Terras do Tribunal de Justiça do Estado do Pará (CPMEAQLG), com base em informações remetidas pelos cartórios de registro de imóveis, dos títulos que foram bloqueados pelo Provimento nº 13/2006, em que por um levantamento fático se confirmou uma constatação já conhecida, a de que a maioria dos municípios do estado do Pará possui área territorial inferior à dos documentos registrados nos respectivos cartórios de registros de imóveis.

No estado do Pará, os municípios de Acará, São Félix do Xingu, Tomé Açu, Santana do Araguaia, e Igarapé Miri detêm, respectivamente, uma área de: 434.942,07ha; 8.421.242,6000ha; 51.532,5000ha; 1.159.145,2000ha e 199.742,395ha, mas neles foram bloqueados pelo Provimento nº 13/2006: 1.564.520,2156ha (360,18% de sua superfície); 17.864.971,7950ha (212,14%); 774.289,7830ha (150,48%); 1.721.712,0097ha (148,53%) e 20.215,2000ha (104,77%). Estes números dizem respeito a 10.377 bloqueadas, mas, no Pará, existem mais de setecentas mil matrículas (incluindo as relativas aos imóveis urbanos). Por isso o Tribunal de Justiça do Estado do Pará instituiu um grupo de trabalho para investigar esta situação (Portaria nº 1, de 27.4.2018 – CPMEAQLG).

Especial destaque deve ser dado ao município de Moju, que possui 14.454.591,677ha de área bloqueada e 909.936,95ha de área territorial, o que demonstra que a área bloqueada ultrapassa em 15 (quinze) vezes a dimensão territorial do município.

Ora, num contexto destes, em que se torna absurda e flagrante a violação do patrimônio público, sem qualquer contraditório, seria piada não esperar outra medida do CNJ, a não ser observar o contraditório em momento posterior, quando o particular pode em juízo demonstrar a boa origem da sua propriedade, em que infelizmente milita a clara presunção em contrário, pois, como cediço dizer, fatos notórios independem de prova, possibilitando o enfrentamento deste problema com medidas mais precisas e eficazes.

Neste ponto é importante afastar o argumento de que a decisão do CNJ estaria carregada da suposta violação do direito de propriedade e do devido processo legal, do contraditório e da ampla defesa e seria desproporcional.

Na verdade, o dever básico do particular é demonstrar, quando os registros imobiliários sejam cancelados, que estes têm boa origem, porque alegar, simplesmente, que não fora ouvido sobre a regularidade ou não de seus títulos tendo estes sido simplesmente cancelados, de forma arbitrária e sumariamente em função dos atos administrativos impugnados, não responde ou afasta o dever do autor de provar a consistência do seu registro, uma vez que pretende ver declarada a sua idoneidade, até porque os registros estavam bloqueados pelo TJE-PA, nestes casos desde 2006.

Ademais, a questão da suposta violação do contraditório pelo CNJ se resolve pela discussão da natureza jurídica dos atos registrais, como visto *retro*, bem como pelo fato de que a Lei nº 6.739/79 ressalva expressamente o socorro da via judicial para reconstituir o registro, ou seja, ela apenas posterga o contraditório para outro momento se necessário.

Não se pode esquecer a situação de caos fundiário e social, como sobejamente provado pela comissão de combate à grilagem, que baseou a decisão do CNJ, que justificava plenamente o recurso a um meio expedito e excepcional de defesa do interesse público, como foi o cancelamento.

A decisão do Ministro Gilson Dipp é muito precisa ao determinar que "devem ser cancelados os registros inequivocamente incompatíveis com a legislação constitucional e infraconstitucional, ainda que não individualmente identificados".

Veja-se, portanto, que não se trata de violação do direito de propriedade, mas a discussão é sob a violação do direito registral, sobre registros que desrespeitaram os limites constitucionais. Ora, é evidente que não existe prescrição contra nulidade que tem como base expressa violação à norma constitucional. Trata-se de nulidade absoluta.

Cediço dizer que a nulidade dos registros feitos sem a autorização da Casa Legislativa Federal é absoluta, quando a Constituição a determina, como eram estes casos em que os imóveis estavam a cima dos limites constitucionais de concessão de terras públicas, afinal, se a lei não pode contrariar a Constituição, quanto mais simples atos administrativos como os registros de títulos de terras supostamente concedidos pelo Poder Público.

Somente mediante ação própria os "proprietários" poderiam demonstrar que os títulos concedidos possuíam fundamento legal da sua concessão, fazendo a prova do improvável, que inexistia a nulidade do registro, em cuja área não obedeceu a ditame constitucional de limite de concessão de terras públicas, mediante prévia oitiva de Casa Legislativa Nacional.

Vale reafirmar a clareza da decisão do CNJ:

> Nesses limites, devem ser cancelados todos os registros, com as averbações necessárias em todos os atos e transferências subseqüentes encerrando-se a matrícula respectiva, nos Cartórios de Registros de Imóveis do interior do Estado do Pará de sua situação, referentes aos imóveis rurais atribuídos a particulares pessoas físicas ou jurídicas e originariamente desmembrados do patrimônio público estadual por ato da Administração que configure concessão, cessão, legitimação, usucapião, compra e venda ou qualquer tipo de alienação onerosa ou não, e que, sem autorização do Senado ou do Congresso.
>
> A deliberação que ora subscrevo – e que penso deva ser de pronto cumprida com todo o rigor pela Corregedoria-Geral do Tribunal de Justiça do Estado do Pará assim como de imediato sustentada com o mesmo empenho pelo próprio Tribunal de Justiça em respeito ao poder hierárquico deste Conselho – deverá ser averbada nos registros correspondentes aos mencionados registros bloqueados pelo Provimento referido, sendo comunicada às instituições de crédito oficiais, ao Tribunal de Constas do Estado, aos órgãos de administração fundiária do Estado e da União, e ao Ministério Público Estadual e Federal para seu conhecimento e eventuais providências.

O particular que teve o registro cancelado decorrente do provimento do CNJ deve requerer a abertura de processo para promover a restauração da matrícula cancelada, demonstrando a plena legalidade do seu registro, e para tanto não pode simplesmente argumentar boa-fé, mas deve demonstrar com prova documental a legitimidade do imóvel, comprovando o regular desmembramento do patrimônio público.

A Lei nº 6.739/79, como visto, oportuniza aos particulares prejudicados o exercício democrático e constitucional de ampla defesa mediante a competente ação judicial, para desfazer o cancelamento, mas, por evidente, deve o interessado apresentar argumentos sobre a plena regularidade do registro.

Em absoluto, portanto, foi expurgada a possibilidade de contraditório, pelo contrário.

Ademais, nunca é demais lembrar que, antes do cancelamento pelo CNJ, a própria Corregedoria de Justiça das Comarcas do Interior do TJE-PA chegou a editar uma instrução normativa regulamentando a situação de áreas que poderiam ser objeto de desbloqueio, a Instrução Normativa nº 6/2006-CJCI da Corregedora do Interior, que determinou o desbloqueio quando:

não tiver sido considerada a data do primeiro registro do título, especialmente no caso de matrículas transferidas; e não ter sido observado que as dimensões das áreas devem ser consideradas individualmente, não se enquadrando no bloqueio as matrículas produto de unificação, salvo se qualquer das áreas unificadas, individualmente, ultrapassar, na época de seu registro, o limite constitucional.

Esta decisão não foi afetada pelo CNJ, a Corregedoria só alertou os oficiais a levar em consideração os registros originais, evitando equívocos, como evidente. Isto demonstra que não há violação do contraditório.

Veja-se que a Instrução Normativa nº 6/2006 do TJE-PA já evitava e evita que apenas os registros que tenham vícios de origem por violarem a Constituição permaneçam cancelados, pois sempre foi possível ao particular requerer o desbloqueio de uma área, demonstrando não estar na situação agora abrangida pela decisão do CNJ.

Destarte, não cabe alegação de que não se poderia determinar o cancelamento geral, irrestrito e sumário de matrículas bloqueadas pelo Provimento nº 13/2006, porque não houve a prévia oitiva dos interessados e terceiros atingidos pelo ato, como já se demonstrou, pois isso não tem coerência, quando a lei ressalva formas de contraditório em ação judicial, o que obviamente é uma premissa lógica que vai além do caso concreto.

Alerta-se que, nestes casos, sempre há a possibilidade de se proceder à regularização fundiária das áreas que estejam na posse do particular, pois a insegurança jurídica não nasce pelo cancelamento de registros maculados por evidente desrespeito à Constituição Federal, mas sim da possibilidade de estes registros permanecerem produzindo efeitos, nem que seja de maneira ilusória, como propriedade que não são. Isto sim é que é perigoso para a comunidade, pois nunca se exclui do particular o direito de promover pedido de regularização fundiária, provando o cumprimento da função social da terra.

3.3.1 Ainda a suposta violação do contraditório e da ampla defesa – Possibilidade de cancelamento administrativo de registros imobiliários nulos

Importante destacar que é comum os agentes da grilagem de terras públicas argumentarem a suposta violação dos princípios do contraditório e da ampla defesa, mediante a citação dos §§1º e 2º do art. 214 da Lei de Registros Públicos, para pejar ao dispositivo uma interpretação que procura restringir a interpretação do *caput* deste dispositivo que prevê: "Art. 214. As nulidades de pleno direito do registro, uma vez provadas, invalidam-no, independentemente de ação direta".

Isto é feito com o objetivo de negar que cabe, sim, na via administrativa, o cancelamento de registros imobiliários nulos, como feito, por exemplo, pelo CNJ, no provimento do pedido de providências retrocitado, assim, reafirmou a decisão administrativa o disposto no *caput* do art. 214, de que o cancelamento pode ser realizado de forma direta e independente de ação judicial.

De fato, os agentes da grilagem buscam uma interpretação, a partir da imprecisão do §1º do art. 214, que declara que "§1º A nulidade será decretada depois de ouvidos os atingidos", incluído pela Lei nº 10.913/2004, porém, geralmente se omite que o §2º do mesmo art. 214, também alterado pela Lei nº 10.913/2004, determina que "Da decisão tomada no caso do §1º caberá apelação ou agravo conforme o caso".

Ora, não se pode admitir que o disposto no §1º se refira necessariamente ao processo administrativo previsto no procedimento próprio da Lei nº 6.739/79, que é onde vai ter ressonância o *caput* do art. 214, como aplicado pelo CNJ, o que é observável pelo simples fato de que não existe apelação e agravo de instrumento em processo administrativo.

Assim, não cabe falar em revogação da possibilidade de cancelamento administrativo, se a lei nova não dita que se aplica ao procedimento específico, como previsto no *caput* do art. 214, que por óbvio se trata de nulidades absolutas, como as regidas pela Lei nº 6.739/79.

Cumpre alertar, ainda, destacando, para reforçar a correção desta tese interpretativa apresentada, que a mesma Lei nº 10.913/2004 incluiu o §5º no art. 214 da Lei nº 6.015/73, para dizer que "A nulidade não será decretada se atingir terceiro de boa-fé que já tiver preenchido as condições de usucapião do imóvel", o que permite inferir de maneira conclusiva que ela trata nestes parágrafos de conflitos envolvendo particulares, o que não é o objeto da Lei nº 6.739/73, que trata especialmente de nulidades de registros que afetam o patrimônio público, pois sabemos que, desde o advento do CC de 1916, eles não são passíveis de usucapião.

Nunca é demais lembrar, como já dito, que a matrícula de título inexistente é ato jurídico nulo, e como tal não pode jamais ser convalidado, conforme determina o novo Código Civil, inclusive sem correspondente no antigo, de 1916, como previsto no atual art. 169, reforçando a teoria das nulidades em nosso sistema.

É incontestável tratar-se de nulidade de registros sob a qual nascem supostos direitos de propriedade feitos nos cartórios das comarcas do interior fundados em documentos inábeis que sequer poderiam ser levados a registro.

Em consequência pode e deve ser decretada a nulidade, nestes casos, por decisão direta das nobres Corregedorias de Justiça dos estados, quando requerida por pessoa jurídica de direito público, na forma do art. 1º da Lei nº 6.379/79. O CNJ, no caso concreto citado, apenas retificou a decisão do TJE-PA, quando levado à sua apreciação em pedido de providências.

Nem se diga que tal procedimento viola o contraditório, pois na verdade como já decidido pelo Supremo apenas se defere ao particular outro momento de impugnar o ato da corregedoria.

E, por evidente, não se pode dizer que tal procedimento de declaração administrativa da nulidade não seria possível, como é possível, tendo em vista a regra do *caput* do art. 214, da Lei nº 6.015/73, como demonstrado.

Ainda mais que, segundo dispõe o art. 300 do Código de Processo Civil, a tutela de urgência será concedida quando houver elementos que evidenciem a probabilidade do direito e o perigo de dano ou o risco ao resultado útil do processo, sendo que o §2º do mesmo dispositivo permite que a tutela de urgência seja concedida liminarmente ou após justificação prévia. Até mesmo porque, feito dentro do regime específico da Lei nº 6.739/79, é perfeitamente constitucional, como declarado pela Suprema Corte, e tem procedimento próprio.

Nestes casos em que a grilagem esteja fartamente comprovada pelos documentos coligidos aos autos, demonstrada a *completa nulidade dos registros*, consubstanciada a prova de que é falsa a suposta origem, se imporia na via judicial a declaração de nulidade do registro como propriedade particular, e da mesma forma deve ocorrer na via administrativa, consequentemente, diante da completa nulidade da matrícula de origem, devem também ser nulas as demais transcrições e averbações relativas ao mesmo registro imobiliário.

Em casos assim, é evidente a probabilidade do direito e o perigo de dano ou o risco ao resultado útil do processo, a permitir a tutela de urgência a ser concedida liminarmente, tal como previsto no art. 300 do CPC, consubstanciada tanto nas informações dos processos do órgão fundiário, que demonstrem as nulidades ocorridas nos registros de imóveis, quanto nas respectivas certidões da cadeia imobiliária.

Outro fato importante é que não há qualquer perigo para aqueles que, ainda que com título nulo, sejam detentores de terras públicas, de perderem a efetiva área ocupada, levando-se em consideração que o Ministro Gilson Dipp, Corregedor do CNJ, no final da sua decisão, no julgamento do citado pedido de providências, ressalvou expressamente a possibilidade de a área ser regularizada:

> Vale enfatizar que o cancelamento dos registros e matrículas referidos não implicam, como é natural, a perda ou descaracterização da posse de quem regularmente a exerça com base no título afetado. Nos limites da sua posse deverão ser respeitados os direitos dos interessados, cabendo ao Estado do Pará e à União, conforme o caso, por seus órgãos fundiários competentes adotar as medidas necessárias e suficientes para a regularização dos títulos observando a legislação local, as diretivas da legislação federal, os limites e legitimidade da posse e, sobretudo, os limites e exigências constitucionais.

A existência destes procedimentos administrativos e a possibilidade de regularização da área com efetiva posse, ainda que nulo o registro imobiliário, são fatos que demonstram a boa-fé da Administração em cumprir o objetivo constitucional da idoneidade dos registros públicos e da função social da propriedade, pois se o particular possui justa posse por que não procurou regularizar a sua terra perante o Poder Público?

Veja-se que o cancelamento administrativo de matrículas tem por fundamento inconstitucionalidades que não podem ser consideradas meramente extrínsecas. Pois aqui não se trata de "qualquer tipo de fraude" nem de "vício interno", mas de registro realizado com base num título inconstitucional, fato facilmente verificável por qualquer pessoa, não se podendo alegar "desconhecimento".

A Carta Magna foi violada na hora do registro e não de seu cancelamento, quando se permitiu a apropriação de terras públicas por particulares de maneira ilegal. Afirmar o contrário é inverter totalmente a verdade dos fatos e do direito. Portanto, não vale o falacioso argumento de que não existe possibilidade de decretação administrativa de nulidade de negócios jurídicos de natureza civil envolvendo terceiros estranhos à Administração Pública, pois existiria na espécie uma reserva total de jurisdição em função do art. 5º, inc. LIV da Constituição Federal. Pois, na realidade, como demonstrado, é falsa a premissa de que o cancelamento da matrícula e dos registros imobiliários tem natureza jurídica de perda da propriedade imobiliária.

Não se trata de uma privação de bens no sentido do art. 5º, inc. LIV da Constituição Federal, pois a propriedade só se constitui quando se concretiza o destaque do imóvel do patrimônio público.

Quando a um registro imobiliário ocorre, por exemplo, um caso que se exige autorização legislativa, ou não possui origem em concessão do Poder Público, isto faz com que o destaque não se tenha concretizado, pois estes são prerrequisitos indispensáveis para a legalidade do título levado a registro.

Contrariar esta lógica seria contradizer a regra constitucional de que não existe prescrição contra o patrimônio público, pois seria criar por outra via a usucapião de terras públicas por meio de ato registral fraudulento, que teria o condão de "legalizar" o domínio de particular sobre área pública, que nem mesmo o Poder Judiciário pode fazer, por mais longeva que seja a ocupação, e que simples ato de cartorário seria capaz de realizar.

Portanto, não há como dar procedência ao argumento de que o simples cancelamento administrativo fere os princípios da legalidade, do devido processo legal, da ampla defesa e do contraditório, muito menos o direito de propriedade, pois não há ato ilegal no cancelamento de matrícula imobiliária que não observa regras constitucionais para o regular desmembramento do patrimônio público.

É importante reafirmar que, para evitar este argumento e se estabelecer maior garantia à ampla defesa, convém que os Tribunais de Justiça dos estados criem procedimentos administrativos para, no âmbito do exercício das respectivas competências, aperfeiçoar o cumprimento da tarefa prevista na Lei nº 6.739/1979, exigindo, entre outros documentos, do particular, prova do georreferenciamento da área objeto de eventual pedido de cancelamento, pois assim estará o Tribunal cumprindo com seu *mister*, e prestando um valioso serviço à sociedade brasileira.

Neste sentido, cabe destacar o pioneirismo do Tribunal de Justiça do Estado do Pará, que editou o Provimento Conjunto nº 10/2012-CJCI-CJRMB, publicado em 7.1.2013, no *DJE-PA*, que dispõe sobre o *procedimento de requalificação das matrículas canceladas* pela decisão do Conselho Nacional de Justiça no Pedido de Providências nº 0001943-67.2009.2.00.0000, bem como sobre o *procedimento de cancelamento de matrículas de imóveis rurais*, fundamentado em documentos falsos ou insubsistentes de áreas rurais, nos cartórios do registro de imóveis nas comarcas do interior do estado do Pará e dá outras providências, documento assinado pelas Excelentíssimas Desembargadoras Maria de Nazaré Silva Gouveia dos Santos, Corregedora de Justiça das Comarcas do Interior do Estado, e Dahil Paraense de Souza, Corregedora de Justiça da Região Metropolitana de Belém, no uso de suas atribuições legais, o que foi feito com base no disposto no art. 236, §1º, da Constituição Federal; art. 250, III, da Lei nº 6.015/1975; e nas leis nº 6.739/1979, nº 10.267, de 28.8.2001 e nº 12.527, de 18.11.2011.

De fato, o referido provimento, apesar de citar o cumprimento da decisão do corregedor nacional de justiça, nos autos de Pedido de Providência nº 0001943-67.2009.2.00.0000, que firmou o entendimento de que é possível o cancelamento administrativo de matrículas imobiliárias, consagrando o entendimento de que cabe aos particulares comprovarem o efetivo destaque da propriedade particular do patrimônio público, criou um procedimento geral e abstrato.

CAPÍTULO 3
DECLARAÇÃO DE NULIDADE DE REGISTROS IMOBILIÁRIOS ATRAVÉS DE PEDIDO ADMINISTRATIVO | 453

Uma das virtudes deste instrumento é, além de criar um procedimento geral para o cancelamento administrativo de registro de imóveis nulos de pleno direito, permitir a requalificação das matrículas ou registros cancelados, dado o interesse de todos os segmentos da sociedade e órgãos estatais na resolução dos problemas fundiários, desde que provada a boa origem e a posse efetiva.

A 1ª Turma do STF, ao apreciar o MS nº 31.681/DF, de relatoria do Ministro Luiz Fux, julgado em 21.6.2016, denegou a unanimidade à segurança em que o particular Antônio Cabral de Abreu pretendia ver declarada a nulidade do ato do Conselho Nacional de Justiça, emitido no Pedido de Providência nº 0001943-67.2009.2.00.000, que ao determinar o cancelamento de matrículas de imóveis, que feriu os limites constitucionais, atingiu uma área de interesse do impetrante, mantendo o STF a decisão impugnada.

Este julgamento é importante por resgatar expressamente o julgamento da Representação nº 1.070/DF, que reconheceu a constitucionalidade da Lei º 6.739/1979, como aduziu o Ministro Fux:

> A possibilidade de se declarar a nulidade independentemente de ação direta por parte do Poder Público para cancelamento de matrícula nula de pleno direito, aliás, já foi afirmada por esta Corte no julgamento da Representação 1070/DF, Rel. Min. Moreira Alves, em que se questionava a constitucionalidade da Lei 6.739/1979, ocasião em que se ressalvou o acesso ao judiciário

Reafirmando este aspecto, o Ministro Edson Fachin resgatou a razão de fundo de não haver inconstitucionalidade no cancelamento administrativo quando fundada na inexistência de título legítimo que comprove o desmembramento do patrimônio público, expressando:

> O cancelamento administrativo de matrícula relativa a imóvel rural, em verdade, consolida provimento declaratório da inexistência desse título, uma vez que deriva de situação nula de pleno direito, no caso, apropriação privada indevida de terras públicas, de terras devolutas. [...]
> É ato administrativo de reconhecimento da inexistência de situação jurídica, cuja perfectibilização jamais ocorre, nem mesmo pela passagem do tempo, porque advém tanto da ausência de consentimento válido para a outorga dessas terras, que são devolutas, quanto da violação às exigências constitucionais vigentes desde 1934, quais sejam: concessão de terras públicas de tamanho regulamentado e com autorização do Senado Federal ou do Congresso Nacional.
> Diante da não configuração desses pressupostos, não há direito adquirido a ser defendido na hipótese, simplesmente porque este não se configura, já que o desrespeito às normas constitucionais impede a aquisição do direito de propriedade que se busca defender.

Outro ponto relevante desta decisão é reconhecer que, com a edição do Provimento nº 2/2010-CJCI do TJ-PA no *DOE-PA* de 25.8.2010, foi dado amplo conhecimento de como seria executada a decisão do CNJ aos proprietários e registradores do estado do

Pará, sobretudo porque as determinações do CNJ foram dirigidas aos registradores, ressalvada a posse efetiva do particular.[381]

O STF registrou que mesmo anteriormente ao Provimento nº 2/2010-CJCI, o TJ-PA, com a edição do Provimento nº 6/2006, já permitia o desbloqueio das matrículas, o que revelava a boa-fé da Administração.

De fato, o Provimento nº 10/2012-CJCI do TJ-PA somente reforçou a abertura do caminho administrativo para que o particular de boa-fé promovesse a requalificação da matrícula. Demonstrando a sua legalidade, explicitou o Ministro Luiz Fux:

> Ainda que assim não fosse, a Corregedoria de Justiça das Comarcas do Interior e da Região Metropolitana do Estado do Pará editou o Provimento Conjunto CJCI-CJRMB nº 10, de 17/12/2012, que dispõe sobre o Procedimento de Requalificação de Matrículas canceladas pela decisão do CNJ. Nos termos desse Provimento, o interessado pode demonstrar a validade de sua documentação, e, comprovando a legalidade de sua matrícula, ela pode ser requalificada, demonstrando a boa-fé da Administração na regularização das terras e respeitando os títulos legítimos.

Isso revela que há caminho em que se preserve o interesse público e o particular. Legítimo o caminho administrativo como a melhor via para a resolução deste grave conflito. Aliás, considerando este fato da efetividade da via administrativa sempre presente, o Ministro Luiz Fux indica faltar ao particular o interesse processual em promover a demanda:

> Ademais, importa salientar que o aludido provimento assegura em seu art. 15, ao particular, expressamente, o direito de "a qualquer tempo" requerer a regularização fundiária do imóvel perante a autarquia agrária federal ou estadual competente, situação que indica a ausência de condição para esta ação, qual seja, a falta de interesse de agir

Como se observa do exposto, tanto a Representação nº 1.070-8/DF, de relatoria do Ministro Moreira Alves, como o MS nº 31.681/DF, que teve como relator o Ministro Luiz Fux, constituem-se decisões fundamentais nas quais o guardião da Constituição formulou os princípios que regem a matéria.

Como tal constituem-se precedentes jurisprudenciais cuja aplicação em juízo é invocada, sob pena de nulidade, na forma do art. 489, §1º, inc. VI, do CPC, que, ao definir os elementos essenciais da sentença, considera não fundamentada qualquer decisão judicial que deixa de seguir enunciado de súmula, jurisprudência ou precedente invocado pela parte, sem demonstrar a existência de distinção no caso em julgamento ou a superação do entendimento.

A exigência de fundamentação das decisões judiciais sob pena de nulidade, prevista no art. 93, inc. IX da Constituição Federal, aqui se manifesta de maneira específica a partir do elemento jurisprudencial trazido pelos litigantes como ponto de suporte

---

[381] Para uma interessante análise doutrinária sobre a natureza do processo de cancelamento administrativo e a sua relação com o Provimento nº 2/2010-CJCI do TJE-PA, cf. FELZENBURG, Daniel Martins. *Cancelamento administrativo do registro imobiliário*: instrumento de combate à grilagem de terras públicas. Rio de Janeiro: Lumen Juris, 2015. p. 99-103.

de sua argumentação, e daí o dever judicial de apreciar a sua pertinência de maneira fundamentada.

Estes precedentes são claramente atuais e absolutamente pertinentes para os casos de nulidade de títulos em que não se demonstra o correto desmembramento do patrimônio público, permissivo do seu cancelamento administrativo, e, obviamente em ações judiciais.

A sua atualidade e força são evidentes e por isso foram citados em diversos outros julgados decididos monocraticamente pela Ministra Rosa Weber, em situações semelhantes, exatamente porque o art. 205 do Regimento Interno do STF autoriza o julgamento monocrático do MS quando a matéria é objeto de jurisprudência consolidada da Suprema Corte.[382]

Todos estes julgados provam que há uma estreita relação entre a admissibilidade constitucional do processo de cancelamento na via administrativa e a natureza jurídica das terras públicas, em que os procedimentos que permitem ao particular buscar em juízo a nulidade daquele devem ser calcados em razões de fundo sobre a legitimidade do seu direito de propriedade, sem violação do contraditório e ampla defesa.

3.4 Interpretação fixada pelo STF no RE nº 842.846 – Tema 777 de Repercussão Geral – natureza jurídica da responsabilidade do estado decorrente de ato notarial e atividade correicional

O STF firmou interpretação jurisprudencial sobre a responsabilidade civil objetiva do Estado por atos exercidos por Notários e Registradores no exercício de sua função, decorrentes de atos notariais previstos em lei, conforme firmado tese de repercussão geral no julgado no RE nº 842.846.[383]

Entretanto, isto não leva e não se pode aceitar o argumento de que decorre a responsabilidade civil do Estado por atos ilícitos realizados por notários em todo e qualquer caso, pois logicamente pode ocorrer uma causa excludente de licitude, ou seja, quando um ato de registro de imóvel é anulado por ação correicional prevista constitucionalmente.

Com efeito, a atividade regulamentar e correicional dos Tribunais de Justiça dos Estados sobre a atividade notarial deve levar a exclusão do argumento da suposta responsabilidade civil do Estado por atos decorrentes de ação em caráter privado e ainda mais quando eivados de ilicitude, funcionando como elemento de quebra do nexo causal.

---

[382] Confira as decisões da Ministra Rosa Weber no MS nº 29.312/DF, MS nº 29.375/DF, MS nº 30.040/DF, MS nº 30.2015/DF, MS nº 30.220/DF, MS nº 30.222/DF, MS nº 30.231/DF, MS nº 31.215/DF, MS nº 32.697/DF e MS nº 33.559/DF.

[383] Já existiam vários precedentes neste sentido de que o Estado responde, objetivamente, pelos atos dos tabeliães e registradores oficiais que, no exercício de suas funções, causem dano a terceiros, assentado o dever de regresso contra o responsável, nos casos de dolo ou culpa, sob pena de improbidade administrativa. Precedentes: RE 209.354 AgR, Rel. Min. Carlos Velloso, Segunda Turma, DJe de 16/4/1999; RE 518.894 AgR, Rel. Min. Ayres Britto, Segunda Turma, DJe de 22/9/2011; RE 551.156 AgR, Rel. Min. Ellen Gracie, Segunda Turma, DJe de 10/3/2009; AI 846.317 AgR, Relª. Minª. Cármen Lúcia, Segunda Turma, DJe de 28/11/13 e RE 788.009 AgR, Rel. Min. Dias Toffoli, Primeira Turma, julgado em 19/08/2014, DJe 13/10/2014.

Ora, cediço dizer que a atividade correicional dos serviços auxiliares da Justiça é uma competência constitucional dos Tribunais, como previsto no art. 96, inc. I, alínea "b" da Constituição Federal:

> Art. 96. Compete privativamente:
> I - aos tribunais:
> a) eleger seus órgãos diretivos e elaborar seus regimentos internos, com observância das normas de processo e das garantias processuais das partes, dispondo sobre a competência e o funcionamento dos respectivos órgãos jurisdicionais e administrativos;
> b) organizar suas secretarias e serviços auxiliares e os dos juízos que lhes forem vinculados, *velando pelo exercício da atividade correicional respectiva.* (Grifos nossos)

Evidentemente que os *cartórios de registros* são um *serviço auxiliar* da *jurisdição* e sabidamente são exercidos em caráter *privado*, apenas cabendo ao Tribunal o poder de exercício correicional sobre os cartorários e notários, afinal, nos termos do art. 236 da Constituição, estes são apenas delegados do Poder Público, entretanto, isto, por evidente, não implica responsabilidade civil pelos atos daqueles: "Art. 236. Os serviços notariais e de registro *são exercidos em caráter privado, por delegação do Poder Público*". (Grifos nossos)

Lembre-se de que a própria Lei nº 8.935/1994, que regulamenta os serviços notariais, destaca em diversos dispositivos as prerrogativas próprias decorrentes da natureza privada do exercício notarial, inclusive, destacando no art. 20, a livre contratação de seus auxiliares sob o regime contratual celetista, e, ainda, o art. 21 deixa bem evidente o seu caráter privado, a partir de que define a sua estrita competência para gerenciar administrativa e financeiramente o cartório:

> Art. 20. Os notários e os oficiais de registro poderão, para o desempenho de suas funções, contratar escreventes, dentre eles escolhendo os substitutos, e auxiliares como empregados, com remuneração livremente ajustada e sob o regime da legislação do trabalho.
> Art. 21. O gerenciamento administrativo e financeiro dos serviços notariais e de registro é da responsabilidade exclusiva do respectivo titular, inclusive no que diz respeito às despesas de custeio, investimento e pessoal, cabendo-lhe estabelecer normas, condições e obrigações relativas à atribuição de funções e de remuneração de seus prepostos de modo a obter a melhor qualidade na prestação dos serviços.

E, de fato, bem em acordo com esta ordem constitucional, a Lei nº 9.835/94, quando define no Capítulo III a responsabilidade civil e criminal dos notários e cartorários, deixa cristalino se tratar de responsabilidade pessoal, não se podendo atribuir responsabilidade ao Estado:

> Art. 22. Os notários e oficiais de registro responderão pelos danos que eles e seus prepostos causem a terceiros, na prática de atos próprios da serventia, assegurado aos primeiros direito de regresso no caso de dolo ou culpa dos prepostos.

Portanto, não há necessária relação de causa e efeito entre o fato de exercerem os notários a atividade por delegação do Poder Público que desta advenha a responsabilidade objetiva do Estado decorrente de seus atos em todos os casos, mas só quando destas ocorram prejuízos para terceiros, decorrentes de ato notarial próprio, previsto em Lei, e que não existe a quebra do nexo causal, decorrente de uma excludente de ilicitude, pois estes são exercidos em caráter privado. Se a nulidade decorre de um ato correicional do Tribunal, temos que a nulidade do ato decorre de uma causa prevista em Lei, de legítimo exercício de um dever legal. Portanto, não se pode falar em responsabilidade civil.

Este ponto é muito relevante para se distinguir o caso analisado pelo STF dos casos estudados em que se anulam registros de imóveis decorrentes de ação correicional ou porque eivados de nulidade, decorrente da prática da grilagem.

Ora, se se aceitasse a tese contrária, o Estado seria levado à bancarrota, dada a triste realidade de nossos registros, em que campeiam as fraudes, este elemento peculiar local, que está sendo tenazmente enfrentado pelo Poder Público, através das corregedorias dos Tribunais de Justiça dos estados.

Veja-se que a Lei nº 8.935/1994, que regulamenta o art. 236 da Constituição Federal, apenas define ao Poder Público as atribuições inerentes à fiscalização dos atos notários, mas sem que com isso se possa dizer que se torna responsável pelos seus atos irregulares, veja-se o art. 30, inc. XIV, por exemplo, que declina que é dever dos notários e dos oficiais de registro observar as normas técnicas estabelecidas pelo juízo competente, veja-se:

> Art. 30. São deveres dos notários e dos oficiais de registro: [...]
> XIV - *observar as normas técnicas estabelecidas pelo juízo competente*. (Grifos nossos)

A norma é clara ao apenas determinar que os notários devem observar as normas técnicas estabelecidas pela autoridade competente. É evidente que esta autoridade é a Corregedoria de Justiça dos Tribunais, mas sem que isso importe violar o caráter privado da delegação, pois ser privado o exercício não retira o dever de este ser realizado nos termos fixados pelo poder delegante, ou seja, observando as regras para o exercício adequado da delegação, mas também não implica que o Poder Público seja responsável pelos atos ilícitos dos notários.

O exercício privado da atividade delegada foi um meio moderno o qual, sem tirar a finalidade da delegação, que é permitir a segurança dos registros, como previsto tanto no art. 1º da Lei nº 6.015/73, Lei dos Registros Públicos, como no art. 1º da Lei nº 8.935/84, que regulamenta o art. 236 da Constituição, permite ao poder concedente, por evidente, manter a fiscalização da prestação do serviço, e, assim, se é declarada a nulidade de um ato quando decorrente desta obrigação legal, não se pode falar em responsabilidade civil.

Vale destacar que o Superior Tribunal de Justiça vem justamente em suas recentes decisões deixando bem claros os limites do poder correicional dos Tribunais de Justiça, para exatamente não violar o caráter privado da atividade, sempre cumprindo ressalvar somente aquelas restrições necessárias a assegurar a preservação da lisura e segurança do interesse público. Por exemplo, o trecho do acórdão, voto do Ministro Humberto Gomes de Barros, no MS nº 3.650-2/MG:

> Em sendo exercício privado, a atividade dos notários e oficiais de registro dever observar os princípios de livre iniciativa. *Vale dizer: há que se desenvolver livre de restrições que não aquelas necessárias à preservação da lisura e da segurança do interesse público.* (Grifos nossos)

Portanto, não se pode atribuir responsabilidade civil objetiva do Estado por ato privado, ainda que delegado para o exercício de atividade estatal, ainda mais que a Lei nº 9.835/94, expressamente, prevê a responsabilidade civil dos notários pelos seus atos, quando ocorre uma excludente de ilicitude, com a corolária quebra do nexo causal.

Assim, forçoso é reconhecer que em momento algum a legislação prevê que a possibilidade de a atividade correicional retirar o caráter privado do exercício da delegação, mas justamente para o seu cumprimento de forma mais segura possível, prevê esta forma de controle, dentro dos limites legais.

Ora, se a Constituição Federal fixa um fim, um dever a ser alcançado pelos tribunais através de suas corregedorias, mas ao mesmo tempo afirma o correto exercício privado dos notários no exercício da delegação que lhes incumbe, não é legítimo atribuir ao Estado responsabilidade civil objetiva por seus atos.

Sim, porque entender o contrário é apenas dizer o bônus decorrente do privado, auferir receitas, mas longo que erram, afirma-se o seu caráter público, pelo simples fato de que o Poder Público zela por políticas eficientes e moralizadoras, como deve fazer o Poder Judiciário estadual.

Destarte, para se reforçar a esta distinção, é importante entender a questão analisada no precedente RE nº 842.846, que dizia respeito ao fato do Estado ter sido responsabilizado pelo ato notarial praticado pelo cartorário, tendo em vista que, ao emitir certidão de óbito, o cartório errou a data da morte, por isso o autor não pôde acessar o benefício. Veja que, neste caso, o erro foi na prestação direta, sem qualquer ilícito, mas com erro.

Naquele caso, o ato notarial específico foi a emissão de certidão de óbito previsto no art. 77 da Lei de Registros Públicos. Portanto, além de uma previsão legal específica deste ato cartorário, não havia um motivo de ilícito do procedimento a ser apurado na via correicional, como ocorre nos casos de grilagem de terras.

Então, sem que o ato esteja previsto na Lei de Registros Públicos para em tese legitimar ato do cartorário, não se pode falar em responsabilidade civil do Estado, com base no que foi decidido pelo STF no RE nº 842.846, quando não caracterizado o ato cartorial, próprio da função, sem uma nulidade a ser objeto prévio da atividade correicional.

Então, a existência de ato notarial é o primeiro elemento para ensejar a responsabilidade civil e que, lógico, se este é mal realizado, além de ensejar a responsabilidade civil, havendo culpa ou dolo, responde perante o Estado. Como destacou o relator Luiz Fux:

> *Quanto à tese jurídica objetiva a ser assentada em sede de repercussão geral, proponho-a, nos seguintes termos: o Estado responde, objetivamente, pelos atos dos tabeliães e registradores oficiais que, no exercício de suas funções, causem dano a terceiros, assentado o dever de regresso contra o responsável, nos casos de dolo ou culpa, sob pena de improbidade administrativa.*

Asseverou o ministro-relator Luiz Fux ainda:

> *Destaco ainda, por oportuno, que a Lei 8.935/94, que regulamenta o art. 236 da Constituição Federal e fixa o estatuto dos serviços notariais e de registro, predica no seu art. 22 que 'os notários e oficiais de registro são civilmente responsáveis por todos os prejuízos que causarem a terceiros, por culpa ou dolo, pessoalmente, pelos substitutos que designarem ou escreventes que autorizarem,*

assegurado o direito de regresso.' (Redação dada pela Lei nº 13.286,22 de 2016), o que configura inequívoca responsabilidade civil subjetiva dos notários e oficiais de registro, que deverão responder regressivamente perante o Estado, por dolo ou culpa, nas hipóteses de dano causado a terceiros no exercício de suas funções.

Corroborando esse entendimento, o ministro Alexandre de Moraes afirmou:

(...) acompanho o eminente Relator negando provimento ao recurso extraordinário, porque entendo que, nos termos do § 6º do art. 37, o Estado responde objetivamente pelos danos causados a terceiros em decorrência da atividade notarial e de registros, cabendo direito de regresso contra o causador do dano em caso de dolo ou culpa."

Nesse caso, fica evidente que responsabilidade civil decorre do exercício pelo delegatário de atos próprios das suas funções, quando previstas em lei, já que é um ato administrativo, e como tal deve obrigatoriamente estar previsto em lei, segundo o princípio da legalidade que rege a administração pública. Está se abordando casos que em tese seriam lícitos, sem uma mácula de ilegalidade a ensejar a sua nulidade ab initio.

O ministro Luís Roberto Barroso afirmou que, além da responsabilidade ser objetiva é também subsidiária, mas óbvio se decorrer de um ato próprio da função:

Os tabeliães e oficiais de registro têm responsabilidade subjetiva e primária por danos causados a terceiros **no exercício de suas funções**, tendo o Estado responsabilidade objetiva, porém apenas subsidiária, por atos ilícitos praticados por esses agentes, assegurado o seu direito de regresso contra o responsável.

Com base neste raciocínio, o entendimento do colegiado foi de negar provimento ao recurso extraordinário, a fim de fixar a tese de que, a responsabilidade objetiva do Estado, pelos atos dos tabeliães e registradores oficiais que, no exercício de suas funções, causem dano a terceiros, assentado o dever de regresso contra o responsável, nos casos de dolo ou culpa, sob pena de improbidade administrativa.

Reitera-se que no caso em questão, apreciado pelo STF, envolve ato cartorário típico, previsto em Lei, e não eventuais atos de gestão que não estão previstos na Lei de Registro Públicos, muito menos casos de flagrante ilegalidade e nulidade, como ocorre no combate a grilagem, que deve ser objeto de ação correicional dos tribunais, sem que se possa nestes casos se falar em responsabilidade civil do Estado, porque estes decorrem do estrito cumprimento de um dever legal, havendo a quebra do nexo causal.

O entendimento consolidado pelo Supremo Tribunal Federal no acórdão do Recurso Extraordinário 842.846 com repercussão geral foi claro e específico ficando consignado no Tema 777 de Repercussão Geral:

*"O Estado responde, objetivamente, pelos atos dos tabeliães e registradores oficiais que, **no exercício de suas funções**, causem dano a terceiros, assentado o dever de regresso contra o responsável, nos casos de dolo ou culpa, sob pena de improbidade administrativa"*

Isto posto, não decorrem das suas funções criar propriedade ilícita sobre bens públicos, com violação de normas constitucionais, que devem ser combatidas pelos

Tribunais, que portanto, sequer é um ato notarial, mas apenas um ato nulo de pleno direito, portanto não é possível alegar a responsabilidade objetiva do Estado.

Dessa forma, o acórdão do STF foi bastante preciso no sentido de condicionar a responsabilidade do Estado. Sobre a distinção entre a responsabilidade civil subjetiva e a responsabilidade civil objetiva, e, que obviamente não pode impedir a atividade correicional prevista no art 96, I "b" da CRFB.

PARTE VII

CONTRATOS AGRÁRIOS

CONTRATOS AGRÁRIOS

Não se estabeleceu até hoje uma data exata do possível início dos contratos agrários. Eles, porém, remontam aos tempos antigos, estando previstos já no *Código de Hammurabi* (1792 a.C.). Os diferentes sistemas jurídicos procuravam garantir, a quem não tinha condição de acesso à propriedade da terra, formas de trabalhar graças à cessão da terra pertencente a outros.

Foi só no século XIX que começaram a se celebrar contratos de parceria, que foram introduzidos inicialmente por Nicolau Pereira de Campos Vergueiro no interior paulista e que se espalharam depois pelo Brasil. Estes contratos eram extremamente leoninos, penalizando sobremaneira os migrantes; tanto que um relatório do presidente da província do Rio de Janeiro, datado de 1º.8.1859, dispunha que aos migrantes europeus recém-chegados não eram reconhecidas adequadas "garantias de liberdade, segurança e propriedade, sem as quais encontrarão aqui somente amarga decepção, em vez de melhoramento de suas fortunas".

O Estatuto da Lavoura Canavieira (Decreto-Lei nº 3.855, de 21.11.1941) regulamentou esta atividade produtiva e criou comissões de conciliação impedindo os reclamantes de recorrerem à Justiça ordinária até que fossem esgotadas as instâncias administrativas.

De fato, como veremos mais ao norte, apesar da diversidade de contratos agrários, o elemento central é que eles garantem ao trabalhador rural que não possui condição de ter acesso à posse ou propriedade da terra formas produzir mediante a pactuação de regras de acesso à terra pertencente e também a instrumentos de trabalho.

Alerta-se, porém, que em nenhum caso dos contratos agrários esta relação deve importar em subordinação jurídica ao proprietário ou possuidor da terra e/ou outros proprietários dos bens de produção, sob pena de descaracterização destes institutos, surgindo a figura do contrato de trabalho de empregado rural.

CAPÍTULO 2

DISTINÇÃO ENTRE CONTRATOS AGRÁRIOS E CONTRATO DE TRABALHO DE EMPREGADO RURAL

O caminho mais didático para entender a distinção entre o contrato agrário e o contrato de trabalho de empregado rural é a partir do estudo do marco legal próprio deste, que permitirá observar melhor a sua natureza jurídica.

Destarte, o regramento legal dos contratos de trabalho de empregado rural está situado principalmente no Estatuto do Trabalhador Rural (Lei nº 4.214, de 2.3.1963, hoje Lei nº 5.889, de 8.6.1973, regulamentada pelo Decreto nº 73.626, de 12.2.1974) que define, respectivamente:

> Art. 2º empregado rural é toda pessoa física que, em propriedade rural, ou prédio rústico, presta serviços de natureza não eventual, a empregador rural sob a dependência deste e mediante salário.
> Art. 3º O empregador rural [...] é pessoa física ou jurídica, proprietária ou não, que explore atividade agro-econômica, em caráter permanente ou temporário, diretamente ou através de prepostos e com o auxílio de empregados.

A partir destas definições legais, verifica-se que não se define diretamente o contrato de trabalho rural, mas sim os sujeitos da relação contratual, o que permite extrair as seguintes características dos contratos de trabalho de empregado rural ou simplesmente contrato de trabalho rural:

a) Local da execução: a prestação do trabalho ocorre em propriedade rural ou prédio rústico, caracterizado como imóvel rural, para e execução de atividade agrícola. Lembre-se de que a definição do conceito de imóvel rural segue o critério da destinação do imóvel, conforme adotado pelo Estatuto da Terra no art. 4º, inc. I, e, também, coincidentemente, no art. 4º, inc. I, da Lei nº 8.629/93.

b) Pessoa física: a relação contratual concretiza-se entre uma pessoa física (empregado) e uma pessoa física ou jurídica (empregador).

c) Pessoalidade: a prestação de serviço objeto do contrato de trabalho rural tem caráter infungível, sendo *intuitu personae*, só o contratado/empregado pode executar aquele trabalho sem poder se deixar substituir por outra pessoa.

d) Não eventualidade: o trabalho tem que ter caráter permanente, deve ter continuidade, não pode ser esporádico, ainda que realizado por tempo determinado, ou em certas épocas do ano.

e) Subordinação: o empregado submete-se às ordens do empregador; trata-se de uma subordinação jurídica mais de que econômica ou social.

f) Onerosidade: à prestação de trabalho por parte do empregado deve corresponder uma contraprestação econômica do empregador chamada salário.

Como se pode observar pelas características expostas, o conceito de contrato de trabalho rural segue os mesmos princípios dos contratos de trabalho em geral previstos na Consolidação das Leis de Trabalho, que define o empregado como "toda pessoa física que presta serviço de natureza não eventual a empregado, sob e dependência deste e mediante salário" (art. 3º da CLT), apenas se diferenciando quanto ao local da prestação do serviço que deve ser imóvel rural e especificamente para a produção de produtos agrícolas, como resultado do trabalho.

Desta forma, todas as regras que regem o contrato de trabalho do meio urbano se aplicam ao trabalhador rural, apenas se diferenciando quanto ao seu local de execução, e especificamente quanto ao seu objetivo de produzir frutos e produtos agrícolas. Desta forma, ele também pode ser escrito ou não, permanente ou transitório, e, por isso mesmo, eventuais conflitos devem ser solucionados pela Justiça do Trabalho.

CAPÍTULO 3

CONTRATOS AGRÁRIOS – CONCEITO

De um ponto vista jurídico, contrato é o acordo de vontades entre pessoas capazes de estabelecer condições para *produzir, alterar ou extinguir direitos*. São *declarações bilaterais de vontade* e podem ser escritos ou verbais.[384]

No atual ordenamento jurídico brasileiro, os contratos possuem uma função social que lhe é constitutiva e não pode deixar de ser observada. Esta nova perspectiva foi consagrada como cláusula geral de todos os diferentes tipos de contrato pelo art. 421 do CC, que afirma que "A liberdade de contratar será exercida em razão e nos limites da função social do contrato".

Se este enfoque pode ser considerado algo recente no direito contratual civil, nos contratos agrários o cumprimento da função ambiental dos contratos foi estabelecido já no ET e em seu decreto regulamentador.[385] Nesta perspectiva, não só as partes não podem derrogá-los, mas terceiros têm o direito de se opor a contratos que causem prejuízos ao meio ambiente.

Os *contratos agrários* permitem aos agricultores e pecuaristas o *uso e posse temporária* de imóveis rurais que pertencem a terceiros. Durante muito tempo os contratos agrários foram regulamentados pelo antigo Código Civil (Lei nº 3.071, de 1º.1.1916), que dedicava um capítulo contendo "Disposições Especiais aos Prédios Rústicos" (arts. 1.211-1.215) e outro relativo à "Parceria Rural", subdividida em "Parceria Agrícola" (arts. 1.410-1.415) e "Parceria Pecuária" (arts. 1.416-1.426).

Devido ao seu caráter individualista e liberal, o Código Civil não adotou qualquer princípio agrarista: prevalecia a ampla liberdade contratual individual numa perspectiva na qual o direito de propriedade era absoluto e proprietários e arrendatários/parceiros outorgados eram considerados iguais a todos os efeitos jurídicos, econômicos e sociais.

Considerando o extraordinário aumento da população e o crescimento exponencial da demanda e da oferta de alimentos, os dispositivos civilistas ficaram rapidamente desatualizados.

Precisava-se superar o reconhecimento de direitos exclusivamente individuais para proteger o interesse da sociedade e dos menos favorecidos. A partir do Estatuto da

---

[384] O inc. V do art. 127 da Lei nº 6.015/1973 (registros públicos) prevê que o "contrato de parceria agrícola ou pecuária" deve ser transcrito no registro de títulos e documentos.

[385] Art. 13, III, do Decreto nº 59.566/1966: "Obrigatoriedade de cláusulas irrevogáveis, estabelecidas pelo IBRA (hoje INCRA), que visem a conservação dos recursos naturais".

Terra (Lei nº 4.504/1964) e da Lei nº 4.947, de 6.4.1966, que fixa normas de direito agrário (cujo Capítulo III regulamenta os "Contratos Agrários": arts. 13-15), os princípios da justiça social passaram a proteger os que trabalham a terra por meio de um conjunto de normas imperativas e irrenunciáveis que determinaram o estabelecimento de prazos mínimos de vigência e limites de remuneração.

Partindo-se do pressuposto de que o proprietário do imóvel tem preponderância na relação contratual e considerando que o uso da terra e a preservação dos recursos naturais têm um elevado interesse público, o Poder Público editou normas que prevalecem sobre a livre expressão de vontade das partes.

Para fortalecer o controle sobre o cumprimento destas normas legais, o art. 43 do Estatuto da Terra determina que no cadastro dos imóveis rurais conste obrigatoriamente: "III - condições da exploração e do uso da terra, indicando: [...] c) os sistemas de contrato de trabalho, *com discriminação de arrendatários, parceiros* e trabalhadores rurais" (grifos nossos).

O mesmo Estatuto da Terra dedica um capítulo ao: "Uso ou da Posse Temporária da Terra" (arts. 92-96). O Código Civil passou a ser utilizado somente de maneira supletiva, quando as normas específicas fossem omissas (art. 92, §9º).

A partir de 14.11.1966, as diferentes formas de contrato estão reguladas pelo Decreto nº 59.566.[386] Em 5.1.2007, a Lei nº 11.443, alterou alguns artigos do Estatuto da Terra, atualizando a definição de parceria e os valores a serem utilizados como base deste contrato.

Estas normas de direito público determinam uma série de limitações legais cujas prescrições cogentes colocam os interesses coletivos da sociedade acima dos eventuais interesses individuais. São preceitos inderrogáveis, de aplicação compulsória, que visam priorizar não só a sobrevivência física dos trabalhadores, mas sua integração à ordem econômica, a promoção da justiça social e a garantia da produção de bens essenciais para a economia nacional.

Os contratos agrários podem ser considerados formas de acesso à terra para os que não a possuem (art. 2º do Estatuto da Terra), permitindo ordenar o "sistema agrário do país, de acordo com os princípios da justiça social, conciliando a liberdade de iniciativa com a valorização do trabalho humano" (art. 102 do mesmo diploma legal). As normas relativas aos contratos agrários comprovam que o direito agrário tem como um de seus princípios básicos a promoção da justiça social.

Segundo Maria Helena Diniz, "Contrato agrário é o acordo de vontades que tem por finalidade o uso ou posse temporária de imóvel rural com escopo de nele se exercer atividade agrícola, extrativa, pecuária ou agroindustrial".[387]

Pinto Ferreira ensina que "Os contratos agrários representam interesses coletivos ou gerais da sociedade, com normas prefixadas legalmente e acima da vontade das partes contratantes".[388]

---

[386] Art. 2º do regulamento: "Todos os contratos agrários reger-se-ão pelas normas do presente Regulamento, as quais serão de obrigatória aplicação em todo o território nacional e irrenunciáveis os direitos e vantagens nelas instituídos (art. 13, inciso IV, da Lei nº 4.947-66)".

[387] DINIZ, Maria Helena. *Tratado teórico e prático dos contratos*. São Paulo: Saraiva, 1995. p. 397.

[388] FERREIRA, Pinto. *Curso de direito agrário*. São Paulo: Saraiva, 1998. p. 230.

O conceito de imóvel rural está previsto no art. 4º, I, do Estatuto da Terra, e art. 4º, I, da Lei nº 8.629, de 25.2.1993. O art. 5º do Decreto nº 55.891, de 31.3.1965, explicita ulteriormente este conceito:

> art. 5º Imóvel rural é o prédio rústico, de área contínua, qualquer que seja a sua localização em perímetros urbanos, suburbanos ou rurais dos municípios, que se destine à exploração extrativa, agrícola, pecuária ou agro-industrial, quer através de planos públicos de valorização, quer através da iniciativa privada.

3.1 Princípios gerais

Apesar da liberdade de utilizar formas variadas de contratos, todos estão sujeitos a obedecer a algumas cláusulas obrigatórias. Por isso é indispensável que os contratantes insiram cláusulas de proteção social e econômica dos trabalhadores rurais que não podem renunciar aos direitos que lhes são garantidos pela legislação e cláusulas de conservação dos recursos naturais, sendo vedada sua exploração predatória. Estas cláusulas cogentes fincam suas raízes na supremacia do direito público que privilegia o interesse de toda a sociedade em detrimento de interesses particulares.

Como todas as demais formas de contrato, também os contratos agrários adotam princípios gerais comuns.

3.1.1 Autonomia da vontade

As partes são livres para celebrar ou não o contrato e para escolher a modalidade que mais lhes interessar. Esta autonomia lhes garante liberdade não só na elaboração do contrato, mas também na introdução de eventuais modificações que as partes, ao longo da execução do contrato, achem oportuno introduzir nas cláusulas estabelecidas originariamente.

3.1.2 Supremacia do interesse público

Considerando que a ampla liberdade contratual, típica do liberalismo econômico, gerava situações de desequilíbrio entre os contratantes, o Estado passou a intervir, estabelecendo limites ao livre acordo de vontade para garantir a igualdades entre as partes.

Nos contratos agrários existem interesses públicos, coletivos e universais estabelecidos imperativamente em lei que limitam o espaço de autonomia da vontade. Por isso os direitos previstos são irrenunciáveis, não podendo as partes dispor deles, como acontece nos demais contratos nos quais estão envolvidos só interesses particulares.

Existindo cláusulas injustas ou abusivas que chegam a desequilibrar a relação contratual em prejuízo de uma das partes, estas terão que ser revistas, caso contrário, terão que ser consideradas nulas e sem qualquer eficácia jurídica.[389] Todas estas limitações

---

[389] Art. 2º, parágrafo único do regulamento: "Qualquer estipulação contratual que contrarie as normas estabelecidas neste artigo, será nula de pleno direito e de nenhum efeito".

visam promover a defesa dos hipossuficientes e o cumprimento da função social da propriedade.

3.1.3 Obrigatoriedade

As partes se vinculam a cumprir o que foi afiançado, segundo os interesses recíprocos.

3.1.4 Boa-fé

Desde os tempos antigos se exigia o respeito à palavra dada (boa-fé subjetiva) e a proposição de contratos que não resultassem em prejuízo para uma das partes (boa-fé objetiva). Seja na elaboração, seja na execução do contrato, as partes devem adotar um comportamento correto.

O art. 38 do regulamento apresenta obrigações comuns a estes contratos, para que a exploração da terra seja considerada adequada: eficiência, que importa a necessidade de alcançar limites satisfatórios de produtividade; exploração direta e pessoal, pois o número de assalariados não pode ultrapassar o número de membros ativos do conjunto familiar; e, por fim, realização de práticas ambientais corretas, respeitando as normas ambientais e utilizando-se técnicas apropriadas de produção conforme a região.[390]

---

[390] Art. 8º do regulamento: "Para os fins do disposto no art. 13, inciso V, da Lei nº 4.947-66, entende-se por cultivo direto e pessoal a exploração direta na qual o proprietário, ou arrendatário ou o parceiro, e seu conjunto familiar, residindo no imóvel e vivendo em mútua dependência, utilizam assalariados em número que não ultrapassa o número de membros ativos daquele conjunto".

CAPÍTULO 4

TIPOS DE CONTRATO AGRÁRIO E SUAS CARACTERÍSTICAS GERAIS

Apresentaremos a seguir os principais tipos de contratos agrários, destacando que estes se aplicam a qualquer contrato agrário, mas em item próprio estudaremos contratos agrários típicos (arrendamento e parceria rural), dado que é importante distingui-los entre si, já que se podem combinar as suas características para formar os contratos inominados ou atípicos.

4.1 Tipos de contratos agrários

Os contratos agrários podem ser *nominados* ou *inominados*. Os primeiros são os *contratos de arrendamento e parceria rural*, os segundos são todas as modalidades diferentes, em parte, dos modelos acima. Nestes contratos atípicos devem ser minuciosamente descritas as obrigações contratuais, pois elas não estão regulamentadas expressamente em lei (ver art. 425 do CCB/2002).

Todos eles, porém, devido ao caráter publicista que os contratos agrários assumiram, não podem deixar de observar o disposto pelo art. 39 do Decreto nº 59.566/66, que estabelece:

Quando o uso ou posse temporário da terra for exercido por *qualquer outra modalidade contratual*, diversa dos contratos de arrendamento e parceria, serão observadas pelo proprietário do imóvel as mesmas regras aplicáveis a arrendatários e parceiros, e, em especial, a condição estabelecida no artigo *supra*.

Desta forma, os contratos agrários *nominados* servem como regras mínimas da civilidade das relações entre o trabalhador rural e o titular do imóvel rural e, assim, não podem ser contrariadas, sob pena de nulidade.

4.2 Características gerais dos contratos agrários

4.2.1 Partes que intervêm nos contratos

- Outorgantes:
  a) proprietários,

b) detentores da posse a justo título e boa-fé;

c) administradores que tenham poderes para isso,

d) usufrutuários (art. 1.399 do CC;[391] arts. 1º e 12, III, do Decreto nº 59.566/66).

Quem detém a livre administração do imóvel pode assinar estes contratos.[392] No caso de uma propriedade condominial, todos os condôminos devem aprovar os termos contratuais, a não ser que o contrato incida sobre a parte certa que cabe a cada um que estará sob responsabilidade de seu detentor.

O art. 92 do ET é falho quando faz referência só ao "proprietário", pois o possuidor também poder firmar contratos agrários, ou quem tenha a gestão do imóvel rural. Assim, para efeitos didáticos, vamos nos referir neste caso simplesmente a titular do imóvel, para abranger todos os possíveis outorgantes do imóvel.

– Outorgados: os que exercem a atividade agrícola, agropecuária e extrativa (art. 4º do Decreto nº 59.566/66). Da mesma forma, para fins didáticos, chamaremos de trabalhador rural ou simplesmente trabalhador.

Os contratos agrários, que têm como pressupostos os requisitos de agente capaz e objeto lícito e possível previsto de maneira genérica pelo Código Civil (art. 104), apresentam características parecidas com as dos contratos civis.

Assim, quanto à capacidade das partes, os contratos só podem ser assinados por quem estiver em pleno gozo da capacidade civil (art. 13 da Lei nº 4.947, de 6.4.1966).

4.2.2 Informalidade

Não é exigida forma específica para os contratos agrários, a simples manifestação de vontade das partes é suficiente para produzir efeitos. O contrato pode ser escrito ou verbal (art. 11 do decreto),[393] e, independentemente de seu valor, poderá ser provado por testemunhas. Esta determinação visa permitir que pessoas com pouca instrução (como era comum no interior do Brasil até poucos anos atrás)[394] ou sem conhecimentos legais específicos possam contratar. Se quem assinar for analfabeto o contrato será assinado a rogo e por quatro testemunhas (art. 12, XI).

O contrato verbal enseja o perigo de futuras ações de usucapião que irão obrigar o arrendador a comprovar a existência do vínculo contratual, fato que descaracterizaria o "ânimo de dono" próprio daquele instituto jurídico.

São contratos que podem ser expressos (utilizando-se qualquer forma de linguagem) ou tácitos (quando atos posteriores manifestam a vontade das partes). As partes podem

---

[391] Art. 1.399: "O usufrutuário pode usufruir em pessoa, ou mediante arrendamento, o prédio, mas não mudar-lhe a destinação econômica, sem expressa autorização do proprietário".

[392] §1º do art. 11 do Decreto nº 59.566/66: "O arrendador ou o parceiro-outorgante deverá encontrar-se na posse do imóvel rural e dos bens, *a qualquer título que lhes dê o direito de exploração e de destinação aos fins contratuais*" (grifos nossos).

[393] Art. 11 do Decreto nº 59.566/66: "Os contratos de arrendamento e de parceria poderão ser escritos ou verbais. Nos contratos verbais presume-se como ajustadas as cláusulas obrigatórias estabelecidas no art. 13 deste Regulamento".

[394] Em seu voto-vista o Ministro Jorge Scartezzini justificou a adoção de cuidados especiais com os arrendatários considerando que: "A dispensa de formalidade resulta da atenção conferida pelo legislador à prática no meio rural, onde as convenções, em regra, se dão na forma verbal. Isto ocorre em razão do analfabetismo, comum no campo, especialmente no tocante à figura daquele considerado economicamente menos favorecido, qual seja, o arrendatário" (REsp nº 263.774/MG).

convencionar que a manifestação de vontade tenha que ser necessariamente escrita. Em qualquer caso estão todos sujeitos às cláusulas obrigatórias (art. 92 do ET).[395]

Quando forem escritos, o art. 12 do decreto estabelece os critérios a serem observados, seja em seus aspectos formais (lugar, data, assinatura do contrato), identificação das partes (nome, endereço, documentos, se se trata de pessoa física ou jurídica) e do imóvel (área total e tamanho da área objeto do contrato, localização e confrontantes) e objeto do contrato (tipo de contrato e formas de exploração). Entre eles é importante destacar os incs. VI (identificação de sua matrícula no cartório de registros de imóveis e de sua situação cadastral no Incra) e VII (descrição da gleba, de suas benfeitorias e equipamentos).

A jurisprudência durante muito tempo entendia que para serem oponíveis perante terceiros (ter valor *erga omnes*) deveriam estar registrados. O Superior Tribunal de Justiça, em 15.8.2006, negou a necessidade desta exigência:

> CIVIL E PROCESSUAL. ARRENDAMENTO RURAL. DIREITO DE PREFERÊNCIA. FALTA DE NOTIFICAÇÃO AOS ARRENDATÁRIOS. CONTRATO NÃO REGISTRADO. IRRELEVÂNCIA. LEI N. 4.505/1964, ART. 92, §§3º E 4º. I. *Irrelevante* ao exercício do direito de preferência à compra de imóvel *a inexistência de registro, no cartório imobiliário*, do contrato de arrendamento rural, porquanto tal exigência não está contida no Estatuto da Terra, lei especial e posterior ao antigo Código Civil, a qual admite, inclusive, a avença sob a forma tácita. (REsp nº 263.774/MG, Rel. Min. Aldir Passarinho Junior) (Grifos nossos)

A mesma posição foi adotada, em 15.2.2007, pelo Ministro Humberto Gomes de Barros segundo o qual: "Para garantir o direito de preferência ao arrendatário (art. 92, §3º, da Lei nº 4.505/64), exige-se apenas situação de fato – existência do arrendamento – independentemente de qualquer formalidade" (REsp nº 904.810-PR) e, em 21.8.2008, pelo Ministro Luis Felipe Salomão. Este acórdão considera que o Estatuto da Terra não faz qualquer distinção entre os contratos tácitos e escritos, nem exige o registro do contrato no cartório imobiliário para garantir o direito de preferência; a notificação premonitória ao arrendatário é obrigatória e o direito de preferência garantido independentemente da forma adotada na celebração contrato (REsp nº 164.442/MG). Isto também se aplica às parcerias.

Esta informalidade e liberdade contratual permitem o ajuste de cláusulas complementares livremente estabelecidas pelas partes, desde que não contrariem as normas agrárias vigentes. Desta informalidade deriva a *consensualidade* pela qual o contrato não depende da transferência do imóvel para se concretizar; a manifestação de vontade, que deve ser livre e espontânea, é suficiente para celebrar o contrato. Também a *não solenidade*, pois se aperfeiçoam com a simples manifestação de vontade. Segundo a *bilateralidade*, ambas as partes assumem obrigações recíprocas.

---

[395] Art. 14 do Decreto nº 59.566/66: "Os contratos agrários, *qualquer que seja o seu valor* e sua forma poderão ser provados por testemunhas (artigo 92, §8º, do Estatuto da Terra)" (grifos nossos).

4.2.3 Onerosidade

Todo contrato agrário é *oneroso*, pois existem contraprestações que reduzem o patrimônio dos contratantes: enquanto uma das partes perde o uso do imóvel, a outra terá que pagar determinado valor.

4.2.4 Sucessividade

Significa que para permitir a efetivação da atividade a ser desenvolvida nos contratos agrários as obrigações são de execução continuada, tendo prazos mínimos previstos em lei que duram anos.

4.2.5 Comutatividade

Pela comutatividade as prestações devidas nos contratos agrários são certas e determinadas, conhecendo cada parte os ônus e benefícios que lhes cabem, não podendo ser surpreendidas por regras que alterem o previamente estabelecido.

4.2.6 *Intuitu personae*

Diz-se que o contrato agrário é *intuitu personae* porque o trabalho será de execução por parte do arrendatário, parceiro outorgante ou pelo núcleo familiar.

4.3 Cláusulas obrigatórias de todos os contratos agrários (art. 13 do Decreto nº 59.566/66)

Diferentemente dos demais contratos regidos pelo Código Civil que se caracterizam pela ampla liberdade atribuída às partes, o interesse público que rege estas formas específicas de avenças agrárias estabeleceu precisas limitações inderrogáveis.

Assim há *irrenunciabilidade dos direitos* estabelecidos em lei e *prazos mínimos* para os diferentes tipos de atividade.

O art. 95, XI, "b" estabelece a obrigação de serem respeitados prazos mínimos de arrendamento. Sua fixação se deu no art. 13, II, "a", do regulamento.

Atividade	Prazo (anos)
Lavoura temporária e/ou de pecuária de pequeno e médio porte ou em todos os casos de parceria.	03
Exploração de lavoura permanente e ou de pecuária de grande porte para cria, recria, engorda ou extração de matérias-primas de origem animal.	05
Exploração florestal.	07

Considera-se "cultura temporária" aquela que tem um ciclo produtivo anual (arroz, feijão, milho, soja etc.). Lavoura permanente á aquela que tem um ciclo mais longo que exige anos de cuidados (café, pimenta-do-reino etc.).

As partes podem estabelecer prazos diferentes, mas nunca inferiores aos mínimos estabelecidos em lei, pois eles permitem que o trabalhador tenha tempo suficiente para ter um retorno econômico razoável.

Se o prazo for indeterminado, será, pelo menos, de três anos. Só se encerra depois da colheita, se esta atrasar, o contrato é prorrogado até o seu fim (art. 21, §1º, do regulamento).

Considerando que na maioria dos casos se exploram várias culturas no mesmo imóvel, a determinação do prazo está vinculada à colheita de maior duração. O atraso deve ser imputável à causa superveniente de força maior, como condições climáticas desfavoráveis ou fenômenos que retardem o ciclo vegetativo, e não ao trabalhador no atraso do plantio ou na falta de cuidados laborais sob sua responsabilidade.

Caso o trabalhador rural plante culturas cuja colheita não poderá ser realizada até o término do contrato, deverá negociar antecipadamente com o arrendador como pagará o uso da propriedade além do período convencionado (art. 95, III, do ET), caso contrário este plantio será considerado abusivo, pois seria uma forma de prorrogação fraudulenta de contrato.

O mesmo dispositivo se aplica aos contratos pecuários que se encerrarão depois da parição dos animais ou depois da safra de abate dos animais conforme previsto nos costumes da região. Esta prorrogação é automática, não precisa de aditamento contratual e não obriga ao pagamento de algum valor adicional do aluguel ou aumento do percentual da partilha.

Caso seja assinado um contrato escrito e uma carta de anuência que permita a concessão de crédito, é necessário verificar se a colheita se realizará antes do término do contrato, caso contrário é indispensável ajustar previamente entre as partes a remuneração pelo uso do imóvel durante o tempo excedente. A carta de anuência tem valor exclusivamente para fins creditícios e não é o instrumento adequado para prorrogar o contrato.

O estabelecimento de prazos mínimos visa, ao mesmo tempo, proteger os interesses do trabalhador rural e evitar um possível uso abusivo do imóvel, favorecendo a conservação de sua capacidade produtiva. É mais uma das cláusulas imperativas, não podendo ser derrogada pelas partes. Elas podem renovar o contrato quantas vezes acharem oportuno, pois nem o Estatuto da Terra nem seu decreto regulamentador estabelecem qualquer limite.

O cumprimento do prazo contratual não é uma obrigação exclusiva do proprietário ou titular da terra (art. 40, II, do decreto);[396] sendo um contrato bilateral, também o trabalhador rural tem a mesma obrigação.

– Observância das normas relativas ao meio ambiente – conservação dos recursos naturais: são proibidas as práticas predatórias (ET, art. 93). Aplicam-se aqui as diferentes limitações administrativas previstas na legislação ambiental, de maneira especial o Código Florestal (Lei nº 12.651, de 25.5.2012), Código de Água (Decreto nº 24.643, de 10.7.1934, Lei nº 9.433, de 8.1.1997 e legislações

---

[396] Destacamos que, toda vez que utilizarmos neste capítulo a palavra *decreto*, estamos nos referido ao Decreto nº 59.566/66, que regulamentou os dispositivos do Estatuto da Terra sobre Contratos Agrários.

posteriores), de proteção do solo (Lei nº 6.225, de 14.7.1975), e de uso de agro-tóxicos (Lei nº 7.802 de 11.7.1989).

- Fixação, em quantia certa: o contrato agrário sempre impõe que seja pago em dinheiro ou seu equivalente em frutos ou produtos conforme estabelecem os arts. 95, XII, e 96 do ET e 17 do regulamento.

- Possibilidade de *renovação convencionada* (arts. 95, IV e V, do ET e 22 do regulamento): o *término do contrato* sempre se dará após a conclusão da colheita (se se trata de pecuária, depois da parição ou da safra de abate do rebanho). *Em igualdade de condições, o trabalhador rural terá preferência na renovação do contrato e na compra do imóvel.* O prazo decadencial que este possui para exigir o imóvel será de dois anos.

Quando o contrato for rescindido ou resolvido o trabalhador rural terá o direito de permanecer no imóvel até terminar os trabalhos necessários à colheita (art. 28 do regulamento), ao mesmo tempo ele terá que facilitar ao novo locatário (ou ao proprietário no caso de retomada do imóvel) a execução dos atos necessários para a preparação da nova temporada.

4.3.1 Cláusulas de indenização das benfeitorias

Os contratos agrários possuem regras específicas sobre o direito e formas de indenização das *benfeitorias* realizadas previstas nos arts. 95, XI, "c", e 96, V, do ET. Benfeitorias são melhoramentos introduzidos no imóvel (art. 24 do Dec. nº 59.566/66 e art. 96 do Código Civil).

Ao término do contrato o trabalhador rural tem direito a receber o valor das benfeitorias úteis (as que facilitam o uso do bem) e necessárias (obras indispensáveis para a conservação do imóvel). O não pagamento enseja a retenção do imóvel (art. 25, §1º, do decreto).

Este pagamento será exigível ao término do contrato. Se as benfeitorias tiverem sido realizadas pelo trabalhador, este terá faculdade de aumentar proporcionalmente o valor da renda. As benfeitorias voluptuárias só serão indenizadas se tiverem sido previamente autorizadas pelo titular do imóvel (embelezamento do imóvel).

Deve-se destacar que o §1º do art. 6º do Decreto nº 84.685, de 6.5.1980, apresenta uma definição de benfeitorias mais ampla que aquela prevista na legislação civil.

Consideram-se benfeitorias as casas de moradia, galpões, banheiros para gado, valas, silos, currais, açudes, estradas de acesso e quaisquer edificações para instalações do beneficiamento, industrialização, educação ou lazer.

4.3.2 Cláusulas que asseguram a proteção social e econômica do trabalhador rural (Dec. nº 59.566/66 e art. 13, V, da Lei nº 4.947/66)

São cláusulas obrigatórias as que asseguram a proteção social e econômica dos contratos agrários, as que têm por objetivo assegurar o equilíbrio contratual e o progresso econômico do trabalhador. São as seguintes:

a) faculdade de ter acesso ao *crédito* (art. 13, V, do Dec. nº 59.566/66 e art. 13, VII, da Lei nº 4.947/66);

b) *proibição* de estipular cláusulas que permitam ao proprietário:

b.1) cobrar prestação de *serviços gratuitos;*

b.2) exigir *exclusividade da venda* dos frutos ou produtos – o trabalhador deve ter liberdade de vender sua produção para quem lhe oferecer o melhor preço. Apesar de expressa proibição legal, esta é uma prática ainda muito comum na Amazônia;

b.3) exigir que o produto seja *beneficiado* em estabelecimento determinado pelo titular do imóvel;

b.4) exigir que a *compra de gêneros e utilidades deva ser feita em armazém* ou barracões *determinados pelo titular do imóvel;*

b.5) realizar pagamento em vales ou qualquer outra modalidade substitutiva da moeda;

b.6) se apropriar de frutos antes da partilha, pois considera-se tratar-se de bens indivisíveis até que se proceda à atribuição da parte que cabe a cada um.

O art. 79 do regulamento prevê que o cumprimento destas cláusulas obrigatórias deve ser fiscalizado pelo Instituto Nacional de Colonização e Reforma Agrária (Incra). A pena cominada ao titular do imóvel é: "a perda de condições para a classificação de seus imóveis como Empresa Rural" (§1º do mesmo artigo).

Esta informação deve ser constantemente atualizada, tendo as partes a obrigação de comunicar os contratos no prazo de 60 (sessenta) dias após sua vigência (art. 13 do Decreto nº 72.106, de 18.4.1973).

Esta comunicação é de fundamental importância para o trabalhador rural, pois lhe dá direito a receber do Incra certificado de cadastro que servirá de "prova de sua condição de produtor rural".

Se de um lado a celebração destes contratos gera em favor do trabalhador rural o direito de gozar dos frutos produzidos por seu trabalho, do outro gera a obrigação de cuidar corretamente da gestão do imóvel para que cumpra sua função econômica e socioambiental (art. 41, II, do decreto; ver, também, arts. 569 e 570 do Código Civil).

A danificação ou derrubada indevida de árvores é um dos motivos que enseja a rescisão do contrato (arts. 42 e 39, IX, do decreto), além de ter o trabalhador rural que pagar os danos eventualmente causados (art. 27 do decreto).

Para a verificação do cumprimento das obrigações são aceitas todas aquelas provas admitidas em direito (documentos escritos, testemunhos, perícia etc.). Enquanto o Código Civil (Lei nº 10.406, de 10.1.2002) e de Processo Civil (Lei nº 5.869, de 11.1.1973) permitem prova exclusivamente testemunhal só até determinado valor que "não ultrapasse o décuplo do maior salário mínimo do país", a legislação agrária permite a prova testemunhal (art. 92, §8º, do Estatuto da Terra e art. 14 do decreto).

4.3.3 Extinção do contrato agrário

O contrato agrário pode ser extinto por:

a) Iniciativa de uma das partes

Nestes casos uma das partes alega um justo motivo para a extinção do contrato, a seguir listados:

- *Pedido de retomada do imóvel*: se o titular do imóvel pretender explorar pessoalmente o imóvel ou por meio de seu descendente (art. 22, §2º, do decreto). Nestes contratos agrários não existe "denúncia vazia", a solicitação de retomada terá que ser devidamente comprovada e motivada, devendo ser apresentada seis meses antes do término do contrato para evitar a renovação automática deste. Comprovando-se uma eventual burla a este dispositivo, o interessado terá quatro anos para reivindicar o imóvel (art. 178, "b", do Código Civil).
- Ocorrendo *confusão* em que há a aquisição do imóvel pelo trabalhador rural: neste caso o devedor e o credor passam a ser a mesma pessoa (ver Código Civil, art. 381).
- *Pedido de rescisão*: que ocorre quando uma das partes não observa as obrigações legais ou as cláusulas contratuais e a outra poderá promover judicial ou extrajudicialmente a rescisão do contrato.
- Desinteresse do trabalhador em renovar o contrato, no prazo de trinta dias depois do término do prazo para notificação (art. 22, §1º do decreto).
- Se uma das partes comprovar que houve *vícios no consentimento* (erro, dolo, fraude, simulação ou coação), o contrato não será considerado válido.

b) Por consenso entre as partes
- *Término do prazo do contrato e do de sua renovação*, que ocorre quando, alcançada a data estabelecida pelas partes, o contrato não foi renovado devido ao fato de o trabalhador rural não ter utilizado seu direito de preferência. Neste caso, o contrato se encerra (art. 22 do decreto).
- *Distrato,* isto é, acordo entre as partes para encerrar o contrato. Ele deverá ser feito: "pela mesma forma exigida pelo contrato" (art. 472 do Código Civil).

c) Decisão de terceiros e causas alheias à vontade das partes
- *Resolução ou extinção do direito do titular do imóvel*: ocorre quando há a perda da propriedade por evicção, execução de dívida etc.
- *Sentença* judicial irrecorrível, que também impõe a perda da titularidade do imóvel, ou afasta o trabalhador do imóvel rural.
- *Desapropriação total* do imóvel, o que logicamente afeta todo o suporte fático do contrato agrário.
- *Desapropriação parcial do imóvel*: neste caso o trabalhador rural poderá solicitar a redução proporcional do valor a ser pago, ou, se chegar à conclusão de que a redução do tamanho do imóvel inviabilize a geração de renda esperada, pode resolver o contrato (art. 30 do decreto).
- *Força maior* que impossibilita a continuidade do contrato.
- *Perda do imóvel* devido à inundação, erosão, desertificação etc.
- Outras causas previstas em lei.

No caso de morte do titular do imóvel, o contrato não se encerra automaticamente. Os herdeiros podem requerer o imóvel para uso próprio solicitando sua retomada, mas para isso terão que aguardar o término do contrato (art. 23 do decreto).

Se falecer o trabalhador rural e o contrato tiver sido realizado com o conjunto familiar, poderá ser continuado por "outra pessoa devidamente qualificada que prossiga na execução do mesmo" (art. 26, §1º, do decreto), caso contrário o contrato será extinto.

Encerrado o contrato, é oportuno que as partes assinem uma declaração na qual expressamente se assegura a quitação de todas as eventuais pendências. Esta medida visa evitar litígios futuros.

A mudança de titular do domínio não encerra o contrato: o adquirente do imóvel terá que assumir as obrigações e direitos já estabelecidos pelo contrato (art. 92, §5º, do estatuto e art. 15 do decreto).

d) O despejo como causa específica de extinção do contrato agrário

O art. 32 do decreto prevê os casos que possibilitam o despejo como causa de extinção do contrato agrário, que pode ocorrer quando estabelecida sub-rogação do objeto do contrato não autorizado previamente e expressamente pelo titular do imóvel ou ocorrendo falta de pagamento no prazo convencionado.

Ajuizada a ação, o devedor poderá purgar a mora, podendo consignar o valor do aluguel atrasado, juntamente com eventuais custas processuais e honorários advocatícios (é um direito irrenunciável, as partes não podem derrogá-lo, de acordo com o parágrafo único do art. 32 do decreto).

Caso o contrato não estabeleça o prazo de pagamento, levar-se-ão em consideração: "o costume do lugar" (art. 569, II, do Código Civil); danos à gleba pela utilização da coisa alheia, pois o trabalhador deve zelar por ela, devendo devolvê-la nas mesmas condições em que a recebeu; destinação diferente daquela avençada, por exemplo, destruir a lavoura para plantar capim mudando de agrícola para pecuária; abandono do imóvel durante a vigência do contrato; retomada e desrespeito às demais normas.

O titular do imóvel poderá, além de solicitar o despejo, cobrar lucros cessantes, e a sentença que determina o despejo deverá arbitrar o valor a ser pago pelas benfeitorias úteis e necessárias.

Esta *ação* pode ser ajuizada perante os *juizados especiais cíveis* (art. 3º, II, da Lei nº 9.099 de 26.9.1995).

A legislação agrária não fixa o prazo para a desocupação do imóvel depois da sentença de despejo, por isso o juiz deve fixar o prazo de cumprimento da decisão.

Como visto no início deste capítulo, arrendamento e parceria agrícola são os contratos nominados previstos na legislação agrária. Neles os beneficiários se beneficiam de alguns dos poderes inerentes ao proprietário previstos no art. 1.228, *caput*, do Código Civil, podendo *usar*, *gozar* da coisa. Porém, enquanto no arrendamento se transfere o uso e gozo do imóvel, na parceria só seu uso.

Uma vez concretizado o contrato, o arrendatário e o parceiro outorgado (trabalhador rural) passam a compartilhar com o arrendador/parceiro outorgante (titular do imóvel) uma "solidariedade possessória" que os obriga a defender o imóvel contra as ameaças ou as tentativas de esbulho, tendo obrigação de informar o arrendador/parceiro outorgante para que adotem as providências cabíveis.

4.3.4 Inaplicabilidade das regras protetivas dos contratos agrários

Como viemos expondo, é fundamental entender que os contratos agrários têm por objetivo promover formas de acesso à terra ao trabalhador rural, mas com regras que o protejam de eventuais abusos do proprietário da terra, considerando a sua situação de hipossuficiência.

Isso deixa claro que para se aplicar as regras protetivas que regem os contratos agrários é necessário que num dos polos do contrato esteja o trabalhador rural ou uma unidade familiar.

Usando estes princípios, o STJ, ao apreciar o Recurso Especial nº 1.447.082/TO, de relatoria do Ministro Paulo de Tarso Sanseverino, julgado em 10.5.2016, afastou a aplicação das regras que regem os contratos agrários de arrendamento de imóvel rural realizado entre duas empresas agrícolas.

Declarou o STJ que, como o Estatuto da Terra é uma norma que além da função social da propriedade é destinado no seu dirigismo contratual a fazer prevalecer a Justiça Social, que é refletida nas normas protetivas do trabalhador rural, sendo o arrendatário empresa agrícola, não poderia reivindicar a aplicação das normas especiais protetivas; e decidiu que estes casos se regem pelas normas do Código Civil, devendo as partes no exercício da liberdade contratual definir e suportar as regras que ajustarem no pacto.

No caso, afastou-se a aplicação da regra que rege o contrato de arrendamento de imóvel rural e que consagra o direito do arrendatário/trabalhador, de "preferência na aquisição do imóvel", como estudaremos mais à frente.

O Tribunal ainda reconheceu que, havendo regra contratual de encerramento do contrato, fixando o dever do arrendatário de devolver o imóvel rural em 30 dias, após notificação de alienação do imóvel pelo proprietário, e, não havendo regra vedativa na lei civil, esta rege o caso, e outras norma específicas que regem o agronegócio, e não as normas específicas dos contratos agrários, pois ausente o elemento social a justificar a aplicação da regra especial do "microssistema normativo" do Estatuto da Terra.

Passaremos, a seguir, a estudar os contratos agrários em espécie, esclarecido este aspecto essencial do âmbito de aplicação de todos os tipos de contratos agrários, e não apenas do contrato de arrendamento.

CAPÍTULO 5

ARRENDAMENTO

5.1 Definição

O art. 3º do Decreto nº 59.566/66 define o contrato de arrendamento:

O contrato agrário pelo qual uma pessoa se obriga a ceder a outra, por tempo determinado ou não, o uso e gozo de imóvel rural, parte ou partes do mesmo, incluindo, ou não, outros bens, benfeitorias ou facilidades, com o objetivo de nele ser exercida atividade de extração agrícola, pecuária, agro-industrial, extrativa ou mista, mediante certa retribuição ou aluguel, observados os limites percentuais da Lei.

Por permitir o uso de um imóvel rural de terceiro, trata-se de um contrato agrário, sujeito, portanto, a normas específicas. Arrendador é o titular do imóvel e arrendatário é o trabalhador rural.

A indeterminação do sujeito titular do imóvel ("uma pessoa") faz com que possa ser aplicado por uma pessoa física ou jurídica. Pode ser equiparado a um contrato de locação por prazo determinado ou não, por meio do qual o arrendatário explora economicamente um imóvel rural pagando um valor certo de aluguel, independentemente do resultado alcançado.

Uma vez concretizada a cessão da posse do imóvel, o arrendatário faz jus à utilização dos interditos possessórios.

5.2 Características

O *arrendatário* pode ser uma pessoa física ou um conjunto familiar, neste caso o falecimento do titular não é causa suficiente para a extinção do contrato que poderá ser continuado pela família (art. 26, parágrafo único, do Decreto nº 59.566/66).

O *arrendador* pode ser quem detém o domínio do imóvel, mas também o usufrutuário, podendo ser pessoa física ou jurídica.

O *prazo* poderá ser livremente estabelecido pelas partes, ressalvando-se, porém, os prazos mínimos previstos em lei (ver art. 96, I-III, do ET, e art. 13 do Decreto nº 59.566/66). Teremos, portanto, contratos com prazo determinado e outros com prazo indeterminado. Se o contrato for por prazo determinado não é necessário formalizar sua finalização por meio de aviso ou notificação. O art. 1.212 do Código Civil de 1916 previa que neste caso o contrato terminaria na data de seu vencimento. A legislação atual prevê que, quando a colheita atrasar, o prazo do contrato se estende até o término desta. A nova regra protege mais o direito de quem trabalha no imóvel. O importante não é a data fixada no contrato, mas alcançar o objeto do contrato que é plantar e colher.

O *objeto* deste contrato é o uso e gozo de imóvel rural (todo ou em parte) com suas benfeitorias ou não (residência, armazém etc.), mediante recebimento de aluguel. Se o arrendador interferir no exercício deste direito o arrendatário poderá ajuizar contra ele os interditos proibitórios.

A finalidade é a exploração do imóvel. Não se admite um contrato que vise manter o imóvel sem aproveitamento.

As vantagens e os riscos são todos do arrendatário, pois a ele cabe trabalhar e fazer o imóvel produtivo.

O preço será estabelecido em dinheiro (art. 95, XI, "a", do Estatuto da Terra e art. 18 do Decreto nº 59.566/1966). Precisa-se antes de tudo fazer a distinção entre preço e pagamento do preço. A norma define a obrigatoriedade do estabelecimento do valor a ser pago em dinheiro. São nulas as cláusulas que estabelecem equivalência em produto ou quantidade determinada de frutos por cada hectare arrendado.

Porém, uma vez fixado o valor a ser pago em dinheiro é permitido escolher a forma do pagamento que pode ser em dinheiro ou produtos. Neste último caso o preço a ser considerado deve ser o que for corrente no mercado local e nunca inferior ao preço oficial.

Esta posição foi adotada reiteradas vezes pelo Supremo Tribunal Federal que estabeleceu que a fixação do preço deve ser necessariamente em dinheiro (moeda corrente nacional) e não diretamente em quantidade de frutos.[397]

A lei prevê o *percentual máximo do preço*, assim, caso o imóvel seja arrendado na sua totalidade, o valor máximo de aluguel a ser cobrado não pode ser superior a 15% do valor cadastral do imóvel (art. 95, XII, do Estatuto da Terra).

Considerando que muitas vezes este valor é inferior ao preço de mercado, o Superior Tribunal de Justiça decidiu que o valor cadastral deve ser atualizado. O valor do aluguel do imóvel, caso esta possibilidade esteja prevista no contrato, pode ser reajustado periodicamente considerando os índices do Conselho Nacional de Economia (art. 92, §2º, do ET).

A falta de pagamento das benfeitorias determina a prorrogação do contrato. Esta medida visa evitar o enriquecimento ilícito por parte do locador do imóvel que iria se beneficiar indevidamente das obras de melhoria introduzidas pelo arrendatário. O mesmo acontece no contrato de parceria rural.

Diz-se que o contrato de arrendamento é comutativo porque a vantagem ao titular do imóvel é certa, não aleatória. Acertado o preço, as partes podem prever vantagens e riscos decorrentes do contrato.

---

[397] Ver RE nº 107.508/MG, 30.6.1986, Rel. Min. Octavio Gallotti; RE nº 107.508 EDv-AgR/1987/MG, Turma-TP, Min. Célio Borja; e RE nº 114.412/1990/MG, Turma-01, Min. Néri da Silveira, *RT*, 673/221.

5.3 Modalidades de arrendamento

Admite-se o arrendamento nas seguintes modalidades: a) exploração agrícola destinada à produção vegetal; b) exploração pecuária destinada à cria, recria, invernagem e engorda de animais; c) exploração agroindustrial destinada à transformação de produtos agrícolas, pecuários ou florestais; d) exploração extrativa destinada à extração de produto agrícola, animal e florestal; e) exploração mista destinada a abranger mais de uma das modalidades retrolistadas.

As partes podem substituir a área objeto do contrato, permanecendo inalteradas as demais cláusulas (ET, art. 95, VII). Esta prática é comum nas lavouras que exigem rodízio de área para garantir o descanso e a preservação do solo e assegurar uma maior produtividade. Apesar de o estatuto (art. 95) e o decreto fazerem referência só ao "arrendamento", entende-se que esta possibilidade pode ser estendida à parceria, pois segundo os arts. 96 do ET e 34 e 48 do decreto, permite-se aplicar a este contrato o que se aplica ao arrendamento.

5.3.1 Subarrendamento

O subarrendamento é o contrato pelo qual o arrendatário transfere para terceiro, em todo ou em parte, os direitos e obrigações decorrentes do contrato. Princípio básico a ser respeitado no silêncio do contrato é o da vedação do subarrendamento (art. 32, II, do decreto), sendo este uma das causas que permitem rescindir o contrato e despejar o arrendatário. Trata-se de um contrato derivado, por isso está vinculado à eficácia do contrato principal, acompanhando-o.

A resolução do contrato de arrendamento extingue automaticamente o de subarrendamento, a não ser que as partes tenham convencionado de modo diferente (art. 31, parágrafo único, do decreto).

No caso de o arrendador ajuizar uma ação de despejo, o subarrendatário cujo contrato tenha sido autorizado deverá ser citado como litisconsorte passivo necessário. A falta desta citação ensejará nulidade processual.

5.4 Prorrogação do contrato e direito de preferência do arrendatário

O arrendatário terá preferência na renovação do contrato (art. 95, IV, do ET). Caso o arrendador receba outras propostas deverá informar o arrendatário seis meses antes do término do contrato, apresentando-lhe cópias autênticas dessas propostas contendo preço, condições e cláusulas da transação para que este possa decidir se renova o contrato incorporando as alterações contidas na melhor proposta ou se desiste dele.

O prazo de seis meses foi estabelecido considerando-se todas as condições especiais destes contratos, pois, tratando-se de longos ciclos de produção, um prazo menor poderia dificultar o planejamento e a preparação da terra para o novo plantio.

No caso de renovação do contrato, considerando que os prazos mínimos legais já foram cumpridos, é possível que as partes estabeleçam livremente os novos prazos a serem adotados. No silêncio das partes se presumem renovadas condições e prazos do contrato anterior; assim, se tinha sido celebrado por prazo determinado, este será respeitado, se por prazo indeterminado, observará os prazos mínimos previstos na lei.

Se não existir esta notificação, o contrato será considerado automaticamente prorrogado por igual período (arts. 22 do decreto e 95, IV, do ET).

Se o arrendatário não quiser continuar, deverá informar o arrendador nos trinta dias depois de expirado o prazo para a notificação, isto é, cinco meses antes do término do contrato. Considerando que o arrendatário tem o direito de preferência "em iguais condições oferecidas por terceiros", ele precisa conhecer o preço oferecido, as condições de pagamento etc. para verificar se tem interesse ou possibilidade de fazer valer seu direito.

A notificação deve ser feita por escrito por meio do cartório de títulos e documentos onde se localiza o imóvel (*fórum rei sitae* – art. 22, §3º, do decreto). Se o imóvel se localizar em várias comarcas será considerada preventa aquela onde foi feita a primeira notificação válida (arts. 95; 107 e 219 do CPC). Sem notificação o contrato se considera prorrogado, decaindo eventuais pretensões de terceiros.

O arrendatário terá preferência na aquisição do imóvel (art. 92, §3º, do ET), assim, no mesmo prazo de seis meses o arrendador terá que notificar o arrendatário sobre as propostas de alienação do imóvel. Se não houver tido a notificação no tempo devido e o imóvel for alienado, o arrendatário terá seis meses de tempo, contados a partir da data do registro imobiliário no cartório do registro de imóveis da comarca onde se localiza o imóvel, para questionar a venda e adquirir o imóvel, depositando o valor em juízo e requerendo o imóvel (adjudicação compulsória).

Esta ação terá como réu o proprietário do imóvel, mas o adquirente deverá ser chamado ao processo como litisconsorte necessário, pois o resultado poderá atingir seu direito de propriedade do imóvel adquirido.

O juiz terá que invalidar a transação efetuada entre o arrendador e o terceiro, determinar o cancelamento da transcrição imobiliária e adjudicar o imóvel ao arrendatário. O arrendatário poderá optar entre a adjudicação compulsória ou solicitar indenização por perdas e danos.

No caso de existirem vários contratos de arrendamento incidindo sobre o mesmo imóvel, considerando que o arrendador não é obrigado a alienar só uma parte da propriedade, cada um dos arrendatários pode exercer o direito de adquirir todo o imóvel. Em caso de desacordo entre eles, o direito será prioritariamente de quem tiver as maiores benfeitorias, em seguida de quem arrendar a área maior.

O Tribunal Pleno do Supremo Tribunal Federal, por unanimidade, decidiu que o direito de preempção só poderia ser exercido sobre a totalidade do imóvel:

> AÇÃO RESCISÓRIA 1117-1/RS. Alienação de imóvel rural arrendado. Art. 485, V e IX do Código De Processo Civil. Tratando-se de imóvel rural explorado por mais de um arrendatário, *o direito de preempção só poderá ser exercido para a aquisição total da área*. Redução teleológica da regra do parágrafo 3º do artigo 92 da Lei nº 4.504/64, pelo parágrafo 3º do artigo 46 do Decreto nº 59.666, que a regulamentou. (Grifos nossos)

Nada impede que os arrendatários apresentem a proposta de cada um comprar a área que ocupa.

Na doutrina existe divergência se direito de preferência aplica-se só ao contrato de arrendamento ou também ao de parceria. Apesar de o Estatuto da Terra (art. 92, §1º) e o decreto (arts. 27 e 45) fazerem referência só ao arrendamento, e existir jurisprudência majoritária que restrinja a aplicação deste direito, entende-se que a legislação agrária visa garantir a justiça social e favorecer o acesso à terra a quem nela trabalha, não é justo excluir os parceiros outorgados deste benefício.

5.5 Obrigações das partes do contrato de arrendamento

O art. 40 do decreto estabelece as *obrigações do arrendador*, que são: a) entregar o imóvel na data estabelecida em condições de ser utilizado para alcançar as finalidades previstas no contrato; b) garantir ao arrendatário a liberdade de utilizar o imóvel sem interferência durante a vigência do contrato; c) fazer as obras necessárias para a conservação do imóvel; d) pagar os impostos, mas as partes podem convencionar que os impostos sejam pagos pelo arrendatário.

O art. 41 do decreto estabelece as *obrigações do arrendatário*, que são: a) pagar pontualmente o preço estipulado, pois a pontualidade é uma das razões que permitem a continuidade do contrato; b) usar o imóvel conforme foi convencionado ou os costumes da região, que é uma cláusula abrangente que permite grande flexibilidade em sua concretização; é vedada, porém, a exploração de qualquer produto proibido pela lei, assim, em caso de plantio de plantas psicotrópicas o arrendatário responderá penalmente por sua conduta e o arrendador perderá a terra (ver art. 243 CF); c) informar o arrendador sobre as ameaças, a turbação ou o esbulho do imóvel, devendo o arrendatário adotar as medidas urgentes e chamar à lide o proprietário quando a posse estiver ameaçada; d) informar sobre os consertos necessários a serem feitos; e) fazer as benfeitorias úteis e necessárias; f) devolver o imóvel na data convencionada.

O arrendatário será responsabilizado pelo eventual uso predatório do imóvel, culposo ou doloso, e de suas benfeitorias, equipamentos, máquinas etc. cedidos pelo arrendador. Para evitar disputas posteriores e considerando que ao término do contrato o imóvel terá que ser devolvido tal como recebido, considerando-se obviamente o desgaste natural devido ao passar do tempo, recomenda-se que sejam enumeradas e avaliadas as benfeitorias, inclusive edificações e instalações; e devolvidos os equipamentos especiais, como veículos, máquinas, implementos e animais de trabalho etc., ao término do contrato.

No que tange aos estrangeiros é importante observar que a Constituição Federal, no art. 190, determina que aquisição ou o arrendamento de imóveis por parte de estrangeiros deve ser regulada em lei especial. Assim, a Lei nº 8.629, de 25.2.1993, prevê que se apliquem as normas contidas na Lei nº 5.709, de 7.10.1971, quando estes contratos envolverem estrangeiros. Entre estas obrigações destaca-se a necessidade de autorização do Congresso Nacional para o arrendamento de imóveis com área superior a 100 módulos de exploração indefinida, e, ainda, a exigência de moradia no Brasil.

CAPÍTULO 6

PARCERIA RURAL

6.1 Visão histórica

Enquanto o arrendamento é um tipo de contrato relativamente recente, pois foi introduzido pelo Estatuto da Terra, a parceria é um instituto antigo, já previsto no Código de Hammurabi (Babilônia – 1.750 a.C.); na Bíblia (Gen. 30, 31-36), fala-se de Labão, que concede a Jacó cuidar do seu rebanho em troca de uma parte das crias; na Grécia no tempo de Sólon e, em Roma, no Códex de Constantino.

Este contrato estava presente nas Ordenações Afonsinas (Liv. 4, Tít. 75), Manoelinas (Liv. 4, Tít. 60) e Filipinas (Liv. 4, Tít. 44).

O Código Civil de 1916 previa só a parceria agrícola e pecuária, o Estatuto da Terra acrescentou outras formas: agroindustrial, extrativo vegetal e misto.

6.2 Conceito de parceria rural

No art. 96, §1º, do Estatuto da Terra, a parceria rural é definida como o contrato agrário pelo qual uma pessoa se obriga a ceder à outra, por tempo determinado ou não, o uso específico de imóvel rural, de parte ou partes dele, incluindo, ou não, benfeitorias, outros bens e/ou facilidades, com o objetivo de nele ser exercida atividade de exploração agrícola, pecuária, agroindustrial, extrativa vegetal ou mista; e/ou lhe entregar animais para cria, recria, invernagem, engorda ou extração de matérias-primas de origem animal, *mediante partilha*, isolada ou cumulativamente, *dos seguintes riscos*:

I - caso fortuito e de força maior do empreendimento rural;
II - dos frutos, produtos ou lucros havidos nas proporções que estipularem, observados os limites percentuais estabelecidos no inciso VI do *caput* deste artigo;
III - *variações de preço dos frutos obtidos na exploração do empreendimento rural*. (Grifos nossos)

O acréscimo do inc. III dentro da hipótese legal mostra a preocupação do legislador de manter a igualdade entre as partes numa economia cujos preços dos bens primários (*commodities*) variam substancialmente ao longo do tempo.

Neste contrato de sociedade, uma das partes oferece seu trabalho e a outra o imóvel. O parceiro outorgado é o trabalhador rural, e o parceiro outorgante é o titular do imóvel ou dos animais. O parceiro outorgado não recebe remuneração mensal, mas terá direito aos frutos produzidos.

Logo se observa que a mais importante característica da parceria rural é que existe coparticipação nos riscos e lucros. A lei estabelece parâmetros que fixam as porcentagens relativas à sua divisão dos resultados. Mas, apesar disto, é um contrato eminentemente aleatório, o seu resultado depende de fatos imprevisíveis, denominados genericamente de riscos da safra, podendo até não ter vantagens a serem distribuídas às partes contratantes.

Importante alertar que embora os contratos de parceria sejam aleatórios quanto ao seu resultado específico de recebimento das vantagens, isto não lhes retira a característica de comutatividade dos contratos agrários, pois a forma de partilha dos resultados (lucros e prejuízos) será distribuída conforme determina a lei, definido previamente o que cada um pode receber.

Na parceria se tem um *uso compartilhado do imóvel ou semovente constituindo-se uma sociedade para exploração dele*. Nesta sociedade um entra com o capital (terra ou animais) e o outro com o trabalho.

Na parceria ninguém pode usufruir dos frutos antes da partilha (art. 13, VII, do decreto). O parceiro outorgante tem o direito de fiscalizar a execução do tipo de exploração pactuada, exigir a prestação de contas.

6.3 Distinção entre a parceria rural e arrendamento

A parceria é um contrato que *guarda muitas semelhanças* com o arrendamento, *diferindo-se* no fato de que neste último o arrendador transfere a posse integral para o arrendatário que passa a ter total responsabilidade sobre o imóvel (uso e gozo deste), enquanto na parceria o parceiro outorgante transfere tão somente o uso do imóvel ao parceiro outorgado.

O parceiro outorgante permanece com o direito de posse sobre o imóvel partilhando com terceiro seu uso. Enquanto o arrendatário é obrigado a pagar o valor do aluguel fixo e certo, exigível também no caso de ele não ter tido êxito no empreendimento, pois o arrendador não corre qualquer risco, na parceria se terá a partilha de lucros ou prejuízos, na proporção prevista em lei.

Se no arrendamento a remuneração é certa, na parceria será sempre uma cota ou porcentagem, nesta regra especificamente está o respeito à regra da comutatividade dos contratos agrários, embora o resultado efetivo dependa de fatores aleatórios.

É possível que as partes celebrem um contrato de arrendamento e outro de parceria no mesmo imóvel, mas terão que ser dois contratos distintos (art. 6º do decreto), pois cada um deles têm características e normas específicas.

O §1º do art. 48 do decreto determina, exclusivamente no caso da parceria:

> [...] o parceiro-outorgante assegurará ao parceiro-outorgado que residir no imóvel rural, e para atender ao uso exclusivo da família deste, casa de moradia higiênica e área suficiente para horta e criação de animais de pequeno porte (art. 96, IV, do Estatuto da Terra).

6.4 Partes e objeto da parceria rural

Tendo em vista a corresponsabilidade dos que intervêm como partes no contrato de parceria rural é que a lei os denomina parceiros. Assim, *parceiro outorgante* é quem cede o imóvel ou os animais, podendo ser todos os que têm poder de administrar o imóvel. *Parceiro outorgado* é quem irá desenvolver a atividade produtiva, seja pessoa física seja conjunto familiar.

O *objeto do contrato de parceria rural* é o uso do imóvel ou animais mediante partilha dos frutos.

6.5 Formas e prazo na parceria rural

A forma da parceria rural está prevista no art. 5º do Decreto nº 59.566/66, e os prazos de sua duração, no art. 13, inc. II, do mesmo diploma.

A parceria rural pode ter as seguintes formas: a) parceria agrícola, que se destina à atividade de produção vegetal; b) parceria pecuária, que se destina à cessão de animais para cria, recria, invernagem e engorda. Para apurar os valores a serem repartidos é de fundamental importância que as partes provem a data do início do contrato, a quantidade dos animais e o acerto entre as partes sobre a porcentagem a ser partilhada; c) parceria agroindustrial, que se destina além do uso do imóvel, podem ser cedidos maquinarias e implementos para a transformação dos produtos agrícolas, pecuários ou florestais; d) parceria extrativa, que pode ser agrícola, animal e florestal; e) parceria mista, que abrange várias modalidades ao mesmo tempo.

Quanto ao *prazo*, o art. 13, II, "a", do decreto estabelece o mínimo de 3 (três) anos para os contratos de parceria. Existem, entretanto, julgados que entendem que, apesar do explícito texto legal, os prazos são como os do arrendamento, isto é, dependem do tipo (3-5-7 anos).

6.6 Partilha dos rendimentos da parceria rural

A partilha dos rendimentos da parceria rural está definida no art. 96, inc. VI, do Estatuto da Terra, com a redação dada pela Lei nº 11.553, de 5.1.2007, sendo que estes contratos devem obedecer aos limites máximos estabelecidos em lei, não podendo as partes derrogarem-nos. Assim, é possível elaborar a planilha a seguir, em que se verifica a relação entre o que é oferecido pelo parceiro outorgante e o parceiro outorgado, e o percentual resultante que cada um deve aferir.

Condições oferecidas	% parceiro outorgante	% parceiro outorgado
Terra nua	20	80
Terra preparada	25	75
Terra preparada e moradia	30	70
Conjunto básico de benfeitorias, constituído especialmente de casa de moradia, galpões, banheiro para gado, cercas, valas ou currais	40	60
Terra preparada e o conjunto básico de benfeitorias enumeradas na alínea "d" deste inciso e mais o fornecimento de máquinas e implementos agrícolas, para atender aos tratos culturais, bem como as sementes e animais de tração, e, no caso de parceria pecuária, com animais de cria em proporção superior a 50% (cinquenta por cento) do número total de cabeças objeto de parceria	50	50
Pecuária ultraintensiva	75	25

Como se verifica, quanto mais insumos o titular do imóvel oferece ao trabalhador mais aumenta a sua percentagem nos resultados, ou vice-versa, o que corresponde a uma relação de justiça entre os insumos do trabalho e o trabalho que deve ser efetivado para a produtividade do imóvel.

Repisa-se que justamente nestes percentuais de distribuição dos resultados, definidos em lei e que não podem ser derrogados pelas partes contratantes, é que se expressa a comutatividade dos contratos de parceria rural.

Destaca-se que no caso da pareceria não existe renovação automática do imóvel, mas se, ao término do contrato, o parceiro outorgante "não quiser explorar diretamente a terra por conta própria, o parceiro em igualdade de condições com estranhos terá preferência para firmar novo contrato de parceria" (art. 96, II, do ET).

6.7 Falsa parceria rural

Como o contrato de arrendamento e o de parceria são formas de exploração temporária da terra que não criam qualquer vínculo trabalhista entre as partes, como já visto *retro*, isto permite dizer que o que foge a este padrão é a falsa parceria rural.

Assim, quando o trabalhador rural recebe parte de sua remuneração em dinheiro e parte em espécies, comprova-se que a direção dos trabalhos é de inteira responsabilidade do proprietário e exista subordinação jurídica, em que o parceiro outorgado recebe repetidas ordens, dependência econômica e continuidade, não temos contratos agrários. Estes acordos são considerados contratos de trabalho, equiparados à simples locação de serviço.

Não se caracteriza uma verdadeira parceira, que implica solidariedade e corresponsabilidade, mas se estabelecem relações reguladas pela legislação trabalhista, assegurando-se ao locador da mão de obra, pelos menos, a percepção do salário-mínimo.

Estas relações são regulamentadas em lei específica, ou seja, na Lei nº 5.889, de 8.6.1973, regulamentada pelo Decreto nº 73.626, de 12.2.1974.

O julgado a seguir mostra como se tratam de relações trabalhistas mascaradas de contratos:

> Parceiro agrícola que não dispõe de condições financeiras para arcar com os riscos do negócio, contribuindo apenas com o próprio esforço físico, não passa de simples empregado. (TRT, 3ª Região, 2.533/69 – DOMG, 4 set. 1970. *Revista da Faculdade de Direito da Universidade de Uberlândia*, v. 1, p. 76)

Neste caso a denominação "parceria" é utilizada numa tentativa de burlar a legislação trabalhista.

O contrato de parceria não é descaracterizado quando o parceiro outorgado visita esporadicamente o imóvel, pois este tem o direito de verificar como se desenvolvem as atividades previstas no contrato. Esta visita in loco decorre da própria natureza deste contrato em que as partes partilham os riscos do empreendimento.

A distinção entre a parceria agrícola e o contrato de trabalho enseja a diferente atribuição da competência para julgar as lides, conforme se pode verificar neste julgado do Superior Tribunal de Justiça:

> Conflito de Competência. – Se o pedido e a causa de pedir não indicam a existência de um contrato laboral, ou mesmo de uma falsa parceria agrícola, a competência e da justiça comum. – Conflito conhecido para declarar competente o suscitado. (CC nº 12.882/MG. Conflito de Competência nº 1995/0006147-3. Rel. Min. Antônio Torreão Braz, julgado em 31.5.1995, *DJ*, 7 ago. 1995, p. 23005)

Para caracterizar a forma contratual mais de que se olhar a mera redação do contrato, é necessário verificar sua execução para entender o verdadeiro sentido e alcance da vontade das partes, conforme estabelece, de maneira mais geral, o art. 112 do Código Civil.

CAPÍTULO 7

OUTROS TIPOS DE CONTRATO UTILIZADOS NO MEIO RURAL

7.1 Contrato de empreitada

O contrato de empreitada é um contrato regulado pelo Código Civil (ver arts. 610 a 626). Por meio dele o "empreiteiro", quem é contratado para executar o serviço, compromete-se a realizar determinada obra para o "dono da obra" (contratante), mediante remuneração. O dono da obra terá a possibilidade de dar instruções sobre a realização do serviço, mas quem o irá executar tem autonomia, não se subordina a quem o contrata.

No meio rural quem contrata este serviço pode ser o dono do imóvel, mas também o arrendatário e parceiro outorgado. As partes estabelecem o valor a ser pago e as modalidades de pagamento.

7.2 Contrato de comodato

O contrato de comodato é a cessão gratuita de imóvel para uso e gozo durante determinado período de tempo de coisa não fungível. O comodatário deverá zelar pelo imóvel como se fosse dele (arts. 579 a 585 do CC/2002).

7.3 Contrato de usufruto

Pelo contrato de usufruto se define o direito real de fruir dos frutos de um imóvel rural de forma total (usufruto pleno) ou parcial (usufruto restrito).

7.4 Contrato de pastagem ou invernagem

Pelo contrato de pastagem ou invernagem o proprietário continua com a posse do imóvel enquanto o locatário (o dono dos animais) coloca suas reses no pasto pagando o valor do aluguel por cabeça introduzida no campo. Todos os cuidados do gado, riscos e lucros são do locatário. Utiliza-se muito nos períodos de inverno, quando o gado deve ser removido para outro lugar onde tenha pasto.

7.5 Pastoreio

Pelo contrato de pastoreio o dono do imóvel cuidará dos animais, que terão que ser tratados como se fossem dele, durante certo período de tempo, recebendo como pagamento um aluguel mensal conforme o número de cabeças.

PARTE VIII

CONTRATOS, CONVÊNIOS E CONCESSÕES DE EXPLORAÇÃO FLORESTAL

INTRODUÇÃO

Assim como o revogado Código Florestal brasileiro, instituído pela Lei Federal nº 4.771, de 15.9.1965, que a rigor não trazia regras legais para a regência dos contratos, convênios e concessões de exploração florestal, o Código Florestal, instituído pela Lei nº 12.651, de 25.5.2012, seguiu o mesmo caminho, embora o novo instrumento legislativo tenha avançado ao instituir um capítulo próprio sobre a exploração florestal, tal como previsto no Capítulo VII, que trata da exploração florestal, e cujo art. 31 prevê expressamente a utilização do plano de manejo florestal sustentável como mecanismo necessário para a exploração de florestas nativas e formações sucessoras, de domínio público ou privado.

Isto permite afirmar que há um avanço sobre o paradigma pelo qual a economia florestal, apesar da sua importância, sempre foi considerada periférica e predatória, caracterizando-se como um ciclo econômico de entrada, preparatório das áreas para as atividades de caráter permanente que viriam em seguida a ocupar o vasto território nacional, não obstante o legislador nacional ter preocupações de preservação e proteção da floresta.

O vigente Código Florestal ampliou os dispositivos que destacam a relação entre a floresta e outras atividades econômicas, e ao criar um novo Capítulo VII acrescenta marcos legais importantes para se compreender a função econômica da floresta de modo autônomo de outras atividades, sem prejuízo da sua função ecológica.

O novo Código Florestal contribui para retirar entraves ao desenvolvimento da economia florestal, ao trazer no seu nascedouro os princípios que devem nortear a exploração sustentável dos recursos florestais, como instrumento de desenvolvimento econômico e social.

Apesar do avanço, a Lei nº 12.651/2012 preferiu não trazer regras detalhadas no tocante às formas de exploração florestal mediante o estabelecimento de procedimentos claros sobre os contratos, convênios ou concessões de exploração florestal, o que poderia ser um reforço às suas regras sobre a proteção de determinadas áreas florestais que devem ser preservadas, como as de preservação permanente.

Mas o avanço é significativo quando se lembra que o antigo Código Florestal só tinha uma regra que expressamente citava os modelos de ajustes que deveriam nortear a exploração florestal, ainda assim, em caráter revisor negativo. Tal era a regra prevista no art. 47, que dispunha que "O Poder Executivo promoverá, no prazo de 180 dias, a revisão de todos os contratos, convênios, acordos e concessões relacionados com a exploração florestal em geral, a fim de ajustá-las às normas adotadas por esta Lei".

O fato é que aquele prazo expirou e hoje já se tem um novo Código Florestal sem que se tenha uma notícia que de fato tivesse ocorrido a tal revisão dos contratos, acordos, convênios e concessões de exploração florestal.

Isso com certeza resultou do fato de que pouco adiantaria um ato de tamanha complexidade material, sem regras claras de como realizar os tais ajustes de contratos, convênios, acordos e concessões para exploração florestal.

É fato que a aplicação das regras gerais do Código Civil ou do direito administrativo para regular o uso de um bem ambiental tão sensível, como as florestas, ainda que cercado pelos princípios de proteção ambiental estabelecido desde o antigo Código Florestal, somente fazia prevalecer o uso econômico da floresta, sem o contrapeso da sustentabilidade.

Esta situação gerou a forte sensação de vácuo legal em torno da gestão florestal, e por este motivo que acreditamos a Lei nº 11.284, de 2.3.2006, cada vez mais aumenta a sua importância para preencher este vazio, especialmente no que diz respeito à gestão de florestas públicas, mas de florestas privadas.

Importante destacar, aliás, que, assim como o revogado, o novo Código Florestal possui a característica de ser norma que se aplica a qualquer floresta, pública ou particular, o que mais revela a sua aplicação como norma geral, e, portanto, seus princípios, no que não for específico da Lei de Gestão de Florestas públicas, devem também nortear e complementar a lei específica.

Como demonstraremos, o Código Florestal, adotado pela Lei nº 12.651/2012, possui normas princípios que reforçam a noção de sustentabilidade ambiental no uso dos recursos florestais, e, apesar de usar o termo "exploração florestal" para definir o Capítulo VII, este reforça no direito brasileiro o princípio da "gestão florestal", como uso racional destes recursos naturais, uma vez que o art. 31 define a necessidade de prévia aprovação de plano de manejo florestal sustentável (PMFS), para a exploração de florestas nativas e formações sucessoras, de domínio público ou privado, reforçando o previsto na atual Lei de Gestão de Florestas Públicas.

Por isso mesmo, devemos compreender que o Código Florestal e a Lei de Gestão de Florestas Públicas são normas complementares e interdependentes para a correta gestão dos recursos florestais públicos ou privados.

Aliás, por isso mesmo, as regras da Lei Federal nº 11.284/2006, que alteravam o antigo Código Florestal, dando nova redação ao art. 19, que atualizava as regras sobre competências dos órgãos que integram o Sisnama para o licenciamento da exploração de florestas e formas sucessoras, tanto de domínio público como de domínio particular, agora foram reforçadas e incorporadas no §2º do art. 31 da Lei nº 12.651/2012.

Em síntese, embora no novo Código Florestal não existam regras especiais de regência dos contratos, convênios e concessões de exploração florestal, foram reforçados os princípios legais que devem reger a proteção das florestas públicas e privadas, dada a sua importante função ambiental, assim as regras da Lei de Gestão de Florestas Públicas, afastadas as regras próprias das florestas públicas, é que serão aplicadas paras as áreas privadas também.

CAPÍTULO 2

PRINCÍPIOS DO CÓDIGO FLORESTAL SOBRE A EXPLORAÇÃO FLORESTAL

Mesmo no antigo Código Florestal, que teve vigência por quase meio século, existiam dispositivos nos quais o legislador jamais negou a utilização da floresta como um bem de utilidade social e econômica, conforme o conceito de desenvolvimento sustentável.

Este princípio é reforçado no art. 1º do novo Código Florestal, instituído pela Lei nº 12.651/2012, que o define com a função de estabelecer normas gerais com o fundamento central da proteção e uso sustentável das florestas e demais formas de vegetação nativa, em harmonia com a promoção do desenvolvimento econômico, sendo que o inc. V institui que a ação governamental de proteção e uso sustentável de florestas será coordenada com a Política de Gestão de Florestas Públicas, entre outras políticas.

Prevê, ainda, o art. 3º, inc. VII, que dentro do conceito de manejo sustentável se inclui a administração da vegetação natural para a obtenção de benefícios econômicos, sociais e ambientais, respeitando-se os mecanismos de sustentação do ecossistema objeto do manejo e considerando-se, cumulativa ou alternativamente, a utilização de múltiplas espécies madeireiras ou não, de múltiplos produtos e subprodutos da flora, bem como a utilização de outros bens e serviços.

Por fim, o art. 31 prevê que a exploração de florestas nativas e formações sucessoras, de domínio público ou privado, salvo as exceções que prevê, dependerá de licenciamento pelo órgão competente do Sisnama, mediante aprovação prévia de plano de manejo florestal sustentável (PMFS) que contemple técnicas de condução, exploração, reposição florestal e manejo compatíveis com os variados ecossistemas que a cobertura arbórea forme.

Logo se vê que, mesmo ante o novo Código Florestal, permanece a importância da Lei nº 11.284, de 2.3.2006, que preenche muitos espaços normativos no que diz respeito à gestão de florestas, especialmente as públicas.

Apesar de não possuir normas específicas sobre gestão florestal, o Código Florestal, como norma geral, se aplica a qualquer floresta, pública ou particular, e por isso os seus princípios são tão importantes para a correta compreensão, inclusive da Lei de Gestão de Florestas Públicas.

Destaca-se que o art. 1º, incs. I, II IV, do Código Florestal, estabelece normas gerais com o fundamento central na proteção e uso sustentável das florestas e demais formas de vegetação nativa em harmonia com a promoção do desenvolvimento econômico. Veja-se:

I – reconhecimento das florestas existentes no território nacional e demais formas de vegetação nativa como bens de interesse comum a todos os habitantes do País;

II – afirmação do compromisso soberano do Brasil com a preservação das suas florestas e demais formas de vegetação nativa, da biodiversidade, do solo e dos recursos hídricos, e com a integridade do sistema climático, para o bem-estar das gerações presentes e futuras;

IV – consagração do compromisso do País com o modelo de desenvolvimento ecologicamente sustentável, que concilie o uso produtivo da terra e a contribuição de serviços coletivos das florestas e demais formas de vegetação nativa privadas.

Estes princípios estão refletidos principalmente no art. 31 do Código Florestal, como núcleo central do conceito de desenvolvimento sustentável, pois ele determina que a exploração de florestas nativas e formações sucessoras, de domínio público ou privado, dependerá de licenciamento pelo órgão competente do Sisnama, mediante aprovação prévia de plano de manejo florestal sustentável (PMFS), e deve contemplar técnicas de condução, exploração, reposição florestal e manejo compatíveis com os variados ecossistemas que a cobertura arbórea forme.

Essa regra nada mais é que um detalhamento da regra do art. 2º, §1º, do Código Florestal, de que as florestas existentes no território nacional e as demais formas de vegetação nativa, reconhecidas de utilidade às terras que revestem, são bens de interesse comum a todos os habitantes do país, exercendo-se os direitos de propriedade com as limitações da legislação em geral e, especialmente, os estabelecidos no Código Florestal, sendo que a utilização e a exploração da vegetação, as ações ou omissões contrárias às disposições deste instrumento legal são consideradas uso irregular da propriedade, sem prejuízo da responsabilidade civil e das sanções administrativas, civis e penais.

Isto reforça o entendimento já exposto de que embora no Código Florestal não existam regras especiais de regência dos contratos, convênios e concessões de exploração florestal, existem princípios legais que devem reger a proteção das florestas públicas e privadas, e, dada a sua importante função ambiental, as regras da Lei de Gestão de Florestas Públicas, afastadas as regras próprias das florestas públicas, podem também se aplicar paras as áreas privadas.

No intuito de conciliar desenvolvimento econômico e proteção ambiental, no caminho do desenvolvimento sustentável, o inc. III do art. 1º do novo Código Florestal prevê o reconhecimento da função estratégica da produção rural na recuperação e manutenção das florestas e demais formas de vegetação nativa, além do papel destas na sustentabilidade da produção agropecuária.

O Código Florestal, justificando a sua alcunha, destaca o papel diferenciado e relevante das florestas para a economia, sem descuidar da sua função biótica e importância para sustentabilidade da produção rural.

O Código Florestal pelas suas regras revela o princípio de que as florestas, dada a sua função biótica, mesmo quando privadas, estão sujeitas a determinadas regras de direito público que condicionam o seu uso, sem que isto implique a diminuição de seus atributos de bem privado, como autênticas limitações administrativas.

Estabelecida esta relação entre Código Florestal e a Lei de Gestão de Florestas Públicas, é fundamental conhecer o conceito de manejo florestal sustentável previsto nesta, que é entendido como a *administração da floresta para a obtenção de benefícios econômicos, sociais e ambientais, respeitando-se os mecanismos de sustentação do ecossistema objeto do manejo e considerando-se, cumulativa ou alternativamente, a utilização de múltiplas espécies madeireiras, de múltiplos produtos e subprodutos não madeireiros, bem como a utilização de outros bens e serviços de natureza florestal.*

Uma simples leitura verifica que este é o mesmo conteúdo do conceito do art. 3º, inc. VII, do Código Florestal que prevê que dentro do conceito de manejo sustentável se inclui a administração da vegetação natural para a obtenção de benefícios econômicos, sociais e ambientais, respeitando-se os mecanismos de sustentação do ecossistema objeto do manejo e considerando-se, cumulativa ou alternativamente, a utilização de múltiplas espécies madeireiras ou não, de múltiplos produtos e subprodutos da flora, bem como a utilização de outros bens e serviços.

Este breve panorama permite visualizar a estreita relação entre o Código Florestal e a Lei de Gestão de Florestas Públicas, bem como o caráter geral daquela norma a influenciar o que não for regulamentado na norma específica de gestão de florestas públicas.

CAPÍTULO 3

LEI DE GESTÃO DE FLORESTAS PÚBLICAS – NORMA GERAL PARA OS CONTRATOS E CONCESSÕES FLORESTAIS

Como visto anteriormente, embora o Código Florestal não tenha regras sobre os modelos de ajustes que deveriam nortear a exploração florestal, isto não é impeditivo para se reconhecer o fato consensual que não se pode deixar um bem natural como as florestas sujeito simplesmente a regras de direito privado. Assim, o Código Florestal estabelece as regras gerais e limitações de direito administrativo que devem nortear o uso sustentável destes recursos naturais em áreas públicas e especialmente privadas.

Para cumprir o nosso objetivo de colacionar as regras específicas sobre os contratos e concessões de exploração florestal, é forçoso considerar que a Lei Federal nº 11.284/06 funciona de forma complementar ao Código Florestal, e neste sentido as suas regras se aplicam tanto a áreas públicas ou privadas, ainda que com determinados ajustes, como demonstraremos.

Cumpre primeiramente destacar que a Lei nº 11.284/06, ao dispor sobre a gestão de florestas públicas para a produção sustentável, as define no art. 3º, inc. I, como as florestas, naturais ou plantadas, localizadas nos diversos biomas brasileiros, em bens sob o domínio da União, dos estados, dos municípios, do Distrito Federal ou das entidades da Administração indireta.

Assim, a *contrario sensu*, podemos definir *florestas privadas para a produção sustentável como as florestas, naturais ou plantadas, localizadas nos diversos biomas brasileiros, em bens sob o domínio privado.*

Importante destacar que, desde o início da colonização e no processo de disputa pela terra no território brasileiro, o exercício tradicional da posse sempre considerou a floresta de forma negativa, porque na massa da ocupação do território este foi acessado por homens que desconheciam o regime da floresta e esta era considerada um bem sem valor sob o signo do novo progresso, que significava sobretudo desmatar e plantar as monoculturas ou criar gado, o que na Floresta Amazônica inclusive teve amplo incentivo financeiro oficial.[398]

---

[398] Francisco de Assis Costa estabelece um interessante gráfico no qual demonstra a relação entre os assassinatos no campo e o valor de incentivos fiscais concedidos à grande empresa agropecuária no Pará, por microrregião, elaborado em 1987, a partir de dados do Movimento dos Trabalhadores Rurais Sem Terra, em que fica patente que o maior número de assassinatos de trabalhadores rurais ocorreu onde houve maior volume de incentivos

É necessário construir-se uma nova política pública em que se coloca a conservação do meio ambiente como primordial para um efetivo desenvolvimento sustentável, no qual a floresta tenha um papel econômico relevante e que valha mais em pé do que o corte raso para outras culturas econômicas, o que pode ser alcançado dentro de marcos legais contratuais mais específicos.

O marco florestal cria uma alternativa ao provável avançar sobre a floresta de forma contínua, pois ainda é corrente o falso pressuposto de que a posse produzida por desmatamento legitimaria pretensões de regularização fundiária, o que se pretende evitar com esta e outras providências. Evidente que isto não esgota o tema, e daí a necessidade de avançar em outros instrumentos que possibilitem não só o combate ao desmatamento, mas também a recuperação de áreas degradadas, casada com instrumentos macro da política estatal, inclusive fiscais.

Apesar do grande desmatamento, há ainda grandes maciços florestais no país e que precisam de um tratamento adequado para a sua exploração de modo sustentável, especialmente em terras públicas da Amazônia, assim, por exemplo, conforme dados do IBGE, apenas 18% da área do estado do Pará são de terras privadas, 42% são de áreas protegidas, destas, 14,6% de uso sustentável, e 33% são terras devolutas,[399] o que implica um grande ativo florestal localizado sob este território que ainda está sob a responsabilidade direta do Estado, o que mais avulta a responsabilidade de se deter o avanço sobre a floresta, que o Poder Público deve ter uma política clara para este ativo ambiental, e que justamente a Lei nº 11.284/06, que dispõe sobre a gestão de florestas públicas para a produção sustentável, vem a ser o marco jurídico fundamental para esta política, reforçando o seu reconhecimento como ativo econômico-ambiental, segundo as regras existentes no Código Florestal.

Sob os princípios do Código Florestal e as regras da Lei de Gestão de Florestas Públicas, temos um instrumento que aponta concretamente o caminho de que as áreas florestadas devem ter uma aplicação econômica voltada à sua vocação natural, inclusive, e que, ao contrário do que muitos equivocadamente afirmam, este é um instrumento de manutenção pública e não de privatização das florestas, ainda que por evidente o uso se dê por agentes privados, embora a lei também preveja a gestão direta pelo Poder Público (art. 5º da Lei nº 11.284/06).

Sem um destino ordenado para o patrimônio florestal, o desenvolvimento sustentável não poderá ser nada mais nada menos que uma quimera, pois dela depende a riqueza dos rios e os demais aspectos bióticos da natureza.

Desde o advento da primeira Lei de Terras do Brasil, a Lei nº 601/1850, que foi o primeiro marco legal a regulamentar o acesso à terra, apresentando parcos aspectos relacionados à gestão ambiental, a legislação sempre teve como enfoque a privatização das terras públicas aos particulares que demonstrassem a posse através da denominada "cultura efetiva", aplicada sobre a "terra nua", que grosso modo sempre foi compreendida no binômio derrubada da floresta e plantação de grãos ou pasto, ainda que posteriormente

---

fiscais (COSTA, Francisco de Assis. *Ecologismo e questão agrária na Amazônia*. Belém: Sepeq/NAEA/UFPa, 1992. p. 36).

[399] DETALHAMENTO do macrozoneamento ecológico econômico do Estado do Pará: áreas para exploração florestal manejada: versão preliminar. Belém: Imazon, 2006. p. 17. Mimeografado.

a questão ambiental tenha influenciado a compreensão da função socioambiental do exercício do direito de propriedade.[400]

A Lei de Gestão de Florestas Públicas está longe do aplauso do consenso, com fortes reações de setores da sociedade sobre o caráter positivo que o novo instrumento legal pode trazer para o efetivo desenvolvimento sustentável, como é natural, mas temos certeza de que o caminho é apostar no seu sucesso, e somente a discussão franca, aberta, propositiva e democrática, sobretudo com conhecimento de causa, pode nivelar o destino que queremos construir com o novo marco legal, e nos colocamos na trincheira positiva deste embate democrático.

O aspecto fundamental e inovador do instrumento legal é não mais trazer como elemento central a privatização do patrimônio público pela transferência da terra ao particular, mas, pelo contrário, mantendo a terra como domínio público, e, ainda, centralizar os seus conceitos e princípios sobre os recursos florestais de forma autônoma em relação ao solo, como uma riqueza particular e independente da terra.

Aqui se trilha o caminho da interpretação na rota da prevalência socioambiental da floresta em sua gestão, bem em acordo com os princípios do Código Florestal, para que efetivamente estejamos aptos à compreensão deste instrumento jurídico, reconhecendo os seus pontos positivos e moléstias de obra humana, a fim de sedimentar progressivos avanços, para que a atuação do Estado e sociedade seja direcionada pela primazia do interesse público sobre o privado, construindo efetivo desenvolvimento sustentável.

Logo, a Lei de Gestão de Florestas é apenas uma variável na difícil solução da equação do problema da devastação da floresta e, assim como numa fórmula matemática, o termo da equação somente pode oferecer o correto resultado do problema se utilizado de forma correta e adequada pelo sujeito, que articula os seus termos, no desenvolvimento da questão, que deve ter a exata compreensão dos seus dados, mas aqui entra o elemento peculiar da *responsabilidade social* dos agentes públicos e privados na conformação do resultado final, elemento próprio e peculiar do direito como instrumento de controle social.

3.1 Princípios do Código Florestal e da Lei de Gestão de Florestas Públicas

Num primeiro momento é de se destacar o aparentemente óbvio de que a Lei n° 11.284/06 somente se aplica a princípio a florestas públicas, vale dizer, que às riquezas florestais localizadas em áreas privadas não se aplicam os seus instrumentos na gestão direta, embora se possa usar os seus princípios na melhor interpretação da função socioambiental da propriedade, e, por evidente, as instituições públicas de organização do setor também devem e podem regular a atuação do setor florestal privado.

---

[400] Guilherme José Purvin de Figueiredo, após registrar a constância da política agrária brasileira fundada sob a monocultura em latifúndios, a degradação perdulária e a escravidão como fatores de desperdício de recursos ambientais originários do processo de colonização, faz um interessante resgate dos nomes de juristas brasileiros que inseriram a questão ambiental no conceito de função social da propriedade, embora sem efeito prático maior, nos séculos XVIII e XIX, citando obras de Baltasar da Silva Lisboa, Manuel Ferreira da Câmara Bittencourt e Sá, José Bonifácio de Andrade e Silva, Joaquim Nabuco, André Rebouças, Guilherme Capanema, José Saldanha da Gama e Frederico Burlamarque. Confira: FIGUEIREDO, Guilherme José Purvin de. *A propriedade no direito ambiental*. 2. ed. Rio de Janeiro: Esplanada, 2005, especialmente o capítulo 5, "Evolução histórica da questão ambiental no Brasil", p. 139-155.

Esta interpretação é possível na conjugação das regras do Código Florestal com os princípios gerais da atividade florestal, especialmente pela hermenêutica do art. 1º, inc. IV, que prevê a responsabilidade comum da União, estados, Distrito Federal e municípios, em colaboração com a sociedade civil, na criação de políticas para a preservação e restauração da vegetação nativa e de suas funções ecológicas e sociais nas áreas urbanas e rurais.

Este é o caminho interpretativo que deve nortear este conjunto normativo para a sustentabilidade ambiental da exploração florestal.

Decorrente da regra geral da aplicação da Lei de Gestão de Florestas Públicas àquelas florestas situadas em áreas de domínio público, não tem por consequência a conversão dos recursos florestais localizados em áreas privadas em ativo público, embora por evidente, sujeitos aos limites constitucionais e infraconstitucionais decorrentes da função social da propriedade, especialmente aqueles previstos no Código Florestal.

Os princípios constitutivos da gestão de florestas públicas estão previstos no art. 2º, incs. I a VIII, da Lei nº 11.284/06, e destinam-se a ser os orientadores da aplicação dos institutos do diploma legal. Como alguns destes princípios estão estritamente relacionados, em alguns casos, os reunimos em um único conceito. Desta forma, entendemos que o uso dos recursos florestais, privados ou públicos, seguem os seguintes princípios:

a) *Princípio da proteção e uso sustentável dos recursos florestais (art. 2º, incs. I e VII)* – decorre este princípio da necessidade de conjugar a proteção e o uso dos recursos florestais num binômio essencial para a consecução do desenvolvimento sustentável como um dever social a ser enraizado na consciência coletiva.

Por este princípio o manejo, conservação e recuperação das florestas deve ser realizado mediante a proteção dos ecossistemas, do solo, da água, da biodiversidade e valores culturais associados, bem como do patrimônio público, através do fomento ao conhecimento e da promoção da conscientização da população sobre a importância destas atividades.

b) *Princípio do uso eficiente e racional dos recursos florestais (art. 2º, incs. II e VIII)* – este princípio define que a utilização dos recursos florestais deve ser adequada à sua natureza de recurso natural renovável, mediante técnicas que permitam a regeneração natural e o retorno financeiro adequado dos investimentos, dentro de uma lógica que respeite o ciclo de longo prazo da natureza.

Decorre deste princípio que as atividades destinadas à utilização dos recursos florestais devem promover o uso eficiente e racional das florestas contribuindo para o cumprimento das metas do desenvolvimento sustentável local, regional e de todo o país, assentadas sob a garantia de condições estáveis e seguras que estimulem investimentos de longo prazo no manejo, na conservação e na recuperação das florestas.

c) *Princípio do respeito aos direitos das comunidades locais e tradicionais (art. 2º, incs. III e IV)* – o acesso aos recursos florestais deve respeitar o conhecimento local das comunidades de determinados ciclos das espécies, valorizando o seu saber tradicional, impedindo que tais agentes sociais sejam expulsos da terra, e que esta riqueza natural lhe propicie um desenvolvimento social, daí relevante é este princípio para que comunidades localizadas na área e no entorno do projeto de exploração dos recursos florestais tenham garantida a sua gestão direta e/ou o acesso aos benefícios de sua exploração.

Um aspecto peculiar da Lei de Gestão de Florestas é que ela engloba no conceito de comunidades locais as populações tradicionais e outros grupos humanos, desde que organizados por gerações sucessivas, com estilo de vida relevante à conservação e à utilização sustentável da diversidade biológica (art. 3º, inc. X), trazendo um conceito direto das comunidades, diferentemente da Lei nº 9.985/2000, que no art. 20 apenas indiretamente define o que são populações tradicionais, a partir de elementos que caracterizam o exercício de sua posse, ao definir o que seja uma reserva de desenvolvimento sustentável.[401]

Decorrente deste princípio da Lei de Gestão de Florestas Públicas compreendemos que, havendo um conflito entre o direito de propriedade de florestas privadas e o uso das comunidades locais, deve o Estado promover a conciliação dos interesses, se possível, mas em não sendo deve promover a regularização fundiária da comunidade, até mesmo através da desapropriação por interesse social.

Este princípio impõe o respeito ao direito da população, em especial das comunidades locais, de acesso às florestas e aos benefícios decorrentes de seu uso e conservação, com a imposição da necessidade da promoção do processamento local e o incentivo ao incremento da agregação de valor aos produtos e serviços da floresta, através da diversificação industrial, do desenvolvimento tecnológico, da utilização e da capacitação de empreendedores locais e da mão de obra regional.

d) *Princípio do acesso livre de informações (art. 2º, inc. V)* – como, por princípio, a Lei de Gestão de Florestas Públicas busca permitir que recursos florestais de domínio público sejam corretamente utilizados por particulares mediante a retribuição definida pelo Poder Público, é necessário garantir a fiscalização social.

Este princípio garante o acesso livre de qualquer indivíduo às informações referentes à gestão de florestas públicas, nos termos da Lei nº 10.650, de 16.4.2003, que dispõe sobre o acesso público aos dados e informações existentes nos órgãos e entidades integrantes do Sisnama.

Mas, por outro lado, mesmo com relação às florestas privadas, dada a sua importância social, o Poder Público deve constituir mecanismos próprios para que a sociedade tenha como fiscalizar a correta execução dos planos de manejo florestal daquelas, sem que isto viole o direito de propriedade.

e) *Princípio do incremento a pesquisa (art. 2º, inc. VI)* – evidente que ainda é limitado o conhecimento sobre a flora e fauna nacional, daí ser relevante que, inclusive nos planos de manejo de florestas privadas, seja incentivada, dentro do processo

---

[401] Art. 20 da Lei nº 9.985/2000: "A Reserva de Desenvolvimento Sustentável é uma área natural que abriga populações tradicionais, cuja existência baseia-se em sistemas sustentáveis de exploração dos recursos naturais, desenvolvidos ao longo de gerações e adaptados às condições ecológicas locais e que desempenham um papel fundamental na proteção da natureza e na manutenção da diversidade biológica". Sobre o significado e importância das comunidades tradicionais na definição das unidades de conservação, ver o artigo de ROCHA, Ibraim. Posse e domínio na regularização de unidades de conservação: análise de um amazônida. *Revista de Direito Ambiental*, p. 127-154, 2003, também na *Revista de Direitos Difusos*, Rio de Janeiro, p. 2895-3867, 2003.

de licenciamento, até mesmo como compensação ambiental, a pesquisa nas áreas autorizadas para a realização de manejo florestal.[402]

Este princípio significa que o processo de gestão de florestas públicas ou privadas deve realizar a promoção e difusão da pesquisa florestal, faunística e edáfica, relacionada à conservação, à recuperação e ao uso sustentável das florestas.

Por fim, decorrente inclusive destes princípios, todos elencados *retro*, e como a Lei de Gestão de Florestas Públicas possui o caráter de norma geral, é necessário e possível, dentro da *competência concorrente*, prevista no art. 24, inc. VI, da Constituição Federal, que os estados, Distrito Federal e municípios promovam as adaptações necessárias de sua legislação às prescrições da Lei nº 11.284/06, buscando por meio das suas leis atender às peculiaridades das diversas modalidades de gestão de florestas públicas ou privadas, devendo, ainda, na esfera de sua competência e em relação às florestas públicas e privadas sob sua jurisdição, elaborar normas supletivas e complementares e estabelecer padrões relacionados à gestão florestal (art. 2º, §§1º e 2º, da Lei nº 11.284/06).

3.2 Conceitos da Lei de Gestão de Florestas Públicas e a sua aplicação à exploração florestal

Atendendo à sua especificidade de objeto, a Lei de Gestão de Florestas Públicas não poderia deixar de trazer no seu bojo conceitos sobre os termos que contém nos seus dispositivos, a fim de orientar a sua correta aplicação, especialmente levando em conta os seus princípios, antes expostos.

É certo que qualquer incursão na tentativa de definições na ciência jurídica deve ser temperada com a necessária abertura ao mundo real, dado o fim social que deve ter a norma para atingir o bem comum (art. 5º, Lei de Introdução ao Direito Brasileiro), pois o direito deve ser um fenômeno vivo, em que nós operadores somos células que dão corpo a esta vida, e, portanto, qualquer tentativa de amputar-se o direito, através de definições limitativas, que o impeçam de alcançar o seu desiderato de justiça, alcançar a ideia do justo, está indo, na verdade, contra os ideais de dada sociedade histórica.[403]

A Lei de Gestão de Florestas públicas apresenta no art. 3º conceitos que procuram orientar e nivelar alguns termos que inclusive já eram utilizados por especialistas de outras ciências ligadas à prática do manejo florestal, procurando simplificar, sem lhes retirar o significado técnico mais denso, para tornar mais fácil a sua compreensão, especialmente dos operadores do direito.

---

[402] Para entender o significado deste princípio, vale lembrar, por exemplo, que o principal e mais antigo herbário da Amazônia, localizado no Museu Paraense Emilio Goeldi, que possui um núcleo ativo de pesquisadores e funciona desde 1895, com o nome original de Herbarium Amazônicum Paraensi, possui coleções de plantas superiores (angiospermas dicotiledôneas e monocotiledôneas, e gimnospermas) e pteridófitas (samambaias), com cerca de 174.000 exemplares, além de seis mil amostras de briófitas (musgos e hepáticas), 3.778 amostras de fungos e líquens e uma carpoteca com 7.500 frutos, e está longe de encerrar o seu trabalho.

[403] Sobre a função do direito e seus princípios, confira as lições de Henri de Page citadas por DINIZ, Maria Helena. *Lei de Introdução ao Código Civil interpretada*. São Paulo: Saraiva, 1994, especialmente p. 155; ainda, a clássica obra de COUTURE, Eduardo J. *Interpretação das leis processuais*. Tradução de Gilda Maciel Correia Meyer Russomano. 4. ed. Rio de Janeiro: Forense, 1994. p. 126-127, e a obra de DUARTE, José Florentino. *O direito como fato social*. Porto Alegre: Sergio Antonio Fabris, 1982. p. 47.

Previstos no art. 3º, incs. I a XV, da Lei nº 11.284/06, os conceitos não estão organizados de uma forma sistemática na relação que têm entre si, que é essencial perceber existir. Mas, podem ser organizados da seguinte forma, em 4 grupos: conceitos dos objetos da gestão florestal; conceitos operacionais da gestão florestal; conceitos administrativos da gestão florestal e conceitos políticos da gestão florestal.

A ordem apresentada considera os liames existentes entre os conceitos e a finalidade de sua existência, independentemente da ordem definida pelo legislador, a seguir delineada.

3.2.1 Conceitos dos objetos da gestão florestal

Os *conceitos dos objetos da gestão florestal* têm por escopo a definição dos objetos naturais sobre os quais se aplicam os instrumentos da gestão florestal ou, ainda, dos resultados da gestão dos recursos naturais. São os seguintes: florestas públicas, recursos florestais, produtos florestais e serviços florestais. Passamos à sua análise.

a) *Florestas públicas*: conceito previsto no art. 3º, inc. I, parte da natureza do domínio público das áreas onde situada uma formação arbórea com espécies vegetais de médio e grande porte, seja natural ou plantada; para definir o que sejam florestas públicas, inclusive, devemos destacar que no *Dicionário Aurélio* encontramos o seguinte conceito de floresta: "Florestas: 1 – Formação arbórea densa, na qual as copas se tocam; 2 – Grande quantidade de coisas muito juntas; aglomerado; mata".[404]

Assim, se não for um conjunto expressivo de espécimes vegetais de grande e médio porte, ainda que situada em terras públicas, não se trata de uma floresta pública.

A Convenção das Nações Unidas para as Mudanças Climáticas, de modo extenso, define floresta como "uma área de, no mínimo, 05-1,00ha com cobertura de copa (ou nível de estoque equivalente) de mais de 10-30%, com árvores com potencial de atingir a altura mínima de 2,5m na maturidade *in situ*. Uma floresta pode consistir de formações florestais fechadas (densas) onde árvores de vários extratos e suprimidas cobrem uma alta proporção do solo ou florestas abertas. Povoamentos naturais jovens e de todas as plantações que ainda podem atingir densidade de 10-30% ou uma altura das árvores de 2-5m são incluídos como floresta, que estão temporariamente desflorestadas como resultado da intervenção humana, como a colheita ou causas naturais, mas cuja reversão a floresta é esperada.

A lei conceitua sinteticamente as *florestas públicas* como as *florestas, naturais ou plantadas, localizadas nos diversos biomas brasileiros, em bens sob o domínio da União*, dos estados, dos municípios, do Distrito Federal ou das entidades da Administração indireta.

Desta forma, podemos conceituar as *florestas privadas* como as *florestas, naturais ou plantadas, localizadas nos diversos biomas brasileiros, em bens sob o domínio de particulares*.

b) *Recursos florestais*: conceito que está previsto no art. 3º, inc. II, e é definido a partir do potencial ou efetivo de riqueza que determinada floresta pode produzir, centrado no conceito de produtos ou serviços florestais.

---

[404] FERREIRA, Aurélio Buarque de Holanda. *Novo Dicionário Aurélio*. Rio de Janeiro: Nova Fronteira, 1999. p. 637.

O dispositivo legal conceitua os *recursos florestais* como *elementos ou características de determinada floresta, potencial ou efetivamente geradores de produtos ou serviços florestais.* Este conceito aplica-se tanto às florestas públicas quanto às privadas.

c) *Produtos florestais*: é conceito previsto no art. 3º, inc. III, focado no produto natural que pode ser retirado da floresta de maneira ordenada e planejada, quer seja um produto madeireiro, entendido como tal aquele resultado da atividade de corte seletivo de árvores para fins de construção e fabricação de móveis e utensílios, ou não madeireiros, entendidos como tais aqueles produtos naturais retirados de espécies vegetais e que servem para consumo *in natura* ou em outras atividades da indústria.

O legislador define *produtos florestais* como *produtos madeireiros e não madeireiros gerados pelo manejo florestal sustentável.* Conceito aplicável a florestas públicas ou particulares.

d) *Serviços florestais*: conceito previsto no art. 3º, inc. IV, define-se por exclusão dos produtos florestais e caracteriza atividades nas quais o foco principal é gerar riquezas a partir especialmente da contemplação e aproveitamento da natureza de forma organizada para o bem-estar e lazer humano.

Nos termos da lei, *serviços florestais* são o *turismo e outras ações ou benefícios decorrentes do manejo e conservação da floresta, não caracterizados como produtos florestais.* Conceito aplicável a florestas públicas ou privadas.

Cabe registrar que o Código Florestal não possui um conceito de *recursos florestais*; mas as regras sobre a exploração florestal, bem como as regras do art. 35 e seguintes, dentro do Capítulo VIII, sobre o controle da origem dos produtos florestais, que envolve demais produtos florestais ou a fabricação de carvão, dispõem que podem ser considerados, nos termos da Lei de Gestão de Florestas Públicas, nada mais que produtos florestais madeireiros e não madeireiros, o que é reforçado pelo art. 37, que prevê regras de licenciamento para o comércio de plantas vivas e outros produtos da flora nativa.

3.2.2 Conceitos operacionais da gestão florestal

Os *conceitos operacionais da gestão florestal*, previstos na Lei nº 11.284/06, são conceitos cujo objetivo é definir os modos e tempos de operacionalização técnica da gestão florestal de uma floresta pública ou privada a fim de que possa gerar resultados econômicos com preservação ambiental, dentro do princípio do desenvolvimento sustentável. Abrange os conceitos de inventário amostral, manejo florestal sustentável, unidade de manejo e ciclo, a seguir analisados.

a) *Inventário amostral*: conceito previsto no art. 3º, inc. XII, tem a finalidade técnica de fazer um levantamento prévio de natureza qualitativa e quantitativa do potencial de recursos florestais de determinada floresta, e que serve principalmente para orientar a criação de unidades de conservação, seja de uso sustentável seja de conservação integral, mediante uma pesquisa de campo mais simplificada, mediante o método de amostragem. Deve anteceder a utilização e aplicação dos demais instrumentos operacionais da gestão florestal.

O legislador define o *inventário amostral* como *o levantamento de informações qualitativas e quantitativas sobre determinada floresta, utilizando-se processo de amostragem*. Pode ser aplicado a florestas públicas ou privadas.

  b) *Manejo florestal sustentável*: conceito previsto no art. 3º, inc. VI, é o principal conceito operacional para a gestão florestal, uma vez que resume os modos e objetivos que devem ser atendidos na utilização dos recursos florestais de uma floresta pública ou privada para a sua máxima eficiência e com o menor impacto ambiental possível.

O legislador define o *manejo florestal sustentável* como a administração da floresta para a obtenção de benefícios econômicos, sociais e ambientais, respeitando-se os mecanismos de sustentação do ecossistema objeto do manejo e considerando-se, cumulativa ou alternativamente, a utilização de múltiplas espécies madeireiras, de múltiplos produtos e subprodutos não madeireiros, bem como a utilização de outros bens e serviços de natureza florestal.

  c) *Unidade de manejo*: conceito previsto no art. 3º, inc. VIII, deixa claro que deve haver uma área determinada de uma floresta pública ou privada onde se aplica o plano de manejo florestal sustentável, o que significa dizer que é aquela área dentro de uma floresta pública ou privada que está sobre aplicação econômica manejada, que é justamente a área delimitada como unidade de manejo, mas que está dentro da área maior definida pelo plano de manejo.

Este conceito é essencial para maior controle de que as florestas públicas não sejam 100% objeto de planos de manejo florestal, especialmente, neste início de aplicação do novo instrumento legal. Mas também é aplicável nas florestas privadas como regulamentar e limitador da sustentabilidade ambiental do uso espacial da floresta privada.

Especialmente no que diz respeito às florestas públicas a serem objeto de manejo florestal sustentável o legislador definiu alguns prazos e limites para que as unidades de manejo sejam objeto de concessão.

Assim, até 23.3.2016, ou seja, 10 (dez) anos contados da data de publicação da Lei de Gestão de Florestas Públicas, a área total com concessões florestais da União não poderá ultrapassar 20% (vinte por cento) do total de área de suas florestas públicas disponíveis para a concessão, com exceção das unidades de manejo localizadas em florestas nacionais, criadas nos termos do art. 17 da Lei do SNUC, como previsto no art. 76.

A exceção *retro* declinada não significa que as florestas nacionais possam ser 100% unidades de manejo, mas podem atingir um percentual maior, o qual o bom senso aponta que deve ser observado na década inicial, e decorre do fato de que estas unidades de conservação são criadas justamente com ênfase para a sua gestão mediante métodos para exploração sustentável de florestas nativas.

Aliás, os controles das concessões também se dirigem a evitar a concentração econômica, por isso o legislador determina que até 23.3.2016 cada concessionário, individualmente ou em consórcio, não poderá concentrar mais de 10% (dez por cento) do total da área das florestas públicas disponíveis para a concessão em cada esfera de governo, como previsto no art. 77.

Nos termos da lei a *unidade de manejo* é o perímetro definido a partir de critérios técnicos, socioculturais, econômicos e ambientais, localizado em florestas públicas, objeto de um plano de manejo florestal sustentável (PMFS), podendo conter áreas degradadas para fins de recuperação por meio de plantios florestais.

Podemos definir a *unidade de manejo* como o perímetro definido a partir de critérios técnicos, socioculturais, econômicos e ambientais, localizado em florestas *públicas ou privadas*, objeto de um plano de manejo florestal sustentável (PMFS), podendo conter áreas degradadas para fins de recuperação por meio de plantios florestais.

d) *Ciclo*: conceito previsto no art. 3º, inc. V, define como se deve contar o tempo em que se pode extrair produtos florestais de determinada área. Tem a função de definir um modo específico da contagem temporal adequada para a utilização dos recursos naturais florestais, e, assim, orientar o período de uma exploração de plano de manejo florestal sustentado.

O conceito de ciclo é essencial para a contagem do prazo de duração dos contratos de concessão florestal, pois ele deve ser estabelecido de acordo com o ciclo de colheita ou exploração, considerando o produto ou grupo de produtos com ciclo mais longo incluído no objeto da concessão, podendo ser fixado prazo equivalente a, no mínimo, um ciclo e, no máximo, 40 (quarenta) anos, mas, nos contratos de concessão exclusivos para exploração de serviços florestais será de, no mínimo, 5 (cinco) e, no máximo, 20 (vinte) anos (art. 35, *caput*, e parágrafo único).

O legislador conceitua o *ciclo* como o período decorrido entre 2 (dois) momentos de colheita de produtos florestais numa mesma área. Evidente que este conceito também é aplicável a florestas privadas.

Como visto *retro*, o conceito de ciclo é essencial para a contagem do prazo de duração dos contratos de concessão florestal, pois ele deve ser estabelecido de acordo com o ciclo de colheita ou exploração, considerando o produto ou grupo de produtos com ciclo mais longo incluído no objeto da concessão florestal.

Isto é que permite estabelecer uma primeira diferença de fundo sobre a pactuação para uma exploração de recursos florestais em áreas privadas daquela realizada em áreas públicas, porque, a rigor, apenas as florestas públicas podem ser objeto de concessão florestal, e é esta concessão que permite a posse do particular sobre o bem público florestal, já no caso das florestas privadas, a posse destas é apenas um desdobramento do direito de propriedade do particular sobre a terra, mas a exploração do recurso florestal está sujeita ao licenciamento ambiental.

Esta exposição nos permite adiantar uma conclusão muito importante sobre o modelo pactual que deve diferenciar uma gestão de floresta particular de uma floresta pública, é que, se houver, por exemplo, a relação entre dois particulares em que um seja o proprietário de uma floresta particular e o outro apenas quem vai utilizar a área objeto de unidade de manejo, esta relação será regida por um *contrato de gestão florestal*, já no caso de a floresta ser pública, deverá haver uma *concessão de gestão florestal*.

3.2.3 Conceitos administrativos da gestão florestal

Conceitos administrativos da gestão florestal são conceitos cujo objetivo é definir os instrumentos administrativos da gestão florestal de uma floresta pública. Abrangem os conceitos de concessão florestal, lote de concessão florestal e auditoria florestal, melhor analisados a seguir.

a) *Concessão florestal*: prevista no art. 3º, inc. VII, é o conceito-chave que define o acesso de particulares aos recursos florestais de determinada área de floresta pública, que foi definida como unidade de manejo e, portanto, apta à aplicação de plano de manejo florestal sustentável.

Essencial é observar que se trata de *delegação* do Poder Público para o particular acessar, mediante plano de manejo florestal sustentável, os recursos florestais, deixando bem claro o conceito que a titularidade dos recursos florestais permanece com o Poder Público.

Importante destacar, ainda, que apesar de possibilitar o acesso do particular à floresta, o conceito legal não faz qualquer referência, ainda que indireta, a direitos de detenção ou uso da terra, como elemento de suporte material no qual se encontra a floresta.

Esta é uma abstração jurídica necessária para se compreender que não está em jogo concessão de terras públicas, afastando a aplicação do art. 188, §1º, da Constituição Federal, que submete a concessão de terras públicas com área superior a 2.500ha, ainda que por interposta pessoa, à prévia aprovação do Congresso Nacional.

Neste sentido, aliás, decidiu o Presidente do STF, Ministro Gilmar Mendes, ao apreciar o pedido de Suspensão de Tutela Antecipada nº 235/2009, destacando:

> se a concorrência objetivar a concessão de florestas públicas (exploração de produtos e serviços de uma unidade de manejo), "não se mostra indispensável a submissão prévia ao Parlamento Nacional para a aprovação ou não de tal certame". "Não se pode confundir concessão florestal com concessão dominial". [...] A concessão florestal não implica em transferência da posse da terra pública, mas sim a delegação onerosa do direito de praticar o manejo florestal sustentável na área.

Estão excluídas da possibilidade de concessões florestais as terras públicas onde se encontram comunidades locais.

O legislador conceitua *concessão florestal* como a delegação onerosa, feita pelo poder concedente, do direito de praticar manejo florestal sustentável para exploração de produtos e serviços numa unidade de manejo, mediante licitação, à pessoa jurídica, em consórcio ou não, que atenda às exigências do respectivo edital de licitação e demonstre capacidade para seu desempenho, por sua conta e risco e por prazo determinado.[405]

Como dito acima, a *concessão florestal* somente se aplica a florestas públicas, mas este conceito nos permite definir, *a contrario sensu*, *contrato florestal* como *a delegação onerosa ou gratuita, feita pelo particular proprietário da floresta a outro particular, do direito de praticar manejo florestal sustentável para exploração de produtos e serviços numa unidade de manejo, mediante pactuação contratual, à pessoa física ou jurídica, em consórcio ou não, mas que atenda às exigências do Poder Público fixadas no licenciamento ambiental e demonstre capacidade para seu desempenho, por sua conta e risco e pelo prazo definido na licença ambiental.*

---

[405] Uma interessante leitura prática sobre o modelo de concessões florestais é descrita por Maria Tereza Pantoja Rocha no artigo Concessão de florestas públicas – Considerações sobre o 1º Edital do Estado do Pará. *Boletim de Direito Administrativo*, São Paulo, n. 4, 2013.

b) *Lote de concessão florestal*: conceito previsto no art. 3º, inc. IX, explicita que posso ter numa mesma área de floresta pública várias áreas que poderão ser objeto de concessão florestal, e, corolário favorecendo a concorrência.

O legislador conceitua o *lote de concessão florestal* como o *conjunto de unidades de manejo a serem licitadas*. Este é um conceito aplicável unicamente a florestas públicas.

c) *Auditoria florestal*: conceito previsto no art. 3º, inc. XI, é instrumento essencial para otimizar a fiscalização operacional das concessões florestais, verificando que o particular realmente está cumprindo com as suas obrigações contratuais, em que é essencial a seleção rigorosa do Poder Público das entidades a exercerem este papel.

Como a lei não define a natureza jurídica destas entidades, consideramos que este é um papel relevante o qual as entidades ambientalistas devem se capacitar para exercer, auxiliando o Poder Público e aumentando o controle popular sobre as concessões florestais.

Com alegria, registramos que o Decreto Federal nº 6.063, de 20.3.2007, que regulamentou a Lei de Gestão de Florestas Públicas, prevê no art. 57, inc. I, a possibilidade de o Instituto Nacional de Metrologia, Normalização e Qualidade Industrial (Inmetro) definir o sistema de acreditação de entidades públicas ou privadas para a realização de auditorias florestais, e, portanto, temos o mecanismo legal para que inclusive ONGs ambientais possam se habilitar a esta importante função.

Nos termos do art. 42 da Lei nº 11.284/06, as *auditorias*, sem prejuízo das ações de fiscalização ordinárias, de caráter independente, devem ser realizadas em prazos não superiores a 3 (três) anos, sendo os custos de responsabilidade do concessionário.[406]

Destaca-se, ainda, que independentemente das auditorias florestais, o legislador garante que qualquer pessoa, física ou jurídica, de forma justificada e devidamente assistida por profissionais habilitados, poderá fazer visitas de comprovação às operações florestais de campo, sem obstar o regular desenvolvimento das atividades, desde que tenha prévia obtenção de licença de visita no órgão gestor, e faça programação prévia com o concessionário (art. 43, incs. I e II).

O legislador conceitua *auditoria florestal* como ato de avaliação independente e qualificada de atividades florestais e obrigações econômicas, sociais e ambientais assumidas de acordo com o PMFS e o contrato de concessão florestal, executada por entidade reconhecida pelo órgão gestor, mediante procedimento administrativo específico.

Por outro lado, considerando a previsão do art. 2º do Código Florestal de que as florestas existentes no território nacional e as demais formas de vegetação nativa, reconhecidas de utilidade às terras que revestem, são bens de interesse comum a todos os habitantes do país, exercendo-se os direitos de propriedade com as limitações e que na forma do art. 35 o controle da origem da madeira e de outros produtos ou subprodutos florestais incluirá sistema nacional que integre os dados dos diferentes entes

---

[406] O §1º do art. 42 permite que em casos excepcionais, previstos no edital de licitação, nos quais a escala da atividade florestal torne inviável o pagamento dos custos das auditorias florestais pelo concessionário, o órgão gestor adotará formas alternativas de realização das auditorias, conforme regulamento, pensamos que esta hipótese somente se pode dirigir para concessões a micro e pequenas empresas, especialmente em caráter cooperativo.

federativos, coordenado, fiscalizado e regulamentado pelo órgão federal competente do Sisnama, entendemos que estes dispositivos permitem que sejam aplicadas, por analogia, ao conceito de *auditoria florestal* em áreas de domínio privado, pois é essencial para otimizar a fiscalização operacional das licenças florestais a verificação de que o particular realmente está cumprindo com as suas obrigações ambientais, em que é essencial a seleção rigorosa do Poder Público das entidades a exercerem este papel.

Este é um papel relevante que as entidades ambientalistas devem se capacitar para exercer, auxiliando o Poder Público e aumentando o controle popular sobre a exploração florestal em áreas públicas ou privadas.

Assim, aplicando-se por analogia o art. 42, temos a possibilidade das *auditorias de florestas privadas*, que, sem prejuízo das ações de fiscalização ordinárias do Poder Público, de caráter independente, devem ser realizadas em prazos não superiores a 3 (três) anos, sendo os custos de responsabilidade do particular e, portanto, já deve ter fixada esta obrigação no processo de licenciamento.

Podemos conceituar *a auditoria de florestas privadas* como o ato de avaliação independente e qualificada de atividades florestais e obrigações econômicas, sociais e ambientais assumidas de acordo com o PMFS de florestas privadas, fixadas a sua obrigação e responsabilidade pelo encargo dentro do processo de licenciamento ambiental ao titular do licenciamento, a ser executada por entidade acreditada pelo Inmetro, e reconhecida pelo órgão competente do Sistema Nacional de Meio Ambiente (Sisnama), mediante procedimento administrativo específico.

Cumpre esclarecer, assim, que na verdade o Poder Público através do órgão do Sisnama deve proceder a uma ampla e pública qualificação de entidades públicas ou privadas que possam ser responsáveis e competentes para realizar as auditorias florestais, mediante parceria com o Inmetro, indicando estas entidades para que nas concessões florestais ou unidades de manejo em florestas privadas possam exercer este relevante papel social.

3.2.4 Conceitos políticos da gestão florestal

Conceitos políticos da gestão florestal são conceitos cujo objetivo é especialmente definir os agentes do Poder Público responsáveis pela gestão florestal, mas incluímos entre estes o conceito de comunidades locais, dado que consideramos que estas assumiram um *status* diferenciado no acesso dos recursos florestais, pois têm um direito político autônomo na gestão florestal. Abrangem os conceitos de órgão gestor, órgão consultivo, poder concedente e comunidades locais, a seguir analisados.

   a) *Órgão gestor*: conceito previsto no art. 3º, inc. XIII, define o órgão que tem a competência para pôr em prática as concessões florestais, regulamentando os processos licitatórios e conduzindo as delegações para exploração dos recursos florestais pelos particulares.

Esta competência não se confunde com o licenciamento dos empreendimentos, que continua a ser da competência dos órgãos tradicionais do Sisnama, ou seja, secretarias estaduais e municipais de meio ambiente e Ibama, bem como não exclui o poder de polícia dos órgãos do Sisnama.

Justamente porque o conceito de órgão gestor não se confunde com o de órgão licenciador, o art. 31, *caput* e §2º, da Lei nº 12.651/2012, definiu a necessidade da prévia aprovação pelo órgão ambiental competente do Sistema Nacional do Meio Ambiente (Sisnama), bem como da adoção de técnicas de condução, exploração, reposição florestal e manejo compatíveis com os variados ecossistemas que a cobertura arbórea forme, o que regra geral é exercido pelas secretarias estaduais de meio ambiente.

Por isso, o §7º do art. 31 do Código Florestal define que cabe ao órgão federal competente a aprovação de licenciamento nas florestas públicas de domínio da União, o que também implica a competência para as unidades de conservação criadas pela União e nos empreendimentos potencialmente causadores de impacto ambiental nacional ou regional, definidos em resolução do Conselho Nacional do Meio Ambiente (Conama).

Embora já não exista regra expressa, como havia no §2º, incs. I, II e III, do art. 19 do revogado Código Florestal, de que competia ao órgão ambiental municipal a aprovação de licenciamento nas florestas públicas de domínio do município, nas unidades de conservação criadas pelo município e nos casos que lhe forem delegados por convênio ou outro instrumento admissível, ouvidos, quando couber, os órgãos competentes da União, dos estados e do Distrito Federal, entendemos que esta mesma competência é da secretaria municipal, segundo interpretação do §2º do art. 31 do Código Florestal, e especialmente a regra do art. 9º, inc. XV, alíneas "a" e "b" da Lei Complementar nº 140/2011, que determina que, observadas as atribuições dos demais entes federativos previstas na referida lei complementar, é ação administrativa dos municípios aprovar a supressão e o manejo de vegetação, de florestas e formações sucessoras em florestas públicas municipais e unidades de conservação instituídas pelo município, exceto em áreas de proteção ambiental (APAs) e a supressão e o manejo de vegetação, de florestas e formações sucessoras em empreendimentos licenciados ou autorizados, ambientalmente, pelo município.

Cabe destacar que a Instrução Normativa nº 4, de 25.6.2008, do Ministério do Meio Ambiente, no seu art. 5º, define que será necessária a elaboração de EIA/Rima, sempre que a floresta se destinar à prática de manejo florestal madeireiro com intensidade de corte superior a 30m³ por hectare.

Embora, no geral, seja possível a obtenção da licença ambiental mediante apresentação de relatório ambiental preliminar, desde que as florestas públicas estejam localizadas em um único ecossistema e um único estado, como previsto no art. 3º da IN nº 4 do MMA, pode a análise técnica do RAP indicar a necessidade justificada da elaboração de EIA/Rima, para toda ou parte da floresta pública, como previsto no inc. IV do art. 4º da IN nº 4 do MMA.

No âmbito federal o órgão gestor é o Instituto Nacional de Florestas, e nos estados e municípios devem ser criados, caso não existam, os institutos estaduais e municipais de florestas, com a organização administrativa que lhes for atribuída pelo legislador local.

O legislador conceitua o *órgão gestor* como o *órgão ou entidade do poder concedente com a competência de disciplinar e conduzir o processo de outorga da concessão florestal*. É um órgão cuja ação se volta para as florestas públicas apenas.

b) *Órgão consultivo*: conceito previsto no art. 3º, inc. XIV, é órgão que deve integrar a organização do órgão gestor, como meio de garantir a melhor forma de gestão democrática das florestas públicas.

O legislador conceitua o órgão consultivo como o órgão com representação do Poder Público e da sociedade civil, com a finalidade de assessorar, avaliar e propor diretrizes para a gestão de florestas públicas.

c) *Poder concedente*: conceito previsto no art. 3º, inc. XV. Apesar da sua singeleza, deixa bem claro que somente podem realizar concessões de florestas públicas os entes federados que tenham áreas que integram o seu patrimônio imobiliário, devidamente matriculado, onde existam florestas naturais ou plantadas e que serão objeto de concessões florestais através do órgão gestor criado por lei para esta finalidade.

É importante ter clareza que somente faz sentido um município, por exemplo, ter um instituto municipal de florestas se tiver patrimônio imobiliário, devidamente registrado, com área florestada. É claro que isto não impede que o legislador preveja na competência dos institutos florestais a possibilidade de este órgão gestor realizar concessões florestais sobre áreas florestadas de outro ente federado, mediante convênios específicos, o que aliás deve ser incentivado, pois aproxima o órgão gestor da comunidade, que participará do órgão consultivo.

O legislador conceitua que *poder concedente* é a União, estado, Distrito Federal ou município.

d) *Comunidades locais*: conceito previsto no art. 3º, inc. X, engloba as populações tradicionais e outros grupos humanos cujo estilo de vida seja relevante à conservação e à utilização sustentável da diversidade biológica, portanto, amplia o conceito da Lei nº 9.985/2000, que no art. 20 indiretamente define o que são populações tradicionais, pelos elementos que caracterizam o exercício de sua posse, ao definir a reserva de desenvolvimento sustentável.

O legislador conceitua *comunidades locais* como as populações tradicionais e outros grupos humanos, organizados por gerações sucessivas, com estilo de vida relevante à conservação e à utilização sustentável da diversidade biológica.

3.3 Dos modelos de pactuação para a gestão de florestas públicas e privadas

Importante destacar que a Lei nº 11.284/06, como não poderia deixar de ser, prevê no art. 4º apenas os modelos pelos quais pode ocorrer a gestão de florestas públicas para a produção sustentável, assim, não trata de como se dá a pactuação em torno de florestas privadas, que, a rigor, somente estão sujeitas para a sua exploração ao processo de licenciamento ambiental, mas sem um modelo de contratação para permitir que essas áreas sejam objeto de manejo florestal.

Por isso, o enfoque deste item será sobretudo a partir das florestas públicas, sendo o tema das florestas privadas apenas tratado de forma complementar.

A existência de um modelo legal para a pactuação que tenha como objeto a gestão florestal em áreas de domínio público é a lacuna fundamental preenchida pela Lei nº 11.284/06.

É evidente que a gestão florestal não ocorre apenas em florestas nacionais, estaduais ou municipais, criadas com esta finalidade, na forma da Lei do SNUC, mas pode ocorrer em outros modelos de regularização fundiária, em que permanece o domínio do Poder Público sobre as áreas, mas a gestão do território se dá por outras formas, que não a concessão florestal, já que estas somente podem ocorrer naquele tipo de unidade de conservação.

Por isso é que o legislador primeiro afirma que a definição das áreas para gestão de florestas públicas para produção sustentável pode ocorrer mediante a criação de florestas nacionais, estaduais e municipais, nos termos do art. 17 da Lei nº 9.985/2000, que institui o Sistema Nacional de Unidades de Conservação (art. 4º, inc. I).

A gestão de florestas públicas para a produção pode, ainda, ser realizada mediante a *destinação de florestas públicas* às comunidades locais, nos termos do art. 4º, inc. II. E, por fim, destaca o legislador que a gestão de florestas públicas para a produção pode ser realizada através da *concessão florestal* para particulares nas áreas de florestas nacionais, estaduais ou municipais.

Ora, veja-se que o art. 4º não prevê a gestão de florestas públicas para a produção mediante a *gestão direta pelo Poder Público*, instrumento este previsto no art. 5º da Lei nº 11.284/06, e não é à toa, pois, na verdade, esta é apenas a autorização para que o Estado possa diretamente gerir a produção florestal nas florestas nacionais, estaduais e municipais que criou, como proprietário que é, não sendo um modelo novo de gestão, diferentemente da gestão de florestas mediante a destinação e concessões florestais.

Por outro lado, este modelo permite definir que a gestão de florestas privadas para a produção ocorre através da *gestão direta pelo particular*, por analogia do previsto no art. 5º da Lei nº 11.284/06, que é apenas uma autorização para que o particular possa diretamente gerir a produção florestal nas florestas privadas, como proprietário que é, não sendo um modelo novo de gestão, mas apenas um desdobramento do direito de propriedade, ainda que evidentemente sujeito ao licenciamento ambiental e demais limitações de direito administrativo a que a peculiaridade deste bem ambiental submete o seu exercício do direito de propriedade.

A gestão de florestas públicas pelas comunidades locais não se dá mediante concessões florestais, mas ocorre mediante *destinação das florestas públicas*, ou seja, o legislador garante a elas o acesso aos recursos florestais de forma vinculada, cabendo ao Poder Público apenas regulamentar e gerenciar este acesso através do órgão gestor, por isso são excluídas da licitação, estando atreladas ao direito que estas comunidades possuem de regularização fundiária da sua posse, mas sem excluir o domínio público das terras.

Mas se alerta para o fato de que, quando as comunidades locais já possuem o domínio privado da área florestal, trata-se tão somente de gestão direta pela comunidade do ativo florestal, como exercício do direito de propriedade particular.

Por outro lado, as *concessões florestais* somente podem ocorrer mediante licitação, sendo que nestas não há qualquer direito de regularização fundiária, ao concessionário.

A seguir vamos fazer uma análise mais pormenorizada destes modelos.

3.3.1 Gestão direta pelo Poder Público e particulares de florestas para a produção

A gestão direta pelo Poder Público está prevista no art. 5º. Nesta modalidade, o poder concedente exerce diretamente a gestão de florestas nacionais, estaduais e municipais, sendo-lhe facultado, para a execução de atividades subsidiárias, firmar convênios, termos de parceria, contratos ou instrumentos similares com terceiros, observados os procedimentos licitatórios e demais exigências legais pertinentes.

Prevenindo que as atividades subsidiárias não podem ter o seu caráter complementar e acessório desvirtuado, o legislador determina que os respectivos instrumentos contratuais destas atividades de particulares não podem ter duração superior a 120 (cento e vinte) meses, bem como que as licitações para as contratações, além do preço, poderão considerar o critério da melhor técnica[407] (art. 5º, §§1º e 2º).

Neste modelo é o Estado que veste a camisa de empreendedor e promove a gestão da floresta pública a fim de obter resultados econômicos da floresta nacional, estadual ou municipal.

Por outro lado, a *gestão direta pelo particular* decorre do direito de propriedade sobre uma área com reservas florestais. Nesta modalidade, o particular, sem necessidade de qualquer outorga do Poder Público, exerce diretamente a gestão de florestas do domínio particular, sendo-lhe facultado, para a execução de suas atividades principais ou subsidiárias, firmar convênios, termos de parceria, contratos ou instrumentos similares com terceiros, desde que não exclua as obrigações firmadas perante o órgão do Sisnama, responsável pelo licenciamento ambiental do plano de manejo florestal sustentável, e demais exigências legais pertinentes.

Neste modelo é o particular no natural exercício de empreendedor que promove a gestão da floresta privada a fim de obter resultados econômicos com o devido respeito às normas ambientais pertinentes e demais limitações de direito administrativo a que se submete o direito de propriedade, possibilitando o desenvolvimento sustentável da atividade produtiva. Também é utilizado por comunidades locais e tradicionais que possuem o domínio pleno de uma área florestal.

3.3.2 Gestão mediante a destinação às comunidades locais

A gestão florestal pelas *comunidades locais* não ocorre mediante concessão florestal do Poder Público, mas sim mediante destinação das florestas públicas, tendo natureza jurídica de atividade administrativa vinculada.

A destinação das florestas públicas pode ocorrer tanto em florestas nacionais, estaduais ou municipais, como regra geral, ou, ainda, em outros tipos de terras públicas que tenham vegetação florestal, e que sejam objeto de regularização fundiária a favor das comunidades locais, sem exclusão do domínio público.

A lei estabelece uma verdadeira prioridade às comunidades locais para o acesso aos recursos florestais, daí que o art. 6º da Lei de Gestão de Florestas Públicas determina que antes da realização das concessões florestais, as florestas públicas ocupadas ou

---

[407] O critério da melhor técnica está previsto inc. II do art. 26 da Lei nº 11.284/2006.

utilizadas por comunidades locais serão identificadas para a destinação, pelos órgãos competentes.

A destinação das florestas públicas às comunidades locais será realizada nas formas previstas nos incs. I, II e III do art. 6º, ou seja, mediante:

- criação de reservas extrativistas e reservas de desenvolvimento sustentável;
- concessão de uso, por meio de projetos de assentamento florestal, de desenvolvimento sustentável, agroextrativistas ou outros similares, de acordo com as diretrizes do Programa Nacional de Reforma Agrária;
- outras formas previstas em lei.

Logo se verifica que a lei se preocupa em declinar formas de regularização fundiária, através das quais se procederá à destinação de recursos florestais às comunidades.

Por isso, os primeiros modelos de regularização fundiária citados, previstos nos incs. I e II do art. 4º, deixam claro que o legislador garante a posse das comunidades locais sobre o território historicamente conquistado, reconhecendo o seu direito de regularização fundiária, ainda que mantido o domínio público das terras onde situados os recursos florestais, e que passarão a ser responsáveis pela gestão mediante destinação do Poder Público.

O modelo genérico de regularização fundiária, previsto no inc. III do art. 6º, "outras formas previstas em lei", soa até desnecessário, ante os demais modelos de regularização fundiária das comunidades locais previstos anteriormente, e que permite exercer o direito à destinação das florestas públicas.

Mas, por outro lado, este preceito reforça a ideia de que ao direito das comunidades locais de acesso aos recursos florestais está agregado e antecedido um direito de regularização fundiária, um reflexo da intensa luta destas de ver reconhecida a sua histórica posse e contribuição na ocupação dos rincões esquecidos pelas cidades e pela história oficial.

Assim, tal disposição genérica tem o escopo de permitir, por exemplo, que dentro de florestas nacionais, estaduais ou municipais, uma vez que não prevista expressamente na Lei de Gestão Florestal nem na Lei do SNUC, também, a regularização fundiária das comunidades locais, mediante aplicação subsidiária de outros instrumentos legais, sem afetar o caráter público do seu domínio, o que deve ocorrer mediante o clássico instrumento da concessão de direito real de uso de imóvel público, previsto no vetusto Decreto-Lei nº 271/67, e que teve ampliada a possibilidade de sua utilização com a nova redação dada pela Lei nº 11.481, de 31.5.2007.

Nos termos do art. 7º, *caput*, do Decreto-Lei nº 271/67, é permitida a regularização fundiária mediante a concessão de direito real de uso resolúvel, em caráter gratuito. Vejam-se os termos do dispositivo legal:

> Art. 7º É instituída a *concessão de uso, de terrenos públicos* ou particulares, remunerada ou gratuita, por tempo certo ou indeterminado, *como direito real resolúvel, para fins específicos de regularização fundiária de interesse social,* urbanização, industrialização, edificação, cultivo da terra, aproveitamento sustentável das várzeas, *preservação das comunidades tradicionais e seus meios de subsistência,* ou outras modalidades de interesse social em áreas urbanas. (NR). (Grifos nossos)

Acentua-se o caráter relevante desta medida a partir do momento em que o Poder Público realiza a concessão de direito real de uso para fins de regularização fundiária de atendimento a interesse social, no qual se insere a destinação para acesso a recursos florestais.

A concessão de direito real de uso prevista no art. 7º do DL nº 271/67 tem aplicação flexível, por analogia, e daí a sua utilização na presente reflexão que visa a buscar soluções adequadas a situações de intricada complexidade social, como descrito.

A confirmar esta tese, lembre-se de que, embora o §2º do art. 17 da Lei do SNUC admita a permanência nas florestas nacionais, estaduais e municipais das populações tradicionais que a habitam quando de sua criação, condiciona que esta deve ser feita em conformidade com o disposto em regulamento e no plano de manejo da unidade, mas não prevê o modelo de regularização fundiária desta permanência, induzindo o falso entendimento de que não haveria qualquer tipo de regularização fundiária.

Mas com os novos diplomas legais, e seguindo o princípio de que lei posterior revoga anterior, temos por afastada a possibilidade do entendimento de que esta exceção de permanência somente se aplica estritamente a populações tradicionais, o que, por evidente, poderia excluir outras comunidades locais, que não se enquadrassem neste perfil mais estreito, já que o conceito da lei de gestão de florestas é mais amplo e engloba aqueles.

Portanto, para cobrir estas hipóteses e outras é que o legislador prevê a regra genérica do inc. III do art. 6º, sendo equivocado pensar que somente se permite gestão florestal mediante concessões florestais nas florestas nacionais, estaduais e municipais, mas o certo é que se garante a destinação de recursos florestais por outros modelos encontrados na legislação esparsa, especialmente destinado às camadas populares.

Como já dito, no art. 6º, *caput* e incisos, nota-se que a destinação para a gestão florestal às comunidades locais está atrelada à prévia regularização fundiária das áreas objeto de sua posse sobre as terras públicas que ocupam, sem que esta regularização fundiária importe transferência de domínio do Poder Público a estas comunidades.

Isto é mais evidente quando se observa que o §3º do art. 6º prevê expressamente que o Poder Público poderá, com base em condicionantes socioambientais definidas em regulamento, regularizar posses de comunidades locais sobre as áreas por elas tradicionalmente ocupadas ou utilizadas, que sejam imprescindíveis à conservação dos recursos ambientais essenciais para sua reprodução física e cultural, por meio de concessão de direito real de uso ou outra forma admitida em lei, dispensada licitação.

Alerta-se, porém, que o dispositivo citado *retro* prevê um direito que pode ou não ser cumulativo com o direito de regularização fundiária para fins de destinação para exploração de recursos florestais, previsto especialmente no inc. III do art. 6º, pois pode ocorrer de uma comunidade local ter uma ocupação ou utilização tradicional numa área definida como floresta nacional, estadual ou municipal, mas que não seja de exploração de recursos florestais, nos moldes da Lei de Gestão de Florestas.

Basta pensar que o modelo de reprodução física e cultural da comunidade local esteja vinculada a atividades de pesca, caça etc., ou, para fins meramente culturais, como a realização de um culto religioso, fora, portanto, do instituto de destinação para utilização de recursos florestais.

Garante o legislador, sabiamente, o direito de continuidade desta posse tradicional da comunidade local, garantindo a sua reprodução física e cultural, e define que esta deve ser protegida mediante a concessão de direito real de uso ou outra forma definida em lei, dispensada a licitação.

Este tipo de interpretação facilita a solução de alguns conflitos que podem surgir com a criação de florestas nacionais, estaduais e municipais, por exemplo, se uma comunidade quilombola possui um território no qual concentra as suas atividades, território inclusive titulado, portanto, fora da Flona, mas utilize parte da área desta unidade de conservação em determinadas épocas do ano, ou até mesmo de forma permanente para a retirada de alguns frutos da floresta, sendo suficiente para garantir a sua posse tradicional, a concessão de uso de parte da área, o que atenderia à solução dos conflitos de interesses, que seriam apenas aparentes, pois não teria interesse a comunidade de invocar o domínio, a que teriam direito, na forma do art. 68 do ADCT da Constituição Federal.

Logo, em qualquer situação de criação de floresta nacional, estadual ou municipal, numa área onde exista uma comunidade local, esta comunidade terá o direito a modalidades de regularização fundiária, prevista no art. 6º, inc. III, da Lei de Gestão Florestal, ou com fundamento no §3º do mesmo dispositivo, de acordo com o seu tipo de ocupação e utilização da área.

Cediço dizer que a regularização fundiária de comunidades tradicionais pode ocorrer para outras finalidades, e não é esta lei que está inaugurando tal possibilidade, sendo um modelo específico de regularização fundiária que vem a ser somado pelo legislado; inclusive, existem leis que asseguram o direito de domínio de algumas comunidades tradicionais, como é o caso das comunidades quilombolas.

Polemizando ainda mais o tema, imagine-se a situação de ser identificada a presença dentro da área onde se pretende a criação de uma Flona de uma comunidade local, que não se autorreconheça como quilombola, mas exista indícios desta natureza da comunidade, ou, ainda, que a comunidade se reconheça como tal, mas o seu processo de reconhecimento de domínio ainda não foi iniciado, ou, tendo iniciado o processo, este ainda não possui dados técnicos suficientes para identificação de seu território, a fim de ser reconhecido o seu direito de domínio.

A questão a responder será a seguinte: pode o Poder Público criar a floresta nacional? Se pode, como deverá ressalvar os direitos das comunidades quilombolas?

É importante lembrar que as comunidades quilombolas possuem direito de propriedade garantido constitucionalmente, e, portanto, ainda que possam ser apoiadas pelo Poder Público na realização de manejo florestal de suas terras, estas ao obter os seus títulos coletivos de domínio, não podem ser incluídas nas áreas da Flona. E se submetem ao licenciamento como as demais propriedades particulares, não sendo objeto de destinação pelo Poder Público, na forma do art. 6º, pois no caso das terras quilombolas estas são propriedades privadas, ainda que sejam coletivas e com cláusula de inalienabilidade.[408]

---

[408] Sobre a relação entre unidades de conservação e terras quilombolas, confira o artigo de ROCHA, Ibraim. População tradicional quilombola e unidades de conservação. *Revista de Direito Ambiental*, São Paulo, p. 111-155, 2006.

Mas, como posto na questão, as referidas áreas identificadas dentro da área maior onde se pretende criar uma floresta nacional ainda não foram reconhecidas como domínio quilombola, pelas situações hipotéticas criadas, portanto, não são propriedades privadas, assim, cumpre esclarecer se esta situação obsta a criação da Flona.

A resposta é negativa, afirmando que esta presença não obsta a criação das florestas nacionais, estaduais e municipais, e passamos a explicar porque e como pode haver esta compatibilidade.

A presença das comunidades nas situações descritas não impede a criação da Flona, dado que estas por princípio não obstam a posse tradicional de qualquer modalidade de comunidade local, onde, evidente, se situam as comunidades quilombolas, como comunidades tradicionais, partindo o legislador do princípio de que não há um conflito entre a posse das comunidades tradicionais e o domínio público das áreas que compõem estas unidades de conservação de uso sustentável.

Porém, apesar de não haver uma incompatibilidade com a posse das comunidades quilombolas, por evidente, há uma incompatibilidade com o direito de domínio, que lhes é assegurado pela Constituição Federal, no art. 68 do ADCT. Uma vez este seja reconhecido, embora latente, poderia surgir o conflito de interesses, dado que o direito não permite que existam dois domínios sobre uma mesma área.

Mas, na situação posta, em que ainda pende certa indefinição sobre os direitos de domínio das comunidades quilombolas, que o Poder Público não pode ignorar, e por outro lado, necessário não tardar a definição da área de Flona, a fim salvaguardar interesses ambientais, econômicos e sociais comunitários, penso que pode e deve o Poder Público, expressamente, no decreto de criação da unidade de conservação, ressalvar os direitos das comunidades quilombolas à regularização fundiária como comunidades locais, na forma prevista no art. 6º, inc. III, ou na forma prevista no §3º do art. 6º, sem prejuízo de exercício do direito de reconhecimento de domínio previsto no art. 68 do ADCT, e que deverão tais áreas, ao ser perfeitamente identificadas, ser excluídas, por lei do âmbito da unidade de conservação.

Esta solução permite celeridade na criação da floresta nacional, estadual ou municipal, sem violar de nenhuma forma o direito de posse das comunidades quilombolas, porque perfeitamente compatível com o domínio público, e ressalva o seu direito ao reconhecimento de domínio no tempo e modo adequado de definição do território.

Inclusive em algumas situações é provável que seja até mesmo mais vantajoso para a comunidade e sociedade em geral que a sua posse continue a ser exercida dentro da área da floresta nacional, estadual ou municipal, sem desmembramento do domínio. Basta lembrar que, nos termos do §2º do art. 48, os recursos florestais das unidades das Flonas somente podem ser objeto de concessão após aprovação do plano de manejo da unidade de conservação. Isto obriga ainda mais o Poder Público a ter uma política adequada e dirigida às comunidades, a fim de não existir obstáculo aos editais de licitações, organizando e apoiando a sua gestão florestal.

De fato, sendo realizado a contento o apoio às comunidades quilombolas, em suporte à gestão dos recursos florestais no âmbito da Flona, decorrente do seu plano de manejo, é mesmo mais vantajoso para a comunidade continuar a exercer a sua posse tradicional no âmbito desta unidade de conservação.

Por fim, lembre-se de que a destinação para gestão florestal às comunidades locais caracteriza-se por ser feita de forma gratuita ou não onerosa e será efetuada em ato administrativo próprio, conforme previsto em legislação específica (art. 6º, §1º).

Alerta-se que, sem prejuízo do exercício do direito de gestão florestal mediante a destinação pelo Poder Público, as comunidades locais poderão participar das licitações de florestas a serem objeto de concessões florestais, por meio de associações comunitárias, cooperativas ou outras pessoas jurídicas admitidas em lei (art. 6º, §2º).

3.3.3 Gestão mediante concessões florestais

A concessão florestal é autorizada em ato do poder concedente e formalizada mediante contrato, que observará os termos legais pertinentes e do edital de licitação, tendo por objeto de concessão as unidades de manejo previstas no Plano Anual de Outorga Florestal, nos termos do art. 7º c/c art. 9º da Lei nº 11.284/06. Embora nos dispositivos citados não exista menção expressa, tais atos são realizados através do órgão gestor da unidade federada, que representa o poder concedente.

O Plano Anual de Outorga Florestal, designado pela sigla Paof, é proposto pelo órgão gestor e definido pelo poder concedente, e contém a descrição de todas as florestas públicas a serem submetidas a processos de concessão no ano em que vigorar, devendo ser submetido pelo órgão gestor à manifestação do órgão consultivo (art. 10, *caput* e §1º).

Mesmo que o poder concedente seja a União, a inclusão de áreas de florestas públicas sob o domínio da União no Paof requer manifestação prévia da Secretaria de Patrimônio da União do Ministério do Planejamento, Orçamento e Gestão, nos termos do §2º, do art. 10.

Tanto mais evidente se o Paof for estadual ou municipal deve antes de realizar as concessões, através de seu órgão gestor, sobre florestas públicas federais, realizar convênio com a União, devendo haver a prévia manifestação da Secretaria de Patrimônio da União, permitindo a gestão destas áreas.[409]

Igualmente ocorre no que diz respeito às faixas de até cento e cinquenta quilômetros de largura, ao longo das fronteiras terrestres, pertencentes ao patrimônio da União, designadas como faixa de fronteira, fundamentais para defesa do território nacional, a lei exige a manifestação prévia da Secretaria do Patrimônio da União, e o Paof deverá ser previamente apreciado pelo Conselho de Defesa Nacional, de acordo com §3º do art. 10.

Importante destacar que estas disposições referentes às florestas em terras pertencentes ao patrimônio da União não excluem a consulta obrigatória aos conselhos gestores das florestas nacionais, pois são competências institucionais diferentes, ou seja, a manifestação da Secretaria do Patrimônio da União não é suficiente para que a área seja incluída no Paof, devendo haver a oitiva dos conselhos gestores.

Exatamente por isso, o §1º do art. 48 determina que, para a inserção de unidades de manejo das florestas nacionais, estaduais e municipais no Paof, deve haver prévia autorização do órgão gestor da unidade de conservação. Inclusive, atos posteriores de elaboração do edital e do contrato de concessão florestal das unidades de manejo

---

[409] Aliás, bem em acordo com o disposto no art. 69 da Lei de Gestão Florestal, que prevê que a execução das atividades relacionadas às concessões florestais poderá ser delegada pelos estados, Distrito Federal e municípios à União, bem como pela União aos demais entes federados, mediante convênio firmado com o órgão gestor competente.

nestas unidades de conservação devem ter a oitiva do seu conselho consultivo, o qual acompanhará todas as etapas do processo de outorga, como previsto no art. 48, §3º.

Alerta-se, ainda, que, nos termos do §2º do art. 48, os recursos florestais das unidades de manejo de florestas nacionais, estaduais e municipais somente podem ser objeto de concessão após aprovação do plano de manejo da unidade de conservação, medida esta adequada para evitar-se que exista um plano de manejo dirigido somente às áreas que devam ser objeto de concessão florestal.

Dada a relevância do objeto de concessão florestal, a lei determina algumas peculiaridades na sua publicidade, que são as seguintes:

a) relatórios ambientais preliminares, licenças ambientais, relatórios de impacto ambiental, contratos, relatórios de fiscalização e de auditorias e outros documentos relevantes do processo de concessão florestal serão disponibilizados por meio da rede mundial de computadores, sendo assegurado, ainda, a qualquer pessoa, o acesso aos contratos, decisões ou pareceres relativos à licitação ou às próprias concessões (parágrafo único do art. 7º c/c art. 25);

b) a publicação do edital de licitação de cada lote de concessão florestal deve ser precedida de audiência pública, por região, realizada pelo órgão gestor, nos termos do regulamento, sem prejuízo de outras formas de consulta pública (art. 8º).

As concessões de florestas públicas envolvem uma política de longo alcance social e econômico, assim, estas não podem estar descoladas de outras políticas públicas das diversas esferas de governo, e inclusive prevenindo que o Poder Público realize Paofs concorrentes entre si.

Tendo em vista estas razões, a lei determina que a elaboração do Paof para concessão florestal deve considerar, de acordo com o art. 11, incs. I a VII e §1º, os seguintes marcos institucionais:

a) as políticas e o planejamento para o setor florestal, a reforma agrária, a regularização fundiária, a agricultura, o meio ambiente, os recursos hídricos, o ordenamento territorial e o desenvolvimento regional;

b) o zoneamento ecológico-econômico (ZEE) nacional e estadual e demais instrumentos que disciplinam o uso, a ocupação e a exploração dos recursos ambientais;

c) a exclusão das unidades de conservação de proteção integral, das reservas de desenvolvimento sustentável, das reservas extrativistas, das reservas de fauna e das áreas de relevante interesse ecológico, salvo quanto a atividades expressamente admitidas no plano de manejo da unidade de conservação;

d) a exclusão das terras indígenas, das áreas ocupadas por comunidades locais e das áreas de interesse para a criação de unidades de conservação de proteção integral;

e) as áreas de convergência com as concessões de outros setores, conforme regulamento;

f) as normas e as diretrizes governamentais relativas à faixa de fronteira e outras áreas consideradas indispensáveis para a defesa do território nacional;

g) as políticas públicas dos estados, dos municípios e do Distrito Federal;

h) o Paof da União considerará os Paofs dos estados, dos municípios e do Distrito Federal, e vice-versa;

Como as comunidades locais têm o direito à destinação de áreas para a gestão florestal, o Paof deverá prever zonas de uso restrito destinadas às comunidades locais, como previsto no §2º do art. 11.

Lembre-se, o órgão gestor não se confunde com o órgão licenciador, assim, o Paof deve conter disposições relativas ao planejamento do monitoramento e fiscalização ambiental a cargo dos órgãos do Sistema Nacional do Meio Ambiente, incluindo a estimativa dos recursos humanos e financeiros necessários para essas atividades, como previsto no §3º do art. 11.

O processo de outorga da concessão florestal é oneroso, começa pela publicação prévia de edital de licitação, na modalidade concorrência, no qual o poder concedente justifica a conveniência da concessão florestal, caracterizando seu objeto e a unidade de manejo, respeitados os princípios da legalidade, moralidade, publicidade, igualdade, julgamento por critérios objetivos e vinculação ao instrumento convocatório, sendo vedada a declaração de inexigibilidade (art. 12 c/c art. 13, §§1º e 2º, da Lei nº 11.284/06).[410]

O *objeto da concessão florestal* é a exploração de produtos e serviços florestais, contratualmente especificados, em unidade de manejo de floresta pública, com perímetro georreferenciado, registrada no respectivo cadastro de florestas públicas e incluída no lote de concessão florestal, como previsto no art. 14, *caput*, assim, independentemente de existir o cadastro nacional, a área para ser objeto de concessão deve estar incluída pelo menos no cadastro de florestas públicas do poder concedente.[411]

A concessão florestal confere ao concessionário somente os direitos expressamente previstos no contrato, sendo vedada a outorga de direitos referentes à titularidade imobiliária ou preferência em sua aquisição; uso dos recursos hídricos acima do especificado como insignificante; exploração dos recursos minerais, pesqueiros ou da fauna silvestre (art. 16, *caput* e §1º, incs. I a VI).

Alerta-se que era vedado se incluir na concessão florestal a comercialização de créditos decorrentes da emissão evitada de carbono em florestas naturais, bem como o acesso ao patrimônio genético, o que foi alterado com o advento da MP nº 1.151, de 26 de dezembro de 2022, que deu nova redação ao art. 16 da Lei de Gestão de Florestas Públicas.[412]

A alteração normativa, além de permitir ser incluída na concessão florestal a comercialização de créditos decorrentes da emissão evitada de carbono em florestas naturais, permitiu serem incluídos no objeto da concessão a exploração de produtos e de serviços florestais não madeireiros, desde que realizados nas respectivas unidades de manejo florestal, nos termos do regulamento da respectiva esfera de Governo, tais

---

[410] Os requisitos do edital estão previstos nos arts. 20 a 24 da Lei de Gestão de Florestas Públicas. Lembremos que os editais devem antes ser submetidos a audiências públicas, nos termos do art. 8º.

[411] O legislador instituiu o Cadastro Nacional de Florestas Públicas, interligado ao Sistema Nacional de Cadastro Rural, devendo ser integrado pelo Cadastro-Geral de Florestas Públicas da União e pelos cadastros de florestas públicas dos estados, do Distrito Federal e dos municípios, previsto no parágrafo único do art. 14, incs. I e II – essencial para uma melhor gestão do território.

[412] No caso de reflorestamento de áreas degradadas ou convertidas para uso alternativo do solo, o direito de comercializar créditos de carbono poderá ser incluído no objeto da concessão, nos termos de regulamento, como previsto no §2º, art. 16.

como serviços ambientais, o acesso ao patrimônio genético ou conhecimento tradicional associado para fins de conservação, de pesquisa, de desenvolvimento e de bioprospecção, conforme a Lei do Acesso ao Patrimônio Genético (Lei nº 13.123/2015); restauração florestal e reflorestamento de áreas degradadas; atividades de manejo voltadas à conservação da vegetação nativa ou ao desmatamento evitado; turismo e visitação na área outorgada; e produtos obtidos da biodiversidade local da área concedida.[413]

Observa-se assim que a pretensão da alteração normativa é dar maior amplitude ao objeto da concessão florestal, o que ainda será objeto de análise do Poder Legislativo, de forma a se evitarem eventuais conflitos, especialmente frente às comunidades tradicionais, e, ainda, dado a maior complexidade do objeto, maiores conflitos com o Poder Concedente.

O legislador, ao definir o objeto da concessão florestal, ressalva o manejo da fauna silvestre pelas comunidades locais, observando a legislação específica, bem como que os produtos de seu uso tradicional e de subsistência serão excluídos do objeto da concessão, devendo ser explicitados no edital, juntamente com a definição das restrições e da responsabilidade pelo manejo das espécies das quais derivam esses produtos, bem como o dever de indenizar eventuais prejuízos ao meio ambiente e ao poder concedente, como previsto no §3º do art. 16 c/c art. 17.

Uma importante característica do processo de licenciamento das concessões florestais é que a licença prévia será requerida pelo órgão gestor, mediante a apresentação de relatório ambiental preliminar ou EIA, dependendo da intensidade do impacto ambiental, ao órgão ambiental competente integrante do Sisnama. Porém, os custos dos estudos ambientais devem ser ressarcidos pelo concessionário ganhador da licitação, somente estando dispensadas desta obrigação as empresas de pequeno porte, microempresas e associações de comunidades (art. 18, *caput* e §§1º, 2º e 3º, c/c §2º do art. 24).

A *licença prévia* autoriza a elaboração do PMFS e, no caso de unidade de manejo inserida no Paof, a licitação para a concessão florestal, mas o início das atividades florestais na unidade de manejo somente poderá ser efetivado com a aprovação do respectivo PMFS pelo órgão competente do Sisnama e a consequente obtenção da licença de operação pelo concessionário (§§4º e 5º do art. 18).

No processo de licenciamento ambiental para uso sustentável da unidade de manejo não há licença de instalação, compreendendo apenas a licença prévia e a licença de operação, justamente porque o objeto da exploração não depende de grandes estruturas permanentes (§6º do art. 18).

Quando já existe a aprovação do plano de manejo da unidade de conservação, elaborado na forma prevista na Lei do SNUC, não há necessidade de licença prévia, pois aquele, dada a sua maior complexidade, a substitui, sem prejuízo da elaboração de EIA nos casos de significativo impacto ambiental, e da observância de outros requisitos do licenciamento ambiental (§7º do art. 18).

Para se habilitar às licitações de concessão florestal deve o licitante, além de respeitar as condições gerais da lei de licitações, comprovar a ausência de débitos inscritos na dívida ativa relativos à infração ambiental nos órgãos competentes integrantes do

---

[413] Art. 16, §§2º e 4º, da Lei nº 11.284/2006, alterada pela MP nº 1.151/2022.

Sisnama e de decisões condenatórias, com trânsito em julgado, em ações penais relativas a crime contra o meio ambiente, contra a ordem tributária ou previdenciário, observado o direito de reabilitação, previsto no Código Penal (art. 19, *caput* e incs. I e II).

Somente poderão ser habilitadas nas licitações para concessão florestal empresas ou outras pessoas jurídicas constituídas sob as leis brasileiras e que tenham sede e administração no país (§2º do art. 19).

Visando justamente à observância do princípio do desenvolvimento sustentável, o julgamento da licitação para concessões florestais rompe com o critério apenas econômico, devendo ser recusadas propostas manifestamente inexequíveis ou financeiramente incompatíveis com os objetivos da licitação, devendo ser considerada a melhor proposta em razão da combinação dos critérios do maior preço ofertado como pagamento ao poder concedente pela outorga da concessão florestal e a melhor técnica, a partir do menor impacto ambiental, dos maiores benefícios sociais diretos, da maior eficiência, da maior agregação de valor ao produto ou serviço florestal na região da concessão (art. 26, *caput*, incs. I e II e seu §3º).

Deve ser firmado um único e exclusivo contrato de concessão para cada unidade de manejo licitada, sendo o concessionário responsável por todas as obrigações nele previstas,[414] sem excluir a responsabilidade pelos prejuízos causados eventualmente ao poder concedente, ao meio ambiente ou a terceiros, ressalvado que a fiscalização exercida pelos órgãos competentes não exclui ou atenua essa responsabilidade (art. 27, *caput*).

O legislador *veda a subconcessão* na concessão florestal, mas, sem prejuízo da sua responsabilidade, o concessionário pode contratar terceiros para o desenvolvimento de atividades inerentes ou subsidiárias ao manejo florestal sustentável dos produtos e à exploração dos serviços florestais concedidos (art. 27, *caput* e §§1º e 4º).

Esta regra também pode ser aplicada na gestão direta pelo particular de florestas privadas a fim de que o órgão licenciador da atividade florestal possa de fato saber e controlar quem é o responsável pela execução do PMFS, assim, se houver alteração contratual que leve à mudança dos responsáveis pelo empreendimento, o órgão do Sisnama deve ser comunicado, até mesmo para avaliar se permanece a idoneidade para execução da unidade de manejo.

Importante destacar que o PMFS de uma área concedida deve respeitar *a área de reserva absoluta*, novo instituto que consiste numa área geograficamente delimitada, definida pelo órgão gestor previamente à elaboração do PMFS, que possui a característica de ser representativa dos ecossistemas florestais manejados, e equivalente a, no mínimo, 5% (cinco por cento) do total da área concedida. Tal área se destina à conservação da biodiversidade e avaliação e monitoramento dos impactos do manejo florestal, e no seu cálculo não se computam as áreas de preservação permanente, e não pode esta área ser objeto de qualquer tipo de exploração econômica (art. 32, *caput*, §§1º, 2º e 3 º).

Entende-se, também, que, no caso de gestão direta de florestas particulares, também é de se delimitar que, dentro do PMFS, se deve criar e respeitar *a área de reserva absoluta*, como nas florestas públicas, consistindo numa área geograficamente delimitada, definida pelo órgão licenciador como requisito integrante na elaboração do

---

[414] Nos termos do art. 28, a transferência do controle societário do concessionário sem prévia anuência do poder concedente implica a rescisão do contrato e a aplicação das sanções contratuais, sem prejuízo da execução das garantias oferecidas.

PMFS, que deve possuir a característica de ser representativa dos ecossistemas florestais manejados, e equivalente a, no mínimo, 5% (cinco por cento) do total da área a ser objeto de exploração florestal. Tal área se destina à conservação da biodiversidade e avaliação e monitoramento dos impactos do manejo florestal, no seu cálculo não se computam as áreas de preservação permanente, e, não podendo esta área ser objeto de qualquer tipo de exploração econômica, decorre da aplicação analógica do art. 32, *caput*, §§1º, 2º e 3º, da Lei nº 11.284/2006.

O legislador procura evitar que as concessões florestais sejam a porta de entrada de formação de uma nova elite que concentre nas suas mãos o resultado da riqueza florestal, como o foram no passado os barões da borracha. Assim, para garantir o direito de acesso às concessões florestais por pessoas jurídicas de pequeno porte, micro e médias empresas, nos Paofs devem ser definidos lotes de concessão, contendo várias unidades de manejo de tamanhos diversos, estabelecidos com base em critérios técnicos, que devem considerar as condições e as necessidades do setor florestal, as peculiaridades regionais, a estrutura das cadeias produtivas, as infraestruturas locais e o acesso aos mercados (art. 33).

Os critérios expostos não excluem a aplicação da legislação de proteção da concorrência e de outros requisitos estabelecidos em regulamento, devendo ser observadas as salvaguardas de que em cada lote de concessão florestal não poderão ser outorgados a cada concessionário, individualmente ou em consórcio, mais de 2 (dois) contratos. Devendo, ainda, cada concessionário, individualmente ou em consórcio, ter um limite percentual máximo de área de concessão florestal, definido no Paof, calculado sobre o total da área destinada à concessão florestal pelo Paof e pelos planos anuais de outorga em execução aprovados nos anos anteriores, como previsto no art. 34, incs. I, II e parágrafo único.

Como por evidente, a atividade florestal já existia, antes do advento da lei de gestão de florestas públicas, esta criou uma regra de transição, sendo garantida no §2º do art. 73 a continuidade nas áreas públicas das atividades econômicas realizadas, em conformidade com a lei, pelos atuais ocupantes em áreas de até 2.500ha (dois mil e quinhentos hectares), pelo prazo de 5 (cinco) anos a partir sua publicação, ou seja, até 23.3.2011.

CONCLUSÕES GERAIS

Abordar o tema dos contratos, convênios e concessões de exploração florestal importa reconhecer que, embora o Código Florestal de 2012 não tenha trazido regras mais detalhadas sobre a pactuação em torno da utilização deste bem econômico ambiental, fortaleceu o seu papel de estabelecer os princípios que devem girar em torno da exploração florestal, segundo o princípio do desenvolvimento sustentável.

Com o advento da Lei nº 11.284/06, passaram a existir regras mais claras para regular o uso de um bem ambiental tão sensível como as florestas, especialmente as públicas, ainda mais que reforçado pelos princípios de proteção ambiental, estabelecidos pelo Código Florestal, no qual se foca o contrapeso da sustentabilidade.

Foi neste capítulo demonstrado que o Código Florestal possui normas e princípios que reforçam a noção de sustentabilidade ambiental no uso dos recursos florestais, e, apesar de usar o termo "exploração florestal", no Capítulo VII, o seu art. 31 expressamente reforça o conceito de "gestão florestal", ao exigir que o uso racional destes recursos naturais deve ser previamente condicionado à aprovação do plano de manejo florestal sustentável, como já havia previsto a atual legislação de gestão de florestas públicas.

O Código Florestal e a Lei de Gestão de Florestas Públicas são normas complementares e interdependentes para a correta gestão dos recursos florestais públicos ou privados.

REFERÊNCIAS

ACEVEDO, Rosa; CASTRO, Edna. *Negros do Trombetas*: guardiães de matas e rios. 2. ed. Belém: CEJUP/ UFPA-NAEA, 1998.

ALBUQUERQUE, J. B. Torres. *Direito agrário no Brasil*. São Paulo: Continental Jurídica, 2010.

ALENCAR, José Torquato Araújo de. *Relatório Especial sobre as matrículas nºs 971, 1498, 1708 e 1709, em nome de Jovelino Nunes Batista no Cartório Extrajudicial da Comarca de São Félix do Xingu*. Belém, 14 de julho de 2006. Mimeografado.

ALMEIDA, Alfredo Wagner de. Terras de preto, terras de santo, terras de índio: uso comum e conflito. *In*: CASTRO, Edna; HEBETE, Jean (Org.). Na trilha dos grandes projetos: modernização e conflito na Amazônia. *Cadernos NAEA*, Belém, n. 10, 1988.

ALMEIDA, José Mauro de Lima O' de. *A proteção ambiental dos terrenos de marinha e a sobrevivência das cidades*: o caso de Belém. Dissertação (Mestrado em Direito) – UFPA, Belém, 2003.

ALMEIDA, Paulo Guilherme de. *Aspectos jurídicos da reforma agrária no Brasil*. São Paulo: LTr, 1990.

ALMEIDA, Paulo Guilherme de. *Direito agrário*: a propriedade imobiliária rural: limitações. São Paulo: LTr, 1980.

ALMEIDA, Paulo Guilherme de. *Temas de direito agrário*. São Paulo: LTr, 1988.

ALMEIDA, Roberto Moreira de. Sesmarias e terras devolutas. *Revista de Informação Legislativa*, Brasília, ano 40, n. 158, p. 309-317, abr./jun. 2003. Disponível em: http://www2.senado.leg.br/bdsf/handle/id/496890. Acesso em: 5 jan. 2019.

ALVARENGA, Octavio Mello. *Direito agrário e meio ambiente*. Rio de Janeiro: Forense, 1992.

ALVARENGA, Octavio Mello. *Direito agrário*. Rio de Janeiro: Instituto dos Advogados Brasileiros, 1974.

ALVARENGA, Octavio Mello. *Manual de direito agrário*. Rio de Janeiro: Forense, 1985.

ALVARENGA, Octavio Mello. *Política e direito agroambiental*. Rio de Janeiro: Forense, 1994.

ALVARENGA, Octavio Mello. *Teoria e prática do direito agrário*. Rio de Janeiro: Consagra, 1979.

ALVES, Alaôr Caffé. Regiões metropolitanas, aglomerações urbanas e microrregiões: novas dimensões constitucionais da organização do Estado brasileiro. *In*: FIGUEIREDO, Guilherme José Purvin de (Org.). *Temas de direito ambiental e urbanístico*. São Paulo: Max Limonad, 1998.

ALVES, Fábio. *Direito agrário, política fundiária no Brasil*. Belo Horizonte: Del Rey, 1995.

ALVES, Luana Nunes Bandeira; FISCHER, Luly Rodrigues da Cunha. Perspectivas sobre a relação urbano-rural: repercussões jurídicas no imóvel agrário após a edição da lei n. 13.465/2017. *Revista Brasileira de Políticas Públicas*, Brasília, v. 7, n. 1, p. 55-80, ago. 2017.

ANDRADE, Lúcia de; TRECCANI, Girolamo Domenico. Terras de quilombo. *In*: LARANJEIRA, Raymundo (Org.). *Direito agrário brasileiro*. São Paulo: LTr, 1999.

ARAÚJO, Telga de. A propriedade e sua função social. *In*: LARANJEIRA, Raymundo (Coord.). *Direito agrário brasileiro*. São Paulo: LTR, 1999.

ARISTÓTELES. *Metafísica*. Tradução Vinzenzo Cocco e notas de Joaquim de Carvalho. São Paulo: Abril Cultural, 1979. Livro II. (Coleção os Pensadores).

ARISTÓTELES. *Sobre a alma*. Tradução Ana Maria Lóio. São Paulo: Martins Fontes, 2013.

BALCÁZAR, Freddy Heinrich. Cooperacion internacional: deude externa y medio ambiente. *Forum Global*, 1992. Mimeografado.

BANDEIRA DE MELLO, Celso Antônio. *Curso de direito administrativo*. 30. ed. rev. e atual. São Paulo: Malheiros, 2013.

BANDEIRA DE MELLO, Celso Antônio. Desapropriação de imóvel rural por estados e municípios. *Revista Trimestral de Direito Público*, São Paulo, v. 29, 2000.

BARRETO, Paulo *et al*. *Pressão humana na floresta amazônica brasileira*. Belém: WRI; Imazon, 2005.

BARROS Wellington Pacheco. *Curso de direito agrário*. Porto Alegre: Livraria do Advogado, 2007.

BARROS, Ana Angélica Monteiro de; SATHLER, Evandro Bastos; CONCEIÇÃO, Maria Collares Felipe da. Implantação de unidade de conservação postulada em juízo via ação civil pública: o caso do parque estadual da Serra da Tiririca – RJ. *In*: CONGRESSO BRASILEIRO DE UNIDADES DE CONSERVAÇÃO, 3. *Anais...* Fortaleza: Rede Pro-Unidades de Conservação; Fundação O Boticário; Associação Caatinga, 2002.

BARROS, Raimundo Nonato Rodrigues. *Procedimentos para arrecadação de terras públicas do Estado*. Belém: [s.n.], 2008. Mimeografado.

BARROSO, Lucas Abreu; MANIGLIA, Elisabete; MIRANDA, Alcyr Gursen de (Coord.). *A lei agrária nova*. Curitiba: Juruá, 2006.

BARROSO, Lucas Abreu; MIRANDA, Alcyr Gursen de; SOARES, Mário Lúcio Quintão (Coord.). *O direito agrário na Constituição*. Rio de Janeiro: Forense, 2005.

BARROSO, Lucas Abreu; PASSOS, Cristianilista. *Direito agrário contemporâneo*. Belo Horizonte: Del Rey, 2005.

BECKER, Bertha Koiffmann. Conflitos de uso do território e desafios às políticas públicas. *In*: *Amazônia*: geopolíticas na virada do III milênio. Rio de Janeiro: Garamond, 2007.

BENATTI, José Heder (Coord.). Posse coletiva da terra: um estudo jurídico sobre o apossamento de seringueiros e quilombolas. *Cadernos da Pós-Graduação em Direito da UFPA*, Belém, v. 6, 1998.

BENATTI, José Heder. A posse agrária alternativa e a reserva extrativista na Amazônia. *In*: D'INCAO, Maria Angela; SILVEIRA, Isolda Maciel da (Org.). *A Amazônia e a crise da modernização*. Belém: Museu Paraense Emílio Goeldi, 1994.

BENATTI, José Heder. *A questão fundiária e o manejo dos recursos naturais da várzea*: análise para elaboração de novos modelos jurídicos. Manaus: Ibama; Provárzea, 2005.

BENATTI, José Heder. Indenização da cobertura vegetal no imóvel rural: um debate sobre o papel da propriedade na contemporaneidade. *In*: FREITAS, Vladimir Passos de (Coord.). *Direito ambiental em evolução*. Curitiba: Juruá, 2005.

BENATTI, José Heder. *Posse agroecológica e manejo florestal*. Curitiba: Juruá, 2003.

BENATTI, José Heder. *Posse agroecológica*: um estudo das concepções jurídicas de camponeses agroextrativistas na Amazônia. Tese (Mestrado) – Centro de Ciências Jurídicas, Universidade Federal do Pará, Belém, 1996.

BENATTI, José Heder; MAUÉS, Antônio Gomes Moreira. Pluralismo jurídico e as posses agrárias na Amazônia. *In*: CHAGAS, Silvio Donizete (Org.). *Lições de direito civil alternativo*. São Paulo: Acadêmica, 1994.

BENNATI, José Heder; FISCHER, Luly Rodrigues da Cunha. As áreas protegidas no Brasil: uma estratégia de conservação dos recursos naturais. *In*: COSTA, Paulo Sérgio Weil A. (Coord.). *Direitos humanos em concreto*. Curitiba: Juruá, 2008.

BENJAMIN, Antônio Herman V. (Coord.). *Direito ambiental das áreas protegidas*: o regime jurídico das unidades de conservação. Rio de Janeiro: Forense Universitária, 2001.

BENJAMIN, Antônio Herman V. (Coord.). Função ambiental. *In*: BENJAMIN, Antônio Herman V. (Coord.). *Dano ambiental*: prevenção, reparação e repressão. São Paulo: Revista dos Tribunais, 1993.

BERTONE, Leono Ferreira; MELLO, Nelo Aparecida de. Perspectivas do ordenamento territorial no Brasil: dever constitucional ou apropriação política? *In*: STEINBERG, Marilia *et al*. *Território, ambiente e políticas espaciais*. Brasília, DF: Paralelo 15; LGE, 2006.

BITTAR, Carlos Alberto. *Curso de direito civil*. Rio de Janeiro: Forense Universitária, 1994. v. 2.

BKUNICKA-MICHALSKA, Barbara. Transformaciones de derecho protector del medio ambiente y principalmente en América Latina. *In*: SEMINÁRIO MEIO AMBIENTE E DIREITOS DOS POVOS LATINO-

AMERICANOS, CEISAL (Consejo Europeo de Investigaciones Sociales de América Latina). Forum Global 1992. Rio de Janeiro, 2 jun. 1992. Mimeografado.

BORGES, Antonino Moura. *Curso completo de direito agrário*. São Paulo: CL Edijur-Editor J., 2009.

BORGES, Paulo Torminn. *Institutos básicos do direito agrário*. 11. ed. São Paulo: Saraiva, 1998.

BOULOS, Daniel M. *Abuso do direito no novo Código Civil*. São Paulo: Método, 2006.

BRAGA, José dos Santos Pereira. O direito à terra e os contratos agrários no Brasil: contradições e impasses. *In*: LARANJEIRA, Raimundo (Coord.). *Direito agrário brasileiro*. São Paulo: LTR, 1999.

BRAGA, José. *Introdução ao direito agrário*. Belém: Cejup, 1991.

BRASIL. Ministério de Política Fundiária e do Desenvolvimento Agrário. *Livro branco da grilagem*. Brasília, 1999.

BRASIL. Ministério Extraordinário para Assuntos Fundiários. Programa Nacional de Política Fundiária. *Coletânea*: legislação agrária, legislação de registros públicos, jurisprudência. Elaboração de Maria Jovita Wolney Valente. Brasília, 1983.

BRASIL. Ministério Público Federal. Câmara de Coordenação e Revisão, 6. *Manual de jurisprudência dos direitos indígenas* / 6ª Câmara de Coordenação e Revisão, Populações Indígenas e Comunidades Tradicionais. Brasília: MPF, 2019.

BRÜSEKE, Franz Josef. A crítica da técnica moderna. *Estudos Sociedade e Agricultura*, 10, p. 5-55, abr. 1998. Disponível em: http://bibliotecavirtual.clacso.org.ar/ar/libros/brasil/cpda/estudos/dez/brusek10.htm. Acesso em: 8 fev. 2019.

BUARQUE, Elaine Cristina de Moraes. A arbitragem e as alterações trazidas pela Lei nº 13.129/15: possíveis problematizações. Revista Fórum de Direito Civil – RFDC, Belo Horizonte, ano 5, n. 12, p. 137-153, maio/ago. 2016.

CALAFATE, Pedro. Raízes jusnaturalistas do conceito de direitos originários dos índios na tradição constitucional brasileira: sobre o conceito de indigenato. *In*: Revista do Instituto Brasileiro de Direitos Humanos, [S.l.], n. 16, nov. 2016, p. 269. ISSN 1677-1419. Disponível em: http://revista.ibdh.org.br/index.php/ibdh/article/view/354. Acesso em: 24 mar. 2020.

CANOTILHO, José Joaquim Gomes. *Direito constitucional e teoria da Constituição*. 3. ed. Coimbra: Almedina, 1998.

CANOTILHO, José Joaquim Gomes. *Protecção do ambiente e direito de propriedade*: crítica de jurisprudência ambiental. Coimbra: Coimbra Ed., 1995.

CAPPELLETTI, Mauro; GARTH, Briant. *Acesso à justiça*. Porto Alegre: Fabris, 1998.

CARDOZO, Malta. *Tratado de direito rural brasileiro*. São Paulo: Saraiva, 1953.

CARDOSO, Oscar Valente. A proteção dos dados pessoais sensíveis em situações não discriminatórias. *Revista de Direito e as Novas Tecnologias*, vol. 13/2021, out./dez 2021. DTR\2021\47861.

CARTILHA ARPENSP. *O impacto da LGPD nas atividades dos registradores civis de pessoas naturais do Estado de SP*. 2022.

CARVALHO FILHO, José dos Santos. *Manual de direito administrativo*. 16. ed. São Paulo: Lumen Juris, 2006.

CARVALHO, Edson Ferreira de. *Manual didático de direito agrário*. 1. ed. 2. reimpr. Curitiba: Juruá, 2011.

CARVALHO, Vailton Loula de. *Formação do direito fundiário brasileiro*. São Paulo: Iglu, 1999.

CLÁPIS, Alexandre Laizo. *Lei de registros públicos*: comentada. Coordenação José Manuel de Arruda Alvim Neto, Alexandre Laizo Clápis, Everaldo Augusto Cambler. Rio de Janeiro: Forense, 2014.

COMPARATO, Fábio Konder. Direitos e deveres fundamentais em matéria de propriedade. *In*: STROZAKE, Juvelino José (Org.). *A questão agrária e a justiça*. São Paulo: Revista dos Tribunais, 2000.

COMPARATO, Fábio Konder. *Para viver a democracia*. Escola de Governo e Cidadania do Pará, primeiro semestre de 2003. Mimeografado.

CONAMA. *Resoluções do Conama* – Resoluções vigentes publicadas entre setembro de 1984 e janeiro de 2012. Brasília: MMA, 2012. Disponível em: http://www.mma.gov.br/port/conama/processos/61AA3835/LivroConama.pdf. Acesso em: 16 jan. 2008.

CONFERÊNCIA NACIONAL DOS BISPOS DO BRASIL. *Pastoral da Terra*: posse e conflitos. São Paulo: Paulinas, 1977.

COSTA, Francisco de Assis. *Ecologismo e questão agrária na Amazônia*. Belém: Sepeq/NAEA/UFPa, 1992.

COUTURE, Eduardo J. *Interpretação das leis processuais*. Tradução de Gilda Maciel Correia Meyer Russomano. 4. ed. Rio de Janeiro: Forense, 1994.

CUNHA, Manuela Carneiro da. *Direitos dos Índios*. São Paulo: Brasiliense, 1987.

DELGADO DE MIGUEL, Juan Francisco. *Derecho agrario ambiental*: propriedade y ecologia. Pamplona: Aranzadi, 1992.

DELGADO, José Augusto. A arbitragem: direito processual da cidadania. Doutrina: STJ dez anos a serviço da justiça. *STJ*. Disponível em: http://www.stj.jus.br/publicacaoinstitucional/index.php/Dou10anos/article/view/3447/3571. Acesso em: 8 nov. 2017.

DEMETRIO, Nelson. *Doutrina e prática do direito agrário*: doutrina, prática, jurisprudência, legislação. Campinas: Agá Juris, 1998.

DERANI, Cristiane. A propriedade na Constituição de 1988 e conteúdo da função social. *Revista de Direito Ambiental*, v. 7, n. 27, jul./set. 2002.

DETALHAMENTO do macrozoneamento ecológico econômico do Estado do Pará: áreas para exploração florestal manejada: versão preliminar. Belém: Imazon, 2006. Mimeografado.

DI PIETRO, Maria Sylvia Zanella. *Direito administrativo*. 30. ed. rev., atual. e ampl. Rio de Janeiro: Forense, 2017.

DINAMARCO, Cândido Rangel. *Execução civil*. 4. ed. São Paulo: Malheiros, 1994.

DINAMARCO, Cândido Rangel. *Fundamentos do processo civil moderno*. 4. ed. São Paulo: Malheiros, 2001. t. I.

DINIZ, Maria Helena. *Curso de direito civil brasileiro*. 20. ed. São Paulo: Saraiva, 2004.

DINIZ, Maria Helena. *Lei de Introdução ao Código Civil interpretada*. São Paulo: Saraiva, 1994.

DINIZ, Maria Helena. *Tratado teórico e prático dos contratos*. São Paulo: Saraiva, 1995.

DRUCKER, Peter. *A sociedade pós-capitalista*. Tradução de Nivaldo Montiglinelli Jr. São Paulo: Pioneira, 1993. (Coleção Novos Umbrais).

DUARTE, José Florentino. *O direito como fato social*. Porto Alegre: Sergio Antonio Fabris, 1982.

DUPAS, Gilberto. O novo paradigma do emprego. *São Paulo em Perspectiva*, v. 12, n. 3, jul./set. 1998.

DWORKIN, Ronald. *Law's empire*. Cambridge: Harvard University Press, 1986.

DWORKIN, Ronald. *Justice for hedgehogs*. Cambridge: Belknap of Harvard University, 2011.

EIDE, Asbjorn. Economic and social rights as human rights. *In*: KRAUSE, Catarina; ROSAS, Allan. *Economic, social and cultural rights* – A text book. 2. ed. Dordrecht; London: M. Nijhoff, 2001.

EMBRAPA. *Projeto manejo dos territórios quilombolas*. Zoneamento agroecológico nas terras quilombolas Trombetas e Erepecuru. Brasília: ARQMO, CPI-SP, EMBRAPA, 2000.

ESTERCI, Neide; VALLE, Raul Silva Telles do (Org.). *Reforma agrária e meio ambiente*. São Paulo: Instituto Socioambiental, 2003.

FALCÃO, Ismael Marinho. *Direito agrário brasileiro*: doutrina, jurisprudência, legislação e prática. Bauru: Edipro, 1995.

FARIA, José Eduardo. A crise do Poder Judiciário. *Justiça e Democracia – Revista Semestral de Informações e Debates*, São Paulo, n. 1, 1996.

FELZENBURG, Daniel Martins. *Cancelamento administrativo do registro imobiliário*: instrumento de combate à grilagem de terras públicas. Rio de Janeiro: Lumen Juris, 2015.

FERNANDEZ, Maria Elizabeth Moreira. *Direito ao ambiente e propriedade privada*: aproximação ao estudo da estrutura e das conseqüências das "leis-reserva" portadoras de vínculos ambientais. Coimbra: Coimbra Ed., 2001.

FERNANDES, Vanilson Rodrigues. *O licenciamento socioambiental trabalhista na Amazônia*: o caso Belo Monte. Rio de Janeiro: Lumens Juris, 2021.

FERREIRA FILHO, Marcílio da Silva. O procurador do estado como mediador de conflitos: incompatibilidade ou autonomia da vontade? *Fórum Administrativo – FA*, Belo Horizonte, ano 17, n. 200, out. 2017. Disponível em: http://www.bidforum.com.br/PDI0006.aspx?pdiCntd=248632. Acesso em: 8 nov. 2017.

FERREIRA, Aurélio Buarque de Holanda. *Novo Dicionário Aurélio*. Rio de Janeiro: Nova Fronteira, 1999.

FERREIRA, Olavo Augusto Vianna Alves; FERNANDEZ, Rodrigo Pieroni. O direito constitucional a moradia e os efeitos da emenda constitucional nº 26/2000. *Revista de Direitos Difusos*, São Paulo, 2000.

FERREIRA, Pinto. *Curso de direito agrário*. São Paulo: Saraiva, 1998.

FERRETO, Vilson. *Contratos agrários, aspectos polêmicos*. São Paulo: Saraiva, 2009.

FIGUEIREDO, Guilherme José Purvin de. *A propriedade no direito ambiental*. 2. ed. Rio de Janeiro: Esplanada, 2005.

FIGUEIREDO, Guilherme José Purvin de; LEUZINGER, Márcia Dieguez. Desapropriações ambientais na Lei nº 9.985/2000. *In*: BENJAMIN, Antônio Herman V. (Coord.). *Direito ambiental das áreas protegidas*: o regime jurídico das unidades de conservação. Rio de Janeiro: Forense Universitária, 2001.

FIUZA, Ricardo (Coord.). *Novo Código Civil comentado*. São Paulo: Saraiva, 2002.

FRANÇA, R. Limongi. *Manual de direito civil*. São Paulo: Revista dos Tribunais, 1971.

FREITAS, Vladimir Passos de. *A Constituição Federal e a efetividade das normas ambientais*. 2. ed. rev. São Paulo: Revista dos Tribunais, 2002.

GADAMER, Hans-Georg. *A idéia do bem entre Platão e Aristóteles*. Tradução Tito Lívio Cruz Romano. São Paulo: Martins Fontes, 2009.

GALIGO, Javier Gomes. Registration Systems In The Real Estate And Mortgage Market. *In*: *Revista de Direito Imobiliário*, vol. 84/2018, p. 535-567, jan./jun. 2018. DTR\2018\14318.

GARCEZ, Martinho. *Das nulidades dos atos jurídicos*. 3. ed. Rio de Janeiro: Renovar, 1997.

GISCHKOW, Emílio. Direito brasileiro: atualização do conceito de propriedade. *Revista de Direito Agrário*, 1972.

GIFFONI, Johny Fernandes. *Protocolos comunitários-autônomos de consulta e consentimento quilombolas*: direto e negacionismo. Belém: UFPA. ICJ. PPGD. (Dissertação – Mestrado), 2020.

GODOY, Luciano de Souza. *Direito agrário constitucional*: o regime da propriedade. São Paulo: Atlas, 1998.

GOMES, Laurentino. *1808*. 2. ed. 2. reimpr. São Paulo: Planeta, 2010.

GRANDE JUNIOR, Cláudio. *Usucapião sobre terras públicas e devolutas*. Rio de Janeiro: Lumen Juris, 2016.

GRAU, Eros Roberto. Parecer. *In*: STROZAKE, Juvelino José (Org.). *A questão agrária e a justiça*. São Paulo: Revista dos Tribunais, 2000.

GREENPEACE. *Grilagem de terras na Amazônia*: negócio bilionário ameaça a floresta e populações tradicionais. 2005.

GRINOVER, Ada Pellegrini. Ação civil pública no STJ. *Repro*, São Paulo, n. 99, jul./set. 2000.

GRINOVER, Ada Pellegrini. Da class action for damages à ação de classe brasileira: os requisitos de admissibilidade. *In*: MILARÉ, Edis (Coord.). *Ação civil pública – 15 anos*. São Paulo: Revista dos Tribunais, 2001.

GRINOVER, Ada Pellegrini. Da class action for damages à ação de classe brasileira: os requisitos de admissibilidade. *RePro*, São Paulo, n. 101, jan./mar. 2001.

IRIB. Proteção de Dados e Registro Imobiliário. Instituto de Registro Imobiliário Brasileiro – IRIB. *Núcleo de Estudos Avançados sobre Registro de Imóveis Eletrônicos – NEAR*. Junho de 2020.

JONES, Alberto da Silva. *A política fundiária do governo militar*: legitimação privilegiada e grilagem especializada (do instituto das sesmarias ao Estatuto da Terra). Tese (Doutorado) – Programa de Pós-Graduação em Sociologia, Universidade de São Paulo, São Paulo, 1997.

JUNQUEIRA, Messias. *As terras devolutas na reforma agrária*. São Paulo: Revista dos Tribunais, 1964.

KANAYAMA, Rodrigo L.; KANAYAMA, Ricardo A. LGPD, regime sancionatório e serviços notariais e registrais. *Revista dos Tribunais*, vol. 1031/2021, p. 227-241, set. 2021. DTR\2021\45756.

KELSEN, Hans. *Teoria pura do direito*. 6. ed. Tradução João Batista Machado. Coimbra: Armênio Armado, 1984.

KILLANDER, Magnus. Interpretação dos tratados regionais de direitos humanos. *Revista Internacional de Direitos Humanos*, São Paulo, v. 7, n. 13, 2004.

KRENAK, Ailton. *Ideias para adiar o fim do mundo*. São Paulo: Companhia das Letras, 2019.

LAMARÃO, Paulo. *Legislação de terras do Estado do Pará*. Belém: Grafisa, 1977. v. I-II.

LARANJEIRA, Raymundo. *Direito agrário brasileiro*. São Paulo: LTr, 1999.

LARANJEIRA, Raymundo. *Direito agrário, perspectivas críticas*. São Paulo: LTr, 1984.

LARANJEIRA, Raymundo. *Propedêutica do direito agrário*. São Paulo: LTr, 1975.

LEAL, Pastora do Socorro Teixeira. Dano moral: (re)configuração de um conceito. *In*: LEAL, Pastora do Socorro Teixeira; SANTANA, Ágata Gonçalves (Org.). *Responsabilidade civil no século XXI e a construção dos direitos de danos*. Rio de Janeiro: Lumen Juris, 2017.

LENTINI, Marco; VERISSIMO, Adalberto; SOBRAL, Leonardo. *Fatos florestais da Amazônia*. Belém: Imazon, 2003.

LEVENHAGEN, Antonio Jose de Souza. *Código Civil*. São Paulo: Atlas, 1979. v. 3.

LIBERATO, Ana Paula Gularte. *Reforma agrária*: direito humano fundamental. Curitiba: Juruá, 2004.

LIEBMAN, Enrico Tulio. *Manual de direito processual civil*. Tradução e notas de Cândido Rangel Dinamarco. 2. ed. Rio de Janeiro: Forense, 1995. v. 1.

LIMA, Gabriel Odileni Barbosa; LIGEIRO Gilberto Notário; LIMA, João Angelo Barbosa. A busca da celeridade processual por meio da arbitragem e do acesso à justiça no Novo CPC. *Intertemas*, v. 12, n. 12, 2016. Disponível em: http://intertemas.toledoprudente.edu.br/index.php/ETIC/article/view/5699. Acesso em: 8 nov. 2017.

LIMA, Raphael Augusto de Mendonça. *Direito agrário, reforma agrária e colonização*. Rio de Janeiro: Livraria Francisco Alves, 1973.

LIMA, Raphael Augusto de Mendonça. *Direito agrário*. Rio de Janeiro: Renovar, 1997.

LIMA, Renato Sérgio de. Acesso à justiça e reinvenção do espaço público: saídas possíveis de pacificação social. *São Paulo em Perspectiva*, v. 11, n. 3, jul./set. 1997.

LIMA, Ruy Cirne. *Pequena história territorial do Brasil*: sesmarias e terras devolutas. Porto Alegre: Sulina, 1954.

LORENZETTI, Ricardo Luis. *Fundamentos do direito privado*. São Paulo: Revista dos Tribunais, 1998.

LOUREIRO, Luiz Guilherme. *Registros públicos*: teoria e prática. 8. ed. rev., atual e ampl. Salvador: Editora JusPodivm, 2017.

LUZ, Valdemar da. *Curso de direito agrário*. Porto Alegre: Sagra, 1990.

MACEDO DE SÁ, João Daniel. *Direito de propriedade*: uma análise do papel da propriedade rural no contexto da justiça distributiva. Rio de Janeiro: Lumen Juris, 2018.

MACHADO, H. B. *Curso de direito tributário*. 28. ed. São Paulo: Malheiros, 2007.

MACHADO, Paulo Affonso Leme. *Direito ambiental brasileiro*. 11. ed. rev., ampl. e atual. São Paulo: Malheiros, 2001.

MAGALHÃES, Juraci Perez. *A propriedade territorial no Brasil e as terras do Distrito Federal*. Rio de Janeiro: América Jurídica, 2003.

MAIA, Altir de Souza. *Discriminação de terras*. Brasília: Fundação Petrônio Portela, 1982.

MAIA, Motta. *Comentários ao Estatuto da Terra*. Rio de Janeiro: A. Coelho Branco, 1965.

MALDONADO, Viviane Nobrega; BLUM, Renato Opice (Coords.). *LGPD comentada*. 2. ed. São Paulo: Thompson Reuters, 2019.

MANCUSO, Rodolfo de Camargo. *Interesses difusos*: conceito e legitimação para agir. 3. ed. São Paulo: Revista dos Tribunais, 1994.

REFERÊNCIAS | 539

MARQUES JUNIOR, William Paiva. *Direito agrário* – Recomendado para concursos públicos. São Paulo: Atlas, 2010.

MARQUES, Benedito Ferreira. *Direito agrário brasileiro*. São Paulo: Atlas, 2015.

MARQUES, Benedito Ferreira. Política agrícola. *In*: LARANJEIRA, Raymundo (Coord.). *Direito agrário brasileiro*. São Paulo: LTR, 1999.

MARQUES NETO, Floriano de Azevedo. *Bens públicos*: função social e exploração econômica: o regime jurídico das utilidades públicas. Prefácio de Maria Sylvia Zanella Di Pietro; apresentação de Odete Medauar. 1ª reimpressão. Belo Horizonte: Fórum, 2014.

MARTES, Marina Martins. Arbitragem e Administração Pública: a compatibilidade, os limites e o procedimento arbitral envolvendo o Poder Público. *Revista Brasileira de Estudos da Função Pública – RBEFP*, Belo Horizonte, ano 5, n. 15, set./dez. 2016. Disponível em: http://www.bidforum.com.br/PDI0006.aspx?pdiCntd=246197. Acesso em: 9 nov. 2017.

MARX, Karl. *O Capital*. Livro I. Tradução Rubens Enderle. São Paulo: Boitempo, 2013.

MATO GROSSO (ESTADO). *Projeto de desenvolvimento agroambiental do estado de Mato Grosso*. 3ª versão. Cuiabá: Instituto de Terras de Mato Grosso, 1999.

MATTOS NETO, Antônio José de. *A posse agrária e suas implicações jurídicas no Brasil*. Belém: Cejup, 1988.

MATTOS NETO, Antônio José. *Curso de direito agroambiental brasileiro*. São Paulo: Saraiva Jur, 2018.

MCCOMICK, John. *Rumo ao paraíso*: a história do movimento ambientalista. Tradução de Marco Antonio Esteves da Rocha e Renato Aguiar. Rio de Janeiro: Relume Dumará, 1992.

MEIRELLES, Hely Lopes; BURLE FILHO, José Emanuel. *Direito administrativo brasileiro*. 42. ed. São Paulo: Malheiros, 2016.

MELLO, Henrique Ferraz Corrêa. *Usucapião extrajudicial*. São Paulo: YK, 2016.

MELO, Caio Valverde. A cláusula compromissória de arbitragem como negócio jurídico: parâmetros para interpretação. Revista Fórum de Direito Civil – RFDC, Belo Horizonte, ano 5, n. 13, set./dez. 2016. Disponível em: http://www.bidforum.com.br/PDI0006.aspx?pdiCntd=246374. Acesso em: 9 nov. 2017.

MENDES JUNIOR, João. *Os indígenas do Brazil, seus Direitos Individuais e Políticos*. São Paulo: Typ. Hennies Irmãos, 1912.

MENDONÇA, Bruna Lima; COELHO, Camila Aguileira. O ônus de mitigação dos próprios prejuízos no ordenamento jurídico brasileiro. *In*: MONTEIRO FILHO, Carlos Edison do Rêgo (Org.). *Problemas de responsabilidade civil*. Rio de Janeiro: Revan, 2016.

MENDONÇA, Manoel Ignacio Carvalho de. *Rios e águas correntes em suas relações jurídicas*. Curitiba: Annibal Rocha, 1909.

MENDONÇA, Marinildes Costeira de. *Relatório das correições extraordinárias nos registros de terras rurais no Estado do Amazonas*. Manaus: Secretaria de Estado da Cultura, Turismo e Desporto, 2002.

MERCADANTE, Maurício. Democratizando a criação e a gestão de unidades de conservação da natureza: a Lei 9.985, de 18 de julho de 2000. *Revista de Direitos Difusos*, São Paulo, ano I, v. 5, 2001.

MIRAGEM, Bruno. *Abuso do direito*: proteção da confiança e limite ao exercício das prerrogativas jurídicas no direito privado. Rio de Janeiro: Forense, 2009.

MIRANDA, Alcyr Gursen de. *A figura jurídica do posseiro*. Belém: Cejup, 1988.

MIRANDA, Alcyr Gursen de. *Instituto jurídico da posse agrária*. Belém: Cejup, 1992.

MIRANDA, Alcyr Gursen de. *Teoria de direito agrário*. Belém: Cejup, 1989.

MIRANDA, Marcos Paulo de Souza. Registro de imóveis é um aliado da proteção do patrimônio cultural (243-248). *In*: MIRRA, Álvaro Luiz Valery; FARIAS, Talden; MIRANDA, Marcos Paulo; VIEGAS, Eduardo; WEDY, Gabriel. Ambiente Jurídico. 1. ed. Belo Horizonte: Fórum, 2018.

MIRANDA, Caleb Matheus Ribeiro de. O registro de imóveis e o direito à proteção dos dados pessoais. *In*: *Revista de Direito Imobiliário*, vol. 85/2018, p. 103-125, jul./dez. 2018. DTR\2018\22573.

MONTEIRO, Washington de Barros. *Curso de direito civil* – Direito das coisas. v. 3. São Paulo: Saraiva, 2003.

MORENO MOLINA, José Antonio. *La protección ambiental de los bosques*. Prólogo de Luis Ortega Álvarez. Madrid: Marcial Pons, 1987.

MULHOLLAND, Caitin; MATERA, Vincius. Tratamentos de dados pessoais pelo poder público. *In*: MULHOLLAND, Caitin (Org.). *A LGPD e o novo marco normativo no Brasil*. Porto Alegre: Arquipélago, 2020.

NADER, Paulo. *Curso de direito civil* – Responsabilidade civil. 6. ed. Rio de Janeiro: Forense, 2016. v. 7.

NASCIMENTO, Tupinambá Miguel Castro do. *Comentários à Constituição Federal*: ordem econômica e financeira. Porto Alegre: Livraria do Advogado, 1997.

NOGUEIRA, Mauro Fonseca Pinto. *1.000 perguntas*: direito agrário. Rio de Janeiro: Ed. Rio, 1983.

NOVOA, Hélio. *Discriminação de terras devolutas*. São Paulo: Leud, 2000.

NUNES, Benedito. *Crivo de Papel*. São Paulo: Edições Loyola, 2014.

OCTAVIO, Rodrigo. *Do domínio da União e dos Estados segundo a Constituição Federal*. 2. ed. São Paulo: Livraria Acadêmica; Saraiva, 1924.

OLIVEIRA JUNIOR, Adolfo Neves *et al*. Laudo antropológico negros do Ribeira. *In*: ANDRADE, Tânia *et al*. (Ed.). *Negros do Ribeira*: reconhecimento étnico e conquista do espaço. 2. ed. São Paulo: ITESP, 2000. (Cadernos do Itesp. 3).

OLIVEIRA, Umberto Machado de. *Princípios de direito agrário na Constituição vigente*. Curitiba: Juruá, 2004.

OLIVEIRA, Washington Henrique. Os novos rumos da arbitragem. *Revista da Faculdade de Direito Santo Agostinho*. Disponível em: http://revistas.santoagostinho.edu.br/index.php/Direito/article/viewFile/199/190. Acesso em: 8 nov. 2017.

OLIVEIRA FILHO, José Pacheco. Os instrumentos de bordo: expectativas e possibilidades do trabalho do antropólogo em laudos periciais. *In*: SILVA, Orlando Sampaio; LUZ, Lidia; HELM, Cecilia Maria Vieira (Orgs.). *Pericia antropológica em processos judiciais*. Florianópolis: Ed. da UFSC, 1994.

OPITZ, Oswaldo; OPITZ, Silvia C. B. *Curso completo de direito agrário*. 5. ed. São Paulo: Saraiva, 2011.

OPITZ, Oswaldo; OPITZ, Silvia C. B. *Tratado de direito agrário brasileiro*. São Paulo: Saraiva, 2005. v. 1.

OSÓRIO, Joaquim Luis. *Direito rural*. Rio de Janeiro: F. Briguiet & Cia. Editores, 1937.

PÁDUA, Maria Tereza Jorge. Unidades de conservação-muito mais dos atos de criação e planos de manejos. *In*: MILANO, Miguel Serediuk (Org.). *Unidades de conservação*: atualidades e tendências. Curitiba: Fundação O Boticário, 2002.

PALHARES, Felipe (Coord.). *Temas atuais de proteção de dados*. São Paulo: Thomson Reuters, 2020.

PARADA, André Luis Nascimento. Análise crítica das decisões do Tribunal de Contas da União acerca da utilização da arbitragem em contratos administrativos. Evolução interpretativa. *Revista de Direito Administrativo – RDA*, Belo Horizonte, n. 273, set./dez. 2016. Disponível em: http://www.bidforum.com.br/PDI0006.aspx?pdiCntd=247037. Acesso em: 9 nov. 2017.

PAULSEN, Leandro; CAMINHA, Vivian Josete Pantaleão; RIOS, Roger Raupp (Org.). *Desapropriação e reforma agrária*. Porto Alegre: Livraria do Advogado, 1997.

PAULSEN, Leandro; MELO, José Eduardo Soares de. *Impostos*: federais, estaduais e municipais. 3. ed. Porto Alegre: Livraria do Advogado, 2007.

PEIRÓ, Nicolás Nogueroles; GARCIA, Eduardo J. Martinez. Blockchain e os sistemas de registro de imóveis. *In: Revista de Direito Imobiliário*, vol. 86/2019, p. 321-349, jun. 2019. DTR\2019\32084.

PEREIRA, Caio Mario da Silva. *Responsabilidade civil*. 4. ed. Rio de Janeiro: Forense, 1993.

PEREIRA, Lafayette Rodrigues. *Direito das coisas*. Rio de Janeiro: Freitas Bastos, 1956.

PERRONE-MOISÉS, Beatriz. Índios livres e índios escravos. Os princípios da legislação indigenista do período colonial (séculos XVI a XVIII). *In*: CUNHA, Manuela Carneiro da (Org.). *História dos índios no Brasil*. São Paulo: Companhia das Letras; Secretaria Municipal de Cultura, 2008.

REFERÊNCIAS | 541

PICARD, Edmond. *O direito puro*. 2. ed. Salvador: Progresso, 1954.

PINHEIRO, Fabiola Urbinati Maroja. *Accessio possessionis e usucapião constitucional agrário*: inaplicabilidade do artigo 1.243, primeira parte, do Código Civil de 2002 em face da constituição federal de 1988. Monografia (Especialização em Direito Agrário) – Centro Universitário do Pará, Belém, 2011.

PINTO, Lúcio Flávio. A Amazônia entre estruturas desfavoráveis. *In*: D'INCAO, Maria Ângela; SILVEIRA, Isolda Maciel da. *A Amazônia e a crise da modernização*. Belém: Museu Paraense Emílio Goeldi, 1994.

PINTO, Lúcio Flávio. *Amazônia o século perdido*: a batalha do alumínio e outras derrotas da globalização. Belém: Jornal Pessoal, 1997.

PINTO, Lúcio Flávio. *Pará desenvolvimento*: a face social dos grandes projetos. Belém: Idesp, 1986.

PIRONTI, Rodrigo; TESSEROLLI, Eduardo Ramos Caron. A Lei Geral de Proteção de Dados e o tratamento de dados sensíveis pela Justiça Eleitoral (393-405). *In*: PIRONTI, Rodrigo (Coord.). *Lei Geral de Proteção de Dados no Setor Público*. Belo Horizonte: Fórum, 2021.

PORTO, José da Costa. *Estudo sobre o sistema sesmarial*. Recife: Imprensa Universitária, 1965.

PROENÇA, Alencar Mello (Org.). *Compêndio de direito agrário*. Pelotas: Educat, 2007.

PROENÇA, Alencar Mello (Org.). *Direito agrário no Cone Sul*. Pelotas: Educat, 1995.

RIBEIRO, Carlos Luiz. *Tratado de direito minerário*. Belo Horizonte: Del Rey, 2005.

RIBEIRO, José. Propriedade das águas e o registro de imóveis. *In*: FREITAS, Vladimir Passos de (Coord.). Águas: aspectos jurídicos e ambientais. 2. ed. Curitiba: Juruá, 2003.

ROCHA, Ibraim. Ação de usucapião especial urbano coletivo: Lei 10.257, de 10.07.2001: Estatuto da Cidade: enfoque sobre as condições da ação e a tutela coletiva. *Revista Síntese de Direito Civil e Processual Civil*, ano III, n. 15, jan./fev. 2002.

ROCHA, Ibraim. Cancelamento de registro de imóveis decorrentes de nulidades, independente de ação judicial-possibilidade. *Revista da Procuradoria Geral do Estado do Pará*, Belém, n. 15, 2006.

ROCHA, Ibraim. Justiça do trabalho: breve reflexão sobre a sua crise e apontamentos sobre novos rumos para um sistema judiciário do trabalho. *In*: FIGUEIREDO, Guilherme José Purvin de (Org.). *Temas atuais de direito do trabalho e direito processual do trabalho*. Rio de Janeiro: ADCOAS, 2001.

ROCHA, Ibraim. *Litisconsórcio, efeitos da sentença e coisa julgada na tutela coletiva*. Rio de Janeiro: Forense, 2002.

ROCHA, Ibraim. *O direito e realidade Amazônica*: dois enfoques. Belém: Ed. Universitária – UFPA, 1994. (Em cooperação).

ROCHA, Ibraim. População tradicional quilombola e unidades de conservação. *Revista de Direito Ambiental*, São Paulo, v. 11, n. 41, 2006.

ROCHA, Ibraim. Posse e domínio na regularização de unidades de conservação: análise de um amazônida. *Revista de Direitos Difusos*, Rio de Janeiro, v. 4, n. 21, 2003.

ROCHA, Ibraim. Reforma agrária: titulação coletiva de populações tradicionais do Estado do Pará: elementos de experiência de um novo paradigma. *Caderno de Teses e Comunicações do XXVI Congresso Nacional de Procuradores de Estado*, Goiânia, 2000.

ROCHA, Ibraim. Teoria da posse agrária e usucapião de terras públicas: breve reflexão frente a Constituição do Estado do Pará. *Revista da Procuradoria Geral do Estado do Pará*, Belém, n. 5, jul./dez. 2001.

ROCHA, Ibraim. Comunidades quilombolas e direito à terra após ADI 3239: um libelo da liberdade contra o retrocesso. *In*: WALCACER, Fernando; PURVIIN, Guilherme; PITOMBEIRA, Sheila (Orgs.). *Direito ambiental e o princípio da vedação de retrocesso*. Florianópolis: Tribo da Ilha, 2020. p. 110-132.

ROCHA, Ibraim. Natureza jurídica do indigenato: elementos para distinção do direito à terra e a caracterização da posse indígena. *In*: HELD, Thaisa Mara; BOTELHO, Tiago Resende (Org.). *Direito socioambiental e a luta contra-hegemônica pela terra e território na América Latina*. 1. ed. v. 1. São Paulo: Liber Ars, 2020. p. 209-241.

ROCHA, Maria Tereza Pantoja. Concessão de florestas públicas – Considerações sobre o 1º Edital do Estado do Pará. *Boletim de Direito Administrativo*, São Paulo, n. 4, 2013.

ROCHA, Maria Tereza Pantoja. O abuso do direito de propriedade pelo não cumprimento da função social da propriedade. *Boletim de Direito Administrativo*, São Paulo, n. 6, 2012.

RODRIGUES, Silvio. *Direito civil* – Direito das coisas. 28. ed. São Paulo: Saraiva, 2006. v. 5.

RODRIGUES, Silvio. Usucapião de terras devolutas. *Revista Literária do Direito*, São Paulo, n. 15, jan./fev. 1997.

SALLES, Carlos Alberto de. Processo civil de interesse público: uma nova perspectiva metodológica. *In*: SUNDFELD, Carlos Ari; BUENO, Cassio Scarpinella (Coord.). *Direito processual público*: a Fazenda Pública em juízo. São Paulo: Malheiros, 2000.

SALLES, Vicente. *O negro no Pará, sob o regime da escravidão*. 3. ed. Belém: IAP/Programa Raízes, 2005.

SALLES, Vicente. *Vocabulário crioulo*: contribuição do negro ao falar regional amazônico. Belém: IAP/Raízes, 2003.

SANTOS NETO, Arthur Pio dos. *Instituições de direito agrário*. Recife: Ed. Universitária, 1979.

SANTANA, Carolina Ribeiro; CARDOSO, Thiago Mota. Direitos territoriais indígenas às sombras do passado *In*: *Rev. Direito Práxis*, Rio de Janeiro, vol. 11, n. 01, 2020, p. 89-116.

SCHAIK, Carel van; RIJKSEN, Herman D. Projetos integrados de conservação e desenvolvimento: problemas potenciais. *In*: TERBORGH, John *et al.* (Org.). *Tornando os parques eficientes*: estratégias para a conservação da natureza nos trópicos. Curitiba: Ed. UFPR/Fundação O Boticário, 2002.

SARTORI JUNIOR, Daillor. O "marco temporal da ocupação" e os direitos territoriais indígenas: retorno ao paradigma integracionista? *In*: *Vukápanavo: Revista Terena*, vol. 1, n. 1, p. 125-147.

SERRANO, Jonathas. *Filosofia do direito*. Rio de Janeiro: Briguiet, 1942.

SILVA, Caio Mário da. *Instituições de direito civil*. 2. ed. Rio de Janeiro: Forense, 1991. v. 4.

SILVA, José Afonso da. *Direito ambiental constitucional*. São Paulo: Malheiros, 1994.

SILVA, Liana Amin da; SOUZA FILHO, Carlos Marés. Marco temporal como retrocesso dos direitos territoriais originários indígenas e quilombolas. *In*: WOLKMER, Antonio Carlos; SOUZA FILHO, Carlos Frederico Marés de; TARREGA, Maria Cristina Vidotte Blanco (Coord.). *Os direitos territoriais quilombolas*: além do marco territorial. Goiânia: Ed. PUC Goiás, 2016.

SILVA, Ligia Osório. *Terras devolutas e latifúndio*. Campinas: Ed. Unicamp, 2008.

SILVA, Liana Amin da; SOUZA FILHO, Carlos Marés. Marco temporal como retrocesso dos direitos territoriais originários indígenas e quilombolas. *In*: WOLKMER, Antonio Carlos; SOUZA FILHO, Carlos Frederico Marés de; TARREGA, Maria Cristina Vidotte Blanco (Coord.). *Os direitos territoriais quilombolas*: além do marco territorial. Goiânia: Ed. PUC Goiás, 2016.

SILVEIRA, Domingos Sávio Dresch da; XAVIER, Flávio Sant'Anna (Org.). *O direito agrário em debate*. Porto Alegre: Livraria do Advogado, 1998.

SIMÕES, Mônica Martins Toscano. *O processo administrativo e a invalidação de atos viciados*. São Paulo: Malheiros, 2004.

SODERO, Fernando Pereira. *Direito agrário e reforma agrária*. São Paulo: Livraria Legislação Brasileira, 1968.

SODERO, Fernando Pereira. Esboço histórico da formação do direito agrário no Brasil. I – Regime de Sesmaria. *Revista de Direito Civil, Imobiliário, Agrário e Empresarial*, São Paulo, n. 1, jul./set. 1977.

SODERO, Fernando Pereira. Esboço histórico da formação do direito agrário no Brasil. IV – Período da Primeira Constituição Republicana: 1891-1930. *Revista de Direito Civil, Imobiliário, Agrário e Empresarial*, São Paulo, n. 8, abr./jun. 1979.

SODERO, Fernando Pereira. Esboço histórico da formação do direito agrário no Brasil. V – A revolução de 1930 e as conquistas sociais. *Revista de Direito Civil, Imobiliário, Agrário e Empresarial*, São Paulo, n. 9, jul./set. 1979.

SODERO, Fernando Pereira. Esboço histórico da formação do direito agrário no Brasil. VI – A Constituição de 1946 e conseqüências. *Revista de Direito Civil, Imobiliário, Agrário e Empresarial*, São Paulo, n. 13, jul./set. 1980.

SODERO, Fernando Pereira. Esboço histórico da formação do direito agrário no Brasil. VII – O Estatuto da Terra. *Revista de Direito Civil, Imobiliário, Agrário e Empresarial*, São Paulo, n. 17, jul./set. 1981.

SODERO, Fernando Pereira. O direito civil e o direito agrário. *Revista de Direito Civil, Imobiliário, Agrário e Empresarial*, São Paulo, n. 31, jan./mar. 1985.

SODERO, Fernando Pereira. *O Estatuto da Terra*. Brasília: Fundação Petrônio Portela, 1982.

SODERO, Fernando Pereira. *O módulo rural e suas implicações jurídicas*. São Paulo: LTr, 1975.

SOUZA FILHO, Carlos Frederico Marés de. Direito agrário e meio ambiente. *In*: LARANJEIRA, Raymundo (Coord.). *Direito agrário brasileiro*: em homenagem à memória de Fernando Pereira Sodero. São Paulo: LTr, 2000.

SOUZA, João Bosco Medeiros de. *Direito agrário*: lições básicas. São Paulo: Saraiva, 1994.

SOUZA, Mariana de. Um novo olhar sobre a África. *Nossa História*, ano I, n. 8, jun. 2004.

STEFANINI, Luis de Lima. *A propriedade no direito agrário*. São Paulo: Revista dos Tribunais, 1976.

STEFANINI, Luis de Lima. *A questão jusagrarista na Amazônia*. Belém: Cejup, 1984.

STEINER, Henry J.; ALSTON, Philip; GOODMAN, Ryan. *International Human Rights in Context*. Oxford: Oxford University, 2007.

STROZAKE, Juvelino José (Org.). *A questão agrária e a justiça*. São Paulo: Revista dos Tribunais, 2000.

TENÓRIO, Igor. *Curso de direito agrário*. São Paulo: Saraiva, 1983.

TENÓRIO, Igor. *Manual de direito agrário brasileiro*. São Paulo: LTr, 1974.

TEPEDINO, Gustavo. Premissas metodológicas para a constitucionalização do direito civil. *In*: TEPEDINO, Gustavo. *Temas de direito civil*. Rio de Janeiro: Renovar, 1999.

TEPEDINO, Gustavo; TEFFÉ, Chiara Spadaccini de. O consentimento na circulação de dados pessoais. *Revista Brasileira de Direito Civil – RBDCivil*, Belo Horizonte, v. 25, p. 83-116, jul./set. 2020.

TEREZO, Cristina Figueiredo. *A atuação do Sistema Interamericano de Proteção dos Direitos Humanos na Defesa dos Direitos Econômicos, Sociais e Culturais*. Tese (Doutorado) – UFPA, Belém, 2011.

TIMM, Luciano Benetti. Análise econômica da arbitragem. Revista de Direito Público da Economia – RDPE, Belo Horizonte, ano 15, n. 59, jul./set. 2017. Disponível em: http://www.bidforum.com.br/PDI0006.aspx?pdiCntd=248439. Acesso em: 9 nov. 2017.

TORRES, Marcelo Krugin Fachin. Publicidade registral de atos jurídicos unilaterais: sobre a necessidade de seu amplo acesso ao álbum imobiliário como forma de possibilitar o correto funcionamento do princípio da fé pública registral. *In*: *Revista de Direito Imobiliário*, vol. 86/2019, p. 101-131, jun. 2019. DTR\2019\32068.

TORRES, Marcelo Krugin Fachin. Ônus e dever de publicizar à luz da boa-fé registral. *In*: *Revista de Direito Imobiliário*, vol. 82/2017, p. 15-52, jan./jun. 2017. DTR\2017\2475.

TRECCANI, Girolamo Domenico. Combate à grilagem: instrumento de promoção dos direitos agroambientais na Amazônia. *In*: COSTA, Paulo Sérgio Weyl A. *Direitos humanos em concreto*. Curitiba: Juruá, 2008.

TRECCANI, Girolamo Domenico. Identificação e análise dos diferentes tipos de apropriação da terra e suas implicações para o uso dos recursos naturais renováveis da várzea amazônica, no imóvel rural, na área de Gurupá. *In*: BENATTI, José Heder *et al*. *A questão fundiária e o manejo dos recursos naturais da várzea* – Análise para elaboração de novos modelos jurídicos. Manaus: Edições Ibama/Pró Várzea, 2005.

TRECCANI, Girolamo Domenico. *Terra de Quilombo*: caminhos e entraves do processo de titulação. Belém: edição do autor, 2006.

TRECCANI, Girolamo Domenico. *Violência e grilagem*: instrumentos de aquisição da propriedade da terra no Pará. Belém: UFPA-ITERPA, 2001.

TRINDADE, Antônio Augusto Cançado. O legado da Declaração Universal dos Direitos Humanos e sua trajetória ao longo das seis décadas (1948 -2008). *In*: GIOVANNETTI, Andrea (Org.). *60 anos da Declaração Universal dos Direitos Humanos*: conquistas do Brasil. Brasília: Fundação Alexandre Gusmão, 2009.

VARELLA, Marcelo Dias. *Introdução ao direito à reforma agrária*. São Paulo: LED, 1998.

VENOSA, Silvio de Salvo. *Direito civil*. 5. ed. São Paulo: Atlas, 2005.

VERA, Oscar Parra; HERMIDA, Maria Aránzazu Villanueva; MARTIN, Augustin Enrique. *Protección Internacional de los Derechos Económicos, Sociales y Culturales* – Sistema Universal y Sistema Interamericano. San José: IDH, 2008.

VIANA, Ismar dos Santos; STROPPA, Christianne de Carvalho. LGPD: o que muda no Controle da Administração Pública? *In*: PIRONTI, Rodrigo (Coord.). *Lei Geral de Proteção de Dados no Setor Público*. Belo Horizonte: Fórum, 2021.

VIEIRA, Roberto dos Santos. *Várzeas amazônicas e a legislação brasileira*. Manaus: IBAMA; INPA; Instituto Max-Planck de Limnologia; Universidade do Amazonas, 1992.

WETTER, P. Van. *Pandectes*. Paris: LGDJ, 1909. t. II.

YRIGOYEN FAJARDO, Raquel. De la tutela a los derechos de livre determinción del desarrolo, participación, consulta e consentimiento: fundamentos, balance y retos para su implementación. *Amazônica – Revista de Antropologia*, 2009. Disponível em: www.periodicos.ufpa.br/index.php/amazonica/issue/view/20.

ZELEDÓN ZELEDÓN, Ricardo. El principio de la responsabilidad ambiental en el derecho agrario. *In*: ZELEDÓN ZELEDÓN, Ricardo; ROMANO ORLANDO, Pietro. *El renacimiento del derecho agrario*. San José: Guayacán, 1998

ZENUN, Augusto. *O direito agrário e a sua dinâmica*. São Paulo: Livraria e Editora Universitária de Direito, 1986.

ZOCKUN, Maurício; VALLINI NETTO, Dixmer. Lei Geral de Proteção de Dados Pessoais aplicada aos notários e registradores (351-365). *In*: PIRONTI, Rodrigo (Coord.). *Lei Geral de Proteção de Dados no Setor Público*. Belo Horizonte: Fórum, 2021.

ANEXOS

ANEXO A – Direito Agroambiental na Constituição Federal

	Dispositivo constitucional
Garante o *direito de propriedade*, condicionando-a, porém, ao cumprimento de sua *função social*.	Art. 5º, incs. XXII e XXIII
Estabelece as formas da *desapropriação* (necessidade, utilidade pública e interesse social).	Art. 5º, inc. XXIV
Garante a possibilidade de sua *utilização pelo Poder Público* em caso de perigo iminente de propriedade particular.	Art. 5º, inc. XXV
Protege a pequena propriedade rural da *penhora* para pagamento de débitos decorrentes de sua atividade produtiva.	Art. 5º, inc. XXVI
Estende aos trabalhadores rurais os *benefícios sociais* concedidos aos trabalhadores urbanos.	Art. 7º
Possibilita a existência de *sindicatos rurais* nos mesmos moldes dos urbanos.	Art. 8º, parágrafo único
Concede à União as terras devolutas indispensáveis à *defesa das fronteiras*.	Art. 20, inc. II
Compete privativamente à União *legislar sobre direito agrário*.	Art. 22, inc. I
Autoriza a existência de *competência comum* da União, Estado, Distrito Federal e Municípios para preservar as florestas, a fauna e a flora e fomentar a produção agropecuária e organização de abastecimento alimentar.	Art. 23, incs. VI e VII
Atribui *competência concorrente* à União, aos Estados e ao Distrito Federal de legislar sobre florestas, caça, pesca, fauna, conservação da natureza, defesa do solo e dos recursos naturais, proteção do meio ambiente e controle da poluição.	Art. 24, inc. VI
Inclui entre os *bens dos estados* as *terras devolutas* que não são da União.	Art. 26, inc. IV
Competência legislativa dos *municípios*.	Art. 30
Controle legislativo sobre alienação de terras.	Art. 49, inc. XVI
Competência dos juízes federais para julgar disputas sobre *direitos indígenas*.	Art. 109
Possibilita aos tribunais estaduais a criação de *juízes itinerantes* de entrância especial com a competência específica para resolução de conflitos agrários.	Art. 126 e seu parágrafo único
É função institucional do *Ministério Público* a defesa judicial dos direitos e interesses das populações indígenas.	Art. 129, inc. V
Identifica o *imposto territorial rural* como da União e prevê a possibilidade de sua fixação em alíquotas variadas de forma a desestimular a manutenção de propriedades improdutivas ao mesmo tempo que isenta as pequenas glebas de sua cobrança.	Art. 153, VI, e seu §4º
Imposto Territorial Rural para os *municípios*.	Art. 158
Vincula a *ordem econômica* ao cumprimento da *função social* da propriedade.	Art. 170, *caput*, e incs. II e III
Competência da União para *desapropriação de imóvel rural para fins de reforma agrária, e os critérios para sua indenização*.	Art. 184 e seus parágrafos
Imóveis rurais insuscetíveis de desapropriação.	Art. 185
Conceitua *função social* da propriedade rural.	Art. 186
Formas de *política agrícola*.	Arts. 187 e 188
Beneficiários da reforma agrária.	Art. 189
Limita a aquisição e arrendamento de propriedades rurais por *estrangeiros*.	Art. 190
Estabelece a *usucapião especial rural*.	Art. 191
Seguridade Social para o trabalhador rural.	Art. 195, §8º
Proteção ao meio ambiente.	Art. 225 e parágrafos
Populações indígenas.	Arts. 231 e 232
Confisco de áreas com plantações de *psicotrópicos*.	Art. 243
Prevê o prazo de um ano para a promulgação da *Lei Agrícola* (na realidade a Lei nº 8.171 foi promulgada em 17.1.1991).	Art. 50 do ADCT
Revisão, pelo Congresso, de todas as doações, concessões, alienações de terra pública acima de 3.000 hectares no prazo de cinco anos.	Art. 51 do ADCT
Demarcação das terras indígenas.	Art. 67 do ADCT
Reconhecimento de domínio das terras ocupadas por remanescentes de *quilombos*.	Art. 68 do ADCT

ANEXO B – Questões de Concursos

Coloque "C" para correto e "E" para errado como forma de expressar o julgamento dos itens nas questões a seguir:

Direito Agrário

1. Teoria geral do Direito Agrário: conceito e princípios. 2. Reforma Agrária (Lei nº 8.629/93). 3. O Processo de desapropriação para fins de reforma agrária (Leis Complementares nºs 76/93 e 88/96). 4. Usucapião constitucional rural (art. 191 da Constituição da República e Lei nº 6.969/81).

A respeito do direito agrário e das políticas agrária, agrícola e fundiária, julgue os itens que se seguem.
1. Remontam aos primórdios da civilização as origens do direito agrário. Já no Código de Hamurabi, do povo babilônico, há disposições que poderiam ser consideradas agrárias, tais como a que regia a situação dos agricultores e dos pastores.
2. Há entendimento pacífico entre os doutrinadores de que o direito agrário goza de autonomia sob os aspectos legislativo, científico, didático e jurisdicional.
3. O Estatuto da Terra (Lei nº 4.504/1964) pode ser considerado um diploma básico sistematizador da política agrária, agrícola e fundiária na legislação brasileira.
4. Entre os princípios norteadores do direito agrário previstos expressamente no texto da Constituição da República, podem-se citar: a regra de monopólio legislativo da União; a proteção à propriedade familiar e à pequena e à média propriedades; a conservação e a preservação dos recursos naturais e a proteção ao meio ambiente.
5. O regime sesmarial no Brasil vigorou antes e após a independência, assemelhando-se ao instituto da enfiteuse, pois só admitia a transferência do domínio útil.

Julgue os itens abaixo, relativos às diversas fases evolutivas da propriedade rural no Brasil:
6. No período colonial, o regime agrário adotado no Brasil foi o das sesmarias.
7. O objetivo fundamental da Lei nº 601/1850 foi disciplinar e regularizar a situação das sesmarias, posses e ocupações, buscando conceder aos interessados uma titularidade definitiva e plena.
8. No chamado período "extra-legal" ou "das posses", após a Independência do Brasil, houve ocupação do vasto território brasileiro de forma desordenada, tendo a Lei das Terras procurado discriminar as terras devolutas das terras particulares.
9. A Lei de Terras de 1850 determinava o registro das posses pelo tabelião em cada freguesia.

10. A Constituição de 1946 previa a desapropriação sem a prévia e justa indenização.

Aprecie as proposições contidas em cada questão:

11. Foram inseridas no conceito originário de terras devolutas, traçado pela Lei nº 601/1850, as terras que não se achassem aplicadas a algum uso público nacional, provincial ou municipal.

12. O Registro do Vigário, instituído pela Lei Imperial nº 601/1850 e disciplinado pelo Decreto Regulamentar nº 1.318/1854, por si só, não conferia título de domínio aos possuidores ou declarantes.

13. Constituem princípios da política fundiária do Estado a função social da propriedade agrária e a dignidade da pessoa humana.

14. Em razão do princípio da função social da propriedade, consagrado na Constituição da República, a propriedade produtiva só será suscetível de desapropriação quando desobedecidas disposições que regulam as relações de trabalho.

Aprecie as proposições contidas em cada questão:

15. A média propriedade rural, insusceptível de desapropriação para fins de reforma agrária, desde que seu proprietário não possua outra, é definida como o imóvel rural de área superior a 4 (quatro) e até 15 (quinze) módulos fiscais.

16. Embora preveja os requisitos para o cumprimento da função social da propriedade agrária, a Constituição Federal remeteu à lei ordinária o estabelecimento de critérios e graus de exigência relativos a cada um desses requisitos.

17. A concessão, a qualquer título, de terras públicas com área superior a dois mil e quinhentos hectares depende de aprovação prévia do Senado Federal.

18. A Função Social da Propriedade, além de estar inserida no rol dos direitos e garantias fundamentais dos brasileiros e estrangeiros residentes no País, constitui princípio geral da ordem econômica nacional.

19. As terras devolutas são bens públicos dominiais.

Aprecie as proposições contidas em cada questão:

20. O módulo do imóvel rural varia conforme a região e o tipo de exploração da propriedade agrária.

21. As terras públicas e devolutas estatais destinadas à irrigação serão sempre objeto de concessão de direito real de uso.

22. A Lei Imperial nº 601/1850 considerou como devolutas as terras ocupadas por pessoas que, apesar de não se fundarem em título legal, fossem legitimadas por essa lei.

23. Imóvel rural é o prédio rústico, de área contínua, localizado em zona rural, que se destine ou possa se destinar à exploração agrícola, pecuária, extrativa ou agroindustrial.

Aprecie as proposições contidas em cada questão:

24. Propriedade Produtiva é aquela que atinge uma das seguintes exigências: grau de utilização da terra igual ou superior a 80% (oitenta por cento) ou grau de eficiência na exploração da terra igual ou superior a 100% (cem por cento).

ANEXO B – QUESTÕES DE CONCURSOS | 551

25. Embora seja de competência da União, por delegação federal os Estados membros podem efetuar a desapropriação por interesse social, para fins de reforma agrária, de áreas situadas em seus respectivos territórios.

26. A observância das disposições que regulam as relações de trabalho, integrante do conteúdo da função social da propriedade agrária, implica tanto o respeito às disposições que disciplinam os contratos de arrendamento e parceria rurais, como às leis trabalhistas e aos contratos coletivos de trabalho.

27. Exceto no caso de sucessão *causa mortis* é vedada a aquisição de terras devolutas por pessoa absoluta ou relativamente incapaz.

28. Não se incluem entre os bens dos Estados as terras devolutas que, embora situadas em seus respectivos territórios, sejam definidas em lei como indispensáveis à preservação ambiental.

Por meio do Ministério do Desenvolvimento Agrário, o Governo Federal está realizando o primeiro mapeamento da agricultura familiar brasileira para definir quais estabelecimentos rurais apresentam uma oferta organizada de produtos que podem ser adquiridos pelos mercados institucional e privado. O projeto, que envolve técnicos das Secretarias de Agricultura Familiar (SAF) e do Desenvolvimento Territorial (SDT) e do INCRA, tem como objetivo principal criar um amplo banco de dados público para facilitar a inserção dos agricultores familiares no mercado consumidor brasileiro. A previsão é de que o estudo, inédito no país, esteja concluído em agosto de 2004. A respeito do assunto tratado no texto acima, julgue os seguintes itens.

29. Considera-se propriedade familiar o prédio rústico, de área contínua, qualquer que seja a sua localização, que se destine à exploração extrativa agrícola, pecuária ou agroindustrial, explorada direta e pessoalmente pelo agricultor e por sua família, com a possibilidade eventual da ajuda de terceiros, que lhes absorva toda a força de trabalho, garantindo-lhes a subsistência e o progresso social e econômico, com área máxima fixada para cada região e tipo de exploração.

30. Nos termos do direito agrário positivo, a medida da área correspondente à propriedade familiar é equivalente a, no máximo, 3 módulos rurais, sendo a área destes fixada para cada região e cada tipo de exploração.

31. Os imóveis rurais que, em cada zona, não excederem de três vezes o módulo de propriedade, levando-se em conta cada região e cada tipo de exploração, estão isentos de sofrerem desapropriação. O art. 14 da Lei Complementar nº 76, de 06.07.93, dispõe que "O valor da indenização, estabelecido por sentença, deverá ser depositado pelo expropriante à ordem do juízo, em dinheiro, para as benfeitorias úteis e necessárias, inclusive culturas e pastagens artificiais e, em Títulos da Dívida Agrária, para a terra nua". Sobre essa disposição, julgue os itens que se seguem:

32. O texto se encontra em harmonia com a Constituição vigente, posto que o inciso XXIV do art. 5º assegura que as desapropriações serão feitas mediante prévia e justa indenização.

33. O Supremo Tribunal Federal, em decisão tomada no ano de 2000, considerou que o dispositivo aludido ofende o art. 100 da Constituição Federal, que estabelece que os pagamentos devidos pela Fazenda Pública far-se-ão por meio de precatórios.

34. Assim como o crédito de natureza alimentar, a indenização devida por força de processo expropriatório tem seu pagamento assegurado preferencialmente, ainda que respeitada a ordem cronológica de apresentação dos precatórios.

35. O complemento do depósito decorrente da disposição contida na mencionada lei complementar não ofende o texto constitucional, uma vez que, na respectiva lei orçamentária, haverá previsão para a suplementação que se fizer necessária.

Em matéria de desapropriação indireta e prescrição extintiva, julgue os itens que se seguem:

36. Segundo construção pretoriana, é de vinte anos o prazo prescricional para as ações de indenização por apossamento administrativo.

37. Extingue-se em quinze anos o direito de propor ação de indenização por desapropriação indireta.

38. A medida provisória 2.027-40/2000, e suas subseqüentes reedições, alteraram o parágrafo único do artigo 10 do Decreto-Lei nº 3.365/41, fixando, definitivamente, em cinco anos o prazo prescricional para as ações indenizatórias por apossamento administrativo.

39. A Medida Provisória mencionada na letra "c" não tratou de prazo prescricional, apesar de disciplinar o prazo de extinção do direito de ação que vise o recebimento de indenização por restrições impostas pela União Federal.

Em se tratando de desapropriação para fins de reforma agrária, julgue os itens que se seguem:

40. São insuscetíveis de desapropriação a pequena e média propriedade rural, assim definida em lei, desde que seu proprietário não possua outra.

41. A propriedade produtiva é também insuscetível de expropriação, desde que sejam cumpridos os requisitos legais relativos a sua função social, salvo se possuir extensão superior a dez mil hectares, hipótese em que, mesmo sendo produtiva, se constituirá em latifúndio não excepcionado no texto constitucional.

42. A indenização relativa à terra nua será prévia, muito embora representada por títulos da dívida agrária, com cláusula de preservação do valor real, resgatáveis no prazo de até vinte anos.

43. As benfeitorias necessárias serão sempre indenizadas em dinheiro.

Segundo a Constituição da República, julgue os itens que se seguem:

44. Compete à União, aos Estados e ao Distrito Federal legislar concorrentemente sobre desapropriação.

45. A competência para desapropriar terras que não estejam cumprindo sua função social, para fins de reforma agrária, é comum à União, aos Estados, ao Distrito Federal e aos Municípios.

46. É facultado ao poder público municipal exigir, nos termos da lei estadual, que o proprietário de terreno não edificado promova o seu adequado aproveitamento.

47. Na desapropriação para fins de reforma agrária, as benfeitorias necessárias serão indenizadas em dinheiro.

Quanto à desapropriação para fins de reforma agrária, julgue os itens que se seguem:

48. A pequena propriedade rural, assim definida como aquela de área compreendida entre 1 (um) e 4 (quatro) módulos fiscais, pode, atendidos os requisitos legais e constitucionais, ser expropriada para fins de reforma agrária.

49. O imóvel rural distribuído em face de reforma agrária não poderá ser objeto de alienação elo prazo de 5 (cinco) anos.

50. Na definição do valor da justa indenização do imóvel expropriado para fins de reforma agrária, sua aptidão agrícola deverá ser absoluta para fins de fixação da indenização.

51. As terras rurais de domínio da união, dos estados e dos municípios devem ser destinadas, preferencialmente, à execução de planos de reforma agrária.

Julgue os itens que se seguem:
Em face de uma desapropriação de imóvel rural para reforma agrária, controvertem sobre o levantamento da oferta Flávio e Caio. O primeiro exibe título dominial originário de compra e venda do Estado do Paraná, feita em 1950. Caio exibe título imperial de 1822, concessão de sesmaria. A FUNAI ingressa nos autos dizendo que se trata, na realidade, de área pública, eis que existem vestígios de cemitério indígena no local. Como juiz da causa e seguindo a orientação prevalecente na jurisprudência, o procedimento adequado será:

52. A imediata suspensão da ação de desapropriação, até que definida a propriedade das terras em ação própria.

53. A imediata extinção da ação de desapropriação, pois cabe ao promovente a exata identificação dos proprietários das terras.

54. A imediata autorização, à FUNAI, do levantamento do depósito diante do disposto no artigo 231 da Constituição Federal, que defere aos índios os direitos originários sobre as terras que tradicionalmente ocupam.

55. A remessa dos litigantes Flávio, Caio e FUNAI às vias ordinárias para definição da titularidade das terras, deixando o depósito à disposição do Juízo.

O superintendente do Instituto Nacional de Colonização e Reforma Agrária (INCRA) do Rio Grande do Sul assevera que a conjuntura atual é desfavorável à aquisição de terras, para fins de reforma agrária nas duas principais modalidades disponíveis ao INCRA: a desapropriação e a compra pelo Decreto nº 433/1992. Segundo ele, os índices de produtividade utilizados pelo INCRA estão defasados há décadas, o que permite que propriedades com desempenho medíocre obtenham laudo de produtivas. Considerando o texto acima, julgue os itens a seguir.

56. Atualmente, para ser considerada produtiva, a propriedade rural deve ser explorada econômica e racionalmente, e deve possuir um grau de utilização da terra igual ou superior a 80% e um grau de eficiência na exploração da terra igual ou superior a 100%.

57. A "desapropriação", apontada no texto como uma das principais modalidades de aquisição da propriedade para fins de reforma agrária, deve obedecer ao contraditório especial de rito sumário, com competência da União, e será precedida de decreto que declare a necessidade pública de tal procedimento, como requisito da intervenção do Estado na propriedade particular.

58. Poderá ser objeto de desapropriação o imóvel rural que não esteja cumprindo sua função social, entendendo-se, para esse fim, o seu aproveitamento racional e adequado, em conjunto com a utilização apropriada dos recursos naturais disponíveis e a preservação do meio ambiente.

Manoel, residente em Goiânia-GO, não é proprietário de terras, mas possui, como seu, há mais de 10 anos, imóvel rural localizado na região do Entorno de Brasília-DF, com área de 35 hectares, tornando-o produtivo, por meio da cultura de soja, estabelecida em parceria com um produtor do Rio Grande do Sul, que fomentou o empreendimento com pivô de irrigação, insumos e mão-de-obra especializada. Considerando a situação hipotética descrita acima, julgue os itens subseqüentes.

59. Em razão da parceria estabelecida e protegida pela legislação vigente, no título de propriedade que possa vir a ser expedido com base no usucapião constitucional rural, deverão constar os nomes dos dois parceiros, por causa da imprescindibilidade de um e de outro na consecução da atividade agrária empreendida.

60. As operações de transferência de imóveis desapropriados para fins de reforma agrária e a transferência aos beneficiários do programa são acobertadas pela imunidade tributária, o que vale tanto para os impostos federais como para os estaduais e municipais.

No que se refere ao usucapião e à posse agrária, julgue os itens a seguir.

61. O usucapião é modo originário de aquisição da propriedade e de outros direitos reais suscetíveis de exercício continuado pela posse prolongada no tempo.

62. O usucapião especial é regido por legislação extravagante, enquanto o usucapião ordinário e o extraordinário são regulamentados pelo Código Civil.

63. Na Constituição da República vigente, ao contrário do que ocorria nas anteriores, há previsão expressa de usucapião especial.

64. Se uma pessoa permanece em imóvel por vinte anos, como arrendatário rural, não tem direito a adquiri-lo por usucapião.

Gabarito:

01	02	03	04	05	06	07	08	09	10
C	E	C	C	E	C	C	C	E	E
11	12	13	14	15	16	17	18	19	20
C	C	C	E	C	C	E	C	C	C
21	22	23	24	25	26	27	28	29	30
C	E	E	E	E	C	C	C	C	E
31	32	33	34	35	36	37	38	39	40
E	E	C	E	E	C	E	E	E	C
41	42	43	44	45	46	47	48	49	50
E	C	C	E	E	E	C	C	E	C
51	52	53	54	55	56	57	58	59	60
C	E	E	E	C	C	E	E	E	C
61	62	63	64						
C	C	C	C						

ANEXO B – QUESTÕES DE CONCURSOS | 555

2004 – Prova Objetiva (Advogado-Geral da União)

No que se refere aos serviços públicos e aos recursos minerais e potenciais de energia elétrica, julgue os itens subseqüentes.

16. As concessões de serviço público têm natureza de contrato administrativo, sendo a remuneração pela execução do serviço feita por meio de tarifa, que, paga pelo usuário, tem natureza de preço público e é fixada pelo preço da proposta vencedora da licitação e preservada pelas regras de revisão previstas na lei que disciplina o regime de concessão de prestação de serviços públicos, no edital e no contrato.

17. A extinção do contrato de concessão de serviço público por meio da encampação se consuma com a retomada do serviço pelo poder concedente durante o prazo da concessão, por ter a concessionária descumprido cláusulas contratuais ou disposições legais ou regulamentares concernentes à concessão.

18. O aproveitamento de potenciais hidráulicos iguais ou inferiores a 1.000kW está dispensado de concessão, sendo necessário apenas que seja dada autorização para sua exploração pelo poder concedente.

19. O aproveitamento dos recursos minerais ocorre sob regime de monopolização quando, em virtude de lei especial, o aproveitamento desses recursos depender de execução direta ou indireta do governo federal.

Respostas: 16-C; 17-E; 18-E; 19-C

2006 – Prova Objetiva (Advogado-Geral da União)

Julgue os itens que se seguem, acerca do regime jurídico nacional dos recursos minerais.

33. A concessão mineral dá ao concessionário o direito à exploração da jazida que não é exclusivo nem excludente.

34. A exploração mineral atende a um regime de concessão. Cabe ao Estado brasileiro, detentor do domínio sobre os recursos naturais do subsolo, administrar esse patrimônio, na qualidade de poder concedente fiscalizador.

35. Os recursos minerais devem ser explorados com vistas à satisfação dos interesses do particular que investe na exploração mineral.

Respostas: 33-E; 34-C; 35-E

2004 – Prova Objetiva (Advogado-Geral da União)

Julgue os itens a seguir, relativos a limitações constitucionais do poder de tributar, a meio ambiente e a direitos e interesses das populações indígenas.

48. Considere que a contribuição para o Programa de Formação do Patrimônio do Servidor Público (PASEP) é uma exação de caráter tributário instituída pela União. Nessa situação, em razão da imunidade recíproca assegurada pelo texto constitucional, os estados-membros e os municípios não são obrigados ao recolhimento dessa contribuição.

49. Além de exigir estudo prévio de impacto ambiental, a exploração de recursos minerais que cause significativa degradação ambiental impõe àquele que a promove obrigação de recuperar o meio ambiente degradado, de acordo com a solução técnica exigida pelo órgão público competente.

50. Com a demarcação de uma reserva indígena que encampe uma área de garimpo de ouro, explorada por uma cooperativa de garimpeiros, a continuação da exploração desse recurso mineral dependerá de autorização do Congresso Nacional, ouvidas as comunidades indígenas envolvidas, assegurada, nos termos da Constituição Federal, a prioridade da lavra da jazida à cooperativa que estava atuando na área.

Respostas: 48-E; 49-C; 50-E

2004 – Prova Objetiva (Advogado-Geral da União)

Acerca da ordem econômica estabelecida na Constituição Federal, julgue os itens que se seguem.

64. De acordo com o texto constitucional, o planejamento do setor público é determinante, o que significa que o Estado deve subordinar-se ao seu próprio planejamento.

65. Segundo a Constituição Federal, os garimpeiros que estiverem lavrando jazidas de minerais garimpáveis terão do Estado tratamento favorecido para se organizarem em cooperativas e estas terão prioridade de autorização para a lavra nas respectivas áreas.

66. Um fazendeiro poderá pesquisar a presença de minerais no subsolo de sua fazenda sem necessitar de qualquer tipo de autorização. No entanto, para lavrar os minerais encontrados, terá de receber autorização ou concessão do Estado.

67. Considere que, em determinada fazenda, corra um riacho de pequeno volume de água e o proprietário do imóvel deseje aproveitar esse reduzido potencial hidrelétrico para instalar uma usina geradora de energia elétrica. Nessa situação, o proprietário deverá obter autorização da União para usar licitamente o referido potencial.

Respostas: 64-C; 65-C; 66-E; 67-E

2004 – Prova Objetiva (Advogado-Geral da União)

Julgue os itens a seguir, que versam sobre o direito internacional ambiental

197. O regime jurídico preponderante no sistema internacional de responsabilidade por danos ambientais, previsto nas principais convenções internacionais relativas ao tema, é o da responsabilidade objetiva.

198. Entre os danos ambientais transfronteiriços, apenas aqueles causados por atividades de risco proibidas pelo direito internacional geram para as vítimas direito de reparação dos prejuízos.

199. O ataque lançado intencionalmente, que sabidamente causará prejuízos extensos, duradouros e graves ao meio ambiente e que se revele claramente excessivo em

relação à vantagem militar global concreta e direta que se previa, é considerado crime de guerra segundo o Estatuto de Roma.

200. Atualmente, entende-se o dano ambiental transfronteiriço como sendo aquele que tem sua origem no território de um Estado e que projeta seus efeitos negativos no território de um Estado vizinho, sem alcançar, contudo, as áreas de domínio comum internacional.

Respostas: 197-C; 198-E; 199-C; 200-E

2004 (VI Concurso) – 5ª região

Magistraturas Federais
Acerca de direito ambiental, julgue os itens a seguir:

36. Considere a seguinte situação hipotética.
Uma pessoa jurídica se estabeleceu no município de Capela-SE com o propósito de desenvolver atividades de pesquisa e lavra de determinado recurso mineral. Nessa situação, a autorização para as referidas atividades poderá ser solicitada, alternativamente, ao município em que se localiza o recurso natural, ao estado ou à União Federal, dada a previsão constitucional de competência administrativa concorrente das três esferas governamentais, em matéria ambiental.

37. Se, em uma dada pesquisa desenvolvida no estado do Ceará, restar comprometida a diversidade ou o patrimônio genético do país, a União, o estado e o município terão competência comum para fiscalizar a entidade responsável.

38. Considere a seguinte situação hipotética.
Um empreendedor, em um estudo de impacto ambiental (EIA) para a construção de uma estrada de rodagem com duas faixas de rolamento, definiu os limites da área geográfica que seria direta e indiretamente afetada pelos impactos (a chamada área de influência do projeto), contudo deixou de considerar a bacia hidrográfica na qual se localiza o empreendimento.
Nessa situação, a omissão do empreendedor representa mera irregularidade, pois o ordenamento jurídico não faz tal exigência.

39. O desenvolvimento sustentável contempla as dimensões humana, física, econômica, política, cultural e social em harmonia com a proteção ambiental. Logo, como requisito indispensável para tal desenvolvimento, todos devem cooperar na tarefa essencial de erradicar a pobreza, de forma a reduzir as disparidades nos padrões de vida e melhor atender às necessidades da maioria da população do mundo.

40. O meio ambiente cultural é constituído pelo patrimônio artístico, histórico, turístico, paisagístico, arqueológico, espeleológico e cultural, que envolve bens de natureza material e imaterial, considerados individualmente ou em conjunto, portadores de referência à identidade, à ação, à memória dos diferentes grupos formadores da sociedade. Um instrumento de sua proteção é o tombamento, do qual se valeram a UNESCO e o governo brasileiro para preservar o Plano Piloto de Brasília, considerado patrimônio histórico da humanidade.

41. Considere a seguinte situação hipotética.
Um agente da capitania dos Portos do Ministério da Marinha, ao tomar conhecimento do lançamento, em um curso d'água, de esgoto *in natura* de um navio

nacional ancorado em porto brasileiro, imediatamente procedeu à lavratura de auto de infração ambiental e instaurou o devido processo administrativo. Na defesa, o infrator alegou, em preliminar, a nulidade do auto infracional por haver sido expedido por autoridade incompetente.

Nessa situação, merece acolhida a preliminar, pois só os órgãos ambientais integrantes do Sistema Nacional de Meio Ambiente podem lavrar auto de infração ambiental.

42. Considere a seguinte situação hipotética.

Flagrado quando desmatava uma floresta nativa, um agricultor recebeu multa simples e, como insistiu em sua ação degradadora, foi-lhe aplicada multa diária. Após tais sanções de natureza administrativa, o infrator obrigou-se perante o órgão ambiental, por termo de compromisso, à adoção de medidas de recomposição florística da área.

Nessa situação, a exigibilidade das multas pode ser suspensa e, cumpridas as obrigações assumidas pelo infrator, as multas serão reduzidas em 90% do valor atualizado monetariamente.

43. Considere a seguinte situação hipotética.

Uma indústria de celulose, após obter licenciamento ambiental e autorização para funcionamento das autoridades estaduais e municipais, iniciou suas atividades regulares. Passado certo tempo, uma organização não-governamental, em estudos realizados no curso d'água em que eram despejados os resíduos da atividade industrial, mesmo depois de tratamento previsto no EIA/RIMA, constatou que a freqüente mortandade de peixes e aves na região era ocasionada por uma substância contida nos mencionados resíduos lançados pela indústria de celulose. Nessa situação, apesar da licença ambiental e da autorização de funcionamento da atividade, o agente poluidor deverá reparar civilmente os danos ambientais causados, de acordo com o regime de responsabilidade objetiva e o posicionamento da opinião majoritária da doutrina.

44. Em matéria de responsabilidade penal da pessoa jurídica, a doutrina nacional é acorde em reconhecer que sua adoção no sistema jurídico brasileiro guarda compatibilidade com os princípios da pessoalidade da pena e da culpabilidade.

45. O tipo penal consistente em caçar espécime da fauna silvestre sem a devida permissão, licença ou autorização da autoridade competente somente se aplica a animais exóticos.

46. A Lei de Crimes Ambientais (Lei nº 9.605/1998), ao definir pesca, para efeitos de sua aplicação, restringiu o conceito anteriormente vigente, passando a utilizá-lo somente para os seguintes grupos de animais aquáticos: peixes, crustáceos e moluscos. Logo, caso uma baleia ou um golfinho sejam apanhados sem autorização da autoridade competente, o crime configurado será o referente à caça e não à pesca.

47. Todas as contravenções penais contra a fauna previstas no Código Florestal estão implicitamente revogadas, pois, com o advento da Lei de Crimes Ambientais, aquelas condutas foram, de certa forma, contempladas como crimes.

48. A poluição eletromagnética e a poluição térmica podem ser consideradas crime, porquanto a conduta penal referente a poluição e descrita na Lei de Crimes

Ambientais fala em causar poluição de qualquer natureza, não especificando a forma.

49. Considere a seguinte situação hipotética.

Uma empresa brasileira de exportação e importação exportava para o exterior, sem a autorização ambiental competente, peles e couros de anfíbios processadas e industrializadas.

Nessa situação, por incidir em crime ambiental, a empresa poderá ser sancionada no âmbito penal com a decretação de sua liquidação forçada, sendo seu patrimônio considerado como instrumento do crime e por isso perdido em favor do Fundo Penitenciário Nacional.

50. Tanto as pessoas físicas quanto as jurídicas podem ser, em tese, apenadas à prestação pecuniária, consistente no pagamento em dinheiro à vítima ou à entidade pública ou privada, desde que seja de cunho ambiental ou cultural.

Respostas: 36-E; 37-C; 38-E; 39-C; 40-C; 41-E; 42-C; 43-C; 44-E; 45-E; 46-C; 47-E; 48-C; 49-E; 50-E

2005 (VII Concurso) – 5ª região

Magistraturas Federais
Grupo I: Direitos Administrativo, Tributário e Ambiental
Em relação ao licenciamento ambiental e ao estudo de impacto ambiental, julgue os itens seguintes.

1. As atividades potencialmente causadoras de degradação ambiental estão sujeitas a estudo de impacto ambiental, o qual deverá ser exigido somente no curso do empreendimento, a critério da autoridade administrativa, caso seja constatado risco real de danos ao meio ambiente.

2. O estudo de impacto ambiental pode ser substituído por plano de manejo sustentado, em caso de reflorestamento de áreas degradadas e localizadas no território do Estado-membro, tendo como base lei estadual.

3. A concessão de licença ambiental de operação não gera direito adquirido ao empreendedor, podendo ser revista pela administração, ainda que no prazo de sua validade, caso seja constatada a superveniência de grave impacto ambiental negativo.

4. Nos termos da regulamentação federal, o custeio dos honorários dos profissionais encarregados da elaboração de estudo de impacto ambiental constitui ônus do próprio empreendedor, cabendo a este, também, a escolha dos técnicos incumbidos da atividade.

5. No curso do procedimento de licenciamento ambiental, organizações não-governamentais ou o Ministério Público poderão solicitar ao órgão ambiental a realização de audiência pública para discussão dos impactos ambientais, a qual representa uma etapa do licenciamento e que servirá de base para análise do órgão licenciador, devendo a administração ambiental acatar as conclusões dessa audiência pública, no que se refere ao deferimento ou não da licença.

A Constituição brasileira de 1988 adotou o modelo de federalismo cooperativo, estabelecendo a coexistência de competências privativas e de competências comuns, distribuídas entre os diversos entes políticos. No tocante à implementação de políticas públicas, a Constituição fixou um rol de competências materiais, sublinhando o objetivo geral do poder público na execução das tarefas enunciadas. Com base em tais considerações, julgue os itens a seguir.

6. Compete à União, aos estados, ao Distrito Federal e aos municípios promover medidas de proteção do meio ambiente, cabendo aos municípios exercer seu poder de polícia apenas em relação a atividades de impacto local.

7. De acordo com a legislação federal, compete ao IBAMA o licenciamento de obras ou atividades com significativo impacto de âmbito nacional; aos órgãos ambientais estaduais, o licenciamento de obras e atividades de âmbito regional; e aos municípios, o licenciamento de atividades de âmbito local e daquelas que lhes forem delegadas mediante convênio, ouvidos os órgãos ambientais federal e estadual.

Considerando a proteção do patrimônio cultural brasileiro, julgue os próximos itens.

8. O proprietário de bem tombado em razão de seu valor histórico-cultural nacional tem o dever de conservá-lo, podendo ser dele exigida a realização de obras de conservação ou reparação às suas expensas, salvo hipossuficiência econômica do proprietário ou urgência na realização dessas obras, hipóteses em que a União poderá despender recursos públicos na conservação ou na reparação daquele bem privado.

9. Sem prejuízo da atuação da comunidade, a União, no exercício de sua competência administrativa, deve adotar medidas de proteção do patrimônio cultural brasileiro, no qual também se incluem as formas de expressão e as criações tecnológicas, adotando, para tanto, medidas de tombamento, desapropriação, inventários ou outras formas de acautelamento.

Julgue os itens subseqüentes, relativos aos princípios regedores da proteção jurídica do meio ambiente.

10. A promoção do meio ambiente sadio e ecologicamente equilibrado atua como fator de limitação ao direito de propriedade, razão pela qual a existência de área de preservação permanente em espaço pertencente a particular não acarreta direito a indenização, salvo quando inviabilizar totalmente o aproveitamento econômico do bem.

11. O princípio do desenvolvimento sustentável preconiza um elo entre a economia e a ecologia, estando referido em diversas declarações internacionais, mas, por não estar previsto expressamente na Constituição brasileira, atua apenas como aspiração social e vetor ideológico para a atividade econômica.

12. Os princípios da participação comunitária e da equidade intergeracional têm sede constitucional, uma vez que a Constituição brasileira estabelece a faculdade de a coletividade praticar atos com vistas à proteção do meio ambiente e sua preservação em prol das presentes e futuras gerações.

Em relação às infrações administrativas ambientais e à atividade sancionadora do Estado, julgue os itens seguintes.

13. A legislação brasileira adota, como regra geral, a prescindibilidade do elemento da culpabilidade para a caracterização da infração administrativa ambiental, dispensando a apuração da vontade do infrator. Para a configuração da infração administrativa ambiental, basta, portanto, o comportamento típico do administrado, com a violação das normas de proteção ao meio ambiente.

14. Em caso de infração administrativa ambiental, a depender da gravidade do fato e dos antecedentes do infrator, a administração poderá impor a sanção de suspensão de obra lesiva ao meio ambiente, mas não poderá determinar sua demolição, a qual dependerá de ordem judicial, a ser solicitada pelo órgão ambiental competente, após o encerramento do processo administrativo em que fique constatada a ofensa às normas protetivas do meio ambiente.

15. A legislação prevê a apreensão dos produtos e subprodutos da fauna e flora, em caso de constatação de infração, por iniciativa da própria administração. A lei não admite, contudo, a apreensão, pela administração, dos equipamentos ou veículos utilizados na infração administrativa ambiental, salvo se consistirem em objetos cujo fabrico, alienação, uso, porte ou detenção constituam fato ilícito.

Cada item seguinte apresenta uma situação hipotética referente aos crimes de tóxicos, contra o patrimônio, a fé pública e o meio ambiente, seguida de uma assertiva a ser julgada.

137. Um órgão do Ministério Público ofereceu denúncia contra uma pessoa jurídica de direito privado e dois de seus administradores por crime contra o meio ambiente, por causarem poluição em leito de um rio interestadual, por meio de lançamento de resíduos, tais como graxas, óleo, lodo, areia e produtos químicos, resultantes da atividade do estabelecimento comercial. Nessa situação, de acordo com entendimento do STJ, a pessoa jurídica não pode ser sujeito passivo de crime ambiental.

Respostas: 01-E; 02-E; 03-C; 04-C; 05-E; 06-* Nula;)7-E; 08-C; 09-C; 10-C; 11-E; 12-E; 13-C; 14-E; 15-E; 137-*Nula

No âmbito doutrinário, ainda inexiste uma sistematização uniforme do direito ambiental brasileiro. Assim, a interpretação do direito ambiental sofre variações a depender da visão desenvolvida por cada autor. No entanto, é possível identificar princípios fundamentais que caracterizam o direito do ambiente e que são alvos da preocupação dos mais diversos doutrinadores nacionais. Acerca dos princípios do direito ambiental, julgue os itens que se seguem.

131. O princípio do poluidor pagador impõe ao poluidor a obrigação de recuperar e(ou) indenizar os danos causados por sua atividade e, ao consumidor, a obrigação de contribuir pela utilização dos recursos ambientais.

132. O princípio da precaução determina que não se podem produzir intervenções no meio ambiente antes que as incertezas científicas sejam equacionadas de modo que a intervenção não seja adversa ao meio ambiente.

133. O princípio da prevenção obriga que as atuações com efeitos sobre o meio ambiente devam ser consideradas de forma antecipada, visando-se à redução ou eliminação das causas que podem alterar a qualidade do ambiente.

Com respeito ao Instituto Brasileiro do Meio Ambiente e dos Recursos Naturais Renováveis (IBAMA), julgue os itens que se seguem.

134. O IBAMA tem a finalidade de assessorar o Ministério do Meio Ambiente na formação e na coordenação da política nacional do meio ambiente, além de executar e fazer cumprir a política nacional do meio ambiente.

135. O IBAMA é uma fundação pública dotada de personalidade jurídica de direito público, com autonomia financeira e administrativa.

Diferentemente do que ocorre na maioria dos países, no Brasil, a obrigatoriedade do prévio estudo de impacto ambiental é uma imposição constitucional. Em tese, a situação brasileira é muito mais segura juridicamente que aquela desfrutada por outras nações. Ocorre que a experiência jurídica brasileira demonstra que o estudo de impacto ambiental, muitas vezes, é visto como um empecilho ao desenvolvimento econômico e social; um instrumento desmobilizador do progresso. O número de derrogações e de dispensas da realização de estudos de impacto ambiental torna-se cada vez maior. Até mesmo em sede legal, são criados mecanismos para que se possa dispensar a realização desses estudos. Paulo de Bessa Antunes. *Direito ambiental*, 6. ed. Rio de Janeiro: Lúmen Júris, 2002 (com adaptações).

Tendo o texto acima como referência inicial, julgue os itens seguintes, acerca do estudo de impacto ambiental e da administração pública.

136. A exigência pelo poder público da realização do estudo de impacto ambiental é exercício do poder discricionário do Estado no processo de licenciamento ambiental.

137. A exigência pela administração pública da realização de estudos de impacto ambiental para o licenciamento de atividades potencialmente poluidoras configura exercício de poder de polícia.

138. Em virtude do princípio administrativo da presunção de legitimidade, a administração pública, na execução direta de obras, é dispensada da realização prévia de estudo de impacto ambiental.

Acerca das unidades de conservação, julgue os itens a seguir.

139. Há uma subdivisão das unidades de conservação em unidades de proteção integral e unidades de uso sustentável. Os parques nacionais compõem este último grupo.

140. As unidades de conservação são espaços territoriais de propriedade pública destinados ao estudo e à preservação de ecossistemas.

Em relação às ações coletivas, julgue os itens a seguir.

219. O direito brasileiro abriga ações de tutela ambiental reparatórias, inibitórias e preventivas, que podem ter como réus tanto particulares como o próprio Estado

Respostas: 131-C; 132-C; 133-C; 134-C; 135-E; 136-E; 137-C; 138-E; 139-E; 140-E; 219-C

ANEXO B – QUESTÕES DE CONCURSOS | 563

2005 – Prova Objetiva (XI Concurso)

Magistraturas Federais
Tribunal Regional Federal – 1ª região – XI concurso público para provimento de cargo de juiz federal substituto
79. A responsabilidade civil ambiental foi introduzida no ordenamento positivo brasileiro com a:
a) Constituição de 1988;
b) Lei nº 9.605, de 12.2.98;
c) Lei nº 7.913, de)7.12.89;
d) Lei nº 6.938, de 31.8.81.

80. Com respeito ao Estudo de Impacto Ambiental – EIA, pode-se dizer:
a) É estudo que pode ser efetuado por encomenda a equipe privada com caráter multidisciplinar, desde que integrada por ambientalistas;
b) É procedimento público;
c) É documento de importância óbvia, ainda que não contenha um juízo de valor pró ou contra sobre o projeto em exame;
d) É ato preparatório e, ainda que importante, prescinde da avaliação sobre o projeto em si.

81. A utilização adequada de recursos naturais disponíveis e preservação do meio ambiente constituem exigências para:
a) A desapropriação de imóvel rural;
b) O correto lançamento do ITR;
c) O cumprimento da função social da propriedade rural;
d) O enquadramento de imóvel, quer como rural, quer como urbano quer ainda como urbano.

82. É de aceitação, dir-se-ia universal, que a ação estatal ou do poder público, dentre outros, em matéria de meio ambiente está fundada sobre princípios, dos quais destacam-se:
a) O do poluidor-pagador e da ação preventiva;
b) O da anterioridade;
c) O da executoriedade;
d) O da limitação ambiental.

83. A toda e qualquer alteração de natureza física, química e biológica que venha a desequilibrar o meio ambiente, diz-se:
a) Biodiversidade;
b) Diversidade agressiva genética;
c) Ampliação do efeito estufa;
d) Poluição ambiental.

84. A manipulação genética de células humanas:
a) Constitui crime;

b) Exige prévia aprovação da CTN-Bio;
c) É contravenção punível pela legislação ambiental;
d) Depende de autorização prévia e expressa do CONAMA.

Respostas: 79-D; 80-B; 81-C; 82-A; 83-D; 84-A

2004 – Prova Objetiva (X Concurso)

Magistraturas Federais
Tribunal Regional Federal – 1ª região – X concurso público para provimento de cargo de juiz federal substituto
Primeira prova escrita
49. O meio ambiente, ecologicamente equilibrado, é:
a) Um bem de uso especial.
b) Um bem de domínio útil.
c) Um bem de uso comum do povo.
d) Um bem dominical.

Resposta: 49-C

2002 – Prova Objetiva (IX Concurso)

Magistraturas Federais – 1ª região
32. No modelo jurídico brasileiro, com a disciplina da Lei nº 5.197/67, e as alterações efetuadas pela Lei nº 9.605/98, a caça:

a) É absolutamente proibida em território nacional.
b) É relativamente permitida.
c) Somente é permitida se profissional.
d) É permitida em áreas particulares.

33. Os parques nacionais:
a) São unidades de conservação que implicam exercício do poder de polícia, pois limitam administrativamente o uso da propriedade particular.
b) Estabelecem uma tutela relativa do Estado sobre um bem particular através de servidão administrativa.
c) Não permitem indenização ao proprietário.
d) Implicam desapropriação das terras particulares.

93. No crime contra a fauna silvestre, praticado em terra pertencente à União, a competência será regida pelo seguinte enunciado:
a) Tanto pode ser a fauna silvestre do domínio da União, quanto por ter sido o crime praticado em terra do domínio da União, a competência será da Justiça Federal;
b) Seguindo a regra constitucional de competência legislativa concorrente entre os três entes da Federação para questões ambientais, também no plano jurisdicional

ANEXO B – QUESTÕES DE CONCURSOS | 565

a competência poderá ser da justiça estadual ou da federal segundo as regras da prevenção;

c) Nas comarcas que não sejam sede de vara federal, o processo tramitará perante o juízo de Direito, com recurso para o Tribunal Regional Federal;

d) Havendo concurso com crime contra a flora, haverá separação do processo, sendo o crime contra a fauna julgado pela Justiça Federal e o contra a flora pela Justiça Estadual.

Respostas: 32-B; 33-D; 93-A

2004 – Prova Objetiva

Magistraturas do Trabalho
Juiz do Trabalho substituto – 1ª fase – Etapa 1
14) Sobre a competência da União, Estados e Municípios, assinale a alternativa correta:
a) Compete privativamente à União legislar sobre: direito civil, comercial, serviço postal e educação;

b) São da União as competências que não lhe são vedadas pela Constituição Federal;

c) Compete privativamente aos Municípios legislar sobre: assuntos de interesse local e normas de proteção ao meio ambiente;

d) São dos Estados as competências remanescentes;

e) Compete concorrentemente aos Estados e à União legislar sobre: direito tributário, custas e serviços forenses, responsabilidade por dano ao meio ambiente e trânsito.

Resposta: 14-C

2005 – Prova Objetiva (XII Concurso)

Magistraturas Federais – 1ª região
7. Dadas as assertivas abaixo, assinalar a alternativa correta.
I. São bens da União os terrenos de marinha, os lagos, os rios, as águas naturalmente em depósito, as ilhas fluviais, lacustres e oceânicas, excluídas destas as que sejam sede de município.

II. A exploração de atividades nucleares é de competência privativa da União e depende, se realizada em território nacional, de aprovação do Congresso Nacional.

III. Lei Complementar pode autorizar os Estados a legislar sobre questões específicas das matérias de competência legislativa privativa da União, relacionadas na Constituição.

IV. A União pode intervir no Município para garantir a observância de princípios constitucionais, dentre os quais, os dos direitos da pessoa humana e de aplicação do mínimo de receita exigido em educação e saúde.

a) Estão corretas apenas as assertivas I e II.

b) Estão corretas apenas as assertivas I e IV.

c) Estão corretas apenas as assertivas II e III.

d) Estão corretas apenas as assertivas II, III e IV.

97. Dadas as assertivas abaixo, assinalar a alternativa correta.

I.   Sob pena de incorrer em inconstitucionalidade, é vedado ao Poder Legislativo Estadual propor e aprovar lei que condicione a concessão de licença ambiental à prévia autorização legislativa estadual.

II. A tributação ambiental representa uma das mais modernas técnicas de proteção do meio ambiente, estando embasada, precipuamente, nos princípios da precaução e da supremacia do interesse público sobre o privado.

III. A revogação de licença ambiental regularmente concedida somente gera direito à indenização ao empreendedor quando o ato revocatório tem por base riscos ao meio ambiente decorrentes da própria atividade licenciada.

IV. A competência para o licenciamento ambiental do Instituto Brasileiro do Meio Ambiente e dos Recursos Naturais Renováveis (IBAMA) é de caráter supletivo, competindo a esta entidade federal licenciar apenas as atividades e obras de que decorra significativo impacto ambiental, de âmbito nacional ou regional.

a)   Está correta apenas a assertiva II.
b)   Estão corretas apenas as assertivas I e IV.
c)   Está incorreta apenas a assertiva III.
d)   Estão incorretas apenas as assertivas I, III e IV.

98. Dadas as assertivas abaixo, assinalar a alternativa correta.

I.   Consoante entendimento jurisprudencial e doutrinário dominantes, a responsabilidade civil do Poder Público, quando omisso em seu dever de coibir ameaças e danos ao meio ambiente, por seus órgãos e entidades adrede criados (*faute du service*), é subjetiva.

II. Aos municípios é defeso, sendo da União a competência para o registro de determinado produto tóxico, que possa se revelar nocivo ao meio ambiente, criar, a latere do registro federal, sistema de registro que reduza ou limite as exigências deste, no âmbito de seu território.

III. Na forma da legislação ambiental, o pagamento de multa estadual substitui a multa federal quando aquele que comete infração administrativa ambiental venha a ser autuado e multado pelo mesmo fato pelos órgãos ou entidades de defesa do meio ambiente estadual e federal.

IV. No regime jurídico das Áreas de Proteção Ambiental (APAs), consoante a Lei nº 9.985/2000 (que instituiu o Sistema Nacional de Unidades de Conservação da Natureza – SNUC), as propriedades particulares permanecem na posse e domínio dos proprietários, os quais deverão adequar suas atividades às funções sócio-ambientais da APA.

a)   Está correta apenas a assertiva I.
b)   Está incorreta apenas a assertiva III.
c)   Estão corretas apenas as assertivas II e IV.
d)   Todas as assertivas estão corretas.

99. Dadas as assertivas abaixo, assinalar a alternativa correta.

I.   No âmbito da tutela reparatória do meio ambiente, é vedado ao juiz, se o devedor não tiver capacidade técnica para a prestação necessária ao ressarcimento na forma específica, aplicar multa para obrigá-lo a custear a reparação a ser realizada por terceiro.

ANEXO B – QUESTÕES DE CONCURSOS | 567

II. Distingue-se a tutela jurisdicional inibitória da tutela de remoção do ilícito porque a primeira pressupõe a iminência da prática do ilícito, enquanto a segunda exige a ocorrência do ilícito, embora também pressuponha não ter ainda ocorrido o dano no meio ambiente.

III. No âmbito da tutela jurisdicional inibitória, pode o juiz compelir o Poder Público, diante da atividade de risco, a cumprir seu dever constitucional de prevenção do dano ambiental, porém não o pode compelir à aplicação de multa administrativa.

IV. O Fundo de Defesa dos Direitos Difusos (art. 13 da Lei nº 7.347/85) é, precipuamente, um repositório de condenações judiciais em dinheiro vinculadas a direitos e interesses difusos, destinando-se também à indenização das vítimas particulares.

a) Está correta apenas a assertiva III.
b) Está incorreta apenas a assertiva IV.
c) Estão corretas apenas as assertivas I e IV.
d) Estão corretas apenas as assertivas II e III.

100. Dadas as assertivas abaixo, assinalar a alternativa correta.

I. A sentença penal condenatória por crime ambiental, sempre que possível, fixará o valor mínimo para reparação dos danos causados pela infração, considerando os prejuízos sofridos pelo ofendido ou pelo meio ambiente.

II. A autoridade ambiental que tiver conhecimento de infração ambiental é obrigada a promover a sua apuração imediata, mediante processo administrativo próprio, sob pena de co-responsabilidade civil, administrativa e penal.

III. O fim especial de obtenção de vantagem pecuniária, nos delitos ambientais, constitui causa de aumento de pena.

IV. A pena de multa por crime ambiental será calculada com base nos critérios do Código Penal, exceto se, ainda que aplicada em valor máximo, revelar-se ineficaz, caso em que poderá ser aumentada, levando-se em conta a extensão do dano ambiental.

a) Estão corretas apenas as assertivas I e II.
b) Estão corretas apenas as assertivas I e III.
c) Estão corretas apenas as assertivas III e IV.
d) Estão corretas apenas as assertivas II, III e IV.

Respostas: 07-C; 97-B; 98-D; 99-D; 100-A

2004 – Prova Objetiva (XI Concurso) – 4ª região

Magistraturas Federais
96. Assinalar a alternativa correta.
A autoridade ambiental, verificando que está sendo construída obra em área declarada por lei como de preservação permanente, com alvará de edificação concedido pela autoridade municipal, deve:
a) Abster-se de tomar qualquer medida, porque o alvará permitindo a construção torna lícita a conduta do suposto infrator.
b) Embargar a obra tendo em vista o descumprimento da legislação ambiental.

c) Requerer o embargo da obra à autoridade judiciária, vez que na esfera administrativa é vedada a providência.
d) Requerer ao Ministério Público que promova o embargo da obra e providencie a apuração da responsabilidade civil e penal do infrator.

97. Assinalar a alternativa correta.
Em termos de responsabilidade civil, o causador de um dano ambiental, que além de atingir a coletividade, vem a causar prejuízo a uma pessoa individualmente, responde:
a) De forma objetiva, cabendo à vítima demonstrar apenas o nexo causal entre o fato e o dano, bem como o seu montante.
b) De forma objetiva pelo dano causado, desde que haja sentença julgando procedente a ação civil pública, com trânsito em julgado.
c) De forma subjetiva, cabendo à vítima demonstrar a culpa do causador do dano.
d) De forma subjetiva, cabendo à vítima apenas demonstrar o nexo causal entre o fato e o dano, bem como o seu montante.

98. Assinalar a alternativa correta.
A legislação do Brasil, em matéria de sanção penal por lesão ao meio ambiente:
a) Exclui a responsabilidade penal por considerá-la inadequada a tal tipo de infração, mantendo apenas a responsabilidade administrativa e civil.
b) Admite a existência de responsabilidade administrativa, civil e penal, ficando esta (penal) condicionada a hipóteses graves, apenadas com reclusão.
c) Admite a existência de responsabilidade administrativa, civil e penal, abrangendo pessoas físicas e jurídicas.
d) Admite a existência de responsabilidade administrativa, civil e penal, ficando esta (penal) restrita a pessoas físicas.

99. Assinalar a alternativa correta.
A Constituição Federal assegura a proteção do meio ambiente cultural, abrangendo a expressão:
a) O conjunto de bens imóveis existentes no país cuja conservação seja de interesse público por sua vinculação a fatos memoráveis da história do Brasil ou por sua importância arquitetônica.
b) Os bens de natureza material ou imaterial, tomados individualmente ou em conjunto, portadores de referência à identidade, à ação ou à memória dos diferentes grupos formadores da sociedade brasileira, excluídos sítios de valor paisagístico, arqueológico ou paleontológico.
c) Os bens de natureza material ou imaterial, tomados individualmente ou em conjunto, portadores de referência à identidade da sociedade brasileira, incluídos os conjuntos urbanos e sítios de valor histórico, paisagístico, artístico, arqueológico, paleontológico, ecológico e científico.
d) Conjunto de bens móveis e imóveis existentes no país cuja conservação seja de interesse público por sua vinculação a fatos memoráveis da história do Brasil ou por sua importância arquitetônica e que tenham sido tombados por ato do Poder Público.

Respostas: 96-B; 97-A; 98-C; 99-C;

Magistraturas Estaduais – Minas Gerais – 2006
15. O Supremo Tribunal Federal é chamado a resolver conflito federativo em ação civil originária na qual o Distrito Federal questiona consulta pública realizada pela União juntamente com o IBAMA, com o propósito de instituir reserva extrativista em área que compreende terras públicas pertencentes ao Distrito Federal, onde os referidos entes federais pretendiam desenvolver projeto ambiental da mesma natureza. De acordo com a situação hipotética acima retratada, assinale a opção correta.

a) O procedimento instaurado pela União ofende o pacto federativo e o direito de propriedade do Distrito Federal, dada a impossibilidade de a primeira instituir reserva extrativista em área que compreenda terras públicas pertencentes ao Distrito Federal.

b) O procedimento adotado pela União é equivalente à desapropriação, só permitida em relação aos bens de particulares, tendo-se em conta que a autonomia dos entes federativos impede a prevalência dos interesses de uma pessoa política sobre os de outra.

c) Havendo prévia autorização legislativa, os bens públicos pertencentes aos Estados-membros e aos Municípios que se encontrem em áreas de reserva extrativista podem ser objeto de regular processo expropriatório federal, mediante o pagamento da justa indenização.

d) O uso da área de domínio público conferido às populações extrativistas não se efetiva por contrato de concessão de direito real de uso.

23. O direito ao meio ambiente ecologicamente equilibrado foi expressamente incluído na Constituição de 1988 entre os bens públicos classificados como:
a) De uso comum do povo.
b) De uso especial.
c) Dominicais.
d) Patrimoniais.

Respostas: 15-A; 23-A

2004 – Prova Objetiva (26º Concurso) Ministério Público – DF e Territórios

Questão 80
No que se refere ao direito ambiental constitucional e à organização política do Brasil, assinale a alternativa correta.
a) O direito ao meio ambiente ecologicamente equilibrado não constitui princípio estruturante da ordem jurídica e econômica brasileira.

b) A noção de poder público, expressa no art. 225 da Constituição da República, refere-se somente à União, não abarcando os Estados-membros nem os Municípios nem o Distrito Federal.

c) As competências comuns previstas no art. 23 da Constituição da República expressam tão-somente atividades legislativas dos Estados-membros e dos Municípios.

d) Uma Constituição Estadual não pode dispensar a realização de Estudos de Impacto Ambiental para atividades degradadoras do meio ambiente.

e) A matéria ambiental é de competência legislativa exclusiva da União.

Questão 100

O Sistema Nacional de Unidade de Conservação da Natureza — SNUC —, instituído pela Lei nº 9.985, de 2000, tem, dentre outras e diversas finalidades, contribuir para a manutenção da diversidade biológica e dos recursos genéticos no território nacional e nas águas jurisdicionais, bem como proteger as características relevantes de natureza geológica, geomorfológica, espeleológica, arqueológica, paleontológica e cultural, proporcionando, ainda, meios e incentivos para atividades de pesquisa científica, estudos e monitoramento ambiental. Em relação a tal sistema, mostra-se incorreto afirmar que

a) O Conselho Nacional do Meio Ambiente — CONAMA — é órgão consultivo e deliberativo, com as atribuições de acompanhar a implementação do Sistema.

b) Na condição de órgão central, cabe ao Ministério do Meio Ambiente, a finalidade de coordenar o Sistema.

c) O Instituto Brasileiro do Meio Ambiente e dos Recursos Naturais Renováveis — IBAMA — é órgão executor do sistema.

d) São também executores os órgãos estaduais e municipais, com a função de implementar o SNUC e subsidiar as propostas de criação e administração das unidades de conservação estaduais e municipais, nas respectivas esferas de atuação.

e) Não podem integrar o SNUC as unidades de conservação estaduais e municipais que, concebidas para atender a peculiaridades regionais ou locais, possuam objetivos de manejo que não possam ser satisfatoriamente atendidos por nenhuma categoria prevista no bojo da norma de regência e cujas características permitam, em relação a tais categorias, uma clara distinção.

Respostas: 80-D; 100-E

2004 – Ministério Público – Espírito Santo

84 – É correto afirmar que:

a) Poluidor é somente a pessoa física ou jurídica de direito privado, responsável, direta ou indiretamente, por atividade causadora de degradação ambiental.

b) Na estrutura do Sistema Nacional do Meio Ambiente, o CONAMA (Conselho Nacional do Meio Ambiente) é o órgão superior.

c) A outorga dos direitos de uso de recursos hídricos é um instrumento da Política Nacional de Recursos Hídricos.

d) A outorga dos direitos de uso de recursos hídricos implica em alienação parcial das águas.

e) O parcelamento do solo urbano só poderá ser feito mediante loteamento.

ANEXO B – QUESTÕES DE CONCURSOS | 571

85 – Com base na legislação ambiental, é incorreto afirmar que:
a) Em qualquer caso, o poluidor, independentemente de culpa, é obrigado a indenizar e/ou reparar os danos causados ao meio ambiente e inclusive a terceiros, afetados por sua atividade.
b) As florestas e demais formas de vegetação natural, situadas ao redor das lagoas ou reservatórios d'água, naturais ou artificiais, de qualquer largura, são consideradas de preservação permanente.
c) Havendo condenação em dinheiro em ação civil pública movida para proteger o meio ambiente, a indenização pelo dano causado reverterá a um fundo gerido por um Conselho Federal ou por Conselhos Estaduais de que participarão necessariamente o Ministério Público e representantes da comunidade, sendo seus recursos destinados à reconstituição dos bens lesados, inclusive ressarcir as pessoas vitimadas pela agressão ambiental.
d) Toda derivação ou captação de parcela significante da água existente em um corpo de água para consumo final, inclusive para insumo de processo produtivo ou para a satisfação das necessidades de núcleos populacionais que não sejam pequenos, está sujeita a outorga de direito de uso de recursos hídricos pelo Poder Público.
e) Mesmo com licença de caçador, expedida pelo poder público, a utilização, perseguição, destruição, caça ou apanha de espécimes da fauna silvestre são proibidas com visgos, atiradeiras, fundas e bodoques.

86 – É incorreto afirmar que:
a) Antes da manifestação judicial, o Ministério Público será ouvido, no prazo de 5 (cinco) dias, nos procedimentos de impugnação de registro de projeto de loteamento ou desmembramento.
b) A associação de moradores da comunidade, regularmente constituída, com personalidade jurídica, desde que explicitamente autorizada pelos representados, é parte legítima para a propositura da ação de usucapião especial urbana.
c) Parque Nacional, Unidade de Proteção Integral, tem como objetivo básico a preservação de ecossistemas naturais de grande relevância ecológica e beleza cênica, possibilitando a realização de pesquisas científicas e o desenvolvimento de atividades de educação e interpretação ambiental, de recreação em contato com a natureza e de turismo ecológico.
d) A educação ambiental será desenvolvida como uma prática educativa integrada, contínua e permanente em todos os níveis e modalidades do ensino formal, e não deverá ser implantada como disciplina específica no currículo de cursos até o ensino superior de graduação inclusive, exceto, quando se fizer necessário, nas áreas voltadas aos aspectos metodológicos da educação ambiental.
e) O órgão ambiental competente, verificando que a atividade ou empreendimento, é efetiva ou potencialmente causador de significativa degradação do meio ambiente, definirá os estudos ambientais pertinentes ao respectivo processo de licenciamento ambiental.

Respostas: 84-C; 85-C; 86-E

2006 – Prova Objetiva (VIII concurso) – Tocantins

Ministério Público
Questão 22
Considerando entendimentos recentes do STJ, assinale a opção correta.
a) A condição de sócio-proprietário de empresa, ainda que não comprovada a relação de causa e efeito entre as imputações, é suficiente para configurar a responsabilidade objetiva em relação a crime contra o meio ambiente, consubstanciado em poluição sonora pela promoção de shows ao vivo, com utilização de equipamentos de alta potência, o que importa em produção de sons além dos limites permitidos.
b) Em face da inexistência de vaga em casa de albergado, é possível ao condenado o cumprimento de pena, provisoriamente, em regime mais gravoso.
c) Responde o agente por crime de estelionato na chamada cola eletrônica em exames vestibulares, consistente no fornecimento, mediante paga, de gabarito de prova, por meio de comunicação por dispositivo eletrônico, com o fim de possibilitar o ingresso de pessoas em cursos de nível superior.
d) Em caso de crime de furto praticado em concurso de pessoas, admite-se a aplicação, por analogia, da norma do art. 157, §2º, II, do Código Penal, que trata da causa de aumento de pena no crime de roubo praticado em concurso de pessoas.

Questão 49
Assinale a opção que não reflete, de acordo com o posicionamento do STF, uma hipótese que admite o trancamento da ação penal por intermédio de *habeas corpus*.
a) Atipicidade da conduta
b) Ausência de justa causa
c) Responsabilização penal de dirigentes de pessoa jurídica em caso de crime ambiental
d) Inépcia da denúncia

Questão 94
Entre todos os entes que possuem legitimidade para propor a ação civil pública, o MP, em seu relevante papel na sustentação e manutenção de um ambiente saudável e sustentável,
a) Possui todos os requisitos para tal, o que, exclusivamente, o equipara ao órgão máximo da função jurisdicional ao dar provimento superveniente às medidas cautelares difusas.
b) É o único que dispõe de provimento parcial da medida precautiva *in totum*.
c) É o único que tem legitimação extraordinária, ao representar a coletividade e, quando não é parte legítima, tem a função de fiscalizar.
d) É o único que tem legitimação para representar a coletividade na defesa dos interesses difusos, transindividuais e metacoletivos, nas causas em que seja utilizado o princípio precaucional.

Questão 95
Considerando que o solo urbano pode ser parcelado por loteamento ou des-membramento, assinale a opção correta.

a) O loteamento independe de modificação, criação ou extensão de vias públicas, o que significa que basta a abertura de uma rua para que o parcelamento seja considerado desmembramento.

b) Tanto o desmembramento quanto o loteamento destinam-se a coibir a depredação do patrimônio artístico, histórico e paisagístico nacional, sendo, portanto, necessários o realinhamento das poligonais e a remarcação dos sinais diacríticos que delimitam as áreas urbanas.

c) O desmembramento exige o prolongamento, a modificação ou a ampliação das vias existentes, ou a abertura de novas vias ou novos logradouros públicos e o remanejamento das poligonais.

d) O loteamento exige o prolongamento, a modificação ou a ampliação das vias existentes, ou a abertura de novas vias ou de novos logradouros públicos.

Questão 96

Com relação à doação de agrotóxicos registrados pelo fabricante a escolas de agricultura e de acordo com a legislação do receituário, assinale a opção correta.

a) No caso de a doação ser feita a escolas agrícolas e(ou) a comunidades rurais que praticam agricultura de subsistência, não há necessidade de receituário.

b) A doação deve ser notificada ao Ministério da Agricultura, Pecuária e Abastecimento (MAPA) e, na notificação, devem constar, obrigatoriamente, os componentes do produto, seu grau de toxicidade bem como a dosagem de cada elemento constituinte. Com tal notificação, o doador exime-se da necessidade de emitir a receita.

c) A utilização do produto doado ficará sujeita à receita de um profissional.

d) Ao receber os produtos agrotóxicos, a escola de agricultura deve notificar o MAPA no prazo de trinta dias a contar da data do recebimento, fazendo constar dessa notificação: a discriminação da área que será pulverizada com o produto; a relação das culturas que serão tratadas e a fórmula do produto. Tais medidas suprem a necessidade da receita de um profissional.

Questão 97

Sendo a preservação do meio ambiente tarefa inafastável do poder público, a ação civil pública reveste-se, também, de

a) Caráter definitivo e preceito cominatório, dado que ela se concretiza, principalmente, com a adoção de procedimentos e medidas que antecedem a ocorrência de um dano ecológico.

b) Preceito cominatório, embora careça de definitividade por se tratar de um diploma legal que visa apenas à prevenção do dano ambiental e não à recuperação dos recursos depredados.

c) Caráter definitivo, embora careça de preceito cominatório, visto que se concretiza na adoção de medidas e procedimentos meramente preventivos.

d) Caráter definitivo, embora careça de preceito cominatório, visto que se concretiza na adoção de medidas e procedimentos meramente precautivos.

Questão 98

Ainda considerando a relevância da ação civil pública para a defesa das questões ambientais, no que se refere à concessão de medidas urgentes aptas a evitar grave lesão ao meio ambiente, é correto afirmar que a tutela cautelar

a) Será sempre concedida quando houver risco ao patrimônio histórico, desde que este seja tombado pela UNESCO.

b) É a regra e não a exceção, em se tratando, especialmente, de provimento jurisdicional de não fazer.

c) É concedida apenas quando houver risco iminente à saúde pública e à integridade da pessoa humana.

d) É possível, desde que exista risco iminente e comprovado, não sendo admitidas medidas precautivas, posto carecerem de comprovação científica, o que afasta o *fumus boni iuris*.

Questão 99

Quanto à tutela penal das florestas de preservação permanente, assinale a opção correta.

a) Constitui crime ambiental destruir ou danificar esse tipo de floresta, mesmo que em formação; cortar suas árvores sem a permissão da autoridade competente; extrair dela, sem prévia autorização, pedra, areia, cal ou qualquer espécie de mineral.

b) Será considerado crime ambiental cortar árvores e delas extrair minerais, em quaisquer circunstâncias, não existindo possibilidade legal de permissão ou autorização para fazê-lo.

c) A destruição ou danificação das florestas de preservação permanente são consideradas crime ambiental. O corte de árvores e a extração de espécies minerais constituem apenas contravenção e, portanto, sujeitam-se somente ao pagamento de multa pecuniária.

d) Em razão das reformas que vêm sendo efetuadas na Lei dos Crimes Ambientais, condutas como o corte de árvores, a destruição ou a danificação das florestas de preservação permanente não são mais consideradas criminosas, dada a inadequação de tal sanção com a realidade das populações tradicionais, que necessitam dos recursos florestais para sua sobrevivência.

Questão 100

Assinale a opção que apresenta o objetivo da proteção concedida às áreas de preservação permanente.

a) Evitar a exploração econômica das áreas de preservação permanente bem como a especulação imobiliária que vem destruindo os mananciais urbanos e parques nacionais e, com isso, provocando alterações antrópicas na biota.

b) Estabelecer o monopólio da tutela jurisdicional no foro local onde residir o autor do dano material às florestas, tratando-se de pessoa física, ou onde estiver localizada a matriz da indústria poluente, em se tratando de pessoa jurídica de direito privado.

c) Preservar os recursos hídricos, a paisagem, a estabilidade geológica bem como o fluxo gênico da fauna e da flora, a proteção do solo e o bem-estar das populações humanas.

ANEXO B – QUESTÕES DE CONCURSOS | 575

d) Delimitar a circunscrição onde poderá ocorrer a prisão em flagrante do autor do dano ambiental.

Respostas: 22-C; 49-C; 94-C; 95-D; 96-C; 97-A; 98-B; 99-A; 100-C

XX Concurso Público de provas e títulos para Magistratura do Trabalho da 9ª região – Primeira prova

Questão 78

Sobre direito ambiental, assinale a alternativa correta:

I. O direito ambiental é de índole constitucional. O interesse que visa tutelar é a sadia qualidade de vida do homem, em suas gerações presentes e futuras, o que realiza através da defesa e preservação do meio ambiente como elemento indissociável da saúde e do bem-estar do povo.

II. Através do princípio do desenvolvimento sustentável, o direito ambiental busca realizar uma harmonização entre o desenvolvimento econômico e a preservação do meio ambiente.

III. A Constituição Federal prevê a aplicação da teoria da inversão do ônus da prova, a fim de facilitar a comprovação do grau de culpa necessária para responsabilizar os poluidores a indenizar ou reparar os danos causados ao meio ambiente ou a terceiros, afetados por sua atividade.

IV. A defesa e preservação do meio ambiente, para as presentes e futuras gerações, não é dever apenas do Poder Público, mas também da coletividade, o que justifica a necessidade de conscientização pública e promoção da educação ambiental.

a) Apenas a assertiva I está correta
b) Apenas as assertivas I e II estão corretas
c) Apenas as assertivas II e III estão corretas
d) Apenas as assertivas I e IV estão corretas
e) Apenas as assertivas I, II e IV estão corretas

Resposta: 78-E

(XIV Concurso para Procurador do Estado do Pará) Nos termos da Constituição Federal é correto dizer que:

a) São bens da União as terras devolutas indispensáveis à defesa das fronteiras desde que vinculadas às reservas indígenas, as quais integram o patrimônio nacional não podendo ser objeto de nenhum tipo de contrato.

b) São direitos sociais a educação, a saúde, o trabalho, a moradia, o lazer, a segurança, nos termos e nos limites definidos em lei complementar de iniciativa exclusiva do Presidente da República.

c) O condenado por erro judiciário, assim como o que ficar preso além do tempo fixado em sentença, deverá ser indenizado pelo Estado.

d) Incluem-se entre os bens dos Estados, as ilhas fluviais e lacustres, sem nenhuma restrição.

Resposta: C

(XIV Concurso para Procurador do Estado do Pará) No direito ambiental, o EIA é um instrumento preventivo de danos ambientais. Na hipótese de um determinado projeto ter o seu licenciamento ambiental deferido antes do julgamento do EIA/RIMA, em relação a responsabilidade, é correto dizer:
a) Determina a responsabilidade objetiva do empreendedor;
b) Determina a responsabilidade objetiva da administração;
c) Determina a responsabilidade subjetiva do empreendedor;
d) Determina a responsabilidade subjetiva da administração.

Resposta: B

(XIV Concurso para Procurador do Estado do Pará) Na ação de Usucapião Especial Urbano, é correto dizer:
a) É obrigatória a intervenção da Procuradoria-Geral do Estado;
b) É obrigatório a intervenção do Ministério Público;
c) É obrigatória a intervenção da Procuradoria-Geral do Município;
d) É obrigatória a intervenção da Procuradoria-Geral do ITERPA

Resposta: B

(XIV Concurso para Procurador do Estado do Pará – Prova Prática) Diante da questão hipotética seguinte, elabore a peça processual requerida, conforme o comando da questão:
1. A Lei Ordinária do Estado do Pará nº 24/04 proibiu o plantio, manejo e a comercialização de soja transgênica em todo o território do Estado paraense. Na exposição de motivos da Lei, foram argüidos os seguintes fundamentos para a respectiva proibição:
- Que a comunidade médico-científica nacional e internacional ainda não chegou a uma conclusão definitiva sobre os efeitos da ingestão de alimentos transgênicos, motivo pelo qual ainda não se pode concluir se os alimentos geneticamente modificados podem provocar malefícios ao homem;
- Que a lei visa proteger os produtores de soja natural em todo o Estado do Pará, até que se possa elaborar estudo sobre o impacto da produção de soja transgênica, uma vez que os baixos custos dessa atividade podem provocar prejuízos irreparáveis aos produtores de soja natural;
- Que se faz necessário elaborar estudo sobre as normas administrativas que regulam a atividade agrícola no Estado do Pará, para então poder-se adequar a produção de transgênicos a essa realidade.
2. A Fazenda Estrela Azul, pessoa jurídica de direito privado, foi autuada pela Secretaria Executiva do Meio Ambiente do Estado do Pará em face de estar desenvolvendo as atividades de plantio, manejo e comercialização de soja geneticamente modificada. A autuação correspondeu à aplicação de multa e à proibição do desenvolvimento das atividades supra referidas.
3. A Fazenda Estrela Azul, destarte, ingressou junto a Vara Cível de Santarém, com uma ação ordinária anulatória, com pedido de antecipação de tutela contra o Estado

do Pará, requerendo a suspensão dos efeitos da autuação, para poder continuar com o plantio, o manejo e a comercialização de soja transgênica.

4. O MM. Juízo da Comarca de Santarém deferiu o pedido de antecipação de tutela formulado pela Fazenda Estrela Azul, sob o argumento de que o Estado do Pará não possui competência para legislar sobre a matéria, pelo que haveria nítida inconstitucionalidade da Lei Estadual nº 24/04. O estado foi intimado da decisão interlocutória no dia 18.08.2004.

5. A Procuradoria-Geral do Estado apresentou, dia 10.09.2004, pedido de Suspensão de Liminar perante a Exma. Sra. Presidente do Tribunal de Justiça do Estado do Pará, solicitando a suspensão dos efeitos da tutela antecipada concedida pelo MM. Juízo da Comarca de Santarém.

6. Em decisão monocrática, a Exma., Sra. Presidente do Tribunal de Justiça do Estado indeferiu o pleito do Estado do Pará, não suspendendo os efeitos da tutela antecipada concedida.

7. Diante da decisão da Presidência do TJE, o Estado do Pará interpôs recurso de agravo interno perante o Pleno do Tribunal de Justiça do Estado. O agravo interno foi improvido, tendo sido o respectivo acórdão publicado em 21.09.2004, não se podendo constatar qualquer omissão, obscuridade ou contradição no acórdão.

8. Na qualidade de Procurador do Estado, ingresse com a medida processual apta a alcançar o interesse vindicado pelo Estado do Pará na hipótese supra narrada.

Resposta: Novo pedido de suspensão processual.

(XV Concurso para Procurador do Estado do Pará) Considerando as seguintes afirmações, assinale a alternativa <u>CORRETA</u>:

I. A ação civil pública poderá ser proposta por pessoa jurídica de direito público interessada e associação legalmente constituída a pelo menos 2 (dois) anos e que incluam entre seus fins institucionais a defesa dos interesses e direitos protegidos pelo CDC, dispensada a autorização assemblear.

II. O Estado do Pará poderá instaurar inquérito civil, visando apurar ameaça ou violação a direito ou interesse difuso, bem como apurar os fatos e colher provas que permitam a propositura responsável de ação civil pública.

III. Poderá o presidente do tribunal competente suspender a execução de liminar, concedida em ação civil pública, a pedido da pessoa jurídica de direito público interessada e para evitar grave lesão à ordem, à saúde, à segurança e à economia pública.

IV. A multa cominada liminarmente, em ação civil pública, será exigível do réu, desde o dia do descumprimento da decisão concessiva da medida liminar.

a) Todos os itens são falsos;

b) Os itens I, II e IV são falsos;

c) Os itens I, III e IV são falsos;

d) Os itens II, III e IV são falsos.

Resposta: C

(XV Concurso para Procurador do Estado do Pará) Sobre o direito ao meio ambiente ecologicamente equilibrado previsto no art. 225 da CF/88 é <u>CORRETO</u> afirmar:

a) É típico direito de segunda geração pois dentro do processo de afirmação dos direitos humanos materializam poderes de titularidade coletiva atribuídos genericamente a todas as formações sociais, consagram o princípio da solidariedade e constituem um momento importante no processo de desenvolvimento, expansão e reconhecimento dos direitos humanos.

b) É inconstitucional preceito de Constituição Estadual que submete o Relatório de Impacto Ambiental — RIMA — ao crivo de comissão permanente e específica de Assembléia Legislativa. A concessão de autorização para desenvolvimento de atividade potencialmente danosa ao meio ambiente consubstancia ato do poder de polícia — ato da Administração Pública — entenda-se ato do Poder Executivo.

c) A obrigação de reparar os danos causados por condutas e atividades consideradas lesivas ao meio ambiente depende das sanções penais e administrativas aplicadas aos infratores, pessoas físicas ou jurídicas.

d) A "farra do boi" e as "brigas de galo" são constitucionais porque o Estado é obrigado a garantir a todos o pleno exercício de direitos culturais, incentivando a valorização e a difusão das manifestações, não se levando em conta, no caso, a observância de norma do inciso VII do artigo 225 da Constituição Federal, que veda a prática que acabe por submeter os animais à crueldade.

Resposta: B

(XV Concurso para Procurador do Estado do Pará) Assinale a alternativa <u>INCORRETA</u>:

a) A doutrina autorizada costuma definir o Direito Ambiental, sugestivamente, como um "direito horizontal", já que formado, ao mesmo tempo, por normas de direito constitucional, de direito administrativo, de direito processual, de direito civil, de direito penal, de direito internacional e até mesmo de direito do trabalho.

b) Na constituição Federal Brasileira, o meio ambiente, ecologicamente equilibrado é considerado bem de uso comum do povo.

c) De acordo com a lei que instituiu o Sistema Nacional de Unidades de Conservação da Natureza-SNUC, o grupo das Unidades de Proteção Integral é composto pela Estação Ecológica, Reserva Biológica, Parque Nacional, Monumento Natural e Refúgio de Vida Silvestre.

d) Não há diferenças entre os conceitos legais da Estação Ecológica e da Reserva Biológica.

Resposta: D

(XV Concurso para Procurador do Estado do Pará) Assinale a alternativa <u>INCORRETA</u>:

a) A ação civil pública em defesa do meio ambiente deve ser obrigatoriamente precedida de inquérito civil público, sob pena de nulidade.

b) Os órgãos públicos legitimados a ajuizar ações civis públicas poderão tomar dos interessados compromisso de ajustamento de sua conduta às exigências legais, mediante cominações, que terá eficácia de título executivo extrajudicial. Assim, não só o Ministério Público, mas a União, Estados e Municípios e até mesmo as autarquias desses entes poderão firmar os chamados TAC's, em matéria ambiental.

c) O Superior Tribunal de Justiça já consolidou o entendimento no sentido de que os crimes ambientais devem ser julgados, em regra, pela Justiça Estadual. Surgindo a competência da Justiça Federal apenas quando houver configurado, em tese, violação a bens, serviços e interesses da União ou de suas entidades autárquicas ou empresas públicas.

d) A participação do Ministério Público em ação civil pública, inclusive a de caráter ambiental, é obrigatória. Quando não for parte, atuará como fiscal da lei.

Resposta: A

(XV Concurso para Procurador do Estado do Pará) Considere as seguintes afirmações sobre os Recursos Hídricos:

I. A água é um bem de domínio público, motivo pelo qual é insuscetível de apropriação pelo particular, sendo que este tem, apenas, o direito à exploração das águas subterrâneas mediante autorização do Poder Público cobrada a devida contraprestação.

II. As águas, constitucionalmente, são bens apenas da União, sendo que a esta também cabe, exclusivamente, a gerência das águas e a competência para legislar sobre o tema.

III. O Poder Executivo Federal poderá delegar aos Estados e ao Distrito Federal competência para conceder outorga de direito de uso de recurso hídrico de domínio da União.

IV. A bacia hidrográfica é a unidade territorial para implementação da Política Nacional de Recursos Hídricos e atuação do Sistema Nacional de Gerenciamento de Recursos Hídricos.

Acerca destas afirmações, assinale a alternativa **CORRETA**

a) Apenas a III está errada

b) Apenas a II está errada

c) I, II, e IV estão certas

d) I, II e III estão certas

Resposta: B

(XV Concurso para Procurador do Estado do Pará) Sobre crimes ambientais é <u>INCORRETO</u> afirmar:

a) Como a reparação do dano ambiental, após o recebimento da denúncia, somente terá reflexos na fixação da pena e na concessão de alguns benefícios, deverá o magistrado, ao fixá-la, levar em consideração a conseqüência para o meio ambiente, cotejando o dano e a reparação.

b) Não é crime ambiental o abate de animal quando realizado para proteger lavoura, pomares e rebanhos da ação predatória ou destruidora de animais, desde que legal e expressamente autorizado pela autoridade competente.

c) Não são crimes ambientais, mas sim contra a Administração Pública, destruir, inutilizar ou deteriorar arquivo, registro, museus, biblioteca, pinacoteca, instalação científica ou similar protegido por lei, ato administrativo ou decisão judicial.

d) É crime contra a Administração Ambiental o funcionário público conceder licença, autorização ou permissão em desacordo com as normas ambientais, para as atividades, obras ou serviços cuja realização depende de ato autorizativo do Poder Público.

Resposta: C

(VII Concurso para Procurador do Estado do Pará) É incorreto afirmar:

a) As jazidas, em lavra ou não, e demais recursos minerais e os potenciais de energia hidráulica, constituem propriedade distinta da do solo, para efeito de exploração ou aproveitamento, e pertencem à União.

b) A livre concorrência, a defesa do consumidor, a defesa do meio ambiente, dentre outros, são princípios gerais da atividade econômica enunciados na Constituição Federal de 1988.

c) A União só intervém na atividade econômica para normalizar, regular, planejar e incentivar.

d) A exploração só intervém na atividade econômica pelo Estado só será permitida quando necessária aos imperativos da segurança nacional ou a relevante interesse coletivo.

e) As terras devolvidas ou arrecadadas pelos Estados da Federação, através de ações discriminatórias, e necessária à proteção dos ecossistemas naturais, são consideradas bens indisponíveis.

Resposta: B

(VII Concurso para Procurador do Estado do Pará) Em face da partilha de competência legislativas, consagradas do Direito Positivo Constitucional Pátrio, é correto afirmar que:

a) É de competência exclusiva do Congresso nacional, a autorização de operações externas, internacionais, de natureza financeira de interesse da União.

b) Compete do Congresso Nacional, dispor sobre os limites globais e condições para operações de crédito externo, a serem feitos pela União e pelos Estados.

c) Ao Congresso Nacional cabe, em face de sua competência exclusiva, autorizar a exploração e o aproveitamento de recursos hídricos, a pesquisa e lavra de riquezas minerais em terras indígenas.

d) Ao Senado Federal compete, privativamente, autorizar por dois terços de seus membros, a instauração de processo contra os Ministros de Estado.

e) Estão corretas as assertivas das alíneas "a" e "b".

Resposta: C

(VII Concurso para Procurador do Estado do Pará) Marque a proposição correta:

a) A ação civil pública é um dos remédios jurídicos para a proteção dos interesses difusos e metaindividuais, sendo legitimado para a sua promoção, pela atual Constituição, apenas o Ministério Público.

b) Através da ação popular da ação civil pública, pode-se promover a proteção de interesses difusos, detendo legitimidade para as respectivas proposituras qualquer cidadão.

c) O *Habeas Corpus* foi, dentre as ações constitucionais para fazer valer direito fundamental, o único remédio judicial que não está sujeito a pagamento de taxas ou custas judiciais.

d) O *Habeas Data*, inovação constitucional de 1988 em nosso direito pátrio, tem seu cabimento restringido para assegurar ao impetrante o conhecimento de informações pessoais, constantes de registros ou bancos de dados de entidades governamentais ou de natureza pública.

e) Estão corretas as assertivas constantes das alíneas "b" e "d".

Resposta: D

(VIII Concurso para Procurador do Estado do Pará) No título VII da Constituição Federal de 1988 – Da ordem econômica e financeira, precisamente no art. 177, estão estatuídos os casos de monopólio da União, sendo que, em quatro deles, a União poderá contratar com empresas estatais ou privadas a realização dessas atividades e, somente em um caso, não pode exercer a citada faculdade. Assinale a alternativa que contém a atividade incluída como monopólio da União, contudo excluída do rol de contratação:

a) Refinação de petróleo nacional ou estrangeiro;

b) A pesquisa, a lavra, o enriquecimento, o processamento, a industrialização e o comércio de minérios e minerais nucleares e seus derivados;

c) A pesquisa e a lavra das jazidas de petróleo e gás natural e outros hidrocarbonetos fluídos;

d) A importação e exportação dos produtos e derivados básicos resultantes das atividades previstas na letras a e c;

e) O transporte marítimo do petróleo bruto de origem nacional ou de derivados básicos de petróleo produzidos no País, bem assim o transporte, por meio de conduto, de petróleo bruto, seus derivados e gás natural de qualquer origem.

Resposta: B

(VIII Concurso para Procurador do Estado do Pará) Assinale a alternativa incorreta:

a) A decretação de intervenção dependerá, no caso de desobediência à ordem ou decisão judiciária, de requisição do Supremo Tribunal Federal, do Superior Tribunal de Justiça ou do Tribunal Superior Eleitoral. Essa hipótese de intervenção federal é do tipo provocada vinculada, estando sujeita apenas a controle jurisdicional.

b) É competência privativa da União legislar sobre normas gerais de licitação e contratação, em todas as modalidades, para a administração pública, direta e indireta, incluídas as fundações instituídas e mantidas pelo Poder Público, nas diversas esferas do governo e empresas sob seu controle

c) É competência da União, Estados e Distrito Federal legislar concorrentemente sobre responsabilidade por dano ao meio ambiente, ao consumidor, a bens e direitos de valor artístico, histórico, estético, turístico e paisagístico.

d) A decretação de intervenção dependerá de provimento, pelo Superior Tribunal de Justiça, de representação do Procurador-Geral da República, no caso de recusa à execução de Lei Federal. Essa hipótese de intervenção federal é do tipo provocada vinculada, estando sujeita aos controles político e jurisdicional.

e) É competência material cumulativa da União, Estados, Municípios e Distrito Federal registrar, acompanhar e fiscalizar as concessões de direitos de pesquisa e exploração de recursos hídricos e minerais em seus territórios.

Resposta: D

Dados os enunciados a seguir deduzidos, marque a alternativa <u>CORRETA</u>:

I – A cessão de uso do bem público opera-se entre entidades ou órgãos públicos e particulares

II – A imprescritibilidade não alcança os bens públicos situados em área rural e que estejam sendo economicamente explorados por particulares há mais de 5 (cinco) anos e cuja área não ultrapasse de 3.000 (três mil) hectares.

III – Os bens públicos de uso especial para serem utilizados por particulares de forma especial sujeitam-se ao processo de desafetação.

IV – A alienação de bens públicos ou imóveis, além do justificado interesse público, da avaliação prévia e autorização legislativa, sujeita-se a licitação sob qualquer de suas modalidades.

VI – Os bens tombados passam para o domínio patrimonial da entidade que praticou o ato de tombamento.

a) Todas as alternativas estão corretas.
b) Estão corretas as alternativas I e IV.
c) Estão erradas as alternativas II e V.
d) Todas as alternativas estão erradas.
e) Estão erradas as alternativas III e IV.

Resposta: B

ANEXO C – Medida Provisória nº 870, de 1º de janeiro de 2019

MEDIDA PROVISÓRIA Nº 870,
DE 1º DE JANEIRO DE 2019

Exposição de motivos
Estabelece a organização básica dos órgãos da Presidência da República e dos Ministérios.

MEDIDA PROVISÓRIA N. 870, DE 1 DE JANEIRO DE 2019
Estabelece a organização básica dos órgãos da Presidência da República e dos Ministérios.

O PRESIDENTE DA REPÚBLICA, no uso da atribuição que lhe confere o art. 62 da Constituição, adota a seguinte Medida Provisória, com força de lei:

Objeto e âmbito de aplicação
Art. 1º Esta Medida Provisória estabelece a organização básica dos órgãos da Presidência da República e dos Ministérios.
§ 1º O detalhamento da organização dos órgãos de que trata esta Medida Provisória será definido nos decretos de estrutura regimental.
§ 2º Ato do Poder Executivo federal estabelecerá a vinculação das entidades aos órgãos da administração pública federal.

Órgãos da Presidência da República
Art. 2º Integram a Presidência da República:
I - a Casa Civil;
II - a Secretaria de Governo;
III - a Secretaria-Geral;
IV - o Gabinete Pessoal do Presidente da República;
V - o Gabinete de Segurança Institucional; e
VI - a Autoridade Nacional de Proteção de Dados Pessoais.
§ 1º Integram a Presidência da República, como órgãos de assessoramento ao Presidente da República:
I - o Conselho de Governo;
II - o Conselho Nacional de Política Energética;
III - o Conselho do Programa de Parcerias de Investimentos da Presidência da República;
IV - o Advogado-Geral da União; e

V - a Assessoria Especial do Presidente da República.

§ 2º São órgãos de consulta do Presidente da República:

I - o Conselho da República; e

II - o Conselho de Defesa Nacional.

Conselho da República e Conselho de Defesa Nacional

Art. 18. O Conselho da República e o Conselho de Defesa Nacional, com a composição e as competências previstas na Constituição, têm a organização e o funcionamento regulados pela Lei nº 8.041, de 5 de junho de 1990, e pela Lei nº 8.183, de 11 de abril de 1991, respectivamente.

Parágrafo único. O Conselho da República e o Conselho de Defesa Nacional terão como Secretários-Executivos, respectivamente, o Ministro de Estado Chefe da Secretaria de Governo da Presidência da República e o Ministro de Estado Chefe do Gabinete de Segurança Institucional da Presidência da República.

Ministérios

Art. 19. Os Ministérios são os seguintes:

I - da Agricultura, Pecuária e Abastecimento;

II - da Cidadania;

III - da Ciência, Tecnologia, Inovações e Comunicações;

IV - da Defesa;

V - do Desenvolvimento Regional;

VI - da Economia;

VII - da Educação;

VIII - da Infraestrutura;

IX - da Justiça e Segurança Pública;

X - do Meio Ambiente;

XI - de Minas e Energia;

XII - da Mulher, da Família e dos Direitos Humanos;

XIII - das Relações Exteriores;

XIV - da Saúde;

XV - do Turismo; e

XVI - a Controladoria-Geral da União.

Ministros de Estado

Art. 20. São Ministros de Estado:

I - os titulares dos Ministérios;

II - o Chefe da Casa Civil da Presidência da República;

III - o Chefe da Secretaria de Governo da Presidência da República;

IV - o Chefe da Secretaria-Geral da Presidência da República;

V - o Chefe do Gabinete de Segurança Institucional da Presidência da República;

VI - o Advogado-Geral da União, até que seja aprovada emenda constitucional para incluí-lo no rol das alíneas "c" e "d" do inciso I do caput do art. 102 da Constituição; e

VII - o Presidente do Banco Central do Brasil, até que seja aprovada a autonomia da entidade.

Ministério da Agricultura, Pecuária e Abastecimento

Art. 21. Constitui área de competência do Ministério da Agricultura, Pecuária e Abastecimento:

I - política agrícola, abrangidas a produção, a comercialização, o seguro rural, o abastecimento, a armazenagem e a garantia de preços mínimos;

II - produção e fomento agropecuário, abrangidos a agricultura, a pecuária, a agroindústria, a agroenergia, as florestas plantadas, a heveicultura, a aquicultura e a pesca;

III - política nacional pesqueira e aquícola, inclusive a gestão do uso dos recursos e dos licenciamentos, das permissões e das autorizações para o exercício da aquicultura e da pesca;

IV - estoques reguladores e estratégicos de produtos agropecuários;

V - informação agropecuária;

VI - defesa agropecuária e segurança do alimento, abrangidos:

a) saúde animal e sanidade vegetal;

b) insumos agropecuários, inclusive a proteção de cultivares;

c) alimentos, produtos, derivados e subprodutos de origem animal e vegetal;

d) padronização e classificação de produtos e insumos agropecuários; e

e) controle de resíduos e contaminantes em alimentos;

VII - pesquisa em agricultura, pecuária, sistemas agroflorestais, aquicultura, pesca e agroindústria;

VIII - conservação e proteção de recursos genéticos de interesse para a agropecuária e a alimentação;

IX - assistência técnica e extensão rural;

X - irrigação e infraestrutura hídrica para produção agropecuária observadas as competências do Ministério do Desenvolvimento Regional;

XI - informação meteorológica e climatológica para uso na agropecuária;

XII - desenvolvimento rural sustentável;

XIII - políticas e fomento da agricultura familiar;

XIV - reforma agrária, regularização fundiária de áreas rurais, Amazônia Legal, terras indígenas e quilombolas;

XV - conservação e manejo do solo e da água, destinados ao processo produtivo agrícola, pecuário, sistemas agroflorestais e aquicultura;

XVI - boas práticas agropecuárias e bem-estar animal;

XVII - cooperativismo e associativismo na agricultura, pecuária, aquicultura e pesca;

XVIII - energização rural e agroenergia, incluída a eletrificação rural;

XIX - operacionalização da concessão da subvenção econômica ao preço do óleo diesel instituída pela Lei nº 9.445, de 14 de março de 1997;

XX - negociações internacionais relativas aos temas de interesse da agricultura, da pecuária, da aquicultura e da pesca; e

XXI - Registro Geral da Atividade Pesqueira.

§ 1º A competência de que trata o inciso XVIII do caput será exercida pelo Ministério da Agricultura, Pecuária e Abastecimento, quando utilizados recursos do orçamento geral da União, e pelo Ministério de Minas e Energia, quando utilizados recursos vinculados ao Sistema Elétrico Nacional.

§ 2º A competência de que trata o inciso XIV do caput, compreende:

I - a identificação, a delimitação, a demarcação e os registros das terras tradicionalmente ocupadas por indígenas; e

II - a identificação, o reconhecimento, a delimitação, a demarcação e a titulação das terras ocupadas pelos remanescentes das comunidades dos quilombos.

§ 3º Cabe ao Ministério da Agricultura, Pecuária e Abastecimento exercer, por meio do Serviço Florestal Brasileiro, a função de órgão gestor prevista no art. 53 da Lei nº 11.284, de 2 de março de 2006, em âmbito federal.

Art. 22. Integram a estrutura básica do Ministério da Agricultura, Pecuária e Abastecimento:

I - o Conselho Nacional de Política Agrícola;

II - o Conselho Deliberativo da Política do Café;

III - a Comissão Especial de Recursos;

IV - a Comissão-Executiva do Plano da Lavoura Cacaueira;

V - o Conselho Nacional de Aquicultura e Pesca;

VI - o Serviço Florestal Brasileiro;

VII - a Secretaria Especial de Assuntos Fundiários;

VIII - o Instituto Nacional de Meteorologia;

IX - o Conselho Nacional de Desenvolvimento Rural Sustentável; e

X - até seis Secretarias.

Parágrafo único. Ao Conselho Nacional de Aquicultura e Pesca, presidido pelo Ministro de Estado a Agricultura, Pecuária e Abastecimento e composto na forma estabelecida em ato do Poder Executivo federal, compete subsidiar a formulação da política nacional para a pesca e a aquicultura, propor diretrizes para o desenvolvimento e o fomento da produção pesqueira e aquícola, apreciar as diretrizes para o desenvolvimento do plano de ação da pesca e da aquicultura e propor medidas que visem a garantir a sustentabilidade da atividade pesqueira e aquícola.

Ministério da Cidadania

Art. 23. Constitui área de competência do Ministério da Cidadania:

I - política nacional de desenvolvimento social;

II - política nacional de segurança alimentar e nutricional;

III - política nacional de assistência social;

IV - política nacional de renda de cidadania;

V - políticas sobre drogas, quanto a:

a) educação, informação e capacitação para a ação efetiva para a redução do uso indevido de drogas lícitas e ilícitas;

b) realização de campanhas de prevenção do uso indevido de drogas lícitas e ilícitas;

c) implantação e implementação de rede integrada para pessoas com transtornos decorrentes do consumo de substâncias psicoativas;

d) avaliação e acompanhamento de tratamentos e iniciativas terapêuticas;

e) redução das consequências sociais e de saúde decorrente do uso indevido de drogas lícitas e ilícitas; e

f) manutenção e atualização do Observatório Brasileiro de Informações sobre Drogas;

VI - articulação, coordenação, supervisão, integração e proposição das ações governamentais e do Sistema Nacional de Políticas Públicas sobre Drogas - Sisnad nos aspectos relacionados com o tratamento, a recuperação e a reinserção social de usuários e dependentes e ao Plano Integrado de Enfrentamento ao Crack e outras Drogas;

VII - atuação em favor da ressocialização e da proteção dos dependentes químicos, sem prejuízo das atribuições dos órgãos integrantes do Sisnad;

VIII - articulação entre os Governos federal, estaduais, distrital e municipais e a sociedade no estabelecimento de diretrizes e na execução de ações e programas nas áreas de desenvolvimento social, de segurança alimentar e nutricional, de renda, de cidadania e de assistência social;

IX - orientação, acompanhamento, avaliação e supervisão de planos, programas e projetos relativos às áreas de desenvolvimento social, de segurança alimentar e nutricional, de renda, de cidadania e de assistência social;

X - normatização, orientação, supervisão e avaliação da execução das políticas de desenvolvimento social, segurança alimentar e nutricional, de renda, de cidadania e de assistência social;

XI - gestão do Fundo Nacional de Assistência Social;

XII - coordenação, supervisão, controle e avaliação da operacionalização de programas de transferência de renda;

XIII - aprovação dos orçamentos gerais do Serviço Social da Indústria - Sesi, do Serviço Social do Comércio - Sesc e do Serviço Social do Transporte - Sest;

XIV - política nacional de cultura;

XV - proteção do patrimônio histórico e cultural;

XVI - regulação dos direitos autorais;

XVII - assistência ao Ministério da Agricultura, Pecuária e Abastecimento e ao Instituto Nacional de Colonização e Reforma Agrária nas ações de regularização fundiária, para garantir a preservação da identidade cultural dos remanescentes das comunidades dos quilombos;

XVIII - desenvolvimento e implementação de políticas e ações de acessibilidade cultural;

XIX - formulação e implementação de políticas, programas e ações para o desenvolvimento do setor museal;

XX - política nacional de desenvolvimento da prática dos esportes;

XXI - intercâmbio com organismos públicos e privados, nacionais, internacionais e estrangeiros, destinados à promoção do esporte;

XXII - estímulo às iniciativas públicas e privadas de incentivo às atividades esportivas;

XXIII - planejamento, coordenação, supervisão e avaliação dos planos e programas de incentivo aos esportes e de ações de democratização da prática esportiva e de inclusão social por intermédio do esporte; e

XXIV - cooperativismo e associativismo urbanos.

Art. 24. Integram a estrutura básica do Ministério da Cidadania:

I - a Secretaria Especial do Desenvolvimento Social;

II - a Secretaria Especial do Esporte;

III - a Secretaria Especial de Cultura;

IV - o Conselho Nacional de Assistência Social;

V - o Conselho Gestor Interministerial do Programa Bolsa Família;

VI - o Conselho de Articulação de Programas Sociais;

VII - o Conselho Consultivo e de Acompanhamento do Fundo de Combate e Erradicação da Pobreza;

VIII - o Conselho Nacional do Esporte;

IX - a Autoridade Pública de Governança do Futebol;

X - a Autoridade Brasileira de Controle de Dopagem;

XI - o Conselho Superior do Cinema;

XII - o Conselho Nacional de Política Cultural;

XIII - a Comissão Nacional de Incentivo à Cultura;

XIV - a Comissão do Fundo Nacional da Cultura;

XV - o Conselho Nacional de Economia Solidária; e

XVI - até dezenove Secretarias.

§ 1º Ao Conselho de Articulação de Programas Sociais, presidido pelo Ministro de Estado da Cidadania e composto na forma estabelecida em regulamento do Poder Executivo federal, compete propor mecanismos de articulação e integração de programas sociais e acompanhar a sua implementação.

§ 2º Ato do Poder Executivo federal disporá sobre a composição e o funcionamento do Conselho Superior do Cinema, garantida a participação de representantes da indústria cinematográfica e videofonográfica nacional.

§ 3º O Conselho Nacional de Economia Solidária é órgão colegiado de composição tripartite, observada a paridade entre representantes dos trabalhadores e dos empregadores, na forma estabelecida em ato do Poder Executivo federal.

Ministério da Ciência, Tecnologia, Inovações e Comunicações

Art. 25. Constitui área de competência do Ministério da Ciência, Tecnologia, Inovações e Comunicações:

I - política nacional de telecomunicações;

II - política nacional de radiodifusão;

III - serviços postais, telecomunicações e radiodifusão;

IV - políticas nacionais de pesquisa científica e tecnológica e de incentivo à inovação;

V - planejamento, coordenação, supervisão e controle das atividades de ciência, tecnologia e inovação;

VI - política de desenvolvimento de informática e automação;

VII - política nacional de biossegurança;

VIII - política espacial;

IX - política nuclear;

X - controle da exportação de bens e serviços sensíveis; e

XI - articulação com os Governos dos Estados, do Distrito Federal e dos Municípios, com a sociedade e com órgãos do Governo federal para estabelecimento de diretrizes para as políticas nacionais de ciência, tecnologia e inovação.

Art. 26. Integram a estrutura básica do Ministério da Ciência, Tecnologia, Inovações e Comunicações:

ANEXO C – MEDIDA PROVISÓRIA Nº 870, DE 1º DE JANEIRO DE 2019 | 591

III - estratégias, mecanismos e instrumentos econômicos e sociais para a melhoria da qualidade ambiental e o uso sustentável dos recursos naturais;

IV - políticas para a integração do meio ambiente e a produção econômica;

V - políticas e programas ambientais para a Amazônia; e

VI - estratégias e instrumentos internacionais de promoção das políticas ambientais.

Parágrafo único. A competência do Ministério do Meio Ambiente sobre florestas públicas será exercida em articulação com o Ministério da Agricultura, Pecuária e Abastecimento.

Art. 40. Integram a estrutura básica do Ministério do Meio Ambiente:

I - o Conselho Nacional do Meio Ambiente;

II - o Conselho Nacional da Amazônia Legal;

III - o Conselho de Gestão do Patrimônio Genético;

IV - o Conselho Deliberativo do Fundo Nacional do Meio Ambiente;

V - a Comissão de Gestão de Florestas Públicas;

VI - a Comissão Nacional de Florestas; e

VII - até cinco Secretarias.

Ministério de Minas e Energia

Art. 41. Constitui área de competência do Ministério de Minas e Energia:

I - políticas nacionais de geologia, de exploração e de produção de recursos minerais e energéticos;

II - políticas nacionais de aproveitamento dos recursos hídricos, eólicos, fotovoltaicos e de demais fontes para fins de geração de energia elétrica;

III - política nacional de mineração e transformação mineral;

IV - diretrizes para o planejamento dos setores de minas e de energia;

V - política nacional do petróleo, do combustível, do biocombustível, do gás natural e de energia elétrica, inclusive nuclear;

VI - diretrizes para as políticas tarifárias;

VII - energização rural e agroenergia, inclusive eletrificação rural, quando custeada com recursos vinculados ao setor elétrico;

VIII - políticas nacionais de integração do sistema elétrico e de integração eletroenergética com outros países;

IX - políticas nacionais de sustentabilidade e de desenvolvimento econômico, social e ambiental dos recursos elétricos, energéticos e minerais;

X - elaboração e aprovação das outorgas relativas aos setores de minas e de energia;

XI - avaliação ambiental estratégica, quando couber, em conjunto com o Ministério do Meio Ambiente e com os demais órgãos relacionados;

XII - participação em negociações internacionais relativas aos setores de minas e de energia; e

XIII - fomento ao desenvolvimento e adoção de novas tecnologias relativas aos setores de minas e de energia.

Parágrafo único. Compete, ainda, ao Ministério de Minas e Energia zelar pelo equilíbrio conjuntural e estrutural entre a oferta e a demanda de energia elétrica no País.

Art. 42. Integram a estrutura básica do Ministério de Minas e Energia até cinco Secretarias.

Ministério da Mulher, da Família e dos Direitos Humanos

Art. 43. Constitui área de competência do Ministério da Mulher, da Família e dos Direitos Humanos:

I - políticas e diretrizes destinadas à promoção dos direitos humanos, incluídos:

a) direitos da mulher;

b) direitos da família;

c) direitos da criança e do adolescente;

d) direitos da juventude;

e) direitos do idoso;

f) direitos da pessoa com deficiência;

g) direitos da população negra;

h) direitos das minorias étnicas e sociais; e

i) direitos do índio, inclusive no acompanhamento das ações de saúde desenvolvidas em prol das comunidades indígenas, sem prejuízo das competências do Ministério da Agricultura, Pecuária e Abastecimento;

II - articulação de iniciativas e apoio a projetos destinados à proteção e à promoção dos direitos humanos, com respeitos aos fundamentos constitucionais do Estado de Direito;

III - exercício da função de ouvidoria nacional em assuntos relativos aos direitos humanos;

IV - políticas de promoção do reconhecimento e da valorização da dignidade da pessoa humana em sua integralidade; e

V - combate a todas as formas de violência, preconceito, discriminação e intolerância.

Art. 44. Integram a estrutura básica do Ministério da Mulher, da Família e dos Direitos Humanos:

I - Secretaria Nacional de Políticas para as Mulheres;

II - Secretaria Nacional da Família;

III - Secretaria Nacional dos Direitos da Criança e do Adolescente;

IV - Secretaria Nacional da Juventude;

V - Secretaria Nacional de Proteção Global;

VI - Secretaria Nacional de Políticas de Promoção da Igualdade Racial;

VII - Secretaria Nacional dos Direitos da Pessoa com Deficiência;

VIII - Secretaria Nacional de Promoção e Defesa dos Direitos da Pessoa Idosa;

IX - o Conselho Nacional de Promoção da Igualdade Racial;

X - o Conselho Nacional dos Direitos Humanos;

XI - o Conselho Nacional de Combate à Discriminação;

XII - o Conselho Nacional dos Direitos da Criança e do Adolescente;

XIII - o Conselho Nacional dos Direitos da Pessoa com Deficiência;

XIV - o Conselho Nacional dos Direitos da Pessoa Idosa;

XV - o Comitê Nacional de Prevenção e Combate à Tortura;

XVI - o Mecanismo Nacional de Prevenção e Combate à Tortura;

XVII - o Conselho Nacional dos Povos e Comunidades Tradicionais;

XVIII - o Conselho Nacional de Política Indigenista;

XIX - o Conselho Nacional dos Direitos da Mulher; e

XX - o Conselho Nacional da Juventude.

ANEXO C – MEDIDA PROVISÓRIA Nº 870, DE 1º DE JANEIRO DE 2019 | 589

I - o Conselho Nacional de Ciência e Tecnologia;
II - o Conselho Nacional de Informática e Automação;
III - o Conselho Nacional de Controle de Experimentação Animal;
IV - o Instituto Nacional de Águas;
V - o Instituto Nacional da Mata Atlântica;
VI - o Instituto Nacional de Pesquisa do Pantanal;
VII - o Instituto Nacional do Semiárido;
VIII - o Instituto Nacional de Pesquisas Espaciais;
IX - o Instituto Nacional de Pesquisas da Amazônia;
X - o Instituto Nacional de Tecnologia;
XI - o Instituto Brasileiro de Informação em Ciência e Tecnologia;
XII - o Centro de Tecnologias Estratégicas do Nordeste;
XIII - o Centro de Tecnologia da Informação Renato Archer;
XIV - o Centro de Tecnologia Mineral;
XV - o Centro Brasileiro de Pesquisas Físicas;
XVI - o Centro Nacional de Monitoramento e Alertas de Desastres Naturais;
XVII - o Laboratório Nacional de Computação Científica;
XVIII - o Laboratório Nacional de Astrofísica;
XIX - o Museu Paraense Emílio Goeldi;
XX - o Museu de Astronomia e Ciências Afins;
XXI - o Observatório Nacional;
XXII - a Comissão de Coordenação das Atividades de Meteorologia, Climatologia e Hidrologia;
XXIII - a Comissão Técnica Nacional de Biossegurança; e
XXIV - até seis Secretarias.

Ministério do Desenvolvimento Regional
Art. 29. Constitui área de competência do Ministério do Desenvolvimento Regional:
I - política nacional de desenvolvimento regional;
II - política nacional de desenvolvimento urbano;
III - política nacional de proteção e defesa civil;
IV - política nacional de recursos hídricos;
V - política nacional de segurança hídrica;
VI - política nacional de irrigação, observadas as competências do Ministério da Agricultura, Pecuária e Abastecimento;
VII - política nacional de habitação;
VIII - política nacional de saneamento;
IX - política nacional de mobilidade urbana;
X - formulação e gestão da política nacional de ordenamento territorial;
XI - estabelecimento de diretrizes e prioridades na aplicação dos recursos dos programas de financiamento de que trata a alínea "c" do inciso I do caput do art. 159 da Constituição;
XII - estabelecimento de normas para o cumprimento dos programas de financiamento relativos ao Fundo Constitucional de Financiamento do Norte - FNO, ao Fundo Constitucional de Financiamento do Nordeste - FNE e ao Fundo Constitucional de Financiamento do Centro-Oeste - FCO;

XIII - estabelecimento de normas para o cumprimento das programações orçamentárias do Fundo de Investimentos da Amazônia - Finam e do Fundo de Investimentos do Nordeste - Finor;
XIV - estabelecimento de diretrizes e prioridades na aplicação dos recursos do Fundo de Desenvolvimento da Amazônia - FDA, do Fundo de Desenvolvimento do Nordeste - FDNE e do Fundo de Desenvolvimento do Centro-Oeste - FDCO;
XV - estabelecimento de diretrizes e critérios de alocação dos recursos do Fundo Nacional de Habitação de Interesse Social - FNHIS;
XVI - estabelecimento de metas a serem alcançadas nos programas de habitação popular, saneamento básico e infraestrutura urbana realizados com aplicação de recursos do Fundo de Garantia do Tempo de Serviço - FGTS;
XVII - estabelecimento de diretrizes e normas relativas à política de subsídio à habitação popular, ao saneamento e à mobilidade urbana;
XVIII - planos, programas, projetos e ações de desenvolvimento regional, metropolitano e urbano;
XIX - planos, programas, projetos e ações de:
a) gestão de recursos hídricos; e
b) infraestrutura e garantia da segurança hídrica;
XX - planos, programas, projetos e ações de irrigação;
XXI - planos, programas, projetos e ações de proteção e defesa civil e gestão de riscos e de desastres; e
XXII - planos, programas, projetos e ações de habitação, de saneamento, de mobilidade e de serviços urbanos.
Parágrafo único. A competência de que trata o inciso X do caput será exercida em conjunto com o Ministério da Defesa.
Art. 30. Integram a estrutura básica do Ministério do Desenvolvimento Regional:
I - o Conselho Nacional de Proteção e Defesa Civil;
II - o Conselho Nacional de Desenvolvimento Urbano;
III - o Conselho Curador do Fundo de Desenvolvimento Social;
IV - o Conselho Nacional de Recursos Hídricos;
V - o Conselho Administrativo da Região Integrada de Desenvolvimento do Polo Petrolina e Juazeiro;
VI - o Conselho Administrativo da Região Integrada de Desenvolvimento da Grande Teresina;
VII - o Conselho Administrativo da Região Integrada de Desenvolvimento do Distrito Federal e Entorno;
VIII - o Conselho Nacional de Irrigação;
IX - a Câmara de Políticas de Integração Nacional e Desenvolvimento Regional; e
X - até sete Secretarias.

Ministério do Meio Ambiente
Art. 39. Constitui área de competência do Ministério do Meio Ambiente:
I - política nacional do meio ambiente;
II - política de preservação, conservação e utilização sustentável de ecossistemas, biodiversidade e florestas;

"Art. 45. A Secretaria-Executiva do Conselho Nacional de Recursos Hídricos será exercida pelo órgão integrante da estrutura do Ministério do Desenvolvimento Regional responsável pela gestão dos recursos hídricos." (NR)

Distribuição de compensação financeira

Art. 68. A Lei nº 8.001, de 13 de março de 1990, passa a vigorar com as seguintes alterações:

"Art. 1º ....
....

III - três por cento ao Ministério do Desenvolvimento Regional;

....

§ 4º A cota destinada ao Ministério do Desenvolvimento Regional será empregada na implementação da Política Nacional de Recursos Hídricos e do Sistema Nacional de Gerenciamento de Recurso Hídricos e na gestão da rede hidrometereológica nacional.
...." (NR)

Competência do Instituto Nacional de Colonização e Reforma Agrária

Art. 69. A Lei nº 11.952, de 25 de junho de 2009, passa a vigorar com as seguintes alterações:

"Art. 33. Ficam transferidas da Secretaria Especial de Agricultura Familiar e do Desenvolvimento Agrário da Casa Civil da Presidência da República para o Incra as competências para coordenar, normatizar e supervisionar o processo de regularização fundiária de áreas rurais na Amazônia Legal, expedir os títulos de domínio correspondentes e efetivar a doação prevista no § 1º do art. 21, mantidas as atribuições do Ministério da Economia, na administração do patrimônio imobiliário das áreas não afetadas à regularização fundiária, e as demais previstas nesta Lei." (NR)

Transferência de competências

Art. 76. As competências e as atribuições estabelecidas em lei para os órgãos e a entidade extintos ou transformados por esta Medida Provisória, assim como para os seus agentes públicos, ficam transferidas para os órgãos, as entidades e os agentes públicos que receberem essas atribuições.

Revogações

Art. 85. Ficam revogados:

I - o inciso IV do caput do art. 9º da Lei 9.069, de 1995;

II - os seguintes dispositivos da Lei nº 10.233, de 2001:

a) o inciso I do caput do art. 1º;

b) os art. 5º, art. 6º e art. 7º-A; e

c) o parágrafo único do art. 88;

III - o inciso II do caput e os § 2º, § 3º e § 4º do art. 11 da Lei nº 11.346, de 15 de setembro de 2006;

IV - o inciso VI do § 1º do art. 7º da Lei nº 13.334, de 2016;

V - o parágrafo único do art. 3º e os Anexos II e IV à Lei nº 13.346, de 2016; e

VI - o § 1º do art. 3º da Lei nº 11.473, de 2007;

VII - a Lei nº 13.502, de 1º de novembro de 2017; e

VIII - os seguintes dispositivos da Medida Provisória nº 849, de 31 de agosto de 2018:

a) o art. 2º;

b) o art. 30; e

c) o Anexo LX.

Vigência

Art. 86. Esta Medida Provisória entra em vigor na data de sua publicação.

Brasília, 1º de janeiro de 2019; 198º da Independência e 131º da República.

JAIR MESSIAS BOLSONARO
Onyx Lorenzoni

Esta obra foi composta em fonte Palatino Linotype, corpo 10
e impressa em papel Offset 75g (miolo) e Supremo 250g
(capa) pela Gráfica Star7.

Transformação de órgãos

Art. 57. Ficam transformados:

I - o Ministério da Fazenda, o Ministério do Planejamento, Desenvolvimento e Gestão, o Ministério da Indústria, Comércio Exterior e Serviços e o Ministério do Trabalho no Ministério da Economia;

II - o Ministério do Desenvolvimento Social, o Ministério da Cultura e o Ministério do Esporte no Ministério da Cidadania;

III - o Ministério dos Direitos Humanos no Ministério da Mulher, da Família e dos Direitos Humanos;

IV - o Ministério da Integração Nacional e o Ministério das Cidades no Ministério do Desenvolvimento Regional;

V - o Ministério da Justiça e o Ministério da Segurança Pública no Ministério da Justiça e Segurança Pública;

VI - o Ministério dos Transportes, Portos e Aviação Civil no Ministério da Infraestrutura;

VII - o Ministério da Transparência e Controladoria-Geral da União na Controladoria-Geral da União;

VIII - a Subchefia de Assuntos Parlamentares da Secretaria de Governo da Presidência da República na Subchefia de Assuntos Parlamentares da Casa Civil da Presidência da República;

IX - a Secretaria Especial de Comunicação Social da Secretaria-Geral da Presidência da República na Secretaria Especial de Comunicação Social da Secretaria de Governo da Presidência da República;

X - a Secretaria Especial do Programa de Parcerias de Investimentos da Secretaria-Geral da Presidência da República na Secretaria Especial do Programa de Parcerias de Investimentos da Secretaria de Governo da Presidência da República;

XI - a Secretaria da Receita Federal do Brasil do Ministério da Fazenda na Secretaria Especial da Receita Federal do Brasil do Ministério da Economia; e

XII - o Conselho das Cidades em Conselho Nacional de Desenvolvimento Urbano.

Extinção de órgãos

Art. 58. Ficam extintas:

I - a Secretaria Especial de Agricultura Familiar e do Desenvolvimento Agrário da Casa Civil da Presidência da República;

II - a Secretaria Especial da Aquicultura e da Pesca da Secretaria-Geral da Presidência da República; e

III - a Secretaria Especial da Micro e Pequena Empresa do Ministério da Indústria, Comércio Exterior e Serviços.

Criação de órgãos

Art. 59. Ficam criadas:

I - no âmbito da Casa Civil da Presidência da República:

a) a Secretaria Especial de Relações Governamentais;

b) a Secretaria Especial para a Câmara dos Deputados; e

c) a Secretaria Especial para o Senado Federal;

II - no âmbito da Secretaria-Geral da Presidência da República: a Secretaria Especial de Modernização do Estado;

III - no âmbito da Secretaria de Governo da Presidência da República:

a) a Secretaria Especial de Articulação Social;

b) a Secretaria Especial de Relações Institucionais; e

c) a Secretaria Especial de Assuntos Federativos;

IV - no âmbito do Ministério da Agricultura, Pecuária e Abastecimento: a Secretaria Especial de Assuntos Fundiários;

V - no âmbito do Ministério da Cidadania:

a) a Secretaria Especial do Desenvolvimento Social;

b) a Secretaria Especial do Esporte; e

c) a Secretaria Especial de Cultura; e

VI - no âmbito do Ministério da Economia:

a) a Assessoria Especial de Assuntos Estratégicos;

b) a Secretaria Especial de Fazenda;

c) a Secretaria Especial de Previdência e Trabalho;

d) a Secretaria Especial de Comércio Exterior e Assuntos Internacionais;

e) a Secretaria Especial de Desestatização e Desinvestimento;

f) a Secretaria Especial de Produtividade, Emprego e Competitividade; e

g) a Secretaria Especial de Desburocratização, Gestão e Governo Digital.

Alterações na Agência Nacional de Águas

Art. 66. A Lei nº 9.984, de 17 de julho de 2000, passa a vigorar com as seguintes alterações:

"Art. 3º Fica criada a Agência Nacional de Águas - ANA, autarquia sob regime especial, com autonomia administrativa e financeira, vinculada ao Ministério do Desenvolvimento Regional, com a finalidade de implementar, em sua esfera de atribuições, a Política Nacional de Recursos Hídricos, integrante do Sistema Nacional de Gerenciamento de Recursos Hídricos.

...." (NR)

"Art. 10. ....

....

§ 3º Para fins do disposto no § 2º, cabe ao Ministro de Estado do Desenvolvimento Regional instaurar o processo administrativo disciplinar, que será conduzido por comissão especial, e compete ao Presidente da República determinar o afastamento preventivo, quando for o caso, e proferir julgamento." (NR)

Alterações no Conselho Nacional de Recursos Hídricos

Art. 67 A Lei nº 9.433, de 8 de janeiro de 1997, passa a vigorar com as seguintes alterações:

"Art. 36. ....

I - um Presidente, que será o Ministro de Estado do Desenvolvimento Regional;

II - um Secretário-Executivo, que será o titular do órgão integrante da estrutura do Ministério do Desenvolvimento Regional responsável pela gestão dos recursos hídricos." (NR)